엑스포지멘터리

갈라디아서
에베소서
빌립보서

엑스포지멘터리 갈라디아서·에베소서·빌립보서

초판 1쇄 발행 2024년 10월 11일
2쇄 발행 2024년 10월 15일

지은이 송병현

펴낸곳 도서출판 이엠
등록번호 제25100-2015-000063
주소 서울시 강서구 공항대로 222, 1014호
전화 070-8832-4671
E-mail empublisher@gmail.com

내용 및 세미나 문의 스타선교회: 02-520-0877 / EMail: starofkorea@gmail.com / www.star123.kr
Copyright ⓒ 송병현, 2024, *Print in Korea*.
ISBN 979-11-93331-08-8 93230

※ 본서에서 사용한「성경전서 개역개정판」의 저작권은 재단법인 대한성서공회 소유이며
　재단법인 대한성서공회의 허락을 받고 사용하였습니다.
※ 이 책의 전부 또는 일부 내용을 재사용하려면 사전에 저작권자와 도서출판 이엠의 동의를 받아야 합니다.
※ 가격은 표지 뒷면에 있습니다.

「이 도서의 국립중앙도서관 출판시 도서목록(CIP)은 서지정보유통지원시스템 홈페이지(http://seoji.nl.go.kr)와 국가자
료공동목록시스템(http://www.nl.go.kr/kolisnet)에서 이용하실 수 있습니다. (CIP제어번호:CIP2015000753)」

엑스포지멘터리

갈라디아서
에베소서
빌립보서

| 송병현 지음 |

EXPOSItory comMENTARY

EM Exposi
Mentary

예수 그리스도의 생명의 복음

송병현 교수님이 오랫동안 연구하고 준비한 엑스포지멘터리 주석 시리즈를 출간할 수 있도록 인도해 주신 여호와 하나님께 감사와 영광을 돌립니다. 함께 수고한 스타선교회 실무진의 수고에도 격려의 말씀을 드립니다.

많은 주석이 있지만 특별히 엑스포지멘터리 주석이 성경을 하나님의 완전한 계시로 믿고 순종하려는 분들에게 위로와 감동을 주었으면 하는 바람입니다. 단지 신학을 학문적으로 풀어내어 깨달음을 주는 수준이 아니라 성경을 통해 하나님의 세미한 음성을 들을 수 있도록 돕는 역할을 했으면 좋겠습니다. 예수 그리스도가 내 안에 내가 예수 그리스도 안에 있는 신앙으로 하나님의 말씀에 순종하는 사람을 길러내는 일에도 기여할 수 있기를 바랍니다.

우리 백석총회와 백석학원(백석대학교, 백석문화대학교, 백석예술대학교, 백석대학교신학교육원)의 신학적 정체성은 개혁주의생명신학입니다. 개혁주의생명신학은 성경의 가르침과 개혁주의 신학을 계승해, 사변화

4

된 신학을 반성하고, 회개와 용서로 하나 되며, 예수 그리스도께서 주신 영적 생명을 회복하고자 하는 신앙 운동입니다. 그리하여 성령의 도우심으로 삶의 모든 영역에서 예수 그리스도의 주권을 실현함으로써 오직 하나님께 영광을 돌리고, 나눔운동과 기도성령운동을 통해 자신과 교회와 세상을 변화시키는 실천 운동입니다.

송병현 교수님은 백석대학교 신학대학원에서 20여 년 동안 구약성경을 가르쳐 왔습니다. 성경 신학자로서 구약을 가르치면서도 기회가 있을 때마다 선교지를 방문해 선교사들을 교육하는 일을 게을리하지 않았습니다. 엑스포지멘터리 주석 시리즈는 오랜 선교 사역을 통해 알게 된 현장을 고려한 주석이라는 점에서 참으로 의미가 있습니다. 그만큼 실용적입니다. 목회자와 선교사님들뿐 아니라 모든 성도가 별다른 어려움 없이 쉽게 읽을 수 있습니다. 개혁주의생명신학이 추구하는 눈높이에 맞는 주석으로서 말씀에 대한 묵상과 말씀에서 흘러나오는 적용을 곳곳에서 만날 수 있습니다. 그래서 성경을 하나님의 말씀으로 믿고 고백하는 사람이라면 궁금했던 내용을 쉽게 배울 수 있고, 설교와 성경 공부를 하는 데도 도움을 받을 수 있습니다. 이번 구약 주석의 완간과 신약 주석 집필의 시작이 예수 그리스도의 생명의 복음을 온 세상에 전하려는 모든 분에게 도움이 되기를 바라는 마음으로 이 책을 추천합니다.

2021년 9월

장종현 목사 | 대한예수교장로회(백석) 총회장·백석대학교 총장

한국 교회를 향한 아름다운 섬김

우리 시대를 포스트모던 시대라고 합니다. 절대적 가치를 배제하고 모든 것을 상대화하는 시대입니다. 이런 시대를 살아가면서 목회자들은 여전히 변하지 않는 절대적인 계시의 말씀인 성경을 들고 한 주간에도 여러 차례 설교하도록 부름을 받습니다. 그런가 하면 진지한 평신도들도 날마다 성경을 읽고 해석하며 삶의 마당에 적용하도록 도전을 받고 있습니다.

　이런 시대 속에서 우리는 전통적인 주석과 강해를 종합하는 도움을 기다리고 있었습니다. 저는 이러한 시대적 요청에 송병현 교수가 꼭 필요한 응답을 했다고 믿습니다. 그것이 구약 엑스포지멘터리 전권 발간에 한국 교회가 보여 준 뜨거운 반응의 이유였다고 믿습니다.

　물론 정교하고 엄밀한 주석을 기대하거나 혹은 전적으로 강해적 적용을 기대한 분들에게는 이 시리즈가 다소 기대와 다를 수도 있을 것입니다. 그러나 목회 현장에서 설교의 짐을 지고 바쁘게 살아가는 설교자들과 날마다 일상에서 삶의 무게를 감당하며 성경을 묵상하는 성도들에게 이 책은 시대의 선물입니다.

　저는 저자가 구약 엑스포지멘터리 전권을 발간하는 동안 얼마나 자

6

신을 엄격하게 채찍질하며 이 저술을 하늘의 소명으로 알고 치열하게 그 임무를 감당해 왔는지 지켜보았습니다. 그리고 그 모습에 큰 감동을 받았습니다. 그렇기에 다시금 신약 전권 발간에 도전하는 그에게 중보 기도와 함께 진심 어린 격려의 박수를 보내고 싶습니다.

구약 엑스포지멘터리에 추천의 글을 쓰며 말했던 것처럼 이는 과거 박윤선 목사님 그리고 이상근 목사님에 이어 한국 교회를 향한 아름다운 섬김으로 기억될 것입니다. 더불어 구약과 신약 엑스포지멘터리 전권을 곁에 두고 설교를 준비하고 말씀을 묵상하는 주님의 종들이 하나님 말씀 안에서 더욱 성숙해 한국 교회의 면류관이 되기를 기도합니다.

이 참고 도서가 무엇보다 성경의 성경 됨을 우리 영혼에 더 깊이 각인해 성경의 주인 되신 주님을 높이고 드러내는 일에 존귀하게 쓰이기를 축복하고 축원합니다. 제가 그동안 이 시리즈로 받은 동일한 은혜가 이 선물을 접하는 모든 분에게 넘치기를 기도합니다.

2021년 1월

이동원 목사 | 지구촌 목회리더십센터 대표

신약 엑스포지멘터리 시리즈를 시작하며

지난 10년 동안 구약에 관해 주석 30권과 개론서 4권을 출판했다. 이 시리즈의 준비 작업은 미국 시카고 근교에 자리한 트리니티복음주의신학교(Trinity Evangelical Divinity School)에서 목회학석사(M. Div.)를 공부할 때 시작되었다. 교수들의 강의안을 모았고, 좋은 주석으로 추천받은 책들은 점심을 굶어가며 구입했다. 덕분에 같은 학교에서 구약학박사(Ph. D.) 과정을 마무리하고 한국으로 올 때 거의 1만 권에 달하는 책을 가져왔다. 지금은 이 책들 대부분이 선교지에 있는 여러 신학교에 가 있다.

신학교에서 공부할 때 필수과목을 제외한 선택과목은 거의 성경 강해만 찾아서 들었다. 당시 트리니티복음주의신학교가 나에게 참으로 좋았던 점은 교수들의 신학적인 관점의 폭이 매우 넓었고, 다양한 성경 과목이 선택의 폭을 넓혀 주었다는 점이다. 세계적으로 유명한 구약과 신약 교수들의 강의를 들으면서도 내 마음 한구석은 계속 불편했다. 계속 "소 왓?"(So what?, "그래서 어쩌라고?")이라는 질문이 나를 불편하게 했다. 그들의 주옥같은 강의로도 채워지지 않는 부분이 있었기 때문이다.

주석은 대상에 따라 학문적 수준이 천차만별인 매우 다이내믹한 장르다. 평신도들이 성경 말씀을 쉽게 이해하도록 돕기 위해 출판된 주석들은 본문 관찰에 대한 가장 기본적인 내용과 쉬운 언어로 작성된다. 나에게 가장 친숙한 예는 바클레이(Barclay)의 신약 주석이다. 나는 고등학생과 대학생 시절에 바클레이가 저작한 신약 주석 17권으로 큐티(QT)를 했다. 신앙생활뿐 아니라 나중에 신학교에 입학할 때도 많은 도움이 되었다.

평신도들을 위한 주석과는 대조적으로 학자들을 위한 주석은 당연히 말도 어렵고, 논쟁적이며, 일반 성도들이 몰라도 되는 내용을 참으로 많이 포함한다. 나는 당시 목회자 양성을 위한 목회학석사(M. Div.) 과정을 공부하고 있었기 때문에 성경 강해를 통해 설교와 성경 공부를 인도하는 데 도움이 될 만한 강의를 기대했다. 교수들의 강의는 학문적으로 참으로 좋았다. 그러나 그들이 가르치는 내용을 성경 공부와 설교에는 쉽게 적용할 수 없다는 생각이 들었다. 이러한 필요가 채워지지 않았기 때문에 계속 "소 왓"(So what?)을 반복했던 것이다.

그때부터 자료들을 모으고 정리하며 나중에 하나님이 기회를 주시면 목회자들의 설교와 성경 공부에 실질적인 도움을 줄 수 있는 주석을 출판하겠다는 꿈을 품었다. 그러면서 시리즈 이름도 '엑스포지멘터리' (exposimentary=expository+commentary)로 정해 두었다. 그러므로 『엑스포지멘터리 시리즈』는 20여 년의 준비 끝에 10년 전부터 출판을 시작한 주석 시리즈다. 2010년에 첫 책인 창세기 주석을 출판할 무렵, 친구인 김형국 목사에게 사전에도 없는 'Exposimentary'를 우리말로 어떻게 번역하면 좋겠냐고 물었다. 그는 우리말로는 쉽게 설명할 수 없는 개념이니 그냥 영어를 소리 나는 대로 표기해 사용하라고 조언했다. 이렇게 해서 엑스포지멘터리 시리즈 주석이 탄생하게 되었다.

지난 10년 동안 많은 목회자가 이 주석들로 인해 설교가 바뀌고 성경 공부에 자신감을 얻었다고 말해 주었다. 참으로 감사한 일이다. 나는 학자들을 위해 책을 쓰는 것이 아니라, 목회자들을 위해 주석을 집필하고 있다. 그래서 목회자들이 알아야 할 정도의 학문적인 내용과 설교 및 성경 공부에 도움이 될 만한 실용적인 내용이 균형을 이룬 주석을 출판하기 위해 노력하고 있다. 또한 학문적으로 높은 수준의 주석을 추구하지 않기 때문에 구약을 전공한 내가 감히 신약 주석을 집필할 생각을 했다. 나의 목표는 은퇴할 무렵까지 마태복음부터 요한계시록까지 신약 주석을 정경 순서대로 출판하는 것이다. 이 책으로 도움을 받은 독자들이 나를 위해 기도해 준다면 참으로 감사하고 영광스러운 일이 될 것이다.

2021년 1월 방배동에서

시리즈 서문

"너는 50세까지는 좋은 선생이 되려고 노력하고, 그 이후에는 좋은 저자가 되려고 노력해라." 내가 미국 시카고 근교에 위치한 트리니티복음주의신학교(Trinity Evangelical Divinity School) 박사 과정을 시작할 즈음에 지금은 고인이 되신 스승 맥코미스키(Thomas E. McComiskey)와 아처(Gleason L. Archer) 두 교수님이 주신 조언이다. 너무 일찍 책을 쓰면 훗날 아쉬움이 많이 남는다며 하신 말씀이었다. 박사 학위를 마치고 1997년에 한국에 들어와 신학대학원에서 가르치기 시작하면서 나는 이 조언을 마음에 새겼다. 사실 이 조언과 상관없이 당시에 곧장 책을 출판하기는 불가능한 일이었다. 중학생이었던 1970년대 중반에 캐나다로 이민 가서 20여 년 만에 귀국해 우리말로 강의하는 일 자체가 그 당시 나에게 매우 큰 도전이었던 만큼, 책을 출판하는 일은 사치로 느껴질 뿐이었다.

세월이 지나 어느덧 선생님들이 말씀하신 쉰 살을 눈앞에 두었다. 1997년에 귀국한 후 지난 10여 년 동안 나는 구약 전체에 대한 강의안을 만드는 일을 목표로 삼았다. 나 자신에게 동기를 부여하기 위해 몸담고 있는 신대원 학생들에게 매 학기 새로운 구약 강해 과목을 개설해 주었다. 감사한 것은 지혜문헌을 제외한 구약 모든 책의 본문 관찰을 중심으로 한 강의안을 13년 만에 완성할 수 있었다는 점이다. 앞으로 수년에 거쳐 이 강의안들을 대폭 수정해 매년 2-3권씩을 책으로 출판하려 한다. 지혜문헌은 잠시 미루어 두었다. 시편 1권(1-41편)에 대해 강의안을 만든 적이 있는데, 본문 관찰과 주해는 얼마든지 할 수 있었지만 무언가 아쉬움이 남았다. 삶의 연륜이 가미되지 않은 데서 비롯된 부족함이었다. 그래서 지혜문헌에 대한 주석은 예순을 바라볼 때쯤 집필하기로 했다. 삶을 조금 더 경험한 후로 미루어 둔 것이다. 아마도 이 시리즈가 완성될 즈음이면, 자연스럽게 지혜문헌에 대한 책을 출판할 때가 되지 않을까 싶다.

이 시리즈는 설교를 하고 성경 공부를 인도해야 하는 중견 목회자들과 평신도 지도자들을 마음에 두고 집필한 책이다. 나는 이 시리즈의 성향을 'exposimentary'('해설주석')이라고 부르고 싶다. Exposimentary라는 단어는 내가 만든 용어다. 해설/설명을 뜻하는 'expository'라는 단어와 주석을 뜻하는 'commentary'를 합성했다. 대체로 expository는 본문과 별 연관성이 없는 주제와 묵상으로 치우치기 쉽고, commentary는 필요 이상으로 논쟁적이고 기술적일 수 있다는 한계를 의식해 이러한 상황을 의도적으로 피하고 가르치는 사역에 조금이나마 실용적이고 도움이 되는 교재를 만들기 위해 만들어낸 개념이다. 나는 본문의 다양한 요소와 이슈들에 대해 정확하게 석의하면서도 전후 문맥과 책 전체의 문형(文形, literary shape)을 최대한 고려해 텍스트의 의미를 설명하고 우리 삶과 연결하고자 노력했다. 또한 히브리어 사용은 최소화했다.

이 시리즈를 내놓으면서 감사할 사람이 참 많다. 먼저, 지난 25년 동안 내 인생의 동반자가 되어 아낌없는 후원과 격려를 해 준 아내 임우민에게 감사한다. 아내를 생각할 때마다 참으로 현숙한 여인(cf. 잠 31:10-31)을 배필로 주신 하나님께 감사할 뿐이다. 아빠의 사역을 기도와 격려로 도와준 지혜, 은혜, 한빛에게도 고마운 마음을 표한다. 평생

기도와 후원을 아끼지 않는 친가와 처가 친척들에게도 감사하다는 말을 전하고 싶다. 항상 옆에서 돕고 격려해 주는 평생 친구 장병환·윤인옥 부부에게도 고마움을 표하며, 시카고 유학 시절에 큰 힘이 되어 주신 이선구 장로·최화자 권사님 부부에게도 이 자리를 빌려 평생 빚진 마음을 표하고 싶다. 우리 가족이 20여 년 만에 귀국해 정착할 수 있도록 배려를 아끼지 않으신 백석학원 설립자 장종현 목사님에게도 감사드린다. 우리 부부의 영원한 담임 목자이신 이동원 목사님에게도 고마움을 표하고 싶다.

2009년 겨울 방배동에서

감사의 글

스타선교회의 사역에 물심양면으로 헌신해 오늘도 하나님의 말씀이 온 세상에 선포되는 일에 기쁜 마음으로 동참하시는 백영걸, 정진성, 장병환, 임우민, 정채훈, 강숙희 이사님들께 감사의 마음을 전하고 싶습니다. 이사님들의 헌신이 있기에 세상이 조금 더 살맛 나는 곳이 되고 있습니다.

2024년 여름의 문턱을 넘은 방배동에서

일러두기

엑스포지멘터리(exposimentary)는 '해설/설명'을 뜻하는 엑스포지토리(expository)와 '주석'을 뜻하는 코멘터리(commentary)를 합성한 단어다. 본문의 뜻과 저자의 의도와는 별 연관성이 없는 주제와 묵상으로 치우치기 쉬운 엑스포지토리(expository)의 한계와 필요 이상으로 논쟁적이고 기술적일 수 있는 코멘터리(commentary)의 한계를 극복해 목회 현장에서 가르치고 선포하는 사역에 실질적으로 도움을 주는 새로운 장르다. 본문의 다양한 요소와 이슈에 대해 정확하게 석의하면서도 전후 문맥과 책 전체의 문형(文形, literary shape)을 최대한 고려해 텍스트의 의미를 설명하고 성도의 삶과 연결하고자 노력하는 설명서다. 엑스포지멘터리는 다음과 같은 원칙을 바탕으로 인용한 정보를 표기한다.

1. 참고문헌을 모두 표기하지 않고 선별된 참고문헌으로 대신한다.
2. 출처를 표기할 때 각주(foot note) 처리는 하지 않는다.
3. 출처는 괄호 안에 표기하되 페이지는 밝히지 않는다.
4. 여러 학자가 동일하게 해석할 때는 모든 학자를 표기하지 않고 일부만 표기한다.

5. 한 출처를 인용해 설명할 때 설명이 길어지더라도 문장마다 출처를 표기하지 않는다.

6. 본문 설명을 마무리하면서 묵상과 적용을 위해 "이 말씀은…"으로 시작하는 문단(들)을 두었다. 이 부분만 읽으면 잘 이해되지 않는 것들도 있다. 그러나 본문 설명을 읽고 나면 이해가 될 것이다.

7. 본문을 설명할 때 유대인들의 문헌과 외경과 위경에 관한 언급을 최소화한다.

8. 구약을 인용한 말씀은 장르에 상관없이 가운데 맞춤으로 정렬했으며, NAS의 판단 기준을 따랐다.

주석은 목적과 주된 대상에 따라 인용하는 정보의 출처와 참고문헌 표기가 매우 탄력적으로 제시되는 장르다. 참고문헌 없이 출판되는 주석도 있고, 각주가 전혀 없이 출판되는 주석도 있다. 또한 각주와 참고문헌 없이 출판되는 주석도 있다. 엑스포지멘터리 시리즈는 이 같은 장르의 탄력적인 성향을 고려해 제작된 주석이다.

선별된 약어표

개역	개역한글판
개역개정	개역개정판
공동	공동번역
새번역	표준새번역 개정판
현대	현대인의 성경
아가페	아가페 쉬운성경
BHS	Biblica Hebraica Stuttgartensia
ESV	English Standard Version
KJV	King James Version
LXX	Septuaginta
MT	Masoretic Text
NAB	New American Bible
NAS	New American Standard Bible
NEB	New English Bible
NIV	New International Version
NIRV	New International Reader's Version

NRS	New Revised Standard Bible
TNK	Jewish Publication Society Tanakh
AB	Anchor Bible
ABCPT	A Bible Commentary for Preaching and Teaching
ABD	The Anchor Bible Dictionary, 6 vols. Ed. by D. N. Freedman. New York, 1992.
ABR	Australian Biblical Review
ABRL	Anchor Bible Reference Library
ACCS	Ancient Christian Commentary on Scripture
ANET	The Ancient Near Eastern Texts Relating to the Old Testament. 3rd ed. Ed. by J. B. Pritchard. Princeton: Princeton University Press, 1969.
ANETS	Ancient Near Eastern Texts and Studies
ANTC	Abingdon New Testament Commentary
AOTC	Abingdon Old Testament Commentary
ASTI	Annual of Swedish Theological Institute
BA	Biblical Archaeologist
BAR	Biblical Archaeology Review
BAR	Biblical Archaeology Review
BBR	Bulletin for Biblical Research
BCBC	Believers Church Bible Commentary
BCL	Biblical Classics Library
BDAG	A Greek–English Lexicon of the New Testament and Other Early Christian Literature, 3nd ed. Ed. by Bauer, W., W. F. Arndt, F. W. Gingrich, and F. W. Danker. Chicago, 2000.
BECNT	Baker Exegetical Commentary on the New Testament

BETL	Bibliotheca Ephemeridum Theoloicarum Lovaniensium
BETS	Bulletin of the Evangelical Theological Society
BibOr	Biblia et Orientalia
BibSac	Bibliotheca Sacra
BibInt	Biblical Interpretation
BR	Bible Reseach
BRev	Bible Review
BRS	The Biblical Relevancy Series
BSC	Bible Student Commentary
BST	The Bible Speaks Today
BT	Bible Translator
BTB	Biblical Theology Bulletin
BTC	Brazos Theological Commentary on the Bible
BV	Biblical Viewpoint
BZ	Biblische Zeitschrift
BZNW	Beihefte zur Zeitschrift für die neutestamentliche Wissenschaft
CB	Communicator's Bible
CBC	Cambridge Bible Commentary
CBQ	Catholic Biblical Quarterly
CBQMS	Catholic Biblical Quarterly Monograph Series
CGTC	Cambridge Greek Testament Commentary
CurBS	Currents in Research: Biblical Studies
CurTM	Currents in Theology and Missions
DJG	Dictionary of Jesus and the Gospels. Ed. by J. B. Green, S. McKnight, and I. Howard Marshall. Downers Grove, 1992.
DNTB	Dictionary of New Testament Background. Ed. by C. A. Evans and S. E. Porter. Downers Grove, 2000.

DPL	Dictionary of Paul and His Letters. Ed. by G. F. Hawthorne, R. P. Martin, and D. G. Reid. Downers Grove, 1993.
DSB	Daily Study Bible
ECC	Eerdmans Critical Commentary
ECNT	Exegetical Commentary on the New Testament
EDNT	Exegetical Dictionary of the New Testament. Ed. by H. Balz, G. Schneider. Grand Rapids, 1990−1993.
EvJ	Evangelical Journal
EvQ	Evangelical Quarterly
ET	Expository Times
FCB	Feminist Companion to the Bible
GTJ	Grace Theological Journal
HALOT	The Hebrew and Aramaic Lexicon of the Old Testament. Ed. by L. Koehler and W. Baumgartner. Trans. by M. E. J. Richardson. Leiden, 1994−2000.
Hist. Eccl.	Historia ecclesiastica (Eusebius)
HNTC	Holman New Testament Commentary
HTR	Harvard Theological Review
IB	Interpreter's Bible
IBS	Irish Biblical Studies
ICC	International Critical Commentary
IDB	Interpreter's Dictionary of the Bible
ISBE	The International Standard Bible Encyclopedia. 4 vols. Ed. by G. W. Bromiley. Grand Rapids, 1979−88.
JAAR	Journal of the American Academy of Religion
JBL	Journal of Biblical Literature
JESNT	Journal for the Evangelical Study of the New Testament

JETS	Journal of the Evangelical Theological Society
JQR	Jewish Quarterly Review
JRR	Journal from the Radical Reformation
JSNT	Journal for the Study of the New Testament
JSNTSup	Journal for the Study of the New Testament Supplement Series
JTS	Journal of Theological Studies
LABC	Life Application Bible Commentary
LB	Linguistica Biblica
LCBI	Literary Currents in Biblical Interpretation
LEC	Library of Early Christianity
Louw–Nida	Greek–English Lexicon of the New Testament: Based on Semantic Domains, 2nd ed., 2 vols. By J. Louw, and E. Nida. New York, 1989.
LTJ	Lutheran Theological Journal
MBC	Mellen Biblical Commentary
MenCom	Mentor Commentary
MJT	Midwestern Journal of Theology
NAC	New American Commentary
NCB	New Century Bible
NIB	The New Interpreter's Bible
NIBC	New International Biblical Commentary
NICNT	New International Commentary on the New Testament
NICOT	New International Commentary on the Old Testament
NIDNTT	New International Dictionary of New Testament Theology. Ed. by C. Brown. Grand Rapids, 1986
NIDNTTE	New International Dictionary of New Testament Theology and Exegesis. 2nd Ed. by Moisés Silva. Grand Rapids, 2014.

NIDOTTE	New International Dictionary of Old Testament Theology and Exegesis. Ed. by W. A. Van Gemeren. Grand Rapids, 1996.
NIGTC	New International Greek Testament Commentary
NIVAC	New International Version Application Commentary
NovT	Novum Testamentum
NovTSup	Novum Testamentum Supplements
NSBT	New Studies in Biblical Theology
NTL	New Testament Library
NTM	New Testament Message
NTS	New Testament Studies
PBC	People's Bible Commentary
PNTC	Pillar New Testament Commentary
PRR	The Presbyterian and Reformed Review
PSB	Princeton Seminary Bulletin
ResQ	Restoration Quarterly
RevExp	Review and Expositor
RR	Review of Religion
RRR	Review of Religious Research
RS	Religious Studies
RST	Religious Studies and Theology
RTR	Reformed Theological Review
SacP	Sacra Pagina
SBC	Student's Bible Commentary
SBJT	Southern Baptist Journal of Theology
SBL	Society of Biblical Literature
SBLDS	Society of Biblical Literature Dissertation Series
SBLMS	Society of Biblical Literature Monograph Series

SBT	Studies in Biblical Theology
SHBC	Smyth & Helwys Bible Commentary
SJT	Scottish Journal of Theology
SNT	Studien zum Neuen Testament
SNTSMS	Society for New Testament Studies Monograph Series
SNTSSup	Society for New Testament Studies Supplement Series
ST	Studia Theologica
TBT	The Bible Today
TD	Theology Digest
TDOT	Theological Dictionary of the Old Testament. 11 vols. Ed. by G. J. Botterweck et al. Grand Rapids, 1974−2003.
TDNT	Theological Dictionary of the New Testament. Ed. by G. Kittel and G. Friedrich. Trans. by G. W. Bromiley. 10 vols. Grand Rapids, 1964−76.
Them	Themelios
TJ	Trinity Journal
TNTC	Tyndale New Testament Commentaries
TS	Theological Studies
TT	Theology Today
TTC	Teach the Text Commentary Series
TWBC	The Westminster Bible Companion
TWOT	R. L. Harris, G. L. Archer, Jr., and B. K. Waltke (eds.), Theological Wordbook of the Old Testament, 2 vols. Chicago: Moody, 1980.
TynBul	Tyndale Bulletin
TZ	Theologische Zeitschrift
USQR	Union Seminary Quarterly Review

VE	Vox Evangelica
VT	Vetus Testament
WBC	Word Biblical Commentary
WBCom	Westminster Bible Companion
WCS	Welwyn Commentary Series
WEC	Wycliffe Exegetical Commentary
WTJ	The Westminster Theological Journal
WUNT	Wissenschafliche Untersuchungen zum Neuen Testament und die Kunde der älteren Kirche
WW	Word and World
ZNW	Zeitschrift für die neutestamentliche Wissenschaft

차례

선별된 참고문헌

(Select Bibliography)

Arnold, C. E. "I Am Astonished That You Are So Quickly Turning Away!" (Gal. 1,6): Paul and Anatolian Folk Belief." NTS 51 (2005): 429–49.

Baasland, E. "Persecution: A Neglected Feature in the Letter to the Galatians." ST 38(1984): 135–50.

Bachmann, M. *Anti-Judaism in Galatians? Exegetical Studies on a Polemical Letter and on Paul's Theology.* Trans. by R. L. Brawley. Grand Rapids: Eerdmans, 2008.

Barclay, J. M. G. "Mirror–Reading a Polemical Letter: Galatians as a Test Case." JSNT 31(1987): 73–93.

_____. *Obeying the Truth: A Study of Paul's Ethics in Galatians.* Minneapolis: Fortress, 1988.

Barrett, C. K. *Freedom and Obligation: A Study of the Epistle to the Galatians.* Philadelphia: Westminster, 1985.

Belleville, L. "'Under Law': Structural Analysis and the Pauline Concept of Law in Galatians 3:21–4:11." JSNT 26(1986): 53–78.

Betz, H. D. *Galatians: A Commentary on Paul's Letter to the Churches in Galatia*. Hermeneia. Philadelphia: Fortress, 1979.

Bligh, J. *Galatians: A Discussion of St. Paul's Epistle*. London: St. Paul Publications, 1969.

Boice, J. M. "Galatians." Pp. 407–508 in *The Expositor's Bible Commentary*. Vol. 10. Ed. by F. E. Gaebelein. Grand Rapids: Zondervan, 1976.

Brinsmead, B. H. *Galatians—Dialogical Response to Opponents*. SBLDS. Chico: Scholars Press, 1982.

Bruce, F. F. *The Epistle to the Galatians: A Commentary on the Greek Text*. NIGTC. Grand Rapids: Eerdmans, 1982.

Bryant, R. A. *The Risen Crucified Christ in Galatians*. SBLDS. Atlanta: Society of Biblical Literature, 2001.

Burton, E. De Witt. *The Epistle to the Galatians*. Edinburgh: T&T Clark, 1920.

Calvin, J. *The Epistles of Paul the Apostle to the Galatians, Ephesians, Philippians and Colossians*. Trans. by T. H. L. Parker. Grand Rapids: Eerdmans, 1965.

Carson, D. A.; P. T. O'Brien; M. A. Seifrid, eds. *Justification and Variegated Nomism. Vol. 1: The Complexities of Second Temple Judaism*. Tübingen: Mohr Siebeck, 2001.

Ciampa, R. E. *The Presence and Function of Scripture in Galatians 1 and 2*. Tübingen: Mohr Siebeck, 1998.

Collins, C. J. "Galatians 3:16: What Kind of Exegete Was Paul?" TynBul 54(2003): 75–86.

Dahl, N. A. "Paul's Letter to the Galatians: Epistolary Genre, Content, and Structure." Pp. 117–42 in *The Galatians Debate*. Ed. by M. D.

Nanos. Peabody, MA: Hendrickson, 2002.

Das, A. A. *Galatians*. Concordia Commentary: A Theological Exposition of Sacred Scripture. St. Louis: Concordia, 2014.

De Boer, M. C. "Paul's Use and Interpretation of a Justification Tradition in Galatians 2.15–21." JSNT 28(2005): 189–216.

_____. *Galatians: A Commentary*. NTL. Louisville: Westminster John Knox, 2011.

DeSilva, D. A. *The Letter to the Galatians*. NICNT. Grand Rapids: Eerdmans, 2008.

Donaldson, T. L. "The 'Curse of the Law' and the Inclusion of the Gentiles: Galatians 3:13–14." NTS 32(1986): 94–112.

Duncan, G. S. *The Epistle of Paul to the Galatians*. MNTC. New York: Harper & Brothers, 1934.

Dunn, J. D. G. *The Epistle to the Galatians*. BNTC. Peabody, MA: Hendrickson, 1993.

_____. "The Incident at Antioch (Gal 2:11–18)." JSNT 18(1983): 3–57.

Eastman, S. G. "'Cast Out the Slave Woman and Her Son': The Dynamics of Exclusion and Inclusion in Galatians 4.30." JSNT 28(2006): 309–36.

Ellis, E. E. *Paul's Use of the Old Testament*. Grand Rapids: Baker, 1957.

Esler, P. E. *Galatians*. New York: Routledge, 1998.

Fee, G. D. *Galatians*. Pentecostal Commentary Series. Dorset: Deo, 2007.

Fung, R. Y. *The Epistle to the Galatians*. NICNT. Grand Rapids: Eerdmans, 1988.

Gaffin, R. B. "By Faith, Not By Sight": Paul and the Order of Salvation. Waynesboro, GA: Paternoster, 2006.

Garlington, D. *An Exposition of Galatians: A Reading from the New Perspective*. 3rd. ed. Eugene, OR: Wipf and Stock, 2007.

George, T. *Galatians*. NAC. Nashville: Broadman & Holman, 1994.

Guthrie, D. *Galatians*. NCB. Greenwood, SC: Attic Press, 1973.

Hansen, G. W. *Galatians*. IVPNTC. Downers Grove, IL: InterVarsity Press, 1994.

Hardin, J. K. *Galatians and the Imperial Cult: A Critical Analysis of Paul's Letter*. Tübingen: Mohr Siebeck, 2008.

Hays, R. B. *The Letter to the Galatians: Introduction, Commentary, and Reflections*. Pp. 181−338 in *The New Interpreter's Bible*. Vol. 11. Nashville: Abingdon, 2000.

Hendricksen, W. *Exposition of Galatians*. Grand Rapids: Baker, 1968.

Hengel, M. *The Pre-Christian Paul*. Philadelphia: Trinity Press International, 1991.

Howard, G. *Paul: Crisis in Galatia. A Study in Early Christian Theology*. 2nd ed. SNTSMS. Cambridge: Cambridge University Press, 1990.

Johnson, H. W. "The Paradigm of Abraham in Galatians 3:6−9." TJ 8(1987): 179−99.

Lightfoot, J. B. *The Epistle of St. Paul to the Galatians*. Grand Rapids: Zondervan, 1971.

Longenecker, R. N. *Galatians*. WBC. Dallas: Word, 1990.

Lührmann, D. *Galatians*. Trans. by O. C. Dean. CC. Minneapolis: Fortress, 1992.

Martyn, J. L. *Galatians: A New Translation with Introduction and Commentary*. AB. New York: Doubleday, 1997.

Matera, F. J. *Galatians*. SacPag. Collegeville, MN: Liturgical Press, 1992.

McKnight, S. *Galatians*. NIVAC. Grand Rapids: Zondervan, 1995.

Meyer, J. *The End of the Law: Mosaic Covenant in Pauline Theology*. Nashville: Broadman & Holman, 2009.

Mijoga, H. B. P. *The Pauline Notion of the Deeds of the Law*. Lanham: International Scholars, 1999.

Moo, D. J. *Galatians*. BECNT. Grand Rapids: Baker, 2013.

Morland, K. A. *The Rhetoric of the Curse in Galatians: Paul Confronts Another Gospel*. Atlanta: Scholars Press, 1995.

Morris, L. *Galatians: Paul's Charter of Christian Freedom*. Downers Grove, IL: InterVarsity Press, 1996.

Nanos, M. D. *The Irony of Galatians: Paul's Letter in First-Century Context*. Minneapolis: Fortress, 2002.

_____. ed. *The Galatian Debate: Contemporary Issues in Rhetorical and Historical Interpretation*. Peabody, MA: Hendrickson, 2002.

O'Brien, P. T. *Introductory Thanksgiving in the Letter of Paul*. Eugene, OR: Wipf and Stock, 2009.

Plumer, E. *Augustine's Commentary on Galatians: Introduction, Text, Translation, and Notes*. Oxford: Oxford University Press, 2003.

Ramsey, W. M. *Historical Commentary on Galatians*. Ed by M. Wilson. Reprint. Grand Rapids: Kregel, 1997rep.

Rapa, R. K. "Galatians." Pp. 549-640 in *The Expositor's Bible Commentary. Revised Edition*. Vol. 11. Grand Rapids: Zondervan, 2008.

Riches, J. *Galatians through the Centuries*. Blackwell Bible Commentaries. Oxford: Blackwell, 2008.

Ridderbos, H. N. *The Epistle of Paul to the Churches of Galatia*. Trans. by H. Zylstra. NICNT. Grand Rapids: Eerdmans, 1953.

Sanders, E. P. *Paul and Palestinian Judaism: A Comparison of Patterns of Re-*

ligion. Philadelphia: Fortress, 1977.

Schreiner, T. R. *Galatians.* ZECNT. Grand Rapids: Zondervan, 2010.

Silva, M. "Galatians." Pp. 785−812 in *Commentary on the New Testament Use of the Old Testament.* Ed. by G. K. Beale and D. A. Carson. Grand Rapids: Baker, 2007.

_____. *Interpreting Galatians: Explorations in Exegetical Method.* 2nd. ed. Grand Rapids: Baker, 2001.

Smiles, V. M. *The Gospel and the Law in Galatia: Paul's Response to Jewish-Christian Separatism and the Threat of Galatian Apostasy.* Collegeville, MN: Liturgical Press, 1998.

Stanley, C. D. "'Under a Curse': A Fresh Reading of Galatians 3.10−14." NTS 36(1990): 481−511.

Stanton, G. N. "The Law of Moses and the Law of Christ: Galatians 3:1−6:2." Pp. 99−116 in *Paul and the Mosaic Law.* Ed. by J. D. G. Dunn. Tübingen: Mohr Siebeck, 1996.

Stott, J. R. W. *Only One Way: The Message of Galatians.* BST. Downers Grove, IL: InterVarsity Press, 1968.

Thielman, F. *Paul and the Law: A Contextual Approach.* Downers Grove, IL: InterVarsity Press, 1994.

Tolmie, D. F. *Persuading the Galatians: A Text-Centered Rhetorical Analysis of a Pauline Letter.* Tübingen: Mohr Siebeck, 2005.

Watson, F. *Paul, Judaism and the Gentiles: A Sociological Approach.* Cambridge: Cambridge University Press, 1986.

Weima, J. A. D. "Gal 6:22−28: A Hermeneutical Key to the Galatian Letter." CTJ 28(1993): 90−107.

Williams, S. K. *Galatians.* ANTC. Nashville: Abingdon, 1997.

Wilson, T. A. *The Curse of the Law and the Crisis in Galatia: Reassessing the*

Purpose of Galatians. Tübingen: Mohr Siebeck, 2007.

Witherington, B. *Grace in Galatia: A Commentary on Paul's Letter to the Galatians*. Grand Rapids: Eerdmans, 1998.

Wright, N. T. "Paul, Arabia, and Galatians." JBL 115 (1996): 683-92.

갈라디아서

내가 율법으로 말미암아 율법에 대하여 죽었나니 이는 하나님에 대하여 살려 함이라 내가 그리스도와 함께 십자가에 못 박혔나니 그런즉 이제는 내가 사는 것이 아니요 오직 내 안에 그리스도께서 사시는 것이라 이제 내가 육체 가운데 사는 것은 나를 사랑하사 나를 위하여 자기 자신을 버리신 하나님의 아들을 믿는 믿음 안에서 사는 것이라 내가 하나님의 은혜를 폐하지 아니하노니 만일 의롭게 되는 것이 율법으로 말미암으면 그리스도께서 헛되이 죽으셨느니라

(2:19-21)

오직 성령의 열매는 사랑과 희락과 화평과 오래 참음과 자비와 양선과 충성과 온유와 절제니 이같은 것을 금지할 법이 없느니라

(5:22-23)

소개

'기독교인의 자유 선언문'(Manifesto of Christian Freedom) 혹은 '기독교인의

자유 대헌장'(Magna Carta of Christian Liberty)으로 불리는 갈라디아서는 종교 개혁자들, 특히 루터(Luther)에게 지대한 영향을 미쳤다(Rapa). 로마서는 기독교 믿음과 사상을 가장 정확하게 묘사하고 있으며, 갈라디아서는 마치 로마서를 요약해 놓은 것 같은 느낌을 주기 때문이다. 그러므로 루터가 사람이 하나님의 구원을 얻을 수 있는 유일한 방법은 '오직 믿음'이라는 확신으로 종교 개혁을 단행했을 때 갈라디아서는 로마서와 함께 그에게 큰 힘이 되어 주었다.

성경은 오늘날 우리 시대 및 문화와는 다른 가치관과 세계관을 근거로 저작되었다. 그러므로 성경을 읽다가 때로는 '타임머신'(time machine)을 타고 옛 세상으로 가야 올바르게 해석할 수 있다고 생각하기도 한다. 그런 다음 다시 타임머신을 타고 현재로 돌아와 그때 그들에게 주신 말씀이 오늘날 우리에게 시사하는 바를 묵상한다. 갈라디아서는 더욱더 그렇다. 이 서신은 복음과 율법의 관계, 기독교인의 자유 등 중요한 주제를 매우 간략하게 정리하지만, 이 서신이 쓰인 역사적 배경과 문화적 정황은 오늘날 우리에게 매우 생소하기 때문이다.

예루살렘에서 처음 교회가 시작되었을 때는 대부분 유대인으로 구성되어 있었다. 사도들도 어디를 가든 디아스포라 유대인들을 대상으로 선교했다. 바울도 가는 곳마다 그곳에 있는 회당을 먼저 찾아가 유대인을 상대로 복음을 전파했다. 그러나 시간이 지나면서 이방인이 교회로 대거 유입되기 시작했으며(cf. 행 11장), 바울의 선교 사역을 통해 이방인을 중심으로 하는 교회들이 세워졌다(cf. 행 14:8-20). 갈라디아서가 저작될 무렵에는 예루살렘과 유대 지역에 있는 교회들을 제외하고는 거의 모든 교회에서 이방인이 주류를 이루었다. 그러다 보니 기독교와 유대교 사이에 상당한 괴리감이 형성되는 것은 당연한 일이었다. 이러한 상황에서 바울의 서신 중 가장 먼저 저작된 갈라디아서의 핵심 이슈는 기독교가 유대교 안에서 개혁파(reform-movement)로 남을 것인가, 혹은 유대교의 테두리를 벗어나 완전히 독립적이고 새로운 종파(a sect outside it)가 될 것인가다(cf. McKnight, Rapa, Watson). 이에 대해 유대인인 바울은 구약과 율법으로 인해 기독교가 유대교와 어느 정도 연관성을 유지하는 것은 사실이지만, 기독교는 그리스도의 죽음과 부활 위에 세워진 완전히 새로운 종교라고 한다.

저자와 저작 시기

이 서신의 저자가 자신을 바울이라고 밝히는 것(1:1)과 그의 개인적 경험을 회고하는 내용(1:12-24; 2:1-14; 6:11) 등을 바탕으로 초대교회 교부들은 갈라디아서를 바울이 쓴 것으로 보았다(Beale & Gladd). 사도행전도 바울이 선교 여행을 통해 갈라디아 지역에 여러 교회를 세웠던 일을 회고함으로써 이러한 주장에 힘을 싣는다(cf. 행 13:13-14:20; 16:1-10). 오늘날에도 바울이 이 서신의 저자라는 사실에 이의를 제기하는 사람은 거의 없다.

다만 이 서신의 수신자인 '갈라디아 여러 교회들'(ταῖς ἐκκλησίαις τῆς Γαλατίας)이 어디에 위치했는지에 대해서는 상당한 논란이 있다. 이 이슈는 갈라디아서가 사도행전 15장에 기록된 예루살렘 공의회 이전에 저작된 것인지, 혹은 이후에 저작된 것인지와도 연관되어 있다. 이는 북 갈라디아설(North Galatian Theory)과 남 갈라디아설(Southern Galatian Theory)이라고 불리는 두 가지 주장으로 설명된다(cf. Bruce, Schreiner).

북 갈라디아설은 '갈라디아 사람들'(Γαλάται, 3:1)을 로마 제국의 갈라디아주(州) 북쪽 지역에 사는 사람들을 칭하는 인종적인 용어로 해석한다(Lightfoot). 이 사람들은 이 지역에 정착한 켈트족(Celtics)의 후손이다(Betz, Esler, Lightfoot). 바울은 두 번째 선교 여행 때(주후 49-51년) 이 지역을 방문해 교회를 세웠으며(cf. 행 16:6; 18:23), 갈라디아서는 사도가 이 지역 교회들에 주후 50-57년 사이에 보낸 서신이다(Betz, Esler, Hays,

Lightfoot). 이렇게 해석할 경우 갈라디아서는 주후 49년에 있었던 예루살렘 공의회 이후에 쓰인 편지다.

남 갈라디아설은 '갈라디아 사람들'을 인종적인 용어가 아니라 정치적인 용어로 간주해 로마의 갈라디아주(州)에 사는 모든 사람을 칭하는 것으로 이해한다(Burton). 바울은 첫 번째 선교 여행 때(주후 45-47년) 비시디아 안디옥, 이고니아, 루스드라, 더베 등 갈라디아 남쪽 지역을 방문해 교회를 세웠다(cf. 행 13:13-14:23). 바울은 갈라디아 남쪽에 있는 이 교회들에 갈라디아서를 보낸 것이다(Bruce, Beale & Gladd, Burton, Longenecker, McKnight, Ramsay, Rapa, Schreiner). 이렇게 해석할 경우 갈라디아서는 바울이 주후 49년에 있었던 예루살렘 공의회 이전인 주후 48년경에 보낸 편지로 그의 서신 중 가장 처음 작성된 것이다(Beale & Gladd, Bruce, Schreiner, cf. McKnight, Witherington).

만일 갈라디아서가 예루살렘 공의회 이후에 저작된 서신이라면, 바울은 왜 예루살렘 사도들이 써 준 편지, 곧 이방인 성도는 유대인처럼 율법에 따라 살 필요가 없다는 내용(cf. 행 15:22-29)을 언급하지 않는 것일까? 갈라디아 교회들을 돌며 자신을 대적하는 자들이 바로 이 이슈를 가지고 공격하고 있는데 말이다. 이러한 정황을 고려할 때 갈라디아서는 바울이 예루살렘 공의회(주후 49년) 이전에 보낸 서신이라는 주장이 더 설득력이 있다. 두 가지 학설 중 남 갈라디아설이 더 매력적이다(cf. Bruce, Ramsay, Rapa, Schreiner). 아마도 바울은 주후 48년쯤에 이 서신을 갈라디아 지역에 있는 교회들에 보냈을 것이다.

갈라디아는 주전 25년에 로마의 주(州)가 되었으며, 켈트족을 포함한 여러 인종이 이 지역에 살았다(Hays, Witherington). 바울 시대에 갈라디아주는 북쪽으로는 흑해(Black Sea), 남쪽으로는 지중해를 접하는 매우 넓은 지역이었다. 이후에도 로마 제국에 의해 갈라디아주의 범위는 계속 변했다(Witherington). 이에 교부들은 그들 시대의 갈라디아주 경계를 바탕으로 바울이 이 서신을 북쪽 지역에 사는 갈라디아 사람들에게 보낸 것이라고 간주해 '북 갈라디아설'의 근간을 제공했다. 그러나 20세기 초에 접어들면서 학자들이 바울 시대의 갈라디아주 범위를 인식하기 시작했고, 이에 따라 남 갈라디아설을 제시함으로써 이 서신의 수신자들이 누구인지에 대해 뜨거운 논쟁을 불러 일으켰다(Schreiner, cf. Ramsey).

바울은 1차 선교 여행을 통해 갈라디아주 남쪽 지역에 개척한 교회들에 이 서신을 보냈다. 사도행전에 따르면 그는 이때 비시디아 안디옥, 이고니온, 루스드라, 더베에 교회를 세웠다(cf. 행 13:5-12). 간략하게 이 도시들을 소개하면 다음과 같다.

비시디아 안디옥('Αντιόχειαν τὴν Πισιδίαν, Pisidian Antioch)은 남 갈라디아의 도시이며 해발 1,100m의 고산 지대에 위치한 로마 제국의 주요 도시였다(Longenecker). 원래는 갈라디아주(Phrygia Galatia)에 속했지만, 비시디아 지역을 바라보고 있어서 이런 이름이 주어진 것으로 보인다(Polhill). 또한 갈라디아에는 다른 안디옥(Phrygian Antioch)이 있었는데 이곳과 구분하기 위해 비시디아 안디옥이라는 이름으로 불렸다(Schnabel). 지중해 해안에서 비시디아 안디옥까지 거리는 160㎞였다(Longenecker). 아마도 그들은 로마 사람들이 닦아 놓은 '세바스테 도로'(Via Sebaste)를 따라 이동했을 것이다.

바울은 자신이 병을 앓게 된 이유로 인해 이곳에서 복음을 전파하게 되었다고 한다(4:13). 그래서 학자들은 바울이 해안가 낮은 지역에서 말라리아에 감염되었다가 회복하기 위해 고산 지대에 있는 비시디아 안디옥으로 이동한 것으로 추측한다(Ramsay). 비시디아 안디옥의 가장 큰 부자는 바울과 바나바가 회심시킨 구브로의 총독 서기오 바울이었다(행 13:5-12). 그러므로 서기오가 다음 행선지로 자기 고향인 비시디아 안디옥을 제안하고, 자기 친척들을 찾아가라며 그들을 소개하는 편지까지 써 주었을 것이라고 추측하는 이들도 있다(Mitchell, cf. Schnabel).

바울은 바나바와 함께 여행하고 있었으며, 비시디아 안디옥에서도 먼저 유대인 회당을 찾아가 전도했다. 그러나 그들이 그리스도의 복음을 받아들이지 않자 "하나님의 말씀을 마땅히 먼저 너희에게 전할 것이로되 너희가 그것을 버리고 영생을 얻기에 합당하지 않은 자로 자처하기로 우리가 이방인에게로 향하노라"(행 13:46)라며 이방인 전도에 더 적극적으로 나섰다(cf. 행 13:47-49).

비시디아 안디옥을 떠난 바울과 바나바는 로마 사람들이 만든 상업 도로인 세바스테 도로(Via Sebaste)를 따라 남서쪽으로 150㎞를 여행해 이고니온에 도착했다(1:1a, cf. Witherington). 로마 사람들은 해발 1,040m 고산 지대의 중앙에 위치한 '이고니온'(Ἰκόνιον, Iconium)을 이 지역을 통치하는 중심지로 삼았다(Schnabel). 물이 많고 날씨가 좋아 '소아시아의 다메섹'(the Damascus of Asia Minor)으로 불리기도 했다(Ramsay). 이고니온의 높이는 해발 1,100m에 있는 비시디아 안디옥과 비슷했다. 주요 도로들이 이고니온 주변을 지났기 때문에 비시디아 안디옥처럼 이곳에도 여러 문화권에서 온 사람들이 살고 있었다(Bock). 튀르키예 남쪽에 위치한 이 도시는 오늘날에는 콘야(Konya)로 불린다(Longenecker).

이고니온 선교가 많은 열매를 맺자 유대인들은 자신을 지지하는 이방인들과 힘을 합해 바울과 바나바를 해하려고 했다(행 14:5). 또한 도시가 소란스러워지는 것을 싫어하는 관리들도 유대인 편에 섰다. 그들의 음모를 알게 된 바울과 바나바는 곧바로 루가오니아 지역에 있는 루스드라와 데베와 근방으로 가서 복음을 전했다(행 14:6-7).

루스드라(Λύστρα, Lystra)는 이고니온에서 남서쪽으로 30㎞ 떨어진 곳이다(Bock). 로마 황제 아우구스투스(Caesar Augustus)가 주전 5년에 이곳을 갈라디아 지역의 요새화된 도시 중 가장 동쪽 도시로 삼았다. 루스드라는 디모데의 고향이다(행 16:1).

데베(Δέρβη, Derbe)는 루스드라에서 150㎞ 동쪽에 위치한 도시다(Schnabel). 이 도시들의 주변은 대부분 시골이었고, 사람들은 교육을 전혀 받지 못했다(Longenecker). 산에 굴을 파고 사는 사람도 많았다(Bock).

대체로 치안이 좋지 않았으며, 로마의 통치와 법을 잘 따르지 않는 곳
이었다. 그러므로 사도들이 이고니온에서 이 지역으로 이동한 것은 문
명이 매우 발전된 도시에서 거의 발달되지 않은 원시적 사회로 간 것
이므로 당시 이방인들의 생활 수준에 대한 스펙트럼을 보여 준다고 할
수 있다(Bock).

율법과 복음

갈라디아서의 가장 중요한 주제는 그리스도의 복음과 모세 율법의 관
계다(cf. 3:2, 5). 바울과 바나바는 1차 선교 여행 후 파송 교회가 있는
수리아 안디옥으로 돌아왔다(행 14:26-28). 그들이 안디옥에 머무는 동
안 유대에서 내려온 자들이 바울과 바나바가 세운 갈라디아 지역의 교
회를 돌며 그들이 전한 복음과 다른 메시지를 전파했다(cf. 행 15:1).

바울과 바나바는 이방인은 유대교나 율법을 통하지 않고 오직 그리
스도의 십자가 죽음과 부활을 믿음으로써 하나님의 백성이 된다고 가
르쳤다. 예수님은 유대인들의 왕이자 메시아로 오셨고 구약 선지자들
의 예언에 따라 구원자로 오셨지만, 주님이 시작하신 기독교는 유대교
의 한 종파(sect)가 아니라 완전히 새로운 종교이기 때문이다. 이에 반
해 유대에서 내려온 자들은 하나님의 백성으로 살려면 누구든지 그리
스도의 복음을 영접할 뿐 아니라 모세가 전해 준 율법도 지켜야 한다
고 했다. 그들은 기독교를 유대교의 한 종파로 간주해 '복음 + α'를 강
요한 것이다.

갈라디아 교회를 율법으로 현혹한 자들의 정체에 대해 의견이 분
분하다(cf. Schreiner). 그들을 거짓 선생이라 하는 이들이 있는가 하면
(Martyn), 선교사라 하는 이들도 있다(Dunn, Rapa). 바울은 그들을 단순
히 '교란하는 자들/요동하게 하는 자들'(ταράσσοντες)이라 부른다(1:7;

5:10, 12). 이들을 어떻게 부르던 간에 이 사람들은 그리스도인에게 할례와 율법의 필요성을 가르쳤으므로 지난 2,000년 동안 교회는 이들을 '유대교화자들'(Judaizers)로 불렀다(cf. Beale & Gladd, Wright & Bird). 이 사람들은 기독교 신앙만으로는 하나님의 백성이 될 수 없으며 반드시 할례(2:3; 5:6; 6:12-13)를 행하는 등 모세 율법도 준수해야 한다고 했다. 한마디로 그리스도인이 유대교로 개종해야 하나님의 백성이 될 수 있다고 가르친 것이다. 그렇다면 이들의 눈에는 이방인 그리스도인과 유대교로 개종한 이방인(proselytes)이 별반 차이가 없었다.

기독교가 유대교에서 완전히 분리되지 않은 상황에서 이처럼 혼란스럽고 이단적인 가르침이 교회를 괴롭히는 것은 어느 정도 예상된 일이었다. 교회가 예루살렘에서 처음 시작될 때는 거의 모든 성도가 유대인이었다. 유대인들은 태어날 때부터 하나님의 언약 백성이지만, 평생 율법을 잘 지켜야 하나님의 백성 신분을 유지할 수 있다는 랍비들의 가르침에 익숙해져 있었다. 이러한 상황에서 예수님을 영접하는 것이 하나님의 백성이 되는 길이고 그 신분을 계속 유지하는 방법이라는 그리스도의 복음은 믿기 어려울 정도로 황홀하고 파격적이었다. 그러나 유대인들이 그리스도인이 되기 위해 유대교를 온전히 떠나는 것은 결코 쉬운 일이 아니었다. 그러므로 이 사람들은 유대교를 포기하지 않으면서 그리스도인 신분을 유지하는 방법으로 '복음 + 율법'을 주장했다. 세월이 지나면서 유대교 출신 교인이 줄어들고 기독교가 유대교의 영향에서 점차 벗어나면서 이 문제는 해결되었다.

지금도 기독교 종파 중에 율법 전체를, 혹은 일부를 지켜야 한다는 자들이 있는 것을 보면 복음과 율법의 관계를 올바르게 이해하는 것은 쉬운 문제가 아니다. 그러나 이 이슈에 대한 성경의 입장은 단호하다. 그리스도인은 옛적에 모세를 통해 시내산에서 주어진 율법에서 완전히 자유롭다. 유대인이든 이방인이든 누구든지 그리스도를 영접하는 순간 율법에 대해 죽기 때문이다: "내가 율법으로 말미암아 율법에 대하여 죽었나니 이는 하나님에 대하여 살려 함이라 내가 그리스도와 함께 십자가에 못 박혔나니 그런즉 이제는 내가 사는 것이 아니요 오직 내 안에 그리스도께서 사시는 것이라 이제 내가 육체 가운데 사는 것은 나를 사랑하사 나를 위하여 자기 자신을 버리신 하나님의 아들을 믿는 믿음 안에서 사는 것이라"(2:19-20).

갈라디아 교회들을 돌며 그리스도인들을 현혹했던 '유대교화자들'(Judaizers, 그들이 율법을 지킬 것을 강요했으므로 이후 '율법주의자들'로 지칭함)은 정확히 무엇을 주장했는가? 사도행전 15장과 갈라디아서 1-2장을 살펴보면 그들이 어떤 주장을 펼쳤는지 어느 정도 윤곽이 드러난다.

그들이 지향한 율법주의는 기독교 회심의 절정으로 모세 율법에 대한 전적인 헌신을 요구함으로써 기독교 믿음과 이스라엘 율법을 결합한 종교 체계였다. 바울에게 이 종교 체계는 예수 그리스도의 사역을 부인하는 것이며, 기독교인의 삶을 인도하시는 성령을 포기하는 것이었다. 다르게 말하자면 유대주의자들의 율법주의는 그리스도의 복음과 전혀 다른 메시지, 곧 교회가 결코 허용할 수 없는 '다른 복음'이었다(McKnight).

율법주의자들이 기독교 신앙에 많은 것을 더한 것은 아니다. 갈라디아서에 따르면 그들은 유대교 율법 중에서도 할례와 정결한 음식법의 준수를 강요했다(cf. 2:3; 5:6; 6:12). 이러한 주장은 그리스도인은 모든 것을 먹을 수 있고(cf. 행 10장), 이방인은 할례를 받을 필요가 없다는 사도들의 권고(cf. 행 15장)를 정면으로 반박하는 것이었다. 더 나아가 음식을 누구와 먹는지에 대해서도 가르친 것으로 보아(2:11-14) 이들이 주장한 율법주의에서는 율법이 중요한 것이 아니라, 이방인이 '유대인이 되는 것'이 중요했다. 일종의 문화적 제국주의(cultural imperialism)를 지향한 것이다(McKnight). 그들은 그리스도를 영접하는 일을 기독교 신앙의 최종 목적이 아니라 유대교에 가입하는 전(前) 단계 정도로 생각했다.

   이 율법주의자들의 '복음 + 율법'은 기독교 교리와 비교해 다음과 같은 다양한 신학적 문제를 안고 있다(cf. McKnight, Schreiner). 첫째, 잘못된 기독론이다. 그들은 할례 등의 율법 준수를 하나님 백성 공동체에 속하는 조건으로 내세웠다. 이러한 처사는 그리스도의 죽음을 통해 드러난 하나님의 은혜만으로는 언약 공동체에 속하기 부족하다는 입장을 고수하는 것이다(cf. 2:20-21). 그러나 우리가 하나님의 백성이 되는 유일한 길은 율법이 아니라 그리스도의 십자가와 부활을 통해 나타난 하나님의 은혜다.

   둘째, 잘못된 성령론이다. 성령이 내재하시는 교회와 개인은 모세의 율법을 삶의 지침으로 삼을 필요가 없다. 생명의 근원이신 성령이 우리 삶을 직접 인도하시기 때문이다. 그러므로 계속 율법을 지켜야 한다는 주장은 교회와 그리스도인의 삶에서 성령의 사역을 부인하는 오류를 범하는 행위다.

   셋째, 잘못된 교회론이다. 그들은 하나님의 능력이 그리스도의 복음을 통해 이방인이 유대인이 되지 않고도 하나님의 백성이 되게 한다는 사실을 부인한다. 그들은 교회가 그리스도 안에서 유대인과 그리스도인을 하나 되게 한다는 사실을 인정하지 않는다. 그러므로 교회에서 음식을 먹을 때도 유대인들은 따로 먹어야 한다고 했다.

   넷째, 잘못된 종말론이다. 하나님은 그리스도의 죽음과 부활을 통해 구약 선지자들이 예언한 종말을 시작하셨다. 그러나 이 사람들은 그리스도의 복음을 통해 이미 시작된 종말을 인지하지 못했다. 그러므로 옛날처럼 모세 율법을 지켜야만 하나님의 백성이라는 신분이 종말까지 유지된다고 생각했다.

   이러한 신학적 이슈들을 고려할 때 그들이 주장한 율법주의는 단순히 율법을 지키자는 것이 아니라, 그리스도 안에 있는 하나님의 은혜와 성령의 능력을 무력화하는 시스템이다(cf. 2:21; 5:2-4, 16-25). 그러므로 '복음 + 율법'이 아니라 '다른 복음'이 된다. 이 '복음'은 사람을 구원할 수 없다(McKnight, cf. 1:6-9). 그들은 모세와 그리스도가 필요하다고 말하지만, 그들의 사고 체계를 들여다보면 사실상 그리스도는 필요 없다. 그리스도가 이루신 일을 부인하는 처사이기 때문이다: "내가 하나님의 은혜를 폐하지 아니하노니 만일 의롭게 되는 것이 율법으로 말미암으면 그리스도께서 헛되이 죽으셨느니라"(2:21; cf. 5:2).

   사도는 복음을 버릴 위기에 처한 교회에 율법주의자들이 주장하는 것과 완전히 반대되는 메시지를 전파한다. 그리스도인이 그리스도 예수 안에서 누리는 자유는 절대적이므로 어떠한 것에도 구속받을 수 없으며, 모든 율법에서도 자유하다. 그러므로 갈라디아서는 그리스도인이 율법을 어떻게 생각하고 대해야 하는지에 관한 가장 실용적인 메시지라 할 수 있다. 그리스도인의 삶의 지침과 윤리적 기준은 오직 그들과 함께하며 인도하시는 성령으로부터 비롯되어야 한다. 바울은 그리스도인은 하나님의 은혜를 드러내신 그리스도와 율법을 전한 모세를 둘 다 수용할 수 없으며, 반드시 하나를 택해야 한다고 한다(cf. McKnight, Watson). 그러므로 일부 학자는 갈라디아 교회를 괴롭힌 율법주의자들은 그리스도인이 아니었다고 단언한다(Nanos). 신약 전반을 통해 드러나는 그리스도와 모세의 차이는 다음과 같다(cf. McKnight, Schreiner, Watson).

그리스도	모세
성령(Spirit)	율법(Law)
영(spirit)	육신(flesh)
믿음(faith)	율법의 일(works of the Law)
약속(promise)	율법(Law)
복(blessing)	저주(curse)
자유(freedom)	얽매임(slavery)
성숙한 아들(mature sonship)	노예, 아이(slavery, infancy)

새 창조(new creation)	할례/무할례 (circumcision/non-circumcision)
은혜(grace)	율법(Law)
기독교 교회(Christian church)	유대 나라(Jewish nation)

개요

갈라디아서의 구조를 간단하게 구분하면 다음과 같다. 이 주석에서도 이 구조를 바탕으로 본문을 주해할 것이다.

   Ⅰ. 서론(1:1-10)
   Ⅱ. 회고(1:11-2:21)
   Ⅲ. 율법과 의와 믿음(3:1-4:11)
   Ⅳ. 율법으로부터 자유와 성령 안에서 자유(4:12-6:10)
   Ⅴ. 마무리 인사(6:11-18)

Ⅰ. 서론
(1:1-10)

사도 바울이 보낸 첫 서신은 곧바로 그가 마음에 둔 것을 표현하는 일로 시작한다. 서신의 본론에서 집중적으로 다룰 가장 중요한 주제 두 가지를 미리 암시하는 것이다. 갈라디아 교회는 바울의 사도직과 그가 전한 복음에 문제를 제기한 율법주의자들에게 현혹되었다. 이에 대해 바울은 자신의 사도직은 하나님 아버지에게서 비롯된 것이라며 당당하게 말한다. 또한 자기가 전한 복음 외에는 그 어떤 복음도 있을 수 없다며 단호한 태도를 취한다. 율법주의자들의 주장에 심각한 문제가 있다는 그의 지적은 그들의 어리석은 주장에 현혹된 갈라디아 교회도 잘못 처신하고 있음을 암시한다. 바울의 당당함과 단호함을 중심으로 하는 이 섹션은 다음과 같이 구분된다.

  A. 인사: 바울의 사도직(1:1-5)
  B. 다른 복음은 없다(1:6-10)

Ⅰ. 서론(1:1-10)

A. 인사: 바울의 사도직(1:1-5)

¹ 사람들에게서 난 것도 아니요 사람으로 말미암은 것도 아니요 오직 예수 그리스도와 그를 죽은 자 가운데서 살리신 하나님 아버지로 말미암아 사도 된 바울은 ² 함께 있는 모든 형제와 더불어 갈라디아 여러 교회들에게 ³ 우리 하나님 아버지와 주 예수 그리스도로부터 은혜와 평강이 있기를 원하노라 ⁴ 그리스도께서 하나님 곧 우리 아버지의 뜻을 따라 이 악한 세대에서 우리를 건지시려고 우리 죄를 대속하기 위하여 자기 몸을 주셨으니 ⁵ 영광이 그에게 세세토록 있을지어다 아멘

갈라디아서는 당시의 그리스-로마 서신 양식에 따라 편지를 보내는 사람(1절)과 받는 사람(2절) 그리고 인사말(3절) 등을 포함하고 있다. 여기에 바울은 그리스도의 십자가 사역에 대한 찬양(4절)과 송영(doxology) (5절)을 더한다.

바울의 다른 서신과 비교했을 때 특이한 점은 갈라디아서의 인사말에는 감사 기도가 포함되지 않았다는 것이다(O'Brien, cf. 롬 1:8-15; 고전 1:4-9; 엡 1:15-23; 빌 1:3-5; 살전 1:2-10). 어떤 이들은 사도가 본론에서 다룰 주제의 긴급함을 암시하기 위해 감사 기도를 넣지 않은 것이라고 한다(Rapa). 그러나 긴급함보다는 갈라디아 성도들이 바울이 전한 복음을 버리고 율법주의자들의 주장을 수용하는 일의 심각성(그들은 더는 스스로 그리스도인이라 할 수 없는 오류를 범할 위기에 처해 있음)을 경고하기 위해 인사말에 감사 기도를 포함하지 않은 것으로 보인다. 다음 정황을 고려하면 사태의 심각성이 더 뚜렷해진다.

바울 서신에서는 인사말에 수신자인 성도나 교회를 하나님과의 관계적인 표현으로 수식하는 것이 일상적이다: "로마에서 하나님의 사랑하심을 받고 성도로 부르심을 받은 모든 자"(롬 1:7), "고린도에 있는 하나

님의 교회 곧 그리스도 예수 안에서 거룩하여지고 성도라 부르심을 받은 자들"(고전 1:2), "고린도에 있는 하나님의 교회와 또 온 아가야에 있는 모든 성도"(고후 1:1), "에베소에 있는 성도들과 그리스도 예수 안에 있는 신실한 자들"(엡 1:1), "빌립보에 사는 모든 성도와 또한 감독들과 집사들"(빌 1:1), "골로새에 있는 성도들 곧 그리스도 안에서 신실한 형제들"(골 1:2). 이와는 대조적으로 갈라디아서는 단순히 "갈라디아 여러 교회들"(1:2)에 보낸 서신이다.

문제는 사도가 '교회'(ἐκκλησία)라는 단어를 이곳에서 어떤 의미로 사용하고 있느냐 하는 것이다. '교회'(ἐκκλησία)는 기독교가 만들어 내거나 처음 사용한 단어가 아니다. 이 단어는 기독교가 '교회'의 의미로 사용하기 수백 년 전부터 헬라인들의 모임(집단)을 의미하는 표현으로 사용되었다(TDNT). 정치인의 연설을 듣기 위해 원형 극장에 모인 그룹도, 경기를 관람하기 위해 경기장에 모인 사람들도 모두 '엑클레시아'(ἐκκλησία)였다(cf. TDNT).

신약도 이 단어에 기독교적 의미를 부여하지 않고 단순히 '집단(모임)'이라는 뜻으로 사용한다. 예를 들면, 스데반은 순교하기 전 이스라엘의 역사를 회고하는 설교를 하면서 광야에서 방황하는 출애굽 1세대를 '광야 교회'(τῇ ἐκκλησίᾳ ἐν τῇ ἐρήμῳ)라고 지칭한다(행 7:38). 이 문구에서 '엑클레시아'(ἐκκλησία)를 '교회'로 번역하는 번역본은 개역개정과 아가페 정도다. 나머지 번역본은 모두 '모임, 회중'(assembly)으로 번역한다(새번역, 공동, ESV, NAS, NIV, NRS). 광야에 모인 출애굽 1세대는 절대 기독교적 의미의 '교회'가 될 수 없기 때문이다.

바울이 에베소에서 사역할 때, 은장색 데메드리오가 바울로 인해 우상이 팔리지 않자 폭동을 일으켜 그를 죽이려 했다(행 19:23-31). 폭도는 원형 극장에 모여 여러 가지 구호를 외쳤다. 사도행전의 저자 누가는 이때 원형 극장에 모여 구호를 외친 에베소 사람들을 '엑클레시아'(ἐκκλησία)라고 부른다(행 19:32).

53

이러한 의미를 고려해 바울은 '엑클레시아'(ἐκκλησία)라는 단어를 사용할 때는 항상 기독교적 수식어를 붙였다. 그러나 갈라디아서의 인사말에는 기독교적 수식어가 없다. 그는 자신의 불편한 심기와 갈라디아 성도들이 하고자 하는 일의 심각성을 암시하기 위해 의도적으로 수식어를 빼고 단순히 '갈라디아 여러 교회'(ταῖς ἐκκλησίαις τῆς Γαλατίας), 곧 '갈라디아 여러 [사교] 집단'에 서신을 보내고 있다. 갈라디아 성도들이 바울이 전한 그리스도의 복음을 버리고 율법주의자들의 가르침을 따른다면 그들은 더 이상 그리스도인이 아니기 때문이다.

이 외에도 갈라디아서에는 바울의 다른 서신에는 없는 것 두 가지가 있다. 첫째, 사도는 두 차례 저주를 선언한다: "저주를 받을지어다"(1:8, 9). 그가 전한 그리스도의 복음 외에 다른 복음을 전하는 자는 하늘로부터 온 천사라도 저주를 받을 것이라고 한다. 둘째, 혹독하게 비난한다: "어리석도다 갈라디아 사람들아"(3:1, 3). 누구든지 그리스도 안에서 성령으로 시작했다가 육체로 마치려 하는 자들은 어리석다는 비난을 받기에 합당하다(cf. Betz, Dahl).

그러므로 인사말에 감사 기도가 없고, '엑클레시아'(ἐκκλησία)에 기독교적 수식어가 없는 것은 사도의 불편한 심기를 암시한다. 또한 노골적인 저주와 비난은 그의 분노를 표현한다. 그리스도의 복음을 떠나 율법에 따라 살려는 자들에 대한 안타까움이다.

개역개정에서는 '사도 된 바울'이라는 표현이 1절의 마지막 부분에 등장하지만, 헬라어 사본과 모든 영어 번역본에서는 문장을 시작하는 부분에 있다(cf. 공동). 바울은 '사도 된 바울'(Παῦλος ἀπόστολος)이라는 문구로 갈라디아서를 시작함으로써 자신이 사도임을 먼저 선언한 다음 서신을 시작한다(cf. 롬 1:1; 고전 1:1; 고후 1:1; 엡 1:1; 골 1:1). 서신을 이렇게 시작하는 또 다른 이유는 갈라디아 교회가 그의 선언에 동의하기를 기대하기 때문이다(McKnight). 율법주의자들이 그의 사도직에 문제를 제기한다고 해서 그가 하나님께 받은 직분과 소명이 바뀌지는 않는다. 이 서신이 발전시키는 가장 중요한 한 가지 주제는 바울의 사도직과 권위다(Hays).

'사도'(ἀπόστολος)는 '보냄을 받은 자'라는 의미를 지닌 히브리어 단어(שָׁלִיחַ)에서 비롯되었다(cf. TDNT). 구약에서는 하나님의 선지자와 메신저를 뜻한다. 신약에서는 예수님이 직접 세우신 제자들(막 3:14-15)과 예수님의 부활에 대한 증인 중 소수를 이렇게 부른다(고전 9:1; 15:3-9; cf. 행 9:1-9; 고후 8:23; 갈 1:12; 빌 2:25). 바울은 자신을 가리켜 예수님이 직접 세우신 열두 제자에 버금가는(Lightfoot), 곧 그리스도께서 직접 세우신 공식적인 사도라 한다(McKnight, cf. 1:15-16). 그리스도 예수의 사도로서 바울은 십자가에서 죽으신 그리스도를 갈라디아 사람들에게 전파해 교회를 세우고 그들을 양육한 영적 아버지였다(cf. 고전 4:14-21). 하지만 안타깝게도 자녀들이 자신을 하나님께 인도한 아버지를 배반하는 기로에 서 있다.

저자는 자신의 사도직이 '사람들에게서 난 것도 아니요 사람으로 말미암은 것도 아니라'고 한다(1a절). '난 것'(ἀπό)과 '말미암은 것'(διά)의 의미를 구분할 필요는 없다(Schreiner). 그의 사도직은 어떠한 인간적 동기에서 비롯된 것이 아니라는 사실을 강조한다(Hays).

바울이 사도가 된 것은 '오직 예수 그리스도와 그를 죽은 자 가운데서 살리신 하나님 아버지로 말미암아' 된 일이다(1b절). 예수님과 함께한 열두 제자는 모두 유대인에게 복음을 전파했다. 하나님은 이방인에게 복음을 전파하라며 바울을 사도로 세우셨다(롬 11:13; 갈 1:16; 딤전 2:7; cf. 행 9:15). 그는 그리스도인들을 잡아들이겠다며 다메섹으로 가는 길에 예수 그리스도를 만나 직접 사도직을 받았다(1:12; 고전 9:1; cf. 행 9:1-7).

바울이 이처럼 자신의 사도직이 하나님께로부터 온 것이라는 사실을 당당하게 선언하며 서신을 시작하는 것은 율법주의자들이 그의 사도직의 정당성을 문제 삼았기 때문이다(cf. Bruce, Longenecker, Esler). 고

린도 교회도 바울의 사도직에 문제를 제기했던 사람들에게 현혹된 적
이 있다. 그러나 그들은 바울이 하나님이 세우신 사도라는 사실을 재
차 깨닫게 되었고(고전 9:2), 그가 행한 온갖 이적이 그의 사도직에서 비
롯된 것임을 인정했다(cf. 고후 12:12).

사도는 하나님을 가리켜 '예수 그리스도를 죽은 자 가운데서 살리신
이'라고 하는데(1b절), 서신을 시작하며 예수 그리스도의 부활을 언급하
는 것은 이곳이 유일하다. 부활은 복음과 율법의 관계를 설명하는 일
에 매우 중요하기 때문이다. 하나님은 예수 그리스도의 죽음과 부활을
통해 이스라엘뿐 아니라 온 인류에게 구원을 실현하는 새 시대를 시작
하셨다(Schreiner, cf. 사 26:19; 겔 37:1-14; 단 12:1-3). 갈라디아 성도들이
옛 시대의 유물인 할례를 받고 율법을 지키려 하는 것은 그리스도의
사역으로 시작된 새 시대를 부인하고 옛 시대로 돌아가려는 것과 같
다. 그들은 자신들이 구속사의 시간을 되돌리려 한다는 사실을 깨닫지
못하고 율법주의자들의 농간에 놀아나고 있는 것이다.

바울은 자기와 함께 있는 모든 형제의 이름으로 이 서신을 보낸다
(2절). 그는 교회에 서신을 보낼 때면 항상 자기와 함께 있는 사람들을
발신자에 포함한다. 그러나 다른 서신에서 함께 있는 사람들의 이름을
직접 언급하는 것과 달리(고전 1:1; 고후 1:1; 빌 1:1; 골 1:1; 살전 1:1; 살후
1:1), 이곳에서는 '형제들'이라고 칭할 뿐 이름을 밝히지는 않는다. 아
마도 바울의 사도권은 사람에게서 비롯된 것이 아니라고 하는 상황에
서 함께 있는 사람들의 이름을 언급하면, 그의 사도권이 그들과 연관
되어 있다는 오해를 불러일으킬 수 있기 때문으로 보인다(Rapa).

이 '모든 형제들'(πάντες ἀδελφοὶ)이 그와 함께 사역하는 동역자인지
(Hays, Rapa), 혹은 함께 있는 모든 성도인지(Dunn) 확실하지 않지만, 그
다지 중요한 이슈는 아니다. 이들은 온 세상 성도(교회)를 상징하며,
바울의 사도직과 그가 전한 복음이 사실임을 확인하는 역할을 한다
(Bryant, Longenecker). 그러므로 율법주의자들이 요구하는 할례와 율법

준수는 필요 없다는 사실을 확인하는 역할도 한다(Garlington).

'갈라디아 여러 교회'(ἐκκλησίαις τῆς Γαλατίας)는 서론에서 언급한 것처럼 바울과 바나바가 1차 선교 여행 때 갈라디아주 남쪽 지역에 세운 교회들이다. 그들은 비시디아 안디옥, 이고니온, 루스드라, 더베 등에 교회를 세웠다(cf. 행 13:5-12). 사도는 이 지역에 있는 모든 교회에 이 서신을 보내고 있다. 그는 이 지역 교회들이 모두 회람하도록 갈라디아서를 보냈다(Hays). 이 섹션의 도입 부분에서 언급한 것처럼 바울이 갈라디아 교회에 어떠한 기독교적 수식어도 덧붙이지 않은 것은 그의 불쾌하고 불편한 심기를 암시한다.

사도가 갈라디아 교회에 빌어 주는 축복은 은혜와 평강이다(3절). '은혜와 평강'(χάρις καὶ εἰρήνη)은 그가 인사말에서 자주 사용하는 쌍 단어(word-pair)이며(cf. 롬 1:7; 고전 1:3; 고후 1:2; 엡 1:2; 빌 1:2; 몬 1:3), 세상 모든 성도를 위한 바울의 기도이기도 하다.

일부 학자(Hays, Martyn)가 주장하는 것처럼 '은혜'(χάρις)와 '평강'(εἰρήνη)은 바울이 세상의 인사말을 기독교화한 것이 아니다. 이사야 53:4, 12 등을 상기시키는 말이며(Schreiner), 하나님이 성도의 삶에서 행하시는 온전한 사역을 강조하기 위해 만들어 낸 독특한 표현이다(cf. 엡 5:2, 25; 딤전 2:6; 딛 2:14).

'은혜'(χάρις)는 성도들에 대한 특별한 배려로 하나님이 주시는 선물이며, 삶의 시작과 근원이다. 그러므로 하나님의 은혜가 없으면 그리스도인의 삶을 살 수가 없다. 또한 성도를 변화시키는 역동적인 힘이다(Dunn). 그러므로 그리스도인의 삶에서 은혜는 매우 중요한 개념이다. 안타깝게도 일부 갈라디아 성도는 하나님의 은혜를 부인하는 '복음'을 받아들이려 하고 있다(Schreiner).

'평강'(εἰρήνη)은 구약의 '샬롬'(שלום)에서 유래한 것으로 삶의 모든 요소가 완벽한 조화를 이룰 때 누리는 평안이다. 이는 하나님과의 원수 관계가 은혜를 통해 용서와 축복으로 바뀔 때 가능하다(cf. 롬 5:1;

57

15:13; 엡 2:14; 골 1:20). 그러므로 그리스도인에게 은혜는 삶의 시작이며, 평강은 은혜의 실현이라 할 수 있다.

바울이 빌어 주는 은혜와 평강은 하나님 아버지와 주 예수 그리스도로부터 온다(3절). 창조주께서 자신이 창조한 사람들에게 복을 내리시는 것은 충분히 이해가 가는데, 예수 그리스도는 어떤 자격으로 성도들에게 복을 주시는가? 사도는 그분이 우리 아버지이신 창조주 하나님의 뜻을 따라 이 악한 세대에서 우리를 건지시려고 우리 죄를 대속하기 위해 자기 몸을 내 주셨기 때문이라고 한다(4절). 즉, 그리스도께서 우리의 죄를 대속하기 위해 죽으신 십자가로 인해 하나님과 함께 우리에게 복을 내리실 자격이 있다고 한다.

예수님이 십자가에서 죽으신 것은 우연히 된 일이 아니라, 하나님의 뜻에 따라 일어난 일이다. 하나님은 우리를 이 악한 세대에서 건지시려고 그리스도로 하여금 십자가를 지게 하셨다. '이 세대'(τοῦ αἰῶνος τοῦ ἐνεστῶτος)는 그리스도의 심판으로 의로워지고 거룩하게 될 '종말 세대'가 실현될 때까지 지속되는 시대이므로 종말과 대조를 이루는 용어다(Ciampa, Schreiner, cf. 마 12:32; 13:39; 24:3; 28:20; 막 10:30; 눅 18:30; 20:35; 롬 12:2; 엡 1:21; 2:2). '이 세대'는 악하다(πονηρός). 마귀의 훼방으로 인해 온갖 결함과 문제가 많은 이 세대는 모든 것이 온전해질 종말과는 질적으로 다르다는 뜻이다.

'건지다'(ἐξαιρέω)는 칠십인역(LXX)이 하나님의 백성이 이집트의 억압에서 벗어나는 것을 묘사할 때 사용하는 단어다(출 3:8; 18:4, 8, 9, 10). 그러므로 지배하는 권세의 손아귀에서 벗어나게 하는 것을 의미한다(Rapa). 하나님은 죄의 권세가 인류를 지배하는 상황에서 그리스도를 보내심으로써 믿는 자들을 죄의 권세에서 벗어나게 하셨다.

사람이 죄의 지배에서 벗어나는 것은 하나님이 그리스도의 십자가를 통해 베푸신 은혜로만 가능하다. 또한 하나님과의 관계는 할례와 율법 준수로 인해 회복되는 것이 아니라, 그리스도의 십자가와 부활을 통해서만 회복될 수 있다. 갈라디아 성도들은 '이 악한 세대'에 현혹되어 할례와 율법을 통해 하나님께 나아가려고 한다. 하나님이 그리스도를 통해 '선한 세대'(종말)를 이미 시작하셨는데도 말이다(McKnight).

하나님이 그리스도의 죽음으로 옛 시대에 종지부를 찍고 부활로 새 시대를 시작하셨다는 것은 갈라디아 성도들이 그리스도의 복음을 통해 새 시대에 들어온 것을 의미한다. 그런 그들이 할례와 율법을 지키려 하는 것은 그리스도의 부활로 시작된 새 시대를 거부하고 옛 시대로 돌아가려는 것과 마찬가지다. 이러한 처사는 현재와 종말의 관계가 '이미-아직'(already-not yet)으로 요약되는 사도의 가르침과도 어울리지 않는다(Dunn, Martyn, Witherington).

사도는 이 섹션을 찬송/송영(doxology)으로 마무리한다: "영광이 그에게 세세토록 있을지어다 아멘"(5절). 바울은 이 찬송을 통해 예배 분위기를 조성한다. 그가 다시 설명할 그리스도의 복음에 갈라디아 성도들이 '아멘'으로 화답하기를 바라기 때문이다(Martyn). '영광'(δόξα)은 하나님의 속성 및 하시는 일과 연관된 모든 아름다움과 위대하심이다(Schreiner). 하나님의 영광은 예수 그리스도의 십자가와 부활에서 가장 절정적으로 나타났다.

이 말씀은 하나님 나라를 위해 사역하는 이들은 하나님이 세우신다고 한다. 율법주의자들은 갈라디아 성도들에게 바울은 사도의 자격이 없으며, 설령 그가 사도라 해도 삼류 사도라고 했다. 이에 대해 바울은 자신은 하나님과 예수님이 직접 세우신 사도이며, 그 율법주의자들보다 훨씬 더 뛰어난 열두 제자와 동등하다고 한다. 그가 이처럼 당당하게 말할 수 있는 것은 하나님이 그에게 소명을 주시고 사도로 세우셨기 때문이다. 하나님의 부르심을 받은 그리스도인 사역자들은 당당하고 자신 있게 사역해야 한다. 하나님이 그들을 세우셨기 때문이다.

우리는 하나님의 은혜와 평강으로 서로 축복해야 한다. 이 은혜와 평강은 세상이 줄 수 없는 것이다. 오직 하나님이 그리스도를 통해 주시는 축복이다. 그러므로 이 은혜와 평강을 빌어 주는 것은 받는 사람이 예수님을 통해 하나님과 복된 관계를 유지하기를 바라는 염원을 포함한다. 더 많은 사람에게 더 자주 하나님의 은혜와 평강을 빌어 주자.

그리스도의 십자가와 부활은 복음의 핵심이며, 기독교의 가장 중요한 고백이요 선포다. 그리스도의 십자가나 부활을 부인하거나 십자가와 부활에 다른 것을 더하는 것은 그리스도의 복음에 상반되는 '다른 복음'이며 사람을 죽음으로 인도한다. 아무리 좋은 의도라도 복음의 순수성을 훼손하면 더는 그리스도인이 아니다.

율법은 옛 시대에 속한 것이며, 하나님은 그리스도를 통해 그 시대를 종결하고 새로운 시대를 시작하셨다. 그러므로 율법주의는 옛 시대로 돌아가는 것이며, 그리스도를 통해 시작된 새로운 시대를 부인하는 행위다. 우리는 율법으로 옛 시대에 머물지 않아야 하며, 그리스도 안에서 새 시대를 살아야 한다.

그리스도인이 삶에서 항상 추구하고 구해야 할 것은 하나님의 영광이다. 우리가 성령의 인도하심에 따라 하나님 나라의 백성으로 살아갈 때 하나님의 영광이 우리를 통해 세상에 드러난다. 우리를 통해 세상에 드러나는 하나님의 영광은 복음 전파와 전도에 가장 좋은 기폭제다.

I. 서론(1:1-10)

B. 다른 복음은 없다(1:6-10)

⁶ 그리스도의 은혜로 너희를 부르신 이를 이같이 속히 떠나 다른 복음을 따르는 것을 내가 이상하게 여기노라 ⁷ 다른 복음은 없나니 다만 어떤 사람들이 너희를 교란하여 그리스도의 복음을 변하게 하려 함이라 ⁸ 그러나 우리나 혹은 하늘로부터 온 천사라도 우리가 너희에게 전한 복음 외에 다른 복음을 전하면 저주를 받을지어다 ⁹ 우리가 전에 말하였거니와 내가 지금 다시 말하

노니 만일 누구든지 너희가 받은 것 외에 다른 복음을 전하면 저주를 받을
지어다 [10] 이제 내가 사람들에게 좋게 하랴 하나님께 좋게 하랴 사람들에게
기쁨을 구하랴 내가 지금까지 사람들의 기쁨을 구하였다면 그리스도의 종이
아니니라

사도는 갈라디아에서 믿기지 않는 일이 벌어졌다며 참으로 이상하
다고 한다. 하나님은 갈라디아 성도들을 그리스도의 은혜로 부르셨
다. 그리스도의 복음은 유대인이든 이방인이든 상관없이 모든 사람에
게 선포된다(고전 1:22-23). 그러나 듣는 사람 중에 하나님의 부르심을
(καλέω) 입은 자들만 그리스도를 영접한다(고전 1:24). 하나님은 자기가
택한 자들만 부르시기 때문이다(고전 1:26-28). 그러므로 부르심은 곧
구원과 직결된다(cf. Hays).

하나님이 그리스도의 은혜로 구원하신 갈라디아 성도들은 너무나도
속히 그들을 부르신 하나님을 떠나 다른 복음을 따랐다(6a절). 칠십인
역(LXX)은 '속히'(οὕτως ταχέως)를 출애굽 때 이스라엘이 이집트를 나오
자마자 하나님을 배신하고 금송아지를 만든 일을 묘사할 때 사용한 표
현이다(출 32:8; cf. 삿 2:17). 어이없음을 증폭시키는 역할을 한다. 이스
라엘이 이집트로부터 해방되자마자 곧바로 하나님을 배신한 것처럼,
갈라디아 성도들은 그리스도의 은혜로 그들을 부르신 하나님을 속히
떠났다. 신중하게 생각하지 않고 너무 쉽게 떠났다는 뜻이다(Rapa).

'떠나다'(μετατίθημι)는 배교적인 행위를 했다는 뜻이다(Schreiner). 그들
은 더 경건하고 거룩한 삶을 살고자 율법주의자들이 제시하는 '다른 복
음'(ἕτερον εὐαγγέλιον)을 따르려 했을 것이다. 그러나 그들의 선택은 오
히려 그들 스스로 하나님을 떠나게 했다(McKnight).

그러므로 바울은 갈라디아 성도들이 이처럼 하나님을 떠나 다른
복음을 따르는 일을 참으로 이상하게 여긴다(6b절). '이상하게 여기
다'(θαυμάζω)는 믿기지 않는 일이 일어나 참으로 충격을 받았다는 뜻이

다(BDAG). '떠나'(μετατίθεσθε)와 '이상하게 여기노라'(θαυμάζω)는 둘 다 현재형 동사다. 갈라디아 성도들은 하나님을 떠나는 중이고, 소식을 들은 사도는 충격에서 벗어나지 못하고 있다(Dunn, Longenecker). 바울은 갈라디아 성도들이 상식 밖의 짓을 했다며 그들을 비난하고 있는 것이다(Rapa, Schreiner).

갈라디아 성도들은 그리스도의 복음을 버리고 '다른 복음' 곧 어떤 사람들이 주장하는 바를 좇았는데, 사실 그들이 좇은 '다른 복음'은 복음이 아니다. 바울은 이 사람들이 유대에서 온 '유대인 그리스도인 선생들'이라는 사실을 안다(cf. 행 15:1). 그럼에도 그들을 '어떤 사람들'(τινές)이라 하는 것은 요즘 말로 하면 '듣보잡'(듣지도 보지도 못한 잡놈)이라며 그들의 중요성과 정체성을 비하하기 위해서다. 그들이 '복음'을 전한다면서 실제로는 그리스도의 복음이 주는 참 자유를 거부하고 사람들을 할례와 율법으로 억압하고 있기 때문이다.

세상에는 그리스도의 복음 외에 다른 복음은 없다(7a절). 그리스도의 복음이 사람을 창조주 하나님께 인도하는 유일한 길이기 때문이다. 소위 '다른 복음'은 율법주의자들이 갈라디아 성도들을 교란해 그리스도의 복음을 변질시킨 것이다(7b절). '교란하다'(ταράσσω)는 '들쑤시다, 혼란스럽게 하다'라는 의미를 지닌다(BDAG).

그리스도의 복음을 영접해 하나님의 은혜 안에서 평안하게 신앙생활을 하던 갈라디아 성도들에게 율법주의자들이 제시한 '다른 복음'은 그리스도의 복음에 대한 대안이 아니라, 그리스도의 복음을 '손본' 것이다. '변하다'(μεταστρέφω)는 피가 물로 변하고, 빛이 어둠으로 변하고, 생수가 소금물로 변하는 등 강력하고 대조적인 변질을 묘사하는 단어다(Schreiner). 그들은 믿음으로 생명과 자유를 주는 그리스도의 복음에 모세 율법을 더해 죽음과 억압을 주는 것으로 변질시켰다. 우리는 그들의 가르침이 어떠했는지 짐작할 수 있다: "어떤 사람들이 유대로부터 내려와서 형제들을 가르치되 너희가 모세의 법대로 할례를 받지 아니하면 능히 구원을 받지 못하리라"(행 15:1).

이 사람들은 그리스도인이 아니라 유대에서 온 율법주의자들이다. 그들은 바울이 전한 복음이 심각한 문제를 안고 있다며 율법의 필요성을 강조하는 '다른 복음'을 전하지만, 정작 심각한 문제를 안고 있는 것은 그들이 '복음'이라며 전하는 메시지다. 그들의 복음은 그리스도의 복음을 변질시킨 것이다. 그들의 복음은 죄를 사하고 영생을 주는 그리스도의 복음을 할례와 율법으로 '보완하여'(modify) 죄를 짓게 하고 영원한 죽음에 이르게 한다(cf. 5:2-6; 6:12-13).

이에 대해 바울은 단호하게 말한다. 설령 사도나 그와 함께하는 사역자들이나 심지어 하늘로부터 온 천사라도 바울과 동역자들이 전한 복음 외에 다른 복음을 전하면 저주를 받을 것이다(8절). '그리스도의 복음'은 바울이나 다른 어떤 사람이 만든 것이 아니다. 하나님이 정해 주신 것이다. 그러므로 모든 사역자는 하나님이 이미 정해 주신 복음을 전파하는 역할만 한다. 그들에게는 복음을 '구성하거나 저작할' 자격이 없다. 그러므로 율법주의자들과 바울 일행뿐 아니라 심지어 하나님이 파송하신 천사라 할지라도 바울이 전하는 복음 외에 다른 복음을 전하면 저주를 받아야 한다. 하나님이 정해 주신 복음을 인위적으로 변질시켰기 때문이다. 창조주 하나님이 정하신 그리스도의 복음은 절대 변하지 않으며, 그 누구도 변질시킬 수 없다.

사람이든 천사든 그리스도의 복음을 변질시키는 자들은 저주를 받을 것이다(8b절). '저주'(ἀνάθεμα)는 종말에 있을 최종적인 정죄와 파괴를 뜻한다(Longenecker, McKnight, cf. 롬 9:3; 고전 16:22). 구약의 '진멸'(חֵרֶם)에서 유래한 개념이다(Schreiner, cf. 출 22:20; 레 27:28-29; 민 18:14; 21:2-3; 수 6:17; 신 7:26). 어떤 이들은 '다른 복음'을 전하는 자들이 율법주의를 지향하는 그리스도인이라 하지만(Hays), 본문에서 바울이 그들에게 저주를 내리는 것을 보면 그리스도인이 아닌 것이 확실하다(Schreiner). 만일 그들이 그리스도인이 아니라면 무엇인가? 구약 상황에 빗대자면 그들은 거짓 선지자에 불과하다. 구약은 거짓 선지자들을 돌로 쳐 죽이라 한다(신 13:1-11). 우리가 기억해야 할 것은 교회 안에도 '빛의 사자로 가장해 속이는 마귀의 졸개들'이 있다는 사실이다(고후 11:14). 세상이 끝나는 날 하나님은 그들을 심판하시고 바울이 그들에게 내린 저주에 합당한 벌을 내리실 것이다.

바울이 천사를 포함한 누구라도 그가 전한 복음 외에 다른 복음을 전하면 저주가 내릴 것이라고 경고한 일은 이번이 처음이 아니다(9절). 그는 예전에도 같은 말을 한 적이 있다(9a절). 갈라디아 교회의 현재 상황이 예전에 했던 저주를 다시 하게 한 것이다.

율법주의자들은 바울이 할례와 율법을 배제함으로써 온전한 복음을 가르치지 않았다고 주장했다. 그러나 바울은 이미 하나님이 정해 주신 온전한 복음을 전했으므로 그에 더할 것이 없다. 그러므로 갈라디아 성도들의 처사는 율법주의자들에게 현혹되어 이미 사도에게 들은 '참 복음'을 버리고 '다른 복음'을 찾아 나선 것이라 할 수 있다. 호기심과 그릇된 열정이 그들을 실족하게 한 것이다.

사도는 수사학적인 질문을 통해 자신이 왜 그리스도의 복음만 전파하는지 회고한다(10절). 일부 학자는 이 구절이 앞부분의 결론인지 혹은 다음 섹션의 시작인지에 대해 논쟁하지만, 앞과 뒤를 이어 주는 전환(transition) 문장으로 보는 것이 바람직하다(cf. Betz, Fee).

사도는 이때까지 항상 하나님께 좋게 하기 위해(하나님을 기쁘시게 하기 위해) 그리스도의 복음을 전파해 왔다. 만일 그가 하나님이 아니라 사람들에게 좋게 하고 기쁨을 주기 위해 복음을 전파했다면(10a절), 8절에서 선언한 저주가 자신에게 임하기를 바란다. 정말 그리했다면 그리스도의 종이 아니기 때문에 저주를 받아 마땅하다(10b절). 우리는 바울의 회고에서 그의 비장함을 보아야 한다. 그는 그리스도가 세우신 사도로서 '그리스도의 복음을 전파할 수 없다면 차라리 죽겠노라'라는 자세로 선교 사역에 임하고 있다.

이 말씀은 우리도 바울처럼 그리스도의 복음에 확신이 있는지 돌아보게 한다. 그리스도의 복음은 하나님이 이미 정하셨으므로 그리스도인 사역자들은 지난 2,000년 동안 전파하고 선포하기만 했다. 복음은 지난 2,000년 동안 변하지 않았다. 처음 선포된 날이나 지금이나 같다. 우리는 그리스도의 십자가를 통해 죄를 용서받았고, 그리스도의 부활을 통해 하나님의 자녀가 되었다. 모두 다 하나님의 은혜로 시작된 일이며, 우리는 그리스도를 믿으면 된다. 오직 믿음과 오직 은혜를 강조한 종교 개혁자들이 옳다. 차가운 머리로 복음을 이해해야 이단이 틈타지 않는다. 또한 뜨거운 가슴으로 그리스도의 복음을 전파해야 한다.

포스트모던 사회에서 그리스도의 복음은 계속 공격받고 있다. 오직 예수 그리스도를 통해 구원을 얻는다는 사실은 다분히 배타성(exclusivity)을 지니고 있으며, 다양성을 지향하는 '이 세대'는 이러한 배타성을 좋아하지 않는다. 그러나 우리 그리스도인들은 계속 그리스도의 복음을 고수해야 한다. 조금이라도 복음을 변화시키는 것은 곧 복음을 훼손하는 일이며 하나님이 2,000년 전에 정해 주신 복음이 잘못되었음을 암시하는 행위이기 때문이다. 우리는 갈라디아 성도들에게서 교훈을 얻어야 한다. 잘못된 열정은 복음의 순수성을 훼손할 수 있으며, 훼손된 복음은 우리를 죽음으로 내몰 수 있다.

우리는 하나님과 사람들을 기쁘게 하며 살아야 하지만, 때로는 사람을 기쁘게 하거나 하나님을 기쁘게 하거나 둘 중 하나를 선택해야 하는 경우가 생긴다. 이때는 지혜롭게 결단해 하나님을 기쁘게 해야 한다. 우리 삶의 목표는 하나님을 기쁘시게 하는 것이기 때문이다.

Ⅱ. 회고
(1:11-2:21)

앞 섹션에서 사도는 세상에는 오직 하나의 복음, 곧 자신이 갈라디아 사람들에게 전한 복음만 있다고 했다. 율법주의자들이 전하는 '다른 복음'은 진짜 복음이 아니라고 했다. 이 섹션에서는 그가 전한 복음, 곧 그리스도의 복음은 사도들이나 사람들에게서 들은 것이 아니라 예수님께 직접 계시로 받은 것이라고 한다. 그는 사도로 부르심을 받은 이후 다른 사도들이나 선생들에게 배운 적이 없으며, 그들과 괄목할 만한 교류를 한 적도 없다. 그는 모든 사람에게서 완전히 독립된 상태로 살며 사역해 왔다. 이러한 내용을 회고하는 본 텍스트는 다음과 같이 구분된다.

A. 그리스도의 계시로 받은 복음(1:11-12)
B. 바울의 사도직과 독립성(1:13-2:14)
C. 그리스도의 복음과 율법의 행위(2:15-21)

II. 회고(1:11-2:21)

A. 그리스도의 계시로 받은 복음(1:11-12)

¹¹ 형제들아 내가 너희에게 알게 하노니 내가 전한 복음은 사람의 뜻을 따라 된 것이 아니니라 ¹² 이는 내가 사람에게서 받은 것도 아니요 배운 것도 아니요 오직 예수 그리스도의 계시로 말미암은 것이라

학자들은 이 말씀이 갈라디아서의 논지(thesis statement)라 한다(Hays, Rapa, Schreiner). 바울은 자신이 갈라디아 사람들에게 전한 복음은 사람에게서 비롯된 것이 아니라 예수 그리스도의 계시에서 비롯된 것이라고 선언하는데, 서신의 나머지 부분이 이 선언의 정당성을 설명하며 입증하는 것으로 볼 수 있기 때문이다.

사도는 서신이 시작된 이후 처음으로 갈라디아 성도들을 '형제들'(ἀδελφοί)이라고 부른다(11a절; cf. 3:15; 4:12, 28; 5:11, 13; 6:1, 18). 그는 서신의 도입 부분에서 여러 가지 문학적 기법(감사 기도와 종교적인 수식어 부재, 두 차례 저주)을 통해 그리스도 복음의 순수성을 훼손하는 갈라디아 성도들에게 불쾌감과 불편함을 유감없이 표현했다. 이제 바울은 갈라디아 성도들은 아직 하나님의 자녀이니 어떻게 해서 자신이 그리스도를 통해 하나님의 자녀가 되었는지 생각해 보라는 취지에서 그들을 '형제들'(과 자매들)이라 부른다.

바울은 자신이 갈라디아 성도들에게 전한 복음은 사람의 뜻을 따라 된 것이 아니라고 한다(11b절). 그가 이렇게 말하는 것은 자신을 비난하는 율법주의자들이 억지 주장을 펼치고 있기 때문이다(cf. Schreiner). 기독교의 모든 것은 예루살렘에서 시작되었고, 예루살렘 교회는 '장자 교회'라 할 수 있다. 그런데 율법주의자들이 보기에 바울이 전한 그리스도의 복음은 예루살렘 사도들을 포함한 교회 지도자들에게 인준받지 못했으며(갈라디아서는 예루살렘 공의회에서 사도들에 의해 율법과 할례 이슈가 논의되기 전에 저작됨), 그의 개인적인 생각에서 비롯된 것이다. 그러므로 정통 복음이 아니라는 것이다.

사도는 왜 이런 복음을 전파하고 있는가? 율법주의자들은 그가 사람들(특히 이방인들)을 기쁘게 하기 위해 할례와 율법을 삭제한 '기형적인 복음'을 전하고 있으며(cf. 1:10), 따라서 바울이 전한 복음은 사람의 뜻에 따라 된 것이라는 주장을 펼쳤다. 이에 대해 사도는 절대 그렇지 않다고 한다.

바울이 전한 복음은 사람에게서 받거나 배운 것이 아니다(12a절). '받다'(παραλαμβάνω)는 '전통 전수'(transmission of tradition)에 관한 단어다(TDNT, cf. 고전 11:23; 15:1). 바울이 전한 복음은 예수님의 열두 사도나 특정한 그리스도인 스승에게 전수받은 것이 아니다. 그들에게 배운 것도 아니다. 오늘날로 말하면 '제자 훈련'을 통해 복음을 배운 적이 없다는 뜻이다.

그는 오직 예수 그리스도의 계시로 말미암아 복음을 받았다(12b절). '계시'(ἀποκάλυψις)는 하나님이 직접 주신 말씀과 가르침이다(cf. BDAG). 바울은 그리스도인들을 잡아들이러 다메섹으로 가는 길에 예수님을 만났다(행 9:1-9). 이때 예수님께 직접 복음을 받았다(McKnight, Rapa, Schreiner). 그러므로 바울이 전한 복음은 그가 스스로 만들어 낸 것이 아니고, 누구에게 전수받은 것도 아니며, 하나님이 계시해 주신 것이다.

그렇다면 바울은 다메섹으로 가는 길에 예수님께 계시를 받을 때까지 복음에 대해 아무것도 몰랐을까? 그는 그리스도인들이 선포하는 복음이 어떤 것인지 어느 정도는 알고 있었다(Hengel, cf. 고전 15:3). 그러나 자신이 들은 것에 전혀 동의하지 않았기 때문에 복음을 전파한 그리스도인들을 핍박했다. 그리고 전에 어렴풋이 알던 것이 주님을 만났을 때 계시로 보완되어 그가 전하는 그리스도의 복음이 되었다(cf. Hays).

이 말씀은 그리스도의 복음은 사람들에게서 비롯된 전통이나 가르침이 아니라 하나님이 계시하신 것이라고 한다. 하나님이 우리를 구원하

기 위해 그리스도를 통해 내려 주신 은혜다. 따라서 감사히 받고 믿어
야 한다.

어떤 이들은 전통과 전승에 과하게 집착한다. 그러나 이런 것에 마
음을 빼앗겨서는 안 된다. 전통과 전승은 대부분 사람에게서 나온 것
이기 때문이다. 우리는 하나님의 계시인 성경을 계속 연구하고 배우면
서 우리 삶과 전통을 말씀으로 변화시켜 나가야 한다. 하나님의 계시
인 성경을 바탕으로 하는 개혁은 주님이 다시 오실 때까지 계속되어야
한다.

Ⅱ. 회고(1:11-2:21)

B. 바울의 사도직과 독립성(1:13-2:14)

사도는 자신이 전한 복음은 사람의 뜻에 따라 된 것이 아니라 예수님
이 계시해 주신 것이라고 했다. 이제 그는 자신이 누구에게도 복음을
전수받거나 배울 수 없었던 이유를 설명한다. 그는 처음부터 이때까지
사도들이나 교회 지도자들과 오랜 시간 교제한 적이 없을 뿐 아니라
접촉도 거의 하지 않았다. 바울의 '미니 자서전'(mini-autobiography)이라
할 수 있는 이 섹션은 다음과 같이 구분된다.

  A. 사람들로부터 독립(1:13-17)
  B. 주요 교회들로부터 독립(1:18-24)
  C. 예루살렘 교회의 유력한 이들로부터 독립(2:1-10)
  D. 사도 베드로로부터 독립(2:11-14)

1. 사람들로부터 독립(1:13-17)

¹³ 내가 이전에 유대교에 있을 때에 행한 일을 너희가 들었거니와 하나님의 교회를 심히 박해하여 멸하고 ¹⁴ 내가 내 동족 중 여러 연갑자보다 유대교를 지나치게 믿어 내 조상의 전통에 대하여 더욱 열심이 있었으나 ¹⁵ 그러나 내 어머니의 태로부터 나를 택정하시고 그의 은혜로 나를 부르신 이가 ¹⁶ 그의 아들을 이방에 전하기 위하여 그를 내 속에 나타내시기를 기뻐하셨을 때에 내가 곧 혈육과 의논하지 아니하고 ¹⁷ 또 나보다 먼저 사도 된 자들을 만나려고 예루살렘으로 가지 아니하고 아라비아로 갔다가 다시 다메섹으로 돌아갔노라

바울의 삶은 '다메섹 경험' 전과 후로 나뉜다. 다메섹 경험 전에는 교회를 무너뜨리려는 자였지만, 후에는 교회를 세우는 자가 되었다. 그는 이 경험 이후 혈육과 주변 사람들에게서 어떠한 가르침도 받지 않았다. 홀로서기를 위해 다메섹을 떠나 아라비아로 갔다가 다시 다메섹으로 돌아왔다. 이때 있었던 일은 사도행전 9장 내용으로 보완된다.

바울은 그리스도인이 되기 전 유대교에 있을 때 교회를 심히 박해하여 세상에서 없애 버리려고 한 사람이었다(13절; cf. 행 7:58-8:3; 9:1-2, 13-14, 21; 19-20; 9-11, 14-15). '박해하다'(ἐδίωκον)와 '멸하다'(ἐπόρθουν)는 둘 다 미완료형(imperfect)이다. 몇 차례 기회가 있을 때 한 일이 아니라 지속적으로 했다는 뜻이다(Garlington). 게다가 '심히'(καθ᾽ ὑπερβολὴν) 했다. 자신이 되돌아보아도 지나치게 열정적으로 했다는 것이다. 그가 이런 짓을 한 이유는 예수님이 구약 선지자들이 예언한 메시아(그리스도)가 아니라고 확신했기 때문이다(Hengel).

그는 다름 아닌 '하나님의 교회'(τὴν ἐκκλησίαν τοῦ θεου)를 박해했다. 앞에서 언급한 것처럼 엑클레시아(ἐκκλησία)만으로는 기독교적 색채를 드러내기 부족하기 때문에 사도는 이 단어가 기독교 교회를 뜻하는 단어로 자리 잡을 때까지 수식어(modifier)를 더한다. 교회는 '하나님의 모임'(assembly of God)이다. 본문에서 '하나님의 교회'는 모든 그리스도인으로 구성되어 있는 우주적 교회(universal church)이며, 하나님의 백성인 새 이스라엘이다(Schreiner).

그는 유대교에 도취해 '자기 또래 사람들'(συνηλικιώτας ἐν τῷ γένει μου, 연갑자들) 중 지나치게 믿었다(14a절; cf. 행 22:3-5; 26:4-5; 고후 11:22; 빌 3:4-6). '지나치다'(περισσοτέρως)는 다른 사람들보다 과하다는 뜻이다(BDAG). '유대교'(Ἰουδαϊσμός)는 모세 율법을 바탕으로 하는 유대인의 교리와 삶을 의미한다(Schreiner). 그는 당시 유대교의 '유망주'(rising star)였던 것이다(Schreiner). 바울은 바리새인 랍비 가말리엘의 제자였으며(행 5:34; 22:3), 그 자신도 바리새인이었다(행 23:6; 26:5; 빌 3:5).

바울은 유대교뿐 아니라 자기 조상들의 전통에 대해서도 더욱 더 열심을 냈다(13b절). 어떤 이들은 '조상들의 전통'(τῶν πατρικῶν παραδόσεων)을 구약으로 제한하지만(Witherington), 탈무드(Talmud)와 미쉬나(Mishnah) 등을 포함한다(Hengel). '유대교'에 이미 구약이 포함되었기 때문이다. 바울은 디아스포라 유대인이었으며 소아시아의 도시 다소(Tarsus)에서 태어나 예루살렘으로 유학을 떠났다. 그는 유대교뿐 아니라 유대인의 민족적 정체성에도 깊은 관심을 가지고 있었다. 당연히 조상들이 남긴 전통에 대해서도 열심이 있었다.

'열심이 있다'(ζηλωτὴς ὑπάρχων)는 '열성분자/광신자'(ζηλωτής)였다는 뜻이다. 바울 시대를 포함한 제2 성전 시대에 이 용어는 유대인들의 종교적·인종적 정체성을 보존하기 위해 어떤 일도 마다하지 않는 열정을 의미했다(Hengel). 그들은 아론의 손자요 엘르아살의 아들 비느하스가 창으로 모압 여인들과 놀아난 사람들을 죽인 일(민 25:10-13)과 엘리야가 바알 선지자들을 죽인 일(왕상 18:40; cf. 신 13:1-5), 그리고 마카비 가문 사람들이 안티오코스 에피파네스(Antiochus Epiphanes Ⅳ)의 신성 모독적인 만행에 폭력적으로 저항한 일을 이 같은 열정의 모델로 삼았다 (Hengel). 예수님을 만나기 전의 바울은 유대교 광신자이자 유대 민족주의자였던 것이다.

모세 율법과 온갖 종교적인 법칙 및 규제로 구성된 조상들의 전통에 심취해 있던 바울이 이 모든 것을 뒤로하고 그리스도의 복음을 영접해 그리스도인이 된 일은 율법으로는 하나님의 백성이 될 수 없다는 증거다(Hays). 그러므로 그는 자신이 하나님에 대해 살기 위해 율법에 대해 죽었다고 한다: "내가 율법으로 말미암아 율법에 대하여 죽었나니 이는 하나님에 대하여 살려 함이라"(2:19). 그리스도의 복음에 율법을 추가하는 것은 생명이 아니라 죽음을 선택하는 일이다.

바울은 다메섹으로 가다가 주님을 만났을 때 유대교와 조상들의 전통에 대한 자신의 열정이 얼마나 잘못되었는지 깨달았다. 그러므로 회심한 후 계속 유대인으로 남으면서도 더는 유대교나 조상의 전통을 따르지 않았다. 자기가 유대인이라는 사실에 자부심을 느끼면서도 그들의 교리와 가치관에는 동조하지 않았던 것이다. 이것이 사도와 율법주의자들의 차이다. 율법주의자들은 그리스도의 복음을 영접했다면서도 유대교에 적을 둔 유대교인으로 남았다(Ciampa).

바울은 유대교와 조상들의 전통에 충성하며 살 생각이었다. 그러나 하나님의 생각과 계획은 달랐다. 하나님은 그를 그의 어머니 태로부터 택정하시고 은혜로 부르셨다(15절). '택정하다'(ἀφορίζω)는 구별해 따로 둔다(set apart)는 뜻이다(BDAG). '부르다'(καλέω)는 소명을 주셨다는 의미다. 그를 어머니의 태에서부터 사도로 세우셨다는 것은 마치 예레미야가 어머니의 태에서부터 선지자로 세움받은 일을 연상케 한다(렘 1:5). 교회를 심하게 핍박하던 자가 회개하고 사도가 된 것은 오직 하나님이 베푸신 은혜와 기적으로만 설명될 수 있다(Schreiner). 하나님이 홀로 하신 일이다.

하나님은 바울에게 은혜를 베풀어 그를 구원하시고 자기 아들 예수 그리스도를 이방에 전하는 사역자로 세우셨다(16a절). 이때까지 사도들은 이방인 전도에 매우 소극적이었다(cf. 행 10장). 모두 유대인 전도에만 힘썼다. 이방인 전도 역시 하나님이 원래 계획하신 일인데도 말이다(cf. 렘 1:4-5; 사 49:1-6). 드디어 하나님의 때가 이르러 바울이 '이방인 전담 사도'가 되었다. 바울도 어느 도시를 가든 먼저 회당을 찾아 유대인에게 복음을 선포했지만, 동시에 이방인 선교도 적극적으로 했다. 그의 이방인 사역은 이방인 교회들이 십시일반으로 헌금해 경제적인 어려움을 겪는 예루살렘 교회와 성도들에게 구제 헌금을 보낸 일에서 절정에 이른다(cf. 롬 15:14-32; 고전 16:1-4; 고후 8:1-9:15).

하나님은 바울을 사도로 세우시고 예수님을 바울 속에 나타내시기를 기뻐하셨다(16b절). 학자들은 '내 속'(ἐν ἐμοί)을 두 가지로 해석한다. 이슈는 저자가 외적인 경험을 회고하는 것인지, 혹은 내적인 변화에 관해 말하고 있는지다. 일부 학자는 "그런즉 이제는 내가 사는 것이 아니요 오직 내 안에 그리스도께서 사시는 것이라"(2:20)라는 말씀을 근거로 '내 속'으로 해석한다. 하나님이 예수 그리스도를 통해 그에게 내적인 변화를 주셨다는 뜻이다(Bruce, Fee, Hays, Longenecker, cf. NAS, NIV). 반면에 '내게'(to me)로 해석하면, 그는 다메섹으로 가는 길에 예수님을 물리적으로 경험한 일을 염두에 두고 이렇게 말하고 있다(Calvin, Martyn, Schreiner, cf. 새번역, 공동, 아가페, ESV, NAB, NRS). 그와 함께 있던 사람들이 기이한 현상을 경험한 일을 생각하면 충분히 가능한 해석이다. 둘 중 하나를 택하기보다는 두 가지 모두 이 문구의 의미로 간주하는 것이 바람직하다. 바울은 '다메섹 회심'을 통해 외적(물리적)으로 예수님을 체험했고, 내적인 변화도 경험했기 때문이다.

바울은 회심한 후 누구와도 복음과 기독교 교리에 대해 의논하지 않았다(16c절). 또한 그보다 먼저 사도 된 자들을 만나려고 예루살렘으로 가지도 않았다(17a절). 그는 하나님과 홀로 지내기 위해 아라비아로 갔다가 다시 다메섹으로 돌아갔다(17b절). 핍박자를 사도가 되게 하신 이는 하나님이시다. 하나님은 바울이 사람들로부터 오염된 메시지를 접하지 않도록 아라비아로 보내셨다(Rapa). 그러므로 바울이 갈라디아 사람들에게 전한 복음은 그리스도께서 그에게 주신 순도 100% 계시다.

어떤 이들은 바울이 엘리야가 경험한 일을 경험하고 있다며 아라비아가 시내산이 있는 시내 광야라 하는데(Wright), 별로 설득력이 없는 주장이다. 다메섹은 시리아의 도시지만 시리아–아라비아 접경 지역에 있었으며, 아라비아는 다메섹성에서 시작해 남쪽으로 형성된 나라였다. 오늘날의 요르단(Jordan)을 중심으로 형성된 나라이며, 나바티아 왕국(Nabatean Kingdom)으로 불렸다. 다메섹에 인접한 보스트라(Bostra)와 영화 〈인디아나 존스: 최후의 성전〉의 배경이 된 페트라(Petra)가 있는 곳이다.

바울은 다메섹을 떠나 주로 아라비아(나바티아 왕국) 북부에 머물렀고, 아라비아에 머무르는 동안 전도 활동을 이어간 것으로 보인다. 그가 전한 복음은 아라비아에 사는 유대인 중에 상당한 분란을 초래했다. 바울이 다메섹으로 돌아가자, 아라비아를 다스리던 왕 아레다(Aretas IV, 주후 39/40년 사망)는 자신이 다스리는 나라에 사는 유대인들에게 심각한 분란을 초래한 장본인인 바울을 죽이고자 했다. 그는 다메섹 성문을 지키다가 바울이 나오면 죽이라며 고관들을 파견했다(고후 11:32). 이는 주후 34년경에 있었던 일이다. 사도행전 9장과 갈라디아서 1장을 바탕으로 이때 바울의 여정을 정리하면 다음과 같다(cf. Longenecker, Schnabel).

순서	있었던 일	비고
1	바울의 회심과 부르심(행 9:1–19a)	주후 31/32년(Schnabel), 주후 33–36년(Bock)
2	바울이 회심한 직후 다메섹에 있는 회당들을 순회하며 복음을 전함(행 9:19b–22)	
3	바울이 아라비아를 방문함(갈 1:17)	이때 아라비아에서도 선교함

4	바울이 다메섹으로 돌아옴 (행 9:23-25)	유대인들과 아레다왕 고관들이 성 문을 지킴(cf. 고후 11:32)
5	바울이 회심 후 3년 만에 처음으 로 예루살렘을 방문함(행 9:26- 30; 갈 1:18-24)	이후 가이사랴, 시리아, 길리기아 도 방문함

이 말씀은 예수님과의 만남이 교회를 핍박하는 자를 회심하게 한다
고 한다. 바울은 교회를 멸하려 했지만, 다메섹으로 가는 길에 예수님
을 만난 후 오히려 복음을 전파하는 자가 되었다. 지금도 우리 중 많은
사람이 이런 경험을 한다. 사람을 이처럼 획기적으로 바꿀 수 있는 것
은 오직 예수 그리스도의 복음뿐이다. 우리는 말과 삶을 통해 주변 사
람들에게 계속 복음을 전파해야 한다.

신앙적인 열정은 좋은 것이다. 그러나 잘못된 열정도 있다. 하나님
이 기뻐하시는 선한 열정은 우리로 하여금 이 땅에서 그리스도를 더
닮아 가게 하고 종말에 영생을 얻게 하지만, 잘못된 열정은 파멸에 이
르게 하고 죽인다. 따라서 열심히 신앙생활을 하되 우리의 열정이 바
른 것인지 계속 점검하고 되돌아보아야 한다.

> II. 회고(1:11-2:21)
>   B. 바울의 사도직과 독립성(1:13-2:14)

2. 주요 교회들로부터 독립(1:18-24)

[18] 그 후 삼 년 만에 내가 게바를 방문하려고 예루살렘에 올라가서 그와 함
께 십오 일을 머무는 동안 [19] 주의 형제 야고보 외에 다른 사도들을 보지 못
하였노라 [20] 보라 내가 너희에게 쓰는 것은 하나님 앞에서 거짓말이 아니로
다 [21] 그 후에 내가 수리아와 길리기아 지방에 이르렀으나 [22] 그리스도 안에
있는 유대의 교회들이 나를 얼굴로는 알지 못하고 [23] 다만 우리를 박해하던
자가 전에 멸하려던 그 믿음을 지금 전한다 함을 듣고 [24] 나로 말미암아 하

나님께 영광을 돌리니라

바울은 자신이 전한 복음이 누구에게 배우거나 전수받은 것이 아니며, 하나님의 온전한 계시라는 증언을 이어 간다. 그는 회심 후 예루살렘을 방문한 적이 있는데, 그때 만난 사도는 베드로와 야고보가 유일하다. 그러나 그들에게서 무언가를 배우지 않았으며, '허가'나 '인준'을 받은 것도 아니다. 유대 교회들도 그를 알지 못했다. 그는 사도들과 유대에 사는 그리스도인들을 거의 접하지 않았다.

그 후 삼 년 만에 게바를 방문하려고 예루살렘에 올라가 그와 함께 15일을 머물렀다(18절). '3년'(ἔτη τρία)은 다메섹 회심 이후의 시간이다 (Longenecker, Schreiner). 만일 그가 주후 31/32년에 회심했다면 게바를 만나기 위해 예루살렘을 방문한 때는 주후 33/34년경이 된다(cf. 행 9:26-30). '게바'(Κηφᾶς)는 베드로의 아람어 이름을 헬라어로 표기한 것이다 (BDAG). 바울은 베드로를 언급할 때 이 이름을 즐겨 사용한다(cf. 고전 1:12; 3:22; 9:5; 15:5; 갈 2:9, 11, 14).

어떤 이들은 '방문하다'(ἱστορέω)를 정보를 얻기 위해 찾아갔다는 뜻으로 해석한다(Dunn, Witherington). 그러나 만일 바울이 베드로에게 정보를 얻고자 했다면 굳이 3년을 기다리지 않고 더 일찍 찾아갔을 것이다. 게다가 바울이 자기 복음의 출처는 하나님의 계시라는 사실을 설명하는 상황에서 그가 정보를 얻기 위해 베드로를 찾아갔다는 것은 설득력이 전혀 없다. 바울은 어떠한 정보도 바라지 않고 단순히 '알고 지내기 위해, 교제하기 위해' 예루살렘에 있는 베드로를 찾아갔다(Betz, Duncan).

바울은 베드로와 함께 15일을 지냈다고 하는데, 이때 어떤 대화를 나누었을까? 교회와 기독교에 관해 이야기하되 베드로가 바울에게 더 많이 얻었을 것이다. 특히 구약에 대해서는 더 그랬을 것으로 보이는데, 베드로는 많이 배우지 못한 어부였고 바울은 전문적인 훈련을 받은 바리새인이었기 때문이다.

사도들을 포함한 예루살렘 성도들은 바울을 두려워해 만나기를 꺼렸다. 바나바가 그를 사도들과 몇몇 형제에게 소개했다(행 9:26-30). 바울은 예루살렘에 머무르는 동안 주의 형제 야고보 외에 다른 사도들은 보지 못했다(19절). 야고보는 예루살렘 교회의 핵심 지도자였으며(cf. 행 15:13-21; 21:18-25; 갈 2:1-10), 야고보서의 저자다. 그는 예루살렘에 사는 유대인들을 대상으로 사역했다(행 12:17; 15:13-21; 21:18-25).

바울은 그가 '주의 동생'(τὸν ἀδελφὸν τοῦ κυρίου)이었다고 하는데, 이에 대한 몇 가지 해석이 있다. 성모 마리아가 평생 동정인(Perpetual Virginity)이었다고 주장하는 그리스 정교회와 가톨릭 학자들은 야고보가 그의 아버지 요셉이 마리아와 결혼하기 전에 다른 여자와 결혼해 얻은 예수님의 이복형(Clements of Alexandria, Eusebius, Origen)이나 사촌(Jerome, Augustine)이라고 했다. 그러나 만일 요셉에게 예수님보다 먼저 난 아들이 있다면 예수님은 장자가 아니므로 '다윗의 아들'이라는 타이틀을 받으실 수 없다. 그리스 정교회와 가톨릭은 비성경적인 교리를 만들어 놓고 그것을 정당화하기 위해 성경을 왜곡하고 있는 것이다.

야고보도 처음에는 예수님이 메시아라고 믿지 않았다(cf. 막 3:21, 31-35; 요 7:1-9). 예수님이 십자가에서 죽으시고 부활하신 후 그에게 나타나셨을 때 비로소 믿었다(cf. 고전 15:7). 요세푸스에 따르면 야고보는 주후 62년에 죽었다(cf. Schreiner).

바울은 지금 자신이 갈라디아 성도들에게 하는 말은 하나님 앞에서 거짓말이 아니라고 한다(20절). 이는 모든 내용이 사실임을 확인하는 '맹세 양식'(oath formula)이다(Schreiner). 바울은 자신의 사도직을 두고 예루살렘 사도들에게서 인정받지 않은 '2등급'이라고 비난하는 율법주의자들의 말을 의식해 이런 말을 하고 있다(Rapa).

예루살렘에 15일간 머물며 베드로와 야고보를 만나 교제한 바울은 이후 수리아와 길리기아 지방으로 떠났다. 수리아(Syria)는 이스라엘의 북쪽 지역에 있으며, 이곳에는 바울을 선교사로 파송한 안디옥 교회가 있었다. 길리기아는 수리아의 북서쪽에 위치한 지역으로 바울의 고향인 다소(Tarsus)가 있었다(cf. 행 9:30). 길리기아와 수리아는 서로 붙어 있는 지역이라 바울 시대에 로마 제국은 이 두 지역을 하나의 행정 구역으로 통합해 '수리아-길리기아주'라고 불렀다(Schreiner). 바울은 15일간의 예루살렘 방문 중 베드로와 야고보만 만난 후 곧바로 수리아-길리기아 지역으로 떠났기 때문에 다른 유대인 그리스도인들과는 접촉하지 않았다는 사실을 강조한다. 그의 복음은 그리스도께서 계시해 주신 것이라는 사실을 강조하는 것이다.

22-24절에서 바울은 자신이 전한 복음이 사람들에게서 전수받거나 배운 것이 아니라는 사실을 다른 측면에서 설명한다. 유대의 교회들은 바울을 얼굴로는 알지 못했다(22절). 그들과 만나거나 교류한 적이 없다는 뜻이다. 다만 한때 교회를 박해하던 자가 온갖 폭력을 동원해 멸하려던 그 믿음(그리스도의 복음)을 전하는 자가 되었다는 소식을 들었다(23절). 그러므로 그들은 바울로 말미암아 하나님께 영광을 돌렸다(24절). 바울은 유대를 포함한 팔레스타인 지역의 교회들과 교류하지 않았다. 초청해 간증집회라도 했다면 좋았을 텐데 말이다.

이 말씀은 우리의 회심은 하나님께 큰 영광이 되고, 다른 성도들에게도 큰 위로와 격려가 된다고 한다. 바울의 회심에 관해 들은 사람들은 그를 알지 못하지만 그로 인해 하나님께 영광을 돌렸다. 우리도 누군가의 회심 이야기를 들으면 하나님께 영광을 돌려야 한다. 그리고 우리의 회심 이야기도 누군가에게 감동이 되고 하나님께 영광이 된다는 사실을 기억해야 한다.

그리스도인으로 살면서 다른 그리스도인들과 교제하는 것은 좋은 일이다. 그러나 상황에 따라서는 교제하지 않거나 하지 못하는 것도 현실로 받아들이고 감사해야 한다. 바울은 하나님이 계시해 주신 그리스도의 복음이 오염되지 않도록 예루살렘과 유대 교회 지도자들과의 접

축을 최소화했다. 전통과 역사가 반드시 좋은 것만은 아니기 때문이다. 끊임없는 개혁을 거부하고 전통과 진실을 왜곡하는 역사는 오히려 해가 된다.

II. 회고(1:11–2:21)
  B. 바울의 사도직과 독립성(1:13–2:14)

3. 예루살렘 교회의 유력한 이들로부터 독립(2:1-10)

¹ 십사 년 후에 내가 바나바와 함께 디도를 데리고 다시 예루살렘에 올라갔나니 ² 계시를 따라 올라가 내가 이방 가운데서 전파하는 복음을 그들에게 제시하되 유력한 자들에게 사사로이 한 것은 내가 달음질하는 것이나 달음질한 것이 헛되지 않게 하려 함이라 ³ 그러나 나와 함께 있는 헬라인 디도까지도 억지로 할례를 받게 하지 아니하였으니 ⁴ 이는 가만히 들어온 거짓 형제들 때문이라 그들이 가만히 들어온 것은 그리스도 예수 안에서 우리가 가진 자유를 엿보고 우리를 종으로 삼고자 함이로되 ⁵ 그들에게 우리가 한시도 복종하지 아니하였으니 이는 복음의 진리가 항상 너희 가운데 있게 하려 함이라 ⁶ 유력하다는 이들 중에 (본래 어떤 이들이든지 내게 상관이 없으며 하나님은 사람을 외모로 취하지 아니하시나니) 저 유력한 이들은 내게 의무를 더하여 준 것이 없고 ⁷ 도리어 그들은 내가 무할례자에게 복음 전함을 맡은 것이 베드로가 할례자에게 맡음과 같은 것을 보았고 ⁸ 베드로에게 역사하사 그를 할례자의 사도로 삼으신 이가 또한 내게 역사하사 나를 이방인의 사도로 삼으셨느니라 ⁹ 또 기둥 같이 여기는 야고보와 게바와 요한도 내게 주신 은혜를 알므로 나와 바나바에게 친교의 악수를 하였으니 우리는 이방인에게로, 그들은 할례자에게로 가게 하려 함이라 ¹⁰ 다만 우리에게 가난한 자들을 기억하도록 부탁하였으니 이것은 나도 본래부터 힘써 행하여 왔노라

바울은 자신이 전한 그리스도의 복음은 누구에게 전수받거나 배운

것이 아니라는 주장을 계속 강화해 간다. 그가 전하는 복음은 회심 직후 혈육이나 주변 그리스도인들(1:13-17), 예루살렘 교회(1:18-24)의 유력한 지도자들과 사도들에게 배우거나 전수받은 것이 아니다(1-10절). 그의 주장은 다음 섹션(2:11-14)에서 예수님의 열두 제자 중 우두머리 격인 베드로에게도 전수받거나 배운 것이 없다는 회고에서 절정에 이른다. 오히려 그가 베드로를 나무랐다고 한다. 남 갈라디아설을 고수하는 한 주석가는 회심 후 바울이 예루살렘을 다섯 차례 방문했다고 한다(McKnight). 이 다섯 차례 중 본문이 회고하는 것은 두 번째 방문이다. 다음을 참조하라.

출발지	연도(주후)	사도행전	갈라디아서	목적
다메섹	35년	9:22-30	1:18-24	베드로 방문
수리아 안디옥	46년	11:30; 12:25	2:1-3, 6-10	구제 헌금, 이방인에 관한 이슈
수리아 안디옥	49년	14:26-15:29		이방인 회심
고린도	52년	18:1, 18, 22		유월절 참여, 구제
그리스	57년	20:2-3; 21:17ff.; cf. 롬 15:25-31		구제 헌금

바울은 14년 후 바나바와 함께 디도를 데리고 다시 예루살렘을 방문했다(1절). 언제를 기준으로 14년 후인지에 대해 해석이 분분하다. 첫째, 회심한 지 3년 만에 있었던 첫 번째 방문(1:18)으로부터 14년 후, 그러므로 회심 후 17년 만에 이뤄진 두 번째 방문이라는 주장이다(Fee, Lightfoot). 둘째, 바울이 회심 후 3년 만에 예루살렘을 방문한 다음 수리아와 길리기아로 내려가 몇 년을 지냈는데(cf. 1:21), 이때부터 14년이라는 주장이다(Betz). 셋째, 바울이 다메섹 회심 후 14년 만에 예루살렘을 두 번째 방문했다는 주장이다(Bruce, Longenecker, Martyn, McKnight, Rapa, Schreiner). 북 갈라디아설을 주장하는 이들은 처음 두 가지 가능

성에 무게를 두어 이 방문이 주후 49-50년에 이뤄진 것으로 보며, 예루살렘 공의회(cf. 행 15장)와 연관 지어 해석하기도 한다(cf. Betz, Hays). 반면에 남 갈라디아설을 주장하는 이들은 세 번째 해석을 선호한다. 다메섹 회심(주후 31-32년)으로부터 14년 후면 주후 44-46년경이 된다(Schnabel). 남 갈라디아설을 지향하는 사람들이 선호하는 연대다(cf. Schreiner).

바나바는 1차 선교 여행 때 바울과 함께 갈라디아 남쪽을 돌며 전도하고 교회를 세웠다. 그러나 2차와 3차 선교 여행 때는 함께하지 않았다. 1차 여행 중 마가가 홀로 예루살렘으로 돌아간 일로 인해 바울과 심하게 다툰 후 각자의 길을 가기로 했기 때문이다(cf. 행 15:35-39). 훗날 바울이 마가를 귀한 사역자로 여기는 것으로 보아 바나바의 결정이 옳았음을 인정한 것으로 보인다(cf. 골 4:10; 딤후 4:11; 몬 1:24).

바나바는 구브로(Cyprus, 오늘날의 '키프로스')라 하는 지중해에서 가장 큰 섬에서 태어난 유대인이다. 그는 레위 지파 사람이고, 원래 이름은 요셉이었다. 사도들이 그에게 '바나바'라는 이름(별명)을 준 것은 아마도 '요셉'이 당시에 너무 흔한 이름이라 그를 따로 구분하기 위해서였을 것이다.

'디도'(Τίτος)는 이방인이었으며, 바울의 동역자로서 고린도 교회에 큰 역할을 했다(cf. 고후 2:13; 7:6, 13, 14; 8:6, 16, 23; 12:18). 어떤 이들은 바울이 순수 이방인인 디도를 통해 사도들을 자극하고자(Hays), 혹은 이방인 그리스도인의 할례에 대한 '테스트 케이스'로 그를 데려갔다고 한다(Betz, Esler, McKnight). 그러나 바울이 하나님께 받은 '계시에 따라'(2절) 디도를 데려간 점을 고려하면 예루살렘 사도들을 시험하거나 자극하기 위해 계획한 일이 아니라 단순히 하나님의 인도하심에 따른 일이었다(cf. Bruce, Schreiner).

이 방문은 사도행전 11:27-30과 가장 잘 어울린다(Bruce). 이때 바울은 이방인 교회들이 모은 구제 헌금을 예루살렘 교회에 전달하기 위해 방문했다. 반면에 예루살렘 공의회(행 15장)와 연관된 방문은 안디옥 교회의 요청에 따라 바울과 바나바가 예루살렘의 사도들을 찾아간 것이다(cf. 행 15:1-2).

예루살렘 사도들이 디도로 인해 기독교 교회를 대표해 기도하며 하나님의 인도하심을 받아 어떤 식으로든 결론을 내려야 하는 이슈는 확실하다. 만일 디도와 같은 이방인이 할례나 율법과 상관없이 그리스도의 복음만으로 하나님의 백성이 되었다면, 그리스도인이 되고자 하는 이방인들에게 할례와 율법을 요구할 것인가 혹은 요구하지 않을 것인가? 아마도 디도가 동행한 이 방문을 계기로 사도들이 숙고하기 시작해 몇 년 후 열린 예루살렘 공의회(행 15장)에서 이방인 그리스도인에게는 할례와 율법이 필요 없다고 공식 선언하게 된 것으로 보인다.

바울은 그동안 이방인에게 전파한 복음을 유력한 자들에게 사사로이 제시했다(2a절; cf. 1:16). '유력한 자들'(τοῖς δοκοῦσιν)은 교계에서 '유명한 자들'(새번역), '영향력이 있는 자들'(ESV), '존경받는 자들'(NAS) 등 다양하게 번역되는데, '교계 지도자들'이 가장 무난하다(공동, 아가페, NIV, NRS). 어떤 이들은 바울이 지도자들을 무시하는 투로 '유력한 자들'이라 부른다고 하지만(Betz) 설득력 없는 해석이다. 그는 그들을 존경하는 의미에서(Bruce, Burton), 혹은 그들이 훌륭한 지도자이기는 하지만 너무 많은 권위는 부여하지 말하는 의미에서 이렇게 불렀을 것이다(Lightfoot, Longenecker).

어떤 이들은 바울이 예루살렘의 그리스도인 모두에게 자기 자신을 제시했다고 하지만(Longenecker), '사사로이'(κατ᾽ ἰδίαν)는 공개적인 자리나 모임이 아니라 사적인 자리에서 했다는 뜻이다. 그는 사적인 자리에서 사도 등 유력한 자들에게 자기가 전한 복음을 설명했다. 이 사적인 만남은 훗날 공개적이고 공식적인 공의회로 발전한다(행 15장).

어떤 이들은 바울이 예루살렘 교회 지도자들의 인준을 받기 위해 그동안 전한 복음을 설명한 것이라 하지만(Hays, McKnight), 별로 설득력이 없는 해석이다. 그는 지난 14년 동안 그리스도께 계시로 받은 복음을 전파했으며, 누구든지 자기가 전한 복음 외에 '다른 복음'을 전하는 자들은 하나님이 저주를 내리실 것이라고 했다. 그러므로 설령 예루살렘 교회 지도자들이 인허를 거부한다 해도 계속 같은 복음을 전할 것이다. 그의 복음은 사람에게서 비롯된 것이 아니라 하나님이 주신 것이기 때문이다. 그가 이때까지 전한 복음을 설명한 것은 예루살렘 교회 지도자들로부터 어떤 평가나 판정을 받기 위해서가 아니다(Dunn, Martyn). 그러므로 '제시하다'($\dot{\alpha}\nu\alpha\tau\acute{\iota}\theta\eta\mu\iota$)는 오늘날로 말하면 '프레젠테이션'(presentation)을 한 것 정도로 이해되어야 한다.

바울이 예루살렘 교회 지도자들에게 자기 복음을 제시한 것은 이방인에게 복음을 전파하기 위해 이때까지 열심히 뛴 것(달음질한 것)과 앞으로도 뛸 일(달음질할 것)이 헛되지 않게 하기 위해서였다(2b절). 그는 이때까지 유대인을 대상으로만 복음을 전파하고 이방인을 위한 복음에 대해서는 별로 생각해 본 적 없는 예루살렘 교회 지도자들로부터 자신이 이방인에게 전파하고 있는 복음에 대해 피드백(feedback)을 받고자 한 것이다. 만일 유대인이든 이방인이든 하나님의 백성이 되는 유일한 방법이 예수 그리스도를 영접하는 믿음이라면 예루살렘 교회 지도자들과 바울 일행은 충분히 대화할 필요가 있다.

예루살렘 교회 지도자들은 바울이 데려간 헬라인 디도에게 억지로 할례를 권유하지 않았다(3절). 갈라디아서에서 '할례'($\pi\epsilon\rho\iota\tau o\mu\acute{\eta}$)가 처음으로 언급되고 있다. 구약에 따르면 하나님의 백성이 되려면 반드시 할례를 받아야 하며, 이를 거부하면 하나님의 백성이 될 수 없다(cf. 창 17:9-14). 바울 시대에도 유대교는 이방인 개종자에게 할례를 요구했다(Schreiner). 그러므로 일부 유대인 그리스도인도 이방인에게 할례와 모세 율법 준수를 요구했다(cf. 행 15:1, 5). 그러나 바울은 이 일을 통해 자신이 지금까지 선포해 온 오직 믿음에 근거한 복음에 더 확신을 갖게 되었다.

'헬라인'(Ἕλλην)을 반드시 '그리스 사람'으로 해석할 필요는 없으며 단순히 유대인과 대조되는 '이방인'으로 해석하는 것이 바람직하다(Schreiner, cf. 롬 1:14, 16; 2:9, 10; 3:9; 10:12; 고전 1:22, 24; 10:32; 12:13; 골 3:11). 학자 중에는 지도자들이 디도에게 할례를 강요하지는 않았지만 디도가 자원해서 할례를 받았다고 주장하는 이가 있다(Duncan). 설득력이 매우 부족한 해석이다. 지금 사도는 이방인에게는 할례가 필요 없다는 주장을 펼치고 있다. 그러므로 만일 이방인인 디도가 자원해서 할례를 받았다면 이곳에서 언급하지 않았을 것이다.

사도는 이 모든 일이 가만히 들어온 거짓 형제들 때문이라고 한다(4a절). 그들은 첩자이며 반역자다(Betz). 예루살렘 사도들이 아니라 이들이 할례와 율법 준수를 요구한다. 그러므로 갈라디아 교회를 교란시키는 율법주의자들은 자기들이 예루살렘 사도들에게서 왔다고 했지만 거짓말이다(Schreiner).

율법주의자들은 그리스도인들이 그리스도 예수 안에서 가진 참 자유를 엿보고 종으로 삼고자 한다(4b절). '자유'(ἐλευθερία)는 갈라디아서에서 중요한 주제이며(cf. 4:22, 23, 26, 31; 5:1, 13) 종살이(4:1, 7, 22, 23, 24, 25, 31; 5:1)와 대조를 이룬다. 바울은 항상 율법으로부터의 자유에 관해 말한다. 모세 율법에 종살이하는 것은 성령이 주시는 자유를 거부하며 신앙생활을 하는 것이다(McKnight, cf. 3:10-14, 23-25).

바울은 그가 예루살렘에서 유력한 자들과 모임을 할 때 이 자들이 그 모임에 슬쩍 들어왔다고 하는가, 아니면 그동안 일부 교회(특히 이방인이 주류를 이룬 교회들)에서 문제를 일으켰다고 하는가? 바울이 지도자들과 만난 것은 '사적인 만남'이었다고 하는 것으로 보아(2절) 그동안 일부 교회, 특히 안디옥 교회에서 있었던 일을 회고하는 것으로 보는 것이 바람직하다(Bruce, McKnight). 반면에 이들이 바울과 예루살렘 교회 지도자들의 '사적인 만남'에 대해 듣고 슬쩍 끼어든 것이라는 해석도 가능하다.

중요한 것은 사도가 그들을 '거짓 형제들'(ψευδαδέλφους)이라고 부른다는 사실이다. 바울은 그들을 그리스도인으로 생각하지 않는다. 그는 구약 시대의 거짓 선지자들을 대하듯 그들을 대한다. 이 거짓 선지자들은 그리스도인에게서 자유를 빼앗고 할례와 율법으로 그들을 종으로 삼고자 교회를 침범했다. 그들은 악의적인 목적으로 교회에 침투했다. 그리스도인에게 율법과 할례를 요구하는 사람은 그리스도의 복음으로 구원받은 자들의 범위 밖에 있는 자다(Schreiner). 그렇게 되면 구원은 하나님이 하시는 일이 아니라 인간이 율법을 통해 노력해 이루는 일이 되기 때문이다. 갈라디아 성도들을 교란하는 율법주의자들에게도 같은 기준이 적용된다.

바울 일행은 그들에게 한시도 복종하지 않았다(5a절). 바울과 거짓 형제들 사이에 복음과 율법의 관계에 대해 논쟁이 벌어졌지만 한순간도 자신의 주장을 굽히지 않았다는 뜻이다(Bruce, Burton, Longenecker). 오히려 그들과 논쟁할수록 더 큰 확신이 생겼다. 그러므로 복음의 진리가 항상 갈라디아 사람들을 포함한 이방인 성도 가운데 있게 하려고 확신을 가지고 반박했다(5b절): "그리스도께서 우리를 자유롭게 하려고 자유를 주셨으니 그러므로 굳건하게 서서 다시는 종의 멍에를 메지 말라"(5:1).

평생 유대인을 대상으로 전도하고 사역해 온 예루살렘 교회의 지도자들(일명 '유력한 이들')은 이 모임에서 바울에게 의무를 더하여 준 적이 없다(6절). '의무를 더하다'(προσανατίθημι)는 추가적인 조치를 요구하지도, 더하지도 않았다는 뜻이다(BDAG). 그들은 바울이 이방인들에게 전한 복음에 만족했다.

설령 그들이 문제를 제기하며 어떤 조치를 취하게 했더라도 바울은 동의하지 않았을 것이다. 율법을 알아도 바리새인 출신인 바울이 그들보다 더 잘 안다. 게다가 지난 14년 동안 바울이 전파한 복음의 열매가 세상에 허다하다. 함께 온 디도도 훌륭한 증인이다. 그러므로 예루살렘 교회의 '유력한 자들'이 바울의 복음에 대해 어떻게 생각하는지는 '참고 사항'에 불과하다. 하나님은 사람을 외모로 취하지 않으신다. 그들이 교회 안에서 어떤 위치에 있고, 사람들에게 얼마나 존경받는지는 중요하지 않다. 하나님은 사람의 마음을 보시기 때문이다. 하나님은 바울이 품은 마음을 흡족해하신다.

도리어 예루살렘 교회 지도자들은 바울이 무할례자들(이방인들)에게 복음 전하는 일을 맡은 것이 베드로가 할례자들(유대인들)에게 복음을 전하는 일을 맡은 것과 같다고 했다(7절). 또한 하나님이 베드로를 할례자의 사도로 삼으신 것처럼 바울을 이방인의 사도로 삼으셨다고 했다(8절). 하나님이 베드로를 유대인 사역을 위해 세우신 것처럼 바울을 이방인 사역을 위해 세우셨다며 바울을 베드로에 버금가는 사도로 인정한 것이다. 베드로가 예수님의 열두 제자 중에서도 수제자라는 사실을 생각하면 바울에게 참으로 영광스러운 일이다. 그러나 그는 사람의 인정이나 칭찬을 중요하게 여기지 않는다.

교회가 기둥같이 여기는 야고보와 게바와 요한도 바울과 바나바에게 친교의 악수를 했다(9a절). 이들은 그리스도께서 시작하신 새 시대에 부응하는 새 성전을 세우는 일에 지대한 공헌을 했다(Rapa, cf. 엡 2:20). 하나님이 그들을 '기둥들'(στῦλοι)로 삼아 기독교의 첫 교회인 예루살렘 교회를 세우셨기 때문이다. '친교의 악수'(δεξιὰς κοινωνίας)는 그리스도 안에서 형제로 환영한다는 뜻이다. 기둥 같은 사도들이 공식적으로 바울과 바나바를 동역자로 여긴 것이다(McKnight). 그들 자신에게 임한 하나님의 은혜가 바울에게도 임했다는 사실을 깨달았기 때문이다.

기둥 같은 세 사도도 바울과 바나바와 '친교의 악수'를 하면서 아무런 '의무'(cf. 6절)를 더하지 않았다. 바울이 전한 복음에 어떠한 수정이나 요구 사항을 제시하지 않았다는 뜻이다. 다만 가난한 자들을 기억하도록 부탁했다(10a절). 가난한 사람들을 돕는 것은 교회가 영원히 해야 할 섬김이다(cf. 마 26:11; 막 14:7). 바울은 자신이 세운 여러 이방인 교회에서 가난한 예루살렘 교회와 성도들을 위해 모금해 전달했고, 앞으로도 계속 그들을 위해 구제 사역을 이어 갈 것이다(10b절; cf. 행 20:16, 22; 24:17; 롬 15:27-29; 고전 16:1-4; 고후 8-9장).

이 말씀은 그리스도인의 삶은 그리스도의 복음이 우리에게 주는 참 자유를 믿고 영접해 누리는 것이라 한다. 할례를 비롯해 모세 율법의 그 어떠한 요구도 따를 필요가 없다. 또한 율법은 그리스도인에게 도덕적인 삶의 지침이 될 수 없다. 우리는 오직 성령의 인도하심에 순종하며 살아야 한다.

복음의 본질과 메시지는 영원히 변하지 않는다. 우리는 예수 그리스도의 십자가와 부활을 믿음으로써 하나님께 죄 사함을 받고 영생을 얻는다. 이것이 그리스도의 복음 안에 있는 하나님의 구원하시는 은혜다. 반면에 복음의 본질과 메시지를 침해하지 않으면서 융통성을 가지고 기다리는 일도 필요하다. 당시 유대인들은 그리스도의 복음을 영접하고도 모세 율법을 계속 지켜야 한다고 생각했다. 태어날 때부터 모세 율법 아래 있었고 평생 율법을 삶의 지침으로 삼아 살아온 만큼 그리스도인이 되어도 율법으로부터 자유롭게 되는 일이 쉽지 않았다. 예루살렘 사도들은 오직 그리스도를 믿음으로 예수님이 시작하신 하나님의 새 백성이 된다는 사실을 알았고, 그리스도인은 모세 율법을 더는 지킬 필요가 없다는 것도 인정했다. 그럼에도 불구하고 모든 유대인 그리스도인에게 더 이상 율법을 지키지 말라며 율법 폐기론을 강요하는 대신 그들이 스스로 깨닫고 결정하도록 기다려 주었다. 마치 오늘날 모슬렘을 대상으로 사역하는 선교사들이 그들이 그리스도인이 된 이후에도 돼지고기를 기피하는 것을 존중하고 기다려 주는 것처럼 말이다. 우리는 삶에서 반드시 실천하고 지켜야 하는 필수적인 것과 어느 정도 탄력성을 가지고 대할 수 있는 것을 구분하는 지혜를 추구해야 한다.

교회 안에는 거짓 그리스도인도 있다. 그리스도의 복음과 성경의 가르침에 위배되는 것을 주장하거나 강요하면 거짓이다. 또한 영성을 빙자해 무당으로 활동하는 사람들도 있다. 끊임없이 하나님의 말씀인 성경을 배우고 기도함으로써 분별력과 영성을 키워야 한다.

하나님 축복의 통로인 교회는 끊임없이 축복을 흘려 보내야 한다. 가난한 자들에게 구제의 손길을 내밀고 선교와 전도에도 투자를 계속해야 한다. 이것이 교회가 이 땅에 존재하는 이유다.

Ⅱ. 회고(1:11-2:21)
  B. 바울의 사도직과 독립성(1:13-2:14)

4. 사도 베드로로부터 독립(2:11-14)

¹¹ 게바가 안디옥에 이르렀을 때에 책망 받을 일이 있기로 내가 그를 대면하여 책망하였노라 ¹² 야고보에게서 온 어떤 이들이 이르기 전에 게바가 이방인과 함께 먹다가 그들이 오매 그가 할례자들을 두려워하여 떠나 물러가매 ¹³ 남은 유대인들도 그와 같이 외식하므로 바나바도 그들의 외식에 유혹되었느니라 ¹⁴ 그러므로 나는 그들이 복음의 진리를 따라 바르게 행하지 아니함을 보고 모든 자 앞에서 게바에게 이르되 네가 유대인으로서 이방인을 따르고 유대인답게 살지 아니하면서 어찌하여 억지로 이방인을 유대인답게 살게 하려느냐 하였노라

자신이 이때까지 전한 복음은 사람에게 전수받거나 배운 것이 아니라 예수 그리스도의 계시라는 바울의 주장이 절정에 달하고 있다. 그는 예수님의 제자 중에서도 가장 우두머리라 할 수 있는 베드로에게서조차 복음을 전수받은 적이 없다. 회심 후 3년 만에 베드로와 만나 겨우 2주가량 함께 지냈을 뿐이다(1:18-20). 그가 회심한 지 14년이 되던 해에 예루살렘에 방문해 '기둥 사도들'로 알려진 베드로와 야고보와 요한을 만났을 때도 그들은 바울이 이때까지 전파한 복음에 아무것도 추

가하지 않았다. 오히려 하나님이 베드로를 유대인 선교에 사용하시는 것처럼 그를 이방인 선교에 사용하시는 일로 인해 하나님께 영광을 돌렸다. 본문은 안디옥으로 내려온 베드로가 성도들 앞에서 위선적인 행동을 하자 바울이 그리스도의 복음에 따라 살지 않는다며 베드로를 공개적으로 비난한 일을 회고한다.

바울이 시리아 안디옥 교회에 있을 때 베드로가 안디옥을 방문한 적이 있다(11a절). 이 방문이 언제 있었던 일인지는 정확히 알 수 없다. 아마도 헤롯이 베드로를 감옥에 가두었을 때 천사가 나타나 감옥에서 내보내 준 일(cf. 행 12:1-17) 이후부터 예루살렘 공의회(cf. 행 15:1-35) 사이에 있었던 일로 보인다(Schreiner, cf. McKnight).

바울이 게바를 비판한 이 사건을 2:1-10에 기록된 일 이전에 있었던 일로 보는 이들도 있지만, 대부분 학자는 2:1-10에 기록된 이야기 이후에 있었던 일로 간주한다(Bruce, Dunn, Longenecker, McKnight, Rapa, Schreiner, Witherington). 2:1-10에 기록된 일은 바울이 구제 헌금을 모아 예루살렘으로 올라갔을 때 있었던 일이다(Bruce, Longenecker, Schreiner, cf. 행 11:27-30).

수리아 안디옥은 로마 제국에서 세 번째로 큰 도시였으며, 바울 시대에는 인구가 25만 명에 달했다(Schnabel). 이 인구의 10분의 1이 유대인이었다. 그러므로 안디옥 교회의 유대인 비중도 매우 높았다. 베드로는 야고보에게서 온 사람들뿐 아니라 안디옥 교회 안에 있는 유대인 성도들에게서도 어느 정도 압력을 느꼈을 것이다.

게바가 책망받을 일을 하자, 바울은 그를 대면하여 책망했다(11b절). '대면하여'(κατὰ πρόσωπον αὐτῷ)는 '그의 얼굴에 대고' 잘못을 지적했다는 뜻이다. 요즘 말로 하면 '돌직구'를 날렸다는 뜻이다. 바울은 자신이 베드로보다 우월하다고 생각하지 않는다. 다만 자신이 전한 복음은 베드로에게서 독립적이며, 이 복음에 따르면 베드로가 취한 행동은 하나님 앞에서 자신을 정죄하는 일이었다.

바울이 대(기둥)사도인 베드로를 책망한 사실에 다소 불편함을 느낀
교부들은 바울과 베드로가 사전에 협의한 다음 실천에 옮긴 것이라고
하거나, 본문 속 '게바'는 사도 베드로가 아닌 다른 사람이었다는 주장
을 내놓기도 했다(cf. Bruce). 베드로를 지나치게 영웅화하려는 주장이
다. 그도 종종 실수를 하는 사람인데 말이다.

어떤 이들은 바울이 먼저 베드로를 찾아가 개인적으로 권면했어야
한다고 말한다(cf. 마 18:15-17). 그러나 이러한 주장은 이슈의 핵심보다
는 부수적인 디테일에 집착하는 것이다. 더 나아가 바울은 공개적으로
베드로를 책망해야만 한다. 베드로의 어리석은 행실이 온 교회에 엄
청난 파장을 일으켰기 때문이다(cf. Ciampa). 심지어 바나바까지 중심을
잃고 그를 따라 했다(13절).

베드로는 야고보 사도에게서 온 사람들이 도착하기 전까지 안디옥
교회의 이방인 성도들과 함께 먹었다(12a절). '함께 먹었다'(συνήσθιεν)는
미완료형으로 지속되는 행동을 묘사한다. 베드로는 특별한 상황에서
한두 차례가 아니라 매일같이 이방인들과 함께 식사하며 교제한 것이
다. 당시 이방인들이 주로 먹었던 음식을 고려하면 그는 율법이 부정
하다고 규정하는 음식도 함께 먹은 것이 확실하다(cf. 행 10장).

베드로는 야고보에게서 온 할례자들(유대인들)이 안디옥 교회에 도착
하자 태도를 바꿔 더는 이방인들과 함께 먹지 않았다. 베드로가 그들
을 두려워했기 때문이다(12b절). 베드로는 이방인들과 함께 먹고 교제
하는 것이 잘못된 일은 아니지만 유대인 사이에서 충분히 스캔들이 될
만한 일이라는 점을 두려워한 것이다. 바울이 야고보는 비난하지 않고
베드로만 비난하는 것을 보면 야고보가 유대인과 이방인의 교제를 금
한 것은 아닌 것으로 보인다(McKnight).

베드로가 이방인 성도들과 함께 먹지 않자 유대인 그리스도인들도
그와 같이 외식(위선)했다(13a절). 바나바도 그들의 외식에 유혹되었다
(13b절). 바나바 역시 이방인 성도들과 먹고 교제하는 일을 멈춘 것이

다. 베드로와 유대인 그리스도인들은 이러한 행동을 통해 그리스도 예수 안에서 모든 사람이 하나라는 사실을 부인한 것이다: "너희는 유대인이나 헬라인이나 종이나 자유인이나 남자나 여자나 다 그리스도 예수 안에서 하나이니라"(3:28; cf. 골 3:11). 그러므로 바울은 상황을 바로잡기 위해서 베드로를 공개적으로 책망할 수밖에 없다.

바울은 그들이 복음의 진리를 따라 바르게 행하지 않는 것을 보고 공개 석상에서 게바를 나무랐다: "네가 유대인으로서 이방인을 따르고 유대인답게 살지 아니하면서 어찌하여 억지로 이방인을 유대인답게 살게 하려느냐"(14절). 베드로는 안디옥에 도착한 이후 정결한 음식만 먹는 유대인으로 살지 않고 이방인처럼 이방인들과 함께 먹으며 교제했다. 그러나 야고보에게서 온 사람들이 도착한 다음에는 유대인들하고만 먹으며 교제했다. 이 같은 베드로의 행동은 이방인 성도들에게 자기와 같은 유대인과 교제하려면 할례와 율법을 통해 유대인처럼 되어야 한다는 메시지를 주는 것이다(Lightfoot, Longenecker, McKnight). 그러므로 바울의 비난은 정당하다. 베드로의 처신은 예수 그리스도 안에서 모든 사람이 동등하다는 사실을 부인하고 있다: "거기에는 헬라인이나 유대인이나 할례파나 무할례파나 야만인이나 스구디아인이나 종이나 자유인이 차별이 있을 수 없나니 오직 그리스도는 만유시요 만유안에 계시니라"(골 3:11).

어떤 이들은 바울이 이 논쟁에서 베드로에게 졌다고 한다(Hays). 바울이 결과에 대해 한마디도 하지 않기 때문이다. 그러나 바울의 문제 제기에 베드로가 잘못을 인정했기 때문에 이곳에 기록된 것이라고 해석할 수도 있다(Schreiner). 게다가 몇 년 후 베드로는 이방인은 할례를 받거나 모세 율법을 따를 필요가 없다는 예루살렘 공의회 결정에 아무 문제도 제기하지 않는다. 또한 이 일 이후에 바울과 베드로가 어떠한 문제 없이 서로를 동역자로 대하는 것을 보면 이때 일은 베드로가 잘못을 시인한 것으로 끝난 것이 확실하다(Schnabel, cf. 고전 1:12; 3:22; 9:5;

15:3-11; 벧후 3:15-16).

이 말씀은 그리스도의 복음은 범세계적이어서 모든 사람에게 동일하게 적용된다고 한다. 베드로와 유대인 성도들은 마치 자신들의 복음은 이방인의 복음과 다른 것처럼 행동했다. 이에 대해 바울은 그들이 복음을 왜곡하고 있다며 맹렬히 비난했다. 우리는 모두 그리스도의 복음을 통해 하나님의 백성이 되며, 그리스도 안에는 어떠한 차별도 없다.

지위가 높거나 경험이 많다고 항상 옳거나 지혜로운 것도 아니다. '베테랑 사도' 중에서도 우두머리인 베드로는 가장 최근에 사도가 된 '말단 사도' 바울에게 비난받았다. 잘못을 했다면 나이나 경험에 상관없이 시인할 줄 알아야 한다. 그래야 믿음이 성장한다. 또한 우리는 죽는 순간까지 겸손하게 배워야 한다.

C. 그리스도의 복음과 율법의 행위(2:15-21)

[15] 우리는 본래 유대인이요 이방 죄인이 아니로되 [16] 사람이 의롭게 되는 것은 율법의 행위로 말미암음이 아니요 오직 예수 그리스도를 믿음으로 말미암는 줄 알므로 우리도 그리스도 예수를 믿나니 이는 우리가 율법의 행위로써가 아니고 그리스도를 믿음으로써 의롭다 함을 얻으려 함이라 율법의 행위로써는 의롭다 함을 얻을 육체가 없느니라 [17] 만일 우리가 그리스도 안에서 의롭게 되려 하다가 죄인으로 드러나면 그리스도께서 죄를 짓게 하는 자냐 결코 그럴 수 없느니라 [18] 만일 내가 헐었던 것을 다시 세우면 내가 나를 범법한 자로 만드는 것이라 [19] 내가 율법으로 말미암아 율법에 대하여 죽었나니 이는 하나님에 대하여 살려 함이라 [20] 내가 그리스도와 함께 십자가에 못 박혔나니 그런즉 이제는 내가 사는 것이 아니요 오직 내 안에 그리스도께서 사시는 것이라 이제 내가 육체 가운데 사는 것은 나를 사랑하사 나를

위하여 자기 자신을 버리신 하나님의 아들을 믿는 믿음 안에서 사는 것이라 ²¹ 내가 하나님의 은혜를 폐하지 아니하노니 만일 의롭게 되는 것이 율법으로 말미암으면 그리스도께서 헛되이 죽으셨느니라

14절 중반에서 시작된 바울의 스피치가 어디서 끝나는지를 두고 학자들의 의견이 분분하다. 어떤 이들은 14절에서 끝난다고 하고(Betz, Esler), 어떤 이들은 16절에서 끝난다고 한다(Calvin). 21절에서 끝난다고 주장하는 이들도 있다(Schreiner). 그다지 중요한 이슈는 아니며 바울의 스피치가 21절까지 계속되는 것으로 보아도 무난하다(cf. NAS, NIV). 그럼에도 불구하고 이 섹션은 따로 구분되어 취급되어야 한다. 바울이 그리스도께 계시로 받은 복음이 모세 율법과 연관해 어떤 의미를 지니는지 설명하고 있으며, 또 갈라디아서에서 가장 중요한 텍스트이기 때문이다(Hays, Rapa).

바울은 베드로에게 자신들은 본래 유대인이요 이방 죄인이 아니라고 한다(15절). 하나님의 언약 백성으로서 많은 특권을 누리는 자라는 것이다. 그들과 대조적으로 이방인들은 죄인이다. 본문에서 '죄인들'(ἁμαρτωλοί)은 바울과 베드로가 속한 '언약 백성'의 범위 밖에 있다는 뜻이다(Hays, Schreiner).

유대인이라 해도 사람이 의롭게 되는 것은 율법의 행위로 말미암는 것이 아니다(16a절). 율법의 행위로 말미암는 것이 아니라면 사람은 어떻게 의롭게 되는가? 바울은 우리가 하나님의 의로 말미암아 의롭게 된다고 한다. '하나님의 의'(δικαιοσύνη θεοῦ)는 그의 서신에서 여러 차례 사용된다(롬 1:17; 3:5, 21, 22, 25, 26; 10:3; 고전 1:30; 고후 5:21; 빌 3:9). 이 용어는 매우 중요하며 신약 해석에서 상당히 많은 논쟁을 불러일으킨 표현 중 하나다(cf. Fitzmyer, Longenecker, Moo, Schreiner, Thielman, Wright). 학자들은 본문에서 '하나님의 의'가 무엇을 의미하는지 다양한 해석을 내놓았지만, 다음 세 가지가 가장 중요하다.

첫째, 하나님은 모든 사람을 동일하게 대하신다는 뜻이다. 구약 시대에는 이스라엘만 택하여 사랑하시고 그들에게만 말씀을 주셨다. 그러나 이제는 그리스도의 복음을 통해 이방인에게도 하나님의 자녀가 되는 기회를 주실 뿐 아니라, 유대인과 이방인을 차별하지 않고 똑같이 대하신다. 드디어 하나님이 자기 종에 대해 약속하신 것을 이루시는 때가 된 것이다: "내가 붙드는 나의 종, 내 마음에 기뻐하는 자 곧 내가 택한 사람을 보라 내가 나의 영을 그에게 주었은즉 그가 이방에 정의를 베풀리라 … 나 여호와가 의로 너를 불렀은즉 내가 네 손을 잡아 너를 보호하며 너를 세워 백성의 언약과 이방의 빛이 되게 하리니"(사 42:1, 6).

이 해석에서 '의'(δικαιοσύνη)는 '공평'(정의)을 의미한다. 하나님은 그리스도의 복음을 통해 모든 차별의 벽을 무너뜨리심으로써 의를 드러내셨다: "거기에는 헬라인이나 유대인이나 할례파나 무할례파나 야만인이나 스구디아인이나 종이나 자유인이 차별이 있을 수 없나니 오직 그리스도는 만유시요 만유 안에 계시니라"(골 3:11; cf. 롬 3:22; 약 2:1). 많은 초대교회 교부들이 선호한 해석이다. 교부들은 하나님이 모든 사람을 동일하게 대하신다는 의미로 의를 이해했다.

둘째, 구원한 사람을 변화시키시는 능력이다. '하나님의 의'(δικαιοσύνη θεοῦ)를 주격 속격(subjective genitive)으로 해석해 '하나님이 행하시는/이루시는 의'(justice which God does)로 이해한다. 하나님이 복음을 통해 구원받은 죄인에게 새 신분을 주시는 것보다 그 사람에게(안에서) 시작하시는 일에 초점을 맞춘다. 하나님의 의는 사람을 변화시키시는(의롭게 하시는) 사역이 그가 복음을 영접할 때 시작되어 종말에 그 사람의 변화(성화)를 완성하실 때까지 지속되는 것이다. 이는 구약의 언약적 신실하심(맺으신 언약에 성실하게 임하시는 것)에 근거한 해석이며, 최근 학자들의 가장 많은 지지를 받고 있다(Dunn, Garlington, Harrison & Hagner, Käsemann, Keener, O'Brien, Stott, Schlatter, Schnabel, Stuhlmacher,

Wenham, Williams, Ziesler).

이렇게 해석하는 학자들이 제시하는 가장 설득력이 있는 증거는 칠십인역(LXX)이 하나님과 연관해 히브리어 단어 '의'(צְדָקָה)를 번역할 때 헬라어 δικ-으로 시작하는 단어들을 사용하며, 이를 통해 하나님이 백성을 구원하기 위해 취하시는 행동을 묘사한다는 것이다(ABD, cf. 시 22:31; 31:1; 35:24, 28; 40:10; 69:27-29; 71:2; 88:12; 98:2-3; 119:123; 사 42:6, 21; 45:8, 13; 46:13; 51:5-8; 미 6:5; 7:9). 그러므로 구약에서 하나님의 의는 구원하시는 행위를 뜻한다.

셋째, 하나님의 의는 죄인이 그리스도의 복음을 영접하는 순간 하나님 앞에서 의롭다고 인정을 받는 것(justification), 곧 '칭의'(稱義)를 뜻한다. 이렇게 해석하는 이들은 '하나님의 의'(δικαιοσύνη θεοῦ)를 출처 속격(genitive of source)으로 간주해 이 문구를 '하나님으로부터 오는 의'(righteousness that is from God)로 해석한다. 그러므로 '의'는 전적으로 하나님이 사람에게 은혜로 주시는 선물이라는 점을 강조한다(롬 5:17; cf. 빌 3:9). 죄인인 인간은 자력이 아니라 하나님이 베푸시는 은혜에 의존할 때만 하나님 앞에 설 수 있다.

이 해석은 종교 개혁자 루터에 의해 제시된 이후 개혁 교단들의 정통 교리가 되었다. 아직도 많은 학자의 지지를 받는 해석이다(Bultmann, Calvin, Carson, Cranfield, Fitzmyer, Irons, Longenecker, Moo, Mounce, Schreiner, Thielman). 바울 시대 유대인 문헌에서는 '하나님의 의'를 이러한 개념으로 이해했으며(cf. Sanders), 신약을 벗어난 헬라 문헌에서도 '의'(δικαιοσύνη)가 이런 의미로 사용되는 경우가 많다(Irons).

바울 서신에서 의는 믿음과 자주 함께 사용되며 하나님 앞에 서 있는 사람의 법적 신분(status)을 뜻한다(TDNT, cf. 롬 3:21-22; 4:3, 5, 6, 9, 11, 13, 22; 9:30-31; 10:3, 4, 6, 10; 갈 2:20-21; 3:6, 21-22; 5:5; 빌 3:9). 만일 믿음이 있어야 하나님 앞에 서서 하나님의 의를 경험한다면, 믿음이 있는 사람은 하나님 앞에서 더는 죄인이 아니다. 믿음으로 하나님께 의롭다고 인정받았기 때문이다.

'하나님의 의'에 대한 이 세 가지 해석 중 어느 것이 가장 성경적인
가? 가장 확실한 것은 세 번째, 곧 종교 개혁자들이 제시한 해석이다.
'하나님의 의'는 하나님이 죄인인 우리에게 조건 없이 선물로 주시는
'칭의'(의롭다 하심)다. 그러나 첫 번째와 두 번째 해석도 상당히 성경적
이다. 그러므로 셋 중 하나를 택하고 나머지 둘을 완전히 배제하기보
다는 세 번째 해석을 강조하되, 다른 해석도 어느 정도 염두에 두고 균
형을 이루는 것이 바람직하다(Thielman). 이 문구를 어떻게 이해하는지
가 기독교 교리에 지대한 영향을 미치기 때문이다.

'율법의 행위'(ἔργων νόμου)는 바울 서신에서 8차례 사용되는 표현이
다(롬 3:20, 28; 갈 2:16[3x]; 3:2, 5, 10). 항상 의롭다 하심(justification) 혹
은 성령을 영접하는 일(reception of the Spirit)과 연관이 있는 표현이다
(Thielman). 학자들은 이 문구의 의미에 대해서도 여러 가지 해석을 내
놓았다(cf. Schreiner).

첫째, '율법의 행위'를 주어 속격(subjective genitive)으로 해석하는 이들
은 율법을 준수하는 행위가 모두 악하다는 의미로 본다(cf. 롬 4:15; 갈
5:19). 율법주의가 여기에 속한다.

둘째, 율법을 지키려는 것 자체가 인간의 교만을 초래하기 때문에
우상을 숭배하는 것과 같다는 뜻으로 본다. 즉, 율법을 지키려고 노력
하는 것 자체가 죄이므로 온전히 지킨다 해도 정죄를 받는다. 또한 율
법을 지키려 하는 것은 우리 삶에서 성령의 사역을 최소화하는 문제를
안고 있다.

셋째, '율법의 행위'는 할례, 음식법, 종교 절기 등 유대인과 이방인
을 구분하는 것이다. 이는 '바울에 대한 새 관점'을 주장하는 이들의 해
석으로, 그들은 사회적으로 이 문구를 해석한다.

넷째, 그 누구도 율법을 온전히 지킬 수 없기 때문에 의롭다 하심을
얻을 수 없다는 뜻이다. 그러므로 율법은 인간의 의로움이 아니라 죄

를 드러낸다(Fitzmyer, McKnight, Rapa, Schreiner, Thielman).

저자가 율법을 '초등교사'라고 하는 것으로 보아(3:24-25) 네 번째 해석이 본문에 가장 잘 어울린다. 율법은 그 누구도 의롭다 하심을 얻을 수 없게 한다. 오직 죄를 깨닫게 할 뿐이다.

율법의 행위로 의롭다 함을 얻을 육체는 없다(16d절). 오직 예수 그리스도를 믿음으로 말미암아 의롭게 된다(16b절). 그러므로 우리는 그리스도 예수를 믿어 의롭다 함을 얻고자 한다(16c절).

'예수 그리스도를 믿음'(πίστεως Ἰησοῦ Χριστοῦ)의 정확한 의미에 대한 논쟁도 치열하다(cf. Longenecker, Schreiner). 이슈는 이 문구가 예수님의 믿음을 뜻하느냐, 혹은 예수님에 대한 믿음을 뜻하느냐다.

이 문구를 주격 속격(subjective genitive)으로 해석하는 이들은 '예수님의 믿음'이라 한다(Hays, Johnson, Longenecker, Wright, cf. 롬 1:5, 12; 3:3; 고전 2:5; 몬 1:6). '믿음'이 [고유]명사와 속격(πίστεως + genitive)을 이룰 때는 항상 연관된 [고유]명사의 믿음(본문에서는 '예수 그리스도의 믿음')을 뜻한다는 주장이다(cf. 롬 3:3; 4:12, 16).

이 문구를 목적 속격(objective genitive)으로 해석하는 이들은 '예수님에 대한 사람의 믿음'이라 한다(Dunn, Moo, Porter, Schreiner, Thielman, cf. 막 11:22; 행 3:16; 갈 2:16, 20; 3:22; 빌 3:9; 골 2:12; 살후 2:13). 이들은 '믿음'이 [고유]명사와 속격(πίστεως + genitive)을 이룰 때는 그 [고유]명사가 믿는 이의 믿음을 뜻하는 경우가 대부분이라고 한다(롬 1:8, 12; 4:5; 고전 2:5; 15:14; 고후 1:24; 10:15; 골 1:4; 2:5; 살전 1:8; 3:2, 5, 6, 7, 10). 마가복음 11:22에서 예수님은 '하나님을 믿으라'(ἔχετε πίστιν θεοῦ)라고 권면하시는데, 이때 사용된 문장도 본문과 같은 문법을 사용하고 있다.

야고보서 2:1도 같은 문법을 사용하는데(τὴν πίστιν τοῦ κυρίου ἡμῶν Ἰησοῦ Χριστοῦ) '우리 주 예수 그리스도에 대한 믿음'이라는 의미를 지닌다. 또한 바울은 율법을 통해서는 그 누구도 하나님의 구원의 의에 이를 수 없다고 했다. 그러므로 기대되는 다음 단계는 사람이 예수님을 믿을 때 하나님의 의가 그를 의롭다고 하는 것이다.

유대인인 바울과 베드로는 하나님 앞에서 이방인과 별반 다를 바 없는 죄인이었다. 그들은 예수 그리스도 안에서 의롭게 되려 했다(17a절). 율법 안에서는 의롭게 될 수 없기 때문이다. 그런데 그리스도 안에서 의롭게 되려는 그들이 오히려 죄인으로 드러날 수 있는가? 만일 그리스도 안에 있는 그들이 죄인으로 드러난다면 그리스도는 그들로 죄를 짓게 하시는 이라 할 수 있다(17b절). 그리스도 안에 있는 것만으로는 부족하니 율법도 지켜야 하는데, 율법을 지키지 않아 죄를 지은 자로 드러난다면 그리스도에 대한 믿음만으로는 의롭다 함을 얻을 수 없다는 사실이 드러난다. 그러면 결국 그리스도에 대한 믿음으로 의롭다 함을 얻을 수 있다는 것은 착각이고, 율법이 아니라 믿음으로 의롭게 된다는 그리스도의 복음은 잘못된 것이며, 예수님은 우리로 하여금 죄를 짓게 하는 분이 된다는 의미다. 그러나 결코 그럴 수 없다(17c절). 불가능한 논리라는 뜻이다.

그리스도에 대한 믿음으로만 구원에 이를 수 없으니 율법의 행위도 더해야 한다는 것은 그리스도 예수 안에 있는 구원을 통해 열린 새로운 하나님 백성 시대에서 옛 시대로 돌아가는 것이며, 율법의 행위를 통해서는 구원에 이를 수 없다며 헐었던 것을 다시 세우는 격이다(18a절). '헐다'(καταλύω)는 구약 율법을 무력화하거나 율법의 상징인 성전을 파괴하는 일에 사용된 단어다(cf. 마 5:17; 막 13:2; 14:58; 행 6:14).

바울은 율법주의자들의 논리는 이미 헐었던 것을 다시 세우는 격이라며 반격한다(Rapa). 그의 논리에 따르면 베드로의 위선적인 행동은 이방인 그리스도인도 율법의 행위를 준수해야 한다는 메시지이며, 그리스도께서 시작하신 새 시대를 떠나 모세의 율법을 중심으로 하는 옛 시대로 돌아가는 것이다(Bruce, Longenecker, Martyn). 옛 시대는 죄와 율법에 짓눌린 때이며, 그리스도의 새 시대는 의와 생명으로 가득한 때다.

사도는 자신이 결코 옛 시대로 돌아가 이미 허문 것을 다시 세울 수 없는 결정적인 이유는 자신이 율법으로 말미암아 율법에 대해 죽었기 때문이라고 한다(19a절). 그리스도는 십자가 죽음과 부활을 통해 옛 시대에 마침표를 찍으시고 새 시대를 시작하셨다. 그리스도를 영접한 사람들도 그리스도와 함께 십자가에서 죽었고 그분과 함께 부활했다. 바울은 로마서에서 다음과 같이 증언한다.

> 그러므로 우리가 그의 죽으심과 합하여 세례를 받음으로 그와 함께 장사되었나니 이는 아버지의 영광으로 말미암아 그리스도를 죽은 자 가운데서 살리심과 같이 우리로 또한 새 생명 가운데서 행하게 하려 함이라 만일 우리가 그의 죽으심과 같은 모양으로 연합한 자가 되었으면 또한 그의 부활과 같은 모양으로 연합한 자도 되리라 우리가 알거니와 우리의 옛 사람이 예수와 함께 십자가에 못 박힌 것은 죄의 몸이 죽어 다시는 우리가 죄에게 종 노릇 하지 아니하려 함이니 이는 죽은 자가 죄에서 벗어나 의롭다 하심을 얻었음이라 만일 우리가 그리스도와 함께 죽었으면 또한 그와 함께 살 줄을 믿노니(롬 6:4-8).

바울은 자신이 율법에 대해 죽은 것은 하나님에 대해 살기 위해서라고 한다(19b절). 그리스도의 죽음이 죽음으로 끝나지 않고 부활함으로써 새 시대를 시작하셨고, 사도도 그리스도의 새 시대에 하나님을 위해 살고자 율법에 대해 죽었다. 어떤 이들은 사도의 '나'(I)가 유대인을 대표하는 것이라 하지만, 이는 유대인과 이방인을 포함한 모든 그리스도인을 대표하는 것이다(Burge, Fee, Guthrie, Lightfoot). 유대인이나 이방인 상관없이 모든 그리스도인은 율법 아래 있지 않다. 그리스도와 함께 죽었을 때 율법의 억압에서 해방되었다(Betz, Witherington). 더는 율법의 행위에 따라 살 필요가 없다.

사도가 그리스도의 복음을 영접할 때 그는 그리스도와 함께 십자가에 못 박혔다(20a절). 십자가는 하나님의 구속사에서 가장 중요한 순간이다(Schreiner). 그리스도와 연합한 사람은 모두 그분의 죽음에 동참한다. 그리고 그리스도의 부활에도 동참한다. 그러므로 이제는 바울 자신이 사는 것이 아니라, 오직 그의 안에 있는 그리스도께서 사시는 것이라 한다(20b절). 그리스도는 성령을 통해 우리 안에 계신다(롬 8:9; 엡 2:22; 3:16). 따라서 그리스도인은 그리스도 안에서 살며, 그리스도께서도 그들 안에 사신다(롬 8:10; 고후 13:5; 골 1:27; 엡 3:17).

그럼에도 불구하고 우리는 아직도 육체 가운데 산다(20c절). 아직 '옛 사람'의 삶이 남아 있다는 뜻이다. 그러나 이 육신 안에서의 삶은 나 자신을 위해 이기적으로 사는 삶이 아니라, 우리를 사랑하셔서 자기 자신을 버리신 하나님의 아들을 믿는 믿음 안에서 사는 삶이 되어야 한다(20d절).

바울이 예수님을 '하나님의 아들'(τοῦ υἱοῦ τοῦ θεοῦ)로 부르는 것은 흔치 않다(롬 1:4; 고후 1:19; 엡 4:13). 이곳에서 예수님이 하나님의 아들로 불리는 것은 우리가 아직 육체 가운데 사는 것과 연관이 있다. 예수님은 육신을 입은 하나님의 아들이시다. 육신을 입고도 하나님께 온전히 순종함으로 우리에게 롤모델이 되셨다. 우리를 사랑하셔서 우리를 위해 자기 자신을 버리신 하나님의 아들을 믿는 믿음 안에서 살면 예수님처럼 살 수 있다.

그리스도를 믿는 믿음으로 사는 것은 하나님의 은혜를 폐하는 것이 아니다(21a절). '폐하다'(ἀθετέω)는 '거부하다'(reject)(BDAG, cf. NIV) 혹은 '헛되게 하다'라는 뜻이다(새번역, 공동, 아가페, ESV, NAS, NRS). 만일 사람이 율법을 통해 의롭게 된다면 그리스도 안에 있는 하나님의 은혜는 헛된 것이 되고, 그리스도도 헛되이 죽으신 것이 된다(21b절). 그러므로 율법주의자들은 그리스도 안에 있는 하나님의 은혜와 그리스도의 죽음을 헛된 것으로 만드는 결과를 초래한다.

이 말씀은 우리가 믿는 그리스도의 복음이 어떤 것인지에 대한 깊은 묵상과 분명한 확신이 필요하다고 한다. 율법주의자들은 복음을 알되 어렴풋이 안다. 그러므로 확신이 없어 자꾸 율법의 행위를 더하려 한다. 그러나 율법의 행위를 더하면 그것은 그리스도의 복음이 아니라 '다른 복음'이 된다. 우리는 무엇을 믿고 고백하는지 생각해 보고 이 놀라운 구원을 이루신 하나님께 감사드려야 한다.

옛 시대의 유물인 율법과 새 시대를 연 복음은 절대 어울릴 수 없다. 율법은 우리를 그리스도로 인도하는 초등교사로 남아야 한다(3:24). 믿음이 온 후로 우리는 더 이상 초등교사 아래에 있지 않다(3:25). 그러므로 율법으로 돌아가는 것은 다시 약하고 천박한 초등학문으로 돌아가 종노릇하려는 것과 같다(4:9). 그리스도의 복음은 영원히 변하지 않는다.

그리스도를 영접하는 것은 그분과 함께 십자가에 못 박혀 죽고 함께 부활했다는 의미다. 그리스도의 새 시대를 사는 우리는 이기적으로 살면 안 된다. 이제는 우리를 사랑하사 우리를 위해 자기 자신을 버리신 하나님의 아들을 믿는 믿음 안에서 살아야 한다. 그리스도의 죽음을 헛되게 해서는 안 된다.

Ⅲ. 율법과 의와 믿음

(3:1-4:11)

앞 섹션에서 저자는 자신이 이때까지 전파한 그리스도의 복음이 어떤 것이며, 왜 모세 율법에 따라 행하는 것이 그리스도의 율법의 일부가 될 수 없는지에 관해 말했다. 이제부터는 앞 섹션에서 주장한 바에 대해 구체적인 설명을 추가한다. 우리는 율법의 행함이 아니라, 예수 그리스도를 믿음으로써 하나님의 의롭다 하심을 얻고 하나님의 새 백성이 된다. 그러므로 바울은 이 섹션에서 의와 율법과 믿음의 상호관계에 대해 논한다(cf. Betz). 본 텍스트는 다음과 같이 구분된다.

A. 의와 믿음과 율법(3:1-18)
B. 믿음과 율법(3:19-4:7)
C. 갈라디아 교회에 대한 염려(4:8-11)

III. 율법과 의와 믿음(3:1-4:11)

A. 의와 믿음과 율법(3:1-18)

그리스도인은 하나님이 예수 그리스도를 통해 의롭다 하신 것을 믿는 사람이다. 그러므로 의와 믿음은 한 쌍이다. 반면에 사람은 율법의 행위를 통해 하나님께 의롭다 하심을 받을 수 없다. 또한 율법의 행위를 추구하는 신앙생활은 믿음으로 하는 신앙생활에서 가장 멀리 떨어져 있으며 절대 융합될 수 없다. 이 섹션은 다음과 같이 구분된다.

  A. 율법이 아니라 믿음(3:1-5)
  B. 의와 믿음에 대한 성경의 증언(3:6-9)
  C. 율법의 행위에 대한 성경의 증언(3:10-14)
  D. 율법은 약속을 폐하지 못함(3:15-18)

III. 율법과 의와 믿음(3:1-4:11)
  A. 의와 믿음과 율법(3:1-18)

1. 율법이 아니라 믿음(3:1-5)

¹ 어리석도다 갈라디아 사람들아 예수 그리스도께서 십자가에 못 박히신 것이 너희 눈 앞에 밝히 보이거늘 누가 너희를 꾀더냐 ² 내가 너희에게서 다만 이것을 알려 하노니 너희가 성령을 받은 것이 율법의 행위로냐 혹은 듣고 믿음으로냐 ³ 너희가 이같이 어리석으냐 성령으로 시작하였다가 이제는 육체로 마치겠느냐 ⁴ 너희가 이같이 많은 괴로움을 헛되이 받았느냐 과연 헛되냐 ⁵ 너희에게 성령을 주시고 너희 가운데서 능력을 행하시는 이의 일이 율법의 행위에서냐 혹은 듣고 믿음에서냐

바울은 갈라디아 성도들이 율법주의자들의 가르침에 현혹되어 그리

스도의 복음을 떠나려 하는 일이 도대체 믿기지 않는다. 그래서 그들이 저지른 어리석음을 생각해 보라며 여러 개의 수사학적인 질문을 던진다. 사도가 하는 질문에 대한 답을 생각해 보면 자신이 무슨 짓을 했는지 스스로 깨닫고 다시 그리스도의 복음으로 돌아오리라고 기대하기 때문이다.

사도는 이 섹션에서 갈라디아 성도들이 저지른 실수에 대해 신학적으로 설명하기보다는 질문함으로써 그들의 말을 직접 듣고자 한다(Betz). 그리스도 복음의 원리에 비추어볼 때 그들이 저지른 일이 얼마나 심각한 문제를 안고 있는지 스스로 깨닫기를 원하기 때문이다. 이런 면에서 이 섹션은 복음의 실용성(적용)으로 자신을 돌아보라는 권면이라 할 수 있다.

바울은 책망을 시작하면서 갈라디아 사람들을 '형제들'이라 부르지 않고 단순히 '갈라디아 사람들'이라 부른다(1절). 그들이 무슨 짓을 하고 있는지 되돌아보고 정신차리라는 의미로 이러한 호칭을 사용하는 것이다(Ridderbos). 바울의 불편한 심기가 감지되는 부분이다.

'어리석도다 갈라디아 사람들아'('Ω ἀνόητοι Γαλάται)(1a절)는 지식의 모자람에 대한 책망이 아니라, 도덕적 결함이 있어 잘못된 판단을 내린 것에 대한 비난이다(Schreiner, Witherington). 만일 그들이 이미 알고 있는 것을 바탕으로 율법주의자들의 가르침을 정확히 판단했더라면 현혹되지 않았을 것이다. 지금 그들은 마치 무엇에 홀린 듯 복음을 부인하는 지경에 이르렀다(Hansen).

사도는 그리스도께서 못 박히신 일을 갈라디아 사람들 눈 앞에 밝히 보였다(1b절). 기회가 있을 때마다 그들의 죄를 용서받을 수 있는 유일한 길은 그리스도께서 지신 십자가를 믿는 것이라는 사실을 가르치고 또 가르쳤다는 뜻이다. 그러므로 갈라디아 성도들이 그리스도의 십자가와 부활에 율법을 더하려 한 것은 율법주의자들에게 홀려 십자가를 통한 죄 사함을 보지 못하는 것과 같다.

바울은 율법주의자들이 갈라디아 성도들을 현혹했기 때문에 일이 이렇게 되었다는 것을 안다. 그럼에도 너무나 황당한 일이라며 '누가 너희를 꾀더냐?'(τίς ὑμᾶς ἐβάσκανεν)라며 꼬임에 넘어간 그들의 책임을 묻는다. '꾀다'(βασκαίνω)는 요술(magic)과 연관된 단어다(Longenecker, Witherington). 갈라디아 성도들은 요술에 홀리듯 할례와 율법의 행위가 그리스도의 복음과 함께 실천되어야 한다는 율법주의자들의 꾐에 넘어갔다. 초대교회 교부들은 그리스도의 복음에서 떠나게 한 이 유혹 끝에는 사탄이 있다고 했다(cf. Schreiner).

저자의 두 번째 수사학적인 질문은 그들이 성령을 받은 것이 율법의 행위로 인함인지, 혹은 그리스도의 복음을 듣고 믿음으로 된 일인지 묻는다(2절). 사람이 성령을 받는 것은 그리스도인이 되었다는 징조다(cf. 롬 8:9-11). 불신자에게는 성령이 임하시지 않는다(cf. 행 15:8; 고전 2:14). 그러므로 성령의 임재는 사람이 구원받았는지에 대한 리트머스 테스트라 할 수 있다(cf. 고후 1:22; 5:5; 엡 1:14). 갈라디아 성도들은 그리스도를 영접하고 성령을 체험했을 때를 되돌아보아야 한다(cf. 롬 5:5; 8:9; 고전 2:12). 그들이 어떻게 해서 그리스도인이 되었는지를 묻고 있기 때문이다(McKnight).

학자들은 '듣고 믿음으로'(ἐξ ἀκοῆς πίστεως)에 대해 최소 네 가지 해석을 제시했다: (1)복음이 진실임을 신뢰하며 들음(Lightfoot, Fung, McKnight), (2)들은 메시지가 믿음을 요구함(TDNT), (3)들은 메시지가 믿음을 줌(Betz, Martyn), (4)믿음에 대한 메시지를 들음(Calvin). 이 네 가지 중 가장 설득력이 있는 것은 첫 번째 해석이다: "그러나 그들이 다 복음을 순종하지 아니하였도다 이사야가 이르되 주여 우리가 전한 것을 누가 믿었나이까 하였으니 그러므로 믿음은 들음에서 나며 들음은 그리스도의 말씀으로 말미암았느니라"(롬 10:16-17).

갈라디아 성도들이 성령을 받은 일이 율법이 아니라 그리스도의 복음을 듣고 믿는 것으로 된 일이라면, 그들은 왜 이제 와서 율법의 행위도 필요하다는 율법주의자들의 꾐에 넘어간 것일까? 어리석기 때문이다(3a절). '어리석다'(ἀνόητος)는 분별력이 부족하다는 뜻이다(BDAG).

그들은 어리석어서 성령으로 시작했다가 육체로 마칠 위기에 처했다. '마치다'(ἐπιτελέω)를 냉소적인 의미에서 '완벽해지다'(be perfect)로 번역하기도 하지만(ESV, NAS, KJV), 단순히 '끝내다'(to finish)라는 의미로 해석하는 것이 문맥에 더 잘 어울린다(새번역, 공동, NIV, NAB). 예수님이 시작하신 새 시대(종말)에 입문하는 그리스도인들에게 성령은 징표로 임하신다. 또한 마지막 아담인 그리스도께서 시작하신 새 시대에 들어선 그리스도인이 율법의 행위를 지향하는 것은 첫째 아담이 시작한 옛 시대로 돌아가는 것과 같다(Gaffin). 새 시대의 상징인 성령으로 시작했다가 첫 아담이 남긴 유물인 육체로 마치려는 것과 같다는 뜻이다.

사도는 이 말씀을 통해 새 시대로 입문하는 일(그리스도인이 되는 것)이 아니라 새 시대에 계속 머무는 일에 관해 말한다(Fee, Guthrie, cf. McKnight). 새 시대의 입문과 연관된 칭의뿐 아니라, 새 시대에 계속 머무는 일과 연관된 성화에도 같은 원리가 적용된다고 한다(Schreiner). 그리스도인의 삶은 시작부터 끝까지 오직 성령의 인도하심으로만 가능하다.

바울은 갈라디아 성도들에게 그들이 많은 괴로움을 헛되이 받았다고 생각하는지 묻는다(4절). '괴로움을 받다'로 번역된 단어(πάσχω)는 '괴로움을 받다', '경험하다' 등 두 가지 의미를 지닌다(BDAG). 그렇다 보니 본문에서 이 단어가 어떤 의미로 사용되었는지에 따라 학자들과 번역본들도 두 가지로 나뉜다: (1)'경험하다'(Betz, Dunn, Longenecker, Martyn, Rapa, Ridderbos, cf. 새번역, 공동, NAS, NIV, NRS), (2)'고난을 받다'(Bruce, Fung, Lightfoot, Schreiner, cf. 아가페, 현대인, ESV, NAS, KJV). 이 질문은 복음을 포기하고 율법의 행위를 따르면 지금까지 갈라디아 성도들이 믿음으로 인해 받은 여러 가지 고난이 모두 헛수고가 된다는 것을 암시한다. 실제로 갈라디아에서 그리스도인에 대한 박해가 있었다는 점을 고려하면(Bassland, Schreiner, cf. 4:29; 5:11; 6:12, 17) '고난을 받다'로 해석하는 것이 바르다. 그들이 할례와 율법을 따르면 그리스도로 인해 받은 모든 고난이 헛되게 되지만, 그리스도의 복음에 따라 살면 그들이 받은 고난은 의미가 있으며 헛되지 않다.

갈라디아 성도들에게 성령을 주시고 그들 가운데 능력을 행하시는 분은 하나님이다(5a절, cf. NAS, NIV, NRS). 하나님은 이러한 일을 율법의 행위를 통해서 하시는가, 혹은 그리스도의 복음을 듣는 믿음을 통해서 하시는가(5b절)? 당연히 복음을 믿는 믿음을 통해서 하신다. 그러므로 율법의 행위를 지향하는 것은 하나님의 능력과 성령을 스스로 거부하는 일이다. 또한 율법의 행위를 지향하는 것은 하나님을 기쁘시게 하는 일이 아니라 배은망덕을 저지르는 일이다.

이 말씀은 십자가가 없거나 십자가만으로는 부족하다며 복음에 다른 것을 더하는 것은 예수 그리스도의 종교가 아니라고 한다. 예수님이 세우신 기독교는 주님이 지신 십자가로 만족할 수 있어야 한다. 오직 십자가 안에 구원이 있기 때문이다. 대부분 이단은 그리스도로 만족하지 못하고 다른 '메시아'나 '계시'를 더한다.

그리스도인의 삶은 성령의 임재로 시작한다. 또한 그리스도인이 계속 성화되어 가는 것도 성령이 하시는 일이다. 그러므로 그리스도인의 삶은 성령으로 시작해 성령으로 성화되어 간다고 할 수 있다. 삶에 맺히는 성령의 열매가 바로 우리가 성화되고 있다는 증거다. 우리 안에 선한 일을 시작하신 이가 끝날 때까지 도우실 것이다.

그리스도의 복음은 매우 실용적인 것이다. 단지 이론(신학)으로 머물지 않는다. 우리 삶의 방식과 경험에 지대한 영향을 미친다. 따라서 성령께서 많은 선한 일을 하시도록 그리스도의 복음이 우리 삶을 지배하게 해야 한다. 우리는 선한 일을 통해 구원을 얻으려 하는 것이 아니다. 우리는 이미 믿음으로 구원을 받았다. 구원받은 사람으로서 하나님을 영화롭게 하기 위해 선한 일을 많이 해야 한다.

2. 의와 믿음에 대한 성경의 증언(3:6-9)

> [6] 아브라함이 하나님을 믿으매
>
> 그것을 그에게 의로 정하셨다

함과 같으니라 [7] 그런즉 믿음으로 말미암은 자들은 아브라함의 자손인 줄 알지어다 [8] 또 하나님이 이방을 믿음으로 말미암아 의로 정하실 것을 성경이 미리 알고 먼저 아브라함에게 복음을 전하되

> 모든 이방인이 너로 말미암아 복을 받으리라

하였느니라 [9] 그러므로 믿음으로 말미암은 자는 믿음이 있는 아브라함과 함께 복을 받느니라

갈라디아 성도들의 경험을 통해 그리스도의 복음이 어떤 것인지 설명한 사도는 구약 말씀을 인용해 그리스도인은 율법이 아니라 믿음으로 의에 이른다는 사실을 말하고자 한다. 바울은 우리 모두 믿음으로 의롭다 함을 받은 아브라함의 후손이므로 아브라함처럼 믿음으로 의롭다 하심을 얻는다고 한다. 아브라함 시대나 지금이나 하나님이 사람을 의롭다 하시는 기준은 믿음이므로 율법의 행위는 우리와 하나님의 관계에 별 힘을 발휘하지 못한다.

바울은 앞 섹션(3:1-5)에서 사람은 믿음으로 의롭다 함을 받지, 율법의 행위로 받는 것이 아니라고 했다. 그는 이 섹션에서 자신이 주장하는 바의 사례로 유대인들의 조상 아브라함을 소개한다. 아브라함도 갈라디아 사람들처럼 믿음으로 의롭다 함을 받았다는 것이다.

아마도 율법주의자들은 율법이 있기 전에 할례가 있었고 모세 율법 아래 있지 않은 아브라함도 할례를 받았다고 말하면서, 예수님도 할례의 유효성을 무효화하지 못했기 때문에 그분이 시작한 새로운 하나님의 백성 역시 모두 할례를 받아야 한다는 주장을 펼쳤을 것이다(cf. 창

17:9-14). 이에 대해 사도는 그들이 사례로 든 아브라함 이야기를 이용해 반격한다. 아브람이 의롭다 함을 받은 일(cf. 창 15:6)은 그가 할례를 받기 전(cf. 창 17:9-14)에 있었던 일이므로 그의 의는 할례와 상관없는 일이라는 것이다(6절).

사도가 인용하는 창세기 15:6의 정황을 생각해 보자. '아브람이 여호와를 믿었다'고 하는데 '…를 믿었다'(בְּ הֶאֱמִן)라는 표현은 확신을 가지고 상대방을 신뢰한다는 뜻이다. 하나님이 아브람에게 약속을 주시면서 그에게 요구하셨던 반응은 확실하다. 하나님이 하신 말씀이 그대로 될 것으로 믿고 계속 그분을 신뢰하는 것이다(cf. 히 11:13). 믿음의 요구가 매우 쉽고 간단해 보일 수 있지만 현실적으로는 항상 어려움과 난관이 도사리고 있다. 때때로 믿음은 우리가 처한 상황과 느낌을 모두 부인할 것을 요구하기 때문이다. 하나님의 자손 축복 약속은 10여 년이 지나도록 성취되지 않고 땅에 대한 약속도 현실로 드러나지 않은 상황에서 계속 방랑 생활을 하며 늙어 가는 아브람에게 '나를 믿으라'라는 하나님의 요구는 매우 어려운 결단과 강한 신뢰를 요구하는 것이었다. 인간적인 차원에서 생각할 때 아브람은 그야말로 진퇴양난(進退兩難)에 처해 있다. 만일 이 순간에 하나님 믿기를 거부한다면 그분의 말씀을 믿고 고향과 친지들을 떠나 10여 년간 이어 온 방랑 생활의 의미와 가치를 어디서 찾을 것인가? 아브람은 죽으나 사나 여호와 하나님의 약속을 믿고 따를 수밖에 없었다.

또한 '믿음 = 순종', '불신 = 불순종'의 공식이 성립된다. 여기서 아브람이 '믿었다'는 것은 한 순간의 일이 아니다. 히브리서 11:8-9은 그가 이미 부모의 집을 떠나올 때 믿음을 행동으로 옮겼다고 증언한다. 그렇다면 왜 10여 년이 지난 이때에야 비로소 의롭다는 평가를 받는가(창 15:6)? 저자가 강조하는 것은 하나님에 대한 아브람의 지속적인 신뢰다. 이때 주신 말씀을 받아들인 단 한 차례 행위뿐만 아니라 지난 10여 년 동안 약속이 성취되지 않았음에도 계속 여호와를 신뢰하고 바라보며 기다린 일이 의로 인정받은 것이다.

아브람의 믿음은 또한 창세기 15:7 이후의 사건과 연결해서 이해되어야 한다. 저자는 7절 이후에 묘사된 일이 일어나기 전에 아브람이 이미 '믿음으로 의롭다'고 인정받은 사실을 강조하며 하나님 앞에서의 믿음과 행위의 관계를 명확하게 정리한다. '의롭다'(צָדֵק)의 기본적인 의미는 '기준에 맞다/도달하다'이다(NIDOTTE). 폰 라트(von Rad)는 훗날 이 개념이 이스라엘에서 공동체의 평안과 안녕을 위해 하나님이 세우신 기준을 뜻했다고 한다. 그래서 성도가 성전에 가서 예배를 드리고자 하면 성전 문 앞에서 제사장이 그에게 공동체적인 책임[기준]을 충족시키는 삶을 살았는지 묻고 긍정적으로 대답하는 사람만 성전에 들어가도록 허락했다(NIDOTTE). 아브람은 하나님이 세우신 '믿음 기준'에 부합하는 사람이었다는 것이다.

안타깝게도 바울 시대 유대인들은 아브라함의 믿음보다는 순종을 강조했다(Betz, Schreiner). 이미 언급한 것처럼 '믿음 = 순종'이라는 공식이 성립되었는데도 이 둘을 나누었다. 바울은 아브라함의 순종이 중요하지 않다고 하는 것이 아니다. 믿음이 순종보다 더 중요하며(Longenecker), '믿음 = 순종'이므로 둘을 나누면 안 된다고 말하는 것이다.

그러므로 누구든지 믿음으로 말미암은 자들은 옛적에 하나님을 믿은 아브라함의 자손이다(7절). 하나님이 아브라함의 믿음을 보시고 그를 의롭다 하신 것처럼, 누구든지 하나님을 믿으면 그를 의롭다 하실 것이다. 이러한 원리(기준)는 유대인에게만 적용되는 것이 아니다.

성경은 때가 이르면 하나님이 이방인도 믿음으로 말미암아 의로 정하실 것을 미리 알았다(8a절). '미리 알다'(προοράω)는 미리 보았다는 뜻으로, 일이 이렇게 될 것을 전혀 의심하지 않았다는 뜻이다. 구약성경도 언젠가는 사람들이 아브라함처럼 믿음으로 의롭다 함을 얻을 때가 올 것을 확신한 것이다.

그러므로 구약은 아브라함에게 먼저 복음을 전했다(8b절). '먼저 복음을 전하다'(προευαγγελίζομαι)는 이곳에서 단 한 차례 사용되는 단어이며, 사람이 율법의 행위가 아니라 믿음으로 의롭다 함을 얻는다는 복음(좋은 소식)을 미리 전했다는 뜻이다. 아브라함 시대에 그 누구도 율법의 행위로 의롭다 함을 얻을 수 없는 것은 율법이 몇 백 년 후에 오기 때문이다.

아브라함에게 전파된 복음은 모든 이방인이 그로 말미암아 복을 받을 것이라는 말씀이었다(8c절). 창세기 12:3과 18:18을 융합한 말씀이다(Bruce). '모든'(πάντα) 이방인이 아브라함을 통해 복을 받는다는 사실에는 어떠한 예외도 있을 수 없다. 율법주의자들은 마치 갈라디아 성도들은 예외인 듯 그들이 하나님의 복을 받으려면 할례와 율법을 지켜야 한다고 하지만, 그렇지 않다. 하나님은 처음부터 모든 이방인이 아브라함처럼 믿음을 통해 복을 받을 것이라고 하셨다. 하나님이 믿음을 통해 이방인을 자기 백성으로 삼으시는 것은 새로운 일이 아니라 아브라함 때로 거슬러 올라간다(McKnight).

어떤 이들은 '너로 말미암아'(ἐνευλογηθήσονται ἐν σοὶ)를 아브라함의 믿음으로 인해 이방인이 복을 받는다는 의미로 해석한다(Hays). 그러나 이어지는 9절에서 믿음이 있는 자들은 아브라함과 '함께'(σὺν) 복을 받는다고 하는 것을 보면 별로 설득력이 없다. 우리는 모두 아브라함으로 인해 복을 받는 것이 아니라, 아브라함처럼 하나님을 믿을 때 복을 받는다. 그는 우리를 '구원하는 이'가 아니라, 우리가 모방할 '믿음의 좋은 모델'인 것이다.

바울이 이 두 말씀을 인용하는 순서에도 의미가 있다(Schreiner). 원래는 12:3 다음에 15:6을 인용해야 한다. 그러나 저자는 두 말씀의 순서를 바꿈으로써 모든 이방인이 무조건 아브라함으로 말미암아 복을 받는 것이 아니라(12:3), 아브라함처럼 믿는 이방인만 그와 함께 복을 받는다고 한다(15:6). 즉, 사도는 두 말씀의 순서를 바꿔 아브라함이 오직 믿는 이방인에게만 축복의 통로가 된다는 사실을 강조하고자 한다.

이 말씀은 아브라함은 우리 모두에게 영감과 롤모델이 되어야 한다고 한다. 그가 의롭다 함을 얻은 것은 할례를 행하고 율법에 순종했기 때문이 아니다. 그의 시대에는 율법이 존재하지도 않았다. 또한 할례는 그가 의롭다고 인정받은 다음에 있었던 일이다. 우리도 아브라함처럼 믿음으로 의롭다 하심을 얻었다는 사실을 깨닫고 감사해야 한다.

구약이나 신약이나 사람이 구원을 얻어 하나님의 백성이 되는 방법은 같다. 순종과 행위가 아니라 믿음이다. 우리는 예수 그리스도를 믿음으로 구원을 얻었다. 모든 믿는 사람의 조상인 아브라함도 순종과 행위가 아니라 믿음으로 의롭다 함을 얻었다. 우리는 이러한 사실을 마음에 새기고 신앙생활을 해야 한다.

> Ⅲ. 율법과 의와 믿음(3:1-4:11)
> A. 의와 믿음과 율법(3:1-18)

3. 율법의 행위에 대한 성경의 증언(3:10-14)

[10] 무릇 율법 행위에 속한 자들은 저주 아래에 있나니 기록된 바

누구든지 율법 책에 기록된 대로

모든 일을 항상 행하지 아니하는 자는

저주 아래에 있는 자라

하였음이라 [11] 또 하나님 앞에서 아무도 율법으로 말미암아 의롭게 되지 못할 것이 분명하니 이는

의인은 믿음으로 살리라

하였음이라 [12] 율법은 믿음에서 난 것이 아니니

율법을 행하는 자는 그 가운데서 살리라

하였느니라 [13] 그리스도께서 우리를 위하여 저주를 받은 바 되사 율법의 저주에서 우리를 속량하셨으니 기록된 바

나무에 달린 자마다 저주 아래에 있는 자라

하였음이라 [14] 이는 그리스도 예수 안에서 아브라함의 복이 이방인에게 미치게 하고 또 우리로 하여금 믿음으로 말미암아 성령의 약속을 받게 하려 함이라

바울은 앞 섹션에서 아브라함을 조상이라 부르는 사람은 아브라함이 하나님을 믿었던 것처럼 주님을 믿어 의롭다 하심을 받는다고 했다 (cf. 창 15:6). 또한 모든 열방이 아브라함을 통해 복을 받을 것이라는 약속(창 12:3)은 믿음으로 의롭다 하심을 받은 이방인 성도들을 통해 이미 성취되었다고 했다.

이 섹션에서는 주제가 완전히 바뀐다. 사도는 율법의 행위는 저주를 유발한다고 한다. 그러므로 율법으로 말미암아 의롭게 될 사람은 없으며, 의인이 되고자 하는 모든 사람은 믿음으로 살아야 한다고 한다.

아브라함이 믿음으로 의롭다 함을 얻은 것과는 대조적으로 누구든지 율법의 행위에 속한 자들은 저주 아래 있다(10a절; cf. 2:16). 율법의 특성상 하나를 위반하나 열을 위반하나 율법을 위반한 자가 되는 것은 같으며, 율법을 위반한 사람은 모두 저주 아래 있다고 하는 것으로 해석할 수 있다(Das, Fung). 구약은 아무도 율법을 모두 지킬 수 없다고 하기 때문이다(cf. 왕상 8:46; 잠 20:9; 전 7:20).

율법은 사람들에게 모든 율법 규정을 지킬 것을 요구하거나 기대하지 않는다. 살다 보면 율법을 어기는 일이 반드시 있음을 알기 때문이다. 그러므로 율법은 속죄제와 속건제를 두어 율법을 위반한 일을 해결하게 했다. 또한 매년 하루를 속죄일로 삼아 지난 1년 동안 지은 모든 죄를 해결하게 했다. 그러므로 율법을 지키지 못하고 죄를 지어서 저주를 받는 것은 아니다.

율법을 지킨다고 해서 하나님께 의롭다 함을 받을 수 있는 것은 아니다. 바울은 자신이 바리새인으로서 율법의 모든 법적인 요구를 충족시켰다고 한다(cf. 빌 3:4-6). 또한 누구든지 성령 안에서 살면, 그 역시 율

법의 모든 요구를 채울 수 있다고 한다(롬 13:8-10; 갈 5:14). 그렇다면 율법은 그것을 지키려 하는 자들을 어떻게 저주 아래 두는가? 율법은 태생적으로 누구를 의롭게 하기 위한 것이 아니다(McKnight). 하나님의 의롭다 하심은 믿음을 통해 온다. 사람이 아무리 율법을 잘 지켜도 믿음을 주지는 않는다. 또한 그 누구도 율법을 잘 지켰다며 하나님 앞에서 스스로 의인이라 할 수 없다. 율법을 지키지 못한 부분은 속죄일과 제물 등이 대신했기 때문이다. 그러므로 율법이 할 수 있는 유일한 것은 이를 지키려 하는 자들을 저주 아래 두는 것이라 할 수 있다.

바울은 자신의 주장을 뒷받침하기 위해 "누구든지 율법 책에 기록된 대로 모든 일을 항상 행하지 아니하는 자는 저주 아래 있는 자라"라는 말씀을 인용한다. 신명기 27:26과 28:58을 근거로 한 말씀이다. 그가 이처럼 두 말씀을 융합해 인용하는 것은 이 원리를 모든 모세 율법에 적용하기 위해서다(Hays). 모세는 율법을 행하지 아니하는 자는 저주 아래 있다며 이스라엘 지파를 에발산과 그리심산에 나누어 세운 뒤 신명기 27:26을 선포하게 했다. 그러므로 10절은 율법을 행하는 자들과 행하지 않는 자들 모두 저주 아래 있다고 한다.

하나님 앞에서 그 누구도 율법으로 말미암아 의롭게 되지 못할 것은 분명하다(11a절). 모든 율법을 완벽하게 지킬 수 없기 때문이며, 설령 위반한 부분을 온갖 제물로 대신한다 해도 하나님 앞에서 스스로 의롭다 하는 것은 위선이기 때문이다. 그러므로 하박국 선지자는 "의인은 믿음으로 살리라"라고 했다(11b절; cf. 합 2:4). 사도는 다시 한번 '칭의'(죄와 결함이 많아 의롭지 못한 사람을 하나님이 의롭다고 하심)의 중요성을 부각하고 있다(Schreiner). 하박국 선지자는 종말적인 삶(Bruce), 곧 영생(Schreiner)을 염두에 두고 이렇게 말했다.

사도가 인용하는 칠십인역(LXX)은 선지자가 말하는 의는 하나님의 의라고 한다(Hays). 그러므로 일부 번역본과 학자들은 이 말씀을 '믿음으로 의인이 된 사람은 살리라'(the righteous by faith shall live)라는 의미로 해석한다(Fung, George, cf. 공동, 새번역 각주). 그러나 가장 자연스러운 해석은 '의인은 믿음으로 살리라'(the righteous shall live by faith)다(Silva, cf. ESV, NAS, NIV, NRS).

율법은 믿음에서 난 것이 아니다(12a절). 율법과 믿음은 서로 다른 영역(시스템)에 속해 있다는 뜻이다. 그러므로 율법을 행하는 자는 율법 안에서 살 뿐(레 18:5), 믿음의 영역으로 넘어올 수 없다. 율법의 영역에 갇혀 있는 한 그 누구도 의롭다 하심을 받을 수 없다. 아무리 율법을 잘 지켜도 믿음과 전혀 상관없는 삶을 살기 때문이다. 하나님의 의롭다 하심은 오직 믿음을 통해서 온다. 그러므로 율법은 사람을 구원에 이르게 하지 못한다.

그렇다면 주님을 믿어 구원에 이르는 사람들이 믿는 바는 무엇인가? 그리스도께서 자신을 위해 저주받은 바 되셔서 율법의 저주로부터 그들을 속량하셨다는 사실이다(13a절). '속량하다'(ἐξαγοράζω)는 '구원하다'(redeem)라는 뜻이다(BDAG). 그리스도께서 믿는 자들을 대신해 저주를 받으심으로 그들의 죗값을 치르고 구원하셨다는 것을 믿는다. 이것이 우리의 고백이다.

그렇다면 그리스도는 어떤 방법으로 우리를 대신해서 저주를 받으셨는가? 십자가에 매달리신 일을 통해서다. 구약은 "나무에 달린 자마다 저주 아래에 있는 자라"라고 했다. 신명기 21:23 말씀이다. 우리는 별 어려움 없이 그리스도의 십자가를 믿지만, 당시에 유대인들이 가장 믿기 힘들어했던 것이 바로 나무에 달린 예수님이 그들의 메시아라는 사실이었다(Schreiner, cf. 고전 1:23). 사도 바울도 회심하고 나서야 비로소 이 사실을 깨닫게 되었다.

예수님은 왜 나무에 달리는 저주를 받아 우리를 구원하셨는가? 율법이 우리를 구원할 수 없기 때문이다. 또한 우리가 율법의 저주에서 벗어나는 유일한 길은 그분이 우리를 대신해서 율법의 저주를 받는 것이었다.

그리스도께서는 십자가를 통해 믿는 자들을 구원하시는 것 외에도 두 가지를 더 이루셨다. 첫째, 그리스도 예수 안에서 아브라함의 복이 이방인에게 미치게 하셨다(14a절). 창세기 12:3에 기록된 축복을 이루신 것이다. 둘째, 우리로 하여금 믿음으로 말미암아 성령의 약속을 받게 하셨다(14b절). 하나님은 믿음으로 그리스도를 영접한 사람들에게만 성령을 약속하셨다. 그러므로 율법의 행위에 속한 자들은 믿음이 없으므로 성령의 임재와 동행을 기대할 수 없다.

이 말씀은 하나님이 그리스도의 십자가를 믿는 사람만 구원하신다고 한다. 사람이 율법의 행위나 선행을 통해 하나님의 구원을 얻는 것은 불가능하다. 누구도 온전하게 율법을 지킬 수 없으며, 설령 지킨다고 해도 구원의 전제 조건인 믿음을 주지 못하기 때문이다.

아브라함은 모든 하나님 백성의 조상이다. 그는 유대인뿐 아니라 이방인의 조상도 된다. 그렇다면 이방인은 어떻게 해야 아브라함의 가족이 되는가? 율법주의자들은 할례와 율법의 행위로 아브라함의 가족이 될 수 있다고 했지만, 사도는 오직 그리스도에 대한 믿음으로만 그의 가족이 될 수 있다고 한다. 예수님이 십자가에 매달리는 저주를 받으심으로 우리가 율법으로 인한 저주를 받지 않게 하셨기 때문이다. 그리스도의 대속적인 죽음이 우리를 아브라함의 가족이 되게 한 것이다.

매일 그리스도의 복음을 묵상하며 의미를 되새겨야 한다. 그래야 사탄의 농간과 유혹에 빠지지 않는다. 또한 행위로 하나님과의 관계를 회복하거나 유지하려 해서는 안 된다. 우리의 우리 됨은 모두 하나님의 은혜다. 그러므로 우리는 먼저 하나님의 은혜를 즐기고 누릴 수 있어야 한다.

4. 율법은 약속을 폐하지 못함(3:15-18)

¹⁵ 형제들아 내가 사람의 예대로 말하노니 사람의 언약이라도 정한 후에는 아무도 폐하거나 더하거나 하지 못하느니라 ¹⁶ 이 약속들은 아브라함과 그 자손에게 말씀하신 것인데 여럿을 가리켜 그 자손들이라 하지 아니하시고 오직 한 사람을 가리켜 네 자손이라 하셨으니 곧 그리스도라 ¹⁷ 내가 이것을 말하노니 하나님께서 미리 정하신 언약을 사백삼십 년 후에 생긴 율법이 폐기하지 못하고 그 약속을 헛되게 하지 못하리라 ¹⁸ 만일 그 유업이 율법에서 난 것이면 약속에서 난 것이 아니리라 그러나 하나님이 약속으로 말미암아 아브라함에게 주신 것이라

사도는 이 섹션에서 아브라함 언약과 시내산 언약을 구속사적인 관점에서 논하고자 한다. 만일 아브라함 언약과 시내산 언약이 맥을 같이하고 내용이 같다면 별문제가 없다. 그러나 둘은 첨예하게 다르다. 아브라함 언약은 약속과 믿음을 근거로 하며, 시내산 언약은 율법의 행위를 근거로 한다.

이 두 언약의 관계를 어떻게 이해해야 하는가? 아브라함 언약이 시내산 언약을 앞서며, 나중에 된 언약은 이미 오래전에 체결된 언약을 무효화하지 못한다. 그러므로 아브라함 언약보다 430년이나 지난 다음에 체결된 시내산 언약은 아브라함 언약을 대체하거나 무력화할 수 없다. 시내산 언약은 아브라함 언약에 종속되어 있기 때문이다(Schreiner).

어리석다며 맹렬하게 갈라디아 성도들을 비난하던(3:1) 바울은 다시 그들을 '형제들'이라 부르며 부드럽게 이어 간다(15a절). 그는 '사람의 예대로'(κατὰ ἄνθρωπον), 곧 세상의 이치를 예로 들며 말하고자 한다 (Betz, cf. 롬 3:5; 6:19; 고전 9:8). 그가 예로 드는 것은 세상에서 흔히 체결되는 언약(계약)이다.

'언약/계약'(διαθήκη)은 '유언/유서'(will, testament)라는 의미도 지닌다 (BDAG). 그러므로 이 단어가 본문에서 지니는 의미에 대해 학자들의 의견이 둘로 나뉜다: (1)유언/유서(Bruce, Dunn, Hays, Longenecker, Martyn), (2)계약(Bultmann, Lightfoot, McKnight, Morris, Rapa, Schreiner). 칠십인역(LXX)은 히브리어 '언약'(בְּרִית)을 이 헬라어 단어로 번역한다(창 6:18; 9:9, 11, 12, 13, 15 등). 또한 본문의 문맥에도 '언약/계약'이 더 잘 어울린다. 유언/유서 등은 나중에 바뀔 수 있지만, 계약은 한 번 체결되면 폐하거나 더하지 못하기 때문이다(15b절).

하나님이 아브라함과 맺으신 언약은 여러 약속으로 구성되어 있다(16a절). 이 언약은 하나님이 세우신 것이므로 나중에 폐하거나 더할 수 없다. 또한 '약속들'(ἐπαγγελίαι)은 하나님이 아브라함을 위해 은혜로 하실 일들이지, 아브라함이 스스로 노력해 이루는 것들이 아니다(Hansen).

하나님이 아브라함에게 주신 약속 중에는 자손들에 관한 것도 포함되었다(창 12:1-3; 15:1-5; 17:4-8; 18:18; 22:17-18; 26:4). 하나님은 이삭(창 26:3-4)과 야곱(28:13-15; 35:12-13) 등 여럿을 통해 이 약속을 실현해 가셨다. 그러나 한 가지 약속에 대해서는 여럿을 가리켜 그 자손들이라 하지 않고 오직 한 사람을 가리켜 아브라함의 자손이라 하셨으니 곧 예수 그리스도이시다(15b절). 바울의 논리가 창세기 22:17-18을 반영한 것이라 하는 이들도 있지만(Collins), 대부분 학자는 창세기 13:15과 17:8을 배경으로 하는 것이라고 한다(Betz, Burton, Martyn, Schreiner).

예수님은 온 인류에게 복을 끼치시는 아브라함의 후손이시며(창 12:3), 하나님이 그에게 하신 모든 약속을 유업으로 받으신 분이다. 특히 왕들을 주겠다는 약속(창 17:6)에 따라 다윗왕의 후손으로 오셨다(cf. 삼하 7장).

헬라어(σπέρμα)와 히브리어(זֶרַע)에서 '자손'(씨앗)은 집합명사(collective noun)다. 단수형과 복수형을 구분하지 않고 사용해도 된다는 뜻이다.

그러므로 사도는 잠시 후 3:29에서 여럿이라는 의미로 단수형(σπέρμα)을 사용한다. 그러므로 어떤 이들은 사도가 한 가족, 곧 아브라함의 모든 후손을 염두에 두고 말한다고 하지만(Wright), 문맥은 분명히 한 사람, 곧 예수 그리스도를 아브라함의 후손이라 한다(Collins, Das). 본문에서는 '한 자손'(σπέρμα)과 '여러 자손'(σπέρματι)을 구분함으로써 예수 그리스도가 아브라함의 후손 중에서도 가장 중요하고 으뜸(par excellence)이라고 하는 것이다. 바울의 이러한 해석과 적용에 불만을 표하는 학자도 많다(cf. Schreiner).

그러나 이러한 해석 방식은 당시 유대인 사이에서는 정당한 석의 방법이었다(cf. Witherington). 또한 교부들도 이러한 석의 방법을 사용했으며, 창세기 3:15을 원시복음이라고 하는 것도 이러한 해석 방식을 근거로 한다. 창세기 3:15은 아담과 하와가 선악과를 먹도록 꼬드긴 뱀에게 내려진 벌의 일부다. 이 형벌로 인해 여자와 뱀 사이에 세 종류의 영원한 원수 관계가 생겼다: (1)뱀과 여자 사이, (2)뱀의 후손들과 여자의 후손들 사이, (3)뱀과 여자의 한 후손 사이. 세 번째 원수 관계 형성을 선언하는 "여자의 후손은 네 머리를 상하게 할 것이요 너는 그의 발꿈치를 상하게 할 것이니라"(창 3:15b)는 인류의 구원에 대한 매우 중요한 말씀이며 '원시복음'(proto-evangelion)이라 부른다.

하나님이 아브라함에게 약속하신 것들이 드디어 예수 그리스도, 그의 '유일한 씨앗[후손]'을 통해 성취되었다. 또한 그리스도 안에 있는 우리는 이 약속들의 성취를 축복으로 누린다(Furnish, McKnight, Schreiner). 우리가 누리는 축복은 하나님이 아브라함에게 주신 약속에 따라 받은 것이지, 모세가 중개한 율법을 통해 받은 것이 아니다. 할례도 율법의 일부이므로 우리를 축복으로 인도할 수 없다. 한 명이 여럿을 대표하고, 여럿이 한 명으로 취급되는 원리를 'corporate solidarity'라 한다(McKnight, Schreiner).

언약과 연관해 구약에서 가장 중요한 계시는 하나님이 아브라함과 맺으신 언약이다(McKnight). 율법을 중심으로 하는 시내산 언약이 아니다. 또한 이 언약들이 요구하는 반응도 중요하다. 모세가 중개한 시내산 언약은 율법의 행위를 요구한다. 반면에 아브라함 언약은 믿음을 요구한다.

> 아브라함이나 그 후손에게 세상의 상속자가 되리라고 하신 언약은 율법으로 말미암은 것이 아니요 오직 믿음의 의로 말미암은 것이니라 만일 율법에 속한 자들이 상속자이면 믿음은 헛것이 되고 약속은 파기되었느니라 율법은 진노를 이루게 하나니 율법이 없는 곳에는 범법도 없느니라(롬 4:13-15).

아브라함 언약과 시내산 언약 중 어느 것이 먼저 체결되었는지도 중요하다(17절). 아브라함 언약은 율법을 중심으로 하는 시내산 언약을 430년 앞섰다(cf. 출 12:40-42). 그러므로 율법을 골자로 하는 시내산 언약이 하나님이 아브라함과 이미 맺으신 언약을 폐기하지 못하므로 아브라함에게 주신 약속들을 헛되게 하지 못한다. 율법주의자들은 모세가 아브라함보다 더 위대하고, 그가 중개한 언약도 아브라함 언약보다 더 중요하다고 주장했다.

당시 유대인들은 모세 언약이 아브라함 언약에 율법을 더해 새롭게 정의한다고 생각했다(Betz). 이에 대해 바울은 두 언약 사이에 있는 430년이라는 '시간차 공격'을 사용하며 아니라고 한다. 나중에 온 율법이 아브라함에게 주신 약속을 폐기한다면, 하나님과 맺은 언약의 신뢰성에 문제가 생긴다. 구약학자들은 하나님이 아브라함에게 주신 약속을 8가지로 본다(cf. 창 12:2-3; 17:1-8): (1)후손, (2)아브라함을 위한 축복, (3)큰 이름, (4)아브라함을 축복하는 자를 축복하고 저주하시는 자를 저주하는 것, (5)약속의 땅, (6)이방인 축복, (7)하나님이 아브라함의 후손들에게도 하나님이 되심, (8)왕들. 이 약속들로 구성된 아브라함 언약은 모두 하나님이 그를 위해 하시는 일이다. 반면에 모세 언약은 율법의 행위를 강조함으로써 사람이 하는 일에 초점을 맞춘다.

아브라함의 후손인 우리는 그를 통해 유업을 받았다(18a절). '유업'(κληρονομία)은 유산이다. 아브라함에게 약속하신 것 중에서 땅은 매우 중요하다(창 15:3-5; 17:8; 21:10; 22:17; 28:4). 하나님은 여호수아 시대에 아브라함에게 약속하신 땅을 그의 후손들에게 주셨다(수 11:23; 12:6; 13:1; 18:7, 20, 28; 19:1, 8, 9, 10 등). 그러나 아브라함에게 약속하신 땅을 가나안으로 제한하지 않고 온 세상을 그에게 주셨다(시 22:27-28; 47:7-9; 72:8-11; 습 3:9-10). 하나님이 아브라함에게 약속하신 것을 우리가 누리게 되었다.

만일 이 유업이 [모세] 율법에서 난 것이라면 [아브라함이 받은] 약속에서 난 것이 아니다(18b절). 율법은 행함을 요구하며, 약속은 믿음을 요구한다. 만일 우리가 받은 유업이 율법에서 난 것이라면 믿음이 필요 없다. 그러나 우리는 믿음으로 하나님이 아브라함에게 주신 약속을 받았다(18c절; cf. 롬 4:13). 그러므로 우리에게는 율법이 필요 없다.

이 말씀은 아브라함 언약(약속들)과 시내산 언약(율법들)의 단절성에 관한 것이다. 아브라함 언약과 다윗 언약과 새 언약은 맥을 같이한다. 모두 하나님의 약속으로 이뤄진 것이며 아브라함 언약을 더 구체화한다. 그러므로 우리는 아브라함에게 주신 약속을 '아멘'으로 믿고 받으면 된다. 반면에 모세 율법은 행위(실천)를 요구한다. 아브라함 언약과 시내산 언약은 질적으로 다르므로 서로 단절되어 있다.

신약은 우리에게 새 세상, 곧 변화된 세상을 기대하라고 한다(히 11:10, 13-16; 13:14; 벧후 3:13; 계 21:1-22:5). 그러므로 본문이 유산에 대해 말하는 것은 종말에 있을 우리의 영생과도 연관이 있다(Schreiner). 다가오는 미래를 확신하고 기대하며 오늘을 성실하게 살자.

Ⅲ. 율법과 의와 믿음(3:1-4:11)

B. 믿음과 율법(3:19-4:7)

사도는 앞 섹션에서 아브라함 언약과 모세가 중개한 시내산 언약을 바탕으로 약속과 율법의 관계에 대해 말했다. 이 섹션에서는 믿음과 율법의 관계에 대해 언급한다. 본 텍스트는 다음과 같이 구분된다.

　A. 율법의 목적(3:19-25)
　B. 아브라함의 후손들(3:26-29)
　C. 아들과 종 비유(4:1-7)

Ⅲ. 율법과 의와 믿음(3:1-4:11)
　B. 믿음과 율법(3:19-4:7)

1. 율법의 목적(3:19-25)

[19] 그런즉 율법은 무엇이냐 범법하므로 더하여진 것이라 천사들을 통하여 한 중보자의 손으로 베푸신 것인데 약속하신 자손이 오시기까지 있을 것이라 [20] 그 중보자는 한 편만 위한 자가 아니나 하나님은 한 분이시니라 [21] 그러면 율법이 하나님의 약속들과 반대되는 것이냐 결코 그럴 수 없느니라 만일 능히 살게 하는 율법을 주셨더라면 의가 반드시 율법으로 말미암았으리라 [22] 그러나 성경이 모든 것을 죄 아래에 가두었으니 이는 예수 그리스도를 믿음으로 말미암는 약속을 믿는 자들에게 주려 함이라 [23] 믿음이 오기 전에 우리는 율법 아래에 매인 바 되고 계시될 믿음의 때까지 갇혔느니라 [24] 이같이 율법이 우리를 그리스도께로 인도하는 초등교사가 되어 우리로 하여금 믿음으로 말미암아 의롭다 함을 얻게 하려 함이라 [25] 믿음이 온 후로는 우리가 초등교사 아래에 있지 아니하도다

123

이 섹션은 바울이 갈라디아서에서 율법주의자들의 주장을 무력화시키는 가장 중요한 말씀이다(McKnight). 또한 바울 신학에서 기독교와 모세 율법의 관계를 이해하는 데 매우 중요한 부분이다.

모세의 율법이 성령을 줄 수 없고(3:2-5), 율법을 따르는 자들에게 저주를 선포하고(3:10), 하나님과의 관계를 바로잡을 수 없고, 생명을 약속할 수 없고(3:11-12), 아브라함의 언약에 어떤 것도 더할 수 없다면(3:15-18) 하나님은 왜 율법을 주셨는가? 메시아가 오실 때까지 초등교사 역할을 하도록 율법을 주셨다.

사도는 율법의 기능에 대해 스스로 질문하고 답하며 이 섹션을 시작한다(19절). "그런즉 율법은 무엇이냐?"(Τί οὖν ὁ νόμος;)(19a절)는 구원이 율법을 통해 오는 것이 아니라 아브라함에게 주신 약속을 통해 오며 또 율법이 아브라함 언약에 종속되거나 부수적인 것에 불과하다면, 하나님은 왜 우리에게 율법을 주셨는지에 대한 질문이다.

그는 이 질문에 "범법하므로 더하여진 것이다"라고 답한다(19b절). '범법'(παραβάσεων)은 복수의 죄가 행해지고 있다는 뜻이다(cf. BDAG). '…하므로'(χάριν)는 '…을 위하여'(for the sake of)라는 긍정적인 의미를 지닌다(BDAG). 본문에서 '더하여졌다'(προσετέθη)는 신적(神的) 수동태다. 하나님은 사람들이 짓는 여러 가지 죄를 위해 율법을 그들에게 더하셨다는 뜻이다.

학자들은 '죄를 위하여'(παραβάσεων χάριν)의 의미에 대해 다양한 해석을 내놓았다: (1)죄를 절제하도록(Chrysostom, Rapa), (2)죄를 정의하기 위해(Fung, Hays, Longenecker, Matera), (3)죄 문제를 해결하기 위해(Dunn), (4)죄가 더 늘어나게 하기 위해(Betz, Calvin, Martyn, Schreiner). 이 해석 중 네 번째가 가장 설득력이 있다. 바울은 로마서에서 이와 비슷한 말을 한다: "율법이 들어온 것은 범죄를 더하게 하려 함이라 그러나 죄가 더한 곳에 은혜가 더욱 넘쳤나니"(롬 5:20). 하나님이 율법을 주시지 않았을 때보다 주신 후에 더 많은 죄를 지었다는 뜻이다. 그러므로 율법은 죄를 늘어나게 할 뿐 죄에 대한 해결책이 될 수 없다.

또한 율법은 하나님이 직접 주신 것이 아니라 천사들을 통해 한 중보자의 손으로 베푸신 것이다(19b절). 어떤 이들은 율법이 천사들을 통해 주어졌기 때문에 이스라엘이 율법을 받은 것은 하나님과 상관없는 일이라고 하지만(Martyn), '베푸신 것'(διαταγεὶς)은 부정 과거형 수동태(aorist passive)로 주격 남성형 단수분사(participle nominative masculine singular)다. 즉, 하나님이 천사들을 통해 율법을 주신 것이다(cf. 신 33:2; 시 68:17; 행 7:53; 히 2:2).

'한 중보자'(μεσίτου)는 모세다. 하나님은 천사를 통해 율법을 모세에게 주셨고, 모세는 이스라엘 백성에게 율법을 전했다. 하나님이 직접 아브라함에게 주신 약속과 달리 모세 율법은 천사들을 통해 모세를 거쳐 이스라엘에게 전달되었으므로, 말씀의 권위나 계시로 볼 때 아브라함의 약속보다 못하다(Schreiner).

또한 율법은 하나님이 아브라함에게 약속하신 자손이 오실 때까지 유효한 것이었다(19c절). 어떤 이들은 '자손/씨앗'(σπέρμα)을 가족, 곧 새로운 하나님의 백성(교회)으로 해석한다(Wright). 그러나 예수 그리스도께서 하나님 백성의 머리가 되시며, 아브라함의 유일한 '참 자손'이시다(Bruce, Burton, cf. 3:16).

율법의 행위는 아브라함의 자손이신 예수 그리스도의 오심으로 끝이 났다. 율법은 구속사적 관점에서 잠시 있다 사라질 것이며, 하나님이 그분의 백성을 영원히 억압하도록 주신 것이 아니다(Betz). 하나님이 약속하신 그리스도가 오시면 역할이 끝나도록 디자인되었다. 바울은 율법이 영원하다고 주장하는 유대교와 완전히 반대되는 주장을 하고 있다.

"그 중보자는 한 편만 위한 자가 아니나 하나님은 한 분이시니라"(ὁ δὲ μεσίτης ἑνὸς οὐκ ἔστιν, ὁ δὲ θεὸς εἷς ἐστιν)(20절)는 문장의 간결함과 혼란스러운 문법 및 주제로 인해 매우 다양하고 많은 해석을 낳았다. 이

125

구절에 관한 해석만 300여 가지가 있다(Lightfoot). 우리가 전제하는 것처럼 중보자가 모세라면(cf. 19절), 모세는 하나님과 백성 중 한쪽만을 대변할 수는 없다. 중재자로서 양쪽의 입장을 반영해 중재해야 한다(cf. 출 19-34장). 실제로 모세는 양쪽을 중재해 율법을 이스라엘에 전해 주었다. 그러나 모세로부터 율법을 받은 유대인들은 율법을 지키지 못했고, 결국 그 율법을 골자로 하는 시내산 언약을 지키는 일에 실패했다(Lightfoot).

반면에 아브라함 언약은 중보자나 중재 없이 하나님이 직접 약속하신 것이다. 이 약속들은 하나님이 장차 아브라함과 그의 후손을 위해 행하실 일에 관한 것이었다. 모두 하나님이 행하실 약속이라면, 이 언약은 실패할 수가 없다. 그러므로 아브라함 언약은 시내산 언약보다 더 귀하고 소중하다(Schreiner).

"하나님은 한 분이시니라"(20b절)는 이스라엘 종교의 중요한 밑바탕이자 골자인 '셰마'(שְׁמַע, Shema, 신 6:4-9)의 일부다. 유대인들은 매일 셰마를 두 차례 읽으며 신앙을 고백했다. 여호와 종교의 가장 기본적인 진리는 여호와 하나님은 한 분이시라는 점이며(신 6:4), 하나님 백성의 기본적인 의무는 모든 것을 다해 한 분이신 하나님을 사랑하는 것이다(신 6:5). 예수님도 이 두 가지가 율법과 선지자(viz., 구약)의 골자라고 하셨다(막 12:29-30; cf. 마 22:37; 눅 10:27).

모세의 중보로 전달된 율법과 아브라함에게 직접 주신 약속을 대조하는 상황에서 이 말씀('하나님은 한 분이시다')은 어떤 의미로 사용되고 있는가? 모세는 율법을 중보할 때 하나님과 백성의 입장을 모두 고려했지만, 하나님이 아브라함에게 약속하실 때는 어떠한 중개 과정 없이 한 분이신 하나님이 홀로 하셨다는 뜻이다. 바울은 아브라함 언약이 중재자와 관련해서도 시내산 언약보다 더 낫다고 한다.

하나님이 모세를 통해 주신 율법이 아브라함에게 주신 약속보다 못하다고 해서 율법이 하나님의 약속과 반대되는가(21a절)? 율법은 하나님이 아브라함에게 직접 약속을 주신 후 430년 후에 중개한 천사들과 중보한 모세를 통해 왔으며, 그리스도께서 오실 때까지라는 한시적인 유효 기간을 지니고 왔다. 그렇다면 율법은 하나님이 직접 주신 영원한 약속과 상반되는 것으로 생각할 수도 있다.

이에 대해 바울은 "결코 그럴 수 없느니라"라며 강력하게 부인한다 (21b절). 율법과 약속이 동일한 기능을 지니지는 않았지만, 둘 다 좋은 것이다. 하나님이 주셨기 때문이다. 또한 구속사적인 관점에서 율법과 약속은 각자의 역할을 하며 선을 이룬다. 그리스도의 오심으로 둘의 선한 역할이 완성되었다. 그러므로 구속사적인 관점에서 약속과 언약은 서로 상반된 것이 아니라, 하나님이 예수 그리스도를 통해 구원을 이루시는 과정을 구성하는 쌍이라 할 수 있다.

그러므로 만일 '하나님이 능히 살게 하는 율법을 주셨더라면 의가 반드시 율법으로 말미암았을 것'이다(21c절). 율법을 주신 이가 율법 안에 생명을 살리는 기능을 두셨다면 약속 없이 율법의 행위만으로도 우리를 의롭다 하셨을 것이라는 뜻이다. 그러나 하나님이 그렇게 하지 않으셨기 때문에 의롭다 하심을 위해서는 아브라함에게 주신 약속에 따라서 오신 예수 그리스도가 필요하다. 종교 개혁자들이 말한 것처럼 우리는 율법이 아니라 그리스도의 십자가를 통해 하나님의 의롭다 하심을 받을 수 있다.

하나님이 율법에 살리는 능력을 두지 않으셨으므로 성경은 모든 것을 죄 아래에 가두었다(22a절). '성경'(ή γραφή)은 구약 전체를 뜻한다. '모든 것'(τὰ πάντα)은 사람뿐 아니라 하나님이 창조하신 모든 피조물을 포함한다(Barrett). 구약은 율법에 대한 설명과 적용을 담고 있기 때문에 구약성경 전체가 율법처럼 모든 피조물을 죄 아래 가두었다고 할 수 있다.

하나님이 모든 것을 죄 아래 가두어 두신 것은 예수 그리스도를 믿음으로 말미암는 약속을 믿는 자들에게 주시기 위해서였다(22b절). 하나님은 율법으로 세상 모든 것을 죄 아래 가두셨다. 예수 그리스도에 대한 믿음에서 비롯된 약속을 믿는 자들에게 주시기 위해서다.

예수 그리스도를 통한 믿음이 오기 전에 우리는 율법 아래에 매인 바되었고, 계시될 믿음의 때까지 갇혀 있었다(23절). 어떤 이들은 '우리'를 유대인으로 제한하지만(Fee, Longenecker), 그리스도를 믿어 하나님의 백성이 된 모든 사람을 가리킨다(Bruce, Schreiner, cf. 4:1-11). 율법이 하나님의 백성을 억압하는(매어 두고 가둔) 시대가 있었지만, 다음 시대 곧 예수 그리스도의 시대가 시작되면서 사라졌다. 그리스도인에게 역사는 예수님이 오시기 전과 후로 나뉜다. 바로 율법이 억압하던 시대와 믿음이 자유를 준 시대다.

물론 과거에도 믿음이 있었다. 아브라함도 믿음으로 의롭게 되었다 (cf. 롬 3:6-9). 하나님과 올바른 관계에 있던 사람들은 모두 믿음으로 의롭다 함을 입었다. 심지어 율법 아래 있던 사람들도 믿음으로 의롭다 함을 얻었다. 그러나 이들은 소수에 불과하다. 옛날에는 여호와 하나님을 아는 사람들만 그분의 약속을 믿어 하나님 백성이 되었지만, 이제는 누구든지 예수 그리스도를 믿으면 하나님의 백성이 된다. 그리스도를 통해 훨씬 더 많은 사람이 구원에 이르는 완전히 새로운 시대가 시작된 것이다.

그러므로 율법은 우리를 그리스도께로 인도하는 초등교사가 되어 우리로 하여금 믿음으로 의롭다 함을 얻게 하려 했다(24절). '초등교사'(παιδαγωγός)는 '관리자, 인도자'라는 뜻이다(BDAG). 그리스-로마에서는 주인의 아들이 열여섯 살에 성인이 될 때까지 '초등교사' 종이 관리하고 가르쳤다(Burton). 일종의 '베이비시터'(babysitter) 역할을 한 것이다. 그러나 아이가 성인이 되면 종의 역할은 끝이 났다.

율법은 율법을 아는 유대인을 이방인의 죄와 부도덕함에서 보호하는 역할을 했다(Dunn, Gordon). 율법의 역할은 그리스도를 믿음으로 의롭다 함을 얻을 때까지 한시적인 것이었으며, 그리스도의 시대가 도래하면서 끝이 났다. 반면에 율법주의자들은 율법이 영구적으로 사람을 지배하고 억압한다고 했다. 율법의 한시적인 역할을 깨닫지 못한 것이다. 또한 그들은 율법을 행하면 율법이 의롭다 함을 준다고 착각했다.

드디어 그리스도를 통해 믿음이 왔다. 그러므로 믿음이 온 후로는 우리가 더는 초등교사인 율법 아래 있지 않다(25절). 율법은 우리를 그리스도의 믿음으로 인도해 준 초등교사다. 이제 그리스도 안에 있는 우리는 초등교사인 율법의 지배와 다스림을 받을 필요가 없다.

이 말씀은 구약성경의 역할에 대해 생각하게 한다. 구속사적 관점에서 구약은 신약의 전편이라 할 수 있으며, 그리스도가 오실 때까지 초등교사 역할을 했다. 그러므로 할례와 음식법과 안식일 규례 등 구약에 기록된 율법을 더는 지킬 필요가 없다.

그렇다면 구약을 공부하지 않거나 없는 것처럼 생각해도 되는가? 만일 구약과 신약의 단절성(discontinuity)만 강조하면 구약은 신약을 공부하는 데 도움이 되는 '참고 자료' 정도로 생각할 수 있다. 그러나 우리는 구약과 신약의 연결성(continuity)도 인정해야 한다. 구약과 신약은 많은 연결성을 지녔으므로 구약 없이 신약을 이해하고 해석하려는 것은 무모한 짓이다.

구약은 분명한 구속사적·역사적 가치가 있다. 신약의 근원이기 때문이다. 또한 계시의 점진성을 믿는 우리는 신약뿐 아니라 구약도 하나님의 말씀이라는 사실을 의식해야 한다. 신약뿐 아니라 구약도 하나님의 계시이므로, 하나님은 신약을 통해 말씀하시는 것처럼 구약을 통해서도 말씀하신다.

율법은 나쁜 것이 아니라 좋은 것이다. 약속처럼 율법도 하나님이 주신 것이고 구속사의 한 단계를 채우게 하신 것이기 때문이다. 율법을 가르치고 깨닫는 것도 중요하다. 율법을 알면 알수록 우리 죄를 생각하게 되고, 그리스도를 믿는 것이 얼마나 복된 일인지 깨닫게 되기 때문이다. 그러나 율법은 우리에게 초등교사다. 그러므로 우리가 '초등교육'을 마치는 순간부터는 율법이 우리를 지배하게 두면 안 된다. 이제는 하나님이 그리스도를 통해 이루신 일을 믿음으로 받고 감사할 때다.

> III. 율법과 의와 믿음(3:1-4:11)
> B. 믿음과 율법(3:19-4:7)

2. 아브라함의 후손들(3:26-29)

26 너희가 다 믿음으로 말미암아 그리스도 예수 안에서 하나님의 아들이 되었으니 27 누구든지 그리스도와 합하기 위하여 세례를 받은 자는 그리스도로 옷 입었느니라 28 너희는 유대인이나 헬라인이나 종이나 자유인이나 남자나 여자나 다 그리스도 예수 안에서 하나이니라 29 너희가 그리스도의 것이면 곧 아브라함의 자손이요 약속대로 유업을 이을 자니라

앞 섹션은 율법이 우리를 그리스도께 인도하는 초등교사이며, 그리스도가 오셨으므로 율법의 역할은 끝이 났다고 했다. 그러므로 그리스도 안에 있는 우리는 더는 율법의 지배를 받을 필요가 없다. 바울은 이제 누구든지 그리스도 안에 있으면 아브라함의 자손이라며, 율법이 아니라 약속이 우리를 의롭게 한다는 사실을 다시 한번 강조한다.

우리는 다 믿음으로 말미암아 그리스도 예수 안에서 하나님의 자녀가 되었다(26절). 그리스도를 통해 그분의 아버지이신 하나님을 '아빠 아버지'로 부르게 된 것이다(cf. 4:6-7). 사도는 모든 사람이 이러한 영광을 누린다는 것을 강조하기 위해 '다/모두'(Πάντες)라는 표현으로 이 섹션을 시작한다. 유대인이든 이방인이든 예외 없이 모든 사람이 그리스도로 인해 하나님의 자녀가 된다. '그리스도 예수 안'(ἐν Χριστῷ Ἰησοῦ)은 우리의 믿음이 있어야 할 곳이다. 믿음을 그리스도 안에 두면 우리는 하나님의 자녀가 된다.

바울은 이 말씀을 통해 율법주의자들의 주장을 전적으로 반박한다(McKnight). 그들은 그리스도를 영접한 그리스도인들을 '반(半)회심자'(semi-converts)로 간주해 율법을 통해 '온전한 회심자'(full converts)로 개종시키려 했다. 사도는 하나님의 자녀가 되는 길은 오직 하나, 곧 그리스도를 믿는 것이라며 그들의 잘못된 구원관을 지적한다.

그리스도의 복음을 영접한 사람은 왜 세례를 받는가? 그리스도와 합하기 위해서다(27a절). 사도도 표면적 예식보다 이(내)면적 변화가 중요하다는 사실을 잘 안다(cf. 롬 2:25-29; 빌 3:3; 골 2:11). 또한 자신은 세례를 주는 것을 선교 사역의 주된 목표로 삼지 않았다고 한다(고전 1:13-17). 그럼에도 불구하고 세례는 그리스도의 복음에 대한 믿음의 기본적인 반응이며 책임이다(McKnight). 세례는 그리스도와 함께 죽고 그리스도와 함께 부활한 일을 상징하기 때문이다.

그리스도의 이름으로 세례를 받은 사람은 그리스도로 옷을 입었다(27b절). 예전에는 아담이 우리가 입는 옷이었다. 그러나 이제는 그리스도를 영접함으로 그리스도를 옷으로 입게 되었다. 우리가 지닌 겉모습이 예수 그리스도가 된 것이다. 이것이 그리스도인의 모습이다. 구약에서 새 옷은 새로운 신분을 상징한다(cf. 엡 4:24; 골 3:10). 누구든지 그리스도를 믿는 사람은 하나님의 자녀이자 그리스도의 형제(자매)라는 새 신분을 받는다.

예수님을 영접하면 모두 그리스도를 옷으로 입게 된다는 것은 그리스도 안에서는 어떠한 차별도 있을 수 없음을 의미한다. 유대인이나 헬라인이나 종이나 자유인이나 남자나 여자나 다 그리스도 예수 안에서 하나다(28절). 본문에서 '하나다'(εἷς ἐστε)는 동등하다는 뜻으로, 저자는 세 가지를 예로 들며 이 원리를 설명한다. 첫째, 유대인이나 헬라인이나 하나라는 것은 인종적·문화적 차별이 없다는 뜻이다. 둘째, 종이나 자유인이나 하나라는 것은 사회적·경제적 차별이 없다는 의미다. 셋째, 남자나 여자나 하나라는 것은 성차별이 없다는 뜻이다.

　당시 유대인들이 매일 드린 기도문을 생각해 보면 바울의 이러한 주장은 가히 파격적이다. 유대인 남자들은 매일 기도할 때 "저를 이방인으로 만들지 않으신 하나님을 찬양합니다. 저를 노예로 만들지 않으신 하나님을 찬양합니다. 저를 여자로 만들지 않으신 하나님을 찬양합니다"라고 했다(Longenecker). 바울은 이 기도문이 반영하는 편견과 차별이 모두 잘못되었다고 한다.

　차별이 없다고 해서 차이를 인정하지 않는 것은 아니다. 유대인과 헬라인은 분명 차이가 있다. 종과 자유인도 차이가 있고, 남자와 여자도 차이가 있다. 차이가 있다는 것은 다르다는 의미지 둘 중 하나가 잘못되었다는 뜻이 아니다. 하나가 잘못되었다고 하는 것이 바로 차별이다.

　그리스도는 아브라함의 유일한 '참 자손'이다(cf. 3:16). 그러므로 누구든지 그리스도의 것이면(그리스도에게 속해 있으면) 그리스도가 아브라함의 자손인 것처럼 그도 아브라함의 자손이다. 그리스도와 연합하고, 그리스도를 옷으로 입었기 때문이다. 아브라함의 자손으로서 그들은 약속대로 유업을 이어 갈 것이다. 그리스도인들이 세상을 상속하는 하나님의 백성이 될 것이라는 뜻이다.

　이 말씀은 우리의 신분과 정체성은 예수 그리스도와의 연합에서 비롯된 것이라고 한다. 우리가 하나님의 귀한 자녀가 된 것은 우리의 노력이나 능력으로 된 일이 아니라, 우리가 그리스도와 연합하고 그분을 옷으로 입었기 때문이다. 그러므로 그리스도인은 하나님께 자기 업보로 내세울 것이 없다. 오직 그가 입고 있는 그리스도를 자랑하면 된다. 우리의 우리 됨은 우리가 그리스도를 아는 것에서 비롯되었기 때문이다.

　세례는 표면적 예식이다. 그러나 그리스도와 합한다는 매우 중요한 상징성을 지닌 예식이다. 또한 세례를 받은 사람은 그리스도를 옷으로 입는다. 그러므로 내면적 변화가 중요하다며 표현적 신앙 고백인 세례를 가볍게 여겨서는 안 된다.

우리는 서로 다르다는 것을 의식하며 차이를 인정하되 차별해서는 안 된다. 우리는 모두 그리스도 예수 안에서 하나다. 이는 공동체를 이루어 나가는 데 가장 중요한 원리다.

```
III. 율법과 의와 믿음(3:1-4:11)
   B. 믿음과 율법(3:19-4:7)
```

3. 아들과 종 비유(4:1-7)

[1] 내가 또 말하노니 유업을 이을 자가 모든 것의 주인이나 어렸을 동안에는 종과 다름이 없어서 [2] 그 아버지가 정한 때까지 후견인과 청지기 아래에 있나니 [3] 이와 같이 우리도 어렸을 때에 이 세상의 초등학문 아래에 있어서 종노릇 하였더니 [4] 때가 차매 하나님이 그 아들을 보내사 여자에게서 나게 하시고 율법 아래에 나게 하신 것은 [5] 율법 아래에 있는 자들을 속량하시고 우리로 아들의 명분을 얻게 하려 하심이라 [6] 너희가 아들이므로 하나님이 그 아들의 영을 우리 마음 가운데 보내사 아빠 아버지라 부르게 하셨느니라 [7] 그러므로 네가 이 후로는 종이 아니요 아들이니 아들이면 하나님으로 말미암아 유업을 받을 자니라

사도는 3장에서 하나님이 직접 약속하신 것으로 이루어진 아브라함 언약은 천사들과 모세를 통해 중보된 시내산 언약보다 더 우수할 뿐 아니라 430년 먼저 왔기 때문에 나중에 온 율법이 하나님이 아브라함에게 약속하신 것을 무력화하거나 대체할 수 없다고 했다. 또한 율법은 그리스도가 오실 때까지 한시적으로 초등교사 역할을 하는 것이므로 영원하지 않으며, 그리스도의 오심으로 율법은 더 이상 필요가 없다고 했다.

이 섹션에서는 율법을 주인의 아들을 키우는 종들(후견인과 청지기)에 비유한다. 아이가 성인이 되면 더는 후견인과 청지기의 지배를 받지

않는 것처럼, 그리스도 안에 있는 사람은 율법의 지배를 받지 않는다. 그러므로 본 텍스트는 3:23-29의 내용을 재차 확인하고 있다고 할 수 있다(Dunn).

바울은 당시 사회에서 있었던 일을 예로 들며 이 섹션을 시작한다(cf. 3:15). 재산이 많은 집안에 장차 그 재산의 주인이 될 자가 태어난다 해도 그가 어릴 때는 종과 다름없다(1절). '유업을 이을 자'(κληρονόμος)는 그리스도인은 아브라함의 유업을 이을 자들(κληρονόμοι)이라며 사도가 3:29에서 사용한 단어다. 저자는 앞 섹션을 마무리한 말로 새 섹션을 시작하는 것이다. '어렸을 동안'(νήπιός ἐστιν)은 오늘날의 '미성년자 시절'을 뜻한다.

당시에는 집안에 재산을 상속할 아들이 태어나도 그의 아버지가 정한 때까지 후견인과 청지기 아래 있었다(2절). '후견인들'(ἐπιτρόπους)과 '청지기들'(οἰκονόμους)은 집안 살림을 도맡아 하는 노예(종)이며, 이들은 주인의 아들이 태어나면 교육하고 훈련하는 일도 맡았다. 상속자가 될 아들이라 해도 성인이 되기 전에는 종들이 그가 얻게 될 재산을 관리하며 그를 훈련하고 교육했다(Hays). 사도는 앞에서 이 종들을 '초등교사'(παιδαγωγός)로 표현했다(3:24-25). 그러므로 아들이 종들의 다스림을 받는 것은 초등교사에게 초등교육을 받는 일과 같다.

아들이 성인이 되면 그는 많은 것을 소유하고 누리는 집안의 주인이 되고, 그를 훈련하고 양육했던 종들은 계속 종으로 남는다. 아버지는 아들에게 유산을 넘겨주는 때를 아들이 20-25세가 될 때로 정했으며(McKnight), 로마법은 25세에는 유산을 반드시 넘겨주게 했다(Hays).

아들이 어려서 종과 다름없이 지내는 시대는 율법 아래에 있는 시대다. 드디어 성인이 되어 유업을 받는 때는 예수 그리스도가 시작하신 시대다(McKnight). 율법의 시대는 억압과 속박의 시대이며, 그리스도의 시대는 믿음과 자유의 시대다(Rapa).

이와 같이 우리도 어렸을 때에 이 세상의 초등학문 아래 있어서 종노릇했다(3절). 어떤 이들은 '우리'(ἡμεῖς)를 유대인으로 제한해서 해석하지만(McKnight), 대부분 학자는 이방인을 포함해 해석한다(Bruce, Garlington, Hays, Longenecker). 유대인에게 모세 율법이 있는 것처럼, 이방인에게도 '마음에 새겨진 율법'(보편 계시)이 있기 때문이다.

학자들은 '초등학문'(στοιχεῖα)을 크게 세 가지로 해석한다: (1)흙, 공기, 불, 물 등 물리적인 물질에 대한 것(NAS), (2)과학, 예술 등 지성에 관한 것(NRS, cf. Burton, Lightfoot, Matera, Witherington), (3)사람들에게 영향을 미치는 악령들과 권세들(NIV, cf. Betz, Hays, Longenecker, Martyn, Williams). 두 번째 해석은 첫 번째와 세 번째를 부분적으로 활용한다고 할 수 있다. 과학과 예술은 자연적이며 또한 영적이기 때문이다. 위세 가지 해석은 서로 겹치는 부분이 있으므로 세 가지를 반영해 통합적으로 이해하는 것도 괜찮다. 바울이 말하고자 하는 차이는 그리스도가 오시기 전의 '초등학문'과 그리스도의 오심으로 시작된 '고등학문'의 차이이기 때문이다. '초등학문'(모세 율법과 마음의 율법)은 그리스도의 오심을 준비하는 역할을 했다(Rapa). 그러므로 율법으로 되돌아가는 것은 이미 그리스도의 고등학문을 접한 사람이 세월을 거슬러 초등학문 시대로 돌아가는 것과 같다.

구속사에 따라 때가 차자 하나님은 자기 아들을 보내 여자에게서 나게 하시고 율법 아래에 나게 하셨다(4절). 하나님이 예수님을 아들로 보내신 것이 예수님이 이 세상에 오시기 전에는 존재하지 않으셨다는 뜻이 아니다. 예수님은 하나님과 영원히 함께 계시던 분이다(Hays, Schreiner). 여자에게 나셨다는 것도 가톨릭이 주장하는 동정녀 탄생과 전혀 상관없다(McKnight, Rapa, Schreiner, cf. 욥 14:1; 마 11:11; 눅 7:28). 단순히 예수님의 완전한 인성을 강조하는 표현이다.

하나님은 예수님을 율법 아래에 나게 하셨다. 예수님도 우리처럼 율법 아래의 삶이 얼마나 고달프고 절망적인지를 경험하셨다. 하나님의 아들이 그분과 우리 사이에 있는 벽을 무너뜨리신 것이다. 다만 우리와 다른 것은 예수님은 아브라함의 참된 후손으로서 죄가 없는 유일한 인간이셨다는 점이다(Longenecker).

하나님이 예수님을 보내 율법 아래에 있는 인간의 삶을 살게 하신 것은 율법 아래에 있는 자들을 속량하시고 우리로 아들의 명분을 얻게 하기 위해서였다(5절). '속량하다'(ἐξαγοράζω)는 '구원하다'라는 뜻이다(BDAG). 예수님은 사람들을 구원하실 때 더는 율법의 행위에 짓눌리지 않도록 율법의 지배에서 완전히 벗어나게 하셨다.

더 나아가 우리로 아들의 명분을 얻게 하셨다(5b절). '아들의 명분'(υἱοθεσία)은 아들로 입양(adoption)한다는 뜻이다(BDAG, cf. ESV, NIV, NAS, NRS). '하나님의 집안'에는 그 집안에서 태어난 사람이 없다. 유대인이든 이방인이든 모두 입양된 사람만 있다(Hays). 로마서 11:17-24에 있는 감람나무 비유를 생각나게 한다(cf. 엡 2:11-13).

하나님은 우리를 양자 삼으신 증표로 그 아들의 영을 우리에게 보내셨다(6a절). 성령은 우리 마음에 계시면서 하나님을 '아빠 아버지'라 부르게 하셨다(6b절). '아빠'(ἀββά)는 아람어 단어에서 온 것으로 친근감을 강조한다(BDAG). 예수님도 하나님을 부를 때 이 표현을 사용하셨다(마 6:9-13; 막 14:36). 초대교회에서는 침례받은 사람이 물에서 나올 때 감격한 목소리로 '아바'를 외치며 하나님과의 새로운 관계를 확인했다(Martyn).

그러므로 예수님을 통해 하나님의 자녀로 입양된 우리는 더 이상 종(노예)이 아니다(7a절). 그들의 지도 아래 있는 '미성년자'도 아니다. 우리는 하나님의 자녀다. 하나님 자녀인 우리는 유업을 받을 자다(7b절). 하나님이 아브라함에게 약속하신 것이 우리 것이다. 하나님이 우리에게 보내신 '아들의 영'(성령)이 이러한 사실의 증인이다(6절).

이 말씀은 하나님의 구원에는 절차와 때가 있다고 한다. 모든 일이 하나님이 계획하신 바에 따라 진행된다는 뜻이다. 하나님은 모세 율법의 시대와 그리스도의 시대를 계획하셨고, 때가 무르익자 한 시대를 마무리하시고 다른 시대를 시작하셨다. 이와 같이 우리 삶에도 여러 가지 때가 있다. 하나님이 약속하신 것이라면 반드시 이루어질 것을 확신하며 하나님의 때를 기다리는 것도 믿음이다.

하나님은 그리스도를 통해 우리를 자녀로 입양하셨다. 또한 하나님을 '아빠 아버지'라고 부르는 특권도 주셨다. 우리를 돕도록 성령도 보내셨다. 항상 감사하며 성령의 인도하심에 따라 살아야 한다.

III. 율법과 의와 믿음(3:1-4:11)

C. 갈라디아 교회에 대한 염려(4:8-11)

[8] 그러나 너희가 그 때에는 하나님을 알지 못하여 본질상 하나님이 아닌 자들에게 종 노릇 하였더니 [9] 이제는 너희가 하나님을 알 뿐 아니라 더욱이 하나님이 아신 바 되었거늘 어찌하여 다시 약하고 천박한 초등학문으로 돌아가서 다시 그들에게 종 노릇 하려 하느냐 [10] 너희가 날과 달과 절기와 해를 삼가 지키니 [11] 내가 너희를 위하여 수고한 것이 헛될까 두려워하노라

사도는 3장에서 언급한 것들을 갈라디아 성도들의 상황에 적용하며 염려를 표한다. 그들이 율법으로 돌아가려는 것은 약하고 천박한 초등학문으로 다시 돌아가 종노릇하려는 것이라고 한다. 그리스도의 복음에 율법을 더하는 것은 그리스도를 영접할 때 이미 떠나온 이교도(paganism)적인 것으로 돌아가는 것과 같다.

갈라디아 성도들도 세상 사람들처럼 하나님을 알지 못할 때가 있었다(8a절). 그리스도인이 되기 전의 일이다. 그때 그들은 본질상 하나님이 아닌 자들에게 종노릇을 했다(8b절). '본질상 하나님이 아닌 자들'(τοῖς φύσει μὴ οὖσιν θεοῖς)을 우상과 세상이 신들이라 하는 것과 악령 등 사람의 영성에 영향을 미치는 '영적인 것'으로 제한하는 이들도 있

지만(cf. 고전 10:19-20), 사람들이 지향하고 선호하는 가치관과 원리도 상당 부분 종교성을 띤다. 그러므로 굳이 세상의 신으로 제한할 필요는 없으며(Hays), 사도도 세속적인 것과 영적인 것을 구분하려 하지 않는다(Betz). 세상에는 하나님이 아니면서 하나님인 척 사람들을 지배하고 다스리려는 것이 가득하다. 또한 인간 스스로 신격화하는 이념과 철학도 많다. 우리도 갈라디아 성도들처럼 하나님을 모를 때는 세상에 있는 온갖 것으로부터 지대한 영향을 받았고, 심지어 그것의 일부를 신처럼 대했다.

이제 그들은 하나님을 안다(9a절). 그리스도의 복음을 영접해 하나님의 자녀가 된 것이다. 그들이 창조주 하나님을 아는 것도 영광이지만, 그들 또한 하나님이 아신 바 되는 영광을 누리고 있다(9b절). 사도는 그들이 구원에 이른 것은 하나님이 하신 일이라며 주권과 은혜로운 선택을 강조한다(Schreiner). 하나님은 그들을 사랑하기 위해 아들 삼으시고(3:26), 성령을 주셨다(4:6). 하나님과 그들 사이에 친밀하고 따뜻한 관계가 형성되어 하나님을 '아빠 아버지'라 부르게 된 것이다(4:6).

이때까지 하나님과 친밀한 관계를 누리며 하나님의 자녀로 살아오던 그들이 율법주의자들의 꼬드김에 넘어가 그리스도의 복음에 할례 등 율법의 행위를 더하려 한다. 사도는 그들이 다시 약하고 천박한 초등학문으로 돌아가 신이 아닌 것들에게 종노릇하려는 것이라 한다(9c절; cf. 3:24-25). '돌아가다'(ἐπιστρέφω)는 그리스도를 통해 기독교로 회심하는 것을 의미한다(행 3:19; 9:35; 11:21; 14:15; 15:19; 26:18, 20; 고후 3:16; 살전 1:9; 벧전 2:25). 그리스도인인 그들이 율법의 행위로 '돌아가는 것'은 다시 이교도(paganism)로 '회심하는' 짓이라는 뜻이다(Bruce, Longenecker, McKnight, Schreiner, cf. 1:6-7).

그리스도인이 모세 율법을 행하려는 것은 다른 형태의 이교도(paganism)다(Schreiner). 시작이 좋아도 끝이 좋지 않으며 마치 성령으로 시작했다가 육으로 거두려는 어이없는 처사다(3:3). 이 이슈가 얼마나 심각했으면 바울은 대(大)사도인 베드로와의 관계가 깨질 수 있음에도 그를 공개적으로 비난했다(2:11-14). 자비로우신 하나님을 만난 베드로가 절대 해서는 안 될 짓을 했기 때문이다.

율법으로 돌아가려는 갈라디아 사람들은 율법주의자들의 권유에 따라 날과 달과 절기와 해를 지키고 있다(10절). 어떤 이들은 사도가 세상의 '초등학문'을 언급했기 때문에 그리스-로마 종교의 특별한 날들을 염두에 두고 이렇게 말한다고 하지만, 그가 이슈화하고 있는 것은 갈라디아 성도들이 모세 율법으로 돌아가려고 하는 일이다. 그러므로 그는 율법이 제정한 유대교 성일들에 관해 말하고 있다(Betz, Longenecker, Matera, Martyn). 이 네 가지를 구체적으로 구분하면 '일'(ἡμέρας)은 안식일과 속죄일 등을, '달'(μῆνας)은 월삭과 새해를 시작하는 달 등을, '계절'(καιροὺς)은 장막절과 유월절 등의 절기를, '년'(ἐνιαυτούς)은 안식년과 희년 등을 의미한다. 그러나 너무 구체적으로 네 가지를 구분하는 것은 바람직하지 않다. 사도는 율법이 특별한 날로 제정한 모든 종교적 절기를 하나로 묶어 지적하고 있다.

갈라디아 성도들이 영으로 시작했다가 육으로 거두려는 것을 보는 사도의 마음이 참으로 안타깝다. 또한 자신이 그들을 위해 한 수고가 모두 헛되게 될 것을 염려한다(11절). 사도는 갈라디아 성도들이 더 이상 하나님의 자녀가 아니며, 종말에 구원을 얻지 못하며, 유업(유산)도 누리지 못할 것을 염려한다. 그들이 성령의 인도하심을 거부하고 율법의 행위로 돌아섰기 때문이다. 사도는 종말에 축복이 아니라 심판과 저주가 그들을 기다리고 있음을 염려한다(cf. 1:8-9).

이 말씀은 그리스도의 복음의 절대성과 최종성을 강조한다. 아무리 의도가 좋아도 그리스도의 복음에 다른 무엇을 더하면 스스로 그리스도인임을 부인하는 것이다. 갈라디아 성도들은 하나님을 더 기쁘게 하고, '더 잘 믿기 위해' 복음에 율법을 더했다. 그러나 이러한 행위는 복음의 순수성을 훼손하는 일이며, 그리스도께서 이루신 일로는 충분하지 않다는 것을 암시하는 처사다. 그러므로 사도는 자신의 모든 수고가 헛될까 봐 두려워한다.

그리스도인이 하나님의 뜻에 따라 살고자 하는 열정을 갖는 것은 좋은 일이다. 그러나 잘못된 열정도 있다는 사실을 깨달아야 한다. 갈라디아 성도들이 이러한 오류를 범하고 있다. 신앙생활을 하면서 하나님의 말씀인 성경을 잘 알고, 하나님의 뜻이 무엇인지 잘 아는 영적 멘토를 두어 하나님이 원하시고 기뻐하시는 열정을 품는 일은 우리가 지향할 필수적인 것이다.

회심은 하나님을 아는 것이다. 더 정확하게 말하자면 하나님이 우리를 알아주시는 것이다. 우리가 하나님을 아는 것보다 하나님이 우리를 아는 것이 더 중요하고 귀하다. 창조주께서 피조물인 우리를 아실 뿐아니라 보호하고 인도하신다! 이 사실을 깊이 묵상하며 감사해야 한다.

Ⅳ. 율법으로부터 자유와 성령 안에서 자유

(4:12-6:10)

이 섹션의 키워드는 자유다. 사도는 그리스도인은 모든 율법에서 자유로운 삶을 살아야 하며, 자유 안에서 성령의 열매를 마음껏 맺으며 살아야 한다고 한다. 또한 하나님이 주신 자유를 사용해 서로의 짐을 지는 것이 그리스도인의 삶이라 한다. 본 텍스트는 다음과 같이 구분된다.

A. 율법에서 자유로운 삶(4:12-20)

B. 율법과 자유: 하갈과 사라(4:21-5:1)

C. 율법과 자유는 공존할 수 없음(5:2-12)

D. 자유를 위한 부르심(5:13-15)

E. 육체의 일과 성령의 열매(5:16-26)

F. 서로의 짐을 지는 삶(6:1-10)

IV. 율법으로부터 자유와 성령 안에서 자유(4:12-6:10)

A. 율법에서 자유로운 삶(4:12-20)

¹² 형제들아 내가 너희와 같이 되었은즉 너희도 나와 같이 되기를 구하노라 너희가 내게 해롭게 하지 아니하였느니라 ¹³ 내가 처음에 육체의 약함으로 말미암아 너희에게 복음을 전한 것을 너희가 아는 바라 ¹⁴ 너희를 시험하는 것이 내 육체에 있으되 이것을 너희가 업신여기지도 아니하며 버리지도 아니하고 오직 나를 하나님의 천사와 같이 또는 그리스도 예수와 같이 영접하였도다 ¹⁵ 너희의 복이 지금 어디 있느냐 내가 너희에게 증언하노니 너희가 할 수만 있었더라면 너희의 눈이라도 빼어 나에게 주었으리라 ¹⁶ 그런즉 내가 너희에게 참된 말을 하므로 원수가 되었느냐 ¹⁷ 그들이 너희에게 대하여 열심 내는 것은 좋은 뜻이 아니요 오직 너희를 이간시켜 너희로 그들에게 대하여 열심을 내게 하려 함이라 ¹⁸ 좋은 일에 대하여 열심으로 사모함을 받음은 내가 너희를 대하였을 때뿐 아니라 언제든지 좋으니라 ¹⁹ 나의 자녀들아 너희 속에 그리스도의 형상을 이루기까지 다시 너희를 위하여 해산하는 수고를 하노니 ²⁰ 내가 이제라도 너희와 함께 있어 내 언성을 높이려 함은 너희에 대하여 의혹이 있음이라

바울은 갈라디아 지역을 처음 방문해 선교했던 일을 회고한다(cf. 행 13:13-14:28). 그들은 그리스도의 복음을 들고 찾아온 바울과 바나바를 참으로 귀하게 여기고 환대해 주었다. 루스드라라는 도시에서는 사람들이 그들을 신으로 생각하기도 했다(행 14:8-13). 갈라디아 성도들은 사도를 위해 무엇이라도 해 주고 싶었다. 그런데 지금은 그들의 마음이 돌아섰다.

갈라디아 성도들은 바울 대하기를 마치 원수 대하듯 하고 있다. 그러므로 어떤 이들은 본문에서 바울의 감정이 극에 달했다고 한다(Betz, Burton, Matera). 그러나 사도가 갈라디아 성도들을 '형제들아'(12절), '나의 자녀들아'(19절) 등으로 부르는 것을 보면 안타까운 마음으로 호소하는 것이지 분노하는 것이 아니다(Rapa).

사도는 갈라디아 성도들에게 자기가 그들같이 되었으므로, 그들도 자기처럼 되라고 한다(12a절). 문장을 시작하는 '되라'(Γίνεσθε)는 갈라디아서에서 바울이 사용하는 첫 번째 명령문이다(Schreiner). 그는 이때까지 여러 가지 신학적인(이론적인) 설명을 했는데, 이제는 실용적인 행동(실천)을 지시한다.

바울은 서신에서 자주 자기를 닮으라고 권한다(고전 4:16; 11:1; 빌 3:17; 살전 1:6; 2:14; 살후 3:7, 9). 이를 보고 그가 겸손하지 않다고 비난할 수 있다. 그러나 그를 교만하다 할 것이 아니라, 우리도 그와 같은 삶을 살려고 노력해야 한다. 언젠가 우리도 성도들에게 '우리를 닮으십시오'라고 말할 수 있다면 얼마나 좋을까!

사도는 갈라디아 성도들이 어떤 면에서 그와 같이 되기를 바라는가? 그는 갈라디아 성도들이 자기처럼 그리스도 안에서 살고, 율법대로 살지 않기를 바란다(Betz, Longenecker, Matera, cf. 2:19-20; 3:25-29). 바울은 유대인이면서도 갈라디아 성도들에게 율법에서 자유로운 이방인처럼 되었다. 유대인이자 바리새인이었던 그가 이렇게 말하는 것이 참으로 놀랍다. 그는 이방인처럼 율법에서 자유로운 삶을 살고 있다. 그러므로 이방인인 갈라디아 성도들이 유대인의 율법을 따르려 하는 것은 잘 이해되지 않는 일이다.

바울은 갈라디아 성도들이 자신에게 해롭게 하지 않았다고 한다(12b절). 그들이 율법주의자들을 따르면 그들은 바울을 버리는 것이 아니라 하나님을 버리는 것이다(1:6; 4:12). 그러므로 그들이 바울에게 입힌 상처는 하나님께 입힌 상처에 비하면 아무것도 아니다(McKnight). 또한 사도가 처음 방문했을 때 그들은 참으로 따뜻하게 그를 대했다(cf. 15절). 아직도 바울은 그때의 따뜻함으로 갈라디아 성도들을 떠올린다. 그러므로 갈라디아 성도들이 자신에게 해롭게 하지 않았다고 생각한다.

사도는 처음 갈라디아 지역을 방문해 복음을 전파한 것이 육체의 약함에서 비롯된 일이라 한다(13절). '육체의 약함'(ἀσθένειαν τῆς σαρκὸς)을 바울이 핍박과 고난으로 경험한 육체적 고통으로 해석하는 이들도 있지만(Hays), 이는 그가 평생 앓았던 육신적 고통과 질병을 뜻하는 것으로 보인다(cf. 고후 1:3-11; 2:14-15; 4:7-12; 11:23-29; 12:7-10; 13:4; 골 1:24-29). 학자들은 구체적으로 바울이 말라리아(malaria), 혹은 간질병(epilepsy), 혹은 눈과 연관된 질병(cf. 15절)을 염두에 두고 말하는 것으로 해석한다(cf. Rapa). 만일 말라리아라면 바울이 해안가 낮은 지역에서 말라리아에 걸렸다가 회복하기 위해 갈라디아 고산 지대에 있는 비시디아 안디옥으로 이동한 것으로 해석할 수 있다(Ramsay, cf. 행 13:13-15).

이때 갈라디아 성도들을 시험하는 것이 바울의 육체에 있었다(14a절). 바울의 몸이 그들을 시험 들게 할 만했다는 뜻이다. 이상하게 들릴 수도 있지만, 생각해 보면 전혀 이상하지 않다. 당시 사람들은 재물과 건강을 얻기 위해 종교 생활을 했다. 바울은 그리스도를 영접하면 하나님의 자녀가 되어 성령의 인도하심을 기대하며 살게 되고, 영생도 얻을 것이라고 전했다. 모두 좋은 메시지다. 그러나 이 메시지를 전하는 바울의 육신은 병들어 초췌했다. 하나님의 축복을 전하는 자가 정작 자신은 별로 복을 받지 못한 모습이므로 그가 전하는 메시지를 들은 사람들은 메시지의 진실성에 의문을 제기할 수 있었다.

다행히 갈라디아 성도들은 바울을 업신여기지 않고 버리지도 않았으며, 오직 하나님의 천사처럼 또는 그리스도 예수와 같이 그를 영접했다(14b절). '업신여기다'(ἐξουθενέω)는 악령의 영향력에서 벗어나라는 의미에서 침을 세 번 뱉는 풍습에서 온 단어다(Dunn). 그들은 바울이 악령에 시달려 몸이 망가졌다고 생각하지 않았다. 오히려 예수 그리스도가 그를 통해서 말씀하시는 것이라고 믿었다(Schreiner). 갈라디아 성도들은 바울의 연약한 육신을 보지 않고 그가 전파한 아름다운 그리스도를 본 것이다.

바울은 그들의 복이 지금 어디 있느냐고 묻는다(15a절). 그들이 회심할 때 누리기 시작한 축복, 곧 성령을 통해 그들의 삶에 드러난 하나님의 축복을 뜻한다(cf. Betz, Bruce, Ridderbos). 그들은 복음을 통해 만난 바울과의 관계도 하나님의 축복으로 생각했으며, 감사한 마음으로 그에게 많은 복을 빌어 주었다(Hays).

갈라디아 성도들이 바울을 얼마나 고맙게 여기고 사랑했는지 그의 연약하고 초췌한 육신을 보며 할 수만 있다면 자신들의 눈이라도 빼주고자 했다(15b절). 바울의 초라한 육체에서 가장 눈에 띄는 것이 그의 약한(병든) 눈이었음을 암시한다.

이처럼 바울을 아끼고 사랑하던 갈라디아 성도들이 지금은 어떤가? 그들은 사도를 마치 원수처럼 생각한다(16절). 만일 사도가 그들에게 잘못된 복음과 가르침을 주었다면 그럴 수도 있지만, 바울은 그들에게 참된 말을 했을 뿐이다. 그는 그리스도의 복음과 하나님의 진리를 갈라디아 성도들에게 가르친 '죄'로 인해 그들에게 원수 취급을 받고 있다! 그러므로 갈라디아 성도들은 바울과 그가 전한 그리스도의 복음을 함께 배반했다(Bruce). 그들이 율법주의자들의 농간에 놀아났기 때문이다.

율법주의자들이 갈라디아 성도들에 대해 열심을 내는 것은 좋은 뜻에서 비롯된 일이 아니다(17a절). 올바른 지식을 동반한 열심이 아니기 때문이다(cf. 롬 10:2-4). 그들은 잘못된 지식으로 열심히 갈라디아 성도들을 그리스도의 교회에서 제외시키고자 한다(Hays, Longenecker, Schreiner).

또한 율법주의자들은 바울과 갈라디아 성도들을 이간하고 있다(17b절). 갈라디아 성도들의 열정과 사랑을 자기들에게로 돌리기 위해서다(17c절). 그러므로 갈라디아 성도들은 바울이 전해 준 그리스도의 복음을 통해 하나님을 향한 열정을 지속할 것인지, 혹은 율법주의자들이 주장하는 율법의 행위를 통해 그들에게 열정을 바칠 것인지 선택해야 한다. 그들에게는 선택의 여지가 없다.

만일 율법주의자들이 좋은 뜻으로 갈라디아 성도들에 대해 열심을 낸다면 바울이 그들과 함께 있을 때뿐만 아니라 언제든지(함께 있지 않을 때도) 좋은 일이다(18절). 그러나 그들은 갈라디아 성도들이 그리스도로부터 멀어지게 하고, 바울의 가르침이 아니라 자기들이 주장하는 것을 따르게 하는 데 열심을 내고 있다. 율법주의자들이 갈라디아 성도들을 망하게 하고 있는 것이다.

갈라디아 교회 상황을 지켜보는 사도의 마음이 너무나도 안타깝다. 그들이 율법주의자들의 꼬드김에 넘어가 바울뿐 아니라 예수님도 버리려고 하기 때문이다. 그러므로 그는 '나의 자녀들아'(τέκνα μου)라며 버림받은 부모의 심정으로 갈라디아 성도들에게 권면한다(19a절). 바울은 서신에서 종종 자신을 영적인 아버지로 묘사한다(고전 4:15; 살전 2:11; 몬 1:10). 이곳에서는 자신을 해산의 수고를 하는 어머니에 비유한다(19b절).

구약에서 해산의 수고는 여호와의 날과 연관이 있는 이미지다(사 13:8; 렘 6:24; 미 4:10). 신약에서도 별반 다르지 않다(Gaventa, cf. 마 24:8; 막 13:8; 롬 8:22; 살전 5:3; 계 12:1-2). 갈라디아 성도들이 율법주의자들의 주장을 수용하면 그동안 그들 안에 세워지기 시작한 그리스도의 형상을 버리고 이교도(paganism)로 '회심하는 일'이 된다. 그러므로 바울은 그들에게 그리스도의 복음을 전파해 하나님의 자녀가 되게 한 일을 처음부터 다시 해야 한다. 그들이 버리려고 하는 그리스도의 형상을 다시 세우기 위해서다.

갈라디아 성도들에게 '다시'(πάλιν)는 상당히 충격적이었을 것이다. 그들은 율법을 지키면 신앙생활을 더 잘하는 것이라는 율법주의자들의 말에 넘어가 '더 잘 믿기 위해' 그들의 주장을 따르려 했다. 그런데 그들에게 처음으로 복음을 전해 주었던 바울은 그들이 '다시' 그리스도의 복음으로 돌아가야 한다고 한다. 율법주의자들을 따르는 것은 복음을 배신하는 것이라는 의미다.

바울은 이 순간 자신이 갈라디아 성도들과 함께 있다면 참으로 좋았을 것이라고 한다(20a절). 아무리 잘 쓴 편지라 해도 직접 얼굴을 보며 대화하는 일을 대체할 수는 없기 때문이다. 또한 이방인인 갈라디아 성도들이 유대교와 구약 율법에 끌리는 일을 도저히 이해할 수 없는 상황에서 그들이 이 서신에 어떻게 반응할지 예측할 수도 없다. 그러므로 그는 서신으로 자녀를 훈계하고 자녀의 회신을 기다리는 부모의 심정이다. 그러므로 그는 갈라디아 성도들에 대해 의혹이 있다(20c절). 그들의 일이 걱정되어 '안절부절못하고 있다'는 뜻이다(공동, cf. 새번역, 아가페).

사도는 갈라디아 성도들과 함께 있었다면 자기 언성을 높였을 것이라고 한다(20b절). '내 언성을 높이려 함'(ἀλλάξαι τὴν φωνήν μου)은 어조를 바꾸는 것을 뜻한다(BDAG). 그러므로 '언성을 높이는 것'은 좋은 번역이 아니다. 새번역이 의미를 정확하게 전달하고 있다: "이제라도 내가 여러분을 만나 어조를 부드럽게 바꾸어서 말할 수 있으면 좋겠습니다"(새번역, 공동, cf. ESV, NAS, NIV).

이 말씀은 가장 좋은 교육은 '나처럼 하라'는 것이라 한다. 바울은 갈라디아 성도들이 율법에 대해 모두 자신처럼 행동하기를 바란다. 그는 유대인이고 바리새인이지만 율법에 대해서는 이방인처럼 자유롭다. 또한 바울은 하나님 앞에서 한 점 부끄러움 없는 삶을 살아왔으며, 갈라디아 성도들을 대할 때도 진실과 사랑으로 대했다. 우리도 서로에게 이렇게 말할 수 있다면 얼마나 좋을까! 이렇게 말할 수 있을 때까지 계속 서로 사랑하며 자비로워야 한다.

기독교 사역의 가장 큰 방해자는 교회 밖이 아니라 교회 안에 있다. 율법주의자들은 자신도 그리스도인이라며 갈라디아 교회에 침투해 성도들을 교란하고 있다. 우리는 누가 어떤 말과 설교를 하든지 그것이 성경적인지 평가해 보아야 한다. 만일 성경적이면 아멘으로 받지만, 그렇지 않다면 단호하게 버려야 한다. 우리를 잘못된 가르침에서 보호해야 한다.

바른 가르침에 대한 한 가지 테스트는 그 가르침이 초래하는 결과를 보는 것이다. 바울이 갈라디아 성도들에게 그리스도의 복음을 전파했을 때 그들은 바울의 병든 육신이 안타까워서 할 수만 있다면 자신들의 눈이라도 빼어 주고자 했다. 그러나 지금은 율법주의자들의 잘못된 가르침으로 인해 바울과 그가 전한 메시지를 원수 대하듯 하고 있다. 성령의 열매는 사랑과 온유인데, 그들이 율법주의자들을 따르는 순간 이런 것이 모두 사라진 것이다.

사역은 해산의 수고가 연속되는 것이다. 사람이 영적으로 거듭나는 것은 한순간에 되는 일이지만, 그 이후에 양육이 계속되어야 한다. 그러나 사람은 쉽게 바뀌지 않는다. 그러므로 사역자들은 자신과 성도들의 성화를 꿈꾸며 계속 인내하며 사역해야 한다.

Ⅳ. 율법으로부터 자유와 성령 안에서 자유(4:12-6:10)

B. 율법과 자유: 하갈과 사라(4:21-5:1)

²¹ 내게 말하라 율법 아래에 있고자 하는 자들아 율법을 듣지 못하였느냐 ²² 기록된 바 아브라함에게 두 아들이 있으니 하나는 여종에게서, 하나는 자유 있는 여자에게서 났다 하였으며 ²³ 여종에게서는 육체를 따라 났고 자유 있는 여자에게서는 약속으로 말미암았느니라 ²⁴ 이것은 비유니 이 여자들은 두 언약이라 하나는 시내 산으로부터 종을 낳은 자니 곧 하갈이라 ²⁵ 이 하갈은 아라비아에 있는 시내 산으로서 지금 있는 예루살렘과 같은 곳이니 그가 그 자녀들과 더불어 종 노릇 하고 ²⁶ 오직 위에 있는 예루살렘은 자유자니 곧 우리 어머니라 ²⁷ 기록된 바

잉태하지 못한 자여 즐거워하라
산고를 모르는 자여 소리 질러 외치라

148

이는 홀로 사는 자의 자녀가 남편 있는 자의 자녀보다 많음이라

하였으니 ²⁸ 형제들아 너희는 이삭과 같이 약속의 자녀라 ²⁹ 그러나 그 때에

육체를 따라 난 자가 성령을 따라 난 자를 박해한 것 같이 이제도 그러하도

다 ³⁰ 그러나 성경이 무엇을 말하느냐

여종과 그 아들을 내쫓으라

여종의 아들이 자유 있는 여자의 아들과 더불어

유업을 얻지 못하리라

하였느니라 ³¹ 그런즉 형제들아 우리는 여종의 자녀가 아니요 자유 있는 여

자의 자녀니라 ^{5:1} 그리스도께서 우리를 자유롭게 하려고 자유를 주셨으니

그러므로 굳건하게 서서 다시는 종의 멍에를 메지 말라

사라와 하갈의 이야기를 바탕으로 구성된 이 섹션은 해석하기
가 참으로 난해하다. 유형(typology)과 풍유(allegory)가 섞여 '유형적 풍
유'(typological allegory)를 형성하고 있기 때문이다(cf. Betz, McKnight,
Schreiner). 첫 부분(4:21-23)과 마지막 부분(4:28-30)은 유형(typology)이며
설명하고 해석하는 데 큰 어려움이 없다. 그러나 가운데 부분(4:24-27)
은 풍유(allegory)로 갈라디아 성도들이 율법주의자들의 농간에 놀아난
것이 무엇을 의미하는지 설명하는 데 도움이 되기는 하지만, 풍유를
구성하는 세부 요소로 바울의 논리를 모두 설명하기는 어렵다. 사도가
이곳에서 사용하는 논법이 상당히 생소해 보이지만, 당시에는 많은 사
람이 선호하던 논법이다(Betz). 바울은 하갈과 사라 이야기를 예로 들며
율법과 그리스도의 차이를 설명한다. 다음을 참조하라(McKnight).

율법	그리스도
아브라함	
하갈 언약	사라 언약
이스마엘(육체)	이삭(약속)
핍박자	핍박을 받음

종의 자녀들	자유한 여자의 자녀들
시내산	(시온산? 골고다? 하늘나라?)
세상에 있는 예루살렘	하늘에 있는 예루살렘
종	자유자
유대주의자들	바울
옛 언약	새 언약

바울은 갈라디아 성도들을 '율법 아래 있고자 하는 자들'이라고 부르며 섹션을 시작한다(21a절). 아마도 모든 갈라디아 성도가 율법주의자들을 따르려 하는 것은 아닐 것이다. 그러나 상당수가 그들에게 이끌리고 있다. 사도는 그들에게 "율법을 듣지 못하였느냐?"라며 수사학적인 질문을 던진다(21b절). 그들 자신이 율법(모세 율법) 아래 있다면서도 정작 율법(구약성경, 특히 창세기)이 무엇을 말하는지 알지 못한다며 이 질문을 통해 상당히 냉소적으로 비판한다. 그들이 율법을 제대로 알았더라면 절대 율법 아래에 있고자 하지 않았을 것이라는 뜻이다.

율법 아래 있고자 하는 것은 할례를 행하고, 율법의 행위를 실천하며, 각종 종교적 절기를 지키는 것을 포함한다. 또한 스스로 죄의 지배 아래 자신을 다시 두는 것이며, 구속사적으로는 그리스도가 오시기 이전의 시대로 돌아가는 것이다(Schreiner). 율법을 제대로 아는 사람이라면 절대 율법 아래 있고자 하지 않을 것이다.

기록된바 아브라함에게 두 아들이 있었다(22a절). '기록된바'(γέγραπται γὰρ)는 일상적으로 구약에 기록된 말씀을 인용할 때 사용한다(cf. 27절). 이곳에서는 구체적인 말씀이 아니라 창세기에 기록된 이야기를 상기시키기 위해 사용하고 있다. 아브라함은 사라가 죽은 후에 그두라라는 첩을 통해 아들 여섯을 낳았다(창 25:1-4). 그는 죽기 전에 이 서자들에게 재산을 주어 이삭을 떠나 동방 땅으로 가게 했다(창 25:5-6). 그가 하나님께 받은 약속과 어떠한 상관도 없게 하려고 서자들에게 이러한 조치를 취했다.

　아브라함의 두 아들 중 하나는 여종에게서, 하나는 자유 있는 여자에게서 났다(22b절). 여종은 하갈이며, 그녀에게서 난 아들은 이스마엘이다. 자유 있는 여자는 사라이며, 그녀에게서 난 아들은 이삭이다. 바울이 하갈과 사라를 예로 들어 이야기하는 것은 율법주의자들이 자신은 사라의 아들 이삭의 후손이라 할례를 받았고, 이방인은 하갈의 후손이라 할례를 받아야 한다고 주장했기 때문이라는 해석이 있다(Barrett). 그러나 이스마엘도 할례를 받았으므로(창 17:23) 그다지 설득력이 있는 해석은 아니다. 아마도 하갈의 아들 이스마엘도 이방인이지만 할례를 받았으니 갈라디아 성도들은 더 받아야 한다는 주장을 펼친 것으로 보인다(Bruce).

　여종인 하갈을 통해서 난 이스마엘은 육체를 따라 났다(23a절). 창세기는 이스마엘을 하나님의 약속에 따라 태어난 아들이 아니라고 한다. 사라는 하나님의 약속이 자기 몸을 통해 실현될 때를 기다리지 못했고, 결국 아브라함은 아내의 몸종인 이집트 여인 하갈을 통해 이스마엘을 얻었다. 그러므로 여종 하갈에게서 난 이스마엘은 육체를 따라 난 아들이다.

　반면에 자유 있는 여자인 사라를 통해서 난 이삭은 약속의 아들이다. 하나님이 아브라함과 사라를 하란에서 불러내실 때 부부에게 주신 약속의 실현이다. 그러므로 이삭은 약속으로 말미암아 태어난 아들이다.

　바울은 이 비유에서 하갈과 사라가 상징하는 바에 대해 설명한다(24a절). '비유로 말하다'(ἀλληγορέω)는 성경에서 단 한 차례 사용되는 단어이며, '풍유적으로 말하다'(speak allegorically)라는 뜻이다(BDAG). 풍유의 가장 큰 문제는 해석 기준이 없다는 점이다. 말 그대로 풍유에 대한 해석은 '코에 걸면 코걸이, 귀에 걸면 귀걸이'가 된다. 예를 들면 중세기에만 해도 '선한 사마리아인 비유'(눅 10:30-35)에 등장하는 인물들(강도들, 강도들에게 당한 사람, 제사장, 레위인, 사마리아인)이 누구인지에 대해 수

십 가지 해석이 있었다. 이 이야기를 단순한 비유(parable)로 해석하지 않고 풍유(allegory)로 해석하면 수십(수백) 종류의 해석이 나올 수 있고, 어느 해석이 옳고 어느 해석이 그른지 말할 수도 없다. 기준이 없기 때문이다.

문제는 성경 저자들도 바울처럼 종종 풍유를 사용한다는 사실이다 (cf. 겔 15장; 17장; 19장; 23장). 성경 저자들이 풍유를 사용하므로 우리도 말씀을 풍유적으로 해석할 수 있는가? 그렇지 않다. 성경 저자들은 하나님의 영감을 받아 풍유를 남겼지만, 우리에게는 성경 저자들에게 임한 영감이 임하지 않는다. 정경은 이미 마무리되었기 때문이다. 그러므로 풍유적인 해석을 지향해서는 안 된다. 종교 개혁자들은 성경 말씀을 풍유적으로 해석하는 것을 맹렬하게 비난했다.

바울은 갈라디아 성도들이 전혀 예측하지 못한 풍유를 사용해 자신이 전한 복음과 율법주의자들의 주장을 다른 시각에서 보게 한다(cf. Rapa). 그의 풍유에서 하갈과 사라는 두 언약을 상징한다. 하갈은 시내산 언약이며, 이 언약은 자식으로 종들밖에 낳지 못한다(24b절). 시내산은 이스라엘이 이집트의 노예살이에서 해방된 일과 연관이 있다. 그러나 이집트의 노예살이에서 해방된 이스라엘은 시내산 언약을 통해 또 다른 유형의 노예살이, 곧 율법에 노예살이를 하게 되었다. 시내산 언약은 사람을 모두 율법의 억압 아래 둔다는 뜻이다(Eastman).

또한 하갈은 아라비아에 있는 시내산으로서 지금 있는 예루살렘과 같은 곳이며, 그와 그의 자녀들은 모두 종노릇을 한다(25절). 일부 사본에는 '하갈'(Ἁγάρ)이 없다(Metzger). 그러므로 이 구절의 첫 부분은 '시내산은 아라비아에 있는 한 산이라'이다(cf. 새번역 각주). 아마도 원본은 하갈을 포함했는데, 일부 필사자가 하갈을 포함하면 문장이 어색하다고 생각해 삭제한 것으로 보인다(cf. Metzger).

하갈의 아들 이스마엘도 아브라함의 아들로서 여러 가지 축복을 받지만, 아브라함의 언약은 이삭이 홀로 상속받았다(Bruce, Eastman,

Martyn, Ridderbos, Witherington, cf. 3:15-18). 아브라함 언약 밖에 있는 하갈과 후손들이 율법에 종노릇한다는 것은 곧 죄에 억압받는 죄의 노예가 된다는 뜻이다(Eastman). 그러므로 율법은 죄의 노예가 된 사람을 죽음에 이르게 한다.

이 땅에 있는 예루살렘은 율법을 중심으로 하는 시내산 언약에 따라 세워진 것이다. 반면에 위(하늘)에도 예루살렘이 있다. 아브라함이 모든 믿는 자의 아버지인 것처럼, 사라는 모든 믿는 자의 어머니다. 하갈은 종이었지만, 사라는 자유인이었다. 이 사라가 위에 있는 예루살렘을 상징한다. 이 예루살렘은 새 언약과 새 창조 약속의 성취다(Eastman, cf. 사 65:17; 66:1-11). 바울은 이스라엘의 선조 중에서도 율법을 중개해준 모세가 아니라, 하나님께 약속을 언약으로 받은 아브라함 부부를 최고로 생각한다(McKnight).

사라가 수많은 자손(믿는 자)을 갖게 될 것을 이미 선지자 이사야가 예언했다(27절). 이사야는 잉태하지 못한 여자가 매우 기뻐할 날이 올 것이라고 했다. 많은 자녀를 얻게 될 것이기 때문이다. 이사야 54:1 말씀이며, 바울은 이 말씀을 모든 믿는 자의 어머니인 사라에게 적용하고 있다.

사라가 얻은 수많은 자녀는 하늘에 있는 예루살렘에 속한 자들이다(cf. 26절). 모든 믿는 사람이 하늘에 있는 예루살렘에 속했다는 뜻이다. 그들은 잉태하지 못한 여인의 자녀들처럼 기적적으로 태어났다. 하나님이 시내산 율법과 상관없이 아브라함에게 주신 약속을 이루기 위해 이들을 사라의 후손이 되게 하신 것이다(Eastman).

갈라디아 성도들을 포함한 모든 믿는 자는 이삭과 같이 약속의 자녀들이다(28절). 그러므로 자유인인 약속의 자녀들이 스스로 노예의 자녀가 되고자 하는 것은 도대체 이해되지 않는 어리석은 일이다. 율법주의자들의 농간에 놀아난 갈라디아 성도들이 이처럼 어이없고 어리석은 일을 하고자 한다.

153

옛적에 육체를 따라 난 자가 성령을 따라 난 자를 박해한 것처럼 지금도 그러하다(29절). 문맥상 육체를 따라 난 자는 이스마엘이다. 하나님이 아브라함에게 주신 약속에 따라 태어난 이삭은 성령을 따라 난 자다. 약속을 이루시는 이는 성령이시기 때문이다. 이스마엘과 이삭은 열네 살 차이였으며(cf. 창 16:16; 21:5), 이스마엘이 이삭을 자주 놀렸던 것으로 보인다(cf. 창 21:9).

율법주의자들은 자신이 사라와 이삭의 후손이라 하지만, 바울은 그들이 이삭을 핍박했던 이스마엘의 후손이라 한다. 그리스도 안에서 참자유를 누리는 하늘에 있는 예루살렘에 속한 사람들에게 이 세상에 있는 예루살렘인 시내산 율법을 지키라며 핍박과 억압을 가하고 있기 때문이다(Martyn, cf. 3:4).

이러한 상황에 대해 성경은 무엇을 말하는가(30a절). 성령을 따라 난 자들을 핍박하는 여종과 그 아들을 내쫓으라 한다(30b절). 여종의 아들이 자유 있는 여자의 아들과 더불어 유업을 얻지 못할 것이기 때문이다(30c절). 바울은 마치 하나님이 이렇게 말씀하신 것처럼 말하지만, 창세기 20:10에 기록된 사라의 말이다. 아브라함이 사라의 말로 인해 근심하자 하나님이 그에게 사라의 말에 따르라고 하신 것(창 21:12)을 하나님이 말씀을 하신 것으로 간주할 수 있기 때문에 바울은 이런 취지에서 이 말씀을 인용하고 있다. 말씀의 핵심은 노예 하갈의 아들인 이스마엘은 자유인 사라의 아들인 이삭이 받을 하나님의 약속(아브라함에게 주신 것들)을 유산으로 받을 수 없다는 것이다. 두 아들 중 이삭만이 약속의 아들이다.

우리는 여종 하갈의 자녀가 아니라 자유 있는 여자인 사라의 자녀라는 31절 말씀은 사도가 이미 28절에서 한 말씀('너희는 이삭과 같이 약속의 자녀라')을 재차 확인하는 역할을 한다. 제발 율법주의자들의 주장에 혹해서 노예의 자녀처럼 굴지 말고, 그리스도 안에서 자유인으로 살아가라는 권면이다.

5:1이 앞 섹션의 결론(Bruce, Hays, Lightfoot)인지 혹은 다음 섹션의 시작인지(Betz, Burton, Matera, McKnight)를 두고 논란이 많다. 내용을 살펴보면 앞부분의 결론 역할을 한다. 또한 다음 섹션의 서론 역할도 한다. 그러므로 대부분 학자처럼 '전환'(transition)으로 간주하는 것이 바람직하다(Fee, Longenecker, Martyn, Schreiner).

그리스도는 우리를 자유롭게 하려고 자유를 주셨다(1a절). 사도는 그리스도의 복음이 묘사하는 그리스도의 사역을 이 말로 요약한다. 예수 그리스도는 죄의 노예로 있던 우리에게 자유를 주기 위해 십자가를 지셨다.

그러므로 그리스도께서 주신 자유를 누리는 사람은 다시는 종의 멍에를 메지 않아야 한다(1b절). 우리가 다시 율법과 죄의 멍에를 메는 것은 그리스도께서 우리를 이 멍에에서 자유롭게 하기 위해 하신 모든 사역을 무력화하는 행위이기 때문이다. 기독교인의 자유는 절대 율법과 죄의 억압과 공존할 수 없다.

이 말씀은 우리가 그리스도로 인해 누리는 자유의 절대성을 묵상하게 한다. 우리는 그 어떤 것에도 얽매이면 안 된다. 모든 얽매임과 멍에에서 자유롭게 하려고 예수님이 우리를 위해 십자가를 지셨기 때문이다. 그리스도인의 삶을 의무적으로 해야 할 일(do's)과 하면 안 되는 일(don'ts)로 정의하는 사람이 많다. 좋은 의도에서 이렇게 하는 것은 알겠지만, 자칫 잘못하면 그리스도께서 주신 참 자유를 부인하는 행위가 될 수 있다는 점을 기억해야 한다. 그저 감사함으로 매일 성령의 인도하심에 따라 사는 것이 그리스도인의 삶이다.

구약성경은 그리스도의 복음에 대해 증언한다. 그러므로 구약을 잘 알면 그리스도가 보이고, 그분의 가르침을 기록한 신약이 보인다. 또한 예수 그리스도의 사역을 증언하는 신약을 보면 그분을 보내신 하나님이 보인다. 그래서 종교 개혁자 루터(Luther)는 구약과 신약을 모두 '그리스도 중심'(Christocentric)으로 읽어야 한다고 했다. 또한 칼뱅

(Calvin)은 구약과 신약 모두 '하나님 중심'(Theocentric)으로 읽어야 한다고 했다. 구약과 신약은 모두 유기적인 관계를 지닌 하나님의 말씀이다. 균형 있는 연구와 묵상을 해야 한다.

우리가 죄에서 자유롭게 되는 일은 절대 모세 율법에서 오지 않는다. 하나님이 아브라함에게 주신 약속에서 온다. 그러므로 예수님으로 인해 은혜와 자유의 시대를 살고 있는 사람이 죄의 억압과 구속이 있는 율법의 시대로 돌아가려는 것처럼 미련하고 어리석은 일은 없다. 그리스도인은 자신이 누리고 있는 자유를 깊이 묵상해 보고 감사함으로 그 자유를 누려야 한다.

Ⅳ. 율법으로부터 자유와 성령 안에서 자유(4:12–6:10)

C. 율법과 자유는 공존할 수 없음(5:2–12)

[2] 보라 나 바울은 너희에게 말하노니 너희가 만일 할례를 받으면 그리스도께서 너희에게 아무 유익이 없으리라 [3] 내가 할례를 받는 각 사람에게 다시 증언하노니 그는 율법 전체를 행할 의무를 가진 자라 [4] 율법 안에서 의롭다 함을 얻으려 하는 너희는 그리스도에게서 끊어지고 은혜에서 떨어진 자로다 [5] 우리가 성령으로 믿음을 따라 의의 소망을 기다리노니 [6] 그리스도 예수 안에서는 할례나 무할례나 효력이 없으되 사랑으로써 역사하는 믿음뿐이니라 [7] 너희가 달음질을 잘 하더니 누가 너희를 막아 진리를 순종하지 못하게 하더냐 [8] 그 권면은 너희를 부르신 이에게서 난 것이 아니니라 [9] 적은 누룩이 온 덩이에 퍼지느니라 [10] 나는 너희가 아무 다른 마음을 품지 아니할 줄을 주 안에서 확신하노라 그러나 너희를 요동하게 하는 자는 누구든지 심판을 받으리라 [11] 형제들아 내가 지금까지 할례를 전한다면 어찌하여 지금까지 박해를 받으리요 그리하였으면 십자가의 걸림돌이 제거되었으리니 [12] 너희를 어지럽게 하는 자들은 스스로 베어 버리기를 원하노라

바울은 이때까지 그리스도의 복음에 따라 믿음으로 성령의 인도하심을 받으며 살든지, 혹은 할례를 받고 율법대로 살다가 율법과 죄 아래서 죽든지 둘 중 하나를 택해야 한다고 했다. 율법주의자들은 복음으로는 부족하니 율법을 추가해야 한다고 하지만, 율법을 행하면 그리스도는 물론이고 하나님의 은혜와 성령의 함께하심도 부인하는 일이 된다. 그러므로 복음과 율법은 결코 함께 갈 수 없는 상극이다.

이 섹션에서는 이 원칙을 갈라디아 성도들의 상황에 적용한다. 그들은 그리스도 안에서 믿음으로 살 것인지, 혹은 할례를 받고 율법대로 살 것인지 택해야 한다. 갈라디아 성도들은 할례를 받느냐 혹은 거부하느냐의 기로에 서 있다. 만일 할례를 받고 율법대로 살면 스스로 자신을 그리스도에게서 끊어 내고 은혜에서 떨어진 자로 살게 될 것이다.

"보라 나 바울은 너희에게 말하노라"(Ἴδε ἐγὼ Παῦλος λέγω)(2a절)는 그의 사도직 권위를 모두 동원해 말한다는 뜻이다(Betz). 지금부터 하나님께 받은 사도직 권위를 총동원해 말하겠다는 것은 상황이 매우 심각함을 암시한다. 그의 가르침에 어떻게 반응하느냐에 따라 갈라디아 성도들의 운명이 달라질 것이기 때문이다.

만일 그들이 할례를 받으면 그리스도께서 그들에게 아무 유익이 없을 것이다(2b절). '아무 유익이 없을 것이다'(οὐδὲν ὠφελήσει)는 미래형 동사이며, 종말에 있을 일을 말한다(Witherington). 갈라디아 성도들이 할례를 받으면 종말에 그리스도의 구원을 받은 자로서 누릴 모든 축복을 잃게 된다는 뜻이다.

할례는 반드시 율법을 모두 지키는 일을 동반해야 한다. 할례를 받는다 해도 율법을 범하면 아무 의미가 없기 때문이다: "네가 율법을 행하면 할례가 유익하나 만일 율법을 범하면 네 할례는 무할례가 되느니라"(롬 2:25). 율법은 하나도 빠짐없이 모두 지켜야 한다. 그러므로 할례를 받는 것은 자신을 율법 아래 두는 행위다. 그러나 율법을 모두 지키는 사람은 없다(cf. 롬 3:9-20). 그러므로 할례는 어떠한 효과도 발휘하

157

지 못한다.

바울은 갈라디아 성도들에게 그리스도를 섬기든지 혹은 할례를 받든지 둘 중 하나를 택하라고 한다. 둘 다 수용할 수는 없다(Schreiner). 그들이 할례를 받으면 세 가지 결과가 초래된다: (1)율법을 모두 지켜야 한다(3절), (2)그리스도에게서 끊어지고 은혜에서 떨어져 나간다(4절), (3)믿음을 포기하는 행위다(5-6절).

사도는 할례를 받는 각 사람에게 다시 증언한다(3a절). '증언하다'(μαρτύρομαι)는 법적인 용어다. 그는 마치 법정에서 증언하는 사람처럼 매우 심각하게 말하고 있다(Betz). 할례와 율법은 한 세트다. 할례만 받고 율법을 행하지 않을 수는 없다. 할례를 받은 사람은 율법 전체를 행할 의무가 있다(3b절; cf. 롬 2:25). 그러므로 사람이 할례를 받는 것은 곧 자신을 율법 아래에 두는 것이다.

사람이 할례를 행하여 자신을 율법 아래 두는 것은 곧 율법 안에서 의롭다 함을 얻으려 하는 일이다(4a절). 자기 스스로 노력해서 하나님의 의롭다 하심을 얻으려 한다는 뜻이다. 율법을 모두 지키는 것은 불가능하기 때문에 율법을 통해서는 절대 의롭다 하심을 받을 수 없다. 그러므로 율법 안에서 의롭다 함을 얻으려 하는 것은 무모한 짓이다 (Schreiner, cf. 3:11).

설령 율법을 모두 지켜서 의롭다 하심을 얻는다 해도 문제다. 그리스도의 복음을 믿어 의롭다 하심을 받는 것이 아니기 때문이다. 그렇게 되면 그리스도께서 죄인들을 구원하기 위해 하신 일들이 모두 그와 상관없게 된다. 그리스도의 복음을 부인하는 행위가 되기 때문이다.

바울은 이런 상황을 그리스도에게서 끊어지고 은혜에서 떨어지는 것이라 한다(4b절). '끊어지다'(κατηργήθητε)와 '떨어지다'(ἐξεπέσατε)는 부정 과거형(aorist) 동사이며, 반드시 그렇게 될 것이라는 예상적 의미 (proleptic sense)를 지닌다(Bruce, cf. Lightfoot). 이미 일어난 일이 아니라 앞으로 일어날 일이다. 이는 갈라디아 성도들이 이미 할례를 받아 복음에서 떨어져 나간 것이 아니라, 할례를 받는 일을 고려 중이라는 것을 암시한다(Schreiner). 그러므로 사도는 그들이 할례를 받지 않도록 매우 강력하게 경고하고 있다: "할례를 받으면 그리스도에게서 끊어질 것이고 하나님의 은혜에서 떨어져 나갈 것이다!" 율법은 행함과 실천으로 의롭다 함을 얻으려 하는 것인데, 하나님 은혜와 그리스도를 통한 의롭다 하심과 구원은 하나님이 우리에게 베풀어 주신 선물이다. 그러므로 절대 둘이 함께 갈 수 없다.

새번역이 "우리가 성령으로 믿음을 따라 의의 소망을 기다리노니"(5절)의 의미를 정확하게 전달한다: "그러나 우리는 성령을 힘입어서, 믿음으로 의롭다고 하심을 받을 소망을 간절히 기다리고 있습니다." 바울 서신에서 '기다리다'(ἀπεκδέχομαι)는 항상 종말과 연관되며(롬 8:19, 23, 25; 고전 1:7; 빌 3:20; cf. 히 9:28), 간절하게 기다린다는 뜻이다. 하나님이 우리를 의롭다 하시는 것은 종말에 있을 일이지만, 우리는 성령이 주시는 믿음 안에서 이렇게 될 것을 확신하며 살고 있다는 뜻이다. 바울은 4절에서 우리는 율법이 아니라 하나님의 선물로 의롭다 하심을 받는다고 했다. 이 구절에서는 성령이 주시는 믿음으로 의롭다 하심을 믿고 확신한다고 한다.

그리스도 예수 안에서는 할례나 무할례나 어떠한 효력도 발휘하지 못한다(6a절; cf. 고전 7:19; 갈 6:15). 할례를 받는 일도, 할례를 받지 않는 일도 사람이 결정하고 하는(하지 않는) 일(행위)이다. 그러므로 그리스도께서 이루신 일에 대한 믿음을 토대로 하는 그리스도 안에서의 삶에는 할례와 무할례 둘 다 아무런 영향을 끼치지 못한다. 할례를 받는 것이 그리스도 안에서의 삶에 어떠한 긍정적인 효과도 더하지 못한다는 뜻이다.

그리스도 예수 안에서 유일하게 효력을 발휘하는 것은 사랑으로써 역사하는 믿음뿐이다(6b절). 아무 효력을 발휘하지 못하는 할례와 대조되는 것은 사랑이 아니라 믿음이다. 사랑은 하나님의 의롭다 하심의 근거가 아니다. 믿음이 하나님의 의롭다 하심의 근거이며, 사랑은 믿음의 열매에 불과하다(cf. 5:22). 우리는 할례와 율법을 통해 의롭다 하심을 받을 수 없으며, 오직 믿음으로 의롭다 하심을 입는다. 그러므로 믿음으로 사는 사람은 할례를 받지 않아야 한다.

사도는 갈라디아 성도들과 율법주의자들의 관계를 달리기 비유로 묘사한다(7절). 갈라디아 성도들은 '진리를 순종하는 일'을 목표로 삼아 열심히 달리는 선수다(7a절). 그리스도의 복음을 영접해 진리에 순종하며 사는 좋은 출발을 했다는 뜻이다. 그런데 율법주의자들이 그들 앞으로 튀어나와 길을 막으며 더는 달리지 못하도록 방해한다(7b절). 갈라디아 성도들이 진리에 순종하지 못하게 하는 것이다. 율법주의자들은 갈라디아 성도들이 달리고 있는 경주에 '끼어들어'(cut in) 그들의 표피를 '베라고'(cut) 요구하고 있다(Hays).

그들에게 할례를 받고 율법을 지키라고 권면하는 율법주의자들은 갈라디아 성도들을 부르신 하나님에게서 난 것이 아니다(8절). 하나님의 진리에 순종하는 일을 방해하는 자들이 하나님이 보내신 자일 수는 없다. 그러므로 할례를 받고 율법을 지키라는 권면도 하나님의 뜻이 아니다.

율법주의자들은 그리스도인이 아니며, 기독교 진리를 파괴하려고 교회에 스며든 누룩 같은 존재다(cf. 9절). 성경에서 누룩 비유는 대체적으로 악한 일과 연관이 있다(cf. 고전 5:6). 적은 누룩이 온 덩어리에 퍼지는 것처럼 갈라디아 교회가 그들을 단호하게 끊어 내지 않으면 그들은 순식간에 온 교회를 오염시킬 것이다. 공동체를 보호하기 위해 당장 결단하고 행동을 취하라는 사도의 경고다. 그러나 바울은 그들을 교회에서 출교하라는 말은 하지 않는다. 그들은 애초에 입교한 자가 아니며 외부자이기 때문이다(Schreiner).

사도는 고린도 성도들이 아무 다른 마음을 품지 않을 것을 주 안에서 확신한다(10a절). 그들이 바울에게서 받은 가르침과 지난 일들을 되돌아보면서 현명하게 판단하고 결단할 것을 믿는다. 그들 안에서 "착한 일을 시작하신 이가 그리스도 예수의 날까지 이루실 줄"을 확신하기 때문이다(빌 1:6).

그러나 그들을 요동하게 하는 자는 누구를 막론하고 하나님의 심판을 받을 것이다(10b절). 예수님도 비슷한 경고를 하셨다: "실족하게 하는 일들이 있음으로 말미암아 세상에 화가 있도다 실족하게 하는 일이 없을 수는 없으나 실족하게 하는 그 사람에게는 화가 있도다"(마 18:7). 갈라디아 교회를 괴롭히는 율법주의자는 여럿이지만(cf. 1:7), 이곳에서는 하나의 원리를 말하기 위해 단수형을 사용해 '누구든' 심판을 받을 것이라고 한다(Bruce, Hays, Longenecker, Schreiner).

바울은 그동안 그리스도의 복음을 전파하면서 유대인들에게 받은 핍박을 되돌아보며 말을 이어 간다. 만일 그가 복음과 함께 할례를 전했다면 유대인들에게 박해받을 일이 없었을 것이다(11a절). 그는 교회를 교란시키고 무너뜨리기 위해 침투한 유대인들과 그들을 보낸 자들에게 엄청난 핍박을 받았다. 죽을 고비도 여러 번 넘겼다.

만일 사도가 복음과 함께 할례를 전했다면 수많은 유대인이 십자가를 믿고 하나님의 자녀가 되었을 것이다. 그러나 예수님의 십자가는 걸림돌이 되어 그들을 넘어지게 했다(11b절). 그리스도의 십자가는 오직 믿음으로 구원을 얻을 수 있다고 하는데, 유대인들은 할례와 율법을 통해 의를 얻고 구원에 이른다고 생각했기 때문이다. 그러므로 만일 바울이 복음과 할례를 함께 전했다면 수많은 유대인이 그리스도의 십자가를 영접했을 것이다.

바울은 갈라디아 성도들을 어지럽게 하는 율법주의자들이 스스로 자신을 베어 버리기를 원한다(12절). 스스로 망하게 되라는 심각한 저주이자 심판이다(cf. 1:7; 5:10). 칠십인역(LXX)에서 '베다'(ἀποκόπτω)는 환관이 되려는 등의 이유로 남자의 성기를 잘라 내는 행위를 뜻한다(BDAG, cf. 신 23:1; 23:2). 율법주의자들은 이미 그리스도로부터 자신들을 베어

냈다(cf. 4절). 사도는 그들에게 할례가 그처럼 중요하다면 차라리 성기 전체를 다 베어 내라고 한다. 오늘날 의미로 표현하자면 '스스로 몸을 갈기갈기 찢고 죽어라!' 정도 된다. 사도의 감정이 극에 달했다.

이 말씀은 할례와 율법은 한 세트이며, 그리스도의 복음과는 상극이라 한다. 할례와 율법은 모두 거부하든지 혹은 모두 수용해야 한다. 할례만 받고 율법을 지키지 않을 수는 없다. 또한 율법은 일부만 지켜도 안 된다. 모두 다 지켜야 한다. 무엇보다 할례를 받거나 조금이라도 율법을 지킨다면 그는 그리스도에게서 끊어지고 은혜에서 떨어진 자라는 것을 기억해야 한다. 복음과 율법을 둘 다 따를 수는 없다.

종말에 우리가 의롭다 함을 얻어 하나님의 구원에 이르는 유일한 방법은 믿음이다. 만일 어떤 행위(할례)나 무행위(무할례)로 구원을 얻을 수 있다면 그리스도가 필요 없다. 의롭다 하심과 구원이 우리를 기다리고 있다는 믿음을 주시는 성령도 필요 없다. 그러므로 우리는 믿음으로 장차 임할 모든 축복을 이미 받은 것처럼 확신한다.

그리스도의 복음 외에 다른 것을 믿고 전하는 것은 배교다. 이는 복음에 무엇을 더하는 것이 아니라 완전히 그리스도를 떠나는 것이다. 하나님은 복음만으로 우리 안에 선한 일을 시작하셨다. 그렇다면 끝까지 하나님을 믿고 따라야 한다. 중간에 율법 준수를 요구하는 등 딴짓을 하는 것은 하나님의 은혜에서 떨어지는 일이며, 그리스도에게서 끊어지는 일이다.

교회는 거짓 선생들을 매우 심각하게 생각하고 단호하게 내쳐야 한다. 그들만 죽는 것이 아니라 그들로 인해 잘못 인도받는 사람들도 함께 죽기 때문이다. 오죽하면 성경은 선생 되는 일을 삼가라고 하겠는가! 두려움과 떨림으로 하나님이 주신 진리만 가르치고 실천해야 한다.

D. 자유를 위한 부르심(5:13-15)

¹³ 형제들아 너희가 자유를 위하여 부르심을 입었으나 그러나 그 자유로 육체의 기회를 삼지 말고 오직 사랑으로 서로 종 노릇 하라 ¹⁴ 온 율법은

네 이웃 사랑하기를

네 자신 같이 하라

하신 한 말씀에서 이루어졌나니 ¹⁵ 만일 서로 물고 먹으면 피차 멸망할까 조심하라

사도가 말하는 대로 그리스도인에게는 어떠한 율법에도 구속받지 않는 절대적인 자유가 있다. 그렇다면 우리의 자유는 죄를 포함해 원하는 것은 무엇이든 할 수 있는 자유인가? 바울은 우리에게 믿음 안에서 모든 것을 행할 자유는 있지만, 육체의 기회(죄를 짓는 일)를 삼을 자유는 없다고 한다. 우리의 자유는 반드시 성령 안에서 성령의 인도하심에 따라 행해져야 한다는 뜻이다.

그리스도인은 모두 자유를 위해 부르심을 받았다(13a절). 할례를 행하거나 율법을 지키라고 부르심을 받은 것이 아니다. 우리는 이미 그리스도의 십자가를 통해 율법의 저주에서 구원받아 완전히 해방되었다(cf. 3:13; 4:5-5). 그리스도 안에서의 자유는 책 전체에 깔려 있는 가장 기본적인 개념이다(Betz).

우리는 그리스도를 통해 모든 의무와 책임에서 해방된 절대적인 자유를 얻었다. 이 자유는 율법주의자들이 주장하는 것처럼 모세 율법으로도, 할례의 의무로도 제한될 수 없다. 우리는 성령 안에서 어떠한 제약 없이 이 자유를 행사할 수 있다. 그렇다면 죄짓는 일을 자유에 포함할 수 있는가? 절대 그렇지 않다.

사도는 그리스도인의 자유를 육체의 기회로 삼지 말라고 한다(13b

절). '육체의 기회'(ἀφορμὴν τῇ σαρκί)는 인간의 죄성에서 비롯되는 것들이다. 불의와 불손함 등을 비롯해 개인적인 잇속을 채우는 등의 경건하지 못한 목적과 의도도 모두 포함된다. 하나님이 그리스도를 통해우리에게 주신 자유는 고상하고 귀한 것이므로 방종으로 여겨 죄를 짓거나 잇속을 챙기는 수단으로 사용해 자유의 가치를 떨어뜨리지 말라는 권면이다.

그렇다면 그리스도인들은 그리스도를 통해 얻은 자유를 어떻게(어디에) 행사해야 하는가? 사랑으로 서로 종노릇하는 일에 행사해야 한다(13c절). 자유는 원래 종노릇에서 해방되는 일인데, 바울은 율법에서 해방된 자유로 서로에게 종노릇하라며 다시 '종'(얽매임)이 되라고 한다. 마치 이스라엘이 이집트 종살이에서 해방된 자유로 하나님을 섬기도록(종이 되도록) 권면받은 것과 비슷하다(cf. 출 4:23; 19:4-6; 20:1-6; 레 25:42). 성령 안에서 사는 사람은 성령의 뜻을 거스르는 자유를 행하지 않을 뿐 아니라, 오히려 그 자유를 하나님과 이웃을 섬기는 일에 사용할 것이기 때문이다.

그렇다면 우리는 하나님이 주신 자유로 왜 서로를 섬겨야 하는가? 구약의 모든 율법은 "네 이웃 사랑하기를 네 자신과 같이 사랑하라"(레 19:18)를 통해 이루어지기 때문이다(14a절). 그리스도인은 더 이상 율법의 저주 아래 있지 않다고 했던 바울이 하는 말로는 다소 이상하게 들릴 수 있다(cf. 5:3). 그러므로 어떤 이들은 바울이 자신을 모순으로 몰아가고 있다고 한다. 의롭다 하심을 얻기 위해 율법을 행하는 것은 문제다(cf. 5:3). 하지만 '율법의 행위'(ἔργων νόμου)가 아니라 그리스도를 통해 의롭다 하심을 얻어 율법에서 완전한 자유를 누리는 사람이 성령의 인도하심에 따라 '모세 율법'(νόμον Μωϋσέως)과 '그리스도의 율법'(ἔννομος Χριστοῦ, cf. 고전 9:21)이 겹치는 부분을 이루는(성취하는) 일(νόμος πεπλήρωται)은 좋은 일이다.

예수님은 '우리의 마음을 다하며 목숨을 다하며 힘을 다하며 뜻을 다

하여 하나님을 사랑하고 이웃을 우리 자신같이 사랑하는 것'(cf. 신 6:4-9)이 영생을 얻는 길이라고 하셨는데(cf. 눅 10:25-28), 이곳에서 바울은 우리의 모든 것으로 하나님을 사랑하는 일은 언급하지 않는다. 이 섹션은 그리스도인이 이웃을 사랑하는 일을 강조하고 있으며, 하나님을 사랑하지 않으면서 이웃을 사랑할 수는 없기 때문이다. 먼저 하나님을 사랑함으로써 어떻게 하는 것이 이웃을 사랑하는 것인지 인도하심을 받아야 한다.

하나님은 우리에게 이웃을 우리 자신처럼 사랑하라며 모든 율법에서 자유를 주셨다. 만일 하나님이 주신 자유를 우리의 욕심을 채우고 죄를 짓기 위해 사용하면 어떻게 될까? 사도는 우리가 서로 물고 먹는 일에 자유를 사용하면 피차 멸망할 것이라고 경고한다(15절). '물다'(δάκνω)는 칠십인역(LXX)이 뱀이 무는 것을 묘사할 때 사용한 표현이다(창 49:17; 민 21:6, 8, 9; 신 8:15; 전 10:8, 11; 암 5:19; 9:3; 렘 8:17). 하나님이 주신 자유를 서로 사랑하고 섬기는 일에 사용하지 않으면 마치 독이 있는 뱀이 무는 것과 같은 결과를 초래할 수 있다. 그렇게 되면 무는 자와 물리는 자가 함께 멸망한다.

이 말씀은 하나님이 그리스도 안에서 우리에게 자유를 주신 목적을 정확하게 정의한다. 서로 사랑으로 섬기도록 자유를 주셨다. 그러므로 우리의 자유는 방종이 아니다. 또한 자유를 사용해 서로 사랑하고 섬기지 않으면, 도리어 서로 물고 먹어 멸망하게 된다. 그러므로 섬김은 선택이 아니라 필수이며, 행복하게 살기 위해서라도 섬기고 사랑해야 한다.

우리는 더 이상 율법 아래 있지 않다. 모든 율법에서 자유롭다. 그러나 그 자유로 성령 안에서 원래 율법이 의도했던 것들을 이루어 나갈 수 있다. 율법은 이웃을 섬기고 사랑하는 목적으로 주어진 것이지만, 사람들은 이러한 율법의 정신은 망각하고 문자적으로 지키는 일에 급급했다. 이제 우리는 율법을 지키지 않으면서 율법의 정신을 이루어

165

갈 수 있다.

Ⅳ. 율법으로부터 자유와 성령 안에서 자유(4:12-6:10)

E. 육체의 일과 성령의 열매(5:16-26)

¹⁶ 내가 이르노니 너희는 성령을 따라 행하라 그리하면 육체의 욕심을 이루지 아니하리라 ¹⁷ 육체의 소욕은 성령을 거스르고 성령은 육체를 거스르나니 이 둘이 서로 대적함으로 너희가 원하는 것을 하지 못하게 하려 함이니라 ¹⁸ 너희가 만일 성령의 인도하시는 바가 되면 율법 아래에 있지 아니하리라 ¹⁹ 육체의 일은 분명하니 곧 음행과 더러운 것과 호색과 ²⁰ 우상 숭배와 주술과 원수 맺는 것과 분쟁과 시기와 분냄과 당 짓는 것과 분열함과 이단과 ²¹ 투기와 술 취함과 방탕함과 또 그와 같은 것들이라 전에 너희에게 경계한 것 같이 경계하노니 이런 일을 하는 자들은 하나님의 나라를 유업으로 받지 못할 것이요 ²² 오직 성령의 열매는 사랑과 희락과 화평과 오래 참음과 자비와 양선과 충성과 ²³ 온유와 절제니 이같은 것을 금지할 법이 없느니라 ²⁴ 그리스도 예수의 사람들은 육체와 함께 그 정욕과 탐심을 십자가에 못 박았느니라 ²⁵ 만일 우리가 성령으로 살면 또한 성령으로 행할지니 ²⁶ 헛된 영광을 구하여 서로 노엽게 하거나 서로 투기하지 말지니라

그리스도인에게는 어떠한 율법에도 구속받지 않는 절대적인 자유가 있다. 그렇다면 무엇이 우리로 하여금 방종하지 않게 하는가? 사도는 우리의 자유는 성령 안에서 성령의 인도하심에 따라 행해지는 것이기 때문에 방종할 틈이 없다고 한다. 오히려 성령은 우리가 자유를 마음껏 사용해 성령의 열매를 맺게 하신다.

그리스도인은 그리스도를 통해 절대적인 자유를 얻었으므로 모든 율법에서 자유롭다고 말한 사도가 이번에는 갈라디아 성도들에

게 그들의 자유를 사용해 성령을 따라 행하라고 한다(16a절). '행하다'(περιπατέω)는 '걷다'라는 뜻이다(BDAG). 사도는 그리스도인의 삶을 매일 성령이 인도하시는 대로 걷는 것으로 묘사하고 있다.

율법주의자들이 주장하는 바에 따르면 모세 율법이 그리스도인의 윤리 기준이 되어야 한다. 이와는 대조적으로 바울은 성령의 인도하심이 우리의 도덕적 기준이 된다고 한다. 성령과 동행하는 삶의 윤리적 기준이 율법보다 훨씬 더 높다(Hays).

그리스도인이 성령을 따라 행하면 육체의 욕심을 이루지 않게 된다(16b절). '육체의 욕심'(ἐπιθυμίαν σαρκὸς)은 우리 안에 있는 옛 아담이 하고자 하는 일들(저지르고자 하는 죄들)이다(cf. 19-21절). '이루지 아니하리라'(οὐ μὴ τελέσητε)는 약속이다(Betz). 믿는 자들도 성령을 따르지 않고 육체의 욕심을 따르려는 마음에서 완전히 해방된 것은 아니다. 아직도 옛 아담의 성향이 우리 안에 남아 있다. 그러나 성령 안에 거하면 육체의 욕심을 이루는 일은 없을 것이다. 성령이 약속하신다.

사도는 성령을 따라 행하는 것과 육체의 욕심을 따라 행하는 것을 대조하고 있다. 사람은 매 순간 성령을 따르는 일과 육체의 욕심을 따라 사는 일 중 하나를 택해야 한다. 성령의 인도하심이나 육체의 욕심을 따라 사는 일은 한 번만 결정하면 되는 것이 아니다. 우리 자신을 부인하고 성령을 따르려면 꾸준히 성령의 인도하심을 받아야 한다.

육체의 소욕은 성령을 거스르고 성령은 육체를 거스른다(17a절). '소욕'(ἐπιθυμεῖ)은 16절에 나오는 '욕심'(ἐπιθυμίαν)의 동사형이다. 성령과 육체가 욕망하는 것은 서로 거스르므로 절대 함께 갈 수 없으며, 사람은 항상 둘 중 하나를 따라야 한다. 육체가 성령을 대적할 정도로 강한 것은 아직도 이 세대가 끝나지 않아 옛사람이 우리 안에 살아 있기 때문이다(cf. 1:4).

이 둘이 서로 대적함으로 우리가 원하는 것을 하지 못하게 한다(17b절). 이 말씀에 대한 여러 가지 해석이 있지만(cf. Schreiner), 가장 자연스러운 해석은 이 두 가지가 그리스도인으로 하여금 자신을 따르게 하려는 목적으로 경합을 벌이고 있다는 것이다(Dunn, Longenecker, Witherington). 사람의 의지와 마음을 중간에 두고 이 둘은 계속 전쟁한다. 믿는 자들은 중립에 머물 수 없다(Furnish, Martyn). 둘 중 어느 쪽을 따를 것인지 결정해야 한다.

만일 우리가 육체의 소욕을 거부하고 성령의 인도하심을 따르면 우리는 율법 아래 있지 않다(18절). 성령은 전쟁 중에 있는 우리에게 강력한 리더십과 방향성을 제시한다(Hays). 그러므로 아무리 육체의 유혹이 강하다 해도 이겨 내고 성령을 따를 수 있다. 또한 성령을 따르면 우리는 율법 아래 있지 않다.

율법 아래 있다는 것은 저주 아래(3:10), 죄 아래(3:22), 초등교사 아래(3:25), 청지기와 후견자 아래(4:2), 세상의 초등학문 아래(4:3) 있다는 것을 의미한다. 율법주의자들의 주장을 따르는 것은 이 모든 억압 아래 자신을 두는 것이다. 그러므로 율법 아래 있는 사람은 반드시 그리스도를 통한 구원이 필요하다(cf. 4:4-5). 그들이 은혜가 아니라 법 아래에 있음으로(롬 6:14-15) 하나님이 주신 자유를 누리지 못하기 때문이다.

그렇다면 성령 안에 있지 않고 율법 아래 있는 자들이 행하는 육체의 일에는 어떤 것이 있는지 생각해 보자. '육체의 일'(ἔργα τῆς σαρκός)(19a절)은 우리 안에 있는 옛사람 아담이 기회만 있으면 저지르려고 하는 일들이다. 그러므로 앞에서 바울은 육체의 일을 '육체의 기회'(ἀφορμὴν τῇ σαρκί)라고 표현하기도 했다(5:13). 사도는 총 열다섯 가지 죄를 나열하는데, 이들은 네 가지로 구분된다(cf. McKnight, Rapa): (1)성적인 죄 세 가지, (2)종교적인 죄 두 가지, (3)공동체를 해치는 죄 여덟 가지, (4)술 취함과 연관된 죄 두 가지. 이 열다섯 가지 죄 중에는 의미가 서로 겹치는 것들이 있다.

사도가 열거하는 처음 세 가지(음행, 더러운 것, 호색)는 성적인 죄다

(19b절). 고린도후서 12:21은 같은 죄를 다른 순서로 나열한다. '음행'(πορνεία)은 성적인 죄에 대해 가장 일반적으로 사용되는 용어다 (Rapa). 모든 불법적인 성행위가 여기에 속한다(TDNT). 음행은 다음 단어인 '더러운 것'(ἀκαθαρσία)과 함께 사용되기도 한다(엡 5:3; 골 3:5).

바울 서신에서 '더러운 것'(ἀκαθαρσία)은 흔한 단어가 아니다(롬 1:24; 고후 12:21; 엡 5:3; 골 3:5; 살전 4:7). 성적인 행위(죄)로 인해 오염되고 부정하게 되는 일을 강조한다(BDAG).

'호색'(ἀσέλγεια)은 신약에서 자주 사용되는 단어다(막 7:22; 롬 13:13; 고후 12:21; 벧전 4:3; 벧후 2:2, 7, 18; 유 1:4). 절제를 모르는 억제되지 않은 성적 욕구를 행동으로 옮기는 일이다(Bruce).

바울은 이어서 종교적인 죄 두 가지를 나열한다. 우상 숭배와 주술이다(20a절). 이 둘은 하나님을 숭배하지 않는 죄의 대표적인 사례다. '우상 숭배'(εἰδωλολατρία)는 사람이 하나님께 저지르는 가장 기본적인 죄다. 창조주 하나님을 예배하지 않고 그분이 창조하신 피조물을 예배하는 일이기 때문이다(롬 1:21-25). 사도는 '탐심'도 우상 숭배라 한다(골 3:5). 사람의 마음속에 하나님의 자리를 차지하는 욕망을 드러내는 일이기 때문이다.

'주술'(φαρμακεία)은 구약에서도 금지된 일이다(출 7:11, 22; 8:14; 사 47:9). 주술은 자신이 원하는 것을 얻기 위해 상황을 조종하는 것이다 (Schreiner). 성령의 인도하심과는 거리가 멀다.

공동체를 해하는 여덟 가지 죄는 다음과 같다. 이번에도 의미가 겹치는 단어들이 있다. '원수 맺는 것'(ἔχθραι)은 분란의 뿌리에 깔려 있는 미움이다(TDNT, cf. 눅 23:12; 롬 8:7; 갈 5:20; 엡 2:14, 16). '분쟁'(ἔρις)은 바울 서신에서 자주 사용된다(롬 1:29; 13:13; 고전 1:11; 3:3; 고후 12:20; 빌 1:15; 딤전 6:4; 딛 3:9). 사람들의 마음이 갈리는 것을 뜻한다.

'시기'(ζῆλος)는 '열정'을 뜻하며 긍정적인 의미로 사용되는 단어다(롬 10:2; 고후 7:7, 11; 9:2; 11:2; 빌 3:6). 또한 자기를 드러내기 위해 열정을 쏟는 부정적인 의미도 지닌다(롬 13:13; 고전 3:3; 고후 12:20). 사도는 본문에서 후자를 염두에 두고 이 단어를 사용한다.

'분냄'(θυμοί)은 구약에서도 흔히 쓰이는 단어이며, 종종 바울 서신에서도 사용된다(고후 12:20; 엡 4:31). 다른 사람들에게 야만적인 분노와 통제되지 않은 성질을 쏟아 내는 것이다(TDNT). 칠십인역(LXX)에서는 '당 짓는 것'(ἐριθεῖαι)이 한 번도 사용되지 않는다. 신약은 6차례 사용하며, 이기적인 야망을 뜻한다(Longenecker, cf. 롬 2:8; 고후 12:20; 빌 1:17; 2:3; 약 3:14, 16).

'분열함'(διχοστασίαι)은 신약에서 두 차례 더 사용된다(롬 16:17; 고전 3:3). 죄의 결과로 인해 공동체가 나누어져 당 짓는 일을 뜻한다(TDNT). '이단'(αἱρέσεις)은 '당파'(sect)를 뜻하며 긍정적으로도 부정적으로도 쓰인다(cf. 행 5:17; 15:5; 24:5, 14; 26:5; 28:22). 이곳에서는 '분열함'(διχοστασίαι)과 구분하지 않고 쓰이므로 부정적인 의미를 지닌다. 이단은 잘못된 가르침을 바탕으로 한 자들이다(벧후 2:1). 온 교회가 하나 되어야 하는데 이단은 잘못된 가르침으로 공동체를 여러 그룹으로 분열하게 한다.

'투기'(φθόνοι)는 바울 서신에서 종종 사용되는 단어다(롬 1:29; 딤전 6:4; 딛 3:3). 남이 가진 것을 빼앗으려 하는 욕망이며, 남이 잘되는 것도 견디기 힘들어한다(Bruce). 이웃의 슬픔을 나누는 일과 이웃의 기쁨을 함께 기뻐하는 일 중 이웃의 기쁨을 함께 누리는 일이 더 어렵다.

사도는 열다섯 가지 육체의 일 목록을 술 취함과 연관된 두 가지 죄로 마무리한다. 바로 술 취함과 방탕함이다(21a절; cf. 롬 13:13; 벧전 4:3). '술 취함'(μέθαι)이 술에 취하는 일이라면 '방탕함'(κῶμοι)은 '음식에 취하는 것'이라 할 수 있다(cf. BDAG). 이러한 행동의 긍정적인 차원은 본인이 원하는 대로 먹고 마신다는 것이다. 그러나 부정적인 면모는 다른 사람의 눈살을 찌푸리게 하며, 자신을 망가뜨리는 일이다.

바울은 이곳에 나열한 열다섯 가지 외에도 육체의 일이 더 많다고 한

다: "또 그와 같은 것들이라"(21b절). 그가 이곳에 제시하는 목록이 포괄적(comprehensive)이지 않다는 뜻이다. 이 외에도 수많은 '육체의 일'이 있을 수 있다. '그와 같은 것들'(육체의 일)에 마음을 주는 자들은 아직도 옛 아담의 지배 아래 있으며, 그리스도 안에서 얻은 자유(곧 죄짓지 않을 자유)를 사용해 살지 않는다는 뜻이다(cf. Schreiner).

사도는 여기에 나열한 '육체의 일'에 대해 전에도 갈라디아 성도들을 경계해 왔다(21b절). '경계했다'(προεῖπον)는 부정 과거형(aorist)이며, '경계하노니'(προλέγω)는 현재형 동사다. 이러한 일들은 죄이므로 하면 안 된다는 것을 과거에도 누누이 말했으며, 지금도 그들에게 말하고 있다는 뜻이다. 그리스도인은 예수 그리스도 안에서 절대적인 자유를 가지고 있다던 바울이 죄를 지을 자유는 없다고 경고하는 것이 인상적이다.

이런 일들을 하는 자는 하나님의 나라를 유업으로 받지 못할 것이다(21c절). 본문에서 '하나님의 나라'(βασιλείαν θεοῦ)는 종말에 임할 나라, 곧 그리스도가 다스리실 나라다(고전 6:9-10; 15:24, 50; 엡 5:5; 살전 2:12; 살후 1:5; 딤후 4:1, 18). '유업으로 받지 못할 것이다'(οὐ κληρονομήσουσιν)는 하나님의 백성이 아니므로 종말에 임할 주님 나라의 일부가 되지 못한다는 뜻이다. 성령의 인도하심을 받는 사람들은 이런 일들을 하지 않을 것이기 때문이다. 성령 안에 거하는 사람들도 가끔 실수로 이런 일을 저지를 수는 있다. 그러나 그때마다 십자가 보혈을 통해 하나님의 용서를 구함으로써 죄 사함을 입은 자로 하나님 나라에 들어간다.

그리스도인은 그리스도를 통해 얻은 자유로 사도가 이때까지 나열한 '육체의 일'들을 하지 않아야 한다. 그렇다면 우리는 하나님이 주신 자유로 어떤 일을 하며 살아야 하는가? 바울은 성령의 열매를 맺으며 살아야 한다며 아홉 가지를 제시한다(22-23a절). '성령의 열매'(καρπὸς τοῦ πνεύματός)는 단수형이다. 단수형으로 여러 가지 열매를 뜻하는 집합명사(collective noun)일 수도 있고(Fee), 앞으로 나열할 아홉 가지가 조화를 이루며 한 열매를 형성한다는 뜻일 수도 있다(Betz, Matera). 중요

171

한 것은 성령의 열매는 우리 안에 있는 옛 아담이나 우리가 자력으로 생산해 내는 것이 아니라는 사실이다(Barclay, Bruce, Longenecker). '성령'(πνεύματός)은 출처 소유격(genitive of source)으로 사용되어 성령이 우리 안에서 열매를 맺어 가심을 의미한다.

바울이 제일 먼저 언급하는 열매는 사랑이다. 어떤 이들은 나열되는 아홉 가지 열매의 논리적인 순서를 따지기도 하지만(Lightfoot, Stott), 대부분 학자는 총체성을 상징하는 사랑으로 시작하는 것 외에는 특별한 순서가 없다고 생각한다(Hays, McKnight, Rapa, Schreiner).

교회의 모든 문제는 사랑이 부족한 데서 시작된다. 그러므로 사도는 성령의 열매 목록을 사랑으로 시작한다(22a절). 서로를 위한 '사랑'(ἀγάπη)은 성령을 통해 그들의 마음에 부어지는 하나님의 사랑에 뿌리를 둔다(롬 5:5). 그러므로 진정한 사랑은 성령으로부터 나온다(롬 15:30; 골 1:8). 사랑에 대한 가장 자세하고 아름다운 설명은 일명 '사랑장'이라고 불리는 고린도전서 13장이다.

'희락'(χαρὰ)은 사람의 능력이 만들어 내는 것이 아니라, 성령의 선물이다(롬 14:17). 바울 서신 중에 빌립보서가 그리스도인의 기쁨을 가장 많이 강조한다(빌 1:4, 18, 25; 2:2, 17, 18, 28, 29; 3:1; 4:1, 4, 10). 우리는 어떤 상황에 처하든 항상 기뻐하며 살 수 있다(살전 5:16). 때로는 근심 중에도 기뻐할 수 있다(고후 6:10).

사도는 서신을 시작하면서 수신자들에게 '화평'(εἰρήνη)을 자주 빌어 준다(cf. 1:3). 화평은 희락과 함께 쌍으로 사용되기도 한다(롬 14:17; 15:13). 그리스도께서 십자가를 통해 이방인과 유대인에게 화평을 주셨다(엡 2:14, 15, 17). 이 화평은 성령 안에서만 누릴 수 있으며, 종말에 임할 하나님 나라를 이 땅에서 미리 맛보는 것이라 할 수 있다(롬 14:17). 우리는 이 화평을 교회를 통해서 누릴 수 있기에 기독교 공동체는 항상 화평 위에 세워져야 한다(골 3:15).

바울은 '오래 참음'(μακροθυμία)을 우리가 지향해야 할 윤리 목록에 자주 사용한다(고후 6:6; 엡 4:2; 골 3:12; 딤후 3:10). 어려운 상황을 버티고 견디게 하는 성령의 은총이다. '자비'(χρηστότης)도 바울의 윤리 목록에 종종 등장한다(고후 6:6; 골 3:12). 성경은 하나님이 그리스도 예수를 통해 이루신 구원을 '자비'라 한다(롬 2:4; 11:22; 엡 2:7; 딛 3:4). 서로에게 자비를 베푸는 것은 하나님을 닮아 가는 일이다.

'양선'(ἀγαθωσύνη)은 자비와 비슷한 말이다(cf. BDAG). 바울 서신에서 종종 사용되며, 도덕적 아름다움이라 할 수 있다(롬 15:14; 엡 5:9; 살후 1:11). '충성'(πίστις)은 대부분 '믿음'으로 번역되는 단어다. 그러나 윤리 목록에서는 충성을 의미한다(Betz, Bruce, Longenecker, cf. 딤전 4:12; 6:11; 딤후 2:22; 3:10; 딛 2:2, 10). 성령의 인도하심을 받는 사람은 충성되고 신실하다.

'온유'(πραΰτης)도 윤리 목록에 종종 등장하는 단어다(엡 4:2; 골 3:12; 딛 3:2). 사도는 잠시 후 6:1에서 죄지은 사람을 온유한 심령으로 대하라고 한다. 혹시 하나님이 그들을 회개하게 하실 수도 있기 때문이다(딤후 2:25). 죄인을 대할 때는 온유하게(따뜻하고 부드럽게) 대해야 한다. 또한 누구를 권할 때도 그리스도의 온유와 관용으로 해야 한다(cf. 고후 10:1).

'절제'(ἐγκράτεια)는 신약에서 흔치 않은 단어다(행 24:25; 벧후 1:6). 자기 자신을 절제하는 사람은 육체에 속한 사람이 아니며 성령 안에 있는 사람이다(Schreiner). 그가 절제하도록 성령이 도우시기 때문이다.

사도가 나열한 성령의 열매 아홉 가지를 금할 만한 법은 없다(23b절). 강요할 법도 없다(Bruce). 율법은 성령의 열매가 지향하는 것을 생산할 수 없다. 오직 성령 안에 거하는 사람이 성령의 인도하심을 따라 성령의 도우심으로 맺어 간다. 그러므로 율법의 윤리 기준보다 성령의 윤리 기준이 훨씬 더 높고 고상하다.

그리스도 예수의 사람들은 육체와 함께 그 정욕과 탐심을 십자가에 못 박았다(24절). '못 박았다'(ἐσταύρωσαν)는 부정 과거형(aorist)이다. 회심

173

할 때 이미 일어난 일이다. 그러나 이 땅에 사는 한 우리는 항상 육체와 정욕과 탐심으로 인해 갈등한다(cf. 17절). 이런 것을 좋아하는 옛사람이 아직 우리 안에 살아 있기 때문이다. 다행인 것은 십자가에 못 박히는 순간 이것들이 힘을 잃어 이를 대하기가 훨씬 쉬워졌다는 사실이다(Rapa).

사람이 성령으로 산다는 증표는 무엇일까? 그가 성령으로 행하는 것이 곧 성령으로 산다는 증거가 된다(25절). '행하다'(στοιχέω)는 신약에서 네 차례 사용되며, 그중 세 차례는 바울 서신에 등장한다(행 21:24; 롬 4:12; 갈 6:16; 빌 3:16). 이는 걸어가는 것을 뜻한다(BDAG, cf. ESV, NAS, NIV). 사도는 성령으로 사는 사람은 매일 성령의 인도하심에 따라 각자에게 주어진 삶을 걸어간다고 한다. 말씀의 핵심은 지속성이다(Bruce). 계속 성령과 함께 걷는 것이다. 지금까지 말한 성령의 아홉 가지 열매를 맺으면서 말이다.

매일 성령과 함께 걷는 성도와 대조되는 사람은 헛된 영광을 구하여 서로 노엽게 하거나 서로 투기하는 자들이다(26절). '헛된 영광'(κενόδοξοι)은 자신이 뭐라도 되는 듯 자랑하는 것이다(BDAG). 이런 짓은 주변 사람을 노엽게 한다. 그러므로 '투기하다'(φθονέω)는 21절에서 사용된 '투기'(φθόνοι)의 동사 형태다. 남이 가진 것을 빼앗으려 하는 욕망이며, 남이 잘되는 일을 보고 배 아파한다. 성령 안에서 사는 사람의 기본적인 속성은 남에 대한 배려다. 그러므로 성령의 인도하심에 따라 사는 사람들은 이런 것들을 지향하지 않는다.

이 말씀은 기독교인의 윤리에는 어떠한 법이나 규제가 있을 수 없으며 필요도 없다고 한다. 우리는 매 순간 성령의 인도하심을 따라 살 때 가장 도덕적인 삶을 살 수 있다. 그러므로 모세 율법에 따라 사는 삶보다 성령의 인도하심을 따라 사는 삶이 훨씬 더 고상하고 순결하고 의로운 삶이다. 성령의 기준이 율법의 기준보다 훨씬 높기 때문이다.

사람이 성령으로 살면 성령으로 행하는 것이 그 증거가 된다. 자기 잇속을 챙기고 자신을 드러내기 위해 사는 사람은 성령과 상관없는 삶을 산다. 성령 안에 있는 사람은 항상 남을 배려하기 때문이다. 죄를 짓는 삶도 마찬가지다.

성령으로 행하는 것은 성령의 도우심을 받아 아홉 가지 열매를 맺으며 사는 것이다. 그러므로 우리가 성령의 열매를 맺으며 사는 것은 선택이 아니라 필수다. 이 열매들은 성령의 인도하심을 받으며 살고 있다는 증거이기 때문이다.

우리는 항상 성령의 인도하심과 육체의 유혹 사이에서 갈등한다. 그러나 그리스도인이 되었을 때 우리는 육체와 함께 그 정욕과 탐심을 십자가에 못 박았다. 그러므로 육체의 유혹이 옛날처럼 강하지는 않다. 성령의 도우심으로 대부분 유혹을 얼마든지 이겨 낼 수 있다. 경건하고 거룩하게 살고자 하는 의지만 있으면 된다.

F. 서로의 짐을 지는 삶(6:1-10)

¹ 형제들아 사람이 만일 무슨 범죄한 일이 드러나거든 신령한 너희는 온유한 심령으로 그러한 자를 바로잡고 너 자신을 살펴보아 너도 시험을 받을까 두려워하라 ² 너희가 짐을 서로 지라 그리하여 그리스도의 법을 성취하라 ³ 만일 누가 아무 것도 되지 못하고 된 줄로 생각하면 스스로 속임이라 ⁴ 각각 자기의 일을 살피라 그리하면 자랑할 것이 자기에게는 있어도 남에게는 있지 아니하리니 ⁵ 각각 자기의 짐을 질 것이라 ⁶ 가르침을 받는 자는 말씀을 가르치는 자와 모든 좋은 것을 함께 하라 ⁷ 스스로 속이지 말라 하나님은 업신여김을 받지 아니하시나니 사람이 무엇으로 심든지 그대로 거두리라 ⁸ 자기의 육체를 위하여 심는 자는 육체로부터 썩어질 것을 거두고 성령을 위하여 심는 자는 성령으로부터 영생을 거두리라 ⁹ 우리가 선을 행하되 낙심하지

말지니 포기하지 아니하면 때가 이르매 거두리라 ¹⁰ 그러므로 우리는 기회 있는 대로 모든 이에게 착한 일을 하되 더욱 믿음의 가정들에게 할지니라

어떤 이들은 이 섹션에서 바울이 앞 섹션에서 말한 것과 상관없이 갈라디아 교회에 네 가지 임의적인 가르침을 준다고 한다: (1)서로의 짐을 지는 것, (2)가르치는 자를 물질로 섬기는 것, (3)심은 대로 거두는 것, (4)선을 행하는 것. 그러나 여기에 나열된 네 가지 원리는 하나님이 주신 자유를 사용해 공동체로서 분열과 당파를 극복하는 방법에 관한 것이며(Barclay), 기독교 윤리에서 매우 근본적인 두 가지 개념, 즉 서로에 대한 책임과 각자의 개인적 책임을 엮어 놓은 것이다(McKnight).

사도는 갈라디아 성도들을 '형제들'이라 부르며 부드럽게 권면을 시작한다(1a절). 그들 중 누가 범죄한 일이 드러나면 신령한 사람들이 온유한 심령으로 그들을 바로잡아 주어야 한다(1a절). '신령한 자들'(πνευματικοὶ)은 영적으로 성숙한 사람들, 곧 성령의 인도하심에 따라 사는 사람들이다.

'바로잡다'(καταρτίζω)는 '고치다, 재건하다'라는 의미를 지니며(BDAG), 칠십인역(LXX)은 무너진 성벽을 재건하는 일에 이 표현을 사용한다(스 4:12, 13). 이 단어는 망가진 그물을 손보는 일에도 사용된다(마 4:21). 그러므로 기본적인 의미는 무너지고 망가진 것을 원래 모습으로 되돌린다는 뜻이다. 본의 아니게 죄를 지은 자들이 다시 주님 안에서 본모습을 회복할 수 있도록 영적으로 성숙한 신령한 사람들이 도와야 한다는 의미다(Schreiner). 예수님도 비슷한 말씀을 하셨다(마 18:15-17).

영적으로 성숙한 사람들이 죄지은 사람들을 회복시키는 일에 대해 바울이 강조하고자 하는 바는 '어떻게'(how)다. '온유한 심령으로'(ἐν πνεύματι πραΰτητος) 해야 한다. 겸손함과 공손함과 배려하는 마음으로 하라는 뜻이다(cf. BDAG). 심은 대로 거둔다고(cf. 7절), 죄지은 자를 이렇게 대하면 나중에 자신이 죄를 지었을 때 이러한 배려를 기대할 수

있다.

온유한 심령으로 죄지은 사람을 대할 때 우리는 자신을 성찰하고 돌아보는 기회로 삼아야 한다(1b절). 그 사람이 저지른 죄를 반면교사로 삼아야 한다는 뜻이다. 나중에 우리도 그와 같은 죄를 짓고 그가 서 있는 자리에 있을 수 있다는 사실을 두려워해야 한다.

그리스도인은 짐을 서로 져야 한다(2a절). 사도는 1절에서 영적으로 성숙한 사람이 연약한 사람을 돌보아야 한다고 했는데, 이번에는 동등한 자격으로 서로의 짐을 지라고 한다. '짐들'(βάρη)은 사람이 살면서 겪는 온갖 어려움이다. 신앙으로 인한 핍박, 육체적·정신적 질병, 경제적 어려움 등을 포함하는 매우 포괄적인 의미로 해석할 수 있다.

그리스도인들이 서로의 짐을 지는 것은 곧 그리스도의 법을 성취하는 일이다(2b절). 일부 사본은 '성취하라'(ἀναπληρώσατε)라는 명령문을 취하며, 개역개정이 이를 반영했다(cf. 공동, 현대어, ESV, NAS). 그러나 대부분 사본은 '성취할 것이다'(ἀναπληρώσετε)라는 미래형 동사를 취한다(Metzger, 새번역, NIV, NRS). 이 문단이 종말에 있을 심판에 관한 것이라는 사실을 고려할 때 미래형 동사가 문맥에 더 잘 어울린다(Schreiner). 우리가 서로의 짐을 지면 그리스도의 법이 성취될 것이다.

그동안 바울은 우리가 모세의 율법 아래 있지 않다는 사실을 지속적으로 가르쳤다. 이제는 우리가 모세의 율법이 아니라 그리스도의 율법 아래 있다고 한다. '그리스도의 법'(νόμον τοῦ Χριστοῦ)은 사랑으로 서로 종노릇하는 것이고(5:13-14), 그리스도의 가르침을 따라 율법을 완전하게 하는 것이며, 다 이루는 일이다(마 5:17-20). 성령 안에서의 삶이며, 이웃 사랑하기를 나 자신을 사랑하듯 사랑하는 일이다(Bruce, Schreiner, cf. 5:6, 14, 18, 22). 그러므로 그리스도의 법은 예수님을 따라 성령에 복종하며 사는 것이다(Moo). 그리스도의 죽음이 이 법의 패러다임이자 설명이자 샘플이다(Hays, Schreiner).

사도는 교만한 자들과 착각 속에서 사는 자들에 대해 경고한다(3절).

'아무것도 되지 못하고 된 줄로 생각하면 스스로 속이는 것이다'라는 표현은 일반적인 통념(conventional wisdom)이다(Rapa). 스스로 특별하게 생각해 서로의 짐을 지지 않으려는 자들(cf. 2절)에 대한 경고다. 아마도 율법주의자들이 일부 갈라디아 교회 지도자를 부추겨 교만하게 한 일이 있었던 것으로 보인다(McKnight). 이런 지도자들은 성령을 따르지 않기 때문에 경고가 필요하다.

개역개정의 4절 후반부 번역이 상당히 혼란스럽다: "자랑할 것이 자기에게는 있어도 남에게는 있지 아니하리니." 공동번역이 의미를 정확하게 반영했다: "각각 자기가 한 일을 살펴봅시다. 잘한 일이 있다면 그 것은 자기 혼자 자랑스럽게 생각할 일이지 남에게까지 자랑할 것은 못됩니다"(cf. 새번역). 종말에 모든 사람은 각자 하나님 앞에 서게 될 것이다(McKnight). 그러므로 누구도 남에게 자랑할 이유가 없다는 뜻이다.

"각각 자기의 짐을 질 것이라"라는 5절도 일반적인 통념(conventional wisdom)이다(Rapa). 종말에 각각 자기가 한 일에 대해 하나님께 평가(심판)받을 것이라는 뜻이다. 그러므로 우리는 오늘 우리가 하는 생각과 행동에 스스로 책임져야 한다. 이러한 가르침은 바울 서신의 다른 곳에도 반영되어 있다(cf. 롬 2:6-16; 14:12; 고전 3:8; 4:1-5; 고후 5:10).

바울은 갈라디아 성도들에게 가르침을 받는 자는 말씀을 가르치는 자와 모든 좋은 것을 함께하라고 권면한다(6절). '함께하라'(Κοινωνείτω)는 '나누다'라는 뜻을 지닌 현재형 명령문이다. 계속 나누어야 한다는 뜻이다. 오늘날로 말하면 성도들은 사역자들에게 사례를 해야 한다는 의미다.

바울 자신은 교회들로부터 재정적인 지원을 받지 않았지만(고전 9:12-18; 고후 11:7-12; 빌 4:10-20; 살전 2:9; 살후 3:6-13), 교회는 사역자들을 도와야 한다. 사역자들은 교회에 경제적 지원을 요구할 권리가 있다(cf. 고전 9:14; 고후 11:7-12; 빌 4:10-19; 살전 2:6, 9; 딤전 5:17-18). 사역자들의 재정적 권리는 예수님의 가르침에서 비롯되었다(마 10:10; 눅

10:7).

사역자들이 가르치는 '말씀'(λόγον)은 그리스도의 복음과 성경적 가르침이다(Rapa, Schreiner, cf. 고전 1:18; 2:4; 15:2; 고후 5:19; 엡 1:13; 빌 1:14; 골 1:25; 살전 1:6; 2:13; 딤후 4:2). 그리고 '모든 좋은 것'(πᾶσιν ἀγαθοῖς)은 삶에 필요한 것들이다(신 28:11; 눅 12:18-19; 16:25). 가르치는 선생을 통해 영적인 복을 받은 사람은 물질적인 복으로 가르친 자들을 도와야 한다(롬 15:26-27). 선생은 학생의 무지를 덜어 주고, 학생은 선생의 생계에 대한 염려를 덜어 주어야 한다(Bruce). 그래야 선생들이 배움과 연구에 집중해 더 많은 것을 더 잘 가르칠 수 있다.

사람은 자신을 속이면 안 된다(7a절; cf. 고전 6:9; 15:33). 자신을 속이는 것은 하나님을 업신여기는 일과 마찬가지다(7b절). '업신여기다'(μυκτηρίζω)는 경멸하거나(contempt) 조롱한다(mock)는 뜻이다. 사람이 제정신이라면 창조주 하나님을 경멸하거나 조롱하지 않을 것이다. 그러므로 교만을 떨며 자기 자신을 속이면 안 된다. 2절 및 5절과 연결해 해석하면 다른 사람의 짐을 함께 지고 자신의 짐도 지는 사람은 자신을 속이지 않으며 하나님을 업신여기지도 않는다.

언젠가 우리는 모두 하나님 앞에 설 것이다. 그러므로 하나님을 업신여기는 사람은 받을 유산이 없다. 이러한 비극을 피하려면 매 순간 하나님 앞에서 사는 것처럼 진실하고 경건하게 성령의 열매를 맺으며 살아야 한다.

모든 사람은 각자 심은 대로 거둘 것이다(7c절). 농사 이미지에서 가져온 비유이며 종말에 있을 심판에 대한 경고다. 가장 기본적인 '심음과 거둠'은 관대하게 베푸는 일이다(Hurtado). 삶의 모든 영역에서 남을 돕는 일에 관대하면, 하나님이 그를 관대하게 대하실 것이다.

육체를 위하여 심는 자는 육체로부터 썩어질 것을 거둘 것이다(7a절). '육체를 위하여 심는 것'(σπείρων εἰς τὴν σάρκα)은 우리 안에 있는 옛 아담의 욕망에 따라 사는 것이다(Schreiner). 육체를 위해 심는 사람이 육

179

체로부터 거두는 썩어지는 것은 5:19-21이 언급한 열다섯 가지 죄를 포함한다. 여기에 구원을 위해 할례를 받고 율법을 행하는 일을 더할 수 있다(Betz, cf. 6:13).

성령을 위하여 심는 자는 성령으로부터 영생을 거둘 것이다(8b절). '성령을 위하여 심는 것'(σπείρων εἰς τὸ πνεῦμα)은 성령을 따라 행하는 것(5:16), 성령의 인도하심을 받는 것(5:18), 성령과 함께 걷는 것이다 (5:25). 이렇게 사는 자들은 평생 성령의 열매(5:22-23)를 맺는 삶을 살며, 종말에 영생을 거둘 것이다. '영생'(ζωὴν αἰώνιον)은 우리가 소망하는 바로 그 영생이다.

선을 행하되 낙심하거나 포기하지 않으면 반드시 거둘 때가 이를 것이다(9절). 이는 성령의 열매를 맺으며 살라는 권면이다(Betz). 어려운 사람들에게 경제적인 도움을 주는 일 등도 '선'(καλὸν)에 포함된다 (Schreiner, cf. 살후 3:13). '낙심하다'(ἐγκακέω)와 '포기하다'(ἐκλύω)는 선을 행하며 사는 것이 매우 어려워서 때로 지치고 낙심할 수 있음을 암시한다. 그러나 우리는 포기하지 않고 선을 행할 수 있다. 성령이 도우실 것이기 때문이다. 드디어 수확할 때(καιρῷ)가 이르면 우리는 투쟁적으로 심은 선의 열매를 거두게 될 것이다.

사도는 기회가 있는 대로 모든 이에게 착한 일을 하되 더욱더 믿음의 가정들에게 하라고 한다(10절). '기회'(καιρὸν)는 9절의 '때'(καιρῷ)와 같은 말이다. 기회는 항상 있는 것이 아니다. 그러므로 착한 일을 할 기회가 있을 때 최선을 다해 그 기회를 살려 착한 일을 해야 한다. '착한 일'(ἀγαθὸν)은 남들에게 이로운 일이다(BDAG). 우리는 세상 사람들과 성도들을 대할 때 그들을 섬기고 이롭게 하는 삶을 살아야 한다. 또한 이 둘 중 우선권은 믿음의 가정들(성도들)에 있다는 사실도 기억해야 한다. 우리는 모든 사람에게 축복의 통로가 되는 삶을 살아야 한다.

이 말씀은 영적으로 성숙한 사람일수록 범죄한 사람을 더 온유한 심령으로 대하며 그를 회복시켜야 한다고 한다. 그들을 비난하기보다는 우리 자신을 돌아보는 기회로 삼아야 한다. 우리와 그들의 자리가 바뀔 수도 있다. 그리스도가 온유와 자비로 우리를 대하시듯 따뜻한 마음으로 그들을 품어야 한다.

우리는 모두 각자의 짐을 지고 살아간다. 개인의 삶을 살지만, 동시에 서로의 짐도 져야 한다. 우리는 공동체이기 때문이다. 언젠가 모두 하나님 앞에 설 것이며, 그때를 꿈꾸며 선을 많이 행해야 한다. 그러나 착한 일을 하며 사는 것은 결코 쉽지 않다. 옛 아담과 사탄이 합세해서 방해할 것이기 때문이다. 그러므로 성령의 도우심이 절실하다.

우리는 삶을 위해 무엇에 투자하는가? 육체를 위해 심는 자는 썩어질 것을 거두고, 성령을 위해 심는 자는 영생을 거둘 것이다. 순간의 쾌락과 쾌감을 즐기고자 육체를 위해 심지 않고, 영원히 누릴 영생을 거두는 일에 투자해야 한다. 쉽지 않은 일이지만, 그럴만한 가치가 있다.

사역자들은 성도들에게 하나님의 말씀을 가르치고, 성도들은 사역자들을 재정적으로 후원할 책임이 있다. 또한 구제에도 항상 힘써야 한다. 서로 공생하기 위해서다. 성도들의 후원은 사역자들로 하여금 성경을 더 연구하고 배워 성도들을 잘 가르치게 한다.

V. 마무리 인사

(6:11-18)

[11] 내 손으로 너희에게 이렇게 큰 글자로 쓴 것을 보라 [12] 무릇 육체의 모양을 내려 하는 자들이 억지로 너희에게 할례를 받게 함은 그들이 그리스도의 십자가로 말미암아 박해를 면하려 함뿐이라 [13] 할례를 받은 그들이라도 스스로 율법은 지키지 아니하고 너희에게 할례를 받게 하려 하는 것은 그들이 너희의 육체로 자랑하려 함이라 [14] 그러나 내게는 우리 주 예수 그리스도의 십자가 외에 결코 자랑할 것이 없으니 그리스도로 말미암아 세상이 나를 대하여 십자가에 못 박히고 내가 또한 세상을 대하여 그러하니라 [15] 할례나 무할례가 아무 것도 아니로되 오직 새로 지으심을 받는 것만이 중요하니라 [16] 무릇 이 규례를 행하는 자에게와 하나님의 이스라엘에게 평강과 긍휼이 있을지어다 [17] 이 후로는 누구든지 나를 괴롭게 하지 말라 내가 내 몸에 예수의 흔적을 지니고 있노라 [18] 형제들아 우리 주 예수 그리스도의 은혜가 너희 심령에 있을지어다 아멘

갈라디아서의 끝말인 본 텍스트는 이때까지 다룬 여러 가지 주요 주제를 한 번 더 언급한다(Schreiner). 이 부분이 갈라디아서를 이해하는 데 가장 중요한 섹션이라고 하는 이들도 있다(Betz).

다음은 바울 서신의 맺는말에 공통적으로 등장하는 주제와 갈라디아서의 끝말을 비교한 것이다(Longenecker). 이 주제들이 모든 바울 서신의 끝말에 언급되는 것은 아니지만 각 주제가 여러 서신에서 언급되므로 공통적이라 할 수 있다. 이 주제들을 바탕으로 본 서신을 살펴보면 갈라디아서의 끝말에는 인사와 기도 부탁과 축도가 없다. 일부 학자는 이런 점을 근거로 사도가 갈라디아 성도들에게 한 번 더 경고하는 것으로 해석한다(Rapa). 갈라디아서 끝말이 지닌 이 같은 차이는 바울이 친필로 이 섹션을 썼다는 것을 암시한다(McKnight).

주제	바울 서신	갈라디아서
은혜 축복	롬 16:20; 고전 16:23; 엡 6:24	6:18
인사	롬 16:3-16; 고후 13:12; 골 4:15	없음
평강 희망	롬 15:33; 엡 6:23; 살후 3:16	6:16
서명	고전 16:21; 골 4:18; 몬 1:19	6:11
결론적 요약	고전 16:13-18, 22; 고후 13:11	6:12-17
기도 부탁	롬 15:30-32; 엡 6:18-20	없음
축도	롬 16:25-27; 빌 4:20; 딤후 4:18	없음

바울은 갈라디아 성도들에게 자기 손으로 이렇게 큰 글자로 쓴 것을 보라고 한다(11절). 당시 사람들은 기록자(부르는 대로 받아 쓰는 대필자)를 통해 서신을 작성하는 것이 일상적이었다. 바울도 기록자를 자주 고용했다(cf. 롬 16:22; 고전 16:21-22; 골 4:16-18; 살후 3:17). 갈라디아서도 이때까지 기록자를 통해 써 내려오다가 이 시점에서 사도가 직접 펜대를 잡고 서신을 마무리하고 있다는 뜻이다. 다른 서신에 비하면 갈라디아서의 경우 그가 직접 쓴 섹션이 길다.

사도는 왜 '큰 글자'(πηλίκοις γράμμασιν)로 쓴다고 하는 것일까? 어떤 이들은 이 말을 바울의 시력이 나쁘다는 뜻으로(cf. 4:13-16), 혹은 그가 글을 쓰기는 쓰되 잘 쓰는 법을 배우지 못했음을 의미하는 것으로 간주한다(cf. McKnight, Schreiner). 그러나 대부분은 이 말을 오늘날 글을 쓰는 법에 비교하자면 글자를 진하게 하거나 혹은 기울여 씀으로써 강조하는 것과 같은 효과를 내는 것으로 본다(Burton, Hays, Rapa, Schreiner). 가장 합리적이고 상식적인 해석이다. 사도는 이 끝말의 중요성을 강조하고 있다.

율법주의자들은 갈라디아 성도들에게 억지로 할례를 받게 하려고 한다(12a절). '억지로'(ἀναγκάζουσιν)는 물리적인 힘을 가하거나 심리적으로 압박한다는 뜻이다(BDAG). 바울이 이방인인 디도와 함께 예루살렘을 방문했을 때 사도들을 포함한 예루살렘 교회 지도자들은 디도에게 '억지로'(ἠναγκάσθη) 할례를 받게 하지 않았다(2:3; cf. 2:14). 두 곳에서 사용되는 동사(ἀναγκάζω)는 같으며, 2인칭 남성 단수형과 3인칭 복수형이라는 차이를 지닐 뿐이다. 율법주의자들은 사도들도 하지 않은 일을 갈라디아 성도들에게 하고 있다.

그들이 갈라디아 성도들에게 할례를 강요하는 이유는 십자가로 인한 박해를 면하기 위해서다(12b절). 앞에서 언급한 것처럼 유대인들이 회심하고 그리스도인이 되는 일에 가장 큰 걸림돌은 십자가다. 그들은 메시아가 십자가에서 죽으셨다는 사실을 부인한다. 그러므로 십자가에서 죽으신 메시아를 전하는 기독교 역시 핍박했다. 율법주의자들이 십자가로 인한 박해를 면하기 위해 갈라디아 성도들에게 할례를 강요한다는 것은 그들 스스로 자신을 그리스도인이라 생각한다는 뜻이다. 만일 그들이 순수 유대교 사람들이라면 교회를 교란시킬 목적으로 유대교가 침투시킨 자들이기 때문에 유대인들에게 박해받을 이유가 없다. 그러나 바울은 단호하게 그들은 그리스도인이 아니라고 한다(cf. 1:6-10 주해).

율법주의자들은 당연히 할례를 받은 사람들이다. 할례는 받았지만 율법은 지키지 않는다(13a절). 그들이 율법을 완벽하게 지키지 못한다는 뜻이다(cf. 롬 1:18-3:20; 갈 3:10; 5:3). 이 세상 누구도 모세의 율법을 완벽하게 지킬 수 없기 때문이다. 그러면서 갈라디아 성도들에게는 할례를 받고 율법을 지키라고 한다(13b절). 유대인인 자신도 지지 못하는 짐을 이방인에게 지우려는 것이다. 그들은 일관성(consistency)에 문제가 있는 위선자다(McKnight).

그렇다면 이 유대인들은 자신도 지지 못하는 짐을 왜 갈라디아 성도들에게 지우려 하는가? 그들이 갈라디아 성도들의 육체로 자랑하고자 해서다(13b절). 할례는 눈으로 확인할 수 있는 육체적 흔적을 남긴다. 갈라디아 성도들의 할례가 그들에게 일종의 전리품, 혹은 훈장이 된다는 뜻이다. 그러므로 그들이 할례를 강요하는 이유와 목적도 잘못되었다.

갈라디아 성도들의 육체에 남는 흔적(할례)으로 자랑하려는 율법주의자들과는 달리 바울은 주 예수 그리스도의 십자가 외에는 자랑할 것이 없다고 한다(14a절). 그리스도인은 율법이나 할례가 아니라 그리스도가 지신 십자가를 통해 의롭다 하심을 받고 구원을 얻기 때문이다. 또한 예수님의 십자가는 우리를 영생으로 인도하는 지름길이자 유일한 길이다. 우리는 십자가 외에는 자랑할 것이 없다.

그러므로 그리스도인은 그리스도로 말미암아 세상에 대하여 십자가에 못 박히고, 세상은 그들에 대하여 십자가에 못 박혔다(14b절). 우리는 더 이상 세상과 죄의 노예로 살 필요가 없다. 그리스도의 십자가에 우리 자신을 못 박았으므로 성령 안에서 복음이 주는 자유를 마음껏 누리며 살 수 있다.

할례와 무할례는 아무것도 아니다(15a절). 유대인은 할례를 받았다는 이유로 민족적·문화적 우월감을 가질 수 없다. 이방인 역시 할례를 받지 않았다는 이유로 위축될 필요가 없다. 그리스도 안에서는 할례나 무할례나 중요하지 않으며, 별 의미도 없기 때문이다.

오직 새로 지으심받은 것만이 중요하다(15b절). 그리스도의 십자가는 새로운 시대를 시작했을 뿐 아니라, 새로운 창조를 이루셨다: "그런즉 누구든지 그리스도 안에 있으면 새로운 피조물이라 이전 것은 지나갔

으니 보라 새 것이 되었도다"(고후 5:17; cf. 고후 5:14-21). 할례나 무할례
나 그리스도께서 이루신 새 창조 시대와는 아무런 상관이 없다. 할례
와 무할례는 옛 창조 시대에 속한 유물이기 때문이다.

바울은 무릇 이 규례를 행하는 자와 하나님의 이스라엘에 평강과
긍휼이 있을 것을 기원한다(16절). '규례'(κανών)는 '원칙, 기준'을 뜻한
다(BDAG). '행하다'(στοιχέω)는 함께 걷는다는 뜻이다(cf. 5:26). 사도가
15절에서 제시한 대로 할례나 무할례나 아무것도 아니라는 것과 오직
그리스도를 통해 새로 지으심을 받는 것만이 중요하다는 원칙에 따라
매일 성령과 동행하는 사람에게 빌어 주는 축복이다.

'하나님의 이스라엘'(τὸν Ἰσραὴλ τοῦ θεοῦ)은 매우 특이한 말이다. 어떤
이들은 회심하고 그리스도인이 된 유대인을 뜻하는 것으로 해석하기
도 하지만, 대부분 학자는 이방인을 포함한 모든 그리스도인을 칭하는
말로 이해한다. 그리스도께서 세우신 교회가 하나님의 새로운 이스라
엘, 곧 하나님의 새로운 백성이라는 뜻이다(McKnight). 사도가 바로 앞
(15절)에서 새 시대와 새 창조에 관해 말한 점을 고려하면 이 해석이 옳
다. 교회는 하나님의 이스라엘이다.

바울은 이 서신이 자신에 대한 모든 불신과 의심을 잠재우길 기대한
다. 그러므로 그는 이후로는 누구든지 자신을 괴롭게 하지 말라고 한
다(17a절). 율법주의자들은 그를 삼류 사도 정도로 비방했고, 할례와 율
법에 대한 그의 가르침이 잘못되었다고 비판하며 갈라디아 성도들에
게 바울을 등지고 자기들을 따르도록 요구했다. 중간에서 갈팡질팡하
는 갈라디아 성도들에게 바울은 이처럼 어이없는 일로 다시는 자기를
괴롭게 하지 말라고 한다. 만일 그들이 그리스도의 복음을 제대로 이
해했다면 절대 있을 수 없는 일이 벌어졌기 때문이다.

바울이 그리스도의 사도라는 것은 그 몸에 있는 예수의 흔적을 보면
된다(17b절; cf. 3:4; 4:21-31). 바울은 그리스도의 복음을 전파하다가 죽
을 고비를 여러 차례 넘겼고, 채찍질과 돌팔매질 등도 수없이 겪었다

187

(cf. 행 14:19; 고후 6:4-6; 11:23-30). 이러한 박해의 흔적은 흉터 등으로 그의 몸에 남아 있다. 이 흔적들이 그가 예수님의 사도임을 증언한다.

바울은 갈라디아 성도들에게 그리스도의 은혜가 그들 심령에 임할 것을 빌어 주며 서신을 마무리한다(18절). 그는 '우리 주 예수 그리스도'라는 말을 통해 자신이 아직 그들과 하나라는 것을 강조하고자 한다. 비록 그들이 율법주의자들의 농간에 놀아나 바울을 의심하고 심지어 그가 전한 그리스도의 복음을 떠나려 하지만, 바울은 그들이 그리스도 안에 머물 것을 확신한다. 그들 안에 착한 일을 시작하신 하나님이 그리스도의 날이 임할 때까지 이루실 것이기 때문이다.

이 말씀은 모세의 율법과 그리스도 복음의 관계를 옛 시대와 새 시대에 비유한다. 율법은 첫 창조로 시작된 옛 시대의 유물이다. 반면에 그리스도의 복음은 옛 시대와 전혀 다른 새 시대를 시작했으며, 우리는 모두 새 피조물이다. 그러므로 새 시대를 사는 새 피조물인 우리는 오직 그리스도의 복음에 부합하는 삶을 살아야 한다. 율법의 지배가 아니라 성령의 인도하심을 받으면 이렇게 살 수 있다.

그리스도의 몸인 교회는 또한 하나님의 이스라엘이다. 우리는 하나님이 사랑하시는 그분의 새로운 백성이라는 뜻이다. 이 모든 일이 그리스도의 십자가에서 시작되었다. 그러므로 우리에게는 그리스도의 십자가 외에 그 어떤 것도 자랑할 만한 것이 없다.

우리는 고난과 핍박을 두려워하지만, 믿음으로 인해 피해를 당하고 핍박받는 것은 영광스럽고 자랑스러운 일이다. 예수님의 흔적을 지니는 일이기 때문이다. 따라서 일부러 고난과 핍박을 당할 만한 일을 할 필요는 없지만, 복음을 전파하다가 고난과 핍박을 받는다면 감사한 마음으로 견뎌야 한다.

엑스포지멘터리

에베소서

Ephesians

EXPOSItory comMENTARY

선별된 참고문헌

(Select Bibliography)

Abbott, T. K. *A Critical and Exegetical Commentary on the Epistles to the Ephesians and to the Colossians*. ICC. Edinburgh: T&T Clark, 1897.

Arnold, C. E. *Ephesians*. ZECNT. Grand Rapids: Zondervan, 2010.

Aune, D. E. *The New Testament in Its Literary Environment*. Philadelphia: Westminster, 1987.

Barclay, W. *The Letters to the Galatians and Ephesians*. Philadelphia: Westminster, 1976.

Barclay, J. M. G. *Jews in the Mediterranean Diaspora: From Alexander to Trajan (323BCE-117CE)*. Edinburgh: T. & T. Clark, 1996.

Barth, M. *Ephesians*. 2 vols. AB. New York: Doubleday, 1974.

Best, E. *A Critical and Exegetical Commentary on Ephesians*. ICC. Edinburgh: T&T Clark, 1998.

Brown, R. E. *An Introduction to the New Testament*. New York: Doubleday, 1997.

Bruce, F. F. *The Epistles to the Colossians, to Philemon, and to the Ephesians*. NICNT. Grand Rapids: Eerdmans, 1984.

Caird, G. B. *Paul's Letters from Prison (Ephesians, Philippians, Colossians, Philemon in the Revised Standard Verson)*. Oxford: Oxford University Press, 1976.

Calvin, J. *Sermons on the Epistle to the Ephesians*. London: Banner of Truth Trust, 1973.

Caragounis, C. C. *The Ephesian Mysterion*. Lund: Gleerup, 1977.

Cohick, L. H. *Ephesians*. Eugene, OR: Cascade, 2010.

Dahl, N. A. *Studies in Ephesians: Introductory Questions: Text- and Edition-Critical Issues, Internation of Texts and Themes*. Ed. by D. Hellholm, V. Blomkvist, and T. Fornberg. Tübingen: Mohr Siebeck, 2000.

Darko, D. K. *No Longer Living as the Gentles: Differentiation and Shared Ethical Values in Ephesians 4.17-6.9*. London: T&T Clark, 2008.

Dawes, G. W. *The Body in Question: Metaphor and Meaning in the Interpretation of Ephesians 5:21-33*. Leiden: E. J. Brill, 1998.

Donelson, L. R. *Colossians, Ephesians, First and Second Timothy, and Titus*. Louisville: Westminster John Knox, 1996.

Eadie, J. *A Commentary on the Greek Text of the Epistle of Paul to the Ephesians*. 2nd ed. Edinburgh: T&T Clark, 1883. Repr. Grand Rapids: Baker, 1979.

Edwards, M. J. ed. *Galatians, Ephesians, Philippians*. ACCS. Downers Grove, IL: IVP Academic, 1999.

Ellicott, C. J. *A Critical Commentary on St. Paul's Epistle to the Ephesians*. 2nd ed. London: John W. Parker & Son, 1859.

Fee, G. *God's Empowering Presence*. Peabody, MA: Hendrickson, 1994.

Foulkes, F. *The Letter of Paul to the Ephesians*. TNTC. 2nd ed. Grand Rapids: Eerdmans, 1989rep.

Fowl, S. E. *Ephesians: A Commentary*. NTL. Louisville: Westminster John Knox, 2012.

Goodspeed, E. J. *The Meaning of Ephesians*. Eugene, OR: Wipf and Stock, 2012rep.

Gorman, M. J. *Apostle of the Crucified Lord: A Theological Introduction to Paul and His Letters*. 2nd. ed. Grand Rapids: Eerdmans, 2017.

Grudem, W. "Does Kephale('Head') Mean 'Source' or 'Authority over' in Greek Literature? A Survey of 2,336 Examples." TJ 6 (1985): 38-59.

Guthrie, D. *New Testament Introduction*. 4th ed. Downers Grove, IL: InterVarsity Press, 1990.

Hanson, S. *The Unity of the Church in the New Testament: Colossians and Ephesians*. Uppsala: Almquist, 1946.

Heil, J. P. *Ephesians: Empowerment to Walk in Love for the Unity of All in Christ*. Atlanta: Society of Biblical Literature, 2007.

Heine, R. E. *The Commentaries of Origen and Jerome on St. Paul's Epistle to the Ephesians*. Oxford Early Christian Studies. Oxford: Oxford University Press, 2002.

Hendriksen, W. *Exposition of Ephesians*. Grand Rapids: Baker, 1967.

Hodge, C. *A Commentary on the Epistle to the Ephesians*. New York: Robert Carter and Brothers, 1864.

Hoehner, H. W. *Ephesians: An Exegetical Commentary*. Grand Rapids: Baker, 2002.

Jeal, R. R. *Integrating Theology and Ethics in Ephesians: The Ethos of Communication*. Lewiston, NY: Mellen, 2000.

Klein, W. W. "Ephesians." Pp. 19-173 in *The Expositor's Bible Commentary*. Rev. ed. Vol. 12. Grand Rapids: Zondervan, 2006.

Kreitzer, L. J. *The Epistle to the Ephesians*. London: Epworth, 1997.

Liefeld, W. L. *Ephesians*. IVPNTC. Downers Grove, IL: InterVarsity

Press, 1996.

Lincoln, A. T. *Ephesians*. WBC. Dallas: Word, 1990.

MacDonald, M. Y. *Colossians and Ephesians*. SacPa. Collegeville, MN: Liturgical Press, 2000.

Mackay, J. *God's Order: The Ephesian Letter and this Present Time*. New York: Macmillan, 1953.

Martin, R. P. *Ephesians, Colossians, and Philemon*. IBC. Louisville: John Knox, 1991.

Merkle, B. L. *Ephesians*. Nashville: Broadman & Holman Academic, 2016.

Metzger, B. M. *A Textual Commentary on the Greek New Testament*. 2nd ed. Stuttgart: United Bible Society, 1994.

Meyer, H. A. W. *Critical and Exegetical Handbook to the Epistle to the Ephesians*. 4th. ed. Trans. by M. J. Evans. New York: Funk & Wagnalls, 1884.

Miletic, S. F. "One Flesh": Eph. 5.22−24, 5.31: Marriage and the New Creation. AnBib. Rome: Pontifical Biblical Institute, 1988.

Mitton, C. L. *Ephesians*. NCB. London: Oliphants, 1976rep.

Morris, L. *Expository Reflections on the Letter to the Ephesians*. Grand Rapids: Baker, 1994.

Moritz, T. *A Profound Mystery: The Use of the Old Testament in Ephesians*. Leiden: E. J. Brill, 1996.

Moule, H. C. G. *The Epistle to the Ephesians*. Cambridge: Cambridge University Press, 1914.

Muddiman, J. *A Commentary on the Epistle to the Ephesians*. BNTC. New York: Continuum, 2001.

Murphy−O'Connor, J. *St. Paul's Ephesus: Texts and Archaeology*. Collegeville,

MN: Liturgical Press, 2008.

Neufeld, T. Y. *Ephesians*: Believers Church Bible Commentary. Scottdale, PA: Herald, 2002.

O'Brien, P. T. *The Letter to the Ephesians*. PNTC. Grand Rapids: Eerdmans, 1999.

Pao, D. *Thanksgiving: An Investigation of a Pauline Theme*. Downers Grove, IL: InterVarsity Press, 2002.

Patzia, A. G. *Ephesians, Colossians, Philemon*. NIC. Peabody, MA: Hendrickson, 1990.

Perkins, P. *Ephesians*. ANTC. Nashville: Abingdon, 1998.

_____. "The Letter to the Ephesians: Introduction, Commentary, and Reflections." Pp. 349–466 in *The New Interpreter's Bible*. Vol. 11. Nashville: Abingdon, 2000.

Robinson, J. A. *St. Paul's Epistle to the Ephesians*. 2nd. ed. London: Macmillan, 1907.

Schnabel, E. *Early Christian Mission*. 2 vols. Downers Grove, IL: InterVarsity Press, 2004.

Schnackenburg, R. *The Epistle to the Ephesians: A Commentary*. Trans. by H. Heron. Edinburgh: T&T Clark, 1991.

Scott, E. F. *The Epistles of Paul to the Colossians, to Philemon and to the Ephesians*. MNTC. London: Hodder and Stoughton, 1930.

Snodgrass, K. *Ephesians*. NIVAC. Grand Rapids: Zondervan, 1996.

Stockhausen, C. L. *Letters in the Pauline Tradition: Ephesians, Colossians, 1 Timothy, 2 Timothy and Titus*. Wilmington, DL: Michael Glazier, 1989.

Stott, J. R. W. *The Message of Ephesians. God's New Society*. BST. Downers Grove, IL: InterVarsity Press, 1979.

Swain, L. *Ephesians*. Wilmington, DE: Michael Glazier, 1980.

Talbert, C. H. *Ephesians and Colossians*. PCNT. Grand Rapids: Baker, 2007.

Taylor, R. A. "The Use of Psalm 68:18 in Ephesians 4:8 in Light of the Ancient Versions." BibSac 148 (1991): 319–336.

Thielman, F. S. "Ephesians." Pp. 813–833 in *Commentary on the New Testament Use of the Old Testament*. Ed. by G. K. Beale and D. A. Carson. Grand Rapids: Baker, 2007.

_____. *Ephesians*. BECNT. Grand Rapids: Baker, 2010.

Van Roon, A. *The Authenticity of Ephesians*. Leiden: E. J. Brill, 1974.

Westcott, B. F. *St. Paul's Epistle to the Ephesians*. London: Macmillan, 1906.

Witherington, B. *The Letters to Philemon, the Colossians, and the Ephesians: A Socio-Rhetorical Commentary on the Captivity Epistles*. Grand Rapids: Eerdmans, 2007.

Wright, N. T. *The Prison Letters: Ephesians, Philippians, Colossians and Philemon*. London: SPCK, 2002.

Zerwick, M. *The Epistle to the Ephesians*. Trans. by K. Smyth. New York: Cross Roads, 1981.

에베소서

찬송하리로다 하나님 곧 우리 주 예수 그리스도의 아버지께서 그리스도 안에
서 하늘에 속한 모든 신령한 복을 우리에게 주시되 곧 창세 전에 그리스도 안
에서 우리를 택하사 우리로 사랑 안에서 그 앞에 거룩하고 흠이 없게 하시려
고 그 기쁘신 뜻대로 우리를 예정하사 예수 그리스도로 말미암아 자기의 아들
들이 되게 하셨으니 이는 그가 사랑하시는 자 안에서 우리에게 거저 주시는
바 그의 은혜의 영광을 찬송하게 하려는 것이라

(1:3-6)

진리가 예수 안에 있는 것 같이 너희가 참으로 그에게서 듣고 또한 그 안에서
가르침을 받았을진대 너희는 유혹의 욕심을 따라 썩어져 가는 구습을 따르는
옛 사람을 벗어 버리고 오직 너희의 심령이 새롭게 되어 하나님을 따라 의와
진리의 거룩함으로 지으심을 받은 새 사람을 입으라

(4:21-24)

소개

에베소서는 시편과 요한복음 그리고 로마서와 함께 기독교 교회에 가장 큰 영향을 끼친 정경이다(Snodgrass). 바울 서신 중 상대적으로 짧은 편에 속하지만, 바울 사상의 진수(the quintessence of Paulinism)를 보여 주는 책으로 평가받는다(Bruce). '신약의 스위스'(Switzerland of the New Testament), '바울 신학의 왕관이자 절정'(the crown and climax of Pauline theology), '인간이 저작한 가장 신성한 작품 중 하나'(one of the divinest compositions of man)로 불리기도 한다(Snodgrass).

에베소서는 신약의 서신 중 예수 그리스도를 통해 우리를 구원하신 하나님의 능력은 어떤 것인지, 그분의 은혜로 구원을 얻은 그리스도인은 어떤 사람인지를 가장 확실하게 정리한다. 신학적인 범위가 넓고 깊이가 매우 깊어 신앙의 연륜이 있는 그리스도인들도 서신의 모든 메시지를 온전히 이해하기가 쉽지 않다.

반면에 에베소서는 여러 주제를 명쾌하고 간략하게 설명하는 서신이다. 그러므로 모든 새 신자가 기독교 입문서로 삼아 반드시 공부해야 하는 책이다(Arnold). 또한 이 서신은 성경 공부와 묵상은 반드시 하나님의 놀라우심에 대한 찬양과 경배를 동반해야 한다며 삼위일체 하나님에 대한 경배와 찬양을 지속적으로 요구한다.

에베소서는 오늘날 그리스도인들에게 가장 시사성이 있는 정경이다(Mackay). 노예 제도에 관한 언급을 삭제하면 마치 사도가 오늘날 교회에 보낸 서신으로 보일 만큼 우리 삶과 직접적으로 연관된 주제들로 구성되어 있다. 한 주석가는 이 서신에서 우리의 삶과 곧바로 연결할 수 있는 19가지 주제를 제시한다(Arnold). 이러한 일이 가능한 것은 특별한 이슈나 구체적인 문제에 관해 쓴 바울의 다른 서신들과 달리 에베소서는 기독교 신학과 그리스도인의 삶에 대한 보편적인 가르침을 담고 있기 때문이다.

저자

기독교 역사에서 "하나님의 뜻으로 말미암아 그리스도 예수의 사도
된 바울은"(1:1a)이라는 말씀의 신빙성을 의심한 사람은 없었다. 심지
어 이 서신이 에베소 교회에 보낸 것이 맞는지에 대해 다소 논란이 있
는 상황에서도 바울의 저작권은 의심받지 않았다. 그러나 최근 150여
년 사이에 일부 학자가 에베소서의 문체와 스타일이 바울의 다른 서신
들과 상당히 다르다며 바울이 저작한 것이 아니라는 주장을 펼쳤다(cf.
Beale & Gladd). 또한 그들은 에베소서와 골로새서의 유사성 및 수신 교
회들이 소아시아에 있다는 지리적 공통점을 고려해 두 서신 모두 바울
이 보낸 것이 아니라며 두 서신의 저작권을 매우 복잡한 이슈로 만들
었다(cf. Best, Lincoln). 그들이 서신의 문체와 스타일 외에 바울이 에베
소서의 저자라는 사실을 부인하는 증거로 제시하는 것 중에서 몇 가지
주요 내용을 살펴보면 다음과 같다(cf. Arnold, Klein, Perkins).

첫째, 서신의 발신자와 수신자가 정확하지 않다(cf. Snodgrass). 에베소
서는 바울의 다른 서신들과 비교해 중요한 차이점을 보이는데, 1:1에
서 '에베소에'(ἐν Ἐφέσῳ, in Ephesus)라는 말이 일부 옛 사본에 빠져 있다
는 점이다(Metzger). 이러한 사실은 이 서신이 에베소로 보내진 것이 아
니며, 서신이 바울을 저자로 지칭함에도(1:1; 3:1; cf. 6:18-24) 불구하고
바울이 쓴 것이 아님을 입증한다.

둘째, 바울은 에베소를 주후 52년에 처음 방문했고(Wright & Bird, cf.
행 18:19-21), 이후 주후 55년에 도시를 다시 방문해(Arnold) 3년간 머물
며 매일 두란노 서원에서 가르쳤다(cf. 행 19:1-22). 이후 3차 선교 여행
을 마치고 예루살렘으로 돌아갈 때도 밀레도에서 에베소 교회 장로들
을 불러 눈물로 작별했다(행 20:16-38). 바울과 에베소 교회 그리고 성
도들과의 이 같은 긴밀한 관계를 고려할 때, 그들에게 개인적으로 문안
하는 내용이 없다는 것은 바울이 이 서신의 저자가 아니기 때문이다.

셋째, 바울은 서신을 보낼 때 동역자 중 함께 있는 사람들을 언급하며 공동으로 서신을 보낸다(고전 1:1; 고후 1:1; 골 1:1; 살전 1:1; 살후 1:1; cf. 롬 16:1-2). 그러나 에베소서는 혼자 보내는 듯 다른 동역자들의 이름을 언급하지 않는다. 갈라디아서도 서두에 동역자 이름이 언급되지 않지만, 갈라디아서는 바울이 보낸 첫 편지이기 때문에 이때는 이러한 관례를 사용하지 않았던 것으로 볼 수 있다. 바울이 에베소서의 저자라면 동역자들의 이름을 언급하지 않는다는 점이 잘 이해되지 않는다.

넷째, 저자는 에베소 사람들을 잘 모른다. 저자는 에베소 성도들의 믿음과 사랑에 대해 들었다고 하는데(1:15), 만일 바울이 이 서신을 저작했다면 굳이 남을 통해 들을 필요가 없다. 또한 에베소 사람들도 저자에 대해 잘 모른다. 그러므로 저자는 에베소 사람들이 하나님이 그에게 주신 은혜의 경륜에 대해 들었을 것이라고 한다(3:2).

이러한 이유 등으로 일부 학자가 에베소서의 저자는 바울이 아니라고 주장한다. 실제로 한때는 70-80%가량의 비평학자가 바울의 에베소서 저작권을 부인했다(Brown). 바울이 아니라면 누가 이 서신의 저자인가? 교육을 많이 받은 사람으로 문장력과 헬라어 단어 사용 능력이 매우 뛰어난 헬라계 유대인(Hellenistic Jew) 그리스도인이다(Best). 그가 에베소서와 골로새서와 목회 서신들을 저작했다는 것이다(Klein).

어떤 이들은 골로새서 저자와 에베소서 저자를 동일한 사람으로 간주하지만, 각기 다른 사람으로 보는 이도 많다. 에베소서 저자는 바울의 제자(혹은 바울의 가르침에 조예가 깊은 사람)이며, 주후 90년경에 바울서신과 골로새서를 바탕으로 에베소서를 저작했다는 것이다(Best, cf. Arnold, Best, Perkins). 바울 서신을 정경에 포함시키기 위해 그의 서신들을 바탕으로 일종의 '서론' 역할을 하게끔 저작한 것이라고 주장하는 이들도 있다(Goodspeed, Mitton).

이 학자들은 유대교에서는 남의 이름을 사칭(도용)해 문서를 작성하는 일이 종종 있었다고 한다. 그러나 초대교회에서도 이런 일이 있었다는 증거는 없다(Beale & Gladd). 오히려 이런 일을 구체적으로 부인하는 증거들이 있을 뿐이다(Carson). 게다가 이 서신들이 바울을 사칭한 사람들에 의해 저작된 것이라면, 우리는 성경의 진실성과 영감론과 무오성에 심각한 문제를 제기할 수밖에 없다.

에베소서에 관해 중요한 주석을 집필한 저자 중에는 바울의 저작권을 주장하는 학자가 대부분이다(cf. Arnold, Barth, Bruce, Klein, O'Brien). 이 서신을 바울이 에베소로 보낸 편지로 보는 비평 학자도 많이 늘었다(cf. Arnold, Hoehner, Thielman). 대부분의 보수적인 학자들과 어느 정도 비평적인 성향을 보이는 학자들도 바울이 에베소서를 저작했다고 한다(Beale & Gladd, Bruce, Carson, Fee, Heil, Hoehner, Keener, Klein, McRay, Marshall, Moo, Morris, O'Brien, Rosner, Schreiner, Snodgrass, Stott, Thielman, Witherington, Wright).

한때는 저작권을 논할 때 각 서신의 문체와 스타일이 결정적인 이슈로 부각된 적이 있었지만, 오늘날 학계 분위기는 문체와 스타일에 크게 중점을 두지 않는다. 같은 저자의 작품이라 해도 주제에 따라 문체와 스타일이 바뀌는 것은 당연하며, 작성된 시기에 따라 사용하는 단어와 용어가 다를 수 있기 때문이다(cf. Hoehner). 심지어 1-2년 차이도 저자가 사용하는 주요 단어에 현저한 차이를 보일 수 있다.

어떤 이들은 디모데 등 바울의 동역자들이 사도의 지도 아래 앞서 골로새에 보낸 편지를 바탕으로 에베소서를 저작했다고 한다(Wright & Bird). 실제로 바울이 서신을 보낼 때 그가 전하고자 하는 내용을 그대로 받아쓰면서 어느 정도 글을 다듬은 기록자들(대필자들)이 있었다(cf. 롬 16:22; 고전 16:21-22; 갈 6:11; 골 4:16-18; 살후 3:17). 하지만 때와 장소에 따라 편지를 기록한 사람이 다르다는 사실을 고려하면 문체와 스타일과 용어를 바탕으로 저작권을 논하는 것은 매우 복잡한 이슈가 되며, 상당 부분 설득력을 잃는다.

바울이 이 서신을 저작했다고 주장하는 학자들은 에베소서가 바울 서신 중 마지막에 쓰인 것 중 하나라고 한다. 어떤 이들은 사도가 소아시아에 있는 라오디게아(Laodicea, cf. 골 4:16) 교회, 혹은 히에라폴리스(Hierapolis) 교회에 보낸 것을 훗날 그의 제자 중 하나가 확장 보완해 그 지역에 있는 여러 교회가 회람하게 한 것이라고 한다(Lincoln, Muddiman, van Roon). 그러나 대부분 학자는 에베소서는 처음부터 여러 교회가 회람하도록 쓰인 서신이라 한다. 심지어 바울의 에베소서 저작권을 부인하는 사람들도 대부분 에베소서가 여러 교회에 회람되도록 쓰인 것이라는 사실에는 동의한다(cf. Klein, Perkins). 학자들은 이 서신이 에베소 주변 혹은 소아시아 지역에 있는 교회 중 바울이 직접 방문한 적 없는 여러 교회에 보낸 것이라 한다(Bruce).

만일 이 서신이 여러 교회에 회람되도록 쓰였다면 앞에서 제기된 바울의 저작권에 대한 모든 문제도 충분히 설명될 수 있다. 바울은 일상적으로 수신자들이 알 만한 동역자들과 함께 편지를 보낸다. 에베소서는 에베소뿐 아니라 주변 지역에 있는 교회들, 더 나아가 소아시아 전체 지역에 있는 교회들이 회람하도록 디자인되었다. 이런 상황에서 동역자들과 함께 서신을 보내는 것은 별 의미가 없다. 사도도 직접 만나 본 적 없는 상황에서 그의 동역자들을 알 리가 없기 때문이다.

바울이 에베소 성도들에게 개인적인 인사말을 건네지 않는 이유는 그것이 이 서신을 회람하는 다른 교회들에 별 의미가 없으며, 심지어 박탈감을 줄 수 있기 때문이다. 그가 수신자들을 잘 알지 못하는 것처럼 말하는 것은 에베소 성도들 외에 다른 교회의 성도들은 실제로 만나 본 적이 없기 때문이다. 또한 그들도 바울을 만나 본 적이 없다.

학자들은 소아시아 사람 두기고(Tychicus, cf. 행 20:4; 엡 6:21; 골 4:7; 딤후 4:12; 딛 3:12)가 에베소서를 에베소 교회와 바울이 방문한 적 없는 주변 지역 교회들과 그 외 소아시아 교회들에 회람시키는 일에 중요한 역할을 한 것으로 생각한다. 바울이 이 서신을 보낼 때 여러 개의 복사본을 만들어 두기고에게 주면서, 각 지역 교회에 줄 때 서신 앞부분에

해당 지역의 이름을 삽입하라며 '에베소에'(ἐν Ἐφέσῳ)라는 말을 빼고 주었다고 한다(Bruce, Martin, Witherington). 그러다 보니 초대교회 교부들의 글과 사본들에 기록으로 남아 있는 것처럼 '에베소에'가 삽입된 사본과 삽입되지 않은 사본이 동시에 유통된 것이다.

저작 시기

바울이 에베소서를 두기고를 통해 보낼 때 그는 감옥에 있었다(3:1; 4:1). 이 서신의 저작 시기가 바울의 감옥 생활과 직접적인 연관이 있으므로 우리는 에베소서를 '옥중 서신'이라 한다. 그러나 사도가 어느 감옥에서 이 서신을 집필했는지는 규명하기가 쉽지 않다. 그는 복음을 전파하다가 여러 지역에서 감옥에 갇혔기 때문이다. 빌립보(행 16:22-40)와 가이사랴(행 23:23-26:32)와 로마(행 27:1-28:31) 지역의 감옥에 갇힌 적이 있으며, 이 외에도 여러 곳에서 옥중 생활을 했다(cf. 롬 16:7; 고전 15:32; 고후 1:8-11; 11:23).

사도가 빌립보 감옥에 감금된 기간은 너무 짧아서(cf. 행 16:16-40) 서신을 써서 보내기에 시간이 충분하지 않다. 어떤 이들은 에베소 감옥을 지목한다(Wright & Bird). 하지만 그가 두란노 서원에서 가르치던 3년 사이에 감금되었다면 주후 55년쯤으로 볼 수 있는데(Arnold, Klein), 성경은 그의 감금에 대해 어떠한 정보도 제공하지 않는다. 그러므로 에베소 감옥도 설득력이 없다. 게다가 바울은 에베소에서 도시 관료 등 에베소 사회에 큰 영향력을 끼치는 사람들까지 회심하게 하는 매우 성공적인 사역을 했다. 그러므로 바울이 투옥될 위협에 처한다 해도 그들이 나서서 투옥을 막았을 것이다.

바울은 3차 선교 여행을 마치고 예루살렘을 방문했다가 유대인들에게 잡혔다. 그를 죽이려 하는 유대인들의 음모가 드러나면서 가이사랴 감옥으로 이송되었고, 그곳에서 2-3년을 보냈다. 이때가 주후 57-59년이다(Arnold). 그러므로 그의 가이사랴 감옥 생활은 서신을 써서 보내기에 충분한 시간을 제공했다. 사도는 가이사랴에서 여러 차례 재판을 받았지만, 별 진전이 없었다. 재판하는 총독이 뇌물을 바라는 것을 의식한 바울은 로마 시민으로서 황제에게 재판을 받겠다고 상소해 로마로 이송되었다.

로마로 이송된 바울은 감옥에서 재판을 기다린 것이 아니라 가택 연금(house arrest) 상태로 시간을 보냈다. 그리고 이 소식을 들은 골로새 교회가 에바브라를 보내 바울의 시중을 들게 했다(cf. 골 1:7; 4:12; 몬 1:13). 골로새 교회가 에바브라를 제국의 수도인 로마로 보내 가택에 연금된 바울을 돕게 한 것이다. 골로새 교회가 감옥에 갇힌 바울을 섬기라며 에바브라를 가이사랴 감옥으로 보냈을 가능성을 완전히 배제할 수는 없지만, 현실적으로 생각할 때 그럴 가능성은 없어 보인다. 가이사랴에서 훨씬 더 가까운 곳에 파송 교회인 안디옥 교회가 있고, 또 예루살렘 교회도 있기 때문이다. 사도는 자신이 곧 감옥에서 풀려나 빌레몬을 찾아가기를 기대한다(몬 1:22). 그러므로 에베소서가 언급하는 바울의 감옥 생활은 로마가 확실하다(Arnold, Bruce, Beale & Gladd, Calvin, Ellicott, Guthrie, Hoener, O'Brien).

모든 정황을 고려할 때 바울은 에베소서를 로마 감옥에서 저작해 보낸 것이다. 그는 이때 에베소서 외에도 골로새서, 빌립보서, 빌레몬서를 보냈다. 그러므로 학자들은 이 서신들을 '옥중 서신'이라 한다. 에베소서는 바울이 로마에서 주후 60-62년에 저작해 두기고를 통해 여러 사본으로 보낸 서신이다(Arnold, Hoehner, Klein, cf. 행 28:30-31).

목적

에베소서의 저작 목적은 학자 사이에 많은 논쟁을 불러일으켰지만, 아직 모두가 공감할 만한 정설은 없다(Arnold). 게다가 서신의 저자와 수신자에 대한 논쟁이 문제를 가중시킨다. 한 가지 확실한 것은 사도가 이 서신을 어떤 특정한 상황과 상관없이 저작했을 가능성이 가장 크다는 사실이다.

사도들은 대부분 특정 교회가 안고 있는 문제를 해결하기 위해 서신을 보냈다. 바울 서신도 예외가 아니다. 그러므로 많은 학자가 에베소서에서도 저작 목적을 찾아야 한다고 생각했다. 그러나 이러한 생각은 버리는 것이 좋다(Best, cf. Schnackenburg). 사도에게는 특별한 이유 없이도 편지를 쓸 권한이 있다.

어떤 이들이 주장하는 것처럼(Goodspeed, Mitton) 에베소서가 바울 서신 전체에 대한 서론은 아니다. 그는 로마에서 재판을 기다리며 어느 정도 여유로움을 가지고 자기 신학의 핵심을 정리했다(Robinson, cf. Ellicott). 그러므로 에베소서를 서신이라 하지 않고 하나님의 신비로운 지혜에 대한 바울의 묵상(meditation)이라고 하는 이들이 있으며(Bruce), 여러 교회가 돌려 보도록 저작된 '순환 설교'(circular homily)라고 하는 이들도 있다(Jeal, Witherington).

바울은 에베소서를 곳곳에 흩어져 있는 그리스도인들을 격려하고 위로하며 그들의 신앙을 강화하기 위해 저작했다. 또한 하나님께 영감을 받아 평생 가르쳐 온 기독교 교리를 정리하는 마음으로 집필했다(cf. Bruce, Klein, Muddiman, O'Brien, Snodgrass). 초대교회가 여러 이단의 괴롭힘 속에서도 흔들리지 않도록 기독교 교리의 핵심을 정리했다. 에베소서가 여러 교회에 보낸 회람 서신이라면 더욱더 그렇다. 사도는 에베소서에서 하나님이 그리스도를 통해 어떤 일을 하셨는지, 그 은혜의 수혜자인 그리스도인은 어떻게 살아야 하는지 가르치고자 한다.

에베소

바울은 주후 52년에 2차 선교 여행을 마치고 고린도를 떠나 예루살렘으로 돌아가는 길에 로마에서 고린도로 이주해 온 브리스길라와 아굴라 부부와 함께 에베소를 방문했다(Wright & Bird, cf. 행 18:19-21). 아굴라 부부는 에베소에 4-5년간 머물며 교회를 세우고 관리했다(cf. 행 18:26). 에베소 교회가 온전하게 세워지자 부부는 로마로 돌아갔다.

바울도 에베소로 돌아와 거의 3년간 머물며 매일 두란노 서원에서 가르쳤다(cf. 행 19:8, 10, 22; 20:31). 또한 에베소를 베이스캠프로 삼아 소아시아 전 지역을 돌며 선교했다. 그와 에베소 교회의 관계는 계속되었고, 3차 선교 여행을 마치고 예루살렘으로 돌아가는 길에 에베소 교회 장로들을 밀레도로 불러 눈물로 작별했다(행 20:16-38). 이후 바울은 예루살렘에서 유대인들에게 잡혀 가이사랴 감옥에서 2-3년을 보내고 로마로 이송되어 그곳에서 순교했다.

바울은 에베소에서 사역하는 동안 에바브라 등 여러 동역자를 소아시아 지역의 여러 도시, 곧 골로새(Colossae), 서머나(Smyrna), 버가모(Pergamum), 사데(Sardis), 빌라델비아(Philadelphia), 두아디라(Thyatira), 라오디게아(Laodicea), 히에라볼리(Hierapolis) 등에 보내 교회를 세우게 했다(cf. 골 1:7-8; 2:1; 4:12-16; 몬 1:1-2). 바울은 골로새에서 온 빌레몬과 그의 아내 압비아를 만났고, 그들은 바울의 사역 파트너가 되어 재정 지원을 아끼지 않았다(Wright & Bird, cf. 몬 1:1-2, 17).

에베소는 중요한 상업 도시였으며, 자치적인 통치권을 지닌 자유 도시였다. 아시아와 그리스-로마를 잇는 역할을 했다. 로마 제국 아시아주(州)의 수도는 버가모였지만, 모든 행정적 기반은 에베소에 있었다. '아시아의 어머니 도시'(mother city of Asia)로 불리던 에베소의 인구는 바울 시대 기준 25만 명 정도로 추산된다(Schnabel, Wright & Bird). 로마 제국에서는 로마와 알렉산드리아 두 도시만 에베소보다 인구가 더 많았다. 즉, 상당히 많은 유대인이 이곳 에베소에서 살았다(Longenecker).

에베소는 '아르테미스'(Artemis, 로마 사람들은 Diana라고 부름)라는 달과 사냥의 여신이자 유방을 여러 개 지닌 다산의 여신을 도시의 수호신으로 숭배했다. 이곳에 있는 '아르테미스 신전'(Artemis Shrine)은 아덴에 있는 파르테논(Parthenon) 신전보다 규모가 네 배나 더 컸으며(Longenecker), 고대 7대 불가사의 중 하나다. 아르테미스 숭배자들은 매우 적극적(극단적)으로 자기 종교를 전파한 것으로도 유명하다. 바울의 에베소 사역은 열매가 매우 많았다. 이 때문에 폭동을 일으킨 아르테미스 숭배자들에게 목숨을 잃을 뻔하기도 했다. 그러나 브리스길라와 아굴라의 도움으로 겨우 도시에서 탈출할 수 있었다(cf. 롬 16-4; 고전 15:32; 고후 1:8; 4:9-12; 6:4-10).

에베소는 내륙에서 많은 토사가 흘러 내려왔기 때문에 항구를 유지하려면 지속적으로 준설 작업을 해야 했다. 하지만 에베소의 명성이 사라지면서 준설 작업이 중단되었고, 오늘날에는 해안선이 내륙으로 12㎞가량 들어와 있다. 에베소는 오늘날에도 튀르키예의 가장 대표적인 유적지로 손꼽히며, 많은 유물이 잘 보존되어 있다.

개요

Ⅰ. 인사
(1:1-2)

¹ 하나님의 뜻으로 말미암아 그리스도 예수의 사도 된 바울은 에베소에 있는 성도들과 그리스도 예수 안에 있는 신실한 자들에게 편지하노니 ² 하나님 우리 아버지와 주 예수 그리스도로부터 은혜와 평강이 너희에게 있을지어다

바울은 서신을 보낼 때 동역자 중 함께 있는 사람들을 언급하며 공동으로 서신을 보낸다(고전 1:1; 고후 1:1; 골 1:1; 살전 1:1; 살후 1:1; cf. 롬 16:1-2). 그러나 에베소서는 마치 혼자 서신을 보내는 듯 다른 동역자들의 이름을 언급하지 않는다. 또한 다른 옥중 서신에서는 항상 디모데가 언급이 되는데(빌 1:1; 골 1:1; 몬 1:1), 이 서신은 그마저 언급하지 않는다. 나중에 디모데가 에베소 교회에서 중요한 역할을 한다는 사실을 고려할 때(cf. 디모데전서) 그를 언급하지 않는 것은 특이한 일이라 할 수 있다. 바울이 에베소서를 보낼 때 디모데가 바울과 함께 로마에 있지 않았기 때문일 수도 있지만, 바울이 처음부터 이 서신을 여러 교회에 회람 서신으로 보낸 것이라면 디모데의 이름을 언급하지 않는 것이 당연하다. 에베소서 외에 사도가 자신의 이름만 발신자로 언급하는 서신으로는 로마서와 갈라디아서가 있다.

사도는 자신이 하나님의 뜻에 따라 사도가 되었다고 한다(1a절). '하나님의 뜻'(θελήματος θεου)은 에베소서에서 매우 중요한 개념이다. 에베소서는 '하나님의 뜻'을 인류에 대한 하나님의 계획과 연관해 그 어느 서신보다 자주 언급한다(Snodgrass). 바울이 사도가 된 것도 하나님의 인류 구원 계획에 따라 된 일이다.

'사도'(ἀπόστολος)는 예수님과 3년을 함께한 열두 제자뿐 아니라 부활하신 주님을 본 사람(고전 9:1), 교회가 선교 사역자로 파송한 사람(행 14:4, 14), 예수님의 대리인(agent, representative) 역할을 하는 사람(고후 8:23; 빌 2:25) 등을 뜻한다. 히브리서는 예수님도 '사도'라 부른다(히 3:1). 고린도와 갈라디아 성도 중 일부는 바울의 사도직에 문제를 제기하기도 했다. 사도직에 대한 그들의 오해와 무지함에서 비롯된 소모적인 문제 제기였다.

바울이 사도가 된 것은 사람들에게서 난 것도 아니요, 사람으로 말미암은 것도 아니다(갈 1:1). 그리스도 예수께서 하나님의 뜻에 따라 바울을 자기의 사도로 세우셨다(롬 1:1; 고전 1:1; cf. 행 9:1-30; 22:1-21; 26:1-23). 유대인이 아니라 이방인에게 집중적으로 그리스도의 복음을 전파한 사도로는 그가 유일하다(롬 1:5; 11:13; cf. 행 9:15; 22:15; 26:17). 하나님의 뜻에 따라 그리스도 예수의 사도가 된 바울이 사도의 자격으로 교회에 편지하는 것은 그의 편지가 곧 하나님의 말씀이라는 뜻이다(Snodgrass).

이 서신의 수신자는 에베소에 있는 성도들이다(1b절). 이미 서론에서 언급한 것처럼 일부 오래된 사본에는 '에베소에'(ἐν Ἐφέσῳ)라는 말이 없다. 바울은 에베소서를 처음부터 여러 교회에 보내는 회람 서신으로 계획하고 썼기 때문이다. 바울은 이 서신의 복사본을 여러 개 만들어 소아시아 사람 두기고(Tychicus, cf. 행 20:4; 엡 6:21; 골 4:7; 딤후 4:12; 딛 3:12)에게 주었다. 바울은 두기고에게 에베소 교회와 주변에 있는 교회들과 소아시아 지역 교회들에 줄 때 그 지역의 이름을 삽입해서 주라며 '에베소에'(ἐν Ἐφέσῳ)라는 말을 넣지 않은 사본을 주었다(Arnold, Bruce, Martin, Snodgrass, Klein, Witherington).

두기고는 바울의 지시에 따라 이 서신을 에베소 교회에 줄 때는 '에베소에'(ἐν Ἐφέσῳ)라는 말을 더해서 주었고, 바울이 방문한 적 없는 주변 지역 교회들과 그 외 소아시아 지역 교회들에 전달할 때는 교회가 있는 지역의 이름을 삽입한 후에 전달했다. 당시 에베소의 인구는 25만 명 정도였으며, 수십 개의 [가정]교회가 있었다(Arnold). 그러다 보니 초대교회 교부들의 글과 사본에 기록으로 남아 있는 것처럼 '에베소에'가 삽입된 사본과 삽입되지 않은 사본이 동시에 유통되었다.

'성도들'(ἀγίοις)은 히브리어(קדוש)에서 유래한 개념인데, 남들보다 더 거룩하게 사는 사람들을 뜻하는 것이 아니다(TDNT, cf. 고전 1:2). 하나님이 따로 구분해 자기 백성으로 삼으신 자들을 의미한다. 구원을 위한 하나님의 부르심이 그들을 성도, 곧 구별된 사람들로 만든다. 성도의 가장 기본적인 의미는 구별(차별)이며(HALOT), 성도의 삶은 하나님의 부르심에서 시작된다.

성도들은 그리스도 예수 안에 있는 신실한 자들이다(1c절). '그리스도 예수 안에'(ἐν Χριστῷ Ἰησοῦ)는 신약에서 가장 어렵고 복잡한 의미를 지닌 말이지만, 또한 바울 신학에서 가장 중요한 개념이다. 바울 서신에는 '그리스도 안에, 주 안에, 그[예수님] 안에'라는 표현이 164차례나 사용된다(Snodgrass). 가장 기본적인 의미로 그리스도인이 예수님과 하나 된 일과 그리스도를 통해 하나님 앞에서 예수님과 동등한 신분을 지니게 된 일을 뜻한다.

'신실한 자들'(πιστοῖς)은 그리스도에 대한 믿음이 있는 자들이다(Arnold, Klein, Snodgrass, cf. 요 20:27; 행 10:45; 16:1, 15; 고후 6:15). 이들은 그리스도의 구원과 하나님 백성이 누리는 혜택을 누리는 사람들이며, 하나님의 도우심을 받아 삶에서 그리스도를 닮아 가고자 노력하는 사람들이다.

바울은 하나님과 예수님으로부터 온 은혜와 평강이 에베소 성도들에게 있기를 빌어 준다(2절; cf. 롬 1:7; 고전 1:3; 고후 1:2; 갈 1:3; 빌 1:2; 살후 1:2; 몬 1:3). 그가 빌어 주는 복은 하나님 우리 아버지와 우리 주 예수 그리스도로부터 온 것이다. 바울의 높은 기독론을 암시하는 말씀이다. 성자 예수님은 성부 하나님과 동일한 지위에 계신 분이다. 또한 그리스도는 자신의 죽음으로 하나님과 우리를 화해시키셨고, 하나님은 예수님을 통해 우리의 아버지가 되셨다. 그러므로 사도가 빌어 주는 축복은 오직 하나님과 예수님만이 주실 수 있는 귀한 것이다.

그리스-로마 시대에는 일상적인 편지의 인사말에 '문안'(χαίρειν)이라는 말을 사용해 안부를 물었다(Snodgrass, cf. 행 15:23-29). 바울은 복음과 연관해 안부를 묻고자 '문안'(χαίρειν) 대신 '은혜'(χάρις)를 빌어 준다. '은혜'는 바울의 복음과 신학을 가장 잘 표현하며(Dunn), 바울 서신에서 95차례 사용된다. 사도는 은혜가 하나님의 의롭다 하심의 근거(롬 3:24)이며, 선물이라고 한다(롬 5:15, 17). 또한 사역을 가능하게 하는 원동력이다. 그러므로 바울이 '육체에 가시'를 제거해 주실 것을 세 번 기도했을 때(고후 12:7-8), 하나님은 "내 은혜가 네게 족하도다"라며 제거해 주지 않으셨다(고후 12:7-9). 그가 하나님이 주신 은혜로 사역한다면, '육체에 가시'는 불편한 것일 뿐 사역하지 못하게 방해하는 것은 아니기 때문이다. 하나님의 은혜는 모든 면에서 새 언약의 가장 기본적이고 중요한 속성이다(롬 6:14-15).

'평강'(εἰρήνη)은 히브리어로 '샬롬'(שָׁלוֹם)과 같은 말이다(TDNT). 하나님의 보살핌 안에서 사는 사람들의 모든 것이 조화와 균형을 이루어 평안하기를 빌어 주는 인사다. 구약에서는 장차 오실 평화의 왕, 곧 메시아가 이 평강을 주신다고 한다(사 9:6; cf. 눅 2:14; 요 14:27).

에베소서에서 은혜는 12차례(1:2, 6, 7; 2:5, 7, 8; 3:2, 7, 8; 4:7, 29; 6:24), 평강은 8차례 사용된다(1:2; 2:14, 15, 17[2x]; 4:3; 6:15, 23). 저자는 이 두 단어(은혜와 평강)를 인사말로 사용해 하나님이 예수 그리스도를 통해

우리에게 주시는 가장 고귀한 선물이 무엇인지 생각하게 한다(Wright).

예수님은 우리에게 하나님의 은혜와 평강을 주신다. 평강 또한 새 언약의 가장 기본적이고 중요한 속성이다(cf. 겔 37:26). 은혜와 평강의 순서도 중요하다. 하나님의 은혜를 입은 사람들은 평안하다(Bruce). 하나님의 은혜가 맺는 열매가 평안이기 때문이다.

이 말씀은 예수 그리스도의 복음이 하나님의 모든 부르심의 바탕이라고 한다. 어떤 이들은 사도로, 선생으로, 사역자로, 섬기는 자로 부르심을 받는다. 어떤 이들은 성도로 부르심을 받는다. 이들이 모인 곳이 교회다. 교회는 하나님의 복음을 통해 부르심을 입은 자들의 모임이다. 그러므로 복음을 부인하거나 거부하는 이들은 교회에 계속 머물 필요가 없다.

복음이 우리에게 주는 가장 큰 선물은 하나님의 은혜와 평강이다. 먼저 구원하시는 하나님의 은혜가 임하고, 이 은혜는 예수 그리스도만이 주실 수 있는 평강으로 이어진다. 복음은 하나님과 죄인 사이에 평강이 임하게 하고, 죄인과 죄인 사이에도 평강이 임하게 한다. 하나님이 복음을 통해 주시는 선물을 감사히 또한 마음껏 누리면 좋겠다.

II. 하나님의 놀라운 구원

(1:3-3:21)

사도는 하나님이 태초에 계획하신 구원이 예수 그리스도를 통해 우리에게 임했다고 한다. 이 구원은 사람이 이해하기 쉽지 않은 신비로운 것이며, 구원받은 자들로 구원을 이루신 하나님을 찬양하고 경배하게 한다. 또한 하나님의 놀라운 구원은 구원을 입은 자들이 각자 어떻게 살아야 하는지, 함께 모이는 공동체로 어떻게 살아야 하는지 뚜렷한 방향을 제시한다. 본 텍스트는 다음과 같이 구분된다.

A. 하나님의 예정이 실현됨(1:3-14)
B. 감사와 권면(1:15-23)
C. 사망에서 생명으로(2:1-10)
D. 하나가 된 새 공동체(2:11-22)
E. 구원의 신비로움(3:1-13)
F. 성도들을 위한 기도(3:14-21)

A. 하나님의 예정이 실현됨(1:3-14)

³ 찬송하리로다 하나님 곧 우리 주 예수 그리스도의 아버지께서 그리스도 안에서 하늘에 속한 모든 신령한 복을 우리에게 주시되 ⁴ 곧 창세 전에 그리스도 안에서 우리를 택하사 우리로 사랑 안에서 그 앞에 거룩하고 흠이 없게 하시려고 ⁵ 그 기쁘신 뜻대로 우리를 예정하사 예수 그리스도로 말미암아 자기의 아들들이 되게 하셨으니 ⁶ 이는 그가 사랑하시는 자 안에서 우리에게 거저 주시는 바 그의 은혜의 영광을 찬송하게 하려는 것이라 ⁷ 우리는 그리스도 안에서 그의 은혜의 풍성함을 따라 그의 피로 말미암아 속량 곧 죄 사함을 받았느니라 ⁸ 이는 그가 모든 지혜와 총명을 우리에게 넘치게 하사 ⁹ 그 뜻의 비밀을 우리에게 알리신 것이요 그의 기뻐하심을 따라 그리스도 안에서 때가 찬 경륜을 위하여 예정하신 것이니 ¹⁰ 하늘에 있는 것이나 땅에 있는 것이 다 그리스도 안에서 통일되게 하려 하심이라 ¹¹ 모든 일을 그의 뜻의 결정대로 일하시는 이의 계획을 따라 우리가 예정을 입어 그 안에서 기업이 되었으니 ¹² 이는 우리가 그리스도 안에서 전부터 바라던 그의 영광의 찬송이 되게 하려 하심이라 ¹³ 그 안에서 너희도 진리의 말씀 곧 너희의 구원의 복음을 듣고 그 안에서 또한 믿어 약속의 성령으로 인치심을 받았으니 ¹⁴ 이는 우리 기업의 보증이 되사 그 얻으신 것을 속량하시고 그의 영광을 찬송하게 하려 하심이라

본문은 사도의 긴 기도문 중 일부다(Snodgrass): 찬송/송영(1:3-14), 감사(1:15-16), 중보(1:17-20). 또한 이 기도를 구성하는 문장도 매우 길다. 헬라어 사본으로는 1:3-14이 한 문장이다(cf. Klein, Perkins, Snodgrass). 이 한 문장은 단어 202개, 전치사 32개, 소유격 21개, 관계사절(relative clause) 6개, 부사분사(adverbial participle) 5개 등으로 구성되어 있다(Arnold). 상황이 이렇다 보니 한 문장을 여러 절로 나누는 일이 쉽

지 않다. 게다가 우리말은 헬라어와 어순이 다르기 때문에 여러 절로 나누는 일이 더 복잡하다. 심지어 영어 번역본들도 이 한 문장을 8개 문장으로(NIV), 혹은 7개 문장으로(NRS), 혹은 6개 문장으로(NAS) 나눈다.

바울은 본 텍스트를 통해 에베소서를 보내는 목적과 수신자들에 대한 사랑과 염려를 확인하며, 그들의 예배에 참여하고자 한다. 이 서신을 받고 회람하는 모든 교회가 예배 중에 읽을 것이기 때문이다. 도입부분에 기도가 없는 서신은 갈라디아서가 유일하다.

저자는 하나님 곧 우리 주 예수 그리스도의 아버지께 찬송을 드리라며 기도를 시작한다(3a절). 이 말씀은 초대교회가 예배에서 사용하던 찬양의 일부일 수 있다(Arnold). 하나님이 예수 그리스도의 아버지라는 사실은 그리스도인이 아닌 유대인들에게는 충격이며 걸림돌이다. 그러므로 그들은 하나님이 그리스도의 아버지라는 사실을 믿든지 혹은 부인하든지 결정해야 한다. 이것도 아니고 저것도 아닌 중립은 없다.

'찬송'(εὐλογητός)의 더 기본적인 의미는 '축복'(blessing)이다(TDNT). 성경에서 하나님이 인간을 축복하시고, 인간이 하나님을 축복하는 일은 흔히 있는 일이다. 예를 들어, "여호와는 네게 복을 주시고"(יְבָרֶכְךָ יהוה)(민 6:24)가 있는가 하면 "내 영혼아 여호와를 송축하라"(בָּרְכִי נַפְשִׁי אֶת־יהוה)(시 103:1)도 있다. 두 문장 모두 '축복하다'(ברך)를 동사로 사용한다.

우리말 번역본들은 인간이 하나님을 축복할 수 없다고 생각해 찬송으로 번역하지만, 대부분 영어 번역본은 이 단어의 원래 의미를 살려 '하나님이 복을 받으시리로다'(Blessed be the God…)로 시작한다(ESV, NAS, NRS). 하나님을 찬송(축복)하는 일로 서신을 시작하는 것은 유대인들의 고유 방식이다(Arnold, cf. 벧전 1:3-9). 또한 유대인들은 '열여덟 축도'(Eighteen Benedictions)라는 기도문을 통해 매일 '주님, 당신을 축복합니다'(Blessed are you, Lord)라는 말을 반복했다. 우리는 하나님의 위대하심과 하시는 일들을 축복하고(찬송하고), 하나님은 모든 신령한 것으로 우리를 축복하신다.

사도는 우리가 하나님을 찬송(축복)해야 하는 이유를 주께서 그리스도 안에서 하늘에 속한 모든 신령한 복을 우리에게 주셨기 때문이라고 한다(3b절). '그리스도 안에'(ἐν Χριστῷ)는 바울 신학에서 매우 중요한 문구 중 하나이며, 본 텍스트와 에베소서에서도 가장 중요한 문구다 (Arnold, Snodgrass). 바울은 이 섹션의 헬라어 사본에서 11차례나 사용한다(in him, in the beloved 포함). 하나님은 그리스도를 통해(by means of) 자기 뜻을 드러내시고, 그리스도 안에서 우리를 택하셨다(1:4, 9, 11).

하나님의 은혜와 구원도 오직 그리스도 안에만 있으며(6-7절), 하늘에 있는 모든 것과 세상에 있는 모든 것이 그리스도 안에서 통일된다(10절). 사람들은 그리스도 안에서 소망하고, 그리스도 안에서 하나님의 말씀을 듣고, 그리스도 안에서 믿음으로 인 치심을 받는다(12-13절). 사도는 하나님이 그리스도 안에서 하신 일을 찬양하고 있으며, 그리스도 안에서 우리에게 주시는 축복을 찬양한다. 그러므로 이 모든 것은 우리가 그리스도와 하나가 되었기 때문에 누리는 축복이다(cf. Lincoln).

'하늘에 속한'(ἐν τοῖς ἐπουρανίοις)을 직역하면 '하늘 같은 곳'(in the heavenly places)이다(ESV, NAS, NRS). 그러나 이 문구는 공간적인 의미를 지닌 것이 아니라 이 세상에 있는 것과 대조되는(cf. 고전 15:40; 빌 3:19; 요 3:12), 세상에서는 접할 수 없는, 곧 우리가 볼 수 없는 영적 세상[실체](spiritual realm)에 속한 것을 뜻한다(Arnold, Hoehner, Schnackenburg cf. 1:20; 2:6; 3:10; 6:12). 이것들은 그리스도 안에 있다(NAS). 하나님은 그리스도 안에서 우리가 세상에서 접할 수 없는 여러 가지 복을 내려 주셔서 우리의 시선을 땅, 권세, 부(富) 등 세상의 것으로부터 하늘로 돌리게 하신다.

'모든 신령한 복'(πάσῃ εὐλογίᾳ πνευματικῇ)은 우리가 이 땅에서 하나님의 백성으로 살 수 있도록 은혜로 베풀어 주시는 모든 것이다(Fee). 본 텍스트에서는 택하심, 양자, 은혜, 용서, 계시, 복음과 성령 등이 '신령한 복'이다(Snodgrass). 성령은 이 모든 신령한 복을 우리가 누릴 수 있도록 인도하신다. 그러므로 신령한 복은 예수 그리스도 안에 있을 때만 누릴 수 있으며, 그리스도 안에 있지 않으면 누릴 수 없다.

우리가 하나님을 찬송할 첫 번째 이유는 창세전에 그리스도 안에서 우리를 택하신 일이다(4a절). '창세전'(πρὸ καταβολῆς κόσμου)은 사람이 이해하는 시간이 시작되기 전, 곧 영원(eternity)이다(Perkins). 하나님은 인류의 시간이 시작되기 전에 우리의 구원을 이미 계획하셨다(HALOT, cf. 계 13:8). 창세전에 하나님이 그리스도 안에서 우리를 택하셨다는 것은 그리스도께서 성육신하시기 전 하나님 아버지와 함께 계실 때 있었던 일이라는 의미다. 그러므로 우리의 구원은 시간이 시작되기 전에 하나님이 그리스도와 함께 계획하신 일이다.

'택하다'(ἐκλέγομαι)는 하나님의 은혜와 선제(initiative)를 강조한다. 칠십인역(LXX)은 이 동사를 하나님이 개인을 택하시는 일에 주로 사용한다: 아브라함(느 9:7), 아론(시 105:26), 다윗(왕상 11:34; 시 78:70), 엘리의 아버지(삼상 2:28), 야곱/이스라엘(사 41:8; 44:1–2). 신약에서는 예수님이 '하나님의 아들, 곧 택하심을 받은 자'라고 한다(눅 9:35). 반면에 본문은 1인칭 복수형을 사용해 '우리'를 택하셨다고 한다. 택하신 자들이 그룹(공동체)을 형성하는 것을 전제하는 것이다(Hoehner). 에베소서에서 하나님은 개인도 택하시고 공동체도 택하신다(Arnold). 중요한 것은 우리가 하나님을 택한 것이 아니라, 하나님이 그리스도를 통해 우리를 택하셨다는 사실이다.

이 구절은 택하심에 대한 중요한 성경 말씀 중 하나다(Arnold). 택하심은 하나님의 은혜와 구원의 다른 말이라 할 수 있다(Snodgrass). 하나님의 택하심의 가장 기본적인 효과는 택하심을 입은 자들이 하나님의 백성으로 구별되는 것이다. 그렇다면 택하심을 입지 못한 사람들은 멸망하는가? 본문은 택하심의 부정적인 면모에 관해서는 어떠한 말도 하지 않는다(Lincoln, cf. Klein). 그러므로 이러한 질문은 별 의미가 없으며 소모적일 뿐이다.

하나님이 그리스도 안에서 우리를 택하신 것은 우리로 사랑 안에서 그 앞에 거룩하고 흠이 없게 하기 위해서다(4b절; cf. 5:27). 하나님의 택하심에는 윤리적인 측면이 있다는 뜻이다. 그리스도께서 우리를 구원하신 목적이자 우리 사역의 목적은 택하심을 입은 자들을 하나님(그리스도) 앞에 거룩하고 흠이 없게 하는 것이다(cf. 5:27). 바울은 기독교인의 윤리(부르심에 합당한 삶을 사는 것)에 관해 4-6장에서 자세하게 언급할 것이다.

헬라어와 한국어의 다른 어순으로 인해 '사랑 안에'(ἐν ἀγάπῃ)가 개역개정에서는 이 문장 앞에 오지만, 헬라어 사본에서는 이 구절의 마지막 문구다. 이 문구의 역할이 4절에서는 모호하다 하여 많은 번역본이 '사랑 안에'를 다음 절(5절)의 시작으로 취급한다(ESV, NAS, NIV). '사랑 안에'를 다음 절의 시작으로 간주하는 것이 합리적이다.

사랑 안에서 하나님은 그 기쁘신 뜻대로 우리를 예정하셨다(5a절). 하나님이 어쩔 수 없이 혹은 마지 못해 우리를 예정하신 것이 아니라, 적극적으로 기쁜 마음으로 예정하셨다(Eadie). 칠십인역(LXX)은 '예정하다'(προορίζω)를 한 번도 사용하지 않는다. 초대교회 교부들도 사용하지 않았다(Arnold). 신약에서 겨우 6차례 사용되며(BDAG), 그중 두 차례가 이곳에서 사용되고 있다. '예정하다'는 미리 결정한다는 뜻이다(TDNT). 하나님은 어떠한 조건 없이 오직 자기의 기쁘신 뜻에 따라 그리스도 안에서(4절), 그리스도를 통해(5절) 우리를 그분의 백성으로 미리 결정하셨다.

우리는 주로 하나님의 예정과 택하심을 개인적 차원에서 생각하는데, 성경은 하나님의 예정과 택하심이 공동체에 관한 일이라는 사실을 강조한다(Snodgrass). 이곳에서도 개인적인 차원은 말하지 않고 그리스도 안에 있는 공동체를 예정하셨다고 한다. 예전에는 이스라엘이 세상에 대한 하나님 축복의 통로였지만, 이제는 그리스도 안에 있는 공동체(우리)가 하나님 축복의 통로다(cf. 갈 3:7-29).

우리를 자기 백성으로 예정하신 하나님은 또한 예수 그리스도를 통해 우리를 자기의 아들들이 되게 하셨다(5b절). '아들이 되게 하는 것/입양'(υἱοθεσία)은 그리스-로마 문화에서 흔히 사용되던 용어지만, 칠십인역(LXX)은 한 번도 사용하지 않는다. 구약에는 입양에 대한 율법도 없다. 로마법에 따르면 입양된 아이는 친아들이 가지는 모든 법적 권리를 얻고, 자신을 낳은 친아버지의 통제에서 벗어났다. 아이는 또한 입양 부모의 성(last name)과 새로운 가족의 권리를 받았다(Arnold). 우리는 그리스도를 통해 하나님의 자녀라는 완전히 새로운 신분과 권리를 얻었다.

하나님이 그리스도를 통해 우리를 자녀로 입양하신 것은 그가 사랑하시는 자, 곧 그리스도 예수 안에서 우리에게 거저 주신 그의 은혜의 영광을 찬송하게 하기 위해서다(6절). 구약은 이스라엘을 하나님이 '사랑하시는 자들'이라 하지만(신 32:15; 33:5, 26; 사 44:2), 신약에서 하나님이 '사랑하시는 자'는 예수님의 호칭 중 하나다(골 1:13; cf. 마 3:17; 17:5; 막 1:11; 9:7; 눅 3:22; 20:13). 하나님은 사랑하는 그리스도를 통해 우리에게 입양의 은혜를 거저 주셨다.

하나님께 입양된 우리는 입양을 중요하게 여길 수밖에 없지만, 이 말씀은 입양이 아니라 우리를 입양하신 하나님의 은혜에 초점을 맞추어 찬양하라고 한다(Arnold). 하나님의 영광을 찬송하라는 권면은 후렴처럼 6, 12, 14절에서 반복된다(cf. 3절). 입양의 은혜를 입은 우리가 하나님께 보일 수 있는 유일한 반응은 찬송이기 때문이다. 우리는 찬송을 통해 하나님이 자신의 영광을 위해 우리를 자녀로 입양하셨다는 사실을 감사한 마음으로 고백해야 한다.

우리는 그리스도 안에서 그의 은혜의 풍성함을 따라 그의 피로 말미암아 속량, 곧 죄 사함을 받았다(7절). 예수님은 십자가 죽음을 통해 자기 목숨을 많은 사람의 대속물로 주셨다(막 10:45). 하나님이 우리의 구원을 위해 무엇을 행하거나 주신 것이 아니라 자기 자신을 주신 것이다. '은혜의 풍성함'(πλοῦτος τῆς χάριτος)은 예수님의 용서하시는 은혜가 참으로 풍성하다는 뜻이다. 그러므로 예수님이 용서하지 못하실 죄는 없다. 죄 사함은 그리스도의 풍성한 은혜로 일어나는 일이기 때문이다.

'속량'(ἀπολύτρωσις)은 값을 치르고 사는 것이다(BDAG). 노예가 자유인이 되려면 몸값을 치러야 한다(출 6:6; cf. 신 13:6; 15:15; 24:18). 신약은 이 단어를 10차례 사용하는데, 그중 7차례는 바울 서신에서 사용되며, 에베소서에서는 3차례 사용된다(Snodgrass). 그리스도께서 우리를 위해 값으로 치르신 것은 십자가에서 흘리신 보혈이다. 본문에서는 '속량'을 '죄 사함'이라 한다.

'죄'(παράπτωμα)는 도덕적 기준을 어기는 것, 잘못된 일 등을 뜻한다(BDAG). 우리는 이미 속량(죄 사함)을 받았다. 그리스도께서 우리의 죗값을 치르셨기 때문이다(고전 7:21-23). 그러므로 그분의 피는 우리의 속량을 보장한다(딛 2:14). '받았다'(ἔχομεν)는 현재형 동사다. 속량, 곧 죄사함이 지금도 계속되고 있다는 뜻이다(Arnold). 또한 우리는 앞으로도 속량(죄 사함)을 받을 것이다(1:14; 4:30). 바울 신학의 핵심인 '이미-아직'(already-not yet) 관점에서 죄 사함도 이해되어야 한다.

하나님은 모든 지혜와 총명을 우리에게 넘치게 하셨다(8절). '지혜'(σοφίᾳ)와 '총명'(φρονήσει)은 같은 의미를 지닌 한 쌍의 단어다(Klein, Snodgrass). 굳이 구분해야 한다면 지혜는 지식에, 총명은 사고 체계에 초점을 둔다. 이 말씀의 강조점은 많이 주셨다는 데 있다. 하나님은 '모든'(πάσῃ) 지혜와 총명을 '넘치게'(ἐπερίσσευσεν) 주셨다. 우리가 하나님을 알고자 한다면 얼마든지 알 수 있게 하셨다.

하나님이 모든 지혜와 총명을 우리에게 넘치게 주신 것은 그 뜻의 비밀을 알게 하기 위해서다(9a절). '그의 뜻'(θελήματος αὐτοῦ)은 "그의 기뻐하심을 따라 그리스도 안에서 때가 찬 경륜을 위하여 예정하신 것"(9b

절)이다. '예정'(προέθετο)은 동사(indicative aorist middle 3rd person singular)이
며 '계획하다, 의도하다'라는 의미를 지닌다(BDAG). 하나님은 세상이
시작되기 전부터 우리의 구원을 성육신하기 이전의 예수님과 함께 계
획하셨다(Arnold). 하나님이 세우신 구원 계획에 예수님이 능동적으로
참여하신 것이다.

드디어 때가 되자 하나님은 계획에 따라 아들을 보내 여자에게서 나
게 하시고, 율법 아래 있는 자들을 구원하기 위해 아들을 율법 아래 태
어나게 하셨다. 또한 그리스도를 통해 우리를 입양하심으로써 하나님
자녀의 모든 권리를 얻게 하셨다. 하나님은 이 모든 일을 기쁨으로 하
셨다.

바울은 하나님이 그리스도와 계획하시고 때가 되어 이루신 일을 비
밀이라 한다(9a절). '비밀'(μυστήριον)은 '신비'(mystery)라는 의미도 지니지
만(BDAG, cf. 새번역, 공동), 이곳에서는 그동안 감추어져 있던 것이 드러
났다는 의미이므로 '비밀'(secret)이 정확한 번역이다(cf. 아가페). 바울은
그리스도의 오심과 십자가를 통해 구원을 이루신 일을 비밀이라고 한
다(고전 2:1, 7; 골 1:26, 27; 2:2; 4:3). 우리의 구원은 창세전부터 하나님
이 계획하고 예정하신 일이며, 그동안 비밀로 남아 있다가 이제 때가
되어 드러났다.

하나님이 창세전에 계획하시고 때가 되어 이루신 그리스도를 통
한 구원의 목적은 하늘에 있는 것이나 땅에 있는 것이 다 그리스도 안
에서 통일되게 하기 위해서다(10절). '통일하다'(ἀνακεφαλαιόω)는 '다
시'(ἀνα-)와 '머리'(κεφαλή)를 합성해 동사로 만든 단어다(Barth). 칠십인
역(LXX)과 신약 저자들은 이 단어를 사용하지 않으며, 바울만 한 번 더
사용한다. '요약하다, 모으다' 등의 의미를 지닌다(BDAG). 그는 이 단
어를 사용해 "네 이웃을 네 자신과 같이 사랑하라"라는 말씀에 모든 계
명이 요약되어 있다고 한다(롬 13:9). 이곳에서는 세상 만물을 다시 모
아 [머리가 되신] 예수님의 권위 아래 두어 복종하게 하셨다는 뜻이다

223

(Arnold, Barth, cf. 골 1:20, 새번역, 공동).

하나님이 이것들을 '다시'(ἀνα-) 모으시는 것은 피조물의 반역과 연관이 있다. 하나님은 세상을 창조하시고 모든 피조물이 주님의 다스림 아래 있게 하셨다. 그러나 사람이 반역했고, 사람의 다스림 아래 있던 자연 만물도 죄의 영향을 받아 반역했다. 그러므로 하나님은 모든 피조물이 '다시' 복종하도록 그리스도 아래 모으신다. 다니엘 7:13-14이 그리스도를 통해 성취되고 있다(cf. 빌 2:10-11).

> 내가 또 밤 환상 중에 보니 인자 같은 이가 하늘 구름을 타고 와서 옛적부터 항상 계신 이에게 나아가 그 앞으로 인도되매 그에게 권세와 영광과 나라를 주고 모든 백성과 나라들과 다른 언어를 말하는 모든 자들이 그를 섬기게 하였으니 그의 권세는 소멸되지 아니하는 영원한 권세요 그의 나라는 멸망하지 아니할 것이니라(단 7:13-14).

우리가 그리스도 안에서 기업이 된 것은 하나님의 계획에 따라 예정을 입어 된 일이다(11절). '모든 일을 그의 뜻의 결정대로 일하시는 이'는 하나님이시다(11a절). 우리는 하나님의 계획에 따라 예정을 입어 그리스도 안에서 그분의 기업이 되었다(11b절). '결정하다'(βουλή)는 하나님의 택하심과 연관되어 있다.

성경은 대체로 하나님이 우리의 '기업'이 되시거나 우리에게 기업을 주신다고 한다. 모든 영어 번역본도 이러한 생각을 본문 번역에 반영한다(ESV, NAS, NRS). 그러나 이곳에서는 우리가 하나님의 '기업이 되었다'(ἐκληρώθημεν, 부정 과거 1인칭 복수 수동태)라는 뜻이다(Hoehner, Lincoln, Robinson, cf. 개역개정, 새번역). 모든 일을 자기 뜻의 결정대로 하시는 하나님의 계획에 따라 우리가 예정을 입어 그리스도 안에서 하나님의 기업이 되었다.

하나님은 우리가 그리스도 안에서 그의 영광의 찬송이 되게 하시려고 우리를 기업으로 삼으셨다(12절). 어떤 이들은 '전부터 바라던 자들'(τοὺς προηλπικότας)을 근거로 본문의 '우리'(ἡμᾶς)를 유대인 그리스도인으로 제한한다(Bruce, O'Brien). 그러나 모든 그리스도인을 말한다(Arnold, Best, Hoehner, Klein, Lincoln, Schnackenburg). 하나님은 창세전부터 우리가 그분의 영광의 찬송이 되기를 바라셨다. '그의[하나님의] 영광'(δόξης αὐτοῦ)은 사람이 눈으로 볼 수 있는 밝음, 광채를 뜻한다(Arnold). 성경은 천둥(시 29:3), 불(겔 1:28), 빛나는 구름(출 40:34-35; 왕상 8:11)을 하나님의 영광으로 표현하기도 한다. 예수님이 변화산에서 기도하실 때 그분의 옷이 희어져 광채가 났다(눅 9:29). 하나님은 가까이 가지 못할 빛에 거하신다(딤전 6:16). 그러므로 모세도 하나님의 뒷모습만 볼 수 있었다(출 33:22).

우리는 그리스도 안에서 진리의 말씀, 곧 우리를 구원에 이르게 하는 복음을 듣고, 그리스도 안에서 그 복음을 믿었다(13a절; cf. 갈 2:5, 14; 5:7; 고후 4:2). 우리가 들은 복음을 믿은 것은 그리스도를 영접하고 그분과 하나가 되었기 때문에 가능한 일이었다.

또한 그리스도 안에서 복음을 듣고 믿은 것은 약속의 성령으로 인 치심을 받는 것을 뜻한다(13b절). 어떤 이들은 우리가 세례(침례)를 받을 때 인 치심을 받은 것이라 하지만, 세례는 성령의 인 치심이 될 수 없다. 그러므로 우리는 믿음으로 회심할 때 성령의 인 치심을 받았다(Arnold, Snodgrass). 인은 소유권에 관한 것이다(Fee). 성령이 우리가 하나님의 소유라는 것을 증명하신다.

성령은 우리 기업의 보증이 되신다(14a절). '보증'(ἀρραβών)은 히브리어로 '담보물'(עֵרָבוֹן)이라는 뜻을 지닌 단어를 소리 나는 대로 헬라어로 표기한 것(음역)이다. 신약에서는 '계약금, 보증'(down payment, deposit)이라는 의미로 사용된다(cf. 고후 1:22; 5:5). 성령은 우리에게 인을 침으로써 우리가 하나님의 소유(기업)라는 것을 보증하셨다(13절). 또한 성령은 '우리가 완전히 구원받을 때까지 우리의 상속의 담보'가 되셨다(새번역). 성령이 하나님과 우리 관계에서 '양쪽으로 보증을 서신 것'이다.

성령이 우리 기업의 보증이 되신 것은 하나님이 그 얻으신 것을 속량하시고 그의 영광을 찬송하게 하게 하기 위해서다(14b절). 하나님이 '얻으신 것'(περιποιήσεως)은 '소유하신 것'을 뜻하며 하나님의 소유물은 성도다(NIV, cf. 말 3:17). 하나님이 우리를 얼마나 귀하게 여기시는지 우리가 회심할 때 성령을 우리 구원의 담보가 되게 하셨고, 종말에 우리의 구원을 완성하실 것이다(Arnold). 우리는 그날을 소망하며 하나님의 영광을 찬송해야 한다.

이 말씀은 우리의 구원은 창세전부터 삼위일체 하나님이 계획하신 일이며, 때가 이르자 그리스도의 성육신과 십자가 죽음을 통해 실현된 것이라 한다. 예수님은 창세전부터 하나님의 계획에 능동적으로 참여하셨다. 하나님은 우리의 구원을 기쁘신 뜻대로 예정하셨다. 하나님이 창세전부터 기쁨으로 계획하신 구원이 우리에게도 생애 최고의 기쁨이 되어야 한다.

하나님은 우리의 구원을 그리스도를 통해, 그리스도 안에서 풍성한 은혜에 따라 이루셨다. 우리의 구원과 삶에서 가장 중요한 것은 그리스도 안에 거하며 주님과 하나가 되는 일이다. 사도는 이 점을 강조하기 위해 이 섹션에서 '그리스도 안'이라는 말을 11차례나 사용한다. 우리는 그리스도를 떠나면 아무것도 아니다. 또한 하나님이 우리를 보실 때 '그리스도 안에'라는 렌즈를 통해 보신다.

하나님의 풍성한 은혜로 그리스도를 통해 구원을 얻은 우리가 할 수 있는 유일한 일은 하나님을 찬송하는 것이다. 우리의 구원은 전적으로 하나님이 홀로 하신 일이다. 그러므로 구원에 대한 감사와 감격이 있다면 하나님을 찬송하면 된다. 감사와 감격이 클수록 더 많은 찬송으로 하나님의 영광을 드러내야 한다.

성령은 우리가 종말을 맞을 때까지 우리와 함께하시며 보호하실 것이다. 우리를 하나님의 소유물로 인 치셨기 때문에 주님의 소유인 세상이 끝나는 날까지 우리가 해를 받거나 상하지 않도록 보호하실 것이다. 또한 성령은 우리가 장차 하나님께 받을 기업의 담보가 되셨다. 우리는 종말에 참으로 크고 많은 복을 누릴 것을 성령을 통해 보장받았다.

그날까지 우리 사역자들은 성도들을 거룩하고 흠 없이 하나님 앞에 서게 하는 것을 사역의 목표로 삼아야 한다. 그렇게 하기 위해서는 하나님의 선하신 뜻에 따라 믿음뿐 아니라 도덕적·윤리적으로도 그리스도를 닮아 가는 삶을 살도록 양육하며 그들을 도와야 한다.

B. 감사와 권면(1:15-23)

[15] 이로 말미암아 주 예수 안에서 너희 믿음과 모든 성도를 향한 사랑을 나도 듣고 [16] 내가 기도할 때에 기억하며 너희로 말미암아 감사하기를 그치지 아니하고 [17] 우리 주 예수 그리스도의 하나님, 영광의 아버지께서 지혜와 계시의 영을 너희에게 주사 하나님을 알게 하시고 [18] 너희 마음의 눈을 밝히사 그의 부르심의 소망이 무엇이며 성도 안에서 그 기업의 영광의 풍성함이 무엇이며 [19] 그의 힘의 위력으로 역사하심을 따라 믿는 우리에게 베푸신 능력의 지극히 크심이 어떠한 것을 너희로 알게 하시기를 구하노라 [20] 그의 능력이 그리스도 안에서 역사하사 죽은 자들 가운데서 다시 살리시고 하늘에서 자기의 오른편에 앉히사 [21] 모든 통치와 권세와 능력과 주권과 이 세상뿐 아니라 오는 세상에 일컫는 모든 이름 위에 뛰어나게 하시고 [22] 또 만물을 그의 발 아래에 복종하게 하시고 그를 만물 위에 교회의 머리로 삼으셨느니라 [23] 교회는 그의 몸이니 만물 안에서 만물을 충만하게 하시는 이의 충만함이니라

이 섹션은 바울이 에베소 성도들을 위해 매일 드리는 기도를 요약하고 있다. 하나님 찬양(1:3-14)이 자연스럽게 감사와 기도로 이어지고 있는 것이다. 다른 옥중 서신의 감사 기도와 비슷하다(cf. 빌 1:3-11; 골 1:3-14; 몬 1:4-6).

앞 섹션(1:3-14)처럼 본 텍스트(15-23절)도 헬라어 단어 169개로 구성된 한 문장이다(Arnold, Klein). 이는 감사(15-16절), 중보(17-19절), 하나님의 능력(20-23절) 등 세 파트로 구분된다(Perkins, cf. Klein). 사도는 하나님이 이미 이루신 일(그리스도를 통해 구원을 주심)과 하시고 계시는 일(그리스도를 통해 자기 자녀들에게 온갖 은혜를 베푸심)을 바탕으로 미래를 꿈꾸게 한다(Snodgrass).

'이로 말미암아'(Διὰ τοῦτο)(15a절)는 사도가 앞 섹션(1:3-14)에서 언급한 것들을 되돌아보는 말이다. 바울은 하나님의 특별하고 넘치는 축복과 그 축복을 삶에서 경험하고 있는 에베소 사람들을 생각할 때마다 감사와 기도가 절로 나온다. 그들의 믿음과 모든 성도를 향한 사랑에 대해 들으면 더욱더 그렇다(15b절).

'믿음'(πίστιν)은 우리가 하나님에 대해 취하는 태도이며, '사랑'(ἀγάπην)은 우리가 다른 사람들을 대하는 자세다. 일부 사본에는 '사랑'(ἀγάπην)이 없다(Metzger). 그러나 하나님을 향한 믿음은 자연스럽게 이웃에 대한 사랑으로 이어진다(고전 13:2; 갈 5:6; 엡 6:23; 살전 1:3). 그러므로 원래 '사랑'이 본문에 포함되어 있었지만, 누락된 사본들의 경우 필사자들이 실수로 빠트린 것이다.

사랑은 남에 대해 좋은 느낌만 갖는 것이 아니라, 의도적으로 배려하고 실용적인 도움을 주는 것이다(Klein). 우리가 어떻게 서로 사랑해야 하는지 알고자 한다면, 여러 모범 사례를 생각해 보면 된다. 하나님이 예수님을 사랑하신 것(1:6), 하나님이 자기 백성을 사랑하신 것(1:4; 2:4), 그리스도가 교회를 사랑하신 것(5:2, 25) 등은 우리가 평생 답습하고자 노력해야 하는 사랑의 본보기다. 이러한 사랑으로 우리는 서로 사랑해야 한다(5:2). 남편은 아내를 이같이 사랑해야 한다(5:25).

바울이 에베소서를 저작하지 않았다고 주장하는 사람들은 '나도 듣고'(κάγὼ ἀκούσας, cf. 골 1:4)를 증거로 제시한다. 그가 에베소에 3년간 머물며 가르쳤기 때문에 이렇게 말할 리 없다는 것이다. 그러나 사도가 이 서신을 보낼 때는 에베소를 떠난 후 몇 년이 지난 시점이기 때문에 그들이 영적인 성장을 계속하고 있다는 소식을 듣고 이렇게 말할 수 있다. 또한 우리가 주장하는 것처럼 에베소서가 처음부터 회람될 목적으로 여러 교회에 보낸 것이라면 바울이 개인적으로 모르거나 방문한 적 없는 교회들에 이렇게 말하는 것이 당연하다.

바울은 기도할 때마다 에베소 교회와 성도들을 기억하며, 그들을 생각할 때마다 하나님께 감사하기를 그치지 않는다(16절). 감사 기도는 바울 서신을 시작하는 중요한 요소다(cf. 롬 1:8-10; 고전 1:4; 빌 1:3; 골 1:3; 살전 1:2; 살후 1:3; 몬 1:4). 사도가 에베소 교회에 관해 어떤 구체적인 소식을 접해서라기보다는 하나님이 그들과 함께하시며 계속 은혜를 베푸시는 것에 대해 감사 기도를 드린다는 뜻이다(Pao).

'그치지 않고'(οὐ παύομαι)는 바울이 에베소 성도들을 위해 많은 시간 기도하고 있음을 강조한다. 또한 이 구절에서 사용되는 세 가지 동사(παύομαι, εὐχαριστῶν, ποιούμενος) 모두 현재형이다. 사도는 이 서신을 보내는 순간에도 그들을 위한 기도와 감사를 계속하고 있다.

바울은 자신이 그치지 않고 감사를 드리는 하나님에 대해 세 가지를 말한다(17절). 첫째, 우리 주 예수 그리스도의 하나님이시다(17a절; cf. 1:3). 하나님과 나사렛 예수의 관계를 강조하는 말씀이다. 예수님은 '우리의 주'(τοῦ κυρίου ἡμῶν), 곧 우리의 하나님이시자 주인이시다. 또한 예수님은 '그리스도'(Χριστός)이시다. 하나님이 세상을 구원하기 위해 보내신 메시아, 곧 구원자이시다. 예수님이 우리와 하나가 되신 것처럼, 하나님도 예수님과 하나이시다.

둘째, 하나님은 영광의 아버지이시다(17b절). '영광의 아버지'(ὁ πατὴρ

τῆς δόξης)를 놀라운 속성을 강조하는 것으로 해석해 '영광스러운 아버지'(glorious Father)로 번역할 수 있다(Arnold, cf. NIV). 또한 본문은 하나님의 능력을 강조하므로 온 세상에 자기 '영광을 드러내시는 아버지'(Father who reveals his glory)로 해석할 수도 있다(Snodgrass).

셋째, 하나님은 지혜와 계시의 영을 주신다(17c절). '지혜'(σοφία)는 성도의 삶에 관한 것이며, '계시'(ἀποκάλυψις)는 하나님의 계획과 목적에 관한 것이다. '영'(πνεῦμα)을 사람의 마음(영)으로 해석할 수도 있지만(ESV, NAS, NRS), 성령으로 해석해야 한다(Best, Bruce, Fee, Hoehner, Lincoln, O'Brien, Schnackenburg, cf. NIV). 계시는 오직 하나님의 영이신 성령만이 주실 수 있기 때문이다.

사도는 성령이 종말에 이를 때까지 우리를 인도하시고 하나님의 영광을 찬미하게 한다고 했다(1:13-14). 예수님의 말씀이 그대로 실현된 것이다: "진리의 성령이 오시면 그가 너희를 모든 진리 가운데로 인도하시리니 그가 스스로 말하지 않고 오직 들은 것을 말하며 장래 일을 너희에게 알리시리라"(요 16:13).

성령이 우리에게 지혜와 계시를 주시는 것은 우리로 하나님을 알게 하기 위해서다(17d절). 성령이 지혜와 계시를 주셔야 하나님을 알 수 있다. 또한 하나님이 그리스도 안에서 우리에게 어떤 능력을 주셨는지도 오직 성령의 계시로 알 수 있다(Snodgrass).

성령은 지혜와 계시로 우리 마음의 눈을 밝혀 주실 것이다(18a절). 문법이 명확하지 않아 해석하기가 쉽지 않지만(Arnold) 성령은 우리로 하여금 세 가지를 알게 하신다(Snodgrass).

첫째, 성령은 하나님의 부르심의 소망이 무엇인지 알게 하신다(18b절). '소망'(ἐλπίς)은 바울 서신에서 중요한 주제다(cf. 롬 5:2-5; 8:24-25; 15:4, 12-13; 고후 1:10; 3:12; 갈 5:5; 골 1:5, 23, 27). 우리는 예수 그리스도로 인해 하나님의 부르심이 지닌 모든 축복(부활과 구원과 영생 포함)을 이해하고 소망하게 되었다(cf. 1:3-14). 우리가 그리스도인이 되기 전에는 소망이 없었다(2:12). 소망은 무엇보다도 우리가 장차 얻을 것을 믿고 확신하는 것이다. 그러므로 사람이 소망을 갖게 되면 현재의 삶도 바뀐다.

둘째, 성령은 성도 안에서 그 기업의 영광의 풍성함을 알게 하신다(18c절). '그 기업'(τῆς κληρονομίας)을 장차 우리가 하나님께 받을 기업(상속)으로 해석하기도 하지만(Best, Schnackenburg, Stott, cf. 공동), 이는 성도인 우리가 하나님의 기업이라는 뜻이다(cf. ESV, NAS, NIV, NRS). 구약도 주님의 백성을 하나님의 기업이라 한다(신 9:29; 삼하 21:3; 왕상 8:51; 왕하 21:14; 사 47:6).

'기업의 영광'(τῆς δόξης τῆς κληρονομίας)에서 '영광'(δόξης)은 '기업'(κληρονομίας)을 설명하는 수식 소유격(attributive genitive)이다(Arnold). 그러므로 이 문구는 하나님의 '영광스러운 기업'(glorious inheritance)이라는 의미를 지닌다. 세상의 왕들은 부귀영화를 가장 귀하게 여기지만, 하늘의 왕이신 하나님은 그분의 백성인 우리를 가장 영광스러운 기업으로 여기신다. 우리는 자부심을 가지고 살아야 한다. 또한 성령은 하나님의 영광스러운 기업인 우리가 얼마나 크고 많은 풍성함을 누리고 있는지 깨닫게 하신다.

셋째, 성령은 하나님이 우리에게 베푸신 능력이 얼마나 큰지 알게 하신다(19절). 에베소서는 그 어느 서신보다도 하나님의 능력을 강조한다(Snodgrass). 이곳에서도 능력과 연관된 단어들을 사용해 하나님의 위대하심을 찬양한다: 힘(δυνάμεως), 위력(ἐνέργειαν), 능력(κράτους) 능력(ἰσχύος), 큼(μέγεθος). 하나님의 놀라운 능력은 생명을 창조하고 살리시는 일로 분명하게 드러난다(cf. 20절). 하나님의 놀라운 능력은 지금도 우리 삶에서 드러난다(Klein).

어떤 이들은 20-23절이 초대교회에서 사용된 찬양 혹은 기도문이라한다(cf. Barth, Dunn, Perkins). 그러나 이렇다 할 증거가 없으니 사도가 직접 저작한 것으로 간주해야 한다. 또한 이 텍스트에는 찬양 양식에 맞는 요소가 별로 없다(Arnold, Lincoln, cf. Snodgrass).

하나님의 놀라운 능력은 그리스도를 통해 가장 확실하게 드러났다. 바울은 그리스도께서 우리를 구원하기 위해 행하신 세 가지 일을 중심으로 하나님의 능력을 찬양한다(20절). 바로 죽음, 부활, 승천이다. 이 세 가지는 모두 하나님이 그리스도 안에서 이루신 일이다.

첫째, 하나님은 예수님의 십자가 죽음을 통해 우리에 대한 사랑의 위대함을 보이셨다. 하나님은 그리스도를 믿는 우리를 무척 사랑하셔서 죄로 얼룩진 우리를 죽도록 내버려 두실 수 없었다. 우리를 구원하기 위해 독생자 예수를 여인의 아들로 보내 십자가에서 죽게 하셨다. 하나님은 그리스도의 십자가를 통해 예수님을 믿는 모든 사람의 죄를 사하시고 그들에게 의롭다 함을 주셨다.

둘째, 하나님은 십자가에서 죽으신 예수님을 죽은 자 가운데서 다시 살리셨다. '죽은 자들 가운데서 다시 살리셨다'(ἐγείρας αὐτὸν ἐκ νεκρῶν)를 직역하면 '죽은 자들로부터 일으키셨다'(raised from the dead ones)이다. 신약은 그리스도의 부활에 관해 말할 때 거의 항상 이렇게 표현한다. 그리스도가 죽음(state of death)에서 살아나신 것보다 죽은 자들과 함께 있지 않고 그들로부터 나오셨다는 사실을 강조하기 위해서다(Snodgrass). 예수님은 죽은 자들로부터 나오심으로써 장차 우리가 경험하게 될 부활을 시작하셨다.

셋째, 하나님은 죽은 자들로부터 일어나신 예수님을 하늘로 올리셔서 자기의 오른편에 앉히셨다. 신약에서 가장 많이 인용된 시편 110:1에서 온 표현이다: "여호와께서 내 주에게 말씀하시기를 내가 네 원수들로 네 발판이 되게 하기까지 너는 내 오른쪽에 앉아 있으라 하셨도다"(cf. 마 22:44; 26:64; 막 12:36; 14:62; 16:19; 눅 20:42-44; 22:69; 행 2:34-35; 롬 8:34; 고전 15:25; 엡 1:20; 골 3:1; 히 1:3, 13; 5:6; 7:17, 21; 8:1; 10:12-13; 12:2; 벧전 3:22). 그리스도께서 하늘로 높임을 받으셨다는 것은 세상의 무게 중심이 땅에서 하늘로 옮겨졌다는 것을 의미한다(Lincoln). 하나님이 우리 구원의 중심 인물이신 예수님을 땅에서 하늘로 옮기셨기 때문이다(cf. 6:9).

하나님이 예수님을 위해 누구도 피해 갈 수 없는 죽음을 되돌리시고 그를 가장 높은 자리로 올리셨다면, 그 무엇도 하나님께는 어려운 일이 아니다(Klein). 하나님은 이 놀라운 능력을 그리스도인들을 위해 사용하신다. 그러므로 우리가 그리스도 안에 있는 한, 우리는 모든 선한 일을 할 수 있다.

하나님은 메시아이신 예수님을 이 세상뿐 아니라 오는 세상에 일컫는 모든 이름 위에 뛰어나게 하셨다(21절). '통치'(ἀρχῆς)와 '권세'(ἐξουσίας)와 '능력'(δυνάμεως)과 '주권'(κυριότητος)과 '이름'(ὀνόματος)은 의미가 겹치기 때문에 각자 따로 구별하는 것이 쉽지 않다(cf. Snodgrass). 다만 모두 영적이며 악한 권세인 것은 확실하다(Arnold, Hoehner, Klein, Snodgrass). 어떤 이들은 인간적인 권세도 포함하는데(Barth), 인간적인 권세가 [악한] 영적인 권세의 지배 아래 있다는 사실을 고려하면 인간적인 권세를 포함하는 것도 문제가 되지는 않는다. 하나님은 예수님에게 우리가 경험하고 생각할 수 있는 그 어떤 권세보다 뛰어난 이름(권세)을 주셨다. 지금 그리스도인들을 괴롭히는 권세자들도 때가 되면 모두 예수님께 복종해야 한다. 그날 우리를 괴롭히는 모든 권세자가 심판을 받을 것이다.

하나님은 만물을 그리스도의 발 아래에 복종하게 하셨다(22a절; cf. 단 7:13-14). 첫 아담이 세상 모든 짐승에게 이름을 지어 주어 자신의 주권(지배권)을 확인한 것처럼(cf. 창 2장), 예수 그리스도의 이름은 세상 모든 권세를 그분의 발 아래 두고 복종시키는 이름이다. 예수님은 온 우주를 다스리시는 주시며, 자기 죽음을 통해 이미 이 권세들을 모두 복종시키셨다(시 8:6; 110:1; 골 2:10). 또한 우리는 그리스도의 승리가 종말에 완성(consummation)될 것을 확신하고 소망한다. 우리는 눈에 보이는 권세가 크다고 생각한다. 특히 우리를 괴롭히는 권세는 무척 커 보인다. 그러나 지금은 잘 보이지 않지만 종말에 온 세상에 드러날 그리스도의 권세는 훨씬 더 크다. 우리는 이 사실을 소망으로 삼고 살아야한다(cf. 18절). '이미-아직'(already-not yet)은 바울의 신학에서 가장 중요한 가르침이다.

또한 하나님은 예수님을 만물 위에 교회의 머리로 삼으셨다(22b절). '머리'(κεφαλή)는 지위(권위)를 상징한다. 또한 머리는 몸을 지휘하고 필요한 것을 채워 주는 본부다(cf. 4:15-16). 하나님이 그리스도를 만물 위에 교회의 머리로 삼으셨다는 것은 예수님이 교회의 유익을 위해 만물의 머리가 되셨다는 뜻이다(Snodgrass). 우리는 흔히 그리스도를 교회의 머리로만 생각한다. 그러나 예수님은 온 세상을 지배하는 머리이시다. 그분은 온 세상을 다스리는 권세를 교회의 유익을 위해 사용하신다.

하나님이 그리스도를 교회의 머리로 삼으셨으므로(22절), 교회는 그의 몸이다(23a절). 몸이 항상 머리와 연결되어 있듯이, 교회는 항상 그리스도와 연결되어 있어야 한다. 그래야 머리는 몸을 지탱하고, 인도하고, 영감을 주고, 능력을 주고, 강건하게 할 수 있다(Arnold, Barth, O'Brien). 머리와 몸은 사도가 즐겨 사용하는 비유이며, 교회에 대한 가장 중요한 가르침이다(Muddiman, cf. 1:23; 2:16; 4:4, 12, 16, 25; 5:23, 40; cf. 롬 12:4-8; 고전 12:12-31).

또한 교회는 만물 안에서 만물을 충만하게 하시는 이의 충만함으로 가득한 곳이다(23b절). 이 말씀을 정확하게 해석하기가 매우 어렵다(cf. Arnold, Best, Klein). 학자들은 크게 세 가지 가능성을 제시했다: (1)교회는 그리스도로 채워지고, 그리스도는 하나님으로 온전히 채워진다(Best, Hoehner), (2)교회는 그리스도의 완성(또는 보완)이며, 점점 더 많은 지체가 그리스도의 몸 안으로 들어옴에 따라 그리스도께서 완전히 충만해지고 있다(Calvin, Robinson), (3)교회는 그리스도에 의해 채워지고, 그리스도는 교회를 통해 세상을 완전히 채우신다(Arnold, Barth, Klein, Lincoln, O'Brien, Schnackenburg). 이 세 가지 해석 중 가장 설득력 있고 가장 많은 지지를 받는 해석은 세 번째다. 그리스도는 교회를 충만하게 채우시고, 교회의 충만함을 통해 세상도 채워 가신다. 그리스도께서 자기의 권세와 은혜로 채워진 교회를 통해 온 세상도 다스리신다는 뜻이다. 교회는 예수님이 세상을 다스리는 일에 사용하시는 도구다.

이 말씀은 우리는 서로를 위한 감사와 기도를 계속해야 한다고 한다. 바울은 에베소 교회와 성도들을 떠올릴 때마다 감사하며 기도했다. 육체적으로 멀리 떨어져 있어도 그들을 위한 기도를 멈추지 않았다. 우리도 서로를 위한 감사와 기도가 끊이지 않게 해야 한다.

우리는 성령이 주시는 지혜와 계시를 통해 하나님을 알 수 있다. 사람은 스스로 하나님을 알 수 없다. 하나님이 성령을 통해 자신을 계시하시고, 그 사실을 깨달을 수 있는 지혜를 주셔야 비로소 하나님을 알 수 있다. 그러므로 하나님을 알아 가는 것은 영적 행위의 최고봉이다. 성령은 우리로 하나님을 더 잘 알게 하기 위해 우리에게 오셨다.

하나님은 우리를 그리스도를 통해 부르시고 가장 귀하게 여기시는 기업이라 하셨다. 또한 모든 위력과 능력으로 우리와 함께하신다. 이 사실을 깊이 묵상하고 감사해야 한다. 또한 자부심과 자신감을 가지고 세상을 살아가야 한다. 우리는 하나님의 가장 귀한 자녀이기 때문이다.

부활하신 예수님은 승천해 하나님 아버지의 오른편에 앉아 계신다. 예수님은 그곳에서 세상 모든 권세를 발 아래 두고 다스리신다. 우리는 예수님과 하나 될 날을 소망하며 살아야 한다. 비록 오늘은 우리가 세상 권세에 짓밟히기도 하지만, 그날이 되면 우리가 그들을 다스릴 것이다.

예수님은 우리가 속한 교회의 머리이시며, 우리는 그분의 몸이다. 몸은 머리에서 떨어질 수 없으며, 살기 위해서라도 항상 머리와 교통하고 교제해야 한다. 우리는 그리스도에게서 멀어지는 순간 죽기 시작한다. 교회 공동체의 삶은 그리스도와 하나 됨을 벗어나서는 상상할 수 없다.

C. 사망에서 생명으로(2:1-10)

[1] 그는 허물과 죄로 죽었던 너희를 살리셨도다 [2] 그 때에 너희는 그 가운데서 행하여 이 세상 풍조를 따르고 공중의 권세 잡은 자를 따랐으니 곧 지금 불순종의 아들들 가운데서 역사하는 영이라 [3] 전에는 우리도 다 그 가운데서 우리 육체의 욕심을 따라 지내며 육체와 마음의 원하는 것을 하여 다른 이들과 같이 본질상 진노의 자녀이었더니 [4] 긍휼이 풍성하신 하나님이 우리를 사랑하신 그 큰 사랑을 인하여 [5] 허물로 죽은 우리를 그리스도와 함께 살리셨고 (너희는 은혜로 구원을 받은 것이라) [6] 또 함께 일으키사 그리스도 예수 안에서 함께 하늘에 앉히시니 [7] 이는 그리스도 예수 안에서 우리에게 자비하심으로써 그 은혜의 지극히 풍성함을 오는 여러 세대에 나타내려 하심이라 [8] 너희는 그 은혜에 의하여 믿음으로 말미암아 구원을 받았으니 이것은 너희에게서 난 것이 아니요 하나님의 선물이라 [9] 행위에서 난 것이 아니니 이는 누구든지 자랑하지 못하게 함이라 [10] 우리는 그가 만드신 바라 그리스도 예수 안에서 선한 일을 위하여 지으심을 받은 자니 이 일은 하나님이 전에 예비하사 우리로 그 가운데서 행하게 하려 하심이니라

에베소서에는 그리스도인들의 '과거-현재'(formerly-now)의 삶을 대조하는 말씀이 다섯 개가 있는데, 그중 첫 번째 대조다(Snodgrass, 2:11-13, 19-22; 4:17-24; 5:8; cf. 3:5; 4:28). 사도는 앞 섹션에서 하나님의 능력이 예수 그리스도를 통해 가장 확실하게 드러났다고 했다. 이 섹션에서는 하나님의 놀라운 능력이 죽을 수밖에 없는 우리를 살리셨다고 한다. 본문을 구성하는 2:1-7도 헬라어로는 한 문장이다(Perkins).

하나님은 허물과 죄로 죽었던 우리를 살리셨다(1절). '허물들'(παραπτώμασιν)은 1:7에서 '죄들'로 번역된 단어이며, 범죄 등 잘못된 행동을 뜻한다(TDNT, cf. 골 2:13). '죄들'(ἁμαρτίαις)은 잘못된 생각을 포함

한다(TDNT). 그러므로 '허물과 죄'는 모든 잘못된 언행과 생각이다. 그리스도인이 되기 전에 우리는 모두 온갖 죄로 인해 영적으로 죽었다.

'죽음'(νεκρός)은 모든 피조물에게 생명을 주시는 창조주 하나님으로부터 단절되는 것이다. 죄의 삯은 사망인데, 사망이 우리에게 왕 노릇했다(롬 6:23; 5:17). 우리는 죽음의 지배 아래 있었으며, 우리 힘으로 죽음에서 벗어날 길은 없었다. 죽음은 아직도 불신자들을 다스리고 지배하는 독재자다(롬 5:12-21; 6:15-23; 7:5, 24; 8:6-13).

하나님이 허물과 죄로 죽었던 우리를 그리스도의 십자가와 부활을 통해 살리셨다: "우리는 그리스도 안에서 그의 은혜의 풍성함을 따라 그의 피로 말미암아 속량 곧 죄 사함을 받았느니라"(1:7; cf. 1:20).

바울은 우리가 죄로 인해 죽었던 때의 삶에 대해 세 가지를 말한다(2절). 첫째, 그때에 우리는 그 가운데서 행했다(2a절). '그때에'(ἐν αἷς ποτε)(2a절)는 우리가 그리스도를 통해 하나님께 구원받기 이전의 시대다. '행했다'(περιεπατήσατε)는 '걸었다'라는 뜻이며, 삶을 길을 걷는 것에 비유하는 이미지에서 비롯되었다. 그때 우리는 허물과 죄로 인해 죽음의 길을 걷고 있었다. 지금은 성령과 함께 걷고 있다(cf. 신 5:33; 시 1:1; 사 30:21; 롬 6:4; 8:4; 고전 3:3; 7:17; 고후 4:2).

둘째, 그때에 우리는 세상 풍조를 따랐다(2b절). '세상 풍조'(τὸν αἰῶνα τοῦ κόσμου)는 온갖 악한 권세가 다스리는 세상의 기준에 순응하며 살았다는 뜻이다(Arnold. cf. 1:21). 세상의 기준은 하나님의 기준과 매우 다르다. 그러므로 사도는 "너희는 이 세대를 본받지 말고 오직 마음을 새롭게 함으로 변화를 받아 하나님의 선하시고 기뻐하시고 온전하신 뜻이 무엇인지 분별하도록 하라"(롬 12:2)라고 권면한다. 사람은 하나님의 선하신 뜻을 따를 것인지, 혹은 세상을 따를 것인지 둘 중 하나를 택해야 한다. 하나님과 세상을 둘 다 따를 수는 없다.

셋째, 그때에 우리는 공중의 권세 잡은 자를 따랐다(2c절). '공중의 권세 잡은 자'(τὸν ἄρχοντα τῆς ἐξουσίας τοῦ ἀέρος)는 마귀(사탄)이다. 성경은 이 자를 '세상의 임금'(요 12:31; 16:11; 요일 5:19; 3:13; 5:4-5)이라 하고, '귀신의 왕'이라 한다(마 9:34; 12:24; 막 3:22; 눅 11:15). 다니엘서는 이 자를 '바사 왕국의 군주'(단 10:13)라 하고 '헬라의 군주'라 하기도 한다(단 10:20). 그리스도인이 되기 전 우리는 마귀가 다스리는 세상에서 마귀를 따르며 살았다.

마귀는 지금도 불순종의 아들들 가운데서 역사한다(2d절). '불순종의 아들들'(τοῖς υἱοῖς τῆς ἀπειθείας)은 유대인들의 표현이다. '아들'(υἱός)은 그러한 성향을 지녔다는 뜻이다(cf. 눅 20:34). 반대되는 말로는 '언약의 아들'(겔 30:5), '빛의 아들'(눅 16:8) 등이 있다. 그리스도인이 되기 전 우리는 하나님께 반역한 자 가운데서 산 것이 아니라, 그들(반역자들)처럼 살았다.

사도가 1-2절에서는 '너희'(ὑμᾶς)를 사용했는데, 3절부터는 '우리'(ἡμεῖς)를 사용한다. 이에 대해 일부 학자는 '너희'는 이방인을, '우리'는 유대인을 뜻한다고 한다(Abbott, Barth, Bruce, O'Brien). 그러나 '너희'와 '우리'는 바울을 포함한 모든 그리스도인이다(Arnold, Klein, Lincoln, Schnackenburg, Snodgrass). 그리스도인이 되기 전에 반역자였던 우리는 모두 두 가지 성향을 지니고 살았다(3절).

첫째, 우리 육체의 욕심을 따라 육체와 마음이 원하는 대로 살았다(3a절). '육체'(σάρξ)는 죄의 지배 아래 있는 것으로 아담에게서 비롯된 옛사람이다. 성령과 반대된다. 그러므로 우리 안에서 육체와 성령이 계속 갈등한다(롬 7:5-6, 14-25; 8:3-23; 갈 5:13-19, 24). 육체가 사탄의 권세 아래 있다는 사실을 고려하면 우리를 죄의 길로 인도하는 '영적 힘'도 육체의 일부다. '육체의 욕심'(ταῖς ἐπιθυμίαις τῆς σαρκὸς)은 죄와 썩어질 것에 대한 욕망이다. 세상의 풍조를 따라 사는 것은 곧 육체의 욕심을 따라서 나 중심적으로, 내가 원하는 대로 사는 것이다.

둘째, 우리는 다른 이들과 같이 본질상 진노의 자녀였다(3b절). 하나님이 구원하시기 전 우리의 모습은 불순종의 아들들과 다를 바 없었으며 하나님의 진노의 심판을 받아 죽어 마땅한 자들이었다. 랍비들은 이러한 현실을 이길 유일한 방법은 율법(Torah)을 공부하는 것이라 했다. 그러나 이와 달리 바울은 하나님이 선물로 주신 성령이 우리 안에 내재하실 때 비로소 하나님의 진노를 피할 수 있다고 한다. 그러므로 우리가 남들보다 착하고 선해서 하나님이 구원하셨다는 생각은 버려야 한다. 우리는 '예수 공로'를 의지해 구원을 얻었다.

하나님의 진노를 받아 죽어 마땅한 우리를 긍휼이 풍성하신 하나님이 우리를 사랑하신 그 큰 사랑으로 우리를 그리스도와 함께 살리셨다(4-5a절). 칠십인역(LXX)은 언약적 사랑을 뜻하는 히브리어 단어 '인애, 자비'(חֶסֶד)를 이 헬라어 단어 '긍휼'(ἔλεος)로 번역한다. 하나님의 큰 사랑은 형벌을 받아 죽을 수밖에 없는 죄인을 그리스도의 십자가로 사랑하시는 일을 통해 가장 확실하게 드러났다. 주님의 크신 사랑은 심지어 바울처럼 교회를 핍박하는 자들도 구원하셨다: "우리를 구원하시되 우리가 행한 바 의로운 행위로 말미암지 아니하고 오직 그의 긍휼하심을 따라 중생의 씻음과 성령의 새롭게 하심으로 하셨나니"(딛 3:5).

하나님은 은혜로 우리를 구원하셨다(5b절). 구원은 우리의 행함에서 비롯된 것이 아니며, 심지어 우리의 믿음에서 비롯된 것도 아니다. 오직 하나님의 은혜로 된 일이다. 그러므로 우리의 구원에서 가장 중요한 것은 하나님의 은혜다. 하나님은 긍휼(인애)이 풍성하시고 큰 사랑으로 우리를 사랑하시며 은혜로우신 분(cf. 5b절)이라는 말씀은 출애굽기 34:6을 연상케 한다: "여호와께서 그의 앞으로 지나시며 선포하시되 여호와라 여호와라 자비롭고 은혜롭고 노하기를 더디하고 인자와 진실이 많은 하나님이라"(cf. 신 4:31; 7:7-9; 시 78:38; 사 55:7; 렘 31:20).

하나님은 허물로 죽은 우리를 그리스도와 함께 살리셨고 (συνεζωοποίησεν, 5a절), 함께 일으키시고(συνήγειρεν, 6a절), 그리스도 예수 안에서 하늘에 함께 앉히셨다(συνεκάθισεν, 6b절; cf. 롬 8:37; 고전 15:48; 고후 2:14; 갈 4:26; 빌 3:20; 골 3:1-4). 전치사 '함께'(συν-)와 동사가 합성된 단어가 세 차례나 사용되며, 이는 우리의 구원과 영광은 그리스도와 연합할 때만 가능하다는 사실을 강조한다(cf. 롬 6:3-11; 7:4; 골 2:12-13).

세 동사 모두 부정 과거형(aorist)이다. 세 가지 모두 미래에 있을 일이지만, 바울은 이미 일어난 일처럼 과거형으로 말하고 있다. 우리가 그리스도와 함께 살고, 함께 부활하고, 함께 앉는 일을 성령이 보장하시기 때문이다(1:14). 또한 '이미-아직'(already-not yet)은 우리가 그리스도 안에서 부활하고 영광을 누리는 일을 이해하는 데 매우 중요하다.

자비로운 하나님이 그리스도를 통해 우리의 구원을 이루신 것은 그 은혜의 지극히 풍성함을 오는 여러 세대에 나타내시기 위해서다(7절). 유대인들은 시간을 현재와 미래 등 두 세대로 구분했다(cf. 1:21). 그러므로 '오는 여러 세대'(τοῖς αἰῶσιν τοῖς ἐπερχομένοις)는 다소 혼란을 야기할 수 있지만, 단순하게 '영원히'(eternal)로 해석하는 것이 바람직하다(Klein, Perkins, Snodgrass). 하나님이 우리를 구원하신 일은 영원히 기억되고 기념될 것이다.

8-10절은 우리가 하나님의 은혜로 인해 믿음으로 구원을 받는다는 바울 신학의 구원론을 가장 잘 요약한다(Mitton). 구원은 우리에게서 난 것이 아니라 하나님의 선물이다(8b절). 우리는 하나님의 구원하시는 은혜를 믿어 구원을 얻은 것이다(8a절; cf. 합 2:4; 롬 1:17; 갈 3:11). 사도는 "너희는 은혜로 구원을 받은 것이라"(5b절)라는 사실을 한 번 더 강조한다.

구원이 우리에게 난 것이 아니라는 것(8b절)은 곧 우리의 행위에서 난 것이 아니라는 뜻이다(9a절). 구원은 전적으로 하나님의 선물이다. 그러므로 구원에 이르고자 하는 사람은 자신의 행위로 구원을 얻겠다는 생각을 버리고 하나님이 그리스도를 통해 이루신 구원을 선물로 받아야 한다.

그 누구도 구원을 얻은 것에 대해 자기 행위나 노력의 결과로 여기며 자랑할 수 없다(9b절). 우리는 하나님과 하나님이 하신 일을 기뻐하며 자랑할 수 있다(cf. 롬 5:2, 11; 갈 6:14). 다른 사람들이 이룬 업적도 자랑할 수 있다(고후 1:14; 7:14; 9:2-3). 또한 하나님 안에서 우리가 이룬 업적도 자랑할 수 있다(고후 1:12). 그러나 우리의 구원이 우리 행위의 결과라고 자랑할 수는 없다. 구원은 은혜로우신 하나님이 선물로 주신 것이기 때문이다.

그렇다면 하나님은 왜 우리에게 구원을 선물로 주셨는가? 우리는 하나님이 만드신 피조물이기 때문이다(10a절). 하나님은 그리스도 예수 안에서 선한 일을 하라며 우리를 지으셨다(10b절; cf. 고후 5:17; 갈 6:15). 우리가 그리스도 안에서 선한 일을 하도록 창조된 것은 하나님이 예전에 예비하신 일이다. 그러므로 우리가 그리스도 안에서 선을 행하며 사는 것은 하나님의 창세전 계획의 일부다(10c절). 윤리적인 책임을 느끼게 하는 말씀이다.

이 말씀은 우리가 그리스도를 통해 얻은 구원이 어떤 것인지 되돌아보며 하나님께 감사하게 한다. 우리가 누리는 구원은 우리의 행위나 노력의 결과가 아니다. 하나님이 선물로 주셨다. 그러므로 구원에 대해 우리에게는 자랑할 만한 것이 아무것도 없다. 자랑하려면 구원을 이루신 하나님의 사랑과 예수님의 은혜와 성령의 인도하심을 자랑해야 한다.

하나님은 허물과 죄로 죽었던 우리를 그리스도와 함께 살리셨고, 함께 부활시키셨으며, 함께 하늘에 앉히셨다. 그러므로 우리가 구원과 구원으로 인한 축복을 누리려면 항상 그리스도와 함께 있어야 한다. 그리스도를 떠나는 순간 모든 것을 잃게 된다. 또한 한때 우리를 다스리던 공중의 권세를 잡은 자(사탄)의 손아귀와 세상 풍조로 돌아가야 한다. 그리스도를 떠나면 너무나 많은 것을 잃게 된다.

하나님은 그리스도 예수 안에서 선한 일을 하도록 우리를 구원하시고 새로운 피조물로 창조하셨다. 그러므로 우리는 하나님이 기뻐하시는 선한 일을 많이 하며 살아야 한다. 옛날처럼 세상 풍조를 따르고 공중의 권세를 잡은 자가 강요하는 죄를 지으며 살면 안 된다.

II. 하나님의 놀라운 구원(1:3-3:21)

D. 하나가 된 새 공동체(2:11-22)

[11] 그러므로 생각하라 너희는 그 때에 육체로는 이방인이요 손으로 육체에 행한 할례를 받은 무리라 칭하는 자들로부터 할례를 받지 않은 무리라 칭함을 받는 자들이라 [12] 그 때에 너희는 그리스도 밖에 있었고 이스라엘 나라 밖의 사람이라 약속의 언약들에 대하여는 외인이요 세상에서 소망이 없고 하나님도 없는 자이더니 [13] 이제는 전에 멀리 있던 너희가 그리스도 예수 안에서 그리스도의 피로 가까워졌느니라 [14] 그는 우리의 화평이신지라 둘로 하나를 만드사 원수 된 것 곧 중간에 막힌 담을 자기 육체로 허시고 [15] 법조문으로 된 계명의 율법을 폐하셨으니 이는 이 둘로 자기 안에서 한 새 사람을 지어 화평하게 하시고 [16] 또 십자가로 이 둘을 한 몸으로 하나님과 화목하게 하려 하심이라 원수 된 것을 십자가로 소멸하시고

[17] 또 오셔서 먼 데 있는 너희에게 평안을 전하시고

가까운 데 있는 자들에게 평안을 전하셨으니

[18] 이는 그로 말미암아 우리 둘이 한 성령 안에서 아버지께 나아감을 얻게 하려 하심이라 [19] 그러므로 이제부터 너희는 외인도 아니요 나그네도 아니요 오직 성도들과 동일한 시민이요 하나님의 권속이라 [20] 너희는 사도들과 선지자들의 터 위에 세우심을 입은 자라 그리스도 예수께서 친히 모퉁잇돌이 되셨느니라 [21] 그의 안에서 건물마다 서로 연결하여 주 안에서 성전이 되어 가고 [22] 너희도 성령 안에서 하나님이 거하실 처소가 되기 위하여 그리스도 예수 안에서 함께 지어져 가느니라

학자들은 본 텍스트가 에베소서를 해석하는 열쇠이자 핵심이라 하

기도 하고(Barth), 교회에 관한 가장 중요한 성경 말씀이라 하기도 한다(Snodgrass). '이전-지금'(formerly-now) 대조의 두 번째 말씀이며, 이번에도 '그리스도 안에'(in Christ, in him, in one body)가 헬라어 사본에서는 11차례 등장한다(Snodgrass). 본문은 다섯 문장으로 구성되어 있으며, 가장 긴 것은 59개의 헬라어 단어로 구성된 14-16절이며, 가장 짧은 문장은 17개의 헬라어 단어로 구성된 13절이다(Arnold).

앞 섹션(2:1-10)에서는 유대인과 이방인 그리스도인 모두에게 말했던 사도가 이 섹션에서는 이방인 성도들에게 그들이 그리스도를 알기 전과 알고 난 후 삶의 차이에 대해 생각해 보라고 한다. 그리스도를 알기 전 그들은 육체로는 이방인이었다(11a절). '육체로'(ἐν σαρκί)는 '출생으로'(by birth)라는 의미를 지닌다(NIV).

이방인으로 태어난 그들은 손으로 육체에 행한 할례를 받은 무리라 칭하는 자들로부터 할례를 받지 않은 무리라 칭함을 받았다(11b절). '손으로'(χειροποιήτου)는 칠십인역(LXX)이 인간이 우상을 만드는 일을 표현할 때 사용한 말로(레 26:1, 30; 사 2:18; 10:11; 19:1; 단 5:4, 23), 어떠한 가치나 의미도 없는 헛수고를 한다는 뜻이다(Arnold). '손으로 육체에 행한 할례를 받은 무리'(τῆς λεγομένης περιτομῆς ἐν σαρκὶ χειροποιήτου)는 유대인들을 말한다(cf. 행 11:2; 롬 15:8). 바울은 유대인이 할례를 받는 것은 사람이 손으로 우상을 만드는 일과 같은 헛수고인데도 할례를 받지 않았다는 이유로 이방인을 경멸하는 일에 동조할 수 없다며 그들과 거리를 두고자 이렇게 부르고 있다(cf. Klein). 태어난 지 8일 만에 할례를 받은 사람이고, 할례가 유대인에게 가장 중요한 종교적·민족적 예식이라는 것을 잘 아는 바리새인으로서 바울이 이렇게 말하는 것은 매우 충격적이다(Arnold, cf. 창 17:2, 10-14).

사도는 그리스도의 시대가 시작된 이후로 할례가 무의미해졌기 때문에 이렇게 말한다(cf. 렘 9:25). 바울은 이미 여러 차례 육체적인 할례는 중요하지 않으며(롬 4:9-12; 갈 5:6; 고전 7:19), 내적인(이면적) 할례가 중요하다고 했다(롬 2:28-29). 이러한 생각은 구약에서도 누누이 강조된다: "그러므로 너희는 마음에 할례를 행하고 다시는 목을 곧게 하지 말라"(신 10:16; cf. 렘 4:4). 마음에 할례를 받은 사람만 하나님을 사랑할 수 있기 때문이다: "네 하나님 여호와께서 네 마음과 네 자손의 마음에 할례를 베푸사 너로 마음을 다하며 뜻을 다하여 네 하나님 여호와를 사랑하게 하사 너로 생명을 얻게 하실 것이며"(신 30:6).

이 유대인들은 이방인을 '할례를 받지 않은 무리라 칭함을 받는 자들'(οἱ λεγόμενοι ἀκροβυστία)이라고 불렀는데(11b절), '할례를 받지 않은 자'(ἀκροβυστία)로 번역된 단어의 문자적 의미는 음경의 '표피'(foreskin)이며, 할례를 받지 않은 사람을 경멸하는 표현이다(Klein, cf. 삿 15:18; 삼상 17:26, 36; 사 52:1; 겔 31:18). 할례로 인해 유대인들은 이방인을 경멸했지만, 그리스-로마 사람들을 포함한 대부분 이방인도 할례를 야만적인 행위로 여기며 유대인을 경멸했다(J. Barclay).

바울은 이방인이 회심해 그리스도인이 되기 전 상황을 다섯 가지로 묘사한다(12절). 이 다섯 가지는 서로 연결된 면모를 지니며, 유대인이 태어날 때부터 누리는 축복(롬 9:3-5)과 반대되는 것이다(Arnold). 첫째, 이방인은 그리스도 밖에 있었다. 이방인은 성경을 알지 못했기 때문에 구세주(메시아)로 오신 예수 그리스도는커녕 '그리스도'(Χριστός)라는 말도 모르는 자들이었다(Best). 그러므로 그들은 예수 그리스도 밖에 있었다. 지금은 그분을 구세주로 영접해 그분 안에 있다.

둘째, 이방인은 이스라엘 나라 밖의 사람들이었다. 이스라엘은 주전 63년에 폼페이에 망해 로마 제국의 일부가 되었다. 그러므로 이 말씀은 이방인이 이스라엘 나라의 시민이 아니었다는 것을 의미하지 않는다. 하나님이 이스라엘 민족에게 내려 주신 축복의 범위 밖에서 살던 자들이라는 뜻이다. 이방인은 하나님이 이스라엘에 대해 세우신 계획의 일부가 아니었다.

셋째, 이방인은 약속의 언약에 대해 외인이었다. 하나님이 이스라엘과 맺으신 여러 가지 언약과 메시아에 대한 약속의 수혜자가 아니었다는 뜻이다(cf. 행 13:32-33). 그들은 유대인이 태어날 때부터 누리는 아브라함 언약(창 12:1-4; 15:8-18; 17:1-14)과 다윗 언약(삼하 7:12-17; 시 89:3-4, 26-37; 132:11-12)과 새 언약(렘 31:31-34; 32:38-40; 겔 36:23-36)의 혜택을 누릴 수 없었다. 이 약속의 언약에 대해서는 외부인이었기 때문이다. 어떤 이들은 모세 언약(출 24:1-8)은 제외해야 한다고 하지만(Hoehner, cf. Snodgrass), 모세 율법이 제시한 제사 제도의 일부(유월절, 속죄일 등)가 그리스도의 오심과 연관되어 있기 때문에 포함해도 괜찮다.

넷째, 세상에서 이방인은 소망이 없었다. 그들은 죄와 죽음이 지배하는 세상을 벗어날 수 없었다. 유대인의 왕으로 오신 예수님에 대해서도 알지 못했다. 그러므로 육체적 부활과 그리스도가 다스리시는 나라에 대한 소망이 없이 살았다.

다섯째, 이방인은 하나님도 없는 자들이었다. 그들은 세상의 풍조를 따라 살았고, 공중의 권세를 잡은 통치자의 다스림 아래 있었다(2:2-3). 창조주 하나님을 가까이할 수 없는 삶을 살았다.

그때는 하나님과 그리스도에게서 한없이 멀리 있던 그들이 이제는 하나님과 가장 가까운 사이가 되었다. 그들 모두 지금은 그리스도 안에서 화평(평화)을 누리고 있기 때문이다. 이러한 내용을 전하는 13-18절은 이사야 52:7과 57:19에 대한 해석과 설명이라 할 수 있다(Klein, Perkins, cf. 사 9:6; 미 5:5; 슥 9:9-10).

본 텍스트에서 다섯 차례나 사용되는 '화평'(εἰρήνη, 14, 15, 17절[2x])은 히브리어 '샬롬'(שָׁלוֹם)을 헬라어로 번역한 것이며, 바울 신학의 기본이자 핵심이다. 거의 모든 중요한 교리적 주제가 하나님이 그리스도를 통해 이루신 화평과 연결된다(Snodgrass). 바울 신학과 화평에 대해서는 다음을 참조하라.

1. 하나님은 평화의 하나님이시다(롬 15:33; 16:20; 고전 14:33; 고후 13:11;

245

살전 5:23)

2. 그리스도는 평화를 주시는 평화의 주시다(살후 3:16)

3. 복음은 평화의 메시지다(엡 6:15)

4. 성령은 생명과 평화를 주신다(롬 8:6)

5. 평화는 종말에 임하는 상급이다(롬 2:10)

6. 평화는 구원과 같은 말이며, 우리와 하나님의 관계를 가장 잘 묘사한
   다(롬 5:1)

7. 하나님의 나라는 우리가 성령 안에서 누리는 의와 평화와 기쁨의 나
   라다(롬 14:17)

8. 평화는 인간관계의 목표다(롬 14:19; 엡 4:3; 딤후 2:22)

9. 평화는 문제 해결의 근본적인 목표다(고전 7:15; 14:33)

10. 평화는 성령의 열매다(갈 5:17)

11. 평화는 그리스도인의 마음을 지키고(빌 4:7) 다스린다(골 3:15)

예전에 이방인은 하나님으로부터 참으로 멀리 있는 사람들이었는데
(cf. 신 28:49; 29:22; 왕상 8:41; 사 5:26; 렘 5:15), 이제는 그리스도 예수 안
에서 그리스도의 피로 하나님과 참으로 가까워졌다(13절). 그러나 모든
이방인이 하나님과 가까워진 것은 아니다. 이방인 중에서도 하나님이
보내신 예수 그리스도를 영접해 십자가 죽음에서 그분과 연합한 자들
만 하나님과 친밀하게 되었다. 그러므로 문제의 해결책은 하나님에게
서 온 것이지 우리가 이룬 일이 아니다.

예수 그리스도는 우리의 화평이시다(14a절). 그리스도는 하나님의 화
평이 성육신하신 분이라는 뜻이다(Lincoln). 구약의 메시아 예언 중 가
장 중요한 것은 예수님이 '평강의 왕'(שַׂר־שָׁלוֹם)으로 오실 것이라는 말씀
이다: "이는 한 아기가 우리에게 났고 한 아들을 우리에게 주신 바 되
었는데 그의 어깨에는 정사를 메었고 그의 이름은 기묘자라, 모사라,
전능하신 하나님이라, 영존하시는 아버지라, 평강의 왕이라 할 것임이

라"(사 9:6; cf. 사 52:7). 화평의 왕으로 오신 예수님은 하나님과 죄인들이 화평하도록 둘 사이를 중재하셨다. 이에 대해 예수님도 이렇게 말씀하셨다: "평안을 너희에게 끼치노니 곧 나의 평안을 너희에게 주노라"(요 14:27). 그리스도께서 하나님과 누리는 화평을 통해 우리도 하나님과 화평하게 된 것이다.

화평의 화신이 되신 예수님은 자기 육체로 원수 된 것, 곧 중간에 막힌 담을 허시고 둘로 하나가 되게 하셨다(14절). 예수님은 우리와 하나님을 화평하게 하셨을 뿐 아니라, 우리(이방인)와 그들(유대인)도 화평하게 하셨다는 뜻이다. 이 일을 위해 예수님은 스스로 자기 육체(몸)를 허셨다. 십자가 죽음으로 자기 자신을 내어 주신 것이다.

그리스도는 자신의 십자가 죽음으로 원수 된 것, 곧 중간에 막힌 담을 허셨다. 그리스도의 희생이 있기 전에 이방인과 유대인은 서로 미워하며 싫어했다. 과거에 유대인은 민족 우월주의에 빠져서 이방인을 지옥의 불에 탈 장작개비 정도로 취급했으며, 이방인은 그러한 유대인을 경멸했다. 마치 서로를 원수 대하듯 한 것이다. 그리스도께서 십자가 죽음으로 유대인과 이방인 사이에 있는 담을 허셨다.

유대인과 이방인 사이에 있는 담이 구체적으로 무엇인지에 대해 어떤 이들은 성전의 지성소와 성소 사이의 휘장을 상징한다고 하고, 어떤 이들은 성전 밖에 있는 이방인의 뜰과 유대인의 뜰을 나누는 벽을 상징한다고 주장한다(cf. Arnold). 그러나 대부분 학자는 율법을 상징한다고 한다(Hoehner, Moritz, O'Brien, Perkins, Robinson, Schnackenburg, Stott, cf. 15절). 그리스도는 율법의 끝이며 완성이시다(cf. 롬 10:4; 갈 3:13). 예수님은 이방인과 유대인을 나누는 담(율법)을 허물어 더는 차별이 없게 하셨다. 누구든지 예수 그리스도 안에 있으면 율법과 상관없이 하나님의 백성이다.

예수님이 모세 율법을 폐하신 것은 이방인과 유대인이 자기 안에서 한 새사람을 창조하기 위해서다(15a절). 어떤 이들은 예수님이 모세 율법에서도 예식법만 폐하고 도덕법은 아직도 유효하다고 하는데(Calvin, Stott), 어떤 기준으로 예식법과 도덕법을 구분한단 말인가? 예를 들면, 안식일과 십일조는 예식법인가 아니면 도덕법인가? 그리스도께서는 모든 율법을 폐하셨다(Best, Hoehner, Lincoln, Moritz, Thielman). 어떠한 예외도 없이 모세 율법은 모두 무효화된 것이다(Arnold, Schreiner, cf. 고후 3:7-13; 살후 2:8; 딤후 1:10).

예수님이 지으신(창조하신, cf. 고후 5:17; 갈 6:15) '한 새사람'(ἕνα καινὸν ἄνθρωπον)은 새 인종(Best) 혹은 새 공동체로 해석되기도 하는데(Barth, Klein, Lincoln, O'Brien,, Schnackenburg), 이는 새 공동체인 교회다. 그리스도는 교회(공동체)를 통해 하나님의 백성을 새로 창조하셨으며, 누구든지 예수님을 영접하면 하나님의 백성이 될 수 있게 하셨다. 그러므로 하나님의 백성은 더는 유대인이 아니며, 이방인을 포함하는 완전히 새로운 제3의 민족(인종)이다(Klein, Snodgrass).

이 새 공동체는 하나다: "둘로 하나를 만드사"(14절), "이 둘로 자기 안에서 한 새 사람을 지어"(15절), "이 둘을 한 몸으로 하나님과 화목하게 하려 하심이라"(16절), "우리 둘이 한 성령 안에서 하나님께 나아감을 얻게 하려 하심이라"(18절). 그리스도는 서로 화평하도록 사람들을 차별하고 나누는 모든 벽을 허물어 하나 되게 하셨다(15b절).

이방인과 유대인을 한 몸이 되게 하신 예수님은 이 몸을 하나님과 화목하게 하시려고 십자가를 지셨다(16a절). 헬라어 문헌에서 '화목하다'(ἀποκαταλλάσσω)는 바울만 사용하는 단어다(cf. 골 1:20, 22). 바울이 만들어 사용한 단어인 것이다(Arnold).

그리스도는 자기 몸으로 유대인과 이방인이 원수 된 것을 소멸하셨다(16b절; cf. 롬 5:10; 고후 5:19; 골 1:20, 22). 예수님은 십자가에서 스스로 '죽으심'으로 원수 된 것을 '죽이셨다.' 죽음으로 죽음을 끝내신 것이다. 예수님은 우리와 하나님을 중재한 제사장이자 희생 제물이시다(Barth).

하나님의 아들이신 그리스도는 이 땅에 오셔서 먼 데 있는 자들(너희

= 이방인)과 가까운 데 있는 자들(= 유대인)에게 평안을 전하셨다(17절). 이사야 57:19을 인용한 말씀이다. 유대인들은 '멀리 있는 자들'을 처음에는 디아스포라 유대인으로 해석했다가 나중에는 이방인 회심자로 해석했다(Lincoln).

예수님이 멀리 있는 이방인과 가까이 있는 유대인에게 평안(복음)을 전하신 것은 그들이 그분으로 인해 한 성령 안에서 하나님 아버지께 '한 새사람'(15절)으로 나아감을 얻게 하기 위해서였다(18절). 그리스도 예수 안에서는 유대인이나 이방인이나 더는 차별이 없으며, 하나님께 나아갈 때도 한 몸(한 공동체)으로 나아가야 한다. 이방인이나 유대인이나 하나님께 나아가는 방법은 같다. 오직 그리스도를 통해서 하나님께 나아갈 수 있다.

바울은 2:5-6에서 세 개의 '함께'(συν-) 동사를 사용했다. 19-22절에서도 '함께'(συν-) 동사를 세 개를 더 사용한다: '동일한 시민'(συμπολίτης, 19절), '서로 연결되다'(συναρμολογέω, 21절), '함께 지어지다'(συνοικοδομέω, 22절). 하나님의 백성으로서 우리의 삶은 함께하는 삶이 되어야 한다. 예수님은 우리가 이러한 삶을 살기를 바라시며 십자가에서 죽으셨다. 또한 이러한 함께함이야말로 우리가 이 땅에서 누릴 수 있는 화평이다.

한때는 이방인이라는 이유로 하나님의 백성이 누리던 온갖 축복에서 배제되었던 사람들이(12절) 이제는 그 모든 축복을 누리며 살게 되었다. 이방인은 그리스도로 인해 더는 외인이 아니며 나그네도 아니다(19a절). 오직 성도들과 동일한 시민이며, 하나님의 권속이다(19b절). 학자들은 '성도들'(ἁγίων)을 유대인으로(Barth), 혹은 천사로(Schnackenburg), 혹은 시대를 막론하고 구원받은 모든 그리스도인으로(Abbott, Ellicott, Hoehner, Lincoln, O'Brien, Perkins) 해석하는데, 모든 그리스도인이 맞다. 누구든지 그리스도를 영접하면 그리스도 안에서는 인종과 민족에 대한 어떠한 차별도 없다. 모두 다 똑같이 하나님의 집에 속한 사람들이다.

모든 그리스도인은 사도들과 선지자들의 터 위에 세우심을 입은 자들이다(20a절). '사도들'(ἀποστόλων)은 열두 제자를 포함해 부활하신 그리스도를 전하는 이들이며, 선지자들은 신약 시대 예언자들이다(Best, Hoehner, O'Brien). 그들은 그리스도의 복음과 하나님의 계시를 선포했다(cf. 행 11:27; 13:1; 15:32; 21:9-10). 교회를 구성하는 유대인과 이방인은 이들이 전파한 복음과 계시 위에 한 건물(새 성전)로 세워졌다.

또한 예수 그리스도께서 이 교회(건물)의 모퉁잇돌이 되셨다(20b절). 학자들은 예수님이 자신을 '머릿돌'(capstone)이라 하신 것을 근거로(마 21:42; 막 12:10; 눅 20:17) '모퉁잇돌'(ἀκρογωνιαῖος)을 머릿돌로 해석하기도 한다(TDNT). 그러나 머릿돌(κεφαλὴν)은 건물이 완성되어 갈 때 필요한 돌이다(Arnold, cf. 시 118:22). 반면에 모퉁잇돌은 건물의 기초를 다질 때 필요한 돌이다(cf. 고전 3:10-17). 그러므로 예수님이 교회의 머릿돌이라는 것은 완성이시라는 의미를, 모퉁잇돌이라는 것은 시작이시라는 의미를 지닌다. 따라서 둘은 구분되어야 한다.

모퉁잇돌은 건물의 무게와 스트레스를 거의 다 받아 내는 가장 중요한 기초가 되는 돌이다. 고고학자들은 1990년대에 예루살렘 성전의 모퉁잇돌을 다섯 개 발굴했는데, 가장 큰 것은 길이가 17m, 높이가 3.3m, 너비가 4.3m에 달했으며 무게는 570톤이나 되었다(Arnold, Klein).

그리스도 안에 있는 성도들은 서로 연결해 하나님의 성전이 된다(21절). '서로 연결하다'(συναρμολογέω)는 바울이 만들어 사용한 단어이며(Arnold, cf. 4:16), 건물을 짓는 일에 연관된 동사 '건설하다'(οἰκοδομέω)와는 다르다. 여러 파트를 '꿰어 맞추다'(fitting together)라는 의미를 지니며, 하나님이 성전 건축에 필요한 각 부품을 적절한 위치에 조심스럽게 끼워 맞추어 작품을 만드시는 일을 묘사한다(Arnold). 오늘날로 말하면 마치 조각 그림(jigsaw puzzle) 맞추기를 연상케 한다. 우리 각 사람이 하나님의 성전에 들어갈 위치는 단 한 곳이다.

예수님 안에서 함께 지어져 가는 우리는 성령 안에서 하나님이 거하실 처소다(22절). 21-22절에 사용되는 동사는 모두 현재형이다. 하나님이 공사를 계속하고 계신다는 것이 핵심 포인트다. 우리는 이미 완성된 건물이 아니라 공사가 계속되고 있는 하나님의 성전이다. 그러므로 개역개정도 21절과 22절을 각각 '되어 가고'와 '지어져 가느니라'로 마무리했다. 이 공사는 종말에 완성될 것이며, 그때까지 수많은 사람이 하나님의 성전을 구성하는 파트로 더해질 것이다. 우리는 하나님의 성전이며, 하나님은 우리 중에 거하시며 공사를 계속해 나가실 것이다.

이 말씀은 우리가 그리스도를 영접해 하나님의 자녀가 되기 이전의 시절을 되돌아보게 한다. 그때 우리는 하나님에게서 멀리 떨어져서 이렇다 할 소망과 목적 없이 살아가는 불쌍한 자들이었다. 현재의 삶이 아무리 어려워도 그때처럼 비참하지는 않다. 살면서 힘들고 어렵다고 생각될 때, 지난날의 절망적인 상황을 돌아보며 그곳에서 우리를 건져 자녀 삼으신 하나님께 감사드리자.

그리스도를 통해 우리는 하나님의 자녀로 살고 있다. 부모가 자녀를 보호하고 축복하듯이 하나님은 우리를 인도하시고 많은 복을 내리신다. 모두 다 그리스도께서 우리와 하나님 사이를 화평으로 중재하셨기 때문에 가능한 일이다. 하나님과 동행하는 삶을 기뻐할 때마다 예수님께 감사하자.

예수님은 우리 사이를 가로막는 모든 담을 허시고 우리 모두 한 새사람이 되게 하셨다. 교회 안에서 차별은 있을 수 없다. 그리스도의 보혈로 하나 되게 하신 우리는 서로를 사랑하고 존중해야 한다. 또한 우리는 하나님이 세워 나가시는 성전이다. 이 성전이 완성되기 위해서는 모두가 필요하고 서로가 필요하다. 하나님이 하나로 묶어 주신 교회 공동체 구성원들의 소중함을 깨달아야 한다. 하나님은 오늘도 우리 중에 계시며 성전을 세워 가신다.

E. 구원의 신비로움(3:1-13)

¹ 이러므로 그리스도 예수의 일로 너희 이방인을 위하여 갇힌 자 된 나 바울이 말하거니와 ² 너희를 위하여 내게 주신 하나님의 그 은혜의 경륜을 너희가 들었을 터이라 ³ 곧 계시로 내게 비밀을 알게 하신 것은 내가 먼저 간단히 기록함과 같으니 ⁴ 그것을 읽으면 내가 그리스도의 비밀을 깨달은 것을 너희가 알 수 있으리라 ⁵ 이제 그의 거룩한 사도들과 선지자들에게 성령으로 나타내신 것 같이 다른 세대에서는 사람의 아들들에게 알리지 아니하셨으니 ⁶ 이는 이방인들이 복음으로 말미암아 그리스도 예수 안에서 함께 상속자가 되고 함께 지체가 되고 함께 약속에 참여하는 자가 됨이라 ⁷ 이 복음을 위하여 그의 능력이 역사하시는 대로 내게 주신 하나님의 은혜의 선물을 따라 내가 일꾼이 되었노라 ⁸ 모든 성도 중에 지극히 작은 자보다 더 작은 나에게 이 은혜를 주신 것은 측량할 수 없는 그리스도의 풍성함을 이방인에게 전하게 하시고 ⁹ 영원부터 만물을 창조하신 하나님 속에 감추어졌던 비밀의 경륜이 어떠한 것을 드러내게 하려 하심이라 ¹⁰ 이는 이제 교회로 말미암아 하늘에 있는 통치자들과 권세들에게 하나님의 각종 지혜를 알게 하려 하심이니 ¹¹ 곧 영원부터 우리 주 그리스도 예수 안에서 예정하신 뜻대로 하신 것이라 ¹² 우리가 그 안에서 그를 믿음으로 말미암아 담대함과 확신을 가지고 하나님께 나아감을 얻느니라 ¹³ 그러므로 너희에게 구하노니 너희를 위한 나의 여러 환난에 대하여 낙심하지 말라 이는 너희의 영광이니라

3:2-13은 3:1에 대한 설명이라 할 수 있다(Barth). 그러므로 사도는 하던 말을 잠시 멈추고 자신의 감옥 생활과 그가 사도로서 받은 비밀에 대해 회고한다. 혹시라도 바울에 대해 잘 알지 못하는 사람들이 그가 무슨 자격으로 이 서신을 보내냐며 반발할 수 있기 때문에, 사전에 이러한 반발을 잠재우기 위해 자기 경험을 회고하는 것이다.

바울은 그리스도로 인해 감옥에 갇혔으며 하나님의 은혜로 비밀을 계시받았다. 그는 자신이 경험한 일, 특히 계시를 받은 것은 하나님의 은혜로 된 일이라며 '은혜'를 여러 차례 강조한다(2, 7, 8절). 자기에게는 이 서신을 보낼 만한 자격이 있다는 것이다. 특히 율법주의자들이 그의 사도직에 대해 문제를 제기하는 초대교회 상황에서는 더욱더 그러했다(cf. 고린도전서, 고린도후서, 갈라디아서). 본 텍스트는 '계시'(3절), '나타남'(5절), '알게 하다'(3, 5, 10절), '전하다'(10절), 드러내다'(9절), '비밀'(3, 4, 9절) 등 계시와 연관된 단어로 가득하다.

이 섹션을 시작하는 '이러므로'(Τούτου)는 그가 생명에 위협을 받으면서도 유대인과 이방인에게 복음을 전파한 일을 되돌아본다(Snodgrass, cf. 2장). 그는 범죄 행위로 인해 로마 황제에 의해 감옥에 갇힌 것이 아니다. 유대인들이 고발해 감옥에 갇힌 것은 맞지만, 더 근본적인 이유는 그리스도 예수의 일로 인해 이방인들을 위해 갇혔다(1절).

그는 이방인에게 복음을 전파하고 하나님 나라를 선포한 일로 감옥에 갇혔다. 그리스도께서 그를 이방인을 위한 사도로 세우신 일이 그를 감옥에 갇히게 했다(cf. 행 26:19-23; 갈 1:15-16). 이미 서론에서 언급한 것처럼 바울은 로마에서 감옥 생활(가택 구금)을 하고 있다. 그는 자랑하고자 이런 말을 하는 것이 아니다. 혹시라도 그를 잘 모르는 사람들이 오해할 수 있기 때문에 자신이 감옥에 갇힌 이유를 정확하게 밝힌다. 아마도 이 서신의 수신자 중에도 바울에게 직접 복음을 듣고 회심한 이방인이 있었을 것이다.

사도는 에베소 성도들이 하나님이 그에게 주신 하나님 은혜의 경륜에 대해 이미 들었을 것이라고 확신한다(2절). '경륜'(οἰκονομία)은 집안을 다스리는 일이다(BDAG). 그는 하나님의 은혜(복음)를 이방인에게 전파하는 일을 주님이 자기 집을 그에게 경영하도록 허락하신 일로 묘사한다(O'Brien, Schnackenburg, cf. 고전 4:1; 9:17; 골 1:25). 그러므로 그가 하나님의 집을 잘 경영하지 못하면 이방인이 하나님의 은혜를 잘 경험할 수 없다고 생각한다.

하나님은 바울에게 하나님의 집안을 경영하라며 비밀을 알게 하셨다 (3a절). '비밀'(μυστήριον)은 나사렛 예수가 그리스도(메시아)라는 계시다 (cf. 4절). 어떤 이들은 바울이 이 비밀을 알게 된 것은 상당한 시간에 걸쳐 조금씩 깨달은 일이라 하지만(Best), 대부분 주석가는 다메섹으로 가는 길에 일어난 즉흥적인 일이라 한다(Lincoln, O'Brien). 계시는 하나님이 보여 주시는 것이지 스스로 깨닫는 것이 아니다. 그러므로 바울이 그리스도에 대한 비밀을 알게 된 것은 순식간에 있었던 일이다.

사도는 이 비밀에 관해 먼저 간단히 기록했다(3b절). 어디에 기록했는가? 어떤 이들은 그가 에베소에 보낸 다른 서신(Calvin), 혹은 골로새서(Bruce)를 가리키는 것이라고 한다. 그러나 대부분 주석가는 본 서신의 앞부분을 의미하는 것으로 본다(Klein, Snodgrass, Schnackenburg, cf. 1:9-10; 2:11-22). 굳이 새 편지를 끌어들일 필요가 없다. 그는 지금까지 한 말을 바탕으로 이렇게 말한다.

사도가 이 서신에 지금까지 쓴 말을 읽으면 에베소 성도들은 그가 그리스도의 비밀을 깨달았다는 사실을 알 수 있을 것이다(4절). '읽으면'(ἀναγινώσκοντες)은 복수형 분사(plural participle)이며 함께 모여 공개적으로 읽는 것을 뜻한다(Arnold). '그리스도의 비밀'(τῷ μυστηρίῳ τοῦ Χριστοῦ)은 목적 소유격(objective genitive)이며 '그리스도에 대한 비밀'이다(Snodgrass, cf. 골 4:3). '알 수 있을 것'(νοῆσαι)은 이해할 것이라는 의미다(cf. 마 24:15; 막 13:14). 에베소 성도들이 이 서신을 지금까지 제대로 읽었다면, 바울이 그리스도에 대한 비밀을 온전히 깨닫고 전파한 사도라는 사실을 당연히 인정했을 것이다.

이전 시대(다른 세대) 사람들(사람의 아들들)은 그리스도의 비밀을 깨닫지 못했다(5b절). 그들은 이방인이 하나님의 계획에 포함된 것은 알았지만(cf. 창 12:3; 신 32:43; 사 2:2; 11:10; 49:6), 하나님이 그들을 유대인과 똑같이 대하실 것이라는 사실은 몰랐다. 하나님이 그들에게 알려 주지 않으셨기 때문이다.

이제(지금) 하나님은 그분의 거룩한 사도들과 선지자들에게 성령으로 나타내셨다(5a절). '거룩한 자들'(τοῖς ἁγίοις)은 하나님이 계시를 위해 따로 구별한 자들을 뜻한다(Klein). '사도들'(ἀποστόλοις)은 열두 제자를 포함해 부활하신 예수님을 만나고 그분의 복음을 전파하는 자들이다(Arnold, Snodgrass). '선지자들'(προφήταις)은 신약 시대에 복음 전파와 복음에 순종하며 사는 삶에 대해 계시를 받은 사람들이다(Arnold, Snodgrass). 그러므로 사도들과 선지자들은 그리스도인의 삶에서 계시의 중요성을 부각한다(Klein).

하나님이 이전 시대 사람들에게는 알리지 않으시고 이제(지금) 사도들과 선지자들에게 알리신 것은 이방인이 복음으로 말미암아 그리스도 예수 안에서 유대인과 똑같이 되었다는 사실이다(6절). 저자는 이러한 사실을 세 개의 '함께'(σύν-, cf. 2:5-6) 단어로 표현한다. 첫째, 이방인은 유대인과 '함께 상속자들'(συγκληρονόμος)이 되었다. 성경은 모든 그리스도인이 함께 유산을 상속받는다고 하기도 하고(히 11:9; 벧전 3:7), 그리스도인들이 그리스도와 함께 상속받는다고 하기도 한다(롬 8:17). 이곳에서는 이방인과 유대인이 어떠한 차별도 없이 똑같이 상속받을 것이라고 한다.

둘째, 이방인은 유대인과 '함께 지체'(σύσσωμα)가 되었다. 이 표현은 성경에서 단 한 차례 이곳에서 사용된다. 바울이 만들어 사용한 것이며(Arnold), 같은 몸에 속했다는 뜻이다(BDAG, cf. 2:15-22). 그리스도 안에 있는 이방인과 유대인은 같은 몸의 다른 지체다. 어떠한 신분의 차이도 없다.

셋째, 이방인은 유대인과 '함께 약속에 참여하는 자들'(συμμέτοχα τῆς ἐπαγγελίας)이 되었다. 이 단어는 이곳과 5:7에서만 사용되며, 하나님이 약속하신 것(축복)을 나누는 일에서 동등하다는 뜻이다(BDAG).

이 세 가지 '함께'(σύν-) 단어는 모두 동등성(equivalence)과 동등한 기반

(equal footing)과 동일한 지위(identical status)에 관한 것이다(Klein). 그리스
도의 복음 안에서는 이방인이나 유대인이나 어떠한 차별도 받지 않는
다. 모두 다 똑같은 대우를 받는다.

바울은 유대인과 이방인을 똑같게 하는 복음을 통해서 역사하시는
하나님의 은혜의 선물을 따라 그분의 일꾼이 되었다고 한다(7절). 그리
스도의 복음은 죄인 된 우리의 구원을 이룰 뿐 아니라, 우리를 주님의
일꾼으로 부르기도 한다. 하나님이 그리스도의 복음을 통해 우리에게
주시는 소명은 은혜의 선물이다. 부르심이 하나님의 '은혜의 선물'(τὴν
δωρεὰν τῆς χάριτος)이라는 것은 모든 사람이 소명을 받는 것은 아니라
는 뜻이다. 오직 구별된(거룩한) 사람들만 부르심을 받는다(cf. 5절). 그
러므로 우리는 부르심에 대해 감사해야 한다.

소명은 하나님의 은혜의 선물이므로 모든 사람에게 임하는 것은 아
니다. 바울은 한때 그리스도의 교회를 핍박한 자로 사도 중에 지극히
작은 자였다(cf. 고전 15:9). 하나님은 자신이 모든 성도 중 가장 작은 자
보다 더 작다고 생각하는 바울에게 세 가지 은혜로운 소명을 주셨다
(8-10절).

첫째, 하나님은 그에게 측량할 수 없는 그리스도의 풍성함을 이방인
에게 전하라는 소명을 주셨다(8절). 바울에게 가장 크고 위대한 일, 곧
그리스도의 복음을 이방인에게 전하는 일을 맡기신 것이다. 그러므로
교회를 없애려 했던 자가 교회를 세우는 일을 하게 되었다. '측량할 수
없는 그리스도의 풍성함'(ἀνεξιχνίαστον πλοῦτος τοῦ Χριστοῦ)은 복음 안
에 있는 그리스도의 은혜와 자비의 풍성함이 사람의 이해와 상상을 초
월한다는 뜻이다(Klein, cf. O'Brien). 바울이 이방인에게 그리스도의 풍성
함을 전하게 된 것은 전적으로 하나님의 은혜로 된 일이다.

둘째, 영원부터 만물을 창조하신 하나님 속에 감추어졌던 비밀의 경
륜이 어떠한지를 드러내는 소명을 주셨다(9절). 하나님은 그리스도의
복음을 통해 이방인과 유대인을 자기 백성으로 삼으셨다. 또한 바울을

통해 영원부터 비밀에 부쳤던 것을 드러내셨다.

셋째, 교회를 통해 하늘에 있는 통치자들과 권세들에게 하나님의 각종 지혜를 알게 하는 소명을 주셨다(10절). 하나님의 지혜와 계시는 교회를 통해서 온 세상에 전파된다. 학자들은 '하늘에 있는 통치자들과 권세들'(ταῖς ἀρχαῖς καὶ ταῖς ἐξουσίαις ἐν τοῖς ἐπουρανίοις)에 대해 세 가지 해석을 내놓았다. 첫째, 하늘에 있는 선한 천사들이다(Mackay, Stott, cf. 벧전 1:12). 이들은 교회와 성도들을 돕는다. 둘째, 악한 영들이다(Schnackenburg, cf. 1:19-22; 골 2:15). 그들이 아무리 성도들과 교회를 괴롭혀도 이미 패한 싸움을 하고 있다는 것을 알려 주는 것이다. 셋째, 사람들이다(Barth). 그들의 언행에 변화를 유도하며 알려 주는 것이다. 이 세 가지 중 두 번째 해석(악령들)이 가장 설득력이 있다. 바울이 통치자들과 권세자들을 언급할 때 주로 이들을 두고 하는 말이기 때문이다.

바울에게 주어진 이 같은 세 가지 소명은 하나님이 영원부터 그리스도 예수 안에서 예정하신 뜻에 따른 것이다(11절). 그의 소명은 창세전부터 하나님이 계획하신 일이라는 뜻이다. 그리스도인 사역자들은 모두 태초에 이미 부르심이 정해져 있었다.

만일 하나님이 우리를 태초에 예정하신 뜻에 따라 구원하고 부르셨다면, 우리가 하나님께 나아가는 일을 막을 것은 없다. 그러므로 우리는 그리스도 안에서 그리스도를 믿음으로 말미암아 담대함과 확신을 가지고 하나님께 나아갈 수 있다(12절). '그를 믿음'(πίστεως αὐτοῦ)에서 '그'(αὐτοῦ)를 주격 속격(subjective genitive)으로 해석해 우리가 하나님에 대한 그리스도의 믿음에 의지해 하나님께 나아가는 것으로 해석하는 이들도 있지만(O'Brien), 대부분 학자는 목적 소유격(objective genitive)으로 해석한다. 그리스도를 믿는 우리의 믿음이 그리스도 안에서 하나님께 나아가게 한다는 것이다. 그리스도를 믿는 자들만 하나님께 나아갈 수 있다는 사실을 고려할 때 후자가 더 설득력이 있다.

하나님이 태초에 예정하신 뜻에 따라 바울에게 사도의 소명을 주셨

257

다면, 하나님은 그가 사도로서 경험하는 모든 일을 알고 통제하신다. 그가 그리스도의 복음을 전파하면서 겪은 여러 환난과 심지어 지금 감옥에 갇힌 사실도 아신다. 그러므로 사도는 에베소 성도들에게 자기로 인해 낙심하지 말라고 한다(13a절). 그리스도인의 고난은 그리스도의 재림 때 누릴 영광에 필요할 수도 있다(롬 8:17, 18; 고후 4:17). 그러므로 오히려 영광으로 생각하라고 한다(13b절).

이 말씀은 하나님이 창세전부터 비밀에 부치신 것을 그리스도를 통해 드러내셨다고 한다. 하나님이 드러내신 비밀은 그리스도 안에서 유대인과 이방인에게 차별이 없다는 사실이다. 그들은 그리스도의 교회를 통해 함께 상속자가 되고, 함께 지체가 되고, 함께 약속에 참여한다. 유대인과 이방인 사이에 차별이 없다는 것은 인종적 차별과 성적 차별과 사회적(경제적) 차별 등도 모두 없어졌다는 뜻이다. 모든 그리스도인은 그리스도 예수 안에서 동등한 신분과 권리를 지닌다.

교회는 하나님이 그리스도와 함께 창세전에 세우신 계획의 일부다. 이 계획은 비밀로 있다가 드디어 그리스도를 통해 온 세상에 드러났다. 누구든지 그리스도를 영접하면 그분이 세우신 새 하나님 백성 공동체의 구성원이 될 수 있다. 하나님의 백성이 된 사람은 누구든지 그리스도 예수 안에서 두려움과 떨림이 아니라 담대함과 확신으로 하나님께 나아갈 수 있다.

하나님은 예수 그리스도 안에서 예정하신 뜻에 따라 일부 그리스도인을 일꾼으로 부르신다. 어떤 이들은 가르치는 자로, 어떤 이들은 전파하는 자로, 어떤 이들은 봉사하는 자로 부르신다. 어떤 직분으로 부르시든 창세전부터 부르심을 예정하셨다는 것은 모든 부르심은 은혜의 선물이므로 감사히 받아야 한다는 뜻이다.

하나님은 누구라도 부르실 수 있다. 교회를 핍박하던 바울은 사도로 부르심을 받았다. 그러므로 부르심에서 중요한 것은 하나님의 뜻이지 우리의 의지나 능력이나 처한 상황이 아니다. 하나님이 부르실 때 아멘으로 화답하는 것이 우리에게 필요한 자세다.

　하나님의 지혜는 무한하다. 하나님은 우리의 부르심과 그 부르심으로 인해 빚어지는 고난과 핍박에 대해서도 지혜로운 계획을 세워 두셨다. 그러므로 사역에 대해 불안해하지 않고 주님의 인도하심을 구하는 것이 믿음이다. 우리가 예측하지 못한 해와 악을 만나도 지혜의　주인이신 하나님이 헤쳐 나갈 지혜를 주실 것이다. 이러한 사실을 깨달으면 환난에 대해서도 감사할 수 있고 영광으로 생각할 수 있다. 그리스도의 고난에 동참할 기회를 허락하신 것이기 때문이다.

F. 성도들을 위한 기도(3:14-21)

[14] 이러므로 내가 하늘과 땅에 있는 각 족속에게 [15] 이름을 주신 아버지 앞에 무릎을 꿇고 비노니 [16] 그의 영광의 풍성함을 따라 그의 성령으로 말미암아 너희 속사람을 능력으로 강건하게 하시오며 [17] 믿음으로 말미암아 그리스도께서 너희 마음에 계시게 하시옵고 너희가 사랑 가운데서 뿌리가 박히고 터가 굳어져서 [18] 능히 모든 성도와 함께 지식에 넘치는 그리스도의 사랑을 알고 [19] 그 너비와 길이와 높이와 깊이가 어떠함을 깨달아 하나님의 모든 충만하신 것으로 너희에게 충만하게 하시기를 구하노라 [20] 우리 가운데서 역사하시는 능력대로 우리가 구하거나 생각하는 모든 것에 더 넘치도록 능히 하실 이에게 [21] 교회 안에서와 그리스도 예수 안에서 영광이 대대로 영원무궁하기를 원하노라 아멘

　이 서신에 기록된 두 번째 기도다. 이 기도는 성도인 우리가 담대하게 하나님께 나아가는 것을 보여 주는 모델이라 할 수 있다(Perkins, cf. 3:12). 첫 번째 기도(1:15-23)가 하나님의 무한한 능력을 에베소 성도들

에게 드러내시기를 바라는 염원이었다면, 두 번째 기도는 그들이 하나
님의 능력을 받아 도덕적이고 윤리적인 삶(cf. 4-6장)을 살게 해 달라는
간구다.

본문의 대부분을 차지하는 14-19절은 헬라어로 한 문장이다
(Schnackenburg). 그렇다 보니 사도가 가장 중요하게 여기는 기도 제목
이 무엇인지 파악하는 일이 쉽지 않다. 이 기도는 서론(14-15절)과 본
론(16-19절)과 축도(찬양)(20-21절) 등 세 파트로 구성되어 있으며, 중보
기도의 좋은 사례라 할 수 있다(Klein). 또한 기도가 축도(찬양)로 끝나는
것이 서신의 전반부(1-3장)를 마무리하는 데 적합하다(Arnold).

이 기도는 2:11-22을 바탕으로 하며(Arnold), 본 텍스트를 시작하는
'이러므로'(Τούτου)는 2장이 언급한 하나님의 가까이 임하심(2:13), 믿는
자들과 하나님의 화평(2:14, 15, 17), 성령을 통해 하나님께 나아감(2:18)
등을 염두에 둔 말이다(Klein, Snodgrass).

바울은 에베소 성도들을 위해 하늘과 땅에 있는 각 족속에게 이름을
주신 아버지 앞에 무릎을 꿇고 빈다(14-15절). '족속'(πατριά)은 '가족, 씨
족' 등 작은 그룹을 뜻한다(BDAG, cf. 민 32:28; 눅 2:4). 땅에 있는 족속이
모든 인간 그룹을 뜻한다는 것은 쉽게 이해되는데, 그렇다면 '하늘에
있는 족속'은 누구인가? 간단히 말하자면 여러 이름으로 구분되는 사
회적 그룹이다: 천사들, 권세자들, 통치자들(Best, Snodgrass cf. 3:10).

성경에서 이름을 지어 주는 것은 통치권과 연관된다. 아담은 짐승들
에게 이름을 지어 줌으로써 피조물에 대한 자신의 주권과 권위를 확인
했다(창 2:19-20). 인간은 이름 짓는 일을 통해 만물을 '다스리는 일'(창
1:26)이 무엇을 뜻하는지 비로소 알게 된 것이다. 그러므로 이사야는
이름 지음과 연관해 창조주 하나님의 권세를 이렇게 노래한다: "너희
는 눈을 높이 들어 누가 이 모든 것을 창조하였나 보라 주께서는 수효
대로 만상을 이끌어 내시고 그들의 모든 이름을 부르시나니 그의 권세
가 크고 그의 능력이 강하므로 하나도 빠짐이 없느니라"(사 40:26).

이름은 높은 자가 낮은 자에게 지어 주는 것이다. 그러므로 야곱이 밤새 하나님과 씨름했을 때 하나님이 그에게 새 이름을 주셨다(창 32:28). 아브라함과 사라도 하나님으로부터 새 이름을 받았다(창 17:5, 15). 이집트 왕 바로는 요셉에게 새로운 이름을 주었다(창 41:45). 모세도 호세아에게 여호수아라는 이름을 주었다(민 13:16).

또한 이름은 낮은 자가 높은 자에게 먼저 아뢰는 것이며, 높은 자는 낮은 자에게 자신의 이름을 밝힐 필요가 없다. 그러므로 야곱과 밤새워 씨름하신 하나님은 이름을 알려 달라는 그에게 '네가 알 바 아니다'라고 대답하신다(창 32:29). 예수님이 귀신을 쫓으실 때 제일 먼저 귀신의 이름을 물으신 것도 이러한 이유에서다(막 5:9; 눅 8:30). 영적인 전투에서 적의 이름을 고백받는 것은 항복을 받아내는 것을 뜻한다.

그러므로 하나님이 하늘과 땅에 있는 모든 족속에 이름을 주셨다는 것은 그들에 대한 하나님의 주권과 권세를 상징한다. 하나님은 유일하고 홀로 존재하시는 전능하신 주권자이시다. 모든 권세와 존재는 하나님의 다스림 아래 있으며, 때가 되면 모두 주님 앞에 무릎을 꿇을 것이다. 이런 날이 오고 있다!

사도는 이 위대한 주권자를 아버지라 부르며 기도한다. 어떤 이들은 바울이 하나님을 '아버지'(πατήρ)라고 부르는 것을 그리스 철학과 연관해 해석하려 하지만(cf. Perkins), 이는 예수님이 하나님을 '아빠 아버지'(αββα ὁ πατήρ)라고 부르신 것에서 비롯되었다(막 14:36; cf. 요 5:18). '아버지'는 하나님과 우리의 관계에 대한 가장 확실하고 적절한 호칭이다. 하나님은 우리 아버지이시고, 우리는 그분의 자녀다. 바울은 그가 쓴 서신에서 42차례나 하나님을 아버지라고 부른다. 에베소서에서는 8차례 하나님을 아버지라 부른다.

그는 하나님 아버지 앞에 무릎을 꿇고 기도한다(2절). 무릎을 꿇고 비는 것은 겸손과 복종과 경배와 존경을 표한다는 의미다(cf. 사 45:23; 롬 14:11; 빌 2:10). 구약에서 흔히 볼 수 있는 기도 자세다(왕상 8:54; 대상 29:20; 대하 6:13; 시 95:6; cf. 눅 22:41; 행 20:36; 21:5). 다니엘도 하루 세 번씩 무릎을 꿇고 기도했다(단 6:10). 무릎을 꿇고 기도하는 것은 간절함의 표현이며(마 17:14; 눅 22:41), 무릎을 꿇고 이마를 땅에 대고 기도하기도 했다(창 17:3; 마 26:39). 유대인의 가장 흔한 기도 자세는 서서 기도하는 것이었다(Perkins, Snodgrass, cf. 삼상 1:26; 왕상 8:22; 마 6:5; 막 11:25; 눅 18:11, 13).

바울은 에베소 성도들을 위해 기도할 때마다 하나님께 세 가지를 구한다(16–19절). 첫째, 하나님이 자기 영광의 풍성함을 따라 능력으로 성령을 통해 그들 속사람을 강건하게 하시기를 기도한다(16절). 사도는 첫 번째 기도(1:15–23)에서 그들이 하나님의 무한한 능력을 깨닫도록 기도했는데, 이번에는 하나님이 그 능력으로 그들을 강건하게 하시기를 기도한다.

하나님의 '영광의 풍성함'(τὸ πλοῦτος τῆς δόξης)은 하나님의 능력을 강조하는 표현이며 광채, 위엄, 거룩하심, 능력으로 하나님이 누구이신지를 나타낸다. 하나님은 자기의 풍성한 영광(능력)으로 성령을 통해 에베소 성도들의 속사람을 강건하게 하실 것이다(16b절). 구약의 여러 언약 중 새 언약에서 성령의 활동과 역할이 두드러진다(cf. 겔 36:26–27). 그리스도가 시작하신 새 언약 시대에서는 성령이 매우 활동적으로 움직이신다.

'속사람'(ἔσω ἄνθρωπον)은 사도가 사람을 외적–내적 면모(겉사람–속사람)로 구분할 때 사용하는 표현이다(롬 7:22; 고후 4:16). 그리스–로마 문화뿐 아니라 유대 문화에서도 사람들의 도덕성, 이성, 의지 등 영적 측면을 표현하는 자연스러운 용어로 사용되었다(Best, Klein). 각 사람이 지닌 영성의 내적 자질이라 할 수 있다(Bruce, Fee). 그러므로 속사람은 새 사람과 다르다(Arnold, Snodgrass, cf. 롬 7:22; 고후 4:16; 엡 2:15; 4:24). 이 속사람은 그리스도 안에서 매일 새로워져야 한다(cf. Schnackenburg).

둘째, 하나님이 믿는 그들의 마음에 그리스도께서 계시게 하셔서 그들이 사랑 가운데서 뿌리가 박히고 터가 굳어져 모든 성도와 함께 지식에 넘치는 그리스도의 사랑을 알게 하시기를 기도한다(17-18절). '마음'(καρδία)은 인간의 중심이며, 종교 생활이 뿌리를 내리게 하고, 도덕적 행위를 결정한다. 곧 속사람과 동일하다(Arnold). 하나님은 믿는 자들의 마음에 그리스도가 계시게 하신다. 새언약의 가장 중요한 특징은 하나님의 가까우심(nearness of God)인데, 하나님은 그리스도를 통해 믿는 자 중에 계신다(Arnold, cf. 2:13).

믿는 자들의 마음에 계시는 그리스도는 그들이 사랑 가운데서 뿌리가 박히고 터가 굳어지게 하신다. '뿌리가 박히게 하다'(ἐρριζωμένοι)는 농사에서, '굳어지게 하다'(τεθεμελιωμένοι)는 건축에서 온 용어다(cf. 고전 3:9; 골 2:7). 바울은 에베소 성도들이 하나님의 사랑을 알고 깊이 경험하기를 기도한다. 그래야 그들이 하나님을 닮아 사랑하는 삶을 추구할 것이기 때문이다(cf. 5:1-2).

그리스도인의 삶은 하나님의 사랑에서 시작한다. 그리스도인은 자기를 향한 하나님의 사랑에 대한 응답으로 이미 다른 사람들을 사랑한다(1:15). 바울은 하나님의 사랑이 그리스도께서 그들과 함께하신다는 증거와 특징이 되기를 기도한다(cf. 3:18-19; 4:2, 15-16; 5:2, 25, 28, 33; 6:23-24). 그러므로 사랑은 그리스도인의 삶의 출처이자 목적이다(Snodgrass).

18절을 시작하는 '능하다'(ἐξισχύω)는 신약에서 단 한 차례 사용되는 단어이며, '충분한 능력을 가지다'(be strong enough)라는 뜻이다(BDAG). 바울은 에베소 성도들이 모든 성도와 함께 지식에 넘치는 그리스도의 사랑을 아는 일에 능하기를 기도한다. 본문에서 '지식'(γνώσεως)은 온 공동체가 공유하는 지식, 곧 공동체 삶을 통해서 얻는 지식을 뜻한다(Best, cf. Perkins). 사도는 에베소 성도들이 공동체를 통해 경험하고 있는 것보다 더 큰 그리스도의 사랑을 알게 되기를 바란다(Klein). 칠십인역(LXX)은 '알다, 깨닫다'(καταλαμβάνω)를 가나안 정복 전쟁 중 이스라엘이 원수들과 그들의 성을 정복한다는 의미로 사용한다(수 8:19; 10:19; 11:10; 19:47). 베드로도 하나님께 받은 깨달음을 고백할 때 이 단어를 사용한다(행 10:34-35). 이러한 지식은 하나님의 계시로만 가능하다.

바울은 그들이 그 너비와 길이와 높이와 깊이가 어떠한지 깨닫기를 바란다고 하는데(19a절), '너비'(πλάτος)와 '길이'(μῆκος)와 '높이'(ὕψος)는 사물의 치수(dimensions)다. 그는 여기에 네 번째 치수, 곧 '깊이'(βάθος)를 더해 포괄성을 상징하는 숫자 4를 완성한다. 그들의 완전한 깨달음을 위해 기도한다는 뜻이다.

그런데 사도는 에베소 성도들이 무엇을 완전히 깨닫게 되기를 바라는가? 초대교회 교부 중 오리겐(Origen) 등 일부는 네 가지 치수를 십자가의 네 코너로 해석했다. 이 외에도 하나님의 능력(Arnold), 새 성전(Eadie), 하나님의 계획에 대한 비밀(Robinson, Schnackenburg), 하나님 지혜의 여러 면모(Barth, Bruce, Snodgrass) 등이 제시되었다. 그러나 학자들이 가장 선호하는 해석은 그리스도의 사랑이다(Abbott, Calvin, Ellicott, Hoehner, Lincoln, Muddiman, O'Brien, Snodgrass, Stott, cf. NIV). 바울은 에베소 성도들이 그리스도의 사랑의 '너비와 길이와 높이와 깊이'를 온전히 깨닫기를 기도한다.

셋째, 하나님이 그리스도의 사랑을 온전히 깨달은 자들을 모든 충만하신 것으로 충만하게 하시기를 기도한다(19절). 에베소는 아르테미스(Artemis) 숭배의 중심지였으며, 에베소의 아르테미스 신전은 고대 7대 불가사의 중 하나로 불릴 정도로 규모가 대단했다. 그러므로 에베소 성도들이 위축되지 않으려면 그들이 영접한 하나님이 참으로 큰 능력으로 그들에게 임하셔야 한다. 그러므로 사도는 하나님이 모든 능력(영광)으로 그들에게 충만하게 임하시기를 기도한다(cf. 골 1:19; 2:9). 칠십인역(LXX)은 하나님의 영광이 성막을 가득 채운 것을 '충만하다'(πληρόω)라는 단어를 사용해 묘사한다(출 40:34, 35). 바울은 옛 성막을 가득 채웠던 하나님의 영광이 새 성전인 믿음 공동체(교회)를 채우기를 기도한다.

20-21절은 하나님의 능력을 높이는 찬양(축복)이다. 에베소서 전반부(1-3장)에 대한 적절한 마무리다. 사도는 이 서신의 교리적인 부분을 마무리하고 4:1부터는 1-3장에서 제시한 교리를 바탕으로 그리스도인의 삶에 대한 권면을 시작할 것이다. 하나님은 그 누구와도 비교할 수 없는 놀라운 능력으로 우리 가운데 역사하신다(20a절). 또한 하나님은 그분의 놀라운 능력으로 우리가 구하거나 생각하는 모든 것에 능히 더 넘치게 하실 것이다(20b절). 20절은 하나님의 능력을 세 가지 '능력'과 연관된 단어(δυναμένῳ, δύναμιν, ἐνεργουμένην)를 사용해 찬양한다. 무한한 능력의 하나님은 우리에게 능력을 '넘치도록'(ὑπερεκπερισσοῦ) 주실 수 있다. 모든 예측과 측정을 불허하는(quite beyond all measure) 큰 능력을 주실 수 있다는 뜻이다(BDAG, cf. 살전 3:10; 5:13).

이 놀라운 하나님의 능력(영광)은 교회 안에서, 그리고 그리스도 예수 안에서 대대로 영원무궁할 것이다(21절). 성경에 기록된 축도에 그리스도로 인해 하나님이 영광을 받으실 것이라는 말은 있지만(롬 16:27; 히 13:21; 벧전 4:11), 교회를 통해 하나님이 영광을 받으실 것이라는 말은 이곳이 유일하다. 사도가 1-3장에서 교회에 관해 말한 것에 대한 적절한 결론이라 할 수 있다. 교회는 하나님의 은혜가 이룬 걸작품이기 때문이다(O'Brien). 그리스도의 교회는 하나님이 이루신 새 창조의 핵심이며, 이 땅에 존재하는 것 자체로 하나님께 영광을 돌린다(Arnold). 영광이 하나님께 대대로 영원무궁할 것이다.

이 말씀은 하나님의 놀라운 능력이 성령을 통해 우리 개인과 우리가 속한 공동체에 임하도록 기도를 멈추지 않아야 한다고 한다. 또한 우리가 주님 안에서 형제와 자매 된 사람들을 위해 빌어 줄 수 있는 가장 큰 축복은 하나님의 능력이 성령을 통해 그들의 삶에 임하기를 기도하는 것이다. 하나님의 능력으로 우리의 속사람이 강건해질 때 비로소 우리는 그리스도인의 삶을 살 수 있기 때문이다.

그리스도인으로서 우리의 삶은 그리스도를 통한 하나님의 사랑에서 시작되었고, 하나님을 사랑하고 이웃을 사랑하는 것을 목표로 한다. 그리스도를 더 깊이 알수록 하나님과 이웃을 더 사랑할 수 있다. 그러므로 우리 삶은 그리스도의 사랑을 실천하는 현장이 되어야 한다. 서로를 더 섬기고, 더 사랑하자. 신앙의 연륜과 성숙도는 사랑으로 표현되어야 한다.

교회는 하나님께 영광을 돌리기 위해 존재한다. 하나님의 이름을 욕되게 하는 일은 하지 않아야 한다. 하나님의 이름을 존귀하게 하는 일, 곧 봉사와 섬김과 사랑을 행하는 공동체가 되어야 한다. 이러한 공동체를 이루기 위해 우리는 하나님의 사랑을 배우고 답습하는 일을 게을리하지 않아야 한다.

III. 그리스도인의 삶

(4:1-6:20)

서신의 전반부(1-3장)에서 바울은 그리스도인이 마음에 새기고 살아야할 기독교 교리와 신학에 대해 말했다. 후반부(4-6장)에서는 그리스도인이 삶에서 실천해야 할 것에 대해 말한다(Klein). 그러므로 이 섹션은 그리스도인의 개인적·공동체적 삶과 윤리에 관한 것이라 할 수 있다. 중요한 것은 이 섹션이 말하는 그리스도인의 삶은 사도가 이미 1-3장에서 제시한 신학적 가르침 위에 세워진 것이라는 사실이다. 신약은 윤리적인 삶은 신학적 가르침을 바탕으로 한다고 한다(Snodgrass). 즉, 건강한 삶은 건강한 신학이 뒷받침하는 것이다. 본 텍스트는 다음과 같이 구분된다.

A. 하나 된 교회(4:1-6)

B. 영적 성장(4:7-16)

C. 세상(4:17-24)

D. 새 공동체(4:25-5:2)

E. 빛의 백성(5:3-14)

F. 지혜와 성령(5:15-21)

267

G. 남편과 아내(5:22-33)

H. 자녀들과 부모(6:1-4)

I. 종과 상전(6:5-9)

J. 하나님의 능력으로(6:10-20)

A. 하나 된 교회(4:1-6)

¹ 그러므로 주 안에서 갇힌 내가 너희를 권하노니 너희가 부르심을 받은 일에 합당하게 행하여 ² 모든 겸손과 온유로 하고 오래 참음으로 사랑 가운데서 서로 용납하고 ³ 평안의 매는 줄로 성령이 하나 되게 하신 것을 힘써 지키라 ⁴ 몸이 하나요 성령도 한 분이시니 이와 같이 너희가 부르심의 한 소망 안에서 부르심을 받았느니라 ⁵ 주도 한 분이시요 믿음도 하나요 세례도 하나요 ⁶ 하나님도 한 분이시니 곧 만유의 아버지시라 만유 위에 계시고 만유를 통일하시고 만유 가운데 계시도다

그리스도인의 삶에서 가장 기본적인 목적은 하나님의 새 백성 공동체에 속해 각자 경험한 하나님의 사랑과 은혜를 서로에게 베푸는 것이다. 그러므로 사도는 하나님의 백성으로서 어떻게 살아야 하는지에 대한 가르침을 공동체에 대한 지침(4:1-16)으로 시작한다. 교회는 장차 우리가 누리게 될 하나님 나라를 이 땅에서 미리 맛보는 곳이다. 그러므로 우리는 서로 사랑하며, 의지하며, 격려하며, 도우며, 함께 살아야 한다. 교회론과 윤리는 따로 나눌 수 없다(Barth). 기독론(Christology)이 구원론(soteriology)에 관한 것이듯 교회론(ecclesiology)은 윤리(ethics)에 관한 것이다(Snodgrass).

이 섹션을 시작하는 '그러므로'(οὖν)는 앞 섹션(1-3장)과 지금부터 시

작하는 가르침(4-6장)을 연결하는 고리다. 바울은 서신 전반부에서 그리스도 안에 있는 그리스도인의 정체성에 대해 말했다. 이제는 이 새로운 정체성에 걸맞은 삶을 살라고 권고한다. 그리스도로 인해 변화된 삶은 선한 행위로 이어져야 한다는 뜻이다.

바울은 주 안에서 갇힌 자로 에베소 사람들을 권한다(1a절). '권하다'(παρακαλέω)는 명령이 아니라 호소(appeal)한다는 의미를 지닌다(cf. BDAG). '위로하다'라는 뜻으로 자주 사용되기도 한다(마 2:18; 고후 1:4; 엡 6:22; 골 2:2). 바울은 종종 '그러므로'와 '권하다'를 이론에서 실천으로 넘어갈 때 함께 사용한다(롬 12:1; 살전 4:1).

사도는 이 서신에서 '주'(κύριος)를 26차례 사용하며, 그중 20차례를 4-6장에서 사용한다. 구원과 연관해서는 '그리스도'를 주로 사용하고, 삶과 연관해서는 '주'를 주로 사용한다(Snodgrass). '주 안에서'(ἐν κυρίῳ) 는 예수님과의 연합을 강조한다(Arnold). 로마 사람들이 그를 가두었지만, 그는 그리스도께 속했으며 그리스도와 함께 고난을 받고 있다. 그러므로 그는 감옥 생활로 위축된 것이 아니라 오히려 복음으로 인해 예수님의 고난에 동참하고 있는 것을 영광스럽게 생각한다. 매우 영광스러운 위치에서 이 서신을 이어 가고 있는 것이다.

바울은 그들이 부르심을 받은 일에 합당하게 행하기를 호소한다(1b절). '부르심'(κλῆσις)은 하나님의 예정 및 택하심과 깊이 연관된 개념이다: "또 미리 정하신 그들을 또한 부르시고 부르신 그들을 또한 의롭다 하시고 의롭다 하신 그들을 또한 영화롭게 하셨느니라"(롬 8:30). 하나님은 아브라함(사 51:2)과 이스라엘(사 48:12, 15)을 부르신 것처럼 우리 각 사람을 부르시고, 우리를 공동체로도 부르셨다. 지금도 많은 사람을 부르신다. 부르심에 응하는 사람들에게는 그리스도를 통해 의롭다 하심과 함께 많은 복을 주시고자 한다(1:3). 사도는 그리스도 안에서 성도가 누리는 복에 대해 이미 1-3장에서 설명했다.

'부르심에 합당하게 행하는 것'(ἀξίως περιπατῆσαι τῆς κλήσεως)은 하나

님의 택하심에 대한 유대인의 이해를 반영한다. 유대인은 율법을 지키도록 하나님이 그들을 창조하셨다고 생각했다(Perkins). 그리스도인은 더는 율법을 지키지 않지만, 하나님은 일정한 기준에 따라 새로운 삶을 살도록 우리를 부르셨다(살전 2:12).

'행하다'(περιπατέω)는 걷는다는 뜻이며, 언행에 대한 유대인의 비유다 (cf. 골 1:10; 살전 2:12). 또한 바울이 사용하는 그리스도인의 삶에 대한 가장 기본적인 비유다(cf. 4:17; 5:2, 8, 15). 만약 하나님의 사랑이 위대하다면, 그분의 구원이 그토록 강력하다면, 만약 하나님이 그러한 화해를 허락하셨다면, 성도는 당연히 하나님을 따라 걸어야(살아야) 한다 (Snodgrass).

우리가 하나님의 부르심을 받은 일에 합당하게 행하는 것은 어떻게 사는 것인가? 이에 대해 바울은 2-3절에서 두 가지로 설명한다. 첫째, 모든 겸손과 온유로 하고 오래 참음으로 사랑 가운데서 서로 용납하는 것이다(2절). 하나님의 부르심은 각 개인에 관한 것이지만, 그들은 또한 부르심을 받은 다른 사람들과 함께 공동체를 이뤄야 한다. 그러므로 이 말씀은 공동체에 속한 각 사람이 서로를 어떻게 대해야 하는지에 대한 가르침이다.

'겸손'(ταπεινοφροσύνη)은 반대되는 말로 설명하기가 가장 쉽다. 겸손의 반대말은 교만이다. 교만은 공동체에 매우 치명적인 결과를 안긴다. 그러므로 하나님은 교만을 싫어하시고 겸손을 좋아하신다: "젊은 자들아 이와 같이 장로들에게 순종하고 다 서로 겸손으로 허리를 동이라 하나님은 교만한 자를 대적하시되 겸손한 자들에게는 은혜를 주시느니라"(벧전 5:5; cf. 잠 3:34; 11:2; 사 2:11; 눅 1:52).

'온유'(πραΰτης)는 겸손과 비슷한 말이다. 연약함이 아니라 '자제와 절제된 정신'이며(Arnold), 성령의 열매다(갈 5:23). 죄 지은 자를 회복시킬 때 온유하게 해야 한다(갈 6:1; 딤후 2:25). 온유는 하나님께 값진 것이므로 성도들에게 항상 온유하기를 권하신다(벧전 3:4). 하나님은 온유한 자들을 가르치고 인도하시며(시 25:9), 그들에게 평화(시 37:11)와 구원 (시 149:4)을 주신다. 예수님은 우리를 온유하게 대하시며(마 11:29; 고후 10:1), 온유한 자는 복이 있다고 하셨다(마 5:5).

'오래 참음'(μακροθυμία)은 겸손과 온유를 전제하며, 노하기를 더디 한다는 뜻이다. 하나님의 가장 기본적인 속성이다: "여호와께서 그의 앞으로 지나시며 선포하시되 여호와라 여호와라 자비롭고 은혜롭고 노하기를 더디하고 인자와 진실이 많은 하나님이라"(출 34:6; cf. 민 14:18; 느 9:17; 시 86:15; 욜 2:13; 욘 4:2). 하나님을 닮아 가려는 그리스도인은 서로를 오래 참아야 한다(골 3:12; 살전 5:14; 딤후 4:2).

'사랑'(ἀγάπη)은 기독교가 세워진 바탕이라 할 수 있다. 하나님의 사랑은 죄인인 우리를 위해 하나뿐인 아들을 십자가에서 죽게 하셨다. 예수님은 죽기까지 우리를 사랑하셨다. 성령은 이 놀라운 사랑 안에서 우리를 매일 인도하신다. 우리에게 사랑이 무엇인지 보여 주신 하나님은 우리가 그분의 사랑 가운데서 서로 용납하기를 원하신다. '용납함'(ἀνεχόμενοι)은 견디는 것(enduring, bearing with)이며 핍박과 연관이 있는 단어다(고전 4:12). 우리를 핍박하는 자를 용납하는 것은 그리스도의 사랑으로만 가능하다.

겸손과 온유와 오래 참음과 사랑은 공동체에 속한 모든 사람을 복되게 하는 것이다(cf. 골 3:12). '서로'(ἀλλήλων)는 바울 서신에서 40차례나 사용된다. 그리스도인은 서로의 일부라는 사실을 깨달아야 한다. 서로 받아들이고, 서로 생각하고, 서로 섬기고, 서로 사랑하고, 서로 세워주고, 서로의 짐을 지고, 서로에게 복종하고, 서로 격려하는 이들이 모인 공동체를 꿈꾸어야 한다. 기독교는 하나님이 지시하시고 그리스도께서 정의하시는 타인 지향적인 종교이기 때문이다(Snodgrass).

둘째, 평안의 매는 줄로 성령이 하나 되게 하신 것을 힘써 지키는 것이다(3절). 첫 번째 권면이 각 개인이 공동체에 속한 사람들을 어떻게 대해야 하는지에 대한 것이라면, 두 번째 권면은 같은 공동체로서 어

271

떻게 해야 하는지에 관한 것이다. 하나님은 그리스도의 교회를 한 몸으로 만드시고 성령을 통해 그 안에 머무신다(cf. 고전 12:13).

'매는 줄'(σύνδεσμος)은 사도가 감옥에 갇힌 일과 연관된 단어이며 '갇힌 자'(δέσμιος, 3:1; 4:1)에 '함께'(σύν-)를 더한 단어다. 로마 사람들은 죄수의 탈옥을 막기 위해 죄수의 몸을 간수의 몸에 '매는 줄'로 묶어 두었다. 바울이 감옥에 갇힐 때마다 같은 줄로 간수와 묶였던 것처럼, 그리스도인은 하나님의 평안과 사랑 안에서 서로에게 묶여 하나가 되어야 한다.

평안과 하나 됨은 그리스도께서 십자가에서 흘리신 보혈로 이루신 귀한 것이다(2:11-22). 또한 성령이 주시는 것으로, 우리가 스스로 이룰 수 있는 것이 아니다. 그러므로 바울은 평안과 하나 됨을 이루어 가라고(얻으려고) 하지 않고, 이미 주신 것들이니 힘써 지키라고 한다. '힘써 지키라'(σπουδάζοντες τηρεῖν)는 최선을 다하라는 뜻이다(cf. 딤후 4:9, 21; 딛 3:12). 평안과 하나 됨은 사람이 매우 쉽게 망가뜨릴 수 있는 성령의 선물이다.

어떤 이들은 4-6절을 두고 바울이 당시 그리스도인들이 예배를 드릴 때 사용하던 문구를 인용한 것이라 하지만(Barth, Lincoln, Schnackenburg), 그렇게 단정할 만한 증거가 없으며, 대부분 학자가 바울이 직접 저작한 것으로 본다(Arnold, Bruce, Fee, Klein, O'Brien, Perkins, Snodgrass). 사도는 4-6절에서 '하나'(εἷς, μία, ἕν)를 7차례 사용하며 하나 됨을 핵심 메시지로 강조한다(Best). 또한 7차례 반복함으로써 에베소 교회가 온전히 하나 될 것을 권면한다(Barth).

4-6절은 '성령-그리스도-하나님' 순으로 구성된 삼위일체적 고백이며, 다음 섹션(7-16절)을 준비하는 효과도 발휘한다(Fee, Klein). 각 절이 세 가지 요소로 구성되어 있다는 공통점도 지닌다: (1)몸, 성령, 소망(4절), (2)주, 믿음, 세례(5절), (3)만유의 아버지께서 만유 위에 계시고, 만유를 통일하시고, 만유 가운데 계심(6절).

첫째, 바울은 그리스도인들은 그리스도의 한 몸인 교회를 이루며, 이 몸을 유지하는 성령도 한 분이라고 한다(4a절). 그리스도인 공동체가 예수님과 분리될 수 없는 것처럼 교회와 성령의 함께하심은 결코 분리될 수 없다(cf. 2:22).

또한 우리는 모두 부르심의 한 소망 안에서 부르심을 받았다(4b절). 하나님이 우리를 한 몸과 한 성령으로 부르신 것처럼 한 소망으로 부르셨다는 뜻이다. 이 소망은 부르심받은 우리가 하나님의 기업이 될 것을 뜻한다(Arnold, 1:13-14). 성령이 직접 보증하신 일이다. 그러므로 한 몸과 한 성령과 한 소망으로 부르심을 받은 우리는 하나가 되어야 한다.

둘째, 바울은 주도 한 분이시요, 믿음도 하나요, 세례도 하나라고 한다(5절). 삼위일체적 고백을 이어 가는 상황에서 사도는 바로 앞 절(4절)에서 성령에 관해 말했다. 다음 절(6절)에서는 하나님에 관해 말할 것이다. 그러므로 본문의 '주'(κύριος)는 예수 그리스도를 의미한다(1:2; 3:11, 17; 5:20; 6:23, 24). 주도 한 분이시라는 고백은 유대인들이 매일 기도문으로 낭독했던 셰마(Shema, cf. 신 6:4)를 배경으로 한다(Bruce, cf. 6절).

바울은 예수 그리스도를 주(κύριος)라고 고백함으로써 그분이 아버지와 신분, 호칭, 권위에서 같다고 한다: "그러나 우리에게는 한 하나님 곧 아버지가 계시니 만물이 그에게서 났고 우리도 그를 위하여 있고 또한 한 주 예수 그리스도께서 계시니 만물이 그로 말미암고 우리도 그로 말미암아 있느니라"(고전 8:6). 사도가 다메섹으로 가는 길에 예수 그리스도를 만난 것은 곧 하나님을 만난 일이다.

'믿음도 하나'(μία πίστις)라는 것은 모든 그리스도인이 공감할 수 있는 공통적인 믿음(common faith)이 존재한다는 것을 의미한다(Klein). 같은 교회 안에서도 기독교 신학과 교리 중 무엇을 강조하느냐에 따라 여러 파로 나뉠 수 있다. 고린도 교회만 해도 바울파, 아볼로파, 게바파, 그리스도파 등으로 나뉘었다(고전 1:12; 3:4). 믿음 공동체가 기독교 신학과 믿음의 특정한 부분을 지나치게 강조해 분란을 초래하는 것보다 모든 사람이 동의하고 공감할 수 있는 공통적인 믿음과 신학을 부각시켜 하나가 되는 것도 지혜다.

'세례도 하나'(ἐν βάπτισμα)라는 것은 성령 세례가 아니라, 물세례를 염두에 둔 말이다(Barth, Best, Lincoln, Schnackenburg). 그리스도를 구주로 영접한 후 공개적으로 신앙을 고백하는 예식이다(cf. 행 2:38, 41; 8:12, 13, 36, 38; 10:47-48; 16:15, 33; 18:8; 19:5). 이 물세례에서 중요한 것은 그리스도와 하나가 되는 것이다(cf. 고전 1:13; 12:13; 갈 3:27). 세례 예식에서 머리에 물을 뿌려 세례를 행하거나 온몸이 물에 잠기는 침례를 행하는 것은 각 교단의 교리와 선호하는 바에 따라 다를 수 있지만, 어떤 형식을 취하느냐는 중요하지 않다. 우리의 주가 한 분이시고, 믿음도 하나이고, 세례도 하나라면, 우리는 반드시 하나가 되어야 한다.

셋째, 바울은 우리가 믿는 하나님도 한 분이시라고 한다(6a절; cf. 신 6:4). 이 말씀의 적용 범위를 하나님이 오직 믿는 자들의 아버지가 되신다는 의미로 제한해야 한다고 주장하는 이들이 있지만(Eadie, Hoehner, Schnackenburg, cf. 신 32:6; 사 63:16), 믿음 여부와 상관없이 모든 사람을 포함한 천지 만물의 아버지(창조주)로 범위를 넓혀야 한다(Arnold, Barth, Best, Lincoln, O'Brien, Robinson): "이는 만물이 주에게서 나오고 주로 말미암고 주에게로 돌아감이라 그에게 영광이 세세에 있을지어다 아멘"(롬 11:36).

한 분이신 하나님은 만유(천지 만물)의 아버지이시다(6b절). 천지 만물을 창조하신 하나님은 자신이 창조한 만유 위에 계시고, 만유를 통일하시고, 만유 가운데 계신다(6c절). 하나님의 주권(sovereignty)과 전능하심(omnipotence)과 편재(omnipresence)를 강조하는 말씀이다.

이 말씀은 그리스도인은 하나님의 부르심에 합당한 삶, 곧 경건하고 거룩하고 윤리적인 삶을 살아야 한다고 한다. 그들을 자녀로 부르신 하나님이 경건하시고 거룩하시고 윤리적이시기 때문이다. 그리스도인이 이 땅에서 추구할 것은 하나님을 닮아 가는 삶이다. 그러므로 우리는 하나님을 닮기 위해서라도 더 경건하고 거룩하고 윤리적으로 살아야 한다.

이러한 삶은 선을 행하고 악을 배척한다. 선행이 구원에 필수적이거나 전제 조건은 아니지만, 구원받은 이들이 선을 행하는 것은 당연한 일이다. 또한 악을 거부하고 피하는 것도 선행의 일부라는 것을 기억해야 한다.

우리가 교회 공동체를 이루고 더불어 사는 것이 서로에게 하나님의 축복이 되어야 한다. 서로에게 복을 빌어 줄 뿐 아니라, 내 언행으로 인해 상처를 받거나 시험에 드는 사람들이 없도록 신중하게 살아야 한다. 겸손과 온유와 오래 참음은 서로를 대할 때 절대 포기해서는 안 되는 것들이다. 우리가 서로를 대할 때 겸손과 온유와 오래 참음으로 대한다면 하나님을 닮아 가는 삶을 살고 있다고 할 수 있다.

모든 사람은 각자 선호하는 기독교 신학과 교리를 가졌다. 자기가 선호하는 것을 남에게 강요하거나 공동체에 강요하면 분란을 초래할 수 있다. 가장 지혜로운 공동체 생활은 세세한 차이는 접어 두고 서로 공감할 수 있는 것으로 하나가 되는 것이다.

III. 그리스도인의 삶(4:1-6:20)

B. 영적 성장(4:7-16)

7 우리 각 사람에게 그리스도의 선물의 분량대로 은혜를 주셨나니 8 그러므로 이르기를

그가 위로 올라가실 때에
사로잡혔던 자들을 사로잡으시고
사람들에게 선물을 주셨다

하였도다 [9] 올라가셨다 하였은즉 땅 아래 낮은 곳으로 내리셨던 것이 아니면 무엇이냐 [10] 내리셨던 그가 곧 모든 하늘 위에 오르신 자니 이는 만물을 충만하게 하려 하심이라 [11] 그가 어떤 사람은 사도로, 어떤 사람은 선지자로, 어떤 사람은 복음 전하는 자로, 어떤 사람은 목사와 교사로 삼으셨으니 [12] 이는 성도를 온전하게 하여 봉사의 일을 하게 하며 그리스도의 몸을 세우려 하심이라 [13] 우리가 다 하나님의 아들을 믿는 것과 아는 일에 하나가 되어 온전한 사람을 이루어 그리스도의 장성한 분량이 충만한 데까지 이르리니 [14] 이는 우리가 이제부터 어린 아이가 되지 아니하여 사람의 속임수와 간사한 유혹에 빠져 온갖 교훈의 풍조에 밀려 요동하지 않게 하려 함이라 [15] 오직 사랑 안에서 참된 것을 하여 범사에 그에게까지 자랄지라 그는 머리니 곧 그리스도라 [16] 그에게서 온 몸이 각 마디를 통하여 도움을 받음으로 연결되고 결합되어 각 지체의 분량대로 역사하여 그 몸을 자라게 하며 사랑 안에서 스스로 세우느니라

하나님의 부르심에 합당한 삶을 살라고 했던(4:1) 사도는 이제부터 부르심에 합당한 삶이 무엇인지 설명하기 시작한다. 교회는 하나님의 은혜로 계속 성숙하며 성장해 가야 한다. 부활하신 예수님이 교회 안에 계시며 사역하시기 때문에 이런 일이 가능하다. 본문은 로마서 12:3-8 및 고린도전서 12:4-14과 비슷하다(Perkins, cf. Snodgrass).

본 텍스트는 헬라어로 두 문장으로 구성되어 있다(Arnold). 첫 번째 문장은 4:7-10이며 55개의 단어로 이루어져 있다. 두 번째 문장은 4:11-16이며 124개의 단어로 이루어져 있다. 바울은 어느 서신보다 에베소서에서 긴 문장을 즐겨 사용한다.

하나님은 우리 각 사람에게 그리스도의 선물의 분량대로 은혜를 주셨다(7절). '그리스도의 선물'(δωρεᾶς τοῦ Χριστοῦ)은 출처 소유격(genitive of source)이다. 그리스도께서 주신 선물이라는 뜻이다. 예수님은 선물을 각 사람에게 분량대로 주셨다. '분량대로'(μέτρον)는 주님이 계획하

신 바에 따라 주고자 하시는 자들에게 원하시는 만큼 주셨다는 의미다
(Best). 그러나 이 말씀이 일부에게는 적게 주셨다는 뜻이 아니다. 그리
스도의 풍성한 능력에 따라 모두에게 넘치게 주셨다(cf. 1:8).

본문에서 '은혜'(χάρις)는 죄인을 구원에 이르게 하는 은혜가 아니다
(cf. 2:8). 그리스도인이 서로 섬기게 하는 은혜다. 그러므로 '영적 은
사'(χάρισμα)와 비슷한 말이라 할 수 있다(Klein). 성령이 자기 의지에 따
라 주시는 선물(고전 12:7-11) 또는 그리스도께서 자기 자신을 은혜로
주신 것을 의미한다.

중요한 것은 은혜는 우리가 속한 공동체(몸)가 자라고 제 기능을 하
게 하려고 주신 선물이라는 점이다(4:16; cf. 롬 12:3-8; 고전 12:4-11). 온
교회가 하나 되는 것은 각 구성원이 예수님이 선물로 주신 은혜를 잘
활용해 제 기능을 할 때 가능한 일이다.

그리스도께서 각 사람에게 은혜를 선물로 주신 것은 구약 말씀에 따
라 하신 일이다. 사도는 시편 68:18을 인용해 이 같은 사실을 확인한다
(8절). 시편 68편은 신적인 용사이신 하나님이 원수들을 상대로 승리하
시고 거룩한 산으로 올라가시는 일을 묘사한다. 바울은 이 시편 말씀
을 기독론적으로 해석해 그리스도께서 원수들로부터 승리하시고 하늘
로 올라가셨다고 한다.

전쟁에 승리한 개선장군처럼 하늘로 올라가실 때, 예수님은 사로잡
혔던 자들을 사로잡으셨다(8b절). 주께서 사로잡으신 사로잡혔던 자
들(ἠχμαλώτευσεν αἰχμαλωσίαν)은 통치자들, 권세자들, 이 세상의 정사
와 권세와 능력을 주관하는 자들 등 영적인 존재를 의미한다(Lincoln,
Schnackenburg, Snodgrass, cf. 골 2:15). 이들은 그리스도와 그분 백성의 원
수이며, 그리스도께서 부활을 통해 그들을 꺾으셨다(1:20-22).

문제는 누가 누구에게 선물을 주었느냐 하는 것이다(8c절). 바울은 승
리하신 예수님이 사람들에게 선물을 주셨다고 하는데, 마소라 사본들
(MT)과 칠십인역(LXX)은 하나님이 사람들에게서 선물을 받으셨다고

한다. 어떤 이들은 본문이 시편 68:18을 직접 인용한 것이 아니라, 이 시편을 바탕으로 만든 초대교회 찬송이며, 사도가 이 찬송의 일부를 인용한 까닭에 빚어진 일이라 한다(Muddiman). 그러나 그렇게 간주할 만한 증거가 없다.

만일 바울이 그리스도께 어울리도록 인용하는 구약 본문을 의도적으로 바꾼 것이라면, 그가 하고자 하는 말을 위해 성경 내용을 바꾸는 일은 여기밖에 없다(Arnold). 이러한 추측도 별 설득력이 없다.

구약성경을 쉽게 이해하도록 다른 말로 바꾸어 표현한(paraphrasing) 아람어 탈굼은 이 구절을 이렇게 번역했다: "선지자 모세여, 당신은 궁창으로 올라갔고, 포로를 잡았고, 율법의 말씀을 가르쳤고, 그것을 사람들에게 선물로 주었다"(You ascended to the firmament, O prophet Moses, you took captives, you taught the words of the law, you gave them as gifts to the sons of man)(Bruce). 모세가 선물을 받은 것이 아니라 주었다고 번역한 것이다. 시리아어 번역본(Peshitta)과 이집트어 번역본들(Sahidic and Bohairic dialects of Coptic)도 하나님이 사람들에게 선물을 주신 것으로 번역했다(Taylor). 그러므로 바울은 하나님의 영감에 따라 이 말씀의 전체 의미(full meaning)를 드러내기 위해 '그가 사람들에게 선물을 주셨다'라고 한 것이다(Taylor).

그리스도가 모든 영적 권세를 꺾고 하늘에 오르셨다는 것은 그분이 땅 아래 낮은 곳으로 내리셨다는 것을 의미한다(9절). 일부 사본을 근거로 어떤 이들은 '먼저, 처음'(πρῶτον)이 이 구절의 마지막 부분에 있었다고 하지만(Hoehner), 대부분 학자는 이 단어가 없는 것이 오리지널이라 한다.

전통적인 해석은 예수님이 '저세상, 지옥'(underworld, Hades)으로 잠시 내려가 그곳에 있는 영적 권세자들과 통치자들에게 자기의 승리를 선언하신 것을 의미한다는 해석이다(Arnold, cf. 벧전 3:19). 그곳을 다스리는 악령들도 그리스도가 정복한 권세자들과 통치자들에게 속하기 때문이다. 그러나 그리스도께서 일시적으로라도 저세상(지옥)으로 내려가셨다고 단정할 만한 성경적 근거는 없다. 그러므로 사도신경에는 원래 그리스도가 장사된 다음 '그가 지옥으로 내려가셨다'(he descended to hell)라는 말이 포함되어 있지만, 우리말 버전은 이 문장을 삭제했다.

학자들은 그리스도가 '땅 아래 낮은 곳으로 내리셨던 것'(κατέβη εἰς τὰ κατώτερα μέρη τῆς γῆς)에 대해 여러 가지 해석을 제시했다: (1)십자가에서 죽은 후에 묘지에 묻히신 것(Gombis, cf. Arnold), (2)오순절 때 성령을 통해 오신 것(Caird, Klein), (3)2:17이 암시한 것처럼 교회에 오신 것(Abbott), (4)성육신해 세상으로 내려오시고 십자가 죽음으로 무덤에 장사되신 일(Best, Calvin, Hoehner, MacDonald, O'Brien, Perkins, Schnackenburg, Snodgrass). 빌립보서 2:6-11을 고려하면 네 번째 해석이 가장 설득력 있다.

> 그는 근본 하나님의 본체시나 하나님과 동등됨을 취할 것으로 여기지 아니하시고 오히려 자기를 비워 종의 형체를 가지사 사람들과 같이 되셨고 사람의 모양으로 나타나사 자기를 낮추시고 죽기까지 복종하셨으니 곧 십자가에 죽으심이라 이러므로 하나님이 그를 지극히 높여 모든 이름 위에 뛰어난 이름을 주사 하늘에 있는 자들과 땅에 있는 자들과 땅 아래에 있는 자들로 모든 무릎을 예수의 이름에 꿇게 하시고 모든 입으로 예수 그리스도를 주라 시인하여 하나님 아버지께 영광을 돌리게 하셨느니라 (빌 2:6-11).

성육신해 낮은 곳으로 내려오신 예수님은 그 낮은 곳(세상)에 오래 머물지 않으시고 곧 전쟁에서 승리한 개선장군처럼 모든 하늘 위에 오르셨다(10a절; cf. 1:20-21). '모든 하늘'(πάντων τῶν οὐρανῶν)이라는 표현이 하늘은 하나라고 생각하는 우리에게는 다소 생소할 수 있지만, 유대인들은 하늘에 대해 말할 때 항상 복수형으로 말했다. 구약이 하늘에 대해 말할 때 항상 복수형(בַּשָּׁמַיִם)을 취하기 때문이다(cf. 창 1:1). '하늘들'에는 하나님이 거하시는 곳이 있지만, 악령들이 활동하는 곳도 있다(cf. 1:20; 3:10; 6:12). 바울도 셋째 하늘로 올라간 일을 회고한다(고후 12:2).

그리스도가 모든 하늘 위에 오르신 것은 만물을 충만하게 하시기 위해서다(10b절). '만물을 충만하게'(πληρώσῃ τὰ πάντα)는 주권과 다스림에 관한 표현이다(Arnold). 종말이 되면 그리스도는 세상 만물을 '충만하게'(온전히) 다스리실 것이다. 현재는 교회를 통해 이 충만함이 세상에 표현되고 있다(cf. 3:10).

교회를 통해 온 세상을 충만하게 하시는 그리스도는 그리스도인들을 사도로, 선지자로, 복음 전파하는 자로, 목사로, 교사로 삼으셨다(11절). 이 다섯 가지는 교회에 있는 직분을 포괄적으로 나열한 것이 아니다. 감독과 장로와 집사도 빠져 있다(cf. 행 20:17, 28). 단순히 가르침과 연관된 직분을 언급할 뿐이다. 유대교에서 가장 흔하고 중요한 '제사장'에 대한 언급도 없다. 이는 그리스도께서 시작하신 하나님의 새 백성 공동체인 교회가 예전 것(유대교)과 전혀 다르다는 것을 암시한다.

'사도들'(ἀποστόλους)은 교회의 기초를 세울 때 중요한 역할을 한 사람들이다(2:20). 예수님의 열두 제자보다 훨씬 더 넓은 개념이며, 그리스도를 직접 본 사람은 누구든 사도라 할 수 있다(행 1:21-22; 14:4; 고전 9:1, 6). 이번에는 바울이 지속되는 교회의 조직과 구조에서 그들을 언급한다. 교회는 언제든지 사도들이 필요하다는 의미다(Barth). 오늘날에는 사역자들이 사도 역할을 감당하고 있다.

'선지자들'(προφήτας)은 구약 시대 선지자나 그들이 남긴 선지서를 뜻하지 않는다. 바울은 하나님이 말씀을 전하기 위해 세우신 새 언약 백성이라면 누구나 예언할 수 있다고 했다(고전 14:31). 그러므로 선지자는 영적인 은사인 예언의 은사를 받은 사람이며, 모든 사람으로 배우고 권면받게 하는 사역자다(롬 12:6-8; 고전 12:8-10, 28-30; 14:3-5, 22, 31). 그러나 거짓 선지자들도 있으므로(벧후 2:1; 요일 4:1) 교회는 참과 거짓을 분별하는 분별력을 가지고 이 은사를 사용해야 한다(살전 5:20-22). 선지자들은 미래를 말하기도 한다(행 11:27-28; 21:10-11).

'복음 전하는 자들'(εὐαγγελιστάς)은 복음을 전파하는 일에 부르심을 받은 사역자다. 누가는 집사였던 빌립이 이런 은사를 받았다고 한다(행 21:8). 바울은 디모데에게 이 일을 하라고 권면한다(딤후 4:5). 그러므로 '복음 전하는 자'(전도자)가 교회 조직에 포함된 공식적인 직분이었는지, 혹은 누구나 할 수 있는 역할(기능)이었는지 확실하지 않다(Klein). 사도들은 곳곳을 돌아다니며 복음을 전하고 교회를 세우는 일을 했다. 오늘날의 선교사 역할을 한 것이다. 반면에 복음 전하는 자들은 이미 사도들이 세운 교회에 남아 계속 전도하는 일을 했다(Arnold, Klein). 바울이 모르는 에베소와 주변 교회들의 성도들은 이 전도자들이 맺은 사역의 열매다(Barth, cf. 1:15).

'목사들과 교사들'(ποιμένας καὶ διδασκάλους)이 한 정관사로 묶여 있고 접속사로 연결되어 있다고 해서 이 두 직책이 연관되어 있거나 같은 직분이라고 주장하는 이들이 있다(Arnold, Barth, Bruce, Snodgrass, Yoder Neufeld). 만일 목사와 교사가 서로 다른 직분이라면 '교사들'(διδασκάλους)에도 독립적인 정관사가 있어야 한다는 것이다. 이러한 해석에 근거해 오늘날 목사를 '가르치는 목자'(teaching shepherd)로 부르는 교회가 많아졌다(Arnold, Barth).

그러나 이 두 직분을 분리하는 것이 바람직하다(Arnold, Klein). 신약에서 '목자들'(ποιμένας)이 교회 지도자의 의미로 사용되는 것은 이곳이 유일하다. 원래 예수님만 '목자'(ποιμήν)로 불린다(히 13:20; 벧전 2:25). 예수님도 자신을 가리켜 '선한 목자'(ὁ ποιμὴν ὁ καλός)라 하셨다(요 10:1-18). 부활하신 후 베드로 등 교회 지도자들에게 목자가 양을 치듯 자기 백성을 돌보라 하셨다(요 21:15-17). 바울도 에베소 장로들에게 목자가 양을 돌보듯 성도들을 돌보라고 했다(cf. 행 20:28-29; 벧전 5:2). 그러나 교회 지도자를 '목자'라 칭하는 것은 이곳이 유일하다.

목사(목자)는 자기 책임 아래 있는 그리스도의 양들을 지키고 인도해야 한다(Klein, cf. 요 21:16; 행 20:28; 벧전 5:21). 이런 면에서 목사는 사역 측면에서 감독(ἐπίσκοπος, cf. 롬 12:8; 빌 1:1; 살전 5:12; 딤전 3:1; 히 13:17) 및 장로(πρεσβύτερος, cf. 행 14:23; 20:17; 딤전 5:17; 딛 1:3, 5)와 많이 겹친다(cf. 롬 12:8; 빌 1:1; 살전 5:12; 딤전 3:1; 히 13:17).

'교사들'(διδασκάλους)도 은사 중 하나다(롬 12:7; cf. 벧전 4:11). 고린도전서 12:28에서는 사도와 선지자 다음으로 언급되는 직분이다. 교사는 교회에서 기독교 교리와 신학을 가르치고 전수하는 일을 맡은 이들이다(Klein, cf. 갈 6:6; 히 5:12; 약 3:1). 또한 교사는 모든 그리스도인에게 믿음을 가르쳐야 한다(딤후 2:2; 히 5:12).

감독과 장로들도 이런 일을 하게 될 것이지만(cf. 딤전 3:2; 2:12; 5:17; 딤후 2:24; 딛 1:9) 에베소서가 저작되었을 당시는 아직 신약 정경이 확정되지 않은 때다. 그러므로 이때는 교사들의 역할이 더욱더 중요했다. 그들은 구약과 예수님과 그분의 가르침에 대한 구전(oral tradition)과 사도들의 가르침(행 2:42; cf. 골 2:7)과 교회의 신앙고백과 전통을 바탕으로 성도들을 가르쳤다. 특히 이방인 성도들은 많은 가르침이 필요했다.

바울이 11절에서 나열한 다섯 가지 직분을 포함한 교회의 모든 직분은 성도를 온전하게 하여 봉사의 일을 하게 해 그리스도의 몸을 세워 가도록 주신 것이다(12절). 그는 이것을 세 단계로 말한다. 첫째, 지도자들은 성도들을 온전하게 해야 한다. 훈련과 격려를 통해 그들을 성숙한 그리스도인으로 세워 나가야 한다는 뜻이다. 둘째, 성도들이 온전하게 되면, 그들은 봉사의 일을 하게 될 것이다. 성도가 충분히 훈련받고, 봉사의 필요성에 설득되었을 때 가능한 일이다. 셋째, 성도들은 봉사의 일을 함으로써 그리스도의 몸을 세워 갈 것이다. '세움'(οἰκοδομή)은 교회의 영적 성장을 목표로 성숙해 간다는 뜻이다(cf. 고전 14:3, 5, 12, 26; 고후 10:8; 12:19; 엡 4:16, 29). 그리스도의 몸인 교회를 온전히 세워 나가는 것은 사역자들의 최종 목표다.

온 교회가 하나 되어 그리스도의 몸을 세워 가려면 먼저 우리가 하나님의 아들을 믿는 것과 아는 일에 하나가 되어야 한다(13a절). 사도가 에베소서에서 예수님을 '하나님의 아들'(τοῦ υἱοῦ τοῦ θεοῦ)로 부르는 것은 이곳이 처음이다. 교회 공동체가 예수님을 믿지 않거나 알려고 하지 않으면서 그분의 몸인 교회를 온전히 세워 나가려 하는 것은 어리석고 무모한 노력에 불과하다. 예수님을 믿고 그분이 원하시는 바를 알아야 교회를 온전히 세워 갈 수 있기 때문이다.

우리가 예수님을 믿고 아는 일에 하나가 된다는 것은 또한 우리가 각각 온전한 사람을 이루어 그리스도의 장성한 분량이 충만한 데까지 이른다는 뜻이다(13b절). 우리는 예수님을 영접했을 당시의 영적 미성숙함에 머물러 있어서는 안 된다(cf. 14절). 온전한 사람, 곧 어린아이와 대조되는 성숙한 사람이 되어야 한다. 우리가 신앙적으로 성숙한 사람이 되면 그리스도의 장성한 분량이 충만하게 될 것이다. 그리스도는 교회 지도자들에게 갖가지 은혜를 주어 그들이 영적으로 높은 수준까지 자라게 하신다.

우리가 그리스도의 장성한 분량이 충만한 데까지 영적으로 성장하고 성숙해야 하는 이유는 더는 어린아이가 되지 않기 위해서다(14a절). '어린아이'(νήπιος)는 젖먹이 아이들을 의미한다(BDAG). 우리가 처음 예수님을 영접했을 때의 모습이다. 그리스도인은 꾸준히 영적 성장과 성숙을 추구해야 한다.

만일 우리가 계속 어린아이로 남아 있으면, 사람의 속임수와 간사한 유혹에 빠져 온갖 교훈의 풍조에 밀려 요동할 것이다(14b절). '요동하다'(κλυδωνίζομαι)는 배가 파도에 의해 이리 밀리고 저리 밀리는 모습을 묘사한다(BDAG). 이단과 거짓 선생들의 먹이감이 될 것이라는 경고다. 그들은 결코 포기하지 않고 계속 우리를 잘못 인도하려고 할 것이다(Best). 그러므로 그들의 속임수와 간사한 유혹과 온갖 교훈의 풍조에 떠밀려 다니지 않기 위해서라도 우리는 하나님의 말씀을 계속 배우며 영적 성장과 성숙을 지속해야 한다. 하나님에 대한 올바른 지식이 없이는 온전해질 수 없다.

영적인 성장을 계속하는 사람은 요동하지 않을 뿐 아니라, 사랑 안에서 참된 것을 할 것이다(15a절). '참된 것을 하다'(ἀληθεύω)는 진실을 말하는 것을 뜻할 수 있다(ESV, NAS, NIV, NRS). 신약에서 이 동사는 단 두 차례 사용되는데, 다른 사용처(갈 4:16)에서 이러한 의미를 지니기 때문이다. 일부 학자는 비슷한 의미에서 '진실을 고백하다'라고 해석하기도 한다(Eadie, O'Brien). 이러한 해석에 따르면 저자는 에베소 성도들이 서로에게 모든 것을 고백하는 '고백 교회'의 교인이 되기를 원한다.

그러나 '참된 것을 하다'(practicing the truth)라는 의미로 남겨 두는 것이 좋다(Abbott, Hoehner). 우리는 말로만 영적으로 성장하는 것이 아니라, 행동(실천)에서도 성숙해야 하기 때문이다. 또한 진실되고 옳은 언행을 하는 것이 중요한 것이 아니라, 이 모든 것을 사랑으로 하는 것이 더 중요하다. 오늘날에도 교회에는 진리를 수호하는 자가 많다. 그러나 사랑으로 진리를 수호하는 자는 많지 않다(Stott).

우리가 사랑 안에서 참된 것을 계속하면 범사에 그에게까지 자랄 것이며, 그는 곧 교회의 머리이신 그리스도이시다(15b절). 우리는 어린아이로 남지 않고 계속 성장해야 한다(cf. 14절). 바울은 이미 하나님이 만물을 예수님의 발 아래 굴복시키셨으며, 만물 위에 교회의 머리'(κεφαλή)로 세우셨다고 했다(1:22). 그리스도가 교회의 머리가 되신다는 것은 그분이 교회를 다스리는 수장이시며, 동시에 교회의 모든 필요를 채우시는 분이라는 뜻이다. 예수님은 교회를 시작하신 분이며 또한 유지하시는 분이다. 우리가 그리스도에게까지 자랄 수 있다는 것은 그리스도가 영적 성장의 기준이 되신다는 뜻이다(Klein). 물론 우리의 신앙과 인격은 죽는 순간까지 그리스도에게 도달하지 못한다. 그럼에도 이 고상한 목표를 포기하지 않고 계속 노력해야 한다.

그리스도는 교회의 머리로서 그분의 몸을 이루고 있는 우리에게 모든 필요를 공급하신다. 그러므로 그분에게서 온몸이 각 마디를 통해 도움을 받는다(16a절). 또한 같은 몸의 일부인 우리는 머리이신 그리스도의 도움을 받을 뿐 아니라 서로 연결되고 결합되어 있다(16b절). 그리스도의 몸을 이루는 우리는 서로가 필요하다.

그리스도로부터 각 마디를 통해 온 도움은 각 지체의 분량대로 역사해 그 몸(그리스도의 몸, 교회)을 자라게 한다(16c절). 교회의 성장과 성숙은 머리이신 그리스도의 도움이 있어야 가능한 일이다. 또한 각 지체를 구성하는 우리가 그리스도의 도움으로 성장하고 성숙하는 것은 그분의 몸인 교회를 자라게 하는 일이다. 그러므로 우리는 그리스도의 몸인 교회를 자라게 하기 위해서라도 개인적인 성장을 멈추지 않아야 한다. 우리 각 개인이 영적 성장과 성숙을 멈추지 않는 것은 곧 사랑 안에서 그리스도의 몸인 교회를 스스로 세우는 일이다(16d절).

이 말씀은 예수 그리스도는 십자가 죽음과 부활로 하늘과 땅에 있는 모든 권세자와 통치자(악령 포함)에게서 승리하시고 그들을 다스리신다고 한다. 승리하신 주님은 우리에게 많은 은혜를 선물로 주셔서 모든 필요를 채우시고 여러 가지 능력도 주셨다. 그러므로 우리는 예수님이 주신 은혜의 선물을 잘 활용해 그분의 몸 된 교회를 얼마든지 세워 나갈 수 있으며, 세워 나가야 한다.

예수님은 우리에게 은혜를 주실 때 각자의 분량대로 역사해 자라게 하신다. 그러므로 남이 받은 선물을 부러워할 필요가 없으며, 내게 주신 은혜에 감사하면 된다. 우리에게 다른 은혜가 필요하다 싶으면 주님이 반드시 그것도 주실 것이다. 중요한 것은 우리가 더는 어린아이에 머물지 않고 계속 성장하고 성숙해 가는 것이다.

그리스도가 교회의 머리가 되신다는 것은 그분이 교회의 수장이라는 것을 의미한다. 따라서 그분이 교회의 모든 필요를 채우실 것이다. 또한 그분의 몸을 구성하는 우리 각 개인의 필요도 채우실 것이다. 그러므로 항상 주님만 바라보며 주님께 구하면 된다. 주님은 우리의 머리

285

이시기 때문에 우리의 영적 성장에 필요한 모든 것을 은혜로운 선물로 주실 것이다.

그리스도의 몸을 구성하는 지체인 성도들은 하나님의 은혜와 부르심을 입었다. 교회 지도자들은 성도들이 하나님 앞에서 온전히 세워질 때까지 그들을 돕고 양육해야 한다. 그리스도를 닮아 가는 삶을 사는 것이 우리의 목표이자 그들의 목표이다. 같은 목표를 가지고 함께 가면 목표를 달성하기가 훨씬 쉬워진다.

III. 그리스도인의 삶(4:1-6:20)

C. 세상(4:17-24)

[17] 그러므로 내가 이것을 말하며 주 안에서 증언하노니 이제부터 너희는 이 방인이 그 마음의 허망한 것으로 행함 같이 행하지 말라 [18] 그들의 총명이 어두워지고 그들 가운데 있는 무지함과 그들의 마음이 굳어짐으로 말미암아 하나님의 생명에서 떠나 있도다 [19] 그들이 감각 없는 자가 되어 자신을 방탕에 방임하여 모든 더러운 것을 욕심으로 행하되 [20] 오직 너희는 그리스도를 그같이 배우지 아니하였느니라 [21] 진리가 예수 안에 있는 것 같이 너희가 참으로 그에게서 듣고 또한 그 안에서 가르침을 받았을진대 [22] 너희는 유혹의 욕심을 따라 썩어져 가는 구습을 따르는 옛 사람을 벗어 버리고 [23] 오직 너희의 심령이 새롭게 되어 [24] 하나님을 따라 의와 진리의 거룩함으로 지으심을 받은 새 사람을 입으라

'과거-현재'(formerly-now)의 삶을 대조하는 5개의 말씀 중 네 번째다 (Snodgrass, 2:11-13, 19-22; 4:17-24; 5:8; cf. 3:5; 4:28). 사도는 부르심에 합당한 삶을 살라는 권면(4:1)이 무슨 뜻인지 구체적인 가르침을 시작한다. 그는 이방인 그리스도인에게 이방인처럼 살지 말라고 한다. 인

종적인 측면을 말하는 것이 아니라 영적·윤리적 이방인으로 살지 말라는 권면이다(cf. Klein). 그리스도인은 과거의 삶의 방식과 언행으로부터 완전히 다른 삶을 살아야 한다는 것이다.

이 섹션은 두 개의 헬라어 문장으로 구성되어 있다. 첫 번째 문장은 54개 단어로 구성된 17-19절이며, 두 번째 문장은 59개 단어로 구성된 20-24절이다(cf. Arnold). 또한 골로새서 3:5-10과 비교해 다음과 같은 공통점들을 지닌다(Perkins).

주제	에베소서 4:17-24	골로새서 3:5-10
이방인처럼	이방인이 그 마음의 허망한 것으로 행함 같이 행하지 말라(17절)	너희도 전에…그 가운데서 행하였으나(7절)
죄들	방탕, 방임, 욕심(19절)	음란, 부정, 사욕, 정욕, 탐심(5절)
옛사람	벗어 버리고(22절)	벗어 버리라(8절)
옛사람의 행위	유혹의 욕심을 따라 썩어져 가는 구습(22절)	옛 사람과 그 행위를 벗어 버리고(9절)
새로운 심령	심령이 새롭게 되어(23절)	새롭게 하심을 입은 자니라(10절)
새사람	새 사람을 입으라(24절)	새 사람을 입었으니(10절)
하나님의 형상	하나님을 따라…지으심을 받은(24절)	창조하신 이의 형상을 따라(10절)

바울은 지금부터 할 말은 주 안에서 증언하는 것이라고 한다(17a절). '주 안에서'(ἐν κυρίῳ)는 예수님의 권위(authority)를 빌려 말한다는 뜻이다(Lincoln, O'Brien, cf. 살전 4:1). '증언하다'(μαρτύρομαι)는 '간청하다, 권고하다'라는 의미를 지닌다(BDAG, cf. 살전 2:12). 저자는 주님의 이름으로 간절히 부탁하고 있다.

사도는 이방인 그리스도인들에게 이방인이 마음의 허망한 것으로 행하는 것같이 행하지 말라고 한다(17b절). 믿는 자들은 은혜로우신 하나님이 그리스도를 통해 세우신 새로운 공동체에 속했다. 그러므로 그들은 이 새로운 정체성에 따라 과거의 삶과는 완전히 다르고 분리된 삶을 살아야 한다.

'허망한 것'(ματαιότης)은 '쓸모없는, 텅 빈, 목적이 없는, 일시적인'(useless, empty, purposeless, transitory) 것이라는 뜻이다(BDAG). 이방인의 삶이 이렇게 된 것은 그들이 창조주 하나님을 믿지 않기 때문이다(롬 1:21). 칠십인역(LXX)은 전도서에서 하나님을 두려워하지 않는 삶의 허무함과 허탈함을 번역할 때 이 단어를 사용한다(전 1:2, 14; 2:1, 11, 15, 17, 19 등). 바울은 '허망한 것'(ματαιότης)이라는 한 단어로 그리스-로마 사람들의 피폐한 삶을 요약한다(Barth).

사람이 하나님을 중심으로 살지 않으면 그의 삶은 부질없으며 허무하다. '허망한 삶'은 믿지 않는 이방인에게는 매우 무례하고 자극적인 말이다(Arnold). 대부분 이방인은 자신의 삶에 대해 이렇게 생각하지 않기 때문이다. 그러나 그들은 한없이 불쌍하고 허무한 삶을 산다.

믿지 않는 이방인은 왜 마음의 허망한 대로 행하는가? 바울은 네 가지로 설명한다(18절). 첫째, 그들의 총명이 어두워졌다. '총명'(διάνοια)과 '마음'(καρδία)은 같은 말이므로, 마음이 어둡다는 뜻이다(Arnold, cf. 롬 1:21; 사 57:11; 렘 31:33). 그들의 마음에는 '영적 정전'(spiritual blackout)이 있어 생명의 길로 인도해 줄 빛이 없다(Barth).

둘째, 그들 가운데 무지함이 있다. '무지함'(ἄγνοια)은 하나님에 대해 아는 바가 없다는 뜻이다. 로마서 1:21-32은 그들이 진리의 하나님을 알았지만, 우상과 거짓과 문란 등으로 바꿈으로써 의도적으로 무지하게 되었다고 한다. 하나님은 스스로 무지하게 된 그들을 원하는 대로 하도록 그들의 마음에 넘겨주셨다(1:24, 26, 28).

셋째, 그들의 마음이 굳어졌다. '굳어짐'(πώρωσις)은 출애굽 사건에서 이집트 왕 바로가 자신의 마음을 강퍅하게 한 일을 묘사한다(출 8:32; 13:15). 나중에는 하나님이 그의 마음을 굳게 하셨다(출 4:21; 7:3; 9:12; 10:1). 그러므로 굳어짐은 죄를 짓는 원인이 아니라, 죄의 결과다. 이방인이 하나님을 믿지 않는 것은 그들이 자신의 마음을 스스로 굳게 했기 때문이다.

넷째, 그들은 하나님의 생명에서 떠나 있다. 구문론적으로 그들이 하나님의 생명에서 떠나 있는 것은 두 번째(무지함)와 세 번째(굳어짐) 이유로 인해 빚어진 일이다. 첫 번째(총명이 어두워짐)는 외부 요인으로 일어난 일이라고 변명할 수 있지만, 두 번째와 세 번째는 믿지 않는 자들이 스스로 한 일이다. 그러므로 회개 없이는 하나님의 생명에서 떠나 있는 그들이 주님께 가까이 나아올 수 없다.

마음이 어둡고, 무지함과 굳어짐으로 인해 하나님의 생명에서 떠난 사람(18절)은 어떤 삶을 사는가? 바울은 19절에서 이 질문에 답한다. 그들은 감각 없는 자가 된다(19a절). '감각 없는 자들'(ἀπηλγηκότες)은 더는 고통이나 아픔을 느끼지 않는 자, 그러므로 감정이 죽은 자를 뜻한다(BDAG). 이들을 동사(ἀπαλγέω)의 완료형 분사로 묘사하는 것은 그들이 하나님을 부인하는 시기가 이미 지났음을 의미한다. 이제 그들은 마음이 강퍅해질 대로 강퍅해져서 회심의 소망이 보이지 않는다(Arnold). 로마서는 하나님이 이러한 사람들을 불의한 삶으로 넘겨 원하는 대로 죄를 짓게 하신다고 한다(cf. 롬 1:24, 26, 28).

그들은 감각 없는 자들이 되어 자신을 방탕에 방임한다(19b절). '방탕'(ἀσέλγεια)은 부도덕함, 육체적인 관능(licentiousness, sensuality) 등을 뜻하며 성적인 죄로 죄 목록에 자주 등장한다(막 7:22; 롬 13:13; 고후 12:21). 사회적으로 용인되는 것의 모든 경계를 위반하는 행동을 하는 것과 관련된 자기 절제의 부족이다(BDAG).

또한 그들은 모든 더러운 것을 욕심으로 행한다(19c절). '더러운 것'(ἀκαθαρσία)은 부도덕하거나 과도한 행동에 대한 일반적인 단어다(BDAG, cf. 롬 1:24; 고후 12:21; 갈 5:19; 엡 5:3). '욕심'(πλεονεξία)은 더 많은 것을 탐하는 것이며, 성적인 욕구도 포함한다(BDAG, cf. 롬 1:29; 고후 9:5; 엡 5:3; 골 3:5). 종합하면 감각 없이 사는 사람은 죄와 욕망의 노예가 되어 산다.

지금까지 사도는 17-19절을 통해 믿지 않는 이방인의 삶, 곧 그리스도를 영접하기 전 우리의 삶이 어떠했는지 묘사했다. 이제는 20-24절을 통해 그리스도를 영접한 후의 삶, 곧 지금의 삶이 어떠해야 하는지 설명한다.

우리는 그리스도를 그같이 배우지 않았다(20절). '그리스도를 배우다'(ἐμάθετε τὸν Χριστόν)는 신약에서 단 한 차례 사용되는 매우 특이한 표현이다. 가르침의 내용이나 언행의 패턴 등을 배우는 것이 일상적인데, 바울은 우리가 그리스도를 배웠다고 한다. '그리스도를 배우다'는 '그리스도를 알다'(빌 3:10)와 비슷한 말로 믿음에서 가장 중요한 그리스도와의 관계를 강조하는 표현으로 간주하는 것이 바람직하다(Arnold). 그리스도를 배운다는 것은 그분을 살아 있는 인격체로 환영하고 그분의 가르침에 의해 생각의 틀이 잡히는 것을 의미한다(O'Brien). 골로새서 2:6-7은 이렇게 권면한다: "그러므로 너희가 그리스도 예수를 주로 받았으니 그 안에서 행하되 그 안에 뿌리를 박으며 세움을 받아 교훈을 받은 대로 믿음에 굳게 서서 감사함을 넘치게 하라."

바울은 우리가 예수님으로부터 그 안에 있는 진리를 듣고 가르침을 받았다고 한다(21절; cf. 요 14:6). 에베소서에서 '예수'(Ἰησοῦς)가 사용되는 것은 이곳이 유일하다. 사도는 항상 예수님을 칭할 때 '그리스도'라는 타이틀을 사용한다. 그가 이곳에서 이름 '예수'를 사용하는 것은 아마도 이 땅에서 인간으로 사셨던 예수님을 모델로 삼아 살아가라는 권면으로 보인다(Klein).

진리이신 하나님이 성육신하신 '예수님 안에는'(ἐν τῷ Ἰησοῦ) 우리가 배워야 하는 진리가 있고, 그 진리는 믿지 않는 자들이 알던 것과 완전히 다른 것이었다. 우리는 그분에게서 듣고 또한 '그분 안'(ἐν αὐτῷ)에서 가르침을 받았다. 그러므로 그리스도를 영접한 사람들은 그분에게 배운 진리로 생각의 틀을 완전히 바꿔야 한다. 사도가 계속 '예수님 안에'

를 반복하는 것은 그분과 인격적인 관계를 유지해야 한다는 점을 강조하기 위해서다(Hoehner). 그래야 계속 변화해 조금 더 예수님을 닮아 갈 수 있다.

그리스도를 영접하기 전 우리는 옛사람이었다. 죄로 인해 죽은 아담의 후예였으며, 유혹의 욕심을 따라 썩어져 가는 구습을 따랐다(22a절). '유혹의 욕심'(ἐπιθυμίας τῆς ἀπάτης)은 '현혹하는 욕구들/욕정들'(deceitful desires)이다(ESV, NAS, NIV). 옛사람은 온갖 죄를 짓고자 하는 욕망의 덫에서 빠져나올 수 없다.

'썩어져 가는'(φθειρόμενον)은 현재형 분사이며, 이미 썩었고 그 썩음이 계속되고 있다는 뜻이다. 성경은 선한 일을 할 수 없는 인간의 전적인 타락을 이렇게 표현한다(Arnold, cf. 벧후 1:4; 2:19). 또한 수동태 (passive)다. 우리는 썩은 것(타락한 것)에 대해 어떠한 것도 할 수 없으며 그저 지켜볼 뿐이다(Klein).

사도는 이제 그 옛사람을 벗어 버리라고 한다(22b절). 우리는 옛 아담으로부터 받은 사고 체계와 삶의 방식에서 벗어나야 한다(Best, Schnackenburg). 이는 오직 성령의 도우심으로 가능한 일이다. '벗으라'(ἀποθέσθαι)는 부정 과거형 부정사(aorist infinitive)다. 회심 때 이미 벗었지만, 또한 계속 벗어야 한다는 의미다(Klein). 그러므로 우리 안에 옛사람이 있는 한 회개는 계속되어야 한다. 다른 곳에서 바울은 계속되어야 하는 회개를 '매일 죽는 것'이라 한다(고전 15:31; 고후 4:10-12; cf. 롬 6:2, 6, 8; 갈 2:19-20).

저자가 본 텍스트에서 '옛사람'(παλαιὸν ἄνθρωπον)이 따르는 구습(τὴν προτέραν ἀναστροφὴν)으로 언급하는 것에는 '마음의 허망한 것'(17절), '어두워진 총명'(18절), '무지함'(18절), '굳어진 마음'(18절), '감각 없음'(19절), '방탕과 방임'(19절), '더러운 것에 대한 욕심'(19절), '유혹의 욕심'(22절) 등이 있다.

옛사람의 구습을 벗는 일을 죄 문제가 해결되는 것으로 착각해서는 안 된다. 오직 심령이 새롭게 되어 하나님을 따라 의와 진리의 거룩함으로 지으심을 받은 새사람을 입어야 한다(23-24절). '심령'(τῷ πνεύματι τοῦ νοὸς)에서 '영'을 '성령'으로 해석하는 이들도 있지만(Arnold), 사람의 영(마음)이다(Barth, Best, Fee, Hoehner, Klein, O'Brien, cf. 새번역, 공동, ESV, NAS, NIV, NRS).

'새롭게 되어'(ἀνανεοῦσθαι)는 신약에서 단 한 차례 사용되는 표현이며, 현재형 부정사 수동태(present infinitive passive)다. 하나님이 성령을 통해 우리를 계속 새롭게 하셔서 유혹의 욕심을 따르지 않게 하신다는 뜻이다(cf. 골 3:10). 우리는 이미 새사람을 입었지만, 계속 입어야 한다(Klein).

'새사람'(καινὸν ἄνθρωπον)은 하나님께 지음받은 새 피조물이다. 하나님은 옛사람을 갱신하거나 개혁하신 것이 아니라, 온전히 새로 지으셨다. 우리는 회심할 때 새 피조물이 되었다(고후 5:17; 골 3:10). 성령의 인치심이 이 사실을 보장한다(1:13). 그러므로 새사람에게 가장 중요한 것은 성령의 내재하심이다.

하나님은 새사람을 의와 거룩함으로 지으셨다. '의'(δικαιοσύνη)는 하나님의 속성이다(시 35:24; 사 5:16; 33:5; 롬 3:5). '거룩함'(ὁσιότητι)은 "내가 거룩하니 너희도 거룩할지어다"(레 11:45; 19:2)를 배경으로 하는 말씀이다. 이 둘은 하나님의 명령에 따라 사는 경건하고 순종적인 삶을 요약하는 말이다(cf. 신 9:5; 눅 1:17). 또한 거룩함은 '진리'(ἀλήθεια)에서 비롯되어야 한다. 그러므로 거룩하고 의로운 삶은 진리이신 하나님을 닮아 가는 삶이다.

이 말씀은 그리스도를 영접하기 전 옛사람으로 살 때 우리가 어떤 삶을 살았는지 되돌아보게 한다. 마음의 허망한 것을 따라 살다 보니 온갖 더러운 죄와 욕망의 노예로 살았다. 참으로 생각하고 싶지도 않은 것들이다. 우리가 주님을 알기 전에 이러한 삶을 살았다는 것은 아직 예수님을 모르는 사람들에 대한 거룩한 부담감으로 작용해야 한다. 그들을 이처럼 비참한 삶에서 해방시키기 위해서라도 전도해야 한다.

우리는 항상 결단의 기로에 서 있다는 것을 생각하며 살아야 한다. 옛사람은 이미 벗었지만, 지금도 계속 벗어야 한다. 또한 새사람을 이미 입었지만, 계속 입어야 한다. 그러므로 모든 일에서 옛사람과 새사람 중 어느 쪽을 입을 것인지 생각하며 살아야 한다. 이미 우리는 구원을 얻었다. 그러나 성화는 계속되어야 한다.

D. 새 공동체(4:25-5:2)

²⁵ 그런즉 거짓을 버리고

각각 그 이웃과 더불어 참된 것을 말하라

이는 우리가 서로 지체가 됨이라 ²⁶ 분을 내어도 죄를 짓지 말며 해가 지도록 분을 품지 말고 ²⁷ 마귀에게 틈을 주지 말라 ²⁸ 도둑질하는 자는 다시 도둑질하지 말고 돌이켜 가난한 자에게 구제할 수 있도록 자기 손으로 수고하여 선한 일을 하라 ²⁹ 무릇 더러운 말은 너희 입 밖에도 내지 말고 오직 덕을 세우는 데 소용되는 대로 선한 말을 하여 듣는 자들에게 은혜를 끼치게 하라 ³⁰ 하나님의 성령을 근심하게 하지 말라 그 안에서 너희가 구원의 날까지 인치심을 받았느니라 ³¹ 너희는 모든 악독과 노함과 분냄과 떠드는 것과 비방하는 것을 모든 악의와 함께 버리고 ³² 서로 친절하게 하며 불쌍히 여기며 서로 용서하기를 하나님이 그리스도 안에서 너희를 용서하심과 같이 하라 ^{5:1} 그러므로 사랑을 받는 자녀 같이 너희는 하나님을 본받는 자가 되고 ² 그리스도께서 너희를 사랑하신 것 같이 너희도 사랑 가운데서 행하라 그는 우리를 위하여 자신을 버리사 향기로운 제물과 희생제물로 하나님께 드리셨느니라 본 텍스트는 사도가 앞서 4:20-24에서 언급한 그리스도인의 삶이 어떤 것인지를 설명한다(Snodgrass). 내용에 있어서는 골로새서 3:5-14과 비슷하다(Klein). 그리스도인이 추구해야 할 윤리적 삶에 관한 것으로, 어떤 이들은 당시 유행했던 금욕주의(Stoicism)의 윤리와 비슷하다고 하지만 바울은 구약의 윤리를 근거로 그리스도인들을 권면한다.

스타일도 순식간에 바뀌었다. 그동안 긴 문장을 즐겨 사용하던 저자는 이제부터는 간략하고 짧은 문장으로 에베소 성도들을 권면한다. 그는 이 섹션에서 현재형 명령법(present imperative)을 12차례, 부정 과거형 명령법(aorist imperative)을 한 차례, 분사를 명령형으로 한 차례 사용한다(Arnold).

섹션을 시작하는 '그런즉'(Διὸ)은 본 텍스트가 새사람과 옛사람에 대한 가르침(4:17-24)의 연속임을 암시한다. 새사람이 모여 이룬 하나님의 새 백성 공동체는 앞에서 말한 옛사람의 속성과 성향을 멀리해야 한다. 새 술은 새 부대에 넣어야 한다고(마 9:17), 하나님이 창조하신 새사람 공동체는 옛사람이 지향하던 가치와 질적으로 다른 새 윤리의 기준 위에 세워져야 한다. 바울은 새 공동체를 이루는 새사람들에게 일곱 가지를 권면한다.

사도의 첫 번째 권면은 거짓을 버리고 각각 그 이웃과 더불어 참된 것을 말하는 것이다(25절). '버리고'(ἀποθέμενοι)는 부정 과거형 분사(aorist participle)가 명령법처럼 사용된 사례다(Barth, Best, Klein, Lincoln, cf. NIV). 사도는 그리스도인들에게 거짓을 버리라고 명령한다.

또한 '버리고'(ἀποθέμενοι)는 앞 섹션에서 옛사람을 '벗어 버리라'(ἀποθέσθαι)고 할 때 사용된 동사(ἀποτίθημι)다(4:22). 그리스도인은 옛사람을 벗어 버린 것처럼, 거짓도 벗어 버려야 한다.

진실이 아니면 무엇이든 '거짓'(ψεῦδος)에 속할 수 있지만, 문맥이 사람이 하는 말에 관한 것이므로 '거짓말'로 제한해야 한다(Robinson). 옛사람과 새사람의 가장 크고 중요한 차이는 말에 있다. 옛사람은 온갖 더러운 말을 하지만, 새사람은 오직 덕을 세우는 선한 말을 한다(cf. 29절).
하나님은 속이는 자를 싫어하시며, 거짓말하는 자들을 멸망시키신다
는 말씀(시 5:6)이 경고가 되어야 한다.

"각각 그 이웃과 더불어 참된 것을 말하라"(25절)는 스가랴 8:16을 인
용한 것이다. 하나님이 남은 자 공동체에 하신 말씀이다. '참된 것을
말하라'(λαλεῖτε ἀλήθειαν)는 현재형 명령법(present imperative)이다. 참된 것
을 말하는 일을 계속해야 한다는 뜻이다. 언제든 꾸준히 참된 것을 말
하는 것은 새사람 공동체의 속성이다. 우리가 교회 공동체를 형성하고
살아갈 때도 참된 것을 말하는 것이 서로에 대한 신뢰와 공동체의 기
본이 되어야 한다.

믿음 공동체에 속한 사람들이 서로에게 항상 진실을 말해야 하는 것
은 하나님이 진실하시기 때문이며(살전 1:9; cf. 요 17:3), 그리스도가 진
실하시기 때문이다(4:21; cf. 요 14:6). 여기에 사도는 우리가 서로 지체
가 되기 때문이라는 이유를 더한다. '서로 지체가 되다'(ἐσμὲν ἀλλήλων
μέλη)는 우리가 그리스도의 몸인 교회를 구성하는 지체인 것처럼(cf. 롬
12:5; 고전 12:12-27) 서로에게 지체(members of one another)라는 뜻이다
(ESV, NAS, NRS).

바울의 두 번째 권면은 분을 내어도 죄를 짓지 말며 해가 지도록 분
을 품지 말라는 것이다(26절). 분(화)은 누구나 낼 수 있는 감정이다. 그
리고 때로는 필요하다(Arnold, Klein, Snodgrass, Stott). 그러나 매우 위험하
고 파괴력이 있는 감정이다. 그러므로 분을 내어도 죄를 짓지 말라고
한다. '분을 내어도'(ὀργίζεσθε)는 현재형 명령법(present imperative)이다. 계
속 화를 내지 말라는 뜻이다(Klein). 계속 화를 내는 것은 죄를 짓는 것
이기 때문이다.

누구에게 화를 내더라도 해가 지도록 화를 내면 안 된다. '해가 질
때'는 하루 일을 마무리할 때다. 일꾼들은 이때 품삯을 받는다(cf. 신
24:15). 너무 오랫동안 분을 품지 말라는 뜻이다.

오랫동안 분을 품는 것은 마귀에게 틈을 주는 일이다(27절). '틈'(τόπον)을 '기회'(chance, opportunity)로 해석하는 이들이 있다(Barth, Hoehner, Klein, O'Brien, Schnackenburg). 마귀가 우리에게 화를 내게 하지는 않지만, 우리가 화를 내면 그것을 기회로 삼아 악한 일을 하게 한다는 뜻이다(Klein). 그러나 '틈'은 '공간, 장소'(space, place)다(Arnold, Calvin, Eadie, Robinson, Snodgrass). 우리가 오랫동안 화를 낼 때 마귀가 우리 삶에 들어와 차지하는 공간을 말한다: "더러운 귀신이 사람에게서 나갔을 때에 물 없는 곳으로 다니며 쉬기를 구하되 얻지 못하고 이에 이르되 내가 나온 내 집으로 돌아가리라"(눅 11:24; cf. 계 12:7-8). 바울은 사탄이 우리 마음을 점령한 요새처럼 장악하고 원하는 대로 하지 않게끔 조심하라고 경고한다(Calvin). 우리가 오랫동안 화를 내면 마귀가 마치 트로이 목마처럼 우리 삶에 들어와 머물며 큰 피해를 준다(Snodgrass). 사실 이 원리는 오랫동안 화를 내는 일에만 적용되는 것은 아니다. 옛 사람의 속성 중 모든 죄에 적용된다(O'Brien). 어떤 죄든 지속되면 사탄에게 틈을 주는 것이 된다.

세 번째 권면은 도둑질하는 자는 더는 도둑질하지 말고, 자기 손으로 수고해 가난한 자들을 구제하는 선한 일을 하라는 것이다(28절). 도둑질하지 말라는 것은 십계명 중 여덟 번째 계명이다(출 20:15; 신 5:19; cf. 롬 13:9). 바울 시대에 에베소가 위치한 소아시아 서쪽 지역 교회에 도둑이 많았다고 한다(Arnold, Best, Hoehner). 바울은 그들에게 매우 파격적이고 놀라운 변화를 요구하고 있다. 더는 남에게서 물건을 훔치는 자가 되지 말고, 오히려 남을 도와주는 독지가가 되라는 것이다(Lincoln). 우리의 옛사람이 예수님과 함께 죽고 그리스도와 함께 새사람이 부활하는 것은 이런 것이다(Snodgrass).

나의 부정한 잇속을 챙기기 위해 남에게 피해를 주는 일은 없어야 한다. 또한 우리가 새 믿음 공동체에 속해 있는 한 지체 중 어려운 형편에 처한 사람들에 대해 책임을 느껴야 한다(cf. 행 4:35; 20:34-35). 그러므로 돈을 벌기 위해 일할 때도 더는 나와 내 가족만을 위해서가 아니라, 다른 지체들을 돕기 위해 일해야 한다. 이것이 우리가 해야 할 선한 일이다.

바울의 네 번째 권면은 더러운 말은 입 밖에도 내지 말고 오직 덕을 세우고 은혜를 끼치는 선한 말을 하라는 것이다(29절). 그는 이미 말에 대해 권면했다(25절). 그럼에도 다시 말에 대해 권면하는 이유는 말은 사람이 가장 많이 죄를 짓는 도구이며, 듣는 이에게 가장 아프고 치명적인 상처를 입힐 수 있기 때문이다.

우리는 더러운 말은 입 밖에도 내지 말아야 한다(29a절). '더러운'(σαπρός)은 '썩었다'(rotten)라는 뜻이다. 성경에서 썩은 나무뿌리, 병든 폐, 썩은 냄새가 나는 물고기, 시든 꽃, 썩은 과일 등이 이 단어로 묘사된다(BDAG). 복음서에서는 '못된 나무'가 맺는 열매(마 7:17-18; 눅 6:43), 어부들이 버리는 '못된 물고기'를 의미한다(마 13:48). 이곳에서는 그리스도인이 해서는 안 되는 말을 비유적으로 표현한다(cf. 5:4).

우리는 오직 덕을 세우는 데 소용되는 대로 선한 말을 하여 듣는 자들에게 은혜를 끼쳐야 한다(29b절). '소용'(χρείας)은 '필요'(need)를 뜻하며(BDAG), '세우는 일'(οἰκοδομὴν)은 공동체에 속한 구성원들을 온전하게 함으로써 봉사하게 하는 것이다(4:12). 우리는 구성원들의 필요에 예민해야 하며 적절한 말로 격려하고 세워야 한다(Arnold). 그들에게 은혜를 끼치기 위해서다. 예수님은 믿음 공동체에 속한 우리 모두에게 은혜(χάριν)를 주셨다(4:7). 이제 주님이 주신 은혜로 서로에게 은혜를 끼쳐야 한다.

다섯 번째 권면은 하나님의 성령을 근심하게 하지 않는 것이다(30a절). 성령은 감정이 없는 비인격체가 아니다. 우리처럼 감정을 지닌 인격체시다. 주님의 성령을 근심하게 하는 것은 이사야 63:10에서 온 표현이다. 악하고 더러운 말과 언행은 성령을 근심하게 한다. 성령을 근심하게 하면 하나님이 심판하신다(사 63:10). 또한 우리가 죄를 짓는 것은 곧 마귀에게 틈을 주는 것이다.

성령을 근심하게 하지 않아야 하는 또 한 가지 이유는 우리가 구원의 날까지 성령의 인 치심을 받았기 때문이다(30b절). 죄를 짓는다고 해서 성령이 우리에게서 떠나시는 것은 아니다. 그러나 우리의 죄로 인해 상처를 받아 아파하신다. 그러므로 성령을 근심하게 하지 않는 것이 죄짓지 않는 또 하나의 동기가 되어야 한다.

사도의 여섯 번째 권면은 모든 악독과 노함과 분냄과 떠드는 것과 비방하는 것을 모든 악의와 함께 버리는 것이다(31절). '악독-노함-분냄-떠드는 것-비방하는 것'을 사람의 내면에서 시작해 외면에서 절정에 이르는 다섯 단계로 보는 이들도 있지만(Schnackenburg, cf. Best), 그다지 설득력 있는 해석은 아니다.

'악독'(πικρία)은 쓴맛을 가진 식물과 물에서 비롯된 비유다(TDNT). '마라'(מָרָה)가 마라(쓴 물)로 불린 이유는 그곳의 물이 썼기(מַר, πικρός) 때문이다(출 15:23). 칠십인역(LXX)은 히브리어 단어 '쓴 물'(מַר)을 이 헬라어 단어(πικρός)로 번역했다. 그러므로 악독은 남에 대해 나쁜(쓴) 마음을 가지는 것이다.

'노함'(θυμὸς)과 '분냄'(ὀργὴ)은 칠십인역(LXX)과 신약에 자주 쌍으로 등장하는 단어다. 의미가 거의 구분되지 않는 비슷한 말이다(cf. BDAG). '떠드는 것'(κραυγὴ)은 다투는 사람 사이에 서로 고성이 오가는 상황이다(BDAG).

악독과 노함과 분냄과 떠드는 것은 비방하는 것에서 절정에 달한다. '비방하는 것'(βλασφημία)은 남의 명예를 훼손하거나 모욕하는 모든 종류의 말이다(BDAG). 이런 말은 썩은(악한) 마음에서 비롯된다(마 15:19; 막 7:21-22). 바울은 거짓 선생들의 말이 이렇다고 한다(딤전 6:4).

우리는 이 모든 악한 언행을 모든 악의와 함께 버려야 한다. '악의'(κακία)는 '덕'(virtue)과 정반대되는 말이다(cf. 29절). 개인에게 해로운 것이며, 공동체에 치명적인 것이다(Klein). '버리라'(ἀρθήτω)는 옛사람을 벗으라고 할 때(4:22, 25) 사용된 표현이다. 사도는 부정 과거형 명령법 수동태(aorist imperative passive)를 사용해 이 죄악 된 것들을 스스로 해결 하려 하지 말고, 성령의 도우심을 받아 해결하라고 한다(Snodgrass).

일곱 번째 권면은 서로 친절하게 하고 불쌍히 여기며 서로 용서하라 는 것이다(32a절). '친절'(χρηστός)은 하나님의 속성이며 칠십인역(LXX) 은 하나님의 '선하심'(טוֹב)을 이 단어로 번역했다: "너희는 여호와의 선 하심(χρηστός)을 맛보아 알지어다 그에게 피하는 자는 복이 있도다"(시 34:8; cf. 시 145:9). 때로는 하나님의 친절하심이 사람들을 회개하게 한 다(롬 2:4).

'불쌍히'(εὔσπλαγχνος)는 '부드러운 마음'(tenderheartedness)이다(BDAG). 하나님(눅 1:78)과 예수님(빌 1:8)이 이런 마음을 지니셨다. 베드로는 우 리 모두 마음을 같이하여 동정하며, 형제를 사랑하며, 불쌍히 여기며 (εὔσπλαγχνοι), 겸손해야 한다고 한다(벧전 3:8).

'용서'(χαριζόμενοι)는 현재형 분사(present participle)다. 현재형 분사가 현 재형 주동사(main verb)와 함께 사용될 때는 '항상, 자주 일어나는 일'이 되어야 한다는 뜻이다(Arnold). 그리스도인은 끊임없이 서로 용서해야 한다는 것이다. 용서는 '불쌍히' 여길 때 가능한 일이다. 하나님의 용서 를 모델로 삼아야 한다(마 6:12, 14-15; 18:21-35; 눅 6:36).

바울이 교회에 속한 구성원들에게 '서로'(ἑαυτοῖς) 이렇게 하라는 것은 이러한 원칙은 공동체 안에서만 적용되며, 공동체 밖에 있는 사람을 용서하는 일은 다른 이슈라는 것을 암시한다(Best). '여기라'(γίνεσθε)는 현재형 명령법(present imperative)이다. 서로 친절하게 대하고 불쌍히 여 기고 용서하는 일이 끊임없이 지속되어야 한다는 뜻이다.

그러나 남을 용서하는 일은 결코 쉽지 않다. 그러므로 저자는 하나 님이 그리스도를 통해 우리를 용서하신 일을 되돌아보라고 한다(32b 절). 십자가 사건은 하나님의 용서와 사랑을 가장 확실하게 보여 준다. 하나님은 예수님의 십자가를 통해 용서할 수 없는 죄인인 우리를 용서

하셨다. 하나님의 큰 은혜로 용서받고 그분의 자녀 된 우리가 이제는 서로를 용서할 때라는 것이다. 우리가 누리는 하나님의 용서와 사랑을 생각하면 믿음 공동체에서 서로 용서하지 못할 일은 없다.

> 그러므로 너희는 하나님이 택하사 거룩하고 사랑 받는 자처럼 긍휼과 자비와 겸손과 온유와 오래 참음을 옷 입고 누가 누구에게 불만이 있거든 서로 용납하여 피차 용서하되 주께서 너희를 용서하신 것 같이 너희도 그리하고 이 모든 것 위에 사랑을 더하라 이는 온전하게 매는 띠니라 (골 3:12-14).

학자 중에는 '그러므로'(οὖν)로 시작하는 5:1-2을 다음 섹션의 시작으로 간주하는 이들도 있다(Lincoln, Perkins). 그러나 대부분은 5:1-2을 앞 섹션의 결론으로 취급한다(cf. Abbott, Arnold, Eadie, Klein, Schnackenburg, Snodgrass). 바울은 지금까지 권면한 일곱 가지를 근거로 에베소 성도들이 어떻게 살아야 하는지에 대해 결론적인 권면을 한다.

바울은 에베소 성도들에게 사랑받는 자녀가 부모를 본받으려 하는 것처럼 하나님을 본받으라고 한다(5:1). '본받는 자들'(μιμηταὶ)은 '따르는 자들'이다(BDAG). 하나님이 미워하시는 것을 멀리하고, 주님이 기뻐하시는 일을 하며 그리스도를 따르려 하는 사람이 곧 하나님을 본받는 사람이다. 하나님을 본받는 일 중에서 가장 어려운 것은 우리에게 해를 끼친 자들을 용서하는 것이다.

하나님(예수님)을 본받는 것은 그리스도인의 삶의 목표다. 하나님을 본받는 것은 매우 어려운 일이다. 그러나 하나님이 먼저 우리를 사랑하셨기 때문에 가능하다. 하나님이 우리에게 베푸신 사랑으로 남을 조금이라도 사랑하려고 하는 것이 좋은 시작이다. 하나님의 사랑으로 이웃을 계속 사랑하다 보면 어느 순간 하나님을 많이 닮게 될 것이다.

바울은 하나님을 본받으려면 그리스도의 사랑 가운데서 행해야 한

다고 한다(2a절). '행하라'(περιπατεῖτε)는 현재형 명령법(present imperative)
이며 '계속(꾸준히) 걸으라'는 의미다. 우리는 항상 그리스도의 사랑 안
에서 '걸어야'(행해야) 한다. 예수님은 가장 큰 사랑에 대해 이렇게 말씀
하셨다: "내 계명은 곧 내가 너희를 사랑한 것 같이 너희도 서로 사랑
하라 하는 이것이니라 사람이 친구를 위하여 자기 목숨을 버리면 이보
다 더 큰 사랑이 없나니 너희는 내가 명하는 대로 행하면 곧 나의 친구
라"(요 15:12-14).

우리를 향한 그리스도의 사랑은 십자가에서 절정에 달했다. 예수
님은 십자가에서 우리를 위해 자신을 버리심으로 향기로운 제물과
희생제물로 하나님께 드리셨다(2b절). '버렸다'(παρέδωκεν)는 '넘겨주
다'(παραδίδωμι)의 부정 과거형 능동태(aorist active)다. 그리스도가 자기의
죽음으로 우리 죄를 용서받게 하신 일은 외압에 의해 억지로 하신 일
이 아니라 자원해서 행하신 것이라는 뜻이다.

우리를 대신한 대속적 죽음(vicarious death)을 맞이하려고 스스로 십자
가로 걸어가신 예수님은 하나님께 향기로운 제물과 희생제물이 되셨
다. 제물이 향기롭다는 것은 하나님이 기쁘게 받으셨다는 뜻이다(cf. 창
8:21; 출 29:18; 레 2:2, 9, 12). '제물'(προσφορά)은 자원해서 드리는 면모를
지니며 '희생제물'(θυσία)은 의무성을 내포하지만, 이 말씀에서는 비슷
한 말로 사용되고 있다.

이 말씀은 우리가 노력하면 하나님이 한 공동체로 묶어 주신 형제자
매들을 참으로 사랑할 수 있다고 한다. 하나님과 예수 그리스도께서
남을 사랑하는 것이 어떤 것인지 우리에게 보여 주셨기 때문이다. 주
님이 십자가에서 우리를 사랑하신 것처럼 서로 사랑한다면 용서하지
못할 사람이 없고 사랑하지 못할 사람도 없다. 그러나 누구를 사랑하
는 것에는 희생과 헌신이 따른다. 그러므로 누구를 진심으로 사랑하는
일이 당장은 어려울 수 있지만, 조금씩 하나님을 닮아 가는 삶을 살며
그리스도가 우리를 사랑하고 용서하신 일을 답습하려고 노력하다 보

면 사랑하게 된다.

하나님이 새로 창조하신 백성 공동체는 진실 위에 세워져야 한다. 새사람과 옛사람의 가장 기본적이고 중요한 차이는 참됨과 거짓이기 때문이다. 우리는 서로 진실로 대하고, 진실로 섬기고, 진실로 사랑해야 한다. 이것이 공동체를 형성해 더불어 사는 이유다. 믿음 공동체는 사랑의 영역(the sphere of love) 안에 있어야 한다.

공동체를 형성해 살다 보면 상처받을 수도 있고 분노할 수도 있다. 이럴 때는 화를 내되, 그 화를 오래 품는 것은 마귀에게 틈을 주는 죄라는 사실을 기억해야 한다. 그러므로 어떻게 해서든 화를 오래 품지 않아야 한다. 또한 화를 오래 품으면 가장 큰 피해자는 자신이다.

옛사람을 벗고 새사람을 입으면 남의 것을 훔치던 도둑이 남을 위해 헌신적으로 일하는 변화를 경험할 수 있다. 옛사람은 자기중심적으로 자기 잇속을 챙기며 살지만, 새사람은 하나님과 이웃을 중심에 두고 살기 때문이다. 그러므로 우리는 하나님과 이웃을 섬기고 사랑하는 일을 계속해야 한다. 이것이 성화다.

성령은 상처받을 수 있는 하나님이시다. 우리는 성령을 근심하게 하지 않는 삶을 살아야 한다. 또한 성령은 인 치심으로 구원의 날까지 우리가 하나님의 자녀라는 보증이 되셨다. 그리스도인의 삶은 성령의 인도하심을 따라가는 것이다. 어떤 일을 결정할 때 성령이 기뻐하시는 것을 선택하는 것은 당연한 일이다.

Ⅲ. 그리스도인의 삶(4:1–6:20)

E. 빛의 백성(5:3–14)

³ 음행과 온갖 더러운 것과 탐욕은 너희 중에서 그 이름조차도 부르지 말라 이는 성도에게 마땅한 바니라 ⁴ 누추함과 어리석은 말이나 희롱의 말이 마땅

치 아니하니 오히려 감사하는 말을 하라 ⁵ 너희도 정녕 이것을 알거니와 음행하는 자나 더러운 자나 탐하는 자 곧 우상 숭배자는 다 그리스도와 하나님의 나라에서 기업을 얻지 못하리니 ⁶ 누구든지 헛된 말로 너희를 속이지 못하게 하라 이로 말미암아 하나님의 진노가 불순종의 아들들에게 임하나니 ⁷ 그러므로 그들과 함께 하는 자가 되지 말라 ⁸ 너희가 전에는 어둠이더니 이제는 주 안에서 빛이라 빛의 자녀들처럼 행하라 ⁹ 빛의 열매는 모든 착함과 의로움과 진실함에 있느니라 ¹⁰ 주를 기쁘시게 할 것이 무엇인가 시험하여 보라 ¹¹ 너희는 열매 없는 어둠의 일에 참여하지 말고 도리어 책망하라 ¹² 그들이 은밀히 행하는 것들은 말하기도 부끄러운 것들이라 ¹³ 그러나 책망을 받는 모든 것은 빛으로 말미암아 드러나나니 드러나는 것마다 빛이니라 ¹⁴ 그러므로 이르시기를

잠자는 자여
깨어서 죽은 자들 가운데서 일어나라
그리스도께서 너에게 비추이시리라

하셨느니라

사도는 4:25-5:2에서 그리스도인이 지향해야 할 것에 대해 권했다. 이 섹션에서는 피해야 할 것에 대해 권면한다. 이번에도 '걷다'(περιπατέω)의 현재형 명령법(present imperative)인 '행하라'(περιπατεῖτε)를 중심으로 그리스도인의 삶을 길을 걸어가는 것으로 묘사한다(8절). 새로운 요소인 '빛'(φῶς)을 더해 하나님의 빛 안에서 걸으라고 한다. 본 텍스트도 앞 섹션처럼 짧은 문장으로 구성되어 있다.

바울은 음행과 온갖 더러운 것과 탐욕은 이름조차 부르지 말라는 권면으로 시작한다(3a절). '음행'(πορνεία)은 부부 관계 밖에서 이루어지는 모든 성적인 죄를 뜻한다(cf. 5:31). 성적인 문란과 연관해 가장 넓은 개념이다(Snodgrass). 혼전 성관계, 간음(마 19:9), 매춘(호 1:2; 나 3:4), 동성애(롬 1:29), 근친상간(고전 5:1) 등도 포함한다(Arnold). 음담패설도 여기

에 속한다(Best). 음행은 타락하고 부패한 마음에서 비롯된다(마 15:19; 막 7:21). 바울은 음행을 '육체의 일'에 포함한다(갈 5:19).

음행은 당시 이방인 성도들에게 가장 어려운 문제였다. 간음, 여종들과의 성관계, 근친상간, 매춘 등이 대부분 사람의 일상이었기 때문이다(Arnold). 금욕주의(Stoicism)는 절제하는 미덕을 지녀야 한다며 음행을 멀리하라고 했지만, 바울은 하나님 백성의 정체성과 연관해 음행을 금한다.

'더러운 것'(ἀκαθαρσία)은 부도덕하거나 과도한 행동에 관한 일반적인 단어다(BDAG, cf. 롬 1:24; 고후 12:21; 갈 5:19; 엡 5:3). 사도는 '온갖'(πᾶσα)이라는 말을 더해 더러운 것은 무엇이든 모두 피하라고 한다. 도덕적 문란함, 부정함, 성적 문란이 가장 더러운 것이다(cf. 롬 1:24; 6:19; 고후 12:21; 갈 5:19; 골 3:5; 살전 4:7).

'탐욕'(πλεονεξία)은 더 많은 것을 탐하는 것이며 성적인 욕구도 포함한다(BDAG, cf. 롬 1:29; 고후 9:5; 엡 5:3; 골 3:5). 그러므로 어떤 이들은 탐욕을 성적 문란과 연결해 해석한다(Klein, Lincoln, cf. 고전 5:10-11). 무절제한 성적 탐욕, 타인이 자신의 만족을 위해 존재한다고 가정하는 행위를 뜻한다는 것이다. 이렇게 해석하면 바울이 이 섹션에서 금하는 처음 세 가지가 모두 성적 문란에 관한 것이다. 그러나 탐욕의 기본적인 의미는 더 많은 것을 탐하는 것이므로 돈, 명예 등을 포함해도 무관하다(cf. Arnold).

사도는 음행과 더러운 것과 탐욕은 그 이름조차 부르지 않는 것이 성도에게 마땅한 바라고 한다(3b절). '이름조차 부르지 말라'(μηδὲ ὀνομαζέσθω)도 현재형 명령법(present imperative)이다. 계속 입에 올리지 않아야 한다는 뜻이다(cf. 4:29). 믿지 않는 자들이 이것을 우리의 삶에서 아예 찾아볼 수 없어야 하고, 또한 그리스도인의 대화에서도 찾아볼 수 없어야 한다(Klein). 절대 그리스도인의 삶의 일부가 될 수 없는 것들이다(Snodgrass). 이런 것에 대해 말하다 보면 이 죄들의 심각성을 가볍게 여길 수 있고, 심지어 미화할 수도 있다.

바울은 누추함과 어리석은 말이나 희롱의 말도 마땅치 않다고 한다(4a절). '누추함'(αἰσχρότης), '어리석은 말'(μωρολογία), '희롱의 말'(εὐτραπελία)은 모두 성경에서 단 한 차례씩 사용되는 희귀 단어다(cf. BDAG).

'누추함'(αἰσχρότης)은 음란, 부끄러움, 수치, 비열함 등을 뜻한다(Abott, Ellicott). 사회적·도덕적 기준에 어긋나는 행위다(Schnackenburg). '어리석은 말'(μωρολογία)은 유치하거나 미련한 말이다(cf. ESV, NAS, NIV). 자신의 체면을 구기는 말이다. 주로 말이 많은 사람이 이런 실수를 한다.

'희롱의 말'(εὐτραπελία)은 다른 사람을 희생양으로 삼는 비인간적이거나 모욕적인 농담이다(cf. NAS). 음담패설도 희롱의 말이다(Eadie, cf. Best). 이런 언행은 새사람을 입은 사람에게 마땅치 않다. '마땅치 않다'(οὐκ ἀνῆκεν)는 절대 어울리지 않는다는 뜻이다. 우리는 새사람의 품격에 걸맞은 삶을 살아야 한다.

그리스도인은 이런 말은 하지 않아야 하며, 오히려 감사하는 말을 해야 한다(4b절). 문맥에 '경건'이나 '거룩' 같은 단어가 더 어울릴 수 있지만, 사도는 구원하신 하나님에 대한 감사한 마음이 우리 삶의 기준이 되라는 의미로 이렇게 말하고 있다(Pao). 그러므로 '감사하는 말'(εὐχαριστία)은 '그리스도인의 삶'과 비슷한 말이라 할 수 있다(O'Brien, cf. 롬 1:21; 14:6; 고후 4:15; 골 3:17). 그리스도인은 항상 감사하는 말을 하며 살아야 하기 때문이다. 하나님의 은혜에 감격한 사람은 감사하게 되고, 감사하는 사람은 죄를 덜 짓는다.

사도는 그리스도인은 이러한 언행을 해서는 안 된다는 것을 그들이 이미 알고 있는 사실을 근거로 권면한다(5절). '정녕 알거니와'(ἴστε γινώσκοντες)는 문법적으로 '명령문 + 분사'다. 동사의 의미를 강화하는 표현이다. 그들이 확실히 안다는 뜻이다: "여러분은 이것을 확실히 알아두십시오"(새번역, cf. NIV).

그들이 반드시 알아야 하는 것은 음행하는 자, 더러운 자, 탐하는 자는 다 그리스도와 하나님의 나라에서 기업을 얻지 못할 것이라는 사실이다(5절). 사도는 3절에서 이름조차 부르지 말라고 한 세 가지 죄를 그 죄를 행하는 자들로 바꿔 이곳에서 나열한다. 다만 탐하는 자에 '우상 숭배자'라는 설명을 추가했다.

바울은 왜 탐하는 자를 '우상 숭배자'(εἰδωλολάτρης)라 하는가? 탐욕은 자기 만족이나 다른 사람(신)을 자기 존재의 중심에 둔다. 이는 창조주가 아니라 피조물을 숭배하는 것이다(O'Brien, cf. 롬 1:25).

음행과 더러운 것과 탐하는 일은 믿지 않는 자들이 추구하는 것이다. 그러므로 이런 것을 행하는 자들은 그리스도와 하나님의 나라에서 기업을 얻을 수 없다(5b절; cf. 고전 6:9-10; 15:50; 갈 5:21). 성경은 일상적으로 '하나님의 나라'에 관해 말하며, '그리스도와 하나님의 나라'(τῇ βασιλείᾳ τοῦ Χριστοῦ καὶ θεοῦ)는 이곳에서만 사용되는 독특한 표현이다. 그리스도인의 삶에서 '이미-아직'(already-not yet) 면모를 강조한다(Best, Lincoln).

사도는 그리스도인이 이런 죄를 저지르면 하나님 나라에서 기업을 얻을 수 없다고 하는 것이 아니다. 이런 짓을 하는 사람은 영생을 누리게 될 참 그리스도인이 아니다(O'Brien). 믿지 않는 자들의 상황이 이러하니 이런 죄를 범하지 않도록 주의하라는 경고다(Arnold, cf. 6절). 믿는 자들이 이런 짓을 하면 마귀에게 틈을 주는 일이 된다(4:27).

그 누구도 헛된 말로 믿는 자들을 속이지 못하게 해야 한다(6a절). '헛된 말'(κενοῖς λόγοις)은 유혹하고 속이는 말이다(cf. 4:14, 22). 음행과 더러운 것과 탐욕(3절) 등 부도덕한 언행으로 유혹하거나 이러한 행위를 정당화하려는 말이다(cf. Schnackenburg). 속이는 자일수록 말과 행실이 다르니 그들의 말을 믿지 말고 행실을 보라는 뜻이다.

하나님은 음행과 더러운 것과 탐욕과 헛된 말을 일삼는 불순종의 아들들에게 진노를 내리실 것이다(6b절). '불순종의 아들들'(τοὺς υἱοὺς τῆς ἀπειθείας)은 히브리 표현에서 온 것으로 불순종을 일삼는 자들을 말한다. 그리스도인은 여기에 포함되지 않으며, 하나님을 부인하는 불신자들이다. 그들이 불순종을 일삼는 가장 큰 이유는 하나님을 모르기 때문이다.

바울은 그리스도인은 불순종의 아들들과 함께하는 자가 되지 말라고 한다(7절). '함께하는 자'(συμμέτοχος)는 동반자(partaker)를 뜻한다. 사도는 이방인이 복음으로 말미암아 그리스도 예수 안에서 함께 상속자가 되고, 함께 지체가 되고, 함께 약속에 참여하는 자가 되었다고 했다(3:6). 믿는 자들은 생사고락을 같이하는 동반자이지만, 불신자들과는 동반자가 되어서는 안 된다. 그들은 하나님의 심판을 받아 멸망할 자다. 그러므로 그리스도인이 그들과 함께하는 것은 옳지 않다.

그리스도인들도 전에는 불순종의 아들들처럼 어둠이었다(8a절). 빛이신 하나님이(요일 1:5) 우리를 어둠에서 구원하셔서 그리스도의 나라로 옮기셨다: "그가 우리를 흑암의 권세에서 건져내사 그의 사랑의 아들의 나라로 옮기셨으니"(골 1:13). 죄와 마귀로 인한 어둠은 믿지 않는 자들이 당면한 문제다. 그리스도인들도 회심하기 전에는 이런 여건에서 살았다. 그들의 옛사람은 영적 어둠 속에서 참으로 절망적인 삶을 살았던 것이다.

그리스도인들은 이제 주 안에서 빛이다(8b절). 그들에게 큰 빛이 임했기 때문이다: "흑암에 행하던 백성이 큰 빛을 보고 사망의 그늘진 땅에 거주하던 자에게 빛이 비치도다"(사 9:2). 옛사람과 새사람의 대조는 곧 어둠과 빛의 대조다. 빛과 어둠의 대조는 요한 문헌(요 3:19; 8:12; 요일 1:5; 2:8)과 바울 서신(롬 13:12; 고후 4:6; 6:14; 골 1:13; 살전 5:5)에서 자주 사용된다. 믿는 자는 모두 빛과 낮의 아들이다(살전 5:5). 길을 비추어 주는 빛이 아니라(cf. 마 5:14) 하나님이 비추어 주시는 길을 가는 빛의 자녀다.

그러므로 그리스도인들은 빛의 자녀처럼 행해야 한다(8c절). 하나님의 자녀로서 가슴을 펴고 당당하게 선한 일을 하면서 살아야 한다는 뜻이다. 이사야 선지자는 하나님 백성의 삶에 대해 이러한 권면을 남겼다: "일어나라 빛을 발하라 이는 네 빛이 이르렀고 여호와의 영광이 네 위에 임하였음이니라 보라 어둠이 땅을 덮을 것이며 캄캄함이 만민을 가리려니와 오직 여호와께서 네 위에 임하실 것이며 그의 영광이 네 위에 나타나리니 나라들은 네 빛으로, 왕들은 비치는 네 광명으로 나아오리라"(사 60:1-3).

빛의 열매는 모든 착함과 의로움과 진실함에 있다(9절). '모든'(πάση)은 세 가지 열매를 모두 수식한다(Klein). '빛의 열매'(καρπὸς τοῦ φωτὸς)는 이곳에서만 사용되는 독특한 표현이지만, '성령의 열매'(갈 5:22)와 그리스도로 인해 우리가 맺는 '빛의 열매'(빌 1:11)를 뜻한다. 빛의 자녀로서 우리가 삶에서 맺어야 할 열매는 착함과 의로움과 진실함이라는 뜻이다. 이 세 가지 열매는 그리스도인이 되기 위한 전제 조건이 아니라, 그리스도인이 된 후에 하나님이 우리가 누구라고 하신 말씀에 따라 살 때 맺히는 열매다.

'착함'(ἀγαθωσύνη)은 성령의 열매 중 하나이며 '선함'으로 번역되었다(갈 5:22). 타인에 대한 관대함, 친절 등을 뜻한다. 하나님은 우리에게 선함이 무엇인지 보이셨다(미 6:8). 미가는 하나님이 우리에게 구하시는 선함은 정의와 인자와 겸손이라고 한다.

'의로움'(δικαιοσύνη)은 악을 피하고 다른 사람들에게 정의를 베푸는 것이다(BDAG). 새사람의 속성이다(4:24). 이사야서는 하나님과 다른 신들의 가장 기본적인 차이는 의로움(공의)라 한다: "나 외에 다른 신이 없나니 나는 공의를 행하며 구원을 베푸는 하나님이라 나 외에 다른 이가 없느니라"(사 45:21).

'진실함'(ἀλήθεια)은 '성실, 신뢰성, 진정성'이다(Klein). 진실함은 하나님의 속성이다. 그러므로 하나님을 닮으려 하는 자들은 반드시 진실해야 한다. 착함, 의로움, 진실함은 함께 빛의 자녀의 삶을 정의한다. 한

마디로 모든 악을 멀리하고 하나님의 선하심과 의로움과 진실함을 닮아 가는 삶을 살라는 권면이다.

이 외에도 우리가 그리스도인으로서 어떻게 살아야 하는지 알고 싶다면 무엇이 주를 기쁘시게 할 것인지 시험해 보면 된다(10절). '시험하다'(δοκιμάζω)는 무엇을 테스트해 확인하거나 인정하는 것을 뜻한다 (BDAG, cf. 눅 14:19; 롬 12:2; 고전 11:28; 고후 13:5; 갈 6:4; 딤전 3:10). 저자는 동사의 현재형 분사(δοκιμάζοντες)를 사용해 꾸준히, 계속 시험하면서 살 것을 당부한다.

하나님을 기쁘시게 하는 것은 성령을 근심하게 하는 것(4:30)의 반대다. 그러므로 우리는 항상 하나님을 기쁘시게 하는 삶을 살아야 한다. 무엇이 하나님을 기쁘시게 하는지 확실하지 않을 때는 테스트하며 확인해 보면 된다. 그러므로 '하나님을 기쁘시게 하는 것'은 평생 삶에서 적용해야 할 기준이자 '리트머스 테스트'다.

우리는 열매 없는 어둠의 일에 참여하지 말고 도리어 책망해야 한다 (11절). '열매 없는'(ἄκαρπος)은 쓸모없고 비생산적이라는 뜻이다(BDAG). 로마서 13:12-13은 '어둠의 일'(τοῖς ἔργοις τοῦ σκότους)을 방탕과 술 취함과 음란과 호색과 다툼과 시기라 한다. 모두 다 하나님이 싫어하시는 것이다(cf. 5:3-5).

어둠의 일에는 참여하지 말아야 한다. '참여하다'(συγκοινωνέω)는 파트너가 되어 동참한다는 뜻이다(BDAG). 이런 일을 하는 자들과 관계를 단절할 필요는 없지만, 그들이 하는 일에는 동참하거나 동조하지 말라는 뜻이다(Klein).

바울은 오히려 어둠의 일을 하는 자들을 책망하라고 한다. '책망하다'(ἐλέγχω)는 정죄하라는 의미다. 사도가 그리스도인을 책망하라고 하는 것인지(Arnold, Barth, Best, Bruce, Hoehner, Klein) 혹은 믿지 않는 세상 사람을 책망하라고 하는지(Ellicott, Lincoln, Perkins, O'Brien, Stott, Yoder Neufeld) 학자들 사이에 의견이 분분하다. 어둠의 일은 믿지 않는 사람들이 일상적으로 범하는 죄다(Arnold). 그리스도인이 그들을 책망할 필요는 없다. 예수님도 죄를 지은 주님의 자녀들만 책망하라고 하셨다(마 18:15; cf. 갈 6:1). 그러므로 이 말씀은 그리스도인이라 말하면서 어둠의 일을 하는 믿는 자들을 책망하라는 의미다. 아나니아와 삽비라는 자칭 그리스도인이었지만 사도의 책망을 받고 죽었다(행 5:1-11).

그리스도인이라 하면서 은밀하게 어둠의 일을 하는 것은 말하기도 부끄러운 일이다(12절, cf. 3절). 이 서신의 수신자가 대부분 성적인 윤리 개념이 없이 살다가 그리스도를 영접한 이방인 성도라는 사실을 고려할 때, 그들에게 가장 큰 유혹거리인 '어둠의 일'은 성적인 문란함이었을 것이다: "하나님의 뜻은 이것이니 너희의 거룩함이라 곧 음란을 버리고 각각 거룩함과 존귀함으로 자기의 아내 대할 줄을 알고 하나님을 모르는 이방인과 같이 색욕을 따르지 말고 이 일에 분수를 넘어서 형제를 해하지 말라"(살전 4:3-6a; cf. 롬 13:13).

우리가 그리스도인이라 하면서 은밀하게 어둠의 일을 하는 자들을 못 본 체하지 않고 책망하면 모든 것이 빛으로 인해 밝게 드러나며, 드러나는 것마다 빛이다(13절). 이 말씀을 번역하고 해석하는 일이 쉽지 않다 보니 버전마다 각각 말씀의 다른 면모를 부각시킨다(cf. 새번역, 공동, 아가페). 그중 공동번역이 본문의 의미를 가장 잘 살렸다: "모든 것은 폭로되면 빛을 받아 드러나고 빛을 받아 드러나면 빛의 세계에 속하게 됩니다." 그리스도인이 다른 사람의 죄를 책망하고 책망받은 사람이 그리스도의 빛에 마음을 열고 회개하면, 그들이 다시 하나님의 빛이 된다는 뜻이다(Hoehner, Klein).

사도가 14절에서 인용하는 말씀은 구약에 없다. 만일 그가 구약을 인용한 것이라면 이사야 26:19과 60:1을 부분적으로 조합한 것이다. 그러므로 대부분 주석가는 이 말씀은 바울이 구약을 인용한 것이 아니라, 초대교회에서 불리던 찬송을 인용한 것이라 한다(Arnold, Best, Hoehner, Lincoln, Perkins, Schnackenburg, Snodgrass).

비유적으로 '잠자는 자'(ὁ καθεύδων)는 어둠의 일을 하는 불신자를, '깨어 있는 자'는 믿는 자들을 뜻한다(살전 5:6-7). 그리스도인이라 하면서 '잠자는 자'(불신자)처럼 사는 자를 믿음으로 깨우라는 뜻이다. 깨어 있는 우리도 한때는 잠들어 영적으로 죽어 있었다(cf. 2:1). 하나님이 그리스도의 죽음과 부활에 동참한 우리를 살리셨다: "허물로 죽은 우리를 그리스도와 함께 살리셨고 (너희는 은혜로 구원을 받은 것이라)"(2:5). 그러나 한때 우리를 사로잡았던 죽음의 세력이(2:2-3) 아직도 일부 그리스도인에게 영향력을 행사해 그들을 다시 죽음으로(잠자는 자로) 끌어들이려 한다. 그러므로 이 말씀은 바울이 로마서에서 하는 권면과 같다: "또한 너희 지체를 불의의 무기로 죄에게 내주지 말고 오직 너희 자신을 죽은 자 가운데서 다시 살아난 자 같이 하나님께 드리며 너희 지체를 의의 무기로 하나님께 드리라"(롬 6:13).

그리스도인은 잠자는 자(옛사람)처럼 죽어서는 안 된다. 깨어나야 한다. 새사람처럼 살아야 한다. 그렇게 하면 부활하고 승천하신 그리스도가 그들에게 비추실 것이다. '비추다'(ἐπιφαύσκω)는 신약에서 단 한 차례 사용되는 동사다. 칠십인역(LXX)에서는 해나 달이 세상을 비추는 의미로 사용되었다(욥 25:5; 31:26). 이사야는 이 빛이 메시아의 빛이라 한다: "흑암에 행하던 백성이 큰 빛을 보고 사망의 그늘진 땅에 거주하던 자에게 빛이 비치도다"(사 9:2).

이 말씀은 부르심에 합당한 삶을 사는 것은 곧 빛이신 하나님의 자녀로 삶에 임하는 것이라 한다. 빛의 자녀로서 우리는 모든 착함과 의로움과 진실함으로 살아야 한다. 이러한 삶을 성실하게 살아내는 것은 곧 죄와 유혹으로 사탄이 틈 탈 기회를 주지 않는 것이다.

우리는 '어둠의 일'과 관련된 생활 방식, 즉 모든 악한 일을 멀리해야 한다. 하나님이 시작하신 새 공동체의 일원으로서 계속 선한 일을 하며 그리스도 안에서 지속적으로 성장해야 한다. 또한 죄를 지은 형제자매들을 회복시키기 위해서는 책망할 용기도 필요하다.

하나님께 받은 은혜와 축복으로 인해 감사하는 것도 좋은 일이지만, 더 나아가 항상 감사하는 마음으로 감사하는 말을 하며 살아야 한다. 감사하는 말을 하며 사는 것은 모든 악을 멀리하는 가장 좋은 방법이다. 하나님께 감사하는 사람은 하나님이 싫어하시는 죄를 저지르지 않기 때문이다.

우리는 옛사람을 멀리하고 새사람으로 살아야 한다. 빛의 자녀이자 새사람을 입은 우리가 아직도 옛사람처럼 어둠의 일을 계속할 수는 없다. 그러므로 옛사람을 멀리하고 새사람으로 살고자 하는 결단과 각오가 필요하다. 성령이 도우신다.

우리는 세상에 살지만, 세상의 일부가 되어서는 안 된다. 세상은 불순종의 아들로 가득 차 있다. 그렇다고 해서 세상을 등지고 사는 것은 옳지 않다. 우리는 세상 가운데 살면서 빛과 소금이 되어 불순종의 아들들을 그리스도께 인도해야 한다.

공동체 생활에서 가장 어려운 일은 죄로 인해 형제자매를 책망하는 일이다. 그러나 그가 주님 안에서 회복되기를 바라는 마음으로 반드시 징계해야 한다. 징계하지 않는 것도 마귀에게 틈을 주는 것이다. 징계할 때는 언젠가 내가 징계받는 사람의 자리에 설 수 있다는 마음으로 온유하게 해야 한다.

III. 그리스도인의 삶(4:1-6:20)

F. 지혜와 성령(5:15-21)

[15] 그런즉 너희가 어떻게 행할지를 자세히 주의하여 지혜 없는 자 같이 하지 말고 오직 지혜 있는 자 같이 하여 [16] 세월을 아끼라 때가 악하니라 [17] 그러므로 어리석은 자가 되지 말고 오직 주의 뜻이 무엇인가 이해하라 [18] 술 취하지 말라 이는 방탕한 것이니 오직 성령으로 충만함을 받으라 [19] 시와 찬송과

신령한 노래들로 서로 화답하며 너희의 마음으로 주께 노래하며 찬송하며
²⁰ 범사에 우리 주 예수 그리스도의 이름으로 항상 아버지 하나님께 감사하
며 ²¹ 그리스도를 경외함으로 피차 복종하라

그리스도인은 그리스도를 통해 부르심을 받았고(4:1-6), 부활하신 그
리스도로부터 특별하고 많은 은사를 받았으며(4:7-16), 그리스도 안에
서 진리를 배웠고(4:20-21), 새사람을 입었으며(4:24), 하나님의 빛의
자녀가 되었다(5:8). 하나님의 놀랍고 심오한 축복을 생각하면 그리스
도인은 어떻게 살 것인지에 대해 세심한 주의를 기울일 의무가 있다
(5:15). 이 섹션은 하나님의 은혜로운 부르심에 합당한 삶(4:1)이 무엇인
지 설명한다.

바울이 윤리적인 가르침을 줄 때 자주 사용하는 '행하다/걷
다'(περιπατέω)가 이 서신에서 6번째이자 마지막으로 본 텍스트에서 사
용된다(15절; cf. 4:1, 17[2x]; 5:2, 8). 삶을 여정(길을 걸어가는 것)에 비유하
는 것은 유대인의 표현법이다. 그리스도인의 삶은 천국을 향해 가는 여
정이다. 본문은 이 여정을 어떻게 해 나가야 하는지에 대한 말씀이다.

사도는 앞 섹션(5:8-14)에서 그리스도인과 세상 사람을 빛과 어둠으
로 대조했는데, 이 섹션에서는 지혜 있는 자와 없는 자로 대조한다. 이
둘의 차이는 성령이 있고 없고다. 지혜 있는 자와 성령은 서로 떼 놓을
수 없다. 하나님에 대한 계시와 지혜를 주시는 분이 성령이시기 때문
이다: "우리 주 예수 그리스도의 하나님, 영광의 아버지께서 지혜와 계
시의 영을 너희에게 주사 하나님을 알게 하시고"(1:17). 본 텍스트의 주
제는 골로새서 3:16-17, 4:5과 매우 비슷하다(cf. Perkins).

바울은 에베소 성도들에게 어떻게 행할지를 자세히 주의하라고 한다
(15a절). '행하다'(περιπατεῖτε)는 '걷다'(περιπατέω)의 현재형 능동태다. 우
리 삶은 계속 길을 가는 것과 같아서 멈추거나 돌아갈 수 없다. 그러므
로 어떻게 살아갈 것인지 '자세히 주의해야 한다'(Βλέπετε ἀκριβῶς). 주의

해서 보고(생각해 보고) 신중하게 행해야 한다는 뜻이다. 막 살았다고 원점으로 돌아와 다시 시작할 수는 없기 때문이다.

그렇다면 빛의 자녀인 우리가 어떻게 하는 것이 '자세히 주의해서' 사는 것인가? 저자는 세 가지 대조를 통해 그리스도인은 이렇게 살아야 한다고 가르친다: (1)지혜 없는 자같이 하지 않고 지혜 있는 자같이 사는 것(15절), (2)어리석은 자가 되지 않고 주님의 뜻이 무엇인지 이해하며 사는 것(17절), (3)술 취하지 않고 성령으로 충만함을 받아 사는 것 (18절).

'지혜 없는 자들'(ἄσοφοι)와 '지혜 있는 자들'(σοφοί)의 차이는 부정사 (ἄ-)의 유무다. 하나님이 지혜와 계시의 영을 주신 자는 '지혜 있는 자' 이고, 주시지 않은 자는 '지혜 없는 자'다(1:17). 이 지혜는 하나님이 보시기에 어리석음에 불과한 세상의 지혜와 다르다(cf. 고후 1:12). 성령을 통해 하나님과 그리스도에 대해 알게 된 사람이 '지혜 있는 자'다.

하나님이 주시는 지혜가 있는 사람은 세월을 아낄 줄 안다(15b-16a 절; cf. 골 4:5). '아끼다'(ἐξαγοράζω)는 '되사다'(buy back)라는 뜻이다 (BDAG). 주어진 시간(세월)을 최대한 효과적으로 활용하라는 권면이다. 주어진 기회를 놓치지 말라는 의미의 라틴어 문장 '카르페 디엠'(Carpe diem), 영어로는 'Cease the day'와 비슷하다.

우리가 각자에게 주어진 시간을 최대한 효과적으로 활용해야 하는 이유는 때가 악하기 때문이다(16b절). '때가 악하다'(ἡμέραι πονηραί εἰσιν) 는 우리가 사는 날이 악하다는 뜻이다. 이는 악한 영들이 이 세대(시대)를 지배한다는 유대인의 생각을 반영하고 있다(cf. 갈 1:4; 엡 2:2). 메시아가 다시 오실 때까지 악령들의 지배 아래 있는 사람들은 하나님의 권위와 권세에 반역해 방탕하고 모든 더러운 것을 욕심으로 행한다 (4:19).

세상은 하나님의 권위와 권세에 반역한 자로 가득하다. 그렇다고 해서 사도가 그리스도인에게 안전한 곳에 피해 있으라고 하지는 않는다

(Arnold). 이처럼 악한 세대를 가장 지혜롭게 사는 방법은 온 세상을 복음으로 충만하게 하는 것이다(1:23; cf. 4:10; 벤후 3:9). 때로는 공격이 가장 좋은 수비다.

바울은 어리석은 자는 주님의 뜻이 무엇인지 이해하지 못하는 반면, 지혜 있는 자는 주님의 뜻이 무엇인지 이해하는 것이 바로 어리석은 자와 지혜 있는 자의 차이라고 한다(17절). 이 서신에서 '주'(κύριος)는 항상 예수님을 가리킨다(Arnold). '이해하다'(συνίημι)는 '파악하다'라는 의미를 지닌다(롬 3:11; 15:21). 노력하지 않고는 이해할 수 없으며, 그리스도인은 예수님의 뜻이 그들의 삶을 어떻게 다스려야 하는지 이해하기 위해 애써야 한다(Klein).

술에 취하는 자는 어리석다. 그러므로 사도는 에베소 성도들에게 술 취하지 말라고 한다(18a절). '술'(οἶνος)은 포도주다. 당시에는 도수가 높은 증류주(독주)는 발달하지 않았다. 그러므로 취하기 위해서는 많은 양의 포도주를 마셔야 했다. 그럼에도 불구하고 술 취함은 사회적 문제였다(Arnold). 일부 그리스-로마 종교에서는 술 취함을 통해 황홀경(ecstasy)이나 신들과의 연합을 이루려 했다. 그리스 신화에 나오는 술의 신 디오니소스(Dionysos, 로마에서는 Bacchus라 부름)를 숭배하는 종교도 그러했다.

그러므로 술 취함은 방탕한 것이다(18b절). '방탕함(ἀσωτία)은 무분별한 낭비(senseless waste), 무모한 포기(reckless abandon), 탕진(dissipation), 품행 불량(profligacy) 등을 뜻한다(BDAG). 성경은 술 취함의 위험에 대해 계속 경고한다.

> 재앙이 뉘게 있느뇨 근심이 뉘게 있느뇨 분쟁이 뉘게 있느뇨 원망이 뉘게 있느뇨 까닭 없는 상처가 뉘게 있느뇨 붉은 눈이 뉘게 있느뇨 술에 잠긴 자에게 있고 혼합한 술을 구하러 다니는 자에게 있느니라 포도주는 붉고 잔에서 번쩍이며 순하게 내려가나니 너는 그것을 보지도 말지어다 그

것이 마침내 뱀 같이 물 것이요 독사 같이 쏠 것이며 또 네 눈에는 괴이한 것이 보일 것이요 네 마음은 구부러진 말을 할 것이며 너는 바다 가운데 에 누운 자 같을 것이요 돛대 위에 누운 자 같을 것이며 네가 스스로 말하 기를 사람이 나를 때려도 나는 아프지 아니하고 나를 상하게 하여도 내게 감각이 없도다 내가 언제나 깰까 다시 술을 찾겠다 하리라(잠 23:29-35).

술은 취한 사람을 조종한다. 또한 파괴력과 중독성이 매우 강하다. 그러므로 그리스도인은 술을 멀리하는 것이 좋다. 특히 자기 절제(self-control)가 약한 사람은 아예 마시지 않는 것이 좋다. 우리 사회는 마약 에 취하는 것은 범죄로 보지만, 술 취함에 대해서는 지나치게 관대하 다. 술에 취하는 것도 마약에 취하는 것만큼 심각하게 생각해야 한다.

그리스도인은 술 취함을 거부하고 오직 성령으로 충만함을 받아 야 한다(18c절; cf. 행 2:4; 4:8, 31; 9:17; 13:9). '성령으로 충만함을 받으 라'(πληροῦσθε ἐν πνεύματι)를 직역하면 '성령 안에서 [누군가에 의해] 채움을 받으라'가 된다. 그래서 어떤 이들은 채우시는 이를 그리스 도로, 그분이 성령 안에서 우리를 채우시는 것은 하나님의 충만하심 (the fullness of God, 3:19)으로 해석한다(Best, Hoehner, Klein, O'Brien). 그러 나 성령이 우리를 성령으로 채우시는 것으로 해석해야 한다(Barth, Fee, Lincoln, Schnackenburg, cf. 새번역, 공동, ESV, NAS, NIV). 우리는 성령이 도 우실 때만 주님의 뜻이 무엇인지 이해할 수 있다. 그러므로 주님의 뜻 을 분별하기 위해서는 먼저 성령의 충만함을 받아야 한다. 성령으로 충만한 사람은 성령이 그의 삶을 하나님과 그리스도를 닮아 가게 하시 는 일에 적극적으로 협조한다.

19-21절은 '화답하며'(λαλοῦντες), '노래하며'(ᾄδοντες), '찬송하 며'(ψάλλοντες), '감사하며'(εὐχαριστοῦντες), '복종하라'('Υποτασσόμενοι)라 는 다섯 개의 분사로 구성되어 있다. 학자들은 성령 충만과 이 분사들 의 관계에 대해 다양한 해석을 내놓았지만, 두 가지 해석이 주류다.

첫째, 성령으로 충만하면 이러한 일들을 하게 된다는 결과적 의미다
(Eadie, Fee, Hoehner, Klein, Lincoln, O'Brien, Schnackenburg, Schnackenburg). 둘
째, 성령 충만은 이런 일들을 할 때 가능하다는, 곧 성령으로 충만하고
싶으면 이런 일들을 해야 한다는 '수반되는 상황'(attendant circumstance)이
다(Best, cf. Arnold). 가장 자연스러운 의미는 이러한 일들을 성령 충만의
결과로 보는 것이다. 성령으로 충만하기 위해 찬양과 경배 등을 인위
적으로 할 수는 없기 때문이다(후자). 먼저 성령으로 충만해야 하나님
께 찬양과 경배 등을 드릴 수 있다(전자).

성령으로 충만함을 받은 사람은 네 가지를 한다(19-21절): (1)찬양으
로 서로 화답한다(19a절), (2)마음으로 찬송한다(19b절), (3)범사에 감사
한다(20절), (4)피차 복종한다.

첫째, 성령으로 충만한 사람들은 시와 찬송과 신령한 노래들로 서로
화답한다(19a절). '시들'(ψαλμοῖς)은 시편을 노래하는 것이다(cf. 눅 20:42;
24:44; 행 1:20; 13:33). 영어로 시편을 'Psalms'라고 하는데, 이 단어에서
유래한 이름이다. 유대인들은 시편을 찬송가처럼 여기고 가까이했다.

'찬송들'(ὕμνοις)은 당시 다양한 종교에서 신과 여신에 대한 찬양으로
사용한 시적 서술이다(Arnold, Best). 당시에도 이 같은 종교적 노래를
전문적으로 작사·작곡하는 이들의 협회(guild)가 있었다(Best). 신약에
서 이 단어는 본문과 골로새서 3:16에서만 사용된다. 찬송가를 영어로
'Hymns'라고 하는데, 이 단어에서 유래했다.

'신령한 노래들'(ᾠδαῖς πνευματικαῖς)은 찬양에 대한 가장 보편적인 표
현이다(BDAG, cf. 골 3:16; 계 5:9; 14:3; 15:3). '시'에 익숙한 유대인과 '찬
송'에 익숙한 이방인으로 구성된 교회에서 '노래'(ᾠδή)는 이들의 공통점
을 부각한 노력이라 할 수 있다. 그러므로 이 세 가지(시, 찬송, 노래)는
비슷한 말이다(Klein). 중요한 것은 이 노래들이 '신령해야'한다는 점이
다. 성령의 감동하심으로 작사·작곡된 노래여야 한다.

'서로 화답하라'(λαλοῦντες ἑαυτοῖς)는 서로 찬양을 주고받으라는 뜻이

다. 찬양은 우리가 하나님께 드리는 것이지만, 함께 모여 찬양하는 사람들을 위한 면모도 있다. 하나님께 드리는 찬양으로 서로 화답하면서 주님의 은혜와 사랑으로 서로 격려하고 위로할 수 있기 때문이다. 하나님은 우리의 찬양 중에 거하시기 때문에 이런 일이 가능하다(cf. 시 22:3). 또한 찬양은 그리스도의 말씀을 서로에게 가르치는 역할도 한다: "그리스도의 말씀이 너희 속에 풍성히 거하여 모든 지혜로 피차 가르치며 권면하고 시와 찬송과 신령한 노래를 부르며 감사하는 마음으로 하나님을 찬양하고"(골 3:16).

둘째, 성령으로 충만한 사람들은 마음으로 주께 노래하며 찬송한다 (19b절). '마음으로'(τῇ καρδίᾳ)는 온 마음과 정성을 다한다는 뜻이다. 찬양은 입으로 하는 것이 아니라 마음으로 하는 것이다. 또한 우리가 받은 은혜나 체험한 일이 아니라 이런 일들을 행하신 주(그리스도)를 찬양해야 한다.

셋째, 성령으로 충만한 사람들은 우리 주 예수 그리스도의 이름으로 항상 아버지 하나님께 감사한다(20절). 감사와 찬양은 하나님 아버지께 그리스도의 이름으로 하는 것이다. 또한 우리는 '항상'(πάντοτε), 곧 어떠한 일이나 상황에 대해서도 감사할 수 있다. 우리가 하나님의 보호하심 아래 있으며 모든 일이 합하여 선을 이룬다는 믿음이 있다면, 나쁜 일이 일어나도 하나님께 감사할 수 있다: "우리가 알거니와 하나님을 사랑하는 자 곧 그의 뜻대로 부르심을 입은 자들에게는 모든 것이 합력하여 선을 이루느니라"(롬 8:28).

넷째, 성령으로 충만한 사람들은 그리스도를 경외함으로 피차 복종한다(21절). '복종하다'(ὑποτάσσω)는 상대방의 권위 아래 자신을 둔다는 뜻이다. 우리는 교회의 질서를 위해 지도자들에게 복종해야 한다. 또한 공동체에 속한 사람들은 '피차'(ἀλλήλοις), 곧 서로에게 복종해야 한다. 사도는 하나님의 부르심에 합당한 삶은 모든 겸손과 온유와 오래참음으로 사랑 가운데서 서로 용납하고 성령이 평안의 매는 줄로 하나

되게 하신 것을 힘써 지키는 것이라고 했다(4:2-3). 이러한 공동체를 이루려면 서로의 권위에 복종해야 한다.

이 말씀은 그리스도인은 지혜로운 자로 살아야 한다고 권면한다. 우리가 살아갈 시간이 많지 않으므로 세월을 아껴야 한다. 또한 우리가 사는 시대는 악하다. 그러므로 이러한 시대를 사는 우리는 지혜롭게 주님의 뜻이 무엇인지 분별해 주님의 뜻대로 살아야 한다. 우리 삶에 대한 예수님의 뜻을 이해하는 것이 가장 큰 지혜로움이다. 그러나 주님의 뜻을 이해하는 것은 성령 안에서만 가능한 일이다. 따라서 우리는 항상 성령 충만을 추구해야 한다.

성령 충만은 예수님의 이름으로 하나님께 드리는 온갖 감사와 찬송을 통해 드러난다. 영적 은사나 방언 등은 성령 충만의 증거가 될 수 없다. 하나님은 은사를 주시기도 하고 가져가시기도 하기 때문이다. 마음에서 우러나는 찬송과 감사는 성령 충만한 사람만이 하나님께 드릴 수 있다.

성령으로 충만한 사람은 공동체에 속한 사람 중 성령으로 충만한 사람을 자기보다 더 낮게 생각한다. 그러므로 그들의 권위에 복종하는 일이 그다지 어렵지 않다. 그들이 성령 안에 있다면 억지를 부리거나 잘못된 일을 하지 않을 것이기 때문이다. 온 공동체가 항상 하나님께 감사하는 마음으로 서로 섬기고 사랑하면 우리는 이 땅에서 '작은 천국'을 맛볼 수 있다.

G. 남편과 아내(5:22-33)

[22] 아내들이여 자기 남편에게 복종하기를 주께 하듯 하라 [23] 이는 남편이 아내의 머리 됨이 그리스도께서 교회의 머리 됨과 같음이니 그가 바로 몸의

구주시니라 ²⁴ 그러므로 교회가 그리스도에게 하듯 아내들도 범사에 자기 남편에게 복종할지니라 ²⁵ 남편들아 아내 사랑하기를 그리스도께서 교회를 사랑하시고 그 교회를 위하여 자신을 주심 같이 하라 ²⁶ 이는 곧 물로 씻어 말씀으로 깨끗하게 하사 거룩하게 하시고 ²⁷ 자기 앞에 영광스러운 교회로 세우사 티나 주름 잡힌 것이나 이런 것들이 없이 거룩하고 흠이 없게 하려 하심이라 ²⁸ 이와 같이 남편들도 자기 아내 사랑하기를 자기 자신과 같이 할지니 자기 아내를 사랑하는 자는 자기를 사랑하는 것이라 ²⁹ 누구든지 언제나 자기 육체를 미워하지 않고 오직 양육하여 보호하기를 그리스도께서 교회에게 함과 같이 하나니 ³⁰ 우리는 그 몸의 지체임이라

³¹ 그러므로 사람이 부모를 떠나

그의 아내와 합하여

그 둘이 한 육체가 될지니

³² 이 비밀이 크도다 나는 그리스도와 교회에 대하여 말하노라 ³³ 그러나 너희도 각각 자기의 아내 사랑하기를 자신 같이 하고 아내도 자기 남편을 존경하라

본 텍스트는 신약에서 부부 관계에 대한 가장 자세한 말씀이다(cf. 골 3:18-19). 부르심에 합당한 삶을 사는 것이 무엇을 의미하는지(4:1), 부부가 어떻게 사는 것이 하나님의 빛이 되는 것인지(5:8)에 대한 설명이라 할 수 있다. 또한 바로 앞 섹션이 그리스도인은 피차 복종해야 한다는 권면으로 마무리되었는데(5:21), 이 말씀은 피차 복종하는 것을 그리스도인 남편과 아내 사이에 적용한 사례라 할 수 있다.

인상적인 것은 남편과 아내의 관계를 그리스도와 교회 관계를 통해 설명한다는 점이다. 바울이 구약에서 영감받은 것으로 보인다. 하나님과 이스라엘은 시내산에서 결혼해 부부가 되었다. 그러므로 선지자들은 이스라엘이 우상을 숭배함으로써 하나님을 배신한 것을 신실하지 못한 아내의 간음과 음란 등 성적인 범죄로 묘사했다(cf. 사 54:1-8;

62:4-5; 렘 3:1-14; 겔 15장; 23장; 호 1-3장).

아내들은 자기 남편에게 복종해야 한다(22a절). '아내'(γυνή)와 '남편'(ἀνήρ)은 원래 여자와 남자를 뜻한다. 그러므로 '여자들은 남자들에게 복종하라'는 의미로 해석될 수도 있다(cf. Arnold). 사도는 이러한 억지 해석을 금하기 위해 여자들은 각자 '자기 남자들(남편들)'(ἰδίοις ἀνδράσιν)에게 복종하라고 한다.

이 구절에는 동사가 없다. '복종하다'(ὑποτάσσω)는 바로 앞 절(5:21)과 이 구절이 서로 연결된 같은 문장이기 때문에 저자가 '그리스도를 경외함으로 피차 복종하라'라고 한 권면에서 가져와 한 번 더 사용한 결과다. 그러므로 이 구절의 자체적 의미는 "아내 된 이 여러분, 남편에게 하기를 주님께 [순종]하듯 하십시오"(새번역)이다. 복종하라는 권면이 현재형 분사(Ὑποτασσόμενοι)로 사용되는 것은 아내들이 자기 남편의 권위와 리더십에 계속, 항상 복종해야 한다는 뜻이다.

그러나 당시 로마 사회를 지배하던 가부장 제도에 무조건 맹목적으로 복종하라는 것은 아니다. 여자는 주께 하듯 남편에게 순종하면 된다. '주께 하듯'(ὡς τῷ κυρίῳ)은 올바른 그리스도인 정황에서 순종하라는 뜻이다. 그리스도는 당시 그리스-로마 사회의 남편들처럼 독선적이고 비윤리적이고 무모한 요구를 하지 않으신다. 그러므로 그리스도인 여자들이 남편들의 모든 요구에 복종할 필요는 없다. 남편이 경건하고 거룩한 가장으로서 요구하는 것에만 복종하면 된다.

이러한 원칙을 강조하기 위해 본문과 평행을 이루는 골로새서 3:18은 '주 안에서 합당한 대로'(ὡς ἀνῆκεν ἐν κυρίῳ) 복종하라는 말을 더한다. 그러므로 이 말씀은 그리스도인 아내와 비(非)그리스도인 남편으로 이루어진 부부와는 상관이 없다.

사도가 그리스도인 아내들에게 그리스도인 남편에게 복종할 것을 당부하는 것은 그리스도께서 교회의 머리 되심과 같이 남편이 아내의 머리가 되기 때문이다(23a절). 이 말씀은 지금도 매우 남용되고 논쟁의 여지가 있는 텍스트로 남아 있다(Snodgrass). 이슈의 핵심은 '머리'가 무엇을 의미하느냐다.

학자들은 1970년대까지는 '머리'(κεφαλὴ)를 권위와 리더십을 상징하는 것으로 이해했다. 그리스도가 교회를 '다스리시는' 것처럼 남편이 아내를 '다스려야' 한다는 의미로 간주한 것이다. 이후 많은 학자가 '머리'를 '권위'(authority)가 아니라 '출처'(source)를 상징하는 것으로 해석해야 한다는 주장을 펼쳤다(cf. Bruce, Fee, Morris). 본문이 남편이 아내의 출처라고 하는 것은 하나님이 아담의 옆면(옆구리)에서 떼어낸 것으로 하와를 만들었기 때문이라는 것이다. '머리'는 '권위'(다스림)와 상관이 없으며, 단순히 여자가 남자에게서 비롯된 일을 염두에 둔 표현이라는 뜻이다.

그러나 이 헬라어 단어가 출처의 의미로 사용되었다는 주장은 그다지 설득력 있지 않다(Grudem, cf. Klein, Yoder Neufeld). 그루뎀(Grudem)은 주전 8세기에서 주후 4세기에 이르는 헬라 문헌을 총망라해 2,336차례에 달하는 이 단어(κεφαλη)의 용례를 살펴보았다. 그중 2,004차례는 신체적 머리를 의미했고, 302차례는 비유적으로 사용되었다. 비유적으로 사용된 302차례 중 41차례는 자기보다 더 높은 지위에 있는 사람을 '머리'라고 불렀다. 그러므로 그는 바울이 본문에서 다른 사람에 대한 권위 또는 우월함의 의미로 '머리'를 사용한다고 주장했다(Grudem, cf. Arnold, Klein).

게다가 본문은 교회의 머리이신 그리스도가 바로 몸(교회)의 '구주'(σωτὴρ)시라며(23b절) 권위적인 부분을 확실하게 표현하고 있다. 해석에서 '머리'의 의미가 중요한 이슈로 부각되는 "각 남자의 머리는 그리스도요 여자의 머리는 남자요 그리스도의 머리는 하나님이시라"(고전 11:3)에서도 '머리'가 '권위' 혹은 '대표성'을 의미할 수는 있지만, '출처'라는 주장은 설득력이 없다는 것이 학계의 결론이다. 그러므로 최근에 개정된(update) 사전들은 '머리'(κεφαλὴ)가 지닌 사전적 의미에서 '출처'를 삭제했다(cf. BDAG).

사도는 그리스도가 교회의 머리이시듯 남편이 아내의 머리라는 원리 (cf. 23절)에 따라 교회가 그리스도에게 복종하듯이 아내들은 범사에 남편에게 복종하라고 당부한다(24절). 이번에도 암시된 조건은 두 사람이 모두 그리스도인인 부부라는 점이다. 그리스도께서는 교회에 부도덕한 일이나 죄를 강요하지 않으시기 때문이다(cf. Arnold).

사도는 아내들에게 범사에 남편에게 복종하라고 하는데, '범사'(ἐν παντί)는 '모든 일에서'라는 뜻이다. 아내는 모든 일에서 남편의 권위와 리더십을 지지하고 존중해야 한다는 뜻이다. 사도가 아내들에게 매우 맹목적이고 무리한 희생과 헌신을 요구하는 것으로 생각할 수 있다. 그러나 본문이 전제하는 것처럼 이 말씀이 그리스도인 부부에게만 적용된다면, 그리스도의 성품을 닮아 가려고 노력하는 그리스도인 남편이 아내에게 어리석고 무모한 복종을 요구할 리 없다. 그러므로 아내의 복종은 그리스도인 가장인 남편의 '권위를 존중하는'(기를 살려 주는) 행위다.

그리스도인 아내가 합리적이고 경건한 남편의 권위에 복종하는 것은 그들이 교회의 머리이신 그리스도께 복종하는 것과 같은 종교적인 행위다(Best). 질서가 혼란스럽거나 가치관이 문란한 가정은 우리가 속한 공동체에 해가 될 수 있기 때문이다(Arnold).

남편들은 아내 사랑하기를 그리스도께서 교회를 사랑하시는 것처럼 해야 한다(25a절). 사도는 곧바로 그리스도의 교회 사랑이 어떤 것인지 설명한다: "교회를 위하여 자신을 주심 같이 하라"(25b절). 그리스도는 십자가 죽음으로 교회를 사랑하셨다. 우리가 누구를 아무리 사랑한다고 해도 그를 위해 죽기까지 하는 것은 불가능한 일이다. 그러므로 이 말씀은 아내의 절대적인 복종에 대해 그리스도인 남편은 그들이 상상할 수 있는 가장 큰 사랑으로 화답해야 한다고 권면한다.

사도는 아내들에게 일방적인 복종을 요구하는 것이 아니다. 그들이 복종할 남편은 더 큰 헌신과 희생으로 아내를 사랑해야 한다. 남편에게 아내를 사랑하라는 말은 당시 그리스-로마 문헌과 유대인의 문헌에서는 찾아볼 수 없다(Arnold, Snodgrass). 그러므로 이 말씀은 당시 사회에서 매우 획기적이고 혁명적인 가치관이었다.

남편은 아내를 죽기까지 사랑하고, 아내는 그런 남편에게 복종하기를 그리스도께 하는 것처럼 하는 부부 관계가 비현실적으로 보일 수 있다. 그러나 이러한 부부 관계는 우리 모든 그리스도인이 꿈꾸어야 하는 것이며, 또한 우리의 삶에서 부분적으로나마 실현 가능하다. 우리는 항상 이런 부부가 되고자 노력하며 살아야 한다.

그리스도가 교회를 위해 죽기까지 사랑하신 것은 세 가지를 단계적으로 이루시기 위해서다(26절): (1)물로 씻으심, (2)말씀으로 깨끗하게 하심, (3)거룩하게 하심. 물로 씻고 말씀으로 깨끗하게 하는 목적은 거룩하게 하기 위해서다. 어떤 이들은 이 문장의 주요 동사인 '깨끗하게 하다'(καθαρίσας)가 부정 과거형 분사(aorist participle) 형태를 띠고 있다는 점에서 이 세 가지를 이미 일어난 일로 본다. 그러나 이 부정 과거형 분사의 사용을 '금언적인'(gnomic) 원리를 표현하기 위한 것으로 해석하면 세 가지 모두 과거에 있었던 일로 해석할 필요가 없다. 세 번째(거룩하게 하심) 단계를 종말에 실현될 일을 묘사하는 다음 절(27절)과 연결하면 더욱더 그렇다.

첫째, '물로 씻다'는 세례를 의미한다(Abbott, Barclay, Best, Bruce, Calvin, Ellicott, Klein, Perkins). 세례는 그리스도인의 삶의 시작이라 할 수 있다. 그러므로 그리스도는 우리를 구원하시고 세례를 통해 물로 우리의 몸(외면)을 깨끗하게 하셨다.

둘째, '말씀으로 깨끗하게 하다'는 세례 이후 이어지는 성화를 뜻한다. '말씀'(ῥῆμα)은 그리스도의 복음이다(Eadie, Ellicott, Hoehner, O'Brien, Snodgrass): "그러므로 믿음은 들음에서 나며 들음은 그리스도의 말씀으로 말미암았느니라"(롬 10:17). 예수님은 우리의 몸(외면)을 세례(물로 씻어)로 깨끗하게 하신 것처럼 이후에는 말씀으로 우리의 마음(내면)을 정결하게 하신다. 이 일은 종말 때까지 계속된다(Arnold, Muddiman, Yoder Neufeld). 사람은 한 번에 성화되지 않기 때문이다. 에스겔은 그리스도께서 물과 말씀으로 우리를 외·내적으로 정결하게 하실 것을 오래전에 예언했다.

> 맑은 물을 너희에게 뿌려서 너희로 정결하게 하되 곧 너희 모든 더러운 것에서와 모든 우상 숭배에서 너희를 정결하게 할 것이며 또 새 영을 너희 속에 두고 새 마음을 너희에게 주되 너희 육신에서 굳은 마음을 제거하고 부드러운 마음을 줄 것이며 또 내 영을 너희 속에 두어 너희로 내 율례를 행하게 하리니 너희가 내 규례를 지켜 행할지라(겔 36:25-27).

셋째, '거룩하게 하다'는 예수님이 우리를 물로 씻으시고 말씀으로 깨끗하게 하시는 목적이다. 그리스도께서는 종말에 자기 앞에 우리를 영광스러운 교회로 세우기 위해 티나 주름 잡힌 것이나 이런 것들 없이 거룩하고 흠이 없게 하려고 물로 씻으시고 깨끗하게 하신다(27절).

'티'(σπίλον)는 얼룩(spot)이나 흠집(blemish)을 뜻하며, 주름(ῥυτίδα)은 신약에서 단 한 차례 사용되는 단어다. 두 가지 모두 완벽함과 온전함에 이르지 못하게 하는 도덕적 약점이다(cf. 1:4; 골 1:22). 그리스도는 종말에 우리가 그분 앞에 온전하게 설 수 있도록 지금도 말씀으로 우리의 모든 윤리적·정신적 '티'와 '주름'을 제거하고 계신다(Barth, Best, Eadie, Perkins, Schnackenburg, cf. 골 1:22, 28).

그리스도께서 교회를 사랑하셔서 말씀으로 티나 주름 잡힌 것이 없도록 거룩하게 하시는 것처럼 남편들도 자기 아내를 사랑해야 한다(28a절). 어떻게 이런 일이 가능한가? 남편이 자기 아내를 자기 자신과 같이 사랑하면 된다(28b절). 이 말씀은 "네 이웃 사랑하기를 네 자신과 같이 사랑하라"(레 19:18; cf. 갈 5:14)를 부부 관계에 적용한 것이다.

사람은 본능적으로 자기 자신을 돌보고 보호한다. 그러므로 남편이 자기 자신을 사랑하는 것처럼 아내를 사랑하면, 아내가 그리스도 안에서 더 건강하고 더 성숙해지도록 격려를 아끼지 않을 것이다. 바울은 남편이 아내를 이렇게 대하는 것은 윤리적인 의무(책임)라는 사실을 강조하기 위해 '빚을 지다'라는 의미를 지닌 동사 '할지니라'(ὀφείλω)를 사용한다(Arnold, cf. BDAG). 또한 남편이 자기 아내를 사랑하는 것은 곧 자기 자신을 사랑하는 것이다(28c절).

누구든지 자기 육체는 미워하지 않고 오직 양육해 보호하기를 그리스도께서 교회에 하시는 것처럼 한다(29절). 사람은 자기 자신을 사랑한다는 28절 말씀에 대한 부연 설명이다. 또한 미움의 반대는 양육과 보호다. '양육'(ἐκτρέφει)은 부모가 자녀를 훈육하는 것이며(6:4; cf. 왕상 11:20; 욥 31:18; 호 9:12), '보호'(θάλπει)는 소중히 여겨 아끼는 것이다 (BDAG). 양육은 때로 아픔을 동반한다. 그러므로 항상 보호하는 마음으로 행해야 한다.

자기를 사랑하는 사람은 자기 자신을 양육하고 보호한다. 이러한 일은 마치 그리스도께서 교회에 하시는 일과 같다. 물론 예외는 있다. 자신을 학대하는 자(masochist)나 금욕주의자(ascetics)는 자신을 보살피기는커녕 오히려 학대한다. 그러나 정상적인 사고를 지닌 사람이라면 자기 자신을 보호하고 사랑한다.

그리스도가 교회인 우리를 사랑하셔서 양육하고 보호하시는 것은 우리가 그분 몸(교회)의 지체이기 때문이다(30절). KJV는 이 구절의 끝부분에 '그의 뼈와 살'(of his flesh, and of his bones)이라는 말을 더하는데, 일부 사본이 지닌 문구(ἐκ τῆς σαρκὸς αὐτοῦ καὶ ἐκ τῶν ὀστέων αὐτου)를 반영했기 때문이다. 그러나 이 문구는 오리지널이 아니며, 다음 절에서 창세기 2:24을 인용하는 과정에서 비롯된 것으로 보인다(cf. Metzger). 그러므로 KJV를 제외한 모든 번역본이 이 문구를 반영하지 않았다. 그리스도께서 교회를 대하시는 것처럼 남편이 아내를 보호하고 양육하려면 남편은 아내의 필요에 예민해야 한다.

'육체'(σάρξ)(29절)와 '몸'(σῶμα)(28, 30절)은 서로 바꿔 사용할 수 있는 비슷한 말이다(Arnold, cf. 고전 6:16; 15:39-40; 고후 4:10-11). 그럼에도 불구하고 이 섹션에서는 '몸'이 '육체'보다 더 적절하다. 아마도 다음 절인 31절에서 창세기 2:24을 인용하면서 '한 육체'(σάρξ)를 언급하는 칠십인역(LXX) 버전을 사용하기 위해 '육체'(σάρξ)를 사용하는 것으로 보인다.

사람이 부모를 떠나 그의 아내와 합하여 한 육체를 이룬 것이 부부다(31절). 창세기 2:24을 인용한 말씀이다. 고대 사회에서는 남녀가 결혼하면 여자가 집을 떠나 남편의 집으로 갔다. 그런데 본문은 결혼하는 남자가 부모를 떠나야 한다고 한다. 무슨 뜻일까? 이 말씀이 강조하고자 하는 것은 실제적으로 남자가 집을 떠나라는 것이 아니다. 남자가 한 여인을 아내로 맞이할 때는 그를 키워 주신 부모로부터 정신적으로 독립해야 한다는 뜻이다. 여러 문화권에 이런 말이 있다: "아들은 결혼할 때까지만 아들이지만, 딸은 평생 딸이다." 남녀가 결혼하면 여자보다는 남자가 자기 부모로부터 감정적으로 훨씬 더 멀어진다.

이 말씀의 의미를 이해하는 데 가장 결정적인 것은 [부모를] '떠나다'(עזב)와 [아내와] '연합하다'(דבק)에 대한 성경적 이해다. 구약에서 '떠나다'(עזב)는 흔히 이스라엘이 하나님과의 언약 관계를 파괴하는 것을 묘사하는 데 사용된다(렘 1:16; 2:13, 17, 19; 5:7; 16:11; 17:13; 19:4; 22:9, cf. HALOT). 반면에 '연합하다'(דבק)는 이스라엘이 하나님과 맺은 언약을 잘 이행하고 유지하는 것을 의미한다(신 4:4; 10:20; 11:22; 13:4; 30:20, cf. HALOT). 그러므로 부모를 떠나 아내와 연합한다는 것은 결혼 전에 남자가 자기 부모에게 하던 충성을 정리하고 새로 아내에게 충성을 맹세하는 행위다. 그렇다고 해서 결혼하면 부모를 등한시해도 된다는 뜻은 아니다(다음 섹션에서 이 이슈에 대해 말하고자 한다). 십계명 중 다섯째 계명이 이러한 생각을 금한다(cf. 출 20:12 주해). 본문은 결혼을 언약/계약 행위로 묘사하고 있는 것이다.

결혼하면 남자가 부모의 집을 떠나야 한다는 말씀은 훗날 모세가 백성에게 결혼에 대해 가르치기 위해 제시한 원칙이다. 아담이 하와와 결혼할 때는 그에게 부모가 없었기 때문이다. 물론 누가는 하나님이 아담의 부모라고 한다(눅 3:38). 그러나 이 말씀은 하나님이 최초의 인간인 아담을 창조하셨다는 것을 의미할 뿐이다. 본문의 의도는 아담에게 부모인 하나님을 떠날 것을 요구하는 것이 절대 아니다. 모세는 아담이 하와와 결혼해 가정을 이룬 이야기를 회고하면서 결혼하는 남자는 이런 마음으로 아내를 맞이해야 하며, 결혼 후에는 부모와의 관계를 새로 설정하고 아내를 더 우선으로 삼아야 한다는 것을 가르치고자 한다.

남자와 여자가 한 몸을 이룬다는 것은 일부일처제(一夫一妻制)에 대한 성경의 가장 확실한 가르침이다. 부부 관계는 인간관계 중 가장 기본적이고 소중한 관계다. 남편이 아내를 사랑해야 하는 또 한 가지 이유는 둘이 연합해 한 육체를 이루기 때문이다. 둘이 한 몸을 이루는 부부 관계는 자녀나 부모와의 관계보다 더 소중하고 아름답다. 그러므로 아내는 남편의 가장 소중한 부분으로 존중되어야 한다.

바울은 남자와 여자가 부부가 되어 한 몸을 이루는 것처럼 그리스도와 교회가 한 몸을 이루는 것은 참으로 큰 비밀이라며 감탄을 표한다(32절). 사도는 이미 '비밀'(μυστήριον)을 '숨겨진 것'(secret)이라는 의미로 몇 차례 사용했다(1:9; 3:3, 4, 9). 그러나 이번에는 숨겨진 것이 아니라 '심오한 것, 신비'(mystery)라는 의미로 이 단어를 사용한다(cf. 공동, ESV, NAS, NIV, NRS). 그리스도와 교회의 관계는 남편과 아내의 관계만으로는 충분히 설명할 수 없으며, 생각할수록 참으로 심오하고 신비로운 것이라는 뜻이다(Bruce, Ellicott, Lincoln).

그리스도와 교회의 관계를 남편과 아내에 비유했던 사도는 남편은 아내 사랑하기를 자신을 사랑하는 것같이 하고, 아내도 남편을 존경하라는 결론적인 요약으로 섹션을 마무리한다(32절). '존경하다'(φοβέω)는 원래 '두려워하다'라는 뜻이다(BDAG). 이 단어는 인간이 하나님에 대해 취하는 자세, 곧 '경외하다'라는 의미로 사용되며, 사람이 사람에게 취하는 자세를 묘사하는 데 사용되는 사례는 극히 제한적이다. 또한 이 단어는 5:21에서 '경외하다'라는 의미로 사용되었으며, 이번에도 이러한 의미로 사용되고 있다. 그러므로 아내가 남편을 두려워할 필요는 없다. 아내가 남편을 두려워하는 것은 건강한 관계가 아니다. 대신 아내는 그리스도를 존경하듯 남편을 존경해야 한다(cf. 22절).

이 말씀은 그리스도인 부부는 서로 존중하고, 소중히 여기고, 사랑해야 한다고 한다. 남편은 자기 몸을 아끼고 보호하듯이 아내를 사랑하고 돌보아야 한다. 아내는 그리스도에게 복종하듯이 남편에게 복종해야 한다. 각자 자기 권리를 주장하는 부부는 불행하다. 반면, 각자 상대방을 더 섬기고자 하는 부부는 행복하다.

그리스도인 부부 관계는 계속 성장하는 관계다. 서로 양육하고 보호함으로써 각자 주님 앞에 설 때 티나 주름 등 흠이 없게 해야 한다. 남편이 아내를 사랑하고, 아내가 남편에게 복종하는 부부는 반드시 이런 열매를 맺을 것이다.

결혼은 아름답다. 하나님이 첫 사람(아담과 하와)을 창조하시고 제일 먼저 축복으로 주신 제도다. 또한 그리스도와 교회의 관계가 부부 관계에 비유될 정도로 아름답다. 독신의 은사를 받지 않았다면 결혼해서 서로 사랑하고 사랑받는 것이 하나님의 뜻이다.

결혼은 새로운 관계 설정을 필요로 한다. 남자가 부모를 떠나야 한다는 것은 부모와의 관계를 새롭게 설정하라는 뜻이다. 또한 성경에는 아담이 하와를 만나 가정을 이루었을 때 자식에 대한 언급이 없다. 자식은 하나님의 축복이지만, 가정에 반드시 있어야 하는 것은 아니다. 그러므로 자식이 없다는 이유로 이혼하는 것은 옳지 않다.

H. 자녀들과 부모(6:1-4)

¹ 자녀들아 주 안에서 너희 부모에게 순종하라 이것이 옳으니라
² 네 아버지와 어머니를 공경하라
이것은 약속이 있는 첫 계명이니
³ 이로써 네가 잘되고 땅에서 장수하리라
⁴ 또 아비들아 너희 자녀를 노엽게 하지 말고 오직 주의 교훈과 훈계로 양육하라

앞 섹션에서 가정에서 가장 중요한 부부 관계에 대해 말한 사도가 이번에는 부모와 자녀들의 관계에 대해 말한다. 이번에도 그리스도인 가정에 관한 지침이다. 십계명(2절)은 믿지 않는 사람에게 하는 말이 아니기 때문이다. 본문과 평행을 이루는 골로새서 3:20-21도 자녀와 부모의 관계에 대한 것이지만, 본문보다 훨씬 짧다.

바울은 부부 관계에서 약자인 아내들에게 먼저 권면했던 것처럼(cf. 5:22-24), 이번에도 자녀-부모 관계에서 약자인 자녀들에게 먼저 권면한다(1절). 앞으로 종-주인 관계에 대해 말할 때도 약자인 종들에게 먼저 권면할 것이다(6:5).

'자녀들'(τέκνα)은 나이가 어린 '아이들'(παιδία)뿐 아니라 장성한 자도 포함한다(Perkins). 사도가 '자녀들'이라는 표현을 사용하는 것은 이 말씀이 부모의 집에서 사는 어린 자녀에게만 적용되는 것이 아니기 때문이다.

자녀들은 주 안에서 부모에게 순종해야 한다(1a절). '주 안에서'(ἐν κυρίῳ)는 자녀들이 부모에게 순종하는 것은 그들(자녀들)과 하나님의 관계의 일부라는 뜻이다(Snodgrass). 하나님의 자녀인 그리스도인은 육신적 부모에게 순종하는 일을 하나님께 순종하는 일의 일부로 여겨야

한다.

부부에 대해 권면할 때 아내들에게 복종하라고 했던 바울이 이번에는 자녀들에게 순종하라고 한다. '복종하다'(ὑποτάσσω)는 상대방의 권위를 존중해 그의 리더십 아래 자신을 둔다는 의미를 지닌다. 한편, '순종하다'(ὑπακούω)는 상대방의 명령과 지시를 전적으로 따른다는 의미며, '복종하다'보다 훨씬 더 높은 충성을 요구한다(cf. TDNT). 그러므로 아내들은 남편들에게 '복종해야 한다'고 했던 사도가 자녀들과 종들에게는 '순종해야 한다'고 말한다.

이 말씀은 부모의 집에서 함께 사는 어린 자녀들에게는 부모의 교훈과 훈계를 잘 받으라는 권면이다(cf. 4절). 부모에게 순종하는 일은 끊임없이 계속되어야 한다는 것을 강조하기 위해 저자는 현재형 명령법(present active)인 '순종하라'(ὑπακούετε)를 사용한다. 당시 교육은 집에서 가장인 아버지가 했으며, 주로 아들만 교육했다. 바울은 이러한 차별과 편견을 최소화하기 위해 '아버지' 대신 '부모'(γονεύς), '아들' 대신 '자녀들'(τέκνα)이라는 표현을 사용한다(Morris).

결혼해서 부모로부터 독립해 사는 자녀들에게는 이 말씀이 부모의 권면과 조언에 귀를 기울이라는 뜻이다. 장성한 자녀라 해도 삶의 연륜에서 비롯된 부모의 권면은 많은 유익을 가져다줄 것이다.

> 내 아들아 네 아비의 명령을 지키며 네 어미의 법을 떠나지 말고 그것을 항상 네 마음에 새기며 네 목에 매라 그것이 네가 다닐 때에 너를 인도하며 네가 잘 때에 너를 보호하며 네가 깰 때에 너와 더불어 말하리니 대저 명령은 등불이요 법은 빛이요 훈계의 책망은 곧 생명의 길이라(잠 6:20-23; cf. 잠 23:22).

그리스도인 자녀가 부모에게 순종해야 하는 이유는 간단하다. 부모에게 순종하는 것은 옳은 일이기 때문이다(1b절). 하나님이 그리스도인 자녀들이 부모에게 순종하기를 기대하시기 때문에 옳은 일이다(Stott). 본문과 평행을 이루는 골로새서 3:20은 자녀들이 부모에게 순종하는 것은 하나님을 기쁘시게 하는 일이라 한다(cf. 새번역, 공동, ESV, NAS, NIV).

또한 바울은 십계명을 인용해 자녀들이 부모를 공경하는 것은 옳은 일이라고 한다(2a절). "네 아버지와 어머니를 공경하라"는 십계명 중 다섯 번째 계명이다(출 20:12; 신 5:16). 십계명 중 처음 네 계명은 주님의 백성과 하나님의 관계를 정의한다. 그리고 다섯 번째 계명부터 열 번째 계명까지는 사람과 사람 사이의 관계를 정의한다. 인간관계를 정의하면서 부모와 자녀 관계에 대한 계명이 제일 먼저 등장하는 것은 부모-자녀 관계가 하나님-백성 관계를 설명하는 데 가장 기본적인 모형이기 때문이다.

자녀들은 부모를 공경해야 하는데, 구약에서 '공경하다'(כבד)라는 개념은 흔히 주님의 백성이 하나님을 향한 자세를 묘사하는 데 사용된다(cf. 레 20:9; 신 21:18-21; 27:16; 민 15:30). 이 단어가 인간관계에 적용되는 경우는 자녀들과 부모의 관계뿐이다. 부모를 대할 때 마치 하나님을 대하듯 공손히 하라는 의미다.

자녀들이 부모를 잘 섬기는 것이 왜 이렇게 중요한가? 이 계명은 잘못하면 무시될 수 있는 부모의 권위와 존엄성을 보호하려는 취지로 이해해야 한다. 옛적 우리나라에 고려장이 있었던 것처럼, 근동 지역에서도 나이가 들어 노동력을 상실한 노인들이 집에서 쫓겨나고 길거리로 내몰리는 경우가 있었다(cf. 출 21:15, 17; 레 20:9; 신 27:16). 이 계명은 이러한 상황에 처한 힘없는 노부모의 인권을 보호하는 데 본래 취지가 있다(cf. Arnold, Klein, Perkins, Snodgrass). 그러므로 다섯 번째 계명은 부모의 권위 아래 자라나는 어린아이들에게 주어진 것이 아니라, 성인 자녀들이 형편이 어려운 부모를 어떻게 대해야 하는지에 관한 것이다(cf. 딤전 5:3-4). 예수님도 교묘하게 이 계명의 취지를 왜곡해 부모를 섬기지 않아도 된다고 주장한 바리새인들을 비난하셨다(마 15:4-6).

이 계명의 중요성은 약속이 있는 첫 계명이라는 점에서도 알 수 있다 (2b절). 엄밀히 말하자면 부모를 공경하라는 다섯 번째 계명이 하나님 의 축복 약속을 동반한 첫 계명은 아니다. 이미 두 번째 계명인 "나를 사랑하고 내 계명을 지키는 자에게는 천 대까지 은혜를 베푸느니라" (출 20:6)라는 말씀을 축복이 있는 약속으로 해석할 수 있기 때문이다. 그러나 '잘되고 장수하리라'라는 등의 구체성이 없기 때문에 다섯 번째 계명이 약속을 동반한 첫 계명이라 할 수 있다.

또한 십계명 중 사람과 사람 사이의 관계에 관한 다섯 번째 계명부터 열 번째 계명 중 약속을 동반한 계명은 다섯 번째 계명뿐이다. 그러므 로 '첫 계명'이라는 말은 십계명 범위 안에서만 적용하지 말고 모든 율 법을 염두에 둔 것으로 이해해야 한다(Lincoln). 십계명은 모든 율법의 서론적 요약이기 때문이다.

부모를 공경하라는 다섯 번째 계명에 순종하는 사람은 '잘되고 땅에 서 장수하리라'라는 하나님의 약속을 받았다(3절). 이 말씀은 원래 하나 님이 가나안 입성을 앞둔 이스라엘 백성에게 그들이 하나님이 허락하 시는 땅에서 매우 오래 살 것을 약속하신 것이다(cf. 출 20:12). 바울은 이 약속을 이방인 그리스도인에게 원리로 제시하기 위해 가나안 땅과 연관된 구체성을 삭제했다.

이 원칙에 예외적인 상황은 항상 있을 수 있다. 부모에게 효도하고 도 일찍 죽을 수 있고, 부모를 잘 섬기고도 일이 잘 풀리지 않을 수 있 다. 그러므로 잘되지 않는 사람이나 단명한 사람을 보고 그가 부모를 공경하지 않았기 때문이라고 단정하는 것은 옳지 않다.

바울은 자녀들에게 무조건 순종하라고 하지 않는다. 부모는 자녀의 순종과 존경을 받을만한 삶을 살아야 한다. 그러므로 아비들에게 자녀 들을 노엽게 하지 말라고 한다(4a절). 사도는 의도적으로 '부모'(γονεύς, 1절)가 아니라 '아비들'(πατέρες)을 권면한다. 물론 '아비들'이 부모를 의미할 수 있다(Ellicott, Stott, cf. 히 11:23). 그러나 바울은 아버지들에게만 권면하고자 이 단어를 택했다(Arnold). 그리스-로마 사회에서는 가장인 아버지가 자녀의 교육과 훈육을 홀로 담당했기 때문이다(Lincoln).

'노엽게 하다'(παροργίζω)는 매우 화나게 한다는 뜻이다(BDAG). 당시 그리스-로마 사회에서는 자녀들을 학대하는 아버지가 많았다. 아버지는 집안에서 절대적인 권력을 휘두르는 존재였기 때문이다. 그러므로 오히려 자녀들에게 부모를 노엽게 하지 말라고 권면하는 것이 당시 정서에 더 잘 어울린다(Arnold).

그러나 이와 대조적으로 사도는 아버지들에게 자녀들을 노엽게 하지 말라고 한다. 아버지는 자녀들의 필요와 감정에 열려 있어야 한다. 또한 부모는 자녀들이 분노하거나 마음이 상하지 않도록 그들이 공감할 수 있는 합리적이고 공평한 양육 기준을 제시해야 한다. 자녀들이 기쁘게 공감할 수 있는 합리적이고 공평한 양육 기준은 주님의 교훈과 훈계다(4b절).

'교훈'(παιδεία)은 그리스-로마 사회에서 아이들을 훈련하는 일을 의미했다. 헬라어로 '아이'(παιδίον)와 어원이 같은 단어다. '훈계'(νουθεσία)는 합당한 행동에 대한 권면과 경고와 꾸짖음을 포함한다(BDAG). 교훈은 가르침을 중심으로, 훈계는 교훈을 집행하는 일을 중심으로 행해진 것으로 생각하면 된다.

아버지는 주님의 교훈과 훈계에 따라 자녀들을 양육해야 한다. '양육하다'(ἐκτρέφω)는 '먹이다, 영양분을 공급하다'(feed, nourish)라는 의미를 지니며(BDAG), 5:29에서 남편이 아내를 보살피는 일을 묘사하는데 사용되었다. 주님의 교훈과 훈계는 자녀들을 자라게 하는 '영양분'이며, 부모는 꾸준히 이 영양분을 자녀들에게 공급해 주어야 한다. 공급의 지속성을 강조하기 위해 사도는 이번에도 현재형 명령법(present imperative)인 '양육하라'(ἐκτρέφετε)를 사용한다. 부모는 주님의 교훈과 훈계로 자녀들이 계속 성장하고 자라도록 훈육해야 한다. 또한 자녀들의 영혼이 다치지 않도록 부드럽고 따뜻하게 양육해야 한다.

이 말씀은 가정에서도 권리를 주장하기보다 책임과 의무를 다하는 것이 우선이라 한다. 자녀들은 부모에게 순종할 책임이 있다. 부모는 자녀들을 하나님의 말씀으로 따뜻하고 부드럽게 양육할 책임이 있다. 서로 이러한 책임을 다하면 자녀들은 부모를 공경할 것이며, 부모는 그들을 사랑하고 아끼는 행복한 가정이 될 것이다.

자녀가 부모에게 순종하는 것은 옳은 일이며, 하나님이 기뻐하시는 일이다. 또한 하나님은 순종하는 자녀들에게 축복을 약속하셨다. 자녀들의 순종과 섬김을 받는 부모는 행복하다. 섬기고 순종하는 자녀들에게는 하나님이 그들이 부모를 섬기느라 헌신하고 희생한 것보다 훨씬 더 값지고 큰 축복을 내려 주실 것이다. 그러므로 자녀들의 순종은 온 가정을 복되고 화목하게 한다.

Ⅲ. 그리스도인의 삶(4:1-6:20)

Ⅰ. 종과 상전(6:5-9)

⁵ 종들아 두려워하고 떨며 성실한 마음으로 육체의 상전에게 순종하기를 그리스도께 하듯 하라 ⁶ 눈가림만 하여 사람을 기쁘게 하는 자처럼 하지 말고 그리스도의 종들처럼 마음으로 하나님의 뜻을 행하고 ⁷ 기쁜 마음으로 섬기기를 주께 하듯 하고 사람들에게 하듯 하지 말라 ⁸ 이는 각 사람이 무슨 선을 행하든지 종이나 자유인이나 주께로부터 그대로 받을 줄을 앎이라 ⁹ 상전들아 너희도 그들에게 이와 같이 하고 위협을 그치라 이는 그들과 너희의 상전이 하늘에 계시고 그에게는 사람을 외모로 취하는 일이 없는 줄 너희가 앎이라

그리스도인 아내와 남편(5:22-33), 그리고 자녀들과 부모(6:1-4)에게

권면한 바울이 이번에는 노예들과 주인들에게 권면한다. 당시 로마 제국의 노예-주인 관계에 비추어볼 때 본 텍스트는 가히 혁명적이라 할 수 있다(Snodgrass). 그럴 수밖에 없는 것이 이 말씀도 그리스도인 종들과 그리스도인 주인들에 대한 것이지, 믿지 않는 사람들에 대한 것이 아니기 때문이다.

'종들'(δοῦλοι)의 더 정확한 번역은 '노예들'이다. 당시에는 전쟁과 부채 등의 이유로 많은 사람이 노예로 팔렸다. 주인이 자유를 주지 않는 한 노예들은 평생 주인을 위해 일하며 살았다.

일상적으로 종-주인에 대해 말할 때는 '주인'(δεσπότης)이다. 이와는 달리 본문은 '상전'(κύριος)이라는 단어를 사용하는데, 그리스도를 칭하는 단어 '주'(κύριος)와 같은 단어다. 노예들이 주인에게 하는 것을 그리스도인이 주님께 하는 것과 연결하기 위해 의도적으로 이 단어를 사용하는 것으로 보인다(Klein).

당시 문헌들은 노예가 주인을 어떻게 대해야 하는지에 대해 아예 언급하지 않는다(Lincoln). 주인은 노예에게 무엇이든 명령하고 지시할 수 있기 때문이다. 그러므로 바울이 노예들에게 직접 권면하는 것도 매우 특별한 일이다. 그가 노예들에게 지시하는 것은 노예들도 교회 공동체 구성원이었음을 암시한다(Stott). 그리스도인 노예들은 세상 노예들과 다르게 살아야 한다는 것이다.

종들은 두려워하고 떨며 성실한 마음으로 그리스도께 하듯 상전에게 순종해야 한다(5절). 칠십인역(LXX)에서 '두려워하고 떨며'(φόβου καὶ τρόμου)는 자주 쌍으로 사용되는 단어다. 이스라엘이 가나안을 정복할 때 가나안 사람들은 두려워하며 떨었다(신 2:25; 11:25). 공포감에 휩싸인 것이다. 바울은 아덴에서 별 성과를 거두지 못하고 지친 몸을 이끌고 고린도를 찾아갔을 때 자신이 약하고 '두려워'(φόβῳ) '심히 떨었다'(τρόμῳ πολλῷ)고 한다(고전 2:3).

고린도 교회는 바울이 보낸 디도를 두려움과 떨림으로 맞이했다(고후

7:15). 존경하는 마음으로 그를 환영했다는 뜻이다. 시편 기자는 "여호와를 경외함(בְּיִרְאָה, ἐν φόβῳ)으로 섬기고 떨며(בִּרְעָדָה, ἐν τρόμῳ) 즐거워할 지어다"라고 한다(시 2:11). 그러므로 이 말씀은 공포가 아니라, 참으로 경건하고 존경하는 마음으로 하나님을 섬기고 즐거워하라는 뜻이다. 공포에 휩싸인 사람은 하나님을 즐거워할 수 없다.

바울은 아내들에게 남편을 존경하라며 이 단어(φόβος)의 동사형(φοβέω)을 사용했다(5:33). 또한 빌립보 성도들에게 '두렵고 떨림'(φόβου καὶ τρόμου)으로 구원을 이루어 나갈 것을 권면했다(빌 2:12). 이러한 사례에 비추어 볼 때 사도가 종들에게 두려워하고 떨며 상전에게 순종하라고 하는 것은 마음에서 우러나는 존경심으로 그들의 권위에 순종하라는 뜻이다(Arnold). '순종하다'(ὑπακούω)도 앞서 자녀들이 부모를 대하는 자세에서 사용되었다(6:1).

'성실한 마음'(ἁπλότητι τῆς καρδίας)은 악의적이거나 불손한 의도가 없는 마음이다(BDAG). 칠십인역(LXX)은 다윗이 하나님 앞에서 품었던 '정직한 마음'(בְּלֵבָב וּבְמֵישָׁרִים)을 '성실한 마음'(ἁπλότητι καρδίας)으로 번역했다. 종들은 별 생각 없이 주인이 하라는 대로 따르는 것이 아니라, 스스로 윤리적으로 생각하고 결정할 수 있는 양심이 있는 성실한 마음으로 순종하라는 의미다.

'그리스도께 하듯'(ὡς τῷ Χριστῷ)은 예수님을 섬기는 것처럼 주인을 섬겨야 한다는 뜻이다(Best). 종들은 온 마음을 다해 주인에게 순종해야 한다. 바울은 그리스도인 노예들에게 그리스도에 대한 그들의 믿음을 삶에서 실천하라고 권면하고 있다. 본문과 평행을 이루는 골로새서 3:22은 '모든 일에'(κατὰ πάντα)를 더한다.

성실한 마음으로 그리스도께 하듯 순종하는 것은 눈가림만 하여 사람을 기쁘게 하는 것이 아니다(6a절). '눈가림'(ὀφθαλμοδουλία)은 당시 헬라 문헌에서는 사용되지 않는 단어이며, 성경에서도 본문과 평행을 이루는 골로새서 3:22에만 한 번 더 사용되는 것으로 보아 바울이 만들어 낸 단어다(cf. TDNT). 이런 일은 보는 사람을 기쁘게 하는 가식적인 눈속임에 불과하다.

그리스도인 종들은 그리스도의 종들이 마음으로 하나님의 뜻을 행하듯 육체의 상전들의 뜻을 행해야 한다(6b절). 상전에게 좋은 인상을 남기기 위해서가 아니라 매우 순수한 동기로 그들에게 순종해야 한다는 뜻이다.

그들은 육체의 상전들의 종이기 전에 먼저 그리스도의 종이다. 바울은 자신도 그리스도의 종이라 한다(롬 1:1; 갈 1:10; 빌 1:1; 딛 1:1). 또한 모든 그리스도인이 그리스도의 종이다(고전 7:22). 그리스도의 종은 온 우주를 창조하고 다스리시는 하나님을 섬기고 그분의 말씀을 행한다.

> 네 하나님 여호와께서 네게 요구하시는 것이 무엇이냐 곧 네 하나님 여호와를 경외하여 그의 모든 도를 행하고 그를 사랑하며 마음을 다하고 뜻을 다하여 네 하나님 여호와를 섬기고 내가 오늘 네 행복을 위하여 네게 명하는 여호와의 명령과 규례를 지킬 것이 아니냐(신 10:12-13).

그리스도인 종들은 기쁜 마음으로 상전 섬기기를 주께 하듯 하고 사람들에게 하듯 하지 않아야 한다(7절). 신약에서 '기쁜 마음'(εὐνοίας)은 이곳에서 단 한 차례 사용되며 '선한 의도'(good will, ESV, NAS), '전적으로'(wholeheartedly, NIV), '열정으로'(with enthusiasm, NRS) 등으로 번역된다(cf. BDAG). 이러한 자세로 사람에게 하듯 하지 않고 주께 하듯 하는 것은 마지못해 상전에게 순종하는 것이 아니라 온 마음을 다해 그들을 섬기라는 뜻이다.

그리스도인은 종이든 자유인이든 신분에 상관없이 각 사람이 자기가 한 일에 대해 주께 그대로 받을 줄 알아야 한다(8절). '받을 것이다'(κομίσεται)는 미래형이며, 종말에 하나님이 우리가 일에 대해 심은 대로 거두게 하실 것이라는 뜻이다(cf. 5:5; 고후 5:10; 갈 6:7; 골 3:25).

'앎이라'(εἰδότες)는 완료형 분사다. 우리는 오래전부터 종말에 하나님이 심은 대로 거두게 하실 것이라는 사실을 알았고, 이 사실은 바뀌지 않을 것이다. 종말이 되면 우리는 모두 하나님의 심판을 받을 것이다.

바울은 종들에 대한 권면을 마무리하고, 그들을 부리는 상전들을 권면한다. 상전들도 그들이 부리는 종에게 이와 같이 해야 한다(9a절). '이와 같이'(τὰ αὐτὰ)는 종말 심판을 염두에 두고 주께 하듯 종들을 대하라는 뜻이다. 그리스도인 종들이 상전을 섬기는 윤리와 원칙으로 상전들도 종을 섬겨야 한다(Abbott, Ellicott, Hoehner, Lincoln, O'Brien).

상전들은 종을 위협하는 일을 그쳐야 한다(9b절). 당시 주인들은 노예를 부리기 위해 협박과 위협을 일삼았다. 많은 노예가 빈둥거리기 일쑤였기 때문이다. 이제 그리스도인 상전들은 종을 위협하는 일을 그쳐야 한다. 상전과 종은 그리스도 안에서 서로 신뢰하는 관계로 발전해야 한다.

상전들은 자신과 그들이 부리는 종의 상전이 하늘에 계신다는 사실을 항상 마음에 두어야 한다(9c절). 하나님은 이들에게 참으로 좋은 상전이시다. 그러므로 하나님의 은혜를 입은 이들도 종들에게 하나님처럼 좋은 상전이 되려고 노력해야 한다. 또한 상전들과 종들 모두 심은 대로 거두는 심판이 오고 있다는 사실을 깨닫고 서로에게 하는 언행에 신중해야 한다.

그들이 상전으로 모시는 하나님은 사람을 외모로 취하는 일이 없으시다(9d절). 하나님은 유대인과 헬라인을 차별하지 않으신다(롬 2:9-11). 사람의 외모나 지위나 재산에 따라 차별하지도 않으신다. 우리는 눈가림(6절)으로 하나님을 속일 수 없다. 하나님은 모든 것을 꿰뚫어 보신다: "너희의 하나님 여호와는 신 가운데 신이시며 주 가운데 주시요 크고 능하시며 두려우신 하나님이시라 사람을 외모로 보지 아니하시며 뇌물을 받지 아니하시고"(신 10:17). 그러므로 하나님을 속이려 하는 사람처럼 어리석은 자도 없다. 모든 사람은 종말에 자신이 한 일에 대해 가장 공정하고 공평한 심판을 받게 될 것이다.

이 말씀은 우리는 삶의 모든 영역에서 그리스도에 대한 믿음으로 생각하고 행동해야 한다고 한다. 노예들은 상전을 대할 때 그리스도께 하듯 해야 한다. 상전들도 그들의 상전이신 하나님을 경외하는 마음으로 종을 대해야 한다. 종들과 상전들이 서로 이렇게 대해야 하는 것은 그들 모두 그리스도 안에서 형제자매, 곧 같은 신분을 지녔기 때문이다.

우리는 항상 종말을 의식하고 살아야 한다. 종말에 각자 심은 대로 거두는 심판을 받을 것이다. 오늘 우리가 무엇을 하며 어떻게 사는지는 그날을 위한 투자라 할 수 있다. 오늘 선을 심으면 선을 거둘 것이고, 죄를 심으면 심판을 면하지 못할 것이다.

하나님께 눈가림이나 속임수는 통하지 않는다. 사람을 외모로 취하지 않으시기 때문이다. 그러므로 성실한 마음으로 오늘을 사는 것이 가장 지혜롭다.

III. 그리스도인의 삶(4:1-6:20)

J. 하나님의 능력으로(6:10-20)

[10] 끝으로 너희가 주 안에서와 그 힘의 능력으로 강건하여지고 [11] 마귀의 간계를 능히 대적하기 위하여 하나님의 전신 갑주를 입으라 [12] 우리의 씨름은 혈과 육을 상대하는 것이 아니요 통치자들과 권세들과 이 어둠의 세상 주관자들과 하늘에 있는 악의 영들을 상대함이라 [13] 그러므로 하나님의 전신 갑주를 취하라 이는 악한 날에 너희가 능히 대적하고 모든 일을 행한 후에 서기 위함이라 [14] 그런즉 서서

진리로 너희 허리 띠를 띠고 의의 호심경을 붙이고
[15] 평안의 복음이 준비한 것으로 신을 신고
[16] 모든 것 위에 믿음의 방패를 가지고 이로써 능히 악한 자의 모든 불화살

을 소멸하고 [17] 구원의 투구와 성령의 검 곧 하나님의 말씀을 가지라 [18] 모든 기도와 간구를 하되 항상 성령 안에서 기도하고 이를 위하여 깨어 구하기를 항상 힘쓰며 여러 성도를 위하여 구하라 [19] 또 나를 위하여 구할 것은 내게 말씀을 주사 나로 입을 열어 복음의 비밀을 담대히 알리게 하옵소서 할 것이니 [20] 이 일을 위하여 내가 쇠사슬에 매인 사신이 된 것은 나로 이 일에 당연히 할 말을 담대히 하게 하려 하심이라

본 텍스트는 4:1에서 시작된 그리스도인의 삶에 대한 결론이다 (Arnold). 그러므로 이때까지 서신에서 사용했던 주요 단어를 요약한다. 본 텍스트와 서신의 나머지 부분에 사용되는 단어는 다음을 참조하라 (Snodgrass).

용어	6장(절)	에베소서 전체
능력	10-11	1:19-20; 3:7, 16, 20
입다	11, 14	4:24
마귀의 간계	11	4:14; 4:27(cf. 2:2)
악령들의 권세	12	1:21; 3:10
하늘에 있는	12	1:3, 20; 2:6; 3:10
악한 날	13	1:3, 20; 2:6; 3:10
진리	14	1:13; 4:15, 21, 24, 25; 5:9
의	15	4:24; 5:9
복음	15	1:13; 3:6
평화	15	1:2; 2:14-17; 4:3
믿음	16	1:2; 2:14-17; 4:3
구원	17	1:13(cf. 5:23)
성령	16-18	1:13-14, 17; 2:18, 22; 3:5, 16; 4:3-4, 30; 5:18
말씀	17	5:26(cf. 1:13)
기도	18-20	1:15-19; 3:14-20
성도	18	1:1, 15, 18; 2:19; 3:8, 18; 4:12; 5:3
담대함	19-20	3:12
비밀	19	1:9; 3:3-4, 9; 5:32

이 섹션은 마치 큰 전투를 앞둔 상황에서 장군이 병사들을 격려하고
권면하는 듯한 느낌을 준다(Best). 군인들이 전투에 나가기 위해 갑옷
을 챙겨 입고 무기로 무장하고 있다. 어떤 이들은 이 말씀의 배경이 완
전 무장한 로마 군인이라 하지만(Perkins), 대부분 주석가는 바울이 이
사야서 곳곳에 묘사된 군인의 모습에서 영감받은 것이라고 한다(cf. 사
11:4-5; 59:17)

전쟁은 성경에 등장하는 매우 흔한 비유다(cf. 창 15:1; 출 14:14, 25; 신
1:30; 3:22; 33:29; 수 10:14-15; 시 18편; 35편; 사 42:13-25; 렘 21:3-7; 계
2:16; 6:2-8; 9:7-19; 19:11-16). 전쟁 비유를 바탕으로 사도는 우리가 악
한 세력과 영적인 전쟁을 하는 중이라고 한다. 본문은 여러 개의 명령
문을 사용하는데, 모두 복수형이다. 영적인 전쟁은 각 사람이 개인적
으로 하기도 하지만, 더 중요한 것은 힘을 합해 공동체적으로 해야 한
다는 뜻이다(Muddiman, Yoder Neufeld).

바울은 에베소 성도들이 주 안에서와 그 힘의 능력으로 강건해지
기를 빈다(10절). 에베소서에서 '주'(κύριος)는 항상 예수 그리스도를 가
리킨다(Arnold, cf. 1:2, 3, 15, 17; 5:20; 6:23, 24). 그러므로 '주 안에서'(ἐν
κυρίῳ)는 '예수 그리스도 안에서'라는 뜻으로 부활하신 예수님과 하나
가 되는 것이 가장 중요하다는 것을 암시한다. 우리가 예수님 안에 있
지 않으면 영적 전쟁에서 절대 이길 수 없다.

'그 힘의 능력'(τῷ κράτει τῆς ἰσχύος αὐτοῦ)은 그리스도 안에 있는 하
나님의 무한한 능력을 의미한다. 앞서 사도는 에베소 성도들에게 하
나님의 '능력의 지극히 크심'(τοῦ κράτους τῆς ἰσχύος αὐτοῦ)이 어떠한 것
인지 알아야 한다고 했다(1:19). 본문은 하나님의 이 위대한 능력으로
강건해지라고 한다. '강건하여지고'(ἐνδυναμοῦσθε)는 현재형 수동태 명
령법(present passive imperative)이다. 우리 안에는 영적 전쟁에 임할 능력
이 없다. 그러므로 밖으로부터(하나님으로부터) 능력을 공급받아야 한다
(Abbott, Barth, Best, Hoehner). 또한 사도가 현재형 명령법을 사용하는 것

은 이 일을 위해 쉬지 말고 계속 노력해야 한다는 의미다(Arnold, Klein).

강건하라는 사도의 권면은 하나님이 가나안 전쟁을 앞둔 여호수아에게 하신 말씀을 생각나게 한다: "강하고 담대하라 너는 내가 그들의 조상에게 맹세하여 그들에게 주리라 한 땅을 이 백성에게 차지하게 하리라"(수 1:6; cf. 수 1:7, 9; 신 31:6-7). 여호수아는 가나안 사람들과의 전쟁을 위해 강하고 담대하라는 권면을 받았지만, 우리는 영적인 존재와의 전쟁을 위해 강건하라는 권면을 받고 있다. 기억해야 할 것은 우리의 능력이나 체력이 아니라, 그리스도 안에서 주님 힘의 능력으로 강건해야 한다는 사실이다.

우리는 그리스도와 그분의 무한한 능력을 힘입어 강건해짐으로써 마귀의 간계를 능히 대적해야 한다(11a절). '간계'(μεθοδεία)는 '간사한, 교활한'(deceitful, craftiness) 음모이며(BDAG) 교회의 하나 됨을 해하려는 자들이 하는 짓이다(cf. 4:14). 마귀는 우리를 넘어뜨리기 위해 매우 치밀하고 교활하고 혹독한('불화살', 16절) 계획을 세운다. 또한 얼마나 은밀한지 목적을 달성하기 전까지는 모습을 드러내지 않는다. 사탄의 간계는 매력적이고 바람직해 보이며, 합법적으로 보이기도 한다(Snodgrass). 그의 간계가 이렇게 보이는 것은 이상한 일이 아니다. 사탄도 자기를 광명의 천사로 가장하기 때문이다(고후 11:14). 그러므로 사탄과 그의 졸개들과 싸우는 영적인 전쟁에 임하기 위해서는 우리 힘만으로는 부족하다. 하나님의 능력이 반드시 필요하다.

'대적하다'(ἵστημι)는 '서다'(stand)라는 뜻이다(cf. ESV, NAS, NIV, NRS). 이 섹션에서 네 차례 사용되는 매우 중요한 개념이다(11, 13[2x], 14절). 어떤 이들은 '서 있는 것'을 넘어지거나 주저앉지 않는 등 방어(버팀)의 상징으로 해석하지만(Best, Hoehner), 공격도 포함해야 한다(Arnold, 대상 21:1; 시 18:38; 21:11). 공격용 무기인 '성령의 검'(17절)이 우리 손에 들려 있기 때문이다. 마귀의 간계를 '능히'(δύνασθαι) 대적한다는 것은 그의 공격을 성공적으로 방어할 만한 힘과 안정성이 우리에게 있다는 뜻이다(Snodgrass, cf. 롬 11:20; 14:4; 고후 1:24; 갈 5:1; 빌 4:1; 골 4:12; 살전 3:8; 살후 2:15; 딤후 2:19).

마귀를 대적하려면 하나님의 전신 갑주를 입어야 한다(11b절). '전신 갑주/갑옷'(πανοπλία)은 이사야서에서 온 비유다(cf. 사 11:5; 52:7; 59:17). '하나님의 전신 갑주'(πανοπλίαν τοῦ θεοῦ)를 속격 소유격(possessive genitive)으로 해석해 하나님이 용사(warrior)가 되어 전쟁에 나가실 때 직접 착용하시는 전신 갑주로 해석하는 이들이 있다(Yoder Neufeld). 하지만 출처 소유격(genitive of source)으로 해석해 하나님이 주시는 전신 갑주로 해석하는 것이 바람직하다(Eadie, Ellicott, Hoehner). 그러므로 전신 갑주는 우리가 마귀와 싸울 수 있도록 하나님이 주시는 능력이다(4:7-11; cf. 시 68:18).

바울은 '입다'(ἐνδύω)를 앞서 '새사람을 입으라'라는 권면에서 사용했다(4:24). 또한 이 단어는 그리스도 안에서 우리의 새로운 정체성과 연관된 덕목(virtues)을 언급할 때 사용된다: "새 사람을 입었으니 이는 자기를 창조하신 이의 형상을 따라 지식에까지 새롭게 하심을 입은 자니라 … 그러므로 너희는 하나님이 택하사 거룩하고 사랑 받는 자처럼 긍휼과 자비와 겸손과 온유와 오래 참음을 옷 입고"(골 3:10, 12; cf. 롬 13:12; 살전 5:8). 그러므로 새사람을 입는 것(4:24)과 전신 갑주를 입는 것은 같은 일이다(O'Brien). 온몸을 보호하는 '전신 갑주'가 필요하다는 것은 몇 가지 기독교적 가치와 덕목만으로 무장하는 것이 아니라, 하나님이 은혜로 주신 모든 선한 가치와 덕목으로 무장해야 한다는 것을 암시한다.

우리의 씨름은 혈과 육을 상대하는 것이 아니다(12a절). 신약에서 '씨름'(πάλη)은 이곳에 한 차례 사용되는 단어이며, 레슬링에서 온 표현이다(TDNT). 레슬링은 가장 치열한 스포츠에 속한다. 우리는 매우 치열한 영적 전쟁 중에 있다는 사실을 깨달아야 한다. 마귀에게 틈을 보이면 안 된다.

'혈과 육'(αἷμα καὶ σάρκα)은 로마 제국과 각 지역을 다스리는 세상 권세다(cf. 고전 15:50; 갈 1:6). 우리가 이들과 씨름하는 것은 아니지만, 세상 권세는 많은 악과 핍박의 근원을 암시한다(Arnold). 세상 권세가 악령들에게 영향을 받기 때문이다.

우리의 씨름 상대는 통치자들과 권세들과 이 어둠의 세상 주관자들과 하늘에 있는 악의 영들이다(12b절). 바울은 악령들을 자주 '통치자들'(ἀρχάς)과 '권세들'(ἐξουσίας)로 부른다. 이 서신에서도 이미 두 차례 이들을 언급했다(1:21; 3:10). 사도가 나열하는 나머지 악령을 구체적으로 구분할 필요는 없다. 다만 세상에는 우리가 생각하는 것보다 훨씬 더 많은 악령이 있다는 사실을 의식하고 살아야 한다. 원수들이 우리 삶 곳곳에서 싸움을 걸어오고 있다.

그러므로 바울은 한 번 더 하나님의 전신 갑주를 취하라고 권면한다 (13a절). 앞에서는 옷을 입듯 '입으라'(ἐνδύσασθε)고 했는데(11절), 이번에는 '취하라'(ἀναλάβετε)고 한다. 전신 갑주를 무기로 삼아 무장하라는 뜻이다(cf. 렘 46:3).

그래야 악한 날에 마귀와 그의 졸개들을 능히 대적하고 모든 일을 행한 후에 서 있을 수 있다(13b절). 어떤 이들은 '악한 날'(τῇ ἡμέρᾳ τῇ πονηρᾷ)을 악한 세력이 가장 왕성하게 활동하는 여호와의 날 바로 전날 등 특별한(구체적인) 날로 해석하지만(살전 5:2-3; cf. 암 5:18-20), 어느 날이든 우리가 살면서 악을 접하는 날이다(Arnold, Klein, Snodgrass). 악령들은 틈만 생기면 우리를 공격해 올 것이며, 그들이 틈을 타는 날은 악한 날이다(cf. 4:27).

어떤 이들은 '능히 대적하고'(δυνηθῆτε ἀντιστῆναι)를 이미 승리했다는 의미로 해석한다(Muddiman, Yoder Neufeld). 그러나 영적 전쟁은 아직도 진행 중이다(cf. 10-11, 14-18절). 그러므로 영적 전쟁을 철저하게 준비하라는 권면으로 해석해야 한다(Barth, Hoehner, MacDonald). 그래야 원수들을 능히 대적할 수 있다.

'모든 일을 행한 후에'(ἅπαντα κατεργασάμενοι)는 전신 갑주를 입어 '만반의 준비를 마친 후에'라는 뜻이다(Snodgrass). 철저하게 준비하고 영적 전쟁에 임하면 전투가 끝난 후 서 있을 것이다. '서다'(ἵστημι)는 적들의 공격을 이겨 내는 것이다. 승리할 수 있다는 뜻이다.

우리는 전신 갑주를 입은 다음 (1)진리의 허리띠, (2)의의 호심경, (3)평안의 복음이 준비한 신발, (4)믿음의 방패, (5)구원의 투구, (6)성령의 검을 착용해야 한다(14-17절). 진리, 의, 평안, 복음, 믿음, 구원은 모두 언약과 연관된 것이다(Barth). 모두 그리스도 안에서 새사람을 입은 우리가 악령들과 싸워 이기게 하는 도구다(Klein). 하나씩 생각해 보자.

첫째, 서서 진리로 허리띠를 띠어야 한다(14a절). '서다'(ἵστημι)는 이 섹션이 시작된 이후 네 번째로 사용되고 있다(11, 13[2x]). 최소한 '버티기', 더 나아가 승리를 상징한다. 우리는 하나님의 능력으로 악령들과 싸워 승리할 것이다.

'진리'(ἀλήθεια)는 복음에 관한 객관적 진리와 믿음에서 비롯된 주관적 진리를 포함한다(Arnold). 그리스도 안에 있는 진리를 말하고 새사람의 정체성에 따라 사는 것이다. '허리띠를 띠는 것'(περιζωσάμενοι τὴν ὀσφὺν)은 메시아에 대한 이사야의 예언에서 온 것이다: "공의로 그 허리띠를 삼으며 성실로 그의 몸의 띠를 삼으리라"(사 11:5). 예수님이 우리에게 모범을 보이신 것이다.

둘째, 의의 호심경을 붙여야 한다(14b절). '의'(δικαιοσύνη)는 하나님이 우리에게 선물로 주신 의와 이 의에서 비롯된 우리의 도덕적 고결성(moral integrity)을 의미한다(Snodgrass). 원래 우리에게는 의가 없었다(사 59:14; cf. 롬 3:9-20). 그러므로 의는 하나님이 그리스도를 통해 주신 은혜로운 선물이다: "이제는 율법 외에 하나님의 한 의가 나타났으니 율법과 선지자들에게 증거를 받은 것이라 곧 예수 그리스도를 믿음으로 말미암아 모든 믿는 자에게 미치는 하나님의 의니 차별이 없느니라"(롬 3:21-22).

'호심경'(θώραξ)은 흉갑(가슴을 가리는 갑옷)이다. 이사야 59:17이 묘사하는 신적인 용사이신 하나님의 모습에서 온 것이다: "공의를 갑옷으로 삼으시며." 우리는 그리스도 안에서 이미 하나님의 의롭다하심을 입었지만(롬 3:24; cf. 행 13:39; 롬 3:4; 3:20, 26, 28), 마귀는 우리를 계속 비방하며 의롭지 않다고 공격할 것이다. 그러므로 하나님의 의롭다 하심을 흉갑으로 붙여 자신을 보호해야 한다. '붙이라'(ἐνδυσάμενοι)는 '입으라'(ἐνδύσασθε)(11절)와 같은 동사(ἐνδύω)다.

셋째, 평안의 복음이 준비한 것으로 신을 신어야 한다(15절). '평안'(εἰρήνη)은 히브리어 단어 '샬롬'(שׁלום)을 번역한 것이다. 그리스도의 복음이 평안(화평)으로 불리는 것은 그분이 하나님과 우리 사이에 평안을 중재하셨기 때문이다. 전쟁에서 평안을 무기로 삼으라는 것이 다소 생소하지만, 영적 전쟁에서 그리스도의 평안의 복음처럼 확실하게 우리를 도울 무기는 많지 않다.

'준비한 것'(ἑτοιμασία)을 굳건함, 견고함(firmness, steadfastness)으로 해석해 굳건한 발판을 마련하는 것으로 해석하는 이들이 있다(Barth, Best). 그러나 이는 준비와 연관된 단어다(Eadie, Hoehner, Lincoln). 칠십인역(LXX)은 이 단어로 하나님의 '예비하심'을 묘사한다(시 65:9; cf. 나 2:3). 그러므로 평화의 기쁜 소식(그리스도의 복음)을 선포할 만반의 준비를 갖춘 것을 의미한다(Morris, Muddiman, Robinson, Stott, cf. TDNT).

'신을 신은 발'(τοὺς πόδας ἐν ἑτοιμασίᾳ), 곧 만반의 준비를 갖춘 발은 이사야 52:7에서 복음 전파와 연관해 사용된다: "좋은 소식을 전하며 평화를 공포하며 복된 좋은 소식을 가져오며 구원을 공포하며 시온을 향하여 이르기를 네 하나님이 통치하신다 하는 자의 산을 넘는 발이 어찌 그리 아름다운가"(cf. 롬 10:15).

넷째, 모든 것 위에 믿음의 방패를 가져야 한다(16a절). '모든 것 위에'(ἐν πᾶσιν)는 '언제나'(in all circumstances)로 해석되기도 하고(Arnold, Best, Snodgrass, ESV, cf. 빌 4:12; 골 1:18; 딤전 3:11), '…에 더하여'(in addition to)로 해석되기도 한다(Barth, Ellicott, Hoehner, Lincoln, Muddiman, O'Brien, NAS, NIV, NRS). '언제나 믿음의 방패로…'보다는 "[진리의 허리띠와 의의 호심경과 복음의 신발]에 더하여 믿음의 방패를 가지고…"가 문맥에 더 잘 어울린다. 그러므로 후자로 해석하는 것이 바람직하다.

'방패'(θυρεός)는 가장 중요한 방어 무기다. 하나님은 자신이 아브라함의 방패라고 하셨다(창 15:1). 또한 누구든지 여호와께 피하는 자에게 방패가 되어 주신다(삼하 22:31; 시 18:30; cf. 신 33:29; 시 5:12; 18:2; 28:7; 33:20). 원수의 공격을 가장 효과적으로 막아 내는 것은 그리스도를 통해 얻은 새 신분을 믿는 것이다. 그러므로 '믿음의 방패'를 가지고 영적 싸움에 임해야 한다.

우리는 '믿음의 방패'로 악한 자의 모든 불화살을 소멸해야 한다(16b절). '악한 자'(πονηρός)가 단수형으로 사용되는 것으로 보아 이는 마귀다. '불화살'(τὰ βέλη τὰ πεπυρωμένα)은 불이 타오르는 화살로 아시리아 사람들이 주전 9세기에 처음 사용하기 시작했으며, 공격받는 자들에게 공포 그 자체였다(Perkins). 사탄은 교회를 파괴하고자 불경건한 행동과 온갖 종류의 유혹(cf. 4:26-27)과 의심과 절망과 박해와 거짓 가르침 등 온갖 불화살을 쏘아 댄다(O'Brien).

다섯째, 구원의 투구를 써야 한다(17a절). 이사야가 신적 용사이신 하나님을 묘사한 말씀에서 온 이미지다: "구원을 자기의 머리에 써서 투구로 삼으시며"(사 59:17). 하나님은 우리를 위해 싸우시는 전사(warrior)이며, 자신이 쓰신 구원의 투구를 우리에게도 주셨다(cf. 살전 5:8). 우리는 이미 구원을 얻었고 그리스도와 함께 하늘에 있다(2:6). 그러므로 우리가 이미 그리스도를 통해 얻은 구원(그리스도와 함께 죽고 부활함으로 마귀의 손아귀에서 탈출해 그리스도 안에 사는 것)을 삶에서 실천함으로써 다른 사람들도 구원을 얻게 해야 한다(Klein).

여섯째, 성령의 검, 곧 하나님의 말씀을 가져야 한다(17b절). 성령이 검과 연결되는 것은 이곳이 유일하다. '성령의 검'(τὴν μάχαιραν τοῦ πνεύματος)을 출처 소유격(genitive of source)으로 해석하면 '성령이 주시는 검'이라는 의미다. 어떤 이들은 '검'(μάχαιρα)을 짧은 검으로 해석하지만, 긴 검을 포함한 모든 검을 칭하는 가장 보편적인 용어다(BDAG).

성령이 우리에게 주시는 검은 곧 하나님의 말씀이다. '말씀'(ῥῆμα)은 그리스도의 복음이다(롬 10:8, 17; 벧전 1:25). 그러나 넓은 범위에서 성경이다. 성경은 성령의 감동으로 쓰였다(딤후 3:16; cf. 벧후 1:21). 우리가 하나님의 말씀을 가르치고 선포하는 일로 영적 전쟁에 임해야 하는 것은 '풀은 마르고 꽃은 시드나 우리 하나님의 말씀은 영원히 설 것'을 믿기 때문이다(사 40:8).

영적 전쟁을 위해 전신 갑주를 입고 온갖 무기를 준비했다면, 이제는 기도할 때다. 기도는 영적 전쟁에 임하는 우리의 원동력이다. 또한 우리의 모든 영적 무기는 기도를 바탕으로 세워진 것이다(Barth, Eadie, Lincoln, O'Brien, Stott, cf. Klein, Yoder Neufeld).

모든 기도와 간구를 하되 항상 성령 안에서 기도해야 한다(18a절). '기도'(προσευχή)와 '간구'(δέησις)는 비슷한 말이므로 굳이 구분할 필요가 없다(Snodgrass). 중요한 것은 '항상'(ἐν παντὶ καιρῷ) 곧 모든 때와 상황에서 기도하는 것이며, '성령 안에서'(ἐν πνεύματι) 곧 성령의 인도하심과 지시와 도움을 받아 기도하는 것이다(Best, Ellicott, Stott).

이를 위하여 깨어 구하기를 항상 힘쓰며 여러 성도를 위해 구해야 한다(18b절). '이를 위하여'(εἰς αὐτὸ)는 성령 안에서 기도하고 간구하는 일이다. 기도와 간구가 멈추지 않도록 깨어 구하기를 항상 힘써야 한다. '깨어'(ἀγρυπνοῦντες)는 현재형 분사다. 항상 무슨 일이 일어나고 있는지 알고 있으라는 뜻이다. 예수님은 사람들에게 종말에 자기 앞에 설 수 있도록 기도하며 깨어 있으라고 하셨다(눅 21:36).

'항상 힘쓰며'(ἐν πάσῃ προσκαρτερήσει)는 힘들어도 포기하지 말고 기도하는 일에 최선을 다하라는 뜻이다(cf. 롬 12:12; 골 4:2). '여러 성도'(πάντων τῶν ἁγίων)는 '모든 성도'다(새번역, 공동, ESV, NAS, NIV). 우

리가 그들을 위해 항상 기도해야 하는 것은 그들도 전쟁 중이기 때문이다. 기도는 매일 일정한 시간을 정해 두고 하는 것이 아니다. 항상 하는 것이다(살전 5:17; cf. 고전 1:4; 빌 1:4; 살후 1:11; 골 1:13). 우리의 삶이 기도가 되어 하나님께 드려져야 한다.

바울은 에베소 성도들에게 자신을 위해서도 기도할 것을 부탁한다(19절). 그는 자신이 복음의 비밀을 담대히 전파하는 일을 계속할 수 있도록 기도해 달라고 한다. '복음의 비밀'(μυστήριον τοῦ εὐαγγελίου)은 하나님의 구속사적 계획으로 그리스도를 통해 드러난 하나님의 계시(비밀)다(1:9; 3:3; cf. 골 1:27). 하나님의 구속사적 계획은 종말에 완성될 것이며 그리스도가 이 계획의 실현이시다(cf. 3:3-4). 그리스도의 복음을 계속 전파하기 위해서는 하나님이 그에게 말씀을 주셔야 한다(19a절). 바울은 하나님의 말씀을 계속 배우고 깨닫길 원한다. 그가 하나님의 풍성한 말씀 안에서 영적으로 계속 성장해야 다른 사람들에게 나눠 줄 수 있기 때문이다.

사도는 그리스도의 복음을 담대히 알릴 수 있도록 기도를 부탁한다(29b절). '담대함'(παρρησία)은 용기 있는 개방성과 명확성이다(Best). 그는 누구의 눈치를 보거나 위축되지 않는 상황에서 모두에게 복음을 있는 그대로 전파하기를 원한다. 그러나 담대히 복음을 전파하는 일은 결코 쉽지 않다. 그러므로 바울은 바로 다음 절에서도 이 명사의 동사형(παρρησιάσωμαι)을 한 번 더 사용한다. 그는 복음을 전파하기 위해 온갖 협박과 핍박을 이겨 내야 한다. 그러므로 많은 성도의 기도가 필요하다.

바울은 다메섹으로 그리스도인들을 잡으러 가다가 예수님을 만났다(cf. 사 9장). 이후 그리스도의 복음을 전파하는 일에 평생을 바쳤다. 그러다가 지금은 복음을 전파한 일로 로마 감옥에 갇혀 있다(20a절; cf. 3:1; 4:1; 행 28:16, 20). 그는 감옥 생활로 인해 위축되거나, 하나님이 그에게 주신 전도자의 사명을 비관적(부정적)으로 보지 않는다. 그의 감옥 생활을 통해 더 담대하게 복음을 전할 수 있도록 하나님이 훈련하시는 것이라 생각한다(20b절). 그러므로 바울은 복음을 위해 고난받는 것은 좋은 일이라며 디모데에게 이렇게 권면한다: "너는 내가 우리 주를 증언함과 또는 주를 위하여 갇힌 자 된 나를 부끄러워하지 말고 오직 하나님의 능력을 따라 복음과 함께 고난을 받으라"(딤후 1:8).

사도가 로마 감옥에 갇혀 있지만 그는 죄인이 아니다. 그는 그리스도의 사신이다. 오늘날로 말하자면 '사신'(πρεσβεύω)은 나라를 대표하는 대사(ambassador)다(TDNT). 바울은 자신이 그리스도의 복음을 전파하는, 곧 하늘나라의 대사라고 한다.

대사와 관련해 이런 일화가 있다. 이집트를 중심으로 하는 톨레미(Ptolemy) 왕조와 시리아를 중심으로 하는 셀레우코스(Seleucid) 왕조가 계속 갈등을 빚고 있을 때 일이다(cf. 단 11-12장).

셀레우코스 왕조의 안티오코스 4세가 주전 168년에 이집트를 공격했다(cf. 단 12:29-30). 안티오코스가 이집트를 공격한 이유는 톨레미 형제가 힘을 합해 반(半)시리아 정책을 펴고 있다는 보고가 들어왔기 때문이다.

하지만 안티오코스는 전쟁에서 성공하지 못했다. 그가 알렉산드리아를 공략할 만반의 준비를 하고 있을 무렵 갑자기 변수가 생겼기 때문이다. '깃딤의 배들'(단 11:30)이 그를 쳤다고 하는데, 이는 당시 국제적인 강대국으로 급부상하고 있던 로마 제국을 뜻한다.

안티오코스가 이집트를 치러 온다는 소식을 들은 톨레미 형제는 로마에 많은 돈을 보내며 도움을 요청했다. 로마 원로원(senate)은 안티오코스를 견제하기 위해 해군을 알렉산드리아에 급파하고, 가이우스 라에나스(Gaius Popilius Laenas) 장군을 보내 안티오코스에게 본국 시리아로 돌아갈 것을 명령하게 했다.

라에나스는 늦은 밤에 호위병만 몇 명 거느리고 안티오코스의 진영을 찾았다. 그리고 "위대한 로마 제국은 당신이 즉시 시리아로 돌아갈 것을 명령한다"라며 로마의 뜻을 전달했다. 안티오코스는 시간을 벌려는 수작으로 생각해 보겠다고 답했다. 그러자 라에나스는 조용히 일어나 안티오코스의 주변에 조그마한 동그라미를 하나 그리더니 "이 원을 벗어나기 전에 결정하라"라고 단호하게 명령했다(Polybius, Hist. 29.27). 결국 안티오코스는 '돌아가겠다'고 대답할 수밖에 없었다.

전쟁을 즐기던 잔인한 안티오코스가 이렇게 수모를 당하고 조용히 물러난 이유는 무엇일까? 그의 아버지 안티오코스 3세는 마그네시아에서 로마에 대패한 적이 있다. 로마는 그 대가로 엄청난 액수의 정기적인 조공을 포함한 많은 벌금을 물렸고, 그때 안티오코스 4세는 인질로 끌려가 로마에서 15년을 보냈다. 그의 아버지는 로마에 바칠 돈을 마련하기 위해 벨 신전을 약탈하다가 분노한 백성에게 살해당했다.

안티오코스는 로마에서 15년 동안 인질로 생활하면서 그들의 막강하고 계속 팽창해 가는 세력을 목격했다. 그러므로 그는 호위병 몇 명을 이끌고 찾아온 로마 대사 라에나스의 명령에 순종할 수밖에 없었다. 아무 힘이 없어 보이는 로마 대사를 거역하거나 죽이는 일은 곧 이 대사에게 권한을 주고 뒤에서 버티고 있는 로마 제국에 선전 포고를 하는 행위와 같다는 것을 잘 알았기 때문이다. 이것이 신약에서 믿는 자들을 가리켜 '하늘나라의 대사'(cf. 고후 5:20)라고 하는 가르침의 배경이다.

이 말씀은 우리가 세상에 온갖 영향을 미치는 악령들과 영적인 전쟁을 하고 있는 중이라 한다. 그러므로 우리의 세계관을 넓혀 모든 일의 영적인 면모를 판단할 수 있어야 한다. 만일 누군가가 그리스도인이라는 이유만으로 우리를 핍박한다면, 그 사람을 조종하는 영적인 권세들도 고려해 상황을 올바르게 평가하고 정확하게 기도해야 한다.

만일 악령의 개입이 확실하다면, 악령들이 꼼짝 못 하게 도와 달라고 하나님께 기도해야 한다. 다니엘의 기도가 오랫동안 응답받지 못했던 이유는 응답을 가지고 다니엘을 찾아온 천사의 앞을 바사의 군주(악령)가 막았기 때문이다(단 10:13). 또한 천사는 헬라의 군주(악령)도 올 것이라고 했다(단 10:20). 우리는 치열한 영적 전투 중이다. 따라서 올바른 세계관을 가지고 삶에 임해야 한다.

영적인 전쟁에 임하는 우리에게 가장 필요한 것은 영적 무기다. 진리와 의와 평안과 복음과 믿음과 구원은 모두 그리스도 안에서 새사람을 입은 우리가 악령들과 싸울 때 이기게 하는 최고의 방어 수단이자 공격용 무기다. 그러므로 우리는 힘써 여호와와 그분의 말씀을 알아가야 한다(cf. 호 6:3). 이런 무기는 말씀과 믿음을 떠나서는 결코 얻을 수 없기 때문이다.

우리는 기도하며 이 모든 영적 무기를 구하고 준비해야 한다. 성령이 기도할 것을 알려 주실 것이며, 우리의 기도를 인도하실 것이다. 또한 우리의 모든 영적 무기는 기도에서 시작되고 기도로 유지되어야 한다.

서로를 위해 열심히 기도하자. 우리도 전쟁 중이지만, 그들도 전쟁 중이다. 전쟁 중인 그들에게 줄 수 있는 최고의 선물은 기도다. 우리가 그들을 위해 기도하면 하나님이 그들을 축복하실 것이기 때문이다.

Ⅳ. 마무리 인사
(6:21-24)

²¹ 나의 사정 곧 내가 무엇을 하는지 너희에게도 알리려 하노니 사랑을 받은 형제요 주 안에서 진실한 일꾼인 두기고가 모든 일을 너희에게 알리리라 ²² 우리 사정을 알리고 또 너희 마음을 위로하기 위하여 내가 특별히 그를 너희에게 보내었노라 ²³ 아버지 하나님과 주 예수 그리스도께로부터 평안과 믿음을 겸한 사랑이 형제들에게 있을지어다 ²⁴ 우리 주 예수 그리스도를 변함 없이 사랑하는 모든 자에게 은혜가 있을지어다

이 서신의 마무리 인사는 로마에서 같은 시기에 쓰인 골로새서의 긴 마무리 인사(4:10-18)와 달리 매우 간략하다. 또한 21-22절은 거의 그대로 골로새서 4:7-8에 기록되어 있다. 이러한 상황은 에베소서와 골로새서가 서로 다른 저자에 의해 작성되었으며, 골로새서가 먼저 저작되고 에베소서가 골로새서를 바탕으로 나중에 저작된 것이라는 주장의 증거가 되기도 한다(Lincoln, Perkins, Schnackenburg).

그러나 이러한 정황을 두 서신이 비슷한 시기에 같은 저자인 바울에 의해 쓰인 증거로 보는 이가 더 많다(Bruce, Carson, Fee, Heil, Hoehner, Keener, Klein, McRay, Marshall, Morris, O'Brien, Rosner, Snodgrass, Stott,

Wright). 그렇다면 바울은 왜 에베소서의 마무리 인사를 이처럼 짧게 하는 것일까? 바울이 로마에서 같은 시기에 작성한 에베소서와 골로새서를 모두 두기고(21절)가 가져가 두 도시가 위치한 소아시아 지역에 방문해 전달했기 때문이다.

바울은 방문한 적 없는 도시에 있는 교회에 편지할 때도 마무리 인사를 길게 한다(cf. 롬 16장). 그는 골로새 교회를 방문한 적이 없다. 그러므로 상당히 자세한 마무리 인사가 필요하다. 반면에 에베소에서는 3년간 머물며 복음을 전파했다(cf. 행 19:10). 그러므로 에베소 교회에는 아는 사람이 너무나 많으므로 일일이 인사하기가 쉽지 않다.

또한 에베소서는 에베소에 있는 교회뿐 아니라 도시 주변에 있는 모든 교회에 보내는 일종의 '회람 서신'이다. 그러므로 에베소 교회에 자세하게 인사하는 것은 서신의 취지에 어울리지 않는다. 게다가 두기고가 직접 서신을 가지고 갔으니 그가 바울을 대신해 에베소 성도들의 안부를 묻고 바울에 대한 그들의 모든 질문에 자세하게 대답할 것이다(22절).

바울은 두기고가 에베소 성도들에게 자기 사정, 곧 그가 로마에서 무엇을 하는지 자세하게 알려 줄 것이라고 한다(21절). 이는 두기고가 이 서신을 가지고 에베소를 찾아갈 것을 암시한다. '두기고'(Τυχικός)는 에베소와 골로새를 포함한 소아시아 사람이라는 것 외에는 별로 알려진 바가 없다(cf. 6:21-22; 골 4:7-8; 딤후 4:12; 딛 3:12). 두기고의 이름이 바울과 선교 여행을 하거나 배를 타고 항해한 사람들의 목록에 올라와 있지 않은 것으로 보아 사도가 로마 감옥에 갇혔다는 소식을 듣고 그를 보살피기 위해 에베소를 떠나 로마로 간 사람으로 보인다(Arnold). 바울은 두기고를 두 가지로 극찬한다. 그는 사랑받는 형제이며, 주 안에서 진실한 일꾼이다. 참으로 믿을 만한 그리스도인 사역자라는 뜻이다.

두기고가 로마에서 옥살이하는 바울과 일행의 사정을 알려 줄 것이다(22a절). 그러나 바울이 그를 에베소로 보내는 더 큰 이유는 에베소 성도들을 위로하기 위해서다. 아마도 에베소 교회가 로마 감옥에 갇힌 사도를 위로하고 보살피라며 두기고를 로마로 보낸 것 같은데, 바울은 그의 부재로 인해 빚어질 개인적인 불편을 감수하면서 두기고를 다시 에베소로 보내 성도들을 위로하고자 한다. 감옥에 있는 사람이 위로받 아야 할 것 같은데, 오히려 위로하고 있다! 그가 하나님 나라의 대사로 서 자부심을 가지고 옥살이를 하고 있기 때문이다.

사도는 아버지 하나님과 주 예수 그리스도께로부터 평안과 믿음을 겸한 사랑이 에베소 성도들에게 있기를 기원한다(23절). 이 축복의 출 처는 하나님과 주 예수 그리스도다. 또한 그리스도 복음의 핵심인 평 안과 믿음을 빌어 주는 축복이다.

또한 우리 주 예수 그리스도를 변함없이 사랑하는 모든 자에게 은혜 가 있기를 기원한다(24절). 어순이 달라 개역개정에서는 '변함없이'가 문장의 중간에 오지만, 헬라어 사본에서는 문장의 끝에 첨부되어 있 다. '변함없이'(ἐν ἀφθαρσίᾳ)는 그리스도를 향한 우리의 영원한 사랑이 아니라(cf. 새번역, 공동, ESV, NAS, NIV, NRS), 하나님의 은혜가 그리스도 를 사랑하는 자들에게 영원하기를 바란다는 뜻으로 해석할 수도 있다 (NLT). 이렇게 해석하면 그들과 그리스도가 함께 영원히 살 뿐 아니라 하나님의 은혜를 영원무궁히 공급받게 될 것을 뜻한다(Arnold).

이 말씀은 그리스도인은 서로에게 형편을 알리고 위로해야 한다고 한다. 바울은 자기 형편을 알리고 에베소 성도들을 위로하기 위해 두 기고를 보냈다. 성도의 교제에서 중요한 부분은 서로의 형편을 헤아리 고 그들을 위해 기도하는 것이다. 우리는 이 일을 게을리하지 않아야 한다.

서로를 위한 기도의 핵심은 하나님이 평안과 믿음과 사랑을 그들에 게 영원히, 넘치도록 은혜로 내려 주시는 것이다. 서로를 위해 기도하 는 것보다 더 아름답고 의미 있는 선물은 없다. 우리는 이러한 일로 하 나님 백성을 끊임없이 축복해야 한다.

엑스포지멘터리

빌립보서

Philippians

EXPOSItory comMENTARY

선별된 참고문헌

(Select Bibliography)

Alexander, L. "Hellenistic Letter—Forms and the Structure of Philippians." JSNT 37(1989): 87–101.

Arzt—Grabner, P. "Paul's Letter Thanksgiving." Pp. 129–58 in *Paul and the Ancient Letter Form*. Ed. by S. E. Porter and S. A. Adams. Leiden: E. J. Brill, 2010.

Aune, D. E. *The New Testament in Its Literary Environment*. Philadelphia: Westminster, 1987.

Bakirtzēs, C.; H. Koester, eds. *Philippi at the Time of Paul and after His Death*. Valley Forge, PA: Trinity International Press, 1998.

Barclay, W. *The Letters to the Philippians, Colossians, and Thessalonians*. Louisville, KY: Westminster, 1975.

Barth, K. *The Epistle to the Philippians*. Louisville: Westminster John Knox, 2002.

Bauckham, R. *Jesus and the God of Israel: God Crucified and Other Studies on the New Testament's Christology of Divine Identity*. Grand Rapids: Eerdmans, 2008.

Beare, F. W. *A Commentary on the Epistle to the Philippians.* Harper's New Testament Commentaries. New York: Harper & Row, 1959.

Bloomquist, L. G. *The Function of Suffering in Philippians.* JSNTSup. Sheffield: Sheffield Academic Press, 1993.

Bockmuehl, M. N. A. *A Commentary on the Epistle to the Philippians.* BNTC. Grand Rapids: Baker Academic, 2013.

Boice, J. M. *Philippians: An Expositional Commentary.* Grand Rapids: Zondervan, 1971.

Booth, S. "Philippi: A Historical and Archaeological Study." BI 37(2011) 39–42.

Briones, D. "Paul's Intentional 'Thankless Thanks' in Philippians 4.10–20." JSNT 34(2011): 47–69.

Briscoe, S. *Philippians: Happiness Beyond Our Happenings.* Wheaton, IL: Harold Shaw Publishers, 1993.

Bruce, F. F. *Philippians.* NIBCNT. Peabody, MA: Hendrickson, 1989.

Burk, D. "On the Articular Infinitive in Philippians 2:6: A Grammatical Note with Christological Implications." TynBul 55(2004): 253–74.

Caird, G. B. *Paul's Letters from Prison (Ephesians, Philippians, Colossians, Philemon in the Revised Standard Version).* Oxford: Oxford University Press, 1976.

Carson, D. A. *Basics for Believers: An Exposition of Philippians.* Grand Rapids: Baker, 1996.

Cohick, L. H. *Philippians.* Grand Rapids: Zondervan, 2013.

Collange, J. F. *The Epistle of Saint Paul to the Philippians.* London: Epworth Press, 1979.

Collins, A. Y. "Psalms, Philippians 2:6–11, and the Origins of Christology." BI 11(2003): 361–72.

Cousar, C. B. *Philippians and Philemon: A Commentary*. Louisville: Westminster John Knox, 2009.

Craddock, F. *Philippians. Interpretation*. Atlanta: John Knox, 1985.

Culpepper, R. A. "Co-workers in Suffering: Philippians 2:19-30." RevExp. 77(1980): 349-58.

De Vos, C. S. *Church and Community Conflicts: The Relationships of the Thessalonian, Corinthian, and Philippian Churches with Their Wider Civic Communities*. SBLDS. Atlanta: Scholars Press, 1999.

Droge, A. J.; J. D. Tabor. *A Noble Death: Suicide and Martyrdom among Christians and Jews in Antiquity*. San Francisco: HarperSanFrancisco, 1992.

Eadie, J. Y. W. *A Commentary on the Greek Text of the Epistle of Paul to the Philippians*. Edinburgh: T&T Clark, 1884.

Edwards, M. J. ed. *Galatians, Ephesians, Philippians*. ACCS. Downers Grove, IL: IVP Academic, 1999.

Ellicott, C. J. *A Critical and Grammatical Commentary on St. Paul's Epistles to the Philippians, Colossians, and to Philemon*, with a Revised Translation. London: John W. Parker and Son, 1861.

Fee, G. D. *Paul's Letter to the Philippians*. NICNT. Grand Rapids: Eerdmans, 1995.

Flexsenhar, M. "The Provenance of Philippians and Why It Matters: Old Questions, New Approaches." JSNT 42 (2019): 18-45.

Fowl, S. E. *Philippians*. Grand Rapids: Eerdmans, 2005.

Garland, D. E. "The Composition and Unity of Philippians: Some Neglected Literary Factors." NovT 27(1985): 141-73.

_____. "Philippians." Pp. 175-261 in *The Expositor's Bible Commentary*, Revised Edition. Vol. 12. Ed. by T. Longman & D. E. Garland.

Grand Rapids: Zondervan, 2006.

Geoffrion, T. C. *The Rhetorical Purpose and the Political and Military Character of Philippians: A Call to Stand Firm*. Lewiston, NY: Mellen, 1993.

Goodspeed, E. J. *Problems of New Testament Translation*. Chicago: University of Chicago Press, 1945.

Gorman, M. J. *Apostle of the Crucified Lord: A Theological Introduction to Paul and His Letters*. 2nd. ed. Grand Rapids: Eerdmans, 2017.

Gunther, J. J. *Paul: Messenger and Exile*. Valley Forge: Judson, 1972.

Hansen, G. W. *The Letter to the Philippians*. PNTC. Grand Rapids: Eerdmans, 2009.

Harmon, M. *Philippians: A Mentor Commentary*. Ross-shire, UK: Christian Focus, 2015.

Harrison, J. R.; L. L. Welborn, eds. *The First Urban Churches 4: Roman Philippi*. Atlanta: SBL Press, 2018.

Hawthorne, G. F. *Philippians*. WBC. Nashville: Thomas Nelson, 1983.

Hellerman, J. H. *Philippians*. Nashville: Broadman & Holman Academic, 2015.

Hengel, M. *Crucifixion*. Philadelphia: Fortress, 1977.

Holloway, P. A. *Philippians: A Commentary*. Hermeneia. Minneapolis: Fortress, 2017.

Hooker, M. D. "Philippians." Pp. 497–549 in *The New Interpreter's Bible*. Vol. 11. Nashville: Abingdon, 2000.

Kent, H. A. "Philippians." Pp. 95–159 in *The Expositor's Bible Commentary*. Vol. 11. Ed. by F. E. Gaebelein. Grand Rapids: Zondervan, 1978.

Keown, M. *Philippians 2:19-4:23*. EEC. Bellingham, WA: Lexham,

2017.

Lightfoot, J. B. *Saint Paul's Epistle to the Philippians: A Revised Text with Introduction, Notes, and Dissertations*. London: Macmillan, 1898.

Lincoln, A. T. *Paradise Now and Not Yet: Studies in the Role of the Heavenly Dimension in Paul's Thought with Special Reference to His Eschatology*. Cambridge: Cambridge University Press, 1981.

Marshall, I. H. *The Epistle to the Philippians*. London: Epworth Press, 1992.

Martin, M. W. "Ἁρπαγμός Revisited: A Philological Reexamination of the New Testament's Most Difficult Word." JBL 135 (2016): 179– 94.

Martin, R. P. *Philippians*. NCBC. Grand Rapids: Eerdmans, 1980.

_____. *Carmen Christi: Philippians 2:5-11 in Recent Interpretation and in the Setting of Christian Worship*. Grand Rapids: Eerdmans, 1983.

Melick, R. R. *Philippians, Colossians, Philemon*. NAC. Nashville: Broadman & Holman, 1991.

Metzger, B. M. *A Textual Commentary on the Greek New Testament*. 2nd ed. Stuttgart: United Bible Society, 1994.

Meyer, H. A. W. *Critical and Exegetical Handbook to the Epistles to the Philippians and Colossians, and to Philemon*. Trans. by J. C. Moore and W. P. Dicksone. New York: Funk & Wagnalls, 1885.

Michael, J. H. *The Epistle of Paul to the Philippians*. Moffat New Testament Commentary. London: Hodder and Stoughton, 1928.

Motyer, J. A. *The Message of Philippians*. BST. Downers Grove, IL: InterVarsity Press, 1997.

Oakes, P. *Philippians: From People to Letter*. Cambridge: Cambridge University Press, 2001.

O'Brien, P. T. *The Epistle to the Philippians: A Commentary on the Greek Text*. NIGTC. Grand Rapids: Eerdmans, 1991.

Ogereau, J. M. *Paul's Koinonia with the Philippians: A Socio-Historical Investigation of a Pauline Economic Partnership*. Tübingen: Mohr Siebeck, 2014.

Osiek, C. *Philippians, Philemon*. Nashville: Abingdon, 2000.

Peterlin, D. *Paul's Letter to the Philippians in the Light of Disunity in the Church*. NovTSup. Leiden: E. J. Brill, 1995.

Peterman, G. W. *Paul's Gift from Philippi: Conventions of Gift Exchange and Christian Giving*. Cambridge: Cambridge University Press, 1997.

Reed, J. T. *A Discourse Analysis of Philippians: Method and Rhetoric in the Debate over Literary Integrity*. JSNTSup. Sheffield: Sheffield Academic Press, 1997.

Reiher, J. "Could Philippians Have Been Written from the Second Roman Imprisonment?" EvQ 84(2012): 2013–33.

Reumann, J. *Philippians: A New Translation with Introduction and Commentary*. New Haven: Yale University Press, 2008.

Richards, E. R. *Paul and First-Century Letter Writing: Secretaries, Composition, and Collection*. Downers Grove, IL: InterVarsity Press, 2004.

Robinson, J. A. T. *Redating the New Testament*. London: SCM, 1976.

Silva, M. *Philippians*. BECNT. Grand Rapids: Baker, 1992.

_____. "Philippians." Pp. 835–839 in *Commentary on the New Testament Use of the Old Testament*. Ed. by G. K. Beale and D. A. Carson. Grand Rapids: Baker, 2007.

Stagg, F. "Philippians." Pp. 178–216 in *Broadman Bible Commentary*. Vol. 11. Ed. by C. Allen. Nashville: Broadman, 1971.

Still, T. *Philippians and Philemon*. SHBC. Macon, GA: Smyth &

Helwys, 2011.

Sumney, J. L. *Philippians: A Greek Student's Intermediate Reader*. Peabody, MA: Hendrickson, 2007.

Thielman, F. S. *Philippians*. NIVAC. Grand Rapids: Zondervan, 1995.

Thompson, J.; B. W. Longenecker. *Philippians and Philemon: A Commentary*. PCNT. Grand Rapids: Baker, 2016.

Thurston, B. B.; J. M. Ryan. *Philippians and Philemon*. SacPa. Collegeville, MN: Liturgical Press, 2005.

Varner, W. C. *Philippians: A Handbook on the Greek Text*. Waco, TX: Baylor University Press, 2016.

Verhoef, E. *Philippi: How Christianity Began in Europe: The Epistle to the Philippians and the Excavations at Philippi*. London: Bloomsbury T&T Clark, 2013.

Vincent, M. R. *A Critical and Exegetical Commentary on the Epistle to the Philippians and to Philemon*. ICC. Edinburgh: T&T Clark, 1897.

Ware, J. P. *The Mission of the Church in Paul's Letter to the Philippians in the Context of Ancient Judaism*. Leiden: E. J. Brill 2005.

Watson, D. "A Rhetorical Analysis of Philippians and Its implications for the Unity Question." NovT 30(1988): 57−88.

Witherington, B. *Paul's Letter to the Philippians: A Socio-Rhetorical Commentary*. Grand Rapids: Eerdmans, 2011.

빌립보서

내가 너희를 생각할 때마다 나의 하나님께 감사하며 간구할 때마다 너희 무리를 위하여 기쁨으로 항상 간구함은 너희가 첫날부터 이제까지 복음을 위한 일에 참여하고 있기 때문이라 너희 안에서 착한 일을 시작하신 이가 그리스도 예수의 날까지 이루실 줄을 우리는 확신하노라 내가 너희 무리를 위하여 이와 같이 생각하는 것이 마땅하니 이는 너희가 내 마음에 있으며 나의 매임과 복음을 변명함과 확정함에 너희가 다 나와 함께 은혜에 참여한 자가 됨이라 내가 예수 그리스도의 심장으로 너희 무리를 얼마나 사모하는지 하나님이 내 증인이시니라 내가 기도하노라 너희 사랑을 지식과 모든 총명으로 점점 더 풍성하게 하사 너희로 지극히 선한 것을 분별하며 또 진실하여 허물 없이 그리스도의 날까지 이르고 예수 그리스도로 말미암아 의의 열매가 가득하여 하나님의 영광과 찬송이 되기를 원하노라

(1:3-11)

그러나 무엇이든지 내게 유익하던 것을 내가 그리스도를 위하여 다 해로 여길 뿐더러 또한 모든 것을 해로 여김은 내 주 그리스도 예수를 아는 지식이 가장 고상하기 때문이라 내가 그를 위하여 모든 것을 잃어버리고 배설물로 여김은

그리스도를 얻고 그 안에서 발견되려 함이니 내가 가진 의는 율법에서 난 것이 아니요 오직 그리스도를 믿음으로 말미암은 것이니 곧 믿음으로 하나님께로부터 난 의라 내가 그리스도와 그 부활의 권능과 그 고난에 참여함을 알고자 하여 그의 죽으심을 본받아 어떻게 해서든지 죽은 자 가운데서 부활에 이르려 하노니 내가 이미 얻었다 함도 아니요 온전히 이루었다 함도 아니라 오직 내가 그리스도 예수께 잡힌 바 된 그것을 잡으려고 달려가노라 형제들아 나는 아직 내가 잡은 줄로 여기지 아니하고 오직 한 일 즉 뒤에 있는 것은 잊어버리고 앞에 있는 것을 잡으려고 푯대를 향하여 그리스도 예수 안에서 하나님이 위에서 부르신 부름의 상을 위하여 달려가노라

(3:7-14)

빌립보서는 바울 서신 중 가장 인상적이고 기억에 남는 말씀을 많이 담고 있다. 그리스도인은 빌립보서 말씀을 외우고 묵상하기를 즐겨 한다: "너희 안에서 착한 일을 시작하신 이가 그리스도 예수의 날까지 이루실 줄을 우리는 확신하노라"(1:6), "이는 내게 사는 것이 그리스도니 죽는 것도 유익함이라"(1:21), "너희 안에 이 마음을 품으라 곧 그리스도 예수의 마음이니"(2:5), "무엇이든지 내게 유익하던 것을 내가 그리스도를 위하여 다 해로 여길뿐더러 또한 모든 것을 해로 여김은 내 주 그리스도 예수를 아는 지식이 가장 고상하기 때문이라"(3:7-8), "내가 이미 얻었다 함도 아니요 온전히 이루었다 함도 아니라 오직 내가 그리스도 예수께 잡힌 바 된 그것을 잡으려고 달려가노라"(3:12), "주 안에서 항상 기뻐하라 내가 다시 말하노니 기뻐하라"(4:4), "모든 지각에 뛰어난 하나님의 평강이 그리스도 예수 안에서 너희 마음과 생각을 지키시리라"(4:7), "내게 능력 주시는 자 안에서 내가 모든 것을 할 수 있느니라"(4:13), "나의 하나님이 그리스도 예수 안에서 영광 가운데 그 풍성한 대로 너희 모든 쓸 것을 채우시리라"(4:19).

나는 경제적으로 어려운 상황에서 신학 공부를 시작했다. 얼마 지나

지 않아 한 외국인 친구가 "나의 하나님이 그리스도 예수 안에서 영광 가운데 그 풍성한 대로 너희 모든 쓸 것을 채우시리라"(4:19)라는 말씀 이 새겨진 장난감 지폐 한 장을 선물로 주었다. 나는 그것을 성경책 책 갈피로 사용하며 볼 때마다 우리의 형편을 헤아리시는 하나님께 감사 드렸다.

세월이 지나 신학 공부가 끝나고 교수로 임용되었다. 나는 그 장난 감 지폐를 작은 격려금과 함께 재정적으로 어려움을 겪고 있던 한 신 학생에게 선물로 주었다. 나의 필요를 모두 채우신 하나님이 그 학생 의 필요도 반드시 채우실 것을 확신하면서 말이다. 지금은 그 장난감 지폐가 누구의 성경책 책갈피가 되어 있을까? 상상만 해도 감사하고 즐겁다.

빌립보서는 바울 서신 중 마지막에 쓰인 것 중 하나이며, 이 편지를 쓸 당시 사도는 감옥에 갇혀 있었다. 이때까지 바울의 삶은 온갖 핍박 과 고난으로 가득했으며, 이 서신에서도 이러한 사실을 숨기지 않는 다: 쇠사슬에 매임(1:7, 13-14, 17), 괴로움(1:17; 4:14), 전제(drink offering) 로 드려짐(2:17), 근심 위에 근심(2:27), 그리스도의 고난(3:10), 죽음 (1:20; 2:17), 궁핍(4:12).

바울이 자신의 고통에 대해 말하는 것은 삶을 비관하거나 탄식하고 자 해서가 아니다. 오히려 빌립보 성도들에게 자기를 모델로 삼아 삶 의 어려움과 핍박을 이겨 내라고 권면하기 위해서다(1:28-30; 2:15). 사 도도 그리스도의 고난에서 영감을 받았다(cf. 2:8). 그러므로 일부 학자 는 빌립보서는 이렇다 할 이슈 없이 단순히 빌립보 성도들을 격려하기 위해 쓴 편지라고 주장하기도 한다(Peterlin).

이 서신은 그리스도인의 삶에 대한 열정과 긍정적 에너지로 가득하 다. 그러므로 머지않아 처형당할 저자가 쓴 것으로 보기에는 참으로 놀라운 서신이다. 죽음을 앞둔 바울이 이처럼 모든 것을 긍정적으로 생각하고 권면하는 것은 부활에 대한 확신과 밝은 미래가 그를 기다리고 있다는 믿음 때문이다(Lincoln, cf. 1:6, 23; 2:10-11, 16; 3:10-11, 20-21; 5:19-20). 그러므로 바울은 자신 있게 말한다: "내게 사는 것이 그리스도니 죽는 것도 유익함이라"(1:21). 미래에 대한 사도의 믿음은 우리를 참으로 겸손하게 한다. 이 세상에서 우리가 경험하는 일은 실체의 전부가 아니다. 오히려 감추어진 것이 드러난 것보다 더 많은 것이 우리 삶이다.

빌립보

바울은 2차 선교 여행 중 소아시아의 항구 도시인 드로아(Troas)에 있을 때 환상을 보았다: "마게도냐 사람 하나가 서서 그에게 청하여 이르되 마게도냐로 건너와서 우리를 도우라"(행 16:9). 그는 하나님이 마게도냐 사람들에게 복음을 전하라고 이 환상을 보여 주신 것으로 확신하고 곧바로 실라와 디모데와 누가를 데리고 드로아에서 배를 탔다(행 16:10). 사모드라게섬을 거쳐 이튿날 네압볼리(Neapolis)에 도착했다. 그런 다음 바울 일행은 네압볼리에서 서쪽으로 16㎞ 떨어진 곳에 있는 빌립보로 갔다.

'빌립보'(Φίλιπποι, Philippi)는 마게도냐(Macedonia) 지방의 첫 성이자 로마의 식민지였다(행 16:12). 인구는 1만 명 정도였으며, 도시 주변에 5,000명 정도가 더 살았다(Oakes). 당시 기준으로도 큰 도시는 아니었다. 로마의 식민지는 황제가 직접 통치한다는 이유로 자율권을 보장받고, 로마 제국에 공물과 세금을 내지 않는 특권을 누리는 곳이었다. 이러한 특혜로 인해 빌립보는 로마에 매우 충성적인 도시였다.

바울 일행은 안식일이 되자 기도할 곳이 있을까 하여 문 밖 강가로 나가 거기 앉았다(행 16:13). 사도행전의 저자인 누가가 이곳을 회당이라고 하지 않는 것으로 보아 공식적인 회당은 아니었다. 랍비들은 어느 도시에 회당을 세우려면 성인 남자가 최소 10명이 있어야 한다고 했다. 아마도 빌립보에는 유대인 수가 이 정도는 되지 않았던 것으로 보인다. 이 예배처에 여자들만 있다는 것은 그나마 소수에 불과한 유대인 가족은 다른 때에 예배를 드리고, 바울이 방문한 시간에는 비(非)유대인만 모여 예배드리는 상황을 의미하는 듯하다. 이 그룹에는 유대인으로 태어났지만 이방인과 결혼한 여자, 유대교로 개종한 이방인 여자, 유대교 율법을 온전히 따르지는 않지만 여호와 하나님을 경외하는 이방인 여자 등이 포함되어 있었을 것이다.

그곳에 모인 사람 중에 루디아(Lydia)라는 여인이 있었다(행 16:14). 그녀는 자색 옷감으로 유명한 소아시아의 도시 두아디라(Thyatira) 출신이었으며, 빌립보에서도 자색 옷감 장사를 하고 있었다. 자색은 페니키아의 두로 해안에 서식하는 달팽이에서 극소량만 수집되는 매우 비싼 염료였다. 예로부터 왕족과 귀족층만 구매할 수 있었으므로 자색은 권력과 영향력의 상징이었다. 루디아는 빌립보 지역의 부유층을 대상으로 자색 옷감을 거래하는 상인이었다. 그러므로 루디아 자신도 상당한 영향력을 행사하는 부유층에 속했다.

루디아는 바울이 전한 그리스도의 복음을 듣고 회심했다. 자기 집 식구들과 종들도 바울 일행에게 세례를 받게 했다. 이어서 루디아는 바울 일행에게 빌립보에 있는 동안 자기 집에서 묵으라고 청했다(행 16:14-15). 이 일은 자신이 믿음으로 하고자 하는 것이니 거절하지 말라고 강하게 권했다. 이렇게 하여 루디아 집에서 모인 빌립보 교회는 바울이 유럽에 세운 첫 교회가 되었다.

2세기 역사가 압피안(Appian)은 빌립보를 유럽과 아시아 사이의 관문(gateway)이라고 했다(Bakirtzēs & Koester). 마게도냐주(州)의 수도인 데살로니가가 빌립보에서 서쪽으로 160㎞ 떨어져 있었으며, 두 도시 사이에는 빌립보가 속한 지역의 수도인 암비볼리(Amphipolis)가 있었다. 그러나 이 두 도시보다 빌립보가 더 유명하고 잘 알려져 있었다(Booth).

빌립보는 주전 360년에 타소스(Thasos)섬에서 온 그리스 식민지 개척자인 트라키아 사람들(Thracians)이 정착하면서 조그만 마을로 시작되었다(Verhoef). 마을 뒤에 있는 언덕에는 여러 개의 샘이 있었고, 이로 인해 처음에는 '많은 샘'이라는 뜻의 '크레니데스'(Krenides)로 불렸다(Arnold). 마을 앞쪽으로 비옥하고 큰 평지가 있었으며, 남쪽으로는 큰 늪(swamp)이, 16㎞ 남동쪽에는 에게해(Aegean Sea) 북서쪽 끝에 위치한 항구 네압볼리(Neapolis)가 있었다(Bakirtzēs & Koester).

불과 몇 년 후인 주전 356년에 알렉산더 대왕의 아버지 필립 2세(Philip Ⅱ, 주전 382-336)가 크레니데스를 정복했다. 필립 2세는 이 마을의 전략적이고 방어 가능한 위치, 풍부한 물 공급, 남서쪽에 있는 판가이온산(Pangaion Hills)의 광산에 매료되어 새로운 성벽을 쌓고 인구를 늘리고 자신의 이름을 따서 도시 이름을 빌립보(Phillipi)로 바꿨다(Bakirtzēs & Koester).

로마 군대는 주전 168년에 마게도냐의 소도시 퓌드나(Pydna)에서 마게도냐 군대를 상대로 결정적인 승리를 거두었다. 이 전투(Battle of Pydna)로 인해 빌립보의 주인이 마게도냐에서 로마로 바뀌었다. 로마 사람들은 20여 년 후인 주전 145-130년 사이에 제국의 동쪽에서 로마로 가는 '에그나시아 도로'(Via Egnatia)를 건설했는데, 이 길이 빌립보의 중앙을 관통했다. 빌립보는 이 도로로 인해 많은 경제적 이익을 얻었다.

빌립보 앞에 펼쳐진 넓은 평지는 주전 42년에 있었던 빌립보 전투(Battle of Philippi)에서 전쟁터로 변했다. 율리우스 카이사르(Julius Caesar) 암살에 중요한 역할을 했던 브루투스(Brutus)와 카시우스(Cassius)의 군대는 로마의 삼두정치(the triumvirs) 위원이었던 마르크 안토니우스(Marc Anthony)와 옥타비아누스(Octavian)에게 패배했다. 패배를 피할 수 없다는 사실을 깨달은 브루투스와 카시우스는 둘 다 자살했다. 로마는 승리를 기념하기 위해 빌립보를 '콜로니아 빅트릭스 빌립보'(Colonia Victrix

Philippensium)로 개명하고 로마 식민지 지위를 부여했다. 이로 인해 도
시 주민들은 상당한 혜택을 누리게 되었다.

그러나 10년 후인 주전 31년에 옥타비아누스와 안토니우스의 정치
적 동맹이 무너졌다. 옥타비아누스는 그리스 서쪽 끝에 있는 암브라시
안만(Ambracian Gulf)에서 악티움 해전(Battle of Actium)을 통해 안토니우스
를 물리쳤다. 이번에는 옥타비아누스가 그의 딸 율리아(Iulia)의 이름을
따서 빌립보를 '콜로니아 율리아 아우구스타 필리펜시스'(Colonia Iulia
Augusta Philippensis)로 불렀다. 이후 안토니우스가 거느리던 군인들과 이
탈리아 농부들이 대거 빌립보에 정착했다. 실직한 군인들이 로마로 돌
아오는 것을 옥타비아누스가 원하지 않았기 때문이다(Garland).

바울은 주후 49-50년 겨울에 이 도시를 처음 방문했다. 그가 방문했
을 당시 빌립보 인구는 1만 명 정도였으며, 로마 사람이 40% 정도 되
었다(Oakes). 그러나 땅 소유와 경제 활동과 도시 정치는 로마 사람들
이 독점했다(Verhoef). 빌립보에서 로마 시민권은 엄청난 특권과 막강한
권세를 상징했다. 그러나 로마 시민이었던 바울은 이 도시에서 참으로
어이없는 일을 당했다.

바울은 그를 괴롭게 하는 여종에게서 귀신을 쫓아냈다가 여종 주인
이 고발하는 바람에 도시의 행정관들에게 끌려갔다. 그들은 재판도 하
지 않고 바울의 옷을 벗기고, 공개적으로 때리고, 감옥에 가두었다(cf.
행 16:19-40). 로마 시민에게는 절대 할 수 없는 불법 행위였다. 다음 날
바울이 자신의 로마 시민권을 내밀었을 때 도시 행정관들의 얼굴이 어
떻게 변했을지 상상만 해도 재미있다!

빌립보는 황제 숭배(Emperor Worship) 외에도 매우 다양한 신을 숭배
했다. 로마와 그리스와 트라키아(Thrace)의 신들뿐 아니라 이집트와 시
리아와 아나톨리아의 신들도 숭배했다. 그들은 주피터(Jupiter), 티케
(Tyche), 판(Pan), 니케(Nike), 아테나(Athena), 헤라클레스(Hercules), 에
노디아(Enodia), 헤카테(Hekate), 머큐리(Mercury), 마르스(Mars), 아폴로

(Apollo), 디오니소스(Dionysus), 비너스(Venus), 미네르바(Minerva), 키벨레 (Cybele), 아티스와 이시스(Attis and Isis), 세라피스(Serapis) 등을 숭배했다 (Arnold). 한마디로 빌립보는 '우상 백화점'이었다.

저자와 저작 시기

바울이 빌립보서의 저자라는 것은 초대교회 때부터 기정사실로 받아 들여졌다(Beale & Gladd). 근대에 와서 바울의 저작권을 의심하는 이들이 있었지만(cf. Melick), 지금은 그가 저자라는 사실에 거의 모든 학자가 동 의한다(Hooker). 사도가 표제에서 디모데를 언급하지만(cf. 1:1), 2:19-23에서 디모데를 3인칭으로 말하는 것을 보면 이 서신은 바울이 독자 적으로 보낸 것이 확실하다(cf. 1:12-14; 3:4-6; 4:14-23).

바울은 빌립보를 주후 49-50년 겨울에 처음 방문한 후 최소한 세 차례 더 방문한 것으로 보인다(Garland, cf. 1:3-8; 2:12-13; 4:1, 15-17). 다음은 사도가 빌립보를 처음 방문한 후 그의 삶에 있었던 주요 사건을 정리한 것이다(Arnold).

시기(주후)	주요 사건
49-50년 겨울	– 빌립보 첫 방문
54년 여름 말	– 에베소에서 폭동이 일어남 – 3년간의 에베소 사역을 마무리하고 도시를 떠남(cf. 행 19:8-10)
54년 가을-55년 겨울	– 소아시아의 드로아(Troas)와 마게도냐(Macedonia)에서 사역 – 마게도냐에서 고린도후서를 보냄
55년 겨울-가을	– 마게도냐를 거쳐 그리스로 돌아감
56년 봄(3월?)	– 고린도에 머무는 동안 그를 살해하려는 음모를 알고서 배를 타고 수리아로 가려던 계획을 취소함 – 육로를 통해 마게도냐로 떠남

56년 4월	– 무교절이 지난 다음 배를 타고 빌립보를 떠남(cf. 행 20:6) – 예루살렘 성전에서 폭도에게 잡혀 감옥에 투옥됨
56년 가을–58년	– 예루살렘 감옥에서 가이사랴 감옥으로 이송되어 옥살이함
58년 겨울–61년	– 로마로 이송되어 2년 동안 가택에 연금됨

어떤 이들은 3:1에서 3:2로 이어지는 문맥이 매끈하지 못할 뿐 아니라, 3:2-21이 임의적으로 첨부된 느낌이라고 한다. 또한 4:10-20이 독립적인 감사 편지라고 주장하는 이들도 있다(Collange, Reumann). 이러한 이유 등으로 빌립보서는 한 개의 편지가 아니라, 두세 개의 편지를 편집한 것이라 한다(cf. Arnold, Garland, Peterman). 그렇다 보니 빌립보서에는 어떠한 연결성(connection)과 일관성(coherence)이 없다고 하는 이들도 있다(Peterlin).

이들의 주장은 긁어 부스럼 만들기와 다름없으며, 빌립보서가 갖추고 있는 모습을 충분히 설명하지 못하기 때문에 학계에서 설득력을 얻지 못했다(Hooker). 그러므로 대부분 학자는 빌립보서를 하나의 서신으로 본다(Alexander, Arnold, Fee, Bruce, Garland, Holloway, Hooker, Reed, cf. Wright & Bird).

바울이 에바브라디도를 통해 빌립보서를 보낼 때 그는 감옥에 있었다(1:7, 13; cf. 4:18). 그러므로 이 서신의 저작 시기는 바울의 감옥 생활과 직접적인 연관이 있으므로 우리는 빌립보서를 '옥중 서신'이라 한다. 그러나 사도가 어느 감옥에서 이 서신을 집필했는지는 규명하기가 쉽지 않다. 그는 복음을 전파하다가 여러 지역의 감옥에 갇힌 경험이 있기 때문이다. 바울은 빌립보(행 16:22-40)와 가이사랴(행 23:23-26:32)와 로마(행 27:1-28:31) 감옥에 갇힌 적이 있으며, 이 외에도 여러 곳에서 옥중 생활을 했다(cf. 롬 16:7; 고전 15:32; 고후 1:8-11; 11:23).

어떤 이들은 에베소 감옥을 지목하지만(Bonnard, Collange, Hansen,

Michael, Thielman, Wright & Bird), 그가 만일 두란노 서원에서 가르치던 3년 중에 감금되었다면 주후 52-54년쯤으로 보이는데(Arnold, Wright & Bird), 성경은 그의 감금에 대해 어떠한 정보도 제공하지 않는다. 그러므로 에베소 감옥은 설득력이 없다. 게다가 바울은 에베소에서 도시 관료 등 사회에 큰 영향력을 끼치는 사람들까지 회심하는 등 매우 성공적인 사역을 했다. 그러므로 바울이 감금될 위협에 처한다 해도 그들이 나서서 그의 감금을 막았을 것이다.

바울은 3차 선교 여행을 마치고 예루살렘 성전을 방문했다가 유대인들에게 잡혔다. 로마 군인들은 그를 보호하기 위해 곧바로 감옥에 가두었다. 그러나 그를 죽이려는 유대인들의 음모가 드러나면서 바울은 가이사랴 감옥으로 이송되어 그곳에서 2-3년을 보냈다(cf. 행 23:23-26:32). 이때가 주후 57-59년이다(Arnold). 그의 가이사랴 감옥 생활은 서신을 써서 보낼 만큼 충분한 시간을 제공했다. 그러므로 빌립보서가 가이사랴에서 주후 60년경에 쓰였다고 주장하는 이들이 있다(Gunther, Hawthorne, Robinson).

사도는 가이사랴에서 여러 차례 재판을 받았지만 별 진전이 없었다. 재판하는 총독이 뇌물을 바라는 것을 의식한 바울은 로마 시민으로서 황제에게 재판받겠다고 상소했고, 로마로 이송되었다.

로마로 이송된 바울은 재판을 기다리는 동안 감옥이 아닌 가택 연금(house arrest) 상태로 시간을 보냈다. 소식을 들은 골로새 교회가 에바브라를 로마로 보냈고(cf. 골 1:7; 4:12; 몬 1:13), 빌립보 교회는 에바브로디도를 보내 바울의 시중을 들게 했다(cf. 빌 2:25; 4:18). 골로새 교회와 빌립보 교회가 감옥에 갇힌 바울을 섬기라며 에바브라와 에바브로디도를 가이사랴 감옥으로 보냈을 가능성을 완전히 배제할 수는 없지만, 현실적으로 생각할 때 그럴 가능성은 없어 보인다. 가이사랴에서 훨씬 더 가까운 곳에 파송 교회인 안디옥 교회가 있고, 또 예루살렘 교회도 있었기 때문이다.

골로새 교회와 빌립보 교회가 에바브라와 에바브로디도를 제국의 수
도 로마로 보내 가택에 연금되어 있는 바울을 돕게 했다. 사도는 곧 감
옥에서 풀려나 빌레몬을 찾아갈 것을 기대한다(몬 1:22). 그러므로 빌립
보서가 언급하는 바울의 감옥 생활은 로마가 확실하다(Arnold, Beale &
Gladd, Bockmuehl, Bruce, Fee, Garland, Holloway, Hooker, O'Brien, Silva).

모든 정황을 고려할 때 바울은 빌립보서를 로마 감옥에서 저작한 것
이 확실하다. 그는 이때 빌립보서 외에도 에베소서, 골로새서, 빌레몬
서를 보냈다. 그러므로 학자들은 이 서신들을 '옥중 서신'이라 한다. 빌
립보서는 바울이 로마에서 주후 60년대 초에 저작해 빌립보에서 온 에
바브로디도를 돌려보내며 함께 보낸 것이 확실하다(2:25).

목적

학자들은 바울이 편지를 보낼 때는 그 교회에 어떤 문제가 있기 때문
이라고 단정한다. 고린도전·후서와 갈라디아서가 대표적이다. 그러므
로 이 서신에서도 빌립보 교회가 고심하고 있는 문제를 찾으려 한다.

바울은 상당히 자세하게 자신의 감금 생활에 대해 설명하며 그리스
도의 복음을 위해 갇히는 것은 수치스러운 일이 아니라, 그분의 고난
에 동참하는 영광스러운 일이라고 한다(1:12-26). 이러한 사실을 바
탕으로 사도가 복음으로 인한 핍박으로 고통스러워하는 빌립보 교
회를 격려하기 위해 이 서신을 보낸 것이라고 주장하는 이들이 있다
(Bloomquist). 고난 속에 있는 바울의 경험과 격려는 고난 중에 있는 빌
립보 성도들에게 큰 위로가 되었을 것이다.

어떤 이들은 빌립보 교회에 자기 자랑과 이익을 위해 복음을 선포하
는 자들(1:15-17, 28)과 유대에서 온 율법주의자들이 있었다고 한다(cf.
3:2-11). 이들은 교회를 분란에 빠트렸으며, 두 여성 지도자인 유오디

아와 순두게 사이에 갈등을 일으켰다고 한다(4:2). 이에 바울이 그들에게 그리스도를 본받아(2:6-11) 서로 용납하고(4:5) 연합하라며(1:27-30, 2:1-4, 14) 이 서신을 보낸 것이라 주장한다.

이러한 추측은 어느 정도 가능성이 있어 보인다. 그러나 로마서와 에베소서에서 보았듯이 반드시 심각한 문제가 있어서 바울이 서신을 보내는 것은 아니다. 바울은 어려운 형편 중에도 평생 자신의 사역을 후원하고, 최근에는 헌금과 함께 에바브로디도를 로마로 보내 자신을 섬기게 한 빌립보 교회에 감사한 마음을 표하고자 이 서신을 보냈다: "형제들아 하나님께서 마게도냐 교회들에게 주신 은혜를 우리가 너희에게 알리노니 환난의 많은 시련 가운데서 그들의 넘치는 기쁨과 극심한 가난이 그들의 풍성한 연보를 넘치도록 하게 하였느니라"(고후 8:1-2).

바울은 빌립보를 2차 선교 여행 중에 방문해 회심한 루디아를 중심으로 교회를 세웠다(행 16:12-40). 이후 빌립보 교회는 그의 든든한 선교 후원자가 되어 주었다(Peterman). 빌립보 교회는 바울이 로마로 이송되었다는 소식을 듣고 후원금을 모아 편지와 함께 에바브로디도를 로마로 보내 수감 중인 바울을 돕게 했다(4:18). 당시에는 감옥에 감금되면 가족들이 수발을 들며 식사를 공급해야 했다.

바울을 돕던 에바브로디도는 심한 병을 앓았다. 그가 아프다는 소식이 빌립보에도 알려졌다. 바울과 에바브로디도의 마음이 편치 않았고, 빌립보 성도들도 많이 걱정했다. 바울은 모두의 평안을 위해 그를 빌립보 교회로 돌려보내기로 했다.

> 그러나 에바브로디도를 너희에게 보내는 것이 필요한 줄로 생각하노니 그는 나의 형제요 함께 수고하고 함께 군사 된 자요 너희 사자로 내가 쓸 것을 돕는 자라 그가 너희 무리를 간절히 사모하고 자기가 병든 것을 너희가 들은 줄을 알고 심히 근심한지라 그가 병들어 죽게 되었으나 하나님이 그를 긍휼히 여기셨고 그뿐 아니라 또 나를 긍휼히 여기사 내 근심 위

에 근심을 면하게 하셨느니라 그러므로 내가 더욱 급히 그를 보낸 것은 너희로 그를 다시 보고 기뻐하게 하며 내 근심도 덜려 함이니라 이러므로 너희가 주 안에서 모든 기쁨으로 그를 영접하고 또 이와 같은 자들을 존귀히 여기라(2:25-29).

바울은 에바브로디도를 돌려보내면서 빌립보 교회에 그를 로마까지 보내 준 일과 그들을 처음 만난 순간부터 이때까지 10여 년 동안 신실한 사역 파트너가 되어 준 것에 감사를 표하고 안부를 전하기 위해 이 서신을 보냈다. 바울은 재판을 앞두고 있으며, 결과에 따라 처형당할 수도 있다. 그러므로 바울은 표현할 수 있을 때 마음에 담아 두었던 고마움을 표하고자 한다. 그러므로 이 서신은 매우 밝고 긍정적인 권면과 에너지로 가득 차 있다.

개요

I. 시작 인사(1:1-11)
II. 사도의 감옥 생활(1:12-26)
III. 그리스도의 복음에 합당한 공동체 생활(1:27-2:18)
IV. 디모데와 에바브로디도(2:19-30)
V. 겸손과 자랑(3:1-4:3)
VI. 마무리 인사(4:4-23)

Ⅰ. 시작 인사
(1:1-11)

바울은 로마에서 황제의 재판을 기다리며 가택에 연금되어 있다. 빌립보 교회는 사도를 도우라며 헌금과 함께 에바브라디도를 로마로 보냈다. 에바브라디도는 로마에서 생명을 위협하는 심한 병을 앓았고 이 소식이 빌립보 교회에도 알려졌다. 이에 바울은 그를 빌립보 교회로 돌려보내 성도들을 안심시키고자 했다. 사도는 에바브로디도 편에 빌립보 교회 앞으로 서신을 보냈다. 그가 서신을 시작하며 한 인사말은 다음과 같이 구분된다.

A. 인사(1:1-2)
B. 빌립보 성도들로 인한 감사(1:3-8)
C. 빌립보 성도들을 위한 기도(1:9-11)

A. 인사(1:1-2)

¹ 그리스도 예수의 종 바울과 디모데는 그리스도 예수 안에서 빌립보에 사는 모든 성도와 또한 감독들과 집사들에게 편지하노니 ² 하나님 우리 아버지와 주 예수 그리스도로부터 은혜와 평강이 너희에게 있을지어다

바울은 이 짧은 인사말에서 예수 그리스도를 세 차례나 언급한다. 이는 서신의 내용이 매우 그리스도 중심적(Christocentric)이 될 것을 암시한다(Arnold). 또한 그분을 '주'(κύριος)라고 부른다. 예수님은 우리를 구원하신 구세주이시다.

사도가 자신을 '사도'(ἀπόστολος)이자 '종'(δοῦλος)으로 동시에 묘사하는 일은 흔하다(롬 1:1; 고전 1:1; 갈 1:1; 엡 1:1; 골 1:1; 딤전 1:1; 딤후 1:1). 그러나 이곳에서는 '사도'라는 말은 생략하고 단순히 '종'이라 한다. 그가 자신을 사도로 말하지 않는 네 개의 서신 중 세 개는 빌립보 교회처럼 마게도냐에 있는 교회에 보내는 서신이었다(cf. 살전 1:1; 살후 1:1). 나머지 하나는 빌레몬서다(cf. 몬 1:1). 마게도냐 교회는 바울을 항상 사도로 존경했고, 바울도 그들을 매우 귀하게 여겼기 때문에 그들에게 서신을 보낼 때는 굳이 '사도'라는 타이틀로 격식과 권위를 확인할 필요가 없었다(Silva, cf. 살전 2:7-8, 17-20; 3:1-10).

사도는 자신과 디모데를 그리스도 예수의 종이라 한다(1a절; cf. 롬 1:1; 고후 4:5; 갈 1:10; 골 4:12; 딤후 2:24; 딛 1:1). '종'(δοῦλος)은 구약의 '여호와의 종'(יְהוָה עֶבֶד)을 상기시키며, 이 호칭은 '하나님이 자신을 섬기도록 세우신 사람'이라는 매우 영광스러운 타이틀이다(cf. 출 14:31; 민 12:7; 수 14:7; 24:30; 삿 2:8; 왕하 9:7; 10:23; 18:12; 시 35:1; 105:42; 133:1; 134:1; 렘 7:25). 그러나 빌립보 성도들이 사는 그리스-로마 문화에서는 주인의 집안일을 하는 낮은 신분과 복종을 상징했다(Garland, Thielman,

Witherington). 바울은 이 두 가지 의미로 자신을 그리스도 예수의 종이라 한다. 그와 디모데는 하나님의 부르심에 따라 그리스도의 일을 하는 영광을 누리지만, 또한 빌립보 성도들을 섬기는 낮은 자들이다.

바울 서신 중 여섯 개(고린도후서, 빌립보서, 골로새서, 데살로니가전서, 데살로니가후서, 빌레몬서)에서는 디모데를 함께 보내는 자로 언급한다. 그러나 이 서신들처럼 빌립보서에서도 곧바로 바울 자신을 1인칭으로 말하며 내용을 이어 가고(1:3) 또 디모데를 3인칭으로 언급하는 것(2:19-23)으로 보아 디모데는 이 서신에 대해 사도와 논의한 사람이지 공동 저자는 아니다(Bockmuehl, Silva). 더디오가 바울의 말을 받아써서 로마서를 작성한 것처럼 디모데가 사도의 말을 받아 적어 빌립보서를 완성했을 수는 있다(Bruce, Fee). 바울이 처음 빌립보를 방문했을 때 디모데도 함께 있었다(cf. 행 16:1, 11-12).

'그리스도 예수 안에서'(ἐν Χριστῷ Ἰησοῦ)는 예수님이 믿는 자들에게 주신 구원의 선물과 그에 합당한 삶에 대한 요구를 동시에 생각나게 하는 표현이다. 온갖 악한 권세와 유혹이 존재하는 세상에서 그리스도의 주권 아래 있는 믿음의 삶을 묘사한다(Garland). 또한 그리스도는 바울과 빌립보 성도들의 연결 고리가 되셨다. 바울이 그들에게 이 서신을 보내는 것도 예수님이 맺어 주신 관계로 인한 일이다.

저자는 빌립보에 있는 모든 성도와 또한 감독들과 집사들에게 이 서신을 보낸다. '교회'(ἐκκλησία)라는 단어를 사용하지는 않지만, 교회에 보내는 공식적인 서신이라는 뜻이다(cf. 고전 1:2; 고후 1:1; 살전 1:1; 살후 1:1). '모든'(πᾶς)은 빌립보서에서 총 33차례, 그중 처음 여덟 절에서 7차례 사용되었다. 모든 사람이 그리스도의 주권 아래에서 함께 살고 섬기며 연합해야 한다는 뜻이다(Lightfoot).

'성도'(ἅγιος)는 남들보다 더 거룩한 사람이 아니다. 그들처럼 죄인이지만 하나님이 따로 쓰시려고 구별한 사람들이다(Barth). '감독들과 집사들'(ἐπισκόποις καὶ διακόνοις)은 빌립보서와 목회 서신에서만 언급되는 교회 직분이다(cf. 딤전 3:2; 딛 1:7). 어떤 이들은 바울 시대에는 교회에 감독으로 불리는 직분이 없었다며 시대착오적이라 주장하기도 한다(cf. Reumann). 훗날 필사가가 삽입한 것이라는 주장이다.

그러나 '감독'(ἐπίσκοπος)은 당시 종교적·군사적·사회적 리더 등의 의미로 광범위하게 사용되었다. 칠십인역(LXX)도 구약을 헬라어로 번역하면서 이 단어와 파생어들을 자주 사용했다(cf. 민 4:16; 31:14; 왕하 11:18; 12:12; 대하 34:12, 17). 감독은 유대교와 기독교의 장로와 같은 직분이다(Arnold, Fee, Hooker, Lightfoot, cf. 행 15:2, 4, 6, 22-23; 16:4; 20:17; 21:18). 사도는 유대교와의 연관성 때문에 '장로'(πρεσβύτερος) 대신 '감독'(ἐπίσκοπος)을 사용한다(Collange, Garland).

'집사'(διάκονος)는 신약에서 흔히 사용되는 용어다. 복음서에서는 '종'(δοῦλος)과 비슷한 말로 사용되며(cf. 마 20:26; 22:13; 23:11; 막 9:35; 10:43; 요 2:5, 9; 12:26), 바울 서신에서는 권세자(롬 13:4)와 그리스도 (롬 15:8)와 복음 사역자들(고전 3:5; 고후 3:6; 6:4; 엡 3:7; 6:21; 골 1:7, 23, 25; 4:7; 딤전 4:6)이 이렇게 불린다. 목회 서신에서 '집사들'(διάκονον τῆς ἐκκλησίας)을 언급하는 일(딤전 3:8, 12)과 자매 뵈뵈를 겐그레아 '교회의 일꾼(집사)'(διάκονον τῆς ἐκκλησίας, 롬 16:1)으로 부를 때는 오늘날의 '집사' 개념으로 섬기고 봉사하는 교회 일꾼을 뜻한다. 바울이 빌립보서를 보낼 때는 집사와 장로(감독)를 포함한 교회 리더십 제도가 상당 부분 자리를 잡았다(Osiek). 바울이 이들을 따로 언급하는 것은 아마도 이 지도자들이 그를 위한 헌금을 주선했기 때문이다(Lightfoot, Martin). 일종의 감사 표현인 것이다.

그리스-로마 시대의 일상적인 편지는 인사말에서 '문안'(χαίρειν)이라는 말을 사용해 안부를 물었다(cf. 행 15:23; 23:26; 약 1:1). 이와는 대조적으로 바울은 서신들에서 복음과 연관해 안부를 묻고자 '문안'(χαίρειν) 대신 '은혜'(χάρις)를 빌어 준다. '평강'(εἰρήνη)은 히브리어 단어 '샬롬'(שׁלום)을 번역한 것이다(TDNT). 하나님의 보살핌 안에서 사는 사람들의 모든 것이 조화와 균형을 이루어 평안하기를 빌어 주는 인사다. 바울은 이 두 단어(은혜와 평강)를 인사말로 사용해 하나님이 예수 그리스도를 통해 우리에게 주시는 가장 고귀한 선물이 무엇인지 생각하게 한다(롬 1:7; 고전 1:3; 고후 1:2; 갈 1:3; 엡 1:2; 살후 1:2). 복음은 우리에게 하나님의 은혜와 평강을 안겨 준다.

은혜와 평강의 순서도 중요하다(Fee). 하나님의 은혜를 입은 사람들은 평안하다. 하나님의 은혜가 맺는 열매가 평안이기 때문이다. 은혜와 평강은 '하나님 우리 아버지와 주 예수 그리스도'께서 함께 우리에게 주시는 복이다(2절). 바울의 높은 기독론을 암시하는 말씀이다. 성자 예수님은 성부 하나님과 동일한 지위에 계신 분이다.

이 말씀은 우리는 예수 그리스도의 종들이라 한다. 먼저 주인이신 예수님을 섬기고, 그다음 그분이 하고자 하셨던 일, 곧 성도들을 섬겨야 한다. 일부 목회자는 성도 위에 군림하는데, 옳지 않다. 예수님이 제자들의 발을 씻기셨던 것처럼 목회자들은 낮은 자세로 성도들을 섬겨야 한다. 기독교는 섬기는 리더십을 지향한다.

우리는 그리스도 예수 안에서 살아야 한다. 항상 주님을 생각하며 말하고 행동해야 한다. 바울은 이 짧은 본문에서 예수님을 세 차례나 언급한다. 우리를 구원하신 예수님의 부르심에 합당한 삶을 살아야 한다는 뜻이다.

그리스도의 복음이 우리에게 주는 가장 큰 선물은 은혜와 평강이다. 먼저 구원하시는 하나님의 은혜가 임하고, 이 은혜는 예수 그리스도만이 주실 수 있는 평강으로 이어진다. 복음은 하나님과 죄인 사이에 평강이 임하게 하고, 죄인과 죄인 사이에도 평강이 임하게 한다. 우리는 하나님이 선물로 주신 은혜와 평강을 감사히, 또한 마음껏 누려야 한다.

B. 빌립보 성도들로 인한 감사(1:3-8)

³ 내가 너희를 생각할 때마다 나의 하나님께 감사하며 ⁴ 간구할 때마다 너희 무리를 위하여 기쁨으로 항상 간구함은 ⁵ 너희가 첫날부터 이제까지 복음을 위한 일에 참여하고 있기 때문이라 ⁶ 너희 안에서 착한 일을 시작하신 이가 그리스도 예수의 날까지 이루실 줄을 우리는 확신하노라 ⁷ 내가 너희 무리를 위하여 이와 같이 생각하는 것이 마땅하니 이는 너희가 내 마음에 있음이며 나의 매임과 복음을 변명함과 확정함에 너희가 다 나와 함께 은혜에 참여한 자가 됨이라 ⁸ 내가 예수 그리스도의 심장으로 너희 무리를 얼마나 사모하는지 하나님이 내 증인이시니라

본 텍스트와 4:10-20은 주제와 단어 사용에서 상당한 연관성이 있다. 심지어 두 섹션이 괄호(inclusio)를 형성해 이 서신에 짜임새와 통일성을 더한다고 하는 이들도 있다(Peterman).

바울은 자신이 빌립보 교회에 큰 사랑의 빚을 졌다고 생각한다. 그는 빌립보 성도들을 생각할 때마다 감사와 감격이 벅차오른다. 그러므로 마음에서 우러나는 기쁨으로 하나님께 감사드린다. '기쁨'(χαρά)은 빌립보서의 주요 테마다. 동사 '기뻐하다'(χαίρω)와 그에서 파생된 단어들이 14차례나 사용된다.

바울 시대의 종교에는 유대교-기독교의 '기쁨' 개념이 없었다(Hooker, cf. TDNT). 구약은 기쁨이 하나님의 구원에서 비롯된다고 한다(Bockmuehl, cf. 사 12:3, 6; 25:9; 35:1-10; 55:12; 눅 2:10-11). 기쁨은 성령의 열매이며(갈 5:22), 그리스도인의 삶에서 가장 기본적인 성향이다. 빌립보 성도들을 생각할 때마다 그들을 위해 기쁜 마음으로 기도한다는 본문은 바울 서신 중 가장 사적인 감사 기도다(Hooker).

우리는 처한 상황이 좋아서 기뻐하는 것이 아니라, 그리스도를 아는

것을 기뻐해야 한다. 하나님의 자녀가 된 것을 기뻐하면 언제 어디서든 기뻐할 수 있다. 바울은 자신의 감옥 생활을 통해 그리스도의 복음이 전파된다며 갇힌 몸으로도 기뻐했다(cf. 1:18, 25; 2:2, 17-18, 28-29; 3:1; 4:4, 10).

또한 기쁨은 그리스도인 사역의 진위를 가리는 리트머스 테스트다(Arnold, cf. 고후 7:4, 13; 빌 2:2; 4:1; 살전 2:19-20; 3:9; 딤후 1:4). 우리는 기쁜 마음으로 사역해야 하며, 많은 기쁨을 열매로 맺어야 한다. 기쁨의 반대말은 슬픔이 아니라 절망이다.

사도는 빌립보 성도들을 생각할 때마다 하나님께 감사를 드린다(3절). 대부분 번역본이 "내가 너희를 생각할 때마다"라고 번역한 문구(πάσῃ τῇ μνείᾳ ὑμῶν)는 '너희가 나를 생각할 때마다'(for your every remembrance of me)로 번역할 수도 있다(O'Brien, Witherington). 이렇게 번역할 경우 바울은 빌립보 교회가 헌금을 보내올 때마다(cf. 4:15-17) 그들에 대해 하나님께 감사한다는 의미가 된다.

그러나 모든 번역본이 표기하는 것처럼 '내가 너희를 생각할 때마다'가 문맥에 더 잘 어울린다(Bockmuehl). 이어지는 4절이 그가 선물을 받을 때만 기도하는 것이 아니라 매일 빌립보 성도들을 위해 기도한다는 사실을 강조하기 때문이다. 바울은 3-4절에서 그들을 위해 쉬지 않고 기도하고 있다는 사실을 '모든'(πᾶς)을 네 차례 사용해 표현한다: (1)언제든 너희를 생각할 때마다(πάσῃ), (2)[간구할] 때마다(πάντοτε), (3)나의 모든(πάσῃ) 간구, (4)너희 모두(πάντων)를 위한 간구.

바울은 빌립보 성도들을 생각할 때마다 기쁨으로 감사 기도를 드리는 두 가지 이유를 알려 준다. 첫째, 빌립보 성도들의 헌신 때문이다. 그들은 바울을 처음 만난 날부터 이때까지 복음을 위한 일에 참여하고 있다(5절). 바울이 빌립보를 처음 방문한 것은 10여 년 전인 주후 50년에 있었던 일이다. 그는 자색 옷감 장사 루디아를 만나 그녀와 온 가족을 그리스도께 인도했다(행 16:14-15). 도시의 첫 교회가 그녀의 집에 세워졌다(행 16:40). 그리고 바울이 갇혔던 빌립보 감옥의 간수와 온 집 안이 그리스도를 영접했다(행 16:27-34). 이후 빌립보 성도들은 바울의 복음 사역을 계속 후원했다.

빌립보서에서 '복음'(εὐαγγέλιον)은 9차례 사용된다. 복음은 바울의 유일한 열정이며 그와 빌립보 성도들을 하나로 엮는 '풀'(glue)이다(Fee). 복음을 전파하는 것은 곧 그리스도를 전파하는 일이며(1:15), 그리스도의 복음에 합당하게 생활하는 것이다(1:27). 또한 복음을 전파하는 일은 온 공동체가 함께 해야 한다(Arnold).

빌립보 교회는 지난 10년 동안 바울의 복음 전파에 기도와 물질로 참여했다. '참여'(κοινωνία)는 파트너가 되어(ESV, NIV) 동참하거나(새번역), 협력하거나(공동), 나눈다는(sharing)(NRS) 뜻이다. 성도의 교제(κοινωνία)가 바로 '참여/나눔'이다. 교제는 함께 모여서도 하지만, 같은 일에 참여하는 일을 통해서도 한다.

바울이 빌립보 성도들을 생각할 때마다 기쁨으로 감사 기도를 드리는 두 번째 이유는 그들 안에 착한 일을 시작하신 하나님이 그리스도 예수의 날까지 이루실 것을 확신하기 때문이다(6절). '그리스도 예수의 날'(ἡμέρας Χριστοῦ Ἰησοῦ)은 세상이 끝나고 하나님의 심판이 임하는 날이다. 구약은 이날을 '여호와의 날'(יהוה יום)이라 하고, 신약은 '주의 날'(ἡμέρα κυρίου)(살전 5:2; 살후 2:2) 혹은 '그날'(ἡ ἡμέρα)이라고 한다(롬 13:12; 고전 3:13; 살전 5:4).

'확신하다'(πείθω)는 반드시 그렇게 될 것이라는 뜻이다(BDAG). 사람이 인정하든 부인하든 그리스도 예수의 날은 반드시 온다. 또한 우리 안에 이미 선한 일을 시작하신 하나님이 그날이 올 때까지 우리를 항상 인도하고 보호하실 것이다. 하나님은 시작한 일은 반드시 완성하시는 분이다.

그리스도의 복음을 영접해 그리스도인의 삶을 시작하는 일은 '착한'(좋은) 일이다. 바울은 이 선한 일을 빌립보 성도들 안에서 시작하신

이는 하나님이시며, 그분이 그리스도 예수의 날까지 이루실 것을 확신한다. 우리 구원의 출발점에 하나님이 계셨다. 우리 구원이 끝나는 (완성되는) 곳에도 하나님이 '환영 현수막'을 걸고 우리를 기다리실 것이다. 그 사이에 하나님은 우리가 '항상 복종하여 두렵고 떨림으로 우리 구원을 이루게' 하신다(2:12).

복음 전파에 참여하는 일도 착한(좋은) 일이다. 빌립보 성도 중에는 자기 스스로 결정하고 헌신해서 바울의 사역에 참여하고 있다고 생각하는 이들이 있을 수 있다. 그러나 사도의 관점에서 그들이 사역을 후원하는 것은 전적으로 하나님이 하시는 일이다. 하나님이 그들에게 감동을 주셔서 헌신하게 하셨다. 그들은 성령의 감동과 인도하심에 따라 바울을 후원하게 된 것이다. 만일 빌립보 성도들이 하나님의 인도하심에 따르지 않고 스스로 하는 일이었다면 바울은 그들의 후원을 거부했을 것이다.

바울은 자신이 빌립보 성도들을 생각할 때마다 하나님께 감사하고, 간구할 때마다 기쁨으로 하는 것, 그리고 그들 안에 선한 일을 시작하신 이가 그리스도의 날에 반드시 완성하실 것이라고 확신하는 것이 마땅하다고 한다(7a절). '마땅한'(δίκαιος)은 '옳은, 당연한'이라는 뜻이다 (BDAG). 자신의 생각과 그동안 있었던 일을 고려하면 빌립보 성도들에 대해 이러한 결론을 내리는 것이 참으로 당연하다.

사도의 이러한 생각이 당연한 것은 그들이 사도의 마음에 있기 때문이다(7b절). 대부분 번역본은 이 문구(ἔχειν με ἐν τῇ καρδίᾳ ὑμᾶς)를 빌립보 성도들이 바울의 마음에 있는 것으로 해석하지만, NRS와 일부 학자는 바울이 빌립보 성도들의 마음에 있는 것(you hold me in your heart)으로 해석한다(Hawthorne, Witherington, 새번역 각주). 바울이 바로 다음 절 (8절)에서 하나님이 자신의 증인이라고 하는 점으로 고려할 때 그가 빌립보 성도들을 자기 마음에 두었다는 것으로 해석하는 것이 문맥에 더 잘 어울린다. 바울은 항상 특별한 애정으로 빌립보 성도들을 마음에 품고 감사하며 기도하고 있다. 하나님이 그들에게 계속 은혜를 베푸시고 인도하실 것도 확신한다. 사랑의 빚을 진 사람의 마음이 이러하다.

바울은 자기의 매임과 복음을 변명함과 확정함에도 빌립보 성도들이 다 그와 함께 은혜에 참여한 자들이 된다고 한다(7c절). '매임'(δεσμός)은 그가 감옥에 감금되어 있다는 것을 뜻한다(BDAG). 변명함과 확정함은 법적인 용어다. '변명함'(ἀπολογία)은 법정에서 피고를 변호하는 일이다. 바울은 황제가 주관하는 로마 법정에서 복음이 누구에게도 해롭지 않으며 또한 사실임을 변호해야 한다(cf. 행 22:1; 딤후 4:16; 히 6:16). '확정함'(βεβαίωσις)은 변호하는 내용이 사실임을 증명하는 증거다(BDAG). 바울이 변호에 사용할 수 있는 가장 좋은 증거는 그의 삶이다(Arnold, cf. 히 2:3-4). 빌립보 성도들은 바울이 복음을 변호하기 위해 법정에 서 있든지, 연금된 가택에서 복음을 전파하든지 항상 그와 함께 있다(Thielman). 그러므로 재판의 결과는 사도에게 그다지 중요하지 않다(Garland). 어떠한 상황에서든 그리스도가 전파되는 것이 중요하다(1:20).

놀라운 것은 사도가 자신이 겪고 있는 고난(재판과 구금)을 하나님이 그에게 베푸신 은혜(χάρις)로 여긴다는 사실이다. 당시 그리스-로마 사람들은 구속적 혹은 종말론적 고통(redemptive or eschatological suffering)을 알지 못했다(Bockmuehl). 그러므로 바울의 말은 이방인으로 구성된 빌립보 교회에 가히 충격적이라 할 수 있다. 그러나 성경에서는 흔한 개념이며, 심지어 고난으로 인해 복음이 더 잘 전파될 수도 있다고 한다. 그러므로 리더일수록 더 많은 고난을 겪을 것이라고 한다(cf. 고전 4:18-13). 하나님은 선택된 소수에게만 그리스도의 고난에 동참할 기회를 허락하시기 때문이다. 그러므로 고난도 은혜다.

바울은 자신이 예수 그리스도의 심장으로 빌립보 성도들을 얼마나 사모하는지 하나님이 자신의 증인이시라고 한다(8절). '사모하다'(ἐπιποθέω)는 '간절히 바라다'라는 뜻을 지닌 관계적인 단어다

(Arnold, cf. BDAG). 바울은 빌립보 성도들을 참으로 보고 싶어한다. '증인'(μάρτυς)도 법적인 용어다.

이 말씀은 주님 안에서 끈끈한 사랑으로 엮인 그리스도인은 서로에 대해 감사하며 기쁨으로 서로를 위해 간절히 기도해야 한다고 한다. 이렇게 하려면 먼저 과거를 돌아보며 형성된 관계에 대해 감사해야 한다. 또한 이러한 관계를 유지하려면 계속 노력해야 한다. 내가 먼저 사랑하지 않으면서 상대방의 사랑을 바라는 것은 욕심이다. 우리를 떠올릴 때마다 하나님께 감사하는 이들이 몇 명이나 될까? 혹시라도 우리를 피하고 싶어 하는 사람이 더 많지는 않은지 항상 성찰해야 한다.

복음 전파는 모든 그리스도인이 하는 일이다. 구두로 전파할 수 있고, 삶으로 복음을 살아낼 수도 있다. 또한 사역자가 되어 복음을 전파하는 것도 좋은 일이다. 사역자로 부르심을 받지 않았다면, 그들을 위해 기도하고 물질적으로 후원해야 한다.

우리는 바울의 삶에서 참으로 영광스럽고 기쁜 순간을 목격하고 있다. 그가 10여 년 전에 빌립보를 찾아가 전도하고 교회를 세웠을 때 이런 날, 곧 온 교회가 그를 위해 기도하고 물질적으로 돕는 날이 오리라고는 상상하지 못했을 것이다. 복음이 바울과 온 빌립보 교회를 축복의 끈으로 이어 준 것처럼, 우리가 복음을 전파할 때 하나님의 은혜를 기대해도 좋다.

그리스도의 고난에 동참하는 것은 하나님의 은혜다. 그러므로 복음으로 인한 고난과 핍박을 두려워하지 말자. 고난과 핍박으로 인해 그리스도의 복음이 더 잘 전파될 수 있다. 중요한 것은 그리스도가 전파되는 일이다.

C. 빌립보 성도들을 위한 기도(1:9-11)

⁹ 내가 기도하노라 너희 사랑을 지식과 모든 총명으로 점점 더 풍성하게 하
사 ¹⁰ 너희로 지극히 선한 것을 분별하며 또 진실하여 허물 없이 그리스도의
날까지 이르고 ¹¹ 예수 그리스도로 말미암아 의의 열매가 가득하여 하나님의
영광과 찬송이 되기를 원하노라

사도는 빌립보 성도들이 지식과 총명으로 그들의 사랑을 점점 더 풍
성하게 하기를 기도한다(9절). 칠십인역(LXX)은 '지식'(ἐπίγνωσις)을 항상
하나님에 대한 지식이라는 의미로 사용한다(Arnold, cf. 잠 2:5; 호 4:1, 6;
6:6). 바울도 이 단어를 종교적인 지식이라는 의미로 사용한다(Thielman,
cf. 롬 1:28; 3:20; 10:2; 엡 1:17; 4:13; 골 1:9).

'총명'(αἴσθησις)은 신약에서 단 한 차례 사용된다. 칠십인역(LXX)에서
는 영적인 분별력을 의미한다(cf. 출 28:3). 바울은 이 두 단어를 통해 우
리가 추구하는 사랑은 하나님에 대한 지식과 영적인 분별력 위에 세
워져야 한다고 강조한다. 사랑이 없는 지식은 아무것도 아니다(고전
13:2). 그러나 지식이 없는 사랑은 위험하다(Arnold, Garland).

'점점 더 풍성하게 하사'(ἔτι μᾶλλον καὶ μᾶλλον περισσεύῃ)는 '넘치
다'(overflow)라는 의미를 지닌다(BDAG). 빌립보 성도들이 하나님의 뜻
을 알아 감에 따라 그들의 사랑이 온 공동체에 넘쳐흐르기를 기원하는
말이다. 사랑은 믿음과 소망과 함께 기독교의 가장 중요한 3대 가치다
(cf. 고전 13:13; 골 1:4-5; 살전 1:3).

사랑이 지식과 총명으로 풍성해지면 지극히 선한 것을 분별하게 된
다(10a절). '지극히 선한 것'(διαφέροντα)은 다른 것보다 더 가치 있고 우
월한 것이다(BDAG). '분별하다'(δοκιμάζω)는 어떤 것의 진위나 가치를
결정하기 위해 평가하고 검토하는 행위다(BDAG). 그러므로 풍성한 사

랑이 '지극히 선한 것을 분별하는 것'은 좋은 것과 나쁜 것을 구분하는 것이 아니다(Bockmuehl). 여러 가지 좋은 것 중에서 최고를 구분하는 일이다(Arnold, Garland, Thielman). 그리스도인이 할 수 있는 여러 가지 선한 일 중 가장 의미 있는 일을 골라서 하는 것이다.

또한 지식과 총명으로 풍성해진 사랑은 진실하여 허물없이 그리스도의 날까지 이른다(10b절). '진실하여'와 '허물없이'는 둘 다 흔치 않은 단어다. '진실하여'(εἰλικρινής)는 베드로후서 3:1에서 한 번 더 사용된다. 성실함, 순수함, 가식이나 숨겨진 동기가 없는 것을 뜻한다(BDAG). 그러므로 진실한 사람은 선한 일을 하기에 가장 적합한 마음을 지녔다.

'허물없이'(ἀπρόσκοπος)는 양심에 거리낌이 없어(행 24:16) 누구에게도 걸림돌이 되지 않는 것을 의미한다(고전 10:32). 사도는 빌립보 성도들의 지식과 총명으로 풍성해진 사랑이 그리스도의 날, 곧 세상이 끝나는 날까지 계속되기를 기원한다.

바울은 빌립보 성도들의 삶이 의의 열매로 가득하기를 기원한다(11a절). 어떤 이들은 '의의 열매'(καρπὸν δικαιοσύνης)가 우리가 그리스도인이 되었을 때 이미 얻은 '의롭다 하심'(칭의)라고 하지만, 본문은 그리스도인 삶의 윤리적인 면모, 곧 살면서 맺어야 할 열매에 관한 것이다(Silva, Thielman). 그리스도인은 의로운 사람답게 온갖 거룩하고 경건한 성령의 열매(갈 5:22)로 가득한 삶을 살아야 한다는 권면이다(Arnold, cf. 마 7:16, 20). 의의 열매는 우리가 그리스도인이 되었을 때 우리 내면에 이식된 새 생명의 자발적인 산물로 맺어지기 시작했다(Bruce). 바울은 빌립보 성도들의 삶에 이미 맺히고 있는 의의 열매를 최대한 많이 맺으며 살 것을 당부한다.

의의 열매로 가득한 그리스도인의 삶은 하나님의 영광과 찬송이 된다(11b절). 하나님께 영광과 찬송을 드리기(돌리기) 위해 의의 열매를 많이 맺으라는 뜻이다(새번역, 공동, ESV, NAS, NRS). '예수 그리스도로 말미암아'(διὰ Ἰησοῦ Χριστοῦ)는 '예수님을 통해'(through), 곧 그리스도 안에서 하라는 뜻이다. 우리는 예수님의 도우심을 받아 그분의 이름으로 온갖 의의 열매를 우리 삶에 가득 채움으로써 하나님께 모든 영광을 돌려야 한다.

이 말씀은 사랑은 성장하는(커지는) 것이며 점점 더 풍성해지는 것이라 한다. 지식과 모든 총명으로 사랑하면 이런 일이 일어난다. 그러므로 우리는 사랑을 하나님에 대한 지식과 영적 분별력으로 키워 나가야 한다. 하나님에 대해 더 많이 배우고 묵상하며 닮으려고 노력하면 우리의 사랑은 계속 성장할 것이다.

점점 더 풍성해지는 사랑으로 의의 열매, 곧 성령의 열매를 맺으며 살면 그리스도의 날에 이를 때까지 하나님이 우리를 지키시고 축복하실 것이다. 또한 이러한 삶은 하나님께 영광과 찬송이 된다. 그러므로 이런 날을 꿈꾸며 서로를 위해 기도하고 섬기자.

II. 사도의 감옥 생활

(1:12-26)

이 서신을 보내는 사도는 지금 로마에서 황제의 재판을 기다리고 있다. 그가 죄를 지어서가 아니라 그리스도의 복음을 전파한 일로 인해 빚어진 일이다. 그는 그리스도의 고난에 동참하고 있는 것이다. 사도는 그를 후원하는 빌립보 성도들에게 자신이 처한 상황에 대해 설명한다. 일종의 '선교 보고'라 할 수 있다.

    A. 바울의 매임과 복음 전파(1:12-18)
    B. 바울의 삶과 죽음(1:19-26)

II. 사도의 감옥 생활(1:12-26)

A. 바울의 매임과 복음 전파(1:12-18)

[12] 형제들아 내가 당한 일이 도리어 복음 전파에 진전이 된 줄을 너희가 알기를 원하노라 [13] 이러므로 나의 매임이 그리스도 안에서 모든 시위대 안과 그 밖의 모든 사람에게 나타났으니 [14] 형제 중 다수가 나의 매임으로 말미암아

주 안에서 신뢰함으로 겁 없이 하나님의 말씀을 더욱 담대히 전하게 되었느니라 ¹⁵ 어떤 이들은 투기와 분쟁으로, 어떤 이들은 착한 뜻으로 그리스도를 전파하나니 ¹⁶ 이들은 내가 복음을 변증하기 위하여 세우심을 받은 줄 알고 사랑으로 하나 ¹⁷ 그들은 나의 매임에 괴로움을 더하게 할 줄로 생각하여 순수하지 못하게 다툼으로 그리스도를 전파하느니라 ¹⁸ 그러면 무엇이냐 겉치레로 하나 참으로 하나 무슨 방도로 하든지 전파되는 것은 그리스도니 이로써 나는 기뻐하고 또한 기뻐하리라

빌립보 교회는 바울이 처한 상황을 매우 염려했다. 그들은 헌금을 모아 에바브로디도 편에 들려 로마에 있는 사도에게 보냈다(2:25; 4:10, 14). 바울은 그들이 염려하는 것을 잘 알기에 에바브로디도를 돌려보내 자기 형편을 설명할 필요가 있다고 생각했다(2:24, 28-29). 게다가 에바브로디도는 로마에서 심히 앓았고 빌립보 성도들도 이 소식을 들었다. 바울은 그를 빌립보 교회로 돌려보내는 것이 좋겠다고 생각했다. 이 섹션은 사도가 자신이 처한 상황을 에바브로디도를 통해 빌립보 성도들에게 알린 내용이다.

바울은 감옥에 갇힌 일로 인해 좌절하지 않는다. 기쁜 마음으로 자신이 당한 일이 도리어 복음 전파에 진전이 되었다고 한다(12절). '도리어'(μᾶλλον)는 생각하지 못했던 결과가 나왔다는 의미다(Thielman). '진전'(προκοπή)은 진보(progress)를 뜻한다(BDAG). 그가 감옥에 갇히지 않았다면 복음을 들을 기회가 전혀 없었을 사람들이 그가 갇힘으로 인해 복음을 영접하게 되었다는 것이다. 복음 전하는 사람이 감금되어도 복음은 계속 전파되어 회심의 열매를 맺고 있다.

빌립보 성도들도 바울이 로마에서 재판을 기다리고 있다는 사실을 알았다. 그러므로 그들은 헌금과 함께 에바브로디도를 로마로 보내 바울을 돕게 했다. 그러나 이방인을 위한 사도인 바울이 감금됨으로써 이방인을 위한 복음 전파가 끝난 것으로 생각했을 수도 있다. 복음 전

파자가 감금되었으니 이렇게 생각하는 것이 당연해 보인다. 그러나 바울의 감금에도 불구하고 많은 이방인이 하나님께 인도되고 있다. 바울이 감금된 일이 전화위복(blessing in disguise)이 된 것이다. 복음을 전파하는 사람들이 수고하는 것은 사실이지만, 정작 복음을 선포하고 복음으로 사람들을 감동시키는 분은 하나님이시기 때문이다.

우리는 복음이 역동적이고 항상 활발하게 움직이고 있다는 것을 깨달아야 한다. 예수님은 이 사실을 아시기에 갈릴리에서 복음을 선포하시면서도 복음이 모든 민족에게 증언되기 위해 온 세상에 전파될 것이라고 말씀하셨다(마 24:14; 26:13; 막 13:10; 14:9). 우리가 전파하지 않아도 그리스도의 복음은 땅끝까지 전파될 것이다. 그러므로 하나님이 복음 전파하는 일에 우리를 사용하시는 것을 영광으로 생각해야 한다.

바울이 그리스도의 복음으로 인해 로마 감옥에 투옥되어 황제의 재판을 기다리고 있다는 사실이 많은 사람에게 알려졌다(13a절). 그가 상소하여 황제의 재판을 기다리고 있다는 사실은 그가 로마 시민이라는 것을 의미한다. 오직 로마 시민에게만 이러한 특권이 있기 때문이다.

사도가 감옥에 감금된 이유가 그리스도의 복음을 전파한 일 때문이라는 소문도 퍼졌다. '그리스도 안에서'(ἐν Χριστῷ)가 본문이 묘사하는 정황에서 사용되는 것이 다소 특이하지만 '그리스도를 위해'(for Christ, because of Christ)라는 의미를 지닌다(공동, ESV, NAS, NIV, NRS). 소문을 들은 사람 중에 예수 그리스도를 알지 못하는 사람들은 당연히 그가 누구인지 물었을 것이다. 대체 예수 그리스도가 어떤 사람이기에 많은 권리와 특권을 지닌 로마 시민이 온 세상을 다니며 그를 전파하다가 감옥에 갇혔는가? 바울의 이야기는 제국의 수도인 로마에 센세이션(sensation)을 일으키기에 충분했다.

바울이 그리스도를 전파하다가 잡혀 와 황제의 재판을 기다리고 있다는 소식이 모든 시위대 안과 그 밖의 모든 사람에게 나타났다(13b절). '시위대'(πραιτώριον)는 라틴어 단어(praetorim)에서 빌려온 단어(loanword)

이며 '황제의 친위대'(imperial guard)라는 의미를 지닌다(BDAG). 시위대
는 경찰관, 소방관, 공무원 등 다양한 역할을 했지만, 그중에서도 가장
중요한 일은 정예병으로서 황제를 보호하고 섬기는 것이었다(Lightfoot).
그러므로 '황제의 친위대'는 빌립보서가 어디서 저작되었는지에 대한
힌트로 간주되기도 한다(Bruce). 당시 시위대의 수가 6,000-9,000명에
달했던 만큼 '모든 시위대'(ἐν ὅλῳ τῷ πραιτωρίῳ)가 이 모든 인원을 의미
하지는 않는다. 그들 중 상당수가 소문을 듣고 궁금해하거나 복음을
영접했다는 뜻이다.

당시에는 재판을 기다리는 죄인을 간수들이 네 시간마다 교대하며
감시했다(Arnold). 또한 간수들은 죄인의 도주를 막기 위해 자신의 몸과
죄인의 몸을 쇠사슬로 연결했다. 바울의 경우 가택 연금 상태였기 때
문에 쇠사슬을 묶지는 않았겠지만, 간수들이 항상 그를 감시했다. 그
러므로 바울은 재판을 기다리는 수년 동안 여러 간수를 가까이에서 접
하며 대화할 기회를 얻었다. 사도는 이 기회를 살려 그들에게 복음을
전했다.

'그 밖의 모든 사람'(τοῖς λοιποῖς πάσιν)은 시위대에 속하지는 않지만
그들을 통해, 혹은 다른 경로를 통해 바울의 감금 소식을 들은 사람
들이다. 한 로마 시민이 나사렛 예수의 이야기를 전파하다가 잡혀 와
재판을 기다리고 있다는 소문은 로마에서 바울을 유명하게 만들었다
(Garland).

사도의 감옥 생활은 의외의 결과를 초래하기도 했다. 그의 소식을
듣고 위축되기는커녕 오히려 더 담대하게 복음을 전파하는 다수의 형
제가 생긴 것이다(14절). '다수'(πολύς)는 '거의 모두/대부분'(most)을 뜻한
다(ESV, NAS, NIV, NRS, cf. 새번역, 공동). 바울이 재판받기 위해 도시에
입성하자 로마에 사는 그리스도인들이 하나님께 큰 위로와 격려를 받
아 오히려 더 담대하게 그리스도의 복음을 전파한 것이다.

로마 성도들은 바울이 로마로 이송되어 오고 있다는 소식을 듣고 그

를 환영하기 위해 먼 길을 마다하지 않았다. 바울도 그들의 격려와 환영에 보답하듯 연금된 집에서 재판을 기다리며 그들과 교제했다.

> 거기[로마가 항구로 사용한 보디올]서 형제들을 만나 그들의 청함을 받아 이레를 함께 머무니라 그래서 우리는 이와 같이 로마로 가니라 그 곳 형제들이 우리 소식을 듣고 압비오 광장과 트레이스 타베르네까지 맞으러 오니 바울이 그들을 보고 하나님께 감사하고 담대한 마음을 얻으니라 우리가 로마에 들어가니 바울에게는 자기를 지키는 한 군인과 함께 따로 있게 허락하더라 … 바울이 온 이태를 자기 셋집에 머물면서 자기에게 오는 사람을 다 영접하고 하나님의 나라를 전파하며 주 예수 그리스도에 관한 모든 것을 담대하게 거침없이 가르치더라(행 28:14-16, 30-31).

대부분 로마 성도는 바울이 복음을 전파하다가 잡혀 재판받게 된 일로 주 안에서 신뢰함을 가졌다(14a절). '신뢰하다'(πείθω)는 어떤 것에 대한 확신이 너무 커서 설득된다는 뜻이다(BDAG). 그들의 신뢰는 두 가지에 근거했다. 첫째, 그들은 주님께서 바울이 감옥에 갇혀 있는 동안 행하신 일, 곧 복음을 전파하다가 처하게 된 '나쁜 상황'을 하나님이 주권적으로 사용하시는 것을 보면서 말씀을 선포하는 데 큰 힘을 얻었다. 그들은 바울이 갇힌 일을 좋다고 하지 않는다. 다만 하나님이 그의 매임을 사용하셔서 선을 이루신 일을 보고 용기를 얻었다(Holloway). 바울이 갇힌 상황을 하나님이 사용하신 것은 이 일이 그리스도의 고난에 동참하는 것이기 때문이다(Bruce, Silva).

둘째, 하나님을 대적하는 세상 권세가 복음 전파자인 바울을 감옥에 가둔 일을 통해서 복음이 이 악한 세상이 참으로 싫어하는 하나님의 진리라는 사실을 다시금 깨달았기 때문이다. 만일 복음이 진리가 아니라면, 세상이 바울을 감옥에 가둘 이유가 없다. 그러므로 이러한 사실을 깨달은 사람들은 겁 없이, 또한 더욱 담대히 복음을 전파했다(14b

절). '겁 없이'(ἀφόβως)는 적대적인 환경에서도 두려움 없이 '하나님의 말씀'(τὸν λόγον) 곧 복음을 전했다는 뜻이며, '더욱 담대히'(περισσοτέρως τολμᾶν)는 큰 담대함과 용기를 가지고 이 일을 했다는 의미다(cf. 롬 5:7; 15:18; 고후 10:2; 11:21).

바울은 일명 '그랬구나!' 경험을 하고 있다. 그는 예루살렘 성전에서 유대인들에게 잡힌 다음 가이사랴로 이송되어 그곳의 감옥에서 2-3년 동안 지지부진한 재판을 받았다. 재판하는 자들이 원하는 뇌물을 주지 않았기 때문이다. 결국 로마 시민으로서 로마에 가서 황제에게 재판을 받겠다고 상소해 로마로 이송되었다. 오는 길에는 그가 탔던 배가 풍랑을 만나 죽을 고비도 넘겼다.

로마를 방문해 복음을 전파하고자 하는 간절한 마음은 항상 있었지만, 죄수가 되어 죽을 고비를 넘기며 로마로 이송되어 오는 일은 상상하지도 못했다. 하지만 이러한 상황에서 수많은 로마 성도가 그로 인해 복음의 진실성을 더 확신하게 되고 복음 전파에 담대해져 열심을 내는 것을 보면서 '아 하나님이 이렇게 하시려고 나를 감옥에 갇히게 하셨구나!' 하고 깨달았다. 그는 이런 일을 위해서라면 자신의 감옥 생활과 죽을 고비가 의미 있는 일이라고 생각했을 것이다. 우리에게도 종종 '그랬구나!' 경험이 필요하다. 그리스도인의 삶에 큰 힘과 용기가 되기 때문이다.

15-17절은 매우 복잡하다(cf. Arnold). 확실한 것은 두 부류의 사람이 복음을 전파하고 있다는 사실이다. 이 두 부류를 구체적으로 구분하는 것은 불가능하다고 주장하는 이들도 있다(O'Brien). 그러나 이 두 부류에 대한 윤곽이 어느 정도는 드러난다. 투기와 분쟁으로 바울이 잘못되기를 바라는 마음으로 복음을 전파하는 자들이 있는가 하면, 착한 뜻으로 그리스도를 전파하는 이들도 있다. 이 두 부류의 공통점과 차이점은 다음을 참조하라(Thielman).

선한 전파자들	나쁜 전파자들
그리스도를 전파함	그리스도를 전파함
착한 뜻으로	투기와 분쟁으로
사랑으로	다툼으로
복음을 변증하기 위해 세우심을 받은 것을 알고(확신하고) 갇힌 그를 대신해서 전함	바울의 매임에 괴로움을 더하게 할 줄로 생각하고(기대하고) 복음을 전함
참으로	겉치레로

어떤 학자들은 바울을 싫어하고 그가 잘못되기를 바라는 마음으로 복음을 전파하는 자들을 고린도 교회와 갈라디아 교회를 괴롭힌 율법 주의적 그리스도인들(거짓 선생들)로 본다(Lightfoot). 그러나 바울은 그들이 전한 것은 복음이 아니라고 한다: "그리스도의 은혜로 너희를 부르신 이를 이같이 속히 떠나 다른 복음을 따르는 것을 내가 이상하게 여기노라 다른 복음은 없나니 다만 어떤 사람들이 너희를 교란하여 그리스도의 복음을 변하게 하려 함이라"(갈 1:6-7). 그러므로 이 사람들은 아니다(Bockmuehl, Bruce, Carson, Cousar, Garland, Thielman).

이들은 실제로 존재하지 않는 자들이며, 빌립보 성도들이 복음을 전파하는 이유를 스스로 돌아보게 하려고 사도가 만들어 낸 가상 인물들이라고 주장하는 이도 있다(Peterlin). 한편, 교회를 떠돌며 바울을 비방하던 가짜 사도들이라는 추측도 있다(cf. 고후 10:10; 11:13-14, 21, 30; 13:4). 가장 가능성 있어 보이는 것은 로마 성도 중에서 바울이 로마 정권과 기독교 사이에 분쟁을 일으켰다며 싫어하던 자들이다(Hooker). 그들은 바울 때문에 자신들이 로마 사회에서 위협받고 있다고 생각한다. 그러므로 열심으로 복음을 전파해 로마에 더 큰 물의를 일으켜 바울의 재판 결과에 부정적인 영향을 미치고자 한다.

바울은 누가 어떤 목적을 가지고 복음을 전파하는지는 중요하지 않다고 한다(18절). 나쁜 의도나 겉치레로 전파하는 것도 좋고, 착한 뜻을 가지고 진심으로 전파하는 것도 좋다. 어떤 의도와 방도로 하든 그리스도의 복음이 가감 없이 있는 그대로 전파되기만 하면 된다. 목적과 의도는 하나님이 판단하실 일이다. 우리 몫은 복음을 온전히 전파하는 것이다.

그러므로 사도는 복음이 전파되고 있다는 사실 하나로 기뻐하고 또 기뻐한다(18b절). 대부분 학자는 '이로써 나는 기뻐하고 또한 기뻐하리라'를 다음 절의 시작으로 간주한다(Arnold, Hooker, Garland, Thielman, cf. ESV, NIV). 그러나 앞 섹션의 결론으로 보아도 손색이 없다(새번역, 공동, NAS, NIRV). 그러므로 전환(앞 섹션의 결론이자 다음 섹션의 시작)으로 해석하는 것이 좋다.

이 말씀은 그리스도인이 복음으로 인해 겪는 고난에 대해 하나님 나라 관점에서 평가가 필요하다고 한다. 바울의 개인적 관점에서 볼 때 그가 감옥에 갇힌 것은 나쁜 일이며, 복음 전파를 방해하는 일이다. 그러나 하나님은 그가 갇힌 일을 계기로 더 많은 사람이 겁 없이 담대함으로 복음을 전파하게 하셨다. 바울의 고난이 수십 배의 열매를 맺어 하나님께 영광을 돌린 것이다. 우리 삶에서도 이런 일이 계속 일어나고 있다. 그러므로 우리가 당면한 고난에서 눈을 떼어 하나님의 구속 사적인 관점에서 그 고난이 어떤 의미를 지니고, 어떤 열매를 맺고 있는지 파악할 필요가 있다.

이런 일이 가능한 것은 그리스도의 복음이 역동적이어서 항상 활발하게 움직이기 때문이다. 복음 전파자인 바울이 갇혔다고 해서 복음도 갇힌 것은 아니다. 오히려 더 많은 사람이 그를 대신해서 복음을 전파했다. 세상 그 어떤 권세도 하나님의 진리인 복음을 가두어 둘 수는 없다. 그러므로 바울처럼 고난을 당한다 해도 좌절하거나 절망하지 않아야 한다. 하나님이 우리의 고난을 사용해 복음에 역동성을 더하실 것을 기대해도 좋다.

복음을 전파하는 사람 중에는 좋은 의도로 하는 이들이 있는가 하면, 개인적인 욕심을 채우기 위해 나쁜 의도로 하는 이들도 있다. 그러나 그리스도의 복음이 온전히 전파된다면 누구를 비난하거나 탓할 필요가 없다. 이런 일은 하나님의 몫이다. 우리는 복음이 전파되고 있음에 감사하면 된다.

B. 바울의 삶과 죽음(1:19-26)

[19] 이것이 너희의 간구와 예수 그리스도의 성령의 도우심으로 나를 구원에 이르게 할 줄 아는 고로 [20] 나의 간절한 기대와 소망을 따라 아무 일에든지 부끄러워하지 아니하고 지금도 전과 같이 온전히 담대하여 살든지 죽든지 내 몸에서 그리스도가 존귀하게 되게 하려 하나니 [21] 이는 내게 사는 것이 그리스도니 죽는 것도 유익함이라 [22] 그러나 만일 육신으로 사는 이것이 내 일의 열매일진대 무엇을 택해야 하는지 나는 알지 못하노라 [23] 내가 그 둘 사이에 끼었으니 차라리 세상을 떠나서 그리스도와 함께 있는 것이 훨씬 더 좋은 일이라 그렇게 하고 싶으나 [24] 내가 육신으로 있는 것이 너희를 위하여 더 유익하리라 [25] 내가 살 것과 너희 믿음의 진보와 기쁨을 위하여 너희 무리와 함께 거할 이것을 확실히 아노니 [26] 내가 다시 너희와 같이 있음으로 그리스도 예수 안에서 너희 자랑이 나로 말미암아 풍성하게 하려 함이라

사도는 앞 섹션에서 자신의 지난 일에 대한 회고를 끝내고, 이제 자신이 어떻게 될 것인지에 초점을 맞춘다. 그는 두 차례 '안다'(19, 25절)라고 하는데, 이는 그도 앞으로 어떤 일이 있을지 정확히 알지 못한다는 불확실성을 암시한다(Thielman). 그러므로 본 텍스트는 어떻게 될 것이라는 확신보다는 그가 희망하는 바에 관한 것이다(Bruce). 바울은 풀려나든 사형당하든 자신을 통해 그리스도가 존귀하게 되시길 바랄 뿐

이다(cf. 20절).

바울은 로마 감옥에 갇혀 재판을 기다리는 자신이 외롭지 않다고 한다. 빌립보 성도들이 그를 위해 계속 하나님께 간구하고 있다(19a절). 그들은 에바브로디도를 로마로 보내 보살피게 할 정도로 헌신적으로 바울을 섬기고 사랑한다. 또한 예수 그리스도의 성령의 도우심이 그와 함께한다(19b절).

'성령의 도우심'(ἐπιχορηγίας τοῦ πνεύματος)은 성령이 그를 대신해 변호하고 변증하시는 것이다(Hooker, cf. 요 14:16, 26; 15:26; 16:7-11). 바울은 로마법을 위반하는 일을 하지 않았다. 게다가 성도들의 기도와 성령이 그와 함께하니 사도는 무죄를 확신한다. 다만 한 가지 변수는 그를 재판하는 자들이 악령들의 영향력 아래 있는 세상 권세자라는 점이다. 그러나 하나님은 악령들과 권세자들 위에 군림하신다. 하나님이 뜻하시면 언제든지 바울은 감옥에서 풀려날 수 있다.

그러므로 그는 위축되지 않고 예나 지금이나 그리스도 안에서 자신 있게 살고 있다. 그는 사는 것도 그리스도를 위한 것이며, 죽는 것도 유익하다는 것을 안다. 무죄로 풀려나 계속 선교 사역을 하는 것도 좋지만, 순교해 그리스도와 함께 있는 것도 좋은 일이라고 생각한다.

사도는 빌립보 성도들의 기도와 성령의 도우심이 그를 구원에 이르게 할 것을 안다(19c절). '구원'(σωτηρία)은 원수의 손에서 풀려나거나 노예 생활에서 놓이거나, 죽음에서 해방되는 것 등 다양한 의미를 지닌다(cf. BDAG). 또한 종말에 하나님의 심판을 받지 않는 것을 뜻한다(cf. 1:28). 그러므로 본문에서 '구원'이 정확히 어떤 의미로 쓰이는지에 대해 다양한 해석이 있다: (1)감옥에서 풀려나는 것(Arnold, Hawthorne, cf. 새번역, 아가페), (2)재판을 통해 법정에서 무죄 판결을 받는 것(Martin), (3)풀려나 계속 그리스도의 증인이 되는 것(Bockmuehl, Holloway), (4)종말에 있을 하나님의 구원(Collange, Garland, Hooker, Silva, Thielman).

개역개정이 '이것이 나를 구원에 이르게 하리라'로 번역한 헬라어 문구(τοῦτό μοι ἀποβήσεται εἰς σωτηρίαν)는 욥기 13:16에서 "이것이 나의 구원이 되리라"의 칠십인역(LXX) 번역(τοῦτό μοι ἀποβήσεται εἰς σωτηρίαν)을 그대로 인용한 것이다(cf. 공동 각주). 이 말씀에서 욥은 하나님의 심판에 관해 말하고 있다. 또한 바울 서신에서 '구원'(σωτηρία)은 항상 종말에 있을 구원을 뜻한다(Hooker). 또한 사도가 자기 몸을 통해 그리스도가 드러난다고 하는 것으로 보아(20절) 최종적인 구원, 즉 본문에서 '구원'은 위에 나열된 해석 중 네 번째 의미로 사용되었다.

바울은 자유를 바라지만, 그리스도를 욕되게 하면서까지 원하는 것은 아니다. 그러므로 그의 간절한 기대와 소망은 아무 일에든지 부끄러워하지 않는 것이다(20a절). 신약에서 '간절한 기대'(ἀποκαραδοκία)는 단 두 차례 사용되는 희귀 단어다. 또한 바울이 사용하기 전까지는 헬라 문헌에서 찾아볼 수 없다. 그러므로 학자들은 바울이 이 단어를 만들어 사용한 것이라고 한다(Thielman). 이 단어는 로마서 8:19에서 피조물이 간절히 하나님의 아들들이 나타나기를 기다리는 '고대함'으로 번역되었다. 사도는 하나님이 정하신 뜻에 따라 법정에 서서 그리스도의 복음에 대해 증언하고 하나님의 구원을 고대한다(Garland).

'부끄러워하다'(αἰσχύνω)는 어떤 사람이나 상황에 대해 수치심을 느낀다는 뜻이다(BDAG, cf. 눅 16:3; 고후 10:8; 벧전 4:16). 바울은 법정에서 복음에 대해 증언하면서 그 무엇으로도 수치를 당하지 않길 기대한다. 그러므로 '나는 아무것도 부끄러워하지 않을 것이다'(I will be ashamed of nothing)라는 뜻이다(Arnold). 바울은 하나님이 자신을 대적하는 악의 세력 앞에서 부끄러움을 당하게 허락하실 수도 있다는 것을 안다(Fee, O'Brien, Thielman). 하지만 이런 상황에 처하게 되더라도 주님 안에 소망이 있기 때문에 복음과 그리스도에 대해 부끄러워하지 않을 것이라고 다짐한다. 바울은 이미 하나님께 의롭다 하심을 얻었다. 그러므로 세상 법정의 판결은 중요하지 않다(Hooker).

그러므로 그는 갇힌 지금도 전과 같이 온전히 담대하다(20b절). 그는

405

'전과 같이 온전히 담대하다'(ἐν πάσῃ παρρησίᾳ ὡς πάντοτε)라는 말을 통해 과거에 어떻게 자기 몸으로 그리스도를 위한 박해와 핍박을 견디고 이겨 냈는지 회상한다(Garland). 그는 복음을 위해 육체적 박해를 당하는 것이 자기 소명의 일부라는 것을 안다(Arnold).

그가 지금 당면한 고난은 사역의 부산물(by-product)이 아니다. 사도는 자유를 희망하지만 하나님이 허락하지 않으실 수도 있다. 그리스도를 높이는 사역자로 계속 주님을 섬길 수도 있고, 그분의 증인으로 순교할 수도 있다. 그러므로 살든지 죽든지 자기 몸에서 그리스도가 존귀하게 되기를 소망한다. 그리스도를 영화롭게 하는 것을 삶의 유일한 최고 목표로 삼은 것이다.

학자들은 '내 몸'(τῷ σώματί μου)을 그의 육신으로 제한해 해석하지만(Arnold, Garland), 사도의 삶 전체를 의미하는 것으로 해석하는 것이 바람직하다(Hooker). 그는 자신의 삶을 전제(drink offering)로 하나님께 부어 드릴 준비가 되어 있다(2:17; cf. 롬 12:1).

바울은 21-24절을 통해 삶과 죽음의 문턱에서 어느 쪽을 택해야 하는지에 대한 고민을 털어놓는다. 어떤 이들은 이 섹션이 그가 황제에게 항소했던 때를 회상하며 쓴 것이라 하지만(Collange, cf. 행 25:11; 28:19), 로마에서 당면한 현재 상황과 미래에 대한 묵상(contemplation)으로 해석하는 것이 설득력 있다(Garland).

사도는 삶과 죽음이라는 양자택일의 기로에 서 있다(Martin). 그러므로 두 가지 옵션에 대해 고뇌한다. 다음을 참조하라(Martin).

a. 삶: 사는 것이 그리스도다(21a절)
b. 죽음: 죽는 것도 유익하다(21b절)
c. 삶: 만일 산다면 육신으로 사는 이것이 내 일의 열매다(22절)
d. 죽음: 그리스도와 함께 있는 것이 훨씬 더 좋은 일이다(23절)
e. 삶: 내가 육신으로 있는 것이 너희를 위하여 더 유익이다(24절)

사도는 자신이 사는 것은 그리스도라 한다(21a절). 그리스도는 바울의 삶이자 그가 존재하는 이유다. 그는 이러한 사실을 이미 갈라디아서 2:20을 통해 고백했다: "내가 그리스도와 함께 십자가에 못 박혔나니 그런즉 이제는 내가 사는 것이 아니요 오직 내 안에 그리스도께서 사시는 것이라 이제 내가 육체 가운데 사는 것은 나를 사랑하사 나를 위하여 자기 자신을 버리신 하나님의 아들을 믿는 믿음 안에서 사는 것이라"(cf. 롬 6:4, 8, 11; 14:7-9; 고후 5:14-15; 살전 5:10). 그러므로 그는 그리스도인은 항상 그리스도의 죽음을 몸에 지니고 다닌다고 했다: "우리가 항상 예수의 죽음을 몸에 짊어짐은 예수의 생명이 또한 우리 몸에 나타나게 하려 함이라"(고후 4:10). 우리가 사는 것은 곧 그리스도의 고난에 동참하는 것이다(3:10; 골 1:24).

바울은 죽는 것도 유익하다고 한다(21b절). 당시 철학자들은 죽음을 어려운 현실에서 벗어나는 유일한 도피 문이라고 했다(Garland). 또한 현실을 도피한다는 점에서 죽음이 무익하다고 했다. 그들과는 대조적으로 바울은 죽음이 우리를 그리스도에게서 떼어 놓을 수 없으며(롬 8:38), 오히려 그리스도와 영원히 함께하는 계기를 만들어 주기 때문에 유익하다고 한다.

'그리스도'(Χριστὸς)와 '유익'(κέρδος)은 소리가 비슷해 언어유희를 형성한다(Arnold, Hooker). 사도는 그리스도를 아는 것이 얼마나 유익한지 나머지는 모두 해로 여긴다: "또한 모든 것을 해로 여김은 내 주 그리스도 예수를 아는 지식이 가장 고상하기 때문이라 내가 그를 위하여 모든 것을 잃어버리고 배설물로 여김은 그리스도를 얻고 그 안에서 발견되려 함이니"(3:8-9a). 그리스도를 아는 것은 하나님의 의롭다 하심을 얻고, 그분의 고난에 동참하고, 그분의 죽음을 본받고, 그분의 죽음을 통해 부활을 얻는 것이다.

사도는 죽는 것이 그에게 유익하지만, 그가 계속 사는 것은 하나님 나라를 위해 많은 열매를 맺는 것을 의미하기 때문에 죽음과 삶 중 무엇을 택해야 할지 알지 못한다고 한다(22절). 그가 이 땅에서 계속 살면 천국에서 그리스도와 함께 사는 일은 지연된다. 그러나 사역을 통해 선한 열매를 많이 맺을 것이다. 사실 바울에게는 죽음과 삶 중 하나를 택할 선택권이 없다. 하나님이 결정하실 일이고, 로마 법정이 선고할 일이다. 그러므로 '택하다'(αἱρέομαι)는 '선호하다'(prefer)라는 의미를 지닌다(NRS, cf. BDAG).

바울은 삶과 죽음 사이에 끼어 있으며, 개인적으로는 차라리 세상을 떠나 그리스도와 함께 있는 것이 훨씬 좋은 일이므로 그렇게 하고 싶다(23절). '끼어 있다'(συνέχω)는 다양한 의미를 지니며(BDAG), 이곳에서는 삶과 죽음 사이에서 감정적으로 나눠져 있다는 뜻이다.

어떤 이들은 사도가 자살을 하나의 옵션으로 논하고 있다고 한다(Droge & Tabor). 그러나 그는 수사학적으로 말하는 것이지 자살을 고민하며 이런 말을 하는 것이 아니다(Croy, Garland). 개인적으로는 차라리 세상을 떠나 그리스도와 함께 있는 것이 훨씬 더 좋은 일이므로 죽음을 맞는 것도 괜찮다고 생각한다. 재판 결과로 죽게 되든 혹은 살게 되든 그다지 중요하지 않다(cf. Bockmuehl, Lightfoot). 만일 살게 되면 열심히 사역할 것이다. 죽게 되면 하나님께 영광이 되고 그는 그리스도와 함께할 것이다. 그러므로 그에게 삶과 죽음은 상생(win-win)이다.

사도가 하루라도 빨리 영원히 그리스도와 함께 있고자 해서 죽음을 선호하지만, 빌립보 성도들을 위해서는 그가 사는 것이 더 유익하다는 것을 안다(24절). 그러나 바울에 대한 그들의 걱정과 안타까움이 그의 마음을 무겁게 한다(Holloway). 그러므로 바울은 24-25절에서 그들과 함께 있는 것도 유익한 일이라 생각한다며 세 가지 동사로 표현한다: '있다'(ἐπιμένω), '살다'(μένω), '함께 거하다'(παραμένω).

그는 살아서 빌립보 성도들에게 그리스도에 대해 가르치고 하나님의 말씀으로 굳건하게 하여 그들의 믿음이 진보하고 기쁨으로 넘치는 것을 옆에서 지켜볼 수 있다(25절). 본문에서 믿음은 복음을 뜻한다(Hooker). 바울에게 가장 중요한 것은 복음이 진보하는 것이다. '진보'(προκοπή)는 발전이 있다는 뜻이다. 그러므로 그는 기회가 주어진다면 그들을 방문하고자 한다(Peterlin). 죽음과 삶 사이에서 갈등하는 바울의 미래는 하나님이 결정하실 일이다.

믿음의 진보는 그리스도의 복음에 합당하게 생활하는 것이며(1:27), 한마음으로 서서 한뜻으로 복음의 신앙을 위해 고난까지 함께 받는 것이다(1:27-30). 진보하는 믿음은 기쁨으로 가득하다.

원래 바울은 로마를 거쳐 스페인으로 가서 복음을 전파하고자 했다(롬 15:23-28). 그러나 예루살렘에서 유대인들에게 잡힌 후 계획이 완전히 틀어졌다. 그는 가이사랴 감옥에서 2-3년을 보냈고, 지금은 로마 감옥에 감금되어 있다. 감옥에서 풀려나면 자신이 세운 교회들을 둘러보는 것도 좋겠다고 생각한다. 만일 그가 빌립보 성도들과 함께한다면, 그리스도 예수 안에서 주님과의 관계에 대한 그들의 자랑이 바울로 말미암아 더 풍성하게 될 것이기 때문이다(26절).

이 말씀은 우리 각 개인이 희망하는 것보다 그리스도의 복음이 계속 전파되고 삶에서 열매를 맺는 일이 더 중요하다고 한다. 복음은 생명이 없는 곳에 생명을, 절망이 있는 곳에 소망을 준다. 우리도 회심하기 전에 이러한 일을 경험했다. 그러므로 복음이 우리에게 생명이 된 것처럼 주님을 모르는 자들에게도 생명이 되도록 복음 전파에 힘써야 한다. 또한 우리가 복음에 합당한 열매를 맺는 삶을 살면 하나님은 우리가 희망하는 것들도 이루실 것이다. 우리가 하나님의 뜻을 거역하는 것을 희망하지는 않으실 것이기 때문이다.

리더는 항상 자기를 따르는 이들을 생각하고 신중하게 행동해야 한다. 바울은 개인적으로 죽음을 선호한다. 그에게 죽음은 그리스도와 영원히 함께하는 삶의 시작이기 때문이다. 그러나 사는 것도 좋다고 생각한다. 더 많은 사람에게 복음을 전파할 수 있고 자기를 따르는 이들의 믿음에 진보와 기쁨을 더할 수 있기 때문이다. 우리도 항상 우리를 따르는 이들을 생각하며 신중하게 결정해야 한다.

우리의 믿음은 계속 진보해야 한다. 이미 받은 하나님의 축복에 안주하지 말고 더 신성한 것들을 사모해야 한다. 그래야 신앙에 발전이 있다. 하늘나라에 갈 때까지 계속 영적 성장을 이어 가야 한다.

Ⅲ. 그리스도의 복음에 합당한 공동체 생활
(1:27-2:18)

사도는 로마에서 재판을 기다리고 있는 상황과 연관된 개인적인 이야기를 마무리하고 이제부터 빌립보 성도들에게 그리스도인의 삶에 대해 권면하고자 한다. 그는 먼저 교회가 믿음 공동체로서 어떻게 살아야 하는지 말한다. 그리스도인 공동체는 무엇보다도 한마음, 곧 그리스도의 마음을 품고 하나가 되어야 한다고 한다. 본 텍스트는 다음과 같이 구분된다.

  A. 한마음과 한뜻으로 대적하라(1:27-30)
  B. 한마음과 한뜻을 품으라(2:1-4)
  C. 그리스도의 마음을 품으라(2:5-11)
  D. 하나님의 흠 없는 자녀로 살라(2:12-18)

III. 그리스도의 복음에 합당한 공동체 생활(1:27-2:18)

A. 한마음과 한뜻으로 대적하라(1:27-30)

²⁷ 오직 너희는 그리스도의 복음에 합당하게 생활하라 이는 내가 너희에게 가 보나 떠나 있으나 너희가 한마음으로 서서 한 뜻으로 복음의 신앙을 위하여 협력하는 것과 ²⁸ 무슨 일에든지 대적하는 자들 때문에 두려워하지 아니하는 이 일을 듣고자 함이라 이것이 그들에게는 멸망의 증거요 너희에게는 구원의 증거니 이는 하나님께로부터 난 것이라 ²⁹ 그리스도를 위하여 너희에게 은혜를 주신 것은 다만 그를 믿을 뿐 아니라 또한 그를 위하여 고난도 받게 하려 하심이라 ³⁰ 너희에게도 그와 같은 싸움이 있으니 너희가 내 안에서 본 바요 이제도 내 안에서 듣는 바니라

바울은 빌립보 성도들에게 믿음 공동체로서 오직 그리스도의 복음에 합당하게 생활할 것을 권면한다(27a절). '오직'(Μόνον)은 특별한 관심을 가지라는 뜻이다(Bockmuehl). '생활하다'(πολιτεύομαι)는 신약에서 단 두 차례 사용되며, 국민의 권리와 의무를 행사한다는 뜻이다(Hooker cf. 행 23:1). 어떤 이들은 이 말씀을 빌립보 성도들이 로마 제국 시민답게 살아갈 것을 권면하는 것으로 해석하지만(cf. Arnold), 이 서신을 받는 사람 중 수많은 사람이 노예이고 여자이고 미성년자였다는 사실을 고려하면 설득력이 없는 해석이며, 신분적 차별을 유발하는 해석이다. 또한 로마 시민권은 소수만 가지는 특권이었다.

사도는 빌립보 성도들에게 하늘나라의 시민답게 살아갈 것을 당부한다(Caird, Collange, Fee, Lightfoot, O'Brien, Silva, Thielman, cf. NLT). 잠시 후 저자가 우리의 시민권은 하늘에 있다(3:20; cf. 엡 6:20)고 말하는 것으로 보아 그는 그리스도인들에게 하늘나라 시민답게 그리스도의 복음에 합당하게 살아갈 것을 권면하는 것이 확실하다. 중요한 것은 각 개인이 아니라 온 공동체가 함께 하늘나라의 시민으로 생활해야 한다는 사실이다(Arnold). 교회는 주님께서 이 땅에 세우신 하늘나라의 대사관이다. 하늘나라의 대사관에 속한 우리는 하늘나라에 욕되는 일은 삼가야 하며, 그 나라의 아름다움과 매력을 삶에서 살아내며 적극적으로 알려야 한다. '생활하라'(πολιτεύεσθε)는 현재형 명령법이다. 하늘나라로 돌아갈 때까지 계속해야 한다.

바울은 자신이 빌립보 성도들에게 가 보나 떠나 있으나 그들이 이렇게 생활하기를 바란다(27b절). '가 보나'(εἴτε ἐλθὼν καὶ ἰδὼν ὑμᾶς)는 '너희에게 가서(방문해) 보다'라는 뜻이다. 사도는 기회가 허락되면 빌립보를 방문해 하나님의 말씀으로 그들의 영적인 성장을 격려하고자 한다(cf. 1:24-25). 그들의 삶이 사도가 그들을 찾아갔기 때문에 변하는 것도 좋은 일이지만, 지금처럼 떠나 있을 때도 복음에 합당한(ἀξίως, 잘 어울리는) 삶을 사는 것이 옳다.

온 공동체가 하늘나라 시민으로서 그리스도의 복음에 합당하게 생활한다는 것은 무엇을 의미하는가? 저자는 세 가지로 말한다: (1)한마음으로 서는 것(27c절), (2)복음의 신앙을 위해 협력하는 것(27d절), (3)대적하는 자들을 두려워하지 않는 것(28a절).

첫째, 믿음 공동체는 한마음으로 서야 한다(27c절). 번역본들이 '한마음으로'라고 번역한 문구(ἐν ἑνὶ πνεύματι)는 모든 헬라어 문헌 중 이곳에서만 사용되는 독특한 표현이다(Arnold, Hooker). 빌립보 성도들의 마음이 서로 통하는 것이 아니라, 그들이 성령 안에서 하나가 되는 것을 뜻한다(Arnold, Fee, Garland, Hooker, cf. 고전 12:13; 엡 2:18).

'서다'(στήκω)는 '믿음 안에서'(고전 16:13) 혹은 '주 안에서'(4:1; 살전 3:8) 자신이 믿는 바를 실천하는 것을 뜻한다(Hooker). 사도는 성령 안에서 하나 된 빌립보 교회가 모든 핍박과 훼방을 이겨 내고 그리스도와 함께, 그리스도를 위해 굳게 서기를 바란다(Garland). 그들이 이러한 영성을 유지하면 교회 밖에서 오는 어떠한 공격도 견뎌 낼 수 있다.

둘째, 믿음 공동체 구성원들은 한뜻으로 복음의 신앙을 위해 협력해야 한다(27d절). '한뜻으로'(μιᾷ ψυχῇ)는 '한마음으로'(one mind)다(ESV, NAS, NRS). '복음의 신앙'(τῇ πίστει τοῦ εὐαγγελίου)은 출처 소유격(genitive of source)으로 그리스도의 복음에서 비롯된 믿음이다(Hawthorne). '협력하다'(συναθλέω)는 어떤 것을 위해 함께 싸우거나 다투는 것을 뜻한다(BDAG). 교회가 악한 세상에 있는 한 원수들의 공격은 계속된다. 그러므로 믿음 공동체는 그리스도께서 주신 믿음을 지키고 유지하기 위해 한마음으로 함께 투쟁해야 한다.

셋째, 믿음 공동체는 무슨 일에든지 대적하는 자들 때문에 두려워하지 않아야 한다(28a절). 신약에서 '두려워하다'(πτύρω)는 이곳에서 단 한 차례 사용된다. 무언가에 겁을 먹거나 겁에 질리는 것이다(BDAG). 사도는 빌립보 성도들에게 겁먹지 말고 담대하게 그리스도를 전파하고 복음을 살아 내라고 권면한다.

두 번째와 세 번째 권면은 빌립보 성도들의 복음 전파와 신앙생활을 방해하는 자들이 있음을 암시한다. 누가 그들을 핍박하고 훼방하는 것일까? 그들이 경험하고 있는 방해는 외부(교회 밖)에서 오는 것이 확실하다(Hooker, Kent). 빌립보 시민들은 로마와 특별한 관계를 유지하며 많은 특권을 누렸다. 그러다 보니 온 도시가 로마 황제를 숭배했다고 해도 과언이 아니다(cf. Osiek). 또한 빌립보는 참으로 많은 종교가 성행하던 곳이다(cf. 서론). 다신주의를 지향하던 도시에서 그리스도인들만 황제 숭배와 다른 종교들에 배타적이었다. 그러므로 빌립보를 다스리는 권세자들이 다른 종교들과 어울리지 못한다는 이유로 그리스도인들의 복음 전파와 신앙생활을 방해한 것으로 보인다(Arnold, Garland, Hooker).

사도는 이 세 가지에 대해 좋은 소식, 곧 빌립보 성도들이 한마음으로 서 있고, 한뜻으로 신앙을 위해 협력하고 있으며, 무슨 일이든 누구에 대한 두려움 없이 해낸다는 소식을 듣고 싶다(28b절). 이러한 소식은 그리스도인들을 박해하고 훼방하는 자들에게는 멸망의 증거다(28c절). '증거'(ἔνδειξις)는 다가올 일의 징조라는 뜻이다(BDAG). 수단과 방법을 가리지 않는 그들의 방해와 핍박이 별 효력을 발휘하지 못하는 것은 종말에 하나님이 그들을 심판하실 것을 암시한다고 할 수 있다.

핍박하는 자들에게는 멸망의 증거인 것들이 그리스도인들에게는 구원의 증거다(28d절). 온갖 방해에도 불구하고 한마음으로 굳건히 믿음을 지키는 것은 그리스도의 복음이 하나님의 진리임을 암시한다. 또한 종말에 그들이 하나님의 구원에 이를 징조다. 그들이 온갖 핍박에도 불구하고 굳건히 믿음을 지키는 것은 하나님께로부터 난 일이기 때문이다(28e절). 하나님이 그들을 보호하시고 인도하셔서 구원에 이르게 하신다는 뜻이다. 하나님이 하시는 일을 누가 막을 수 있겠는가! 그러므로 핍박자들은 멸망하고, 그리스도인들은 구원을 얻을 것이다.

하나님은 그리스도를 위해 빌립보 성도들을 포함한 모든 그리스도인에게 은혜를 주신다(29a절). 그들은 하나님이 주신 은혜로 복음에 합당한 삶을 살고 있다. 어떠한 핍박에도 굴하지 않으며, 하나님의 구원을 기대하며 살고 있다. 이처럼 하나님은 그들의 믿음과 삶을 위해 은혜를 주신다(29b절).

또한 하나님은 그리스도를 위해 고난도 받게 하시려고 그들에게 은혜를 주신다(29c절). 그리스도를 위해 고난받는 것은 그리스도인의 삶의 한 부분이다. 그러므로 모든 그리스도인에게는 각자 싸워야(갈등해야) 할 몫이 있다(30a절). 빌립보 성도들은 바울의 삶에서 하나의 예를 보고, 또한 듣고 있다(30b절). 사도는 그들에게 어떻게 고난을 이겨 내야(견뎌 내야) 하는지에 대한 좋은 사례다.

이 말씀은 우리는 항상 그리스도의 복음에 합당하게 살아야 한다고 한다. 영적인 멘토가 있든지 없든지 온 공동체는 항상 하나님의 도우심을 받아 복음의 신앙을 살아내기 위해 한마음과 한뜻으로 협력해야 한다. 온 교회가 하나 되면 외부에서 오는 어떠한 공격도 막아 낼 수 있으므로 그 누구도 두려워할 필요가 없다. 성령이 우리와 함께하시며 평안을 주실 것이기 때문이다.

고난과 핍박을 견디는 것은 곧 구원의 증거다. 하나님이 우리와 함께하시며 도우셔야 온갖 고난을 견뎌 낼 수 있기 때문이다. 또한 하나님이 우리를 돕고 보호하신다는 것은 곧 종말에 우리를 구원하실 것에 대한 징조다.

우리는 모두 각자 감당해야 할 싸움이 있다. 영적인 싸움일 수도 있고, 핍박 같은 육체적인 갈등일 수도 있다. 이럴 때 그리스도께서 어떻게 고난을 받으셨는지 묵상하면 큰 힘이 될 것이다. 또한 바울도 좋은 모델이 된다. 그러므로 싸워야 한다면 각오를 새롭게 해 지혜롭게 싸우자.

Ⅲ. 그리스도의 복음에 합당한 공동체 생활(1:27-2:18)

B. 한마음과 한뜻을 품으라(2:1-4)

¹ 그러므로 그리스도 안에 무슨 권면이나 사랑의 무슨 위로나 성령의 무슨 교제나 긍휼이나 자비가 있거든 ² 마음을 같이하여 같은 사랑을 가지고 뜻을 합하며 한마음을 품어 ³ 아무 일에든지 다툼이나 허영으로 하지 말고 오직 겸손한 마음으로 각각 자기보다 남을 낫게 여기고 ⁴ 각각 자기 일을 돌볼뿐더러 또한 각각 다른 사람들의 일을 돌보아 나의 기쁨을 충만하게 하라

본 텍스트를 다음 섹션(2:5-11)에 기록된 찬양의 서곡(overture)이라고 하는 이들이 있다(Collange). 그러나 '그러므로'가 이 섹션을 앞에 있는 말씀과 연결한다(Garland). 사도는 앞 텍스트에서 교회는 한마음과 한뜻으로 외부에서 오는 공격을 견뎌 내야 한다고 했는데, 본 텍스트는 교회의 하나 됨을 위해 각 구성원이 서로에 대해 취해야 할 태도(자세)에 관해 말한다. 이번에는 감정적인 호소다(Arnold).

그러므로 상당수의 학자가 빌립보 교회에 매우 심각한 분열이 있었

다고 한다(cf. 4:2-3). 그러나 로마에서 교회의 분열을 본 바울이 단순히 우려하는 마음에서 빌립보 교회는 반드시 하나 되어야 한다는 취지로 연합에 관해 말하는 것일 수도 있다(Bockmuehl). 서신 전체가 기쁘고 즐거운 분위기에서 전개되는 것을 보면 빌립보 교회도 여느 교회처럼 어느 정도의 분열을 경험하고 있지만(cf. 4:2-3), 일부 학자가 주장하는 것처럼 매우 심각한 수준의 분열은 아닌 것으로 보인다.

바울은 1절에서 조건 문구를 시작하는 '만일'(εἰ)을 네 차례 사용한다: (1)만일 그리스도 안에 무슨 권면이 있다면, (2)만일 사랑의 무슨 위로가 있다면, (3)만일 성령의 무슨 교제가 있다면, (4)만일 교제나 긍휼이나 자비가 있다면. 이 '만일'(εἰ)은 문구 내용이 사실(실제)임을 전제하기 때문에 '…하므로(since…)라는 의미를 지닌다: (1)그리스도 안에 권면이 있으므로, (2)사랑의 위로가 있으므로, (3)성령의 교제가 있으므로, (4) 교제와 긍휼이 있으므로. 즉, 이런 것들이 너희에게 있으므로 이를 근거로 '이렇게 하라…'라는 뜻이다.

첫째, 그리스도 안에 있는 권면(παράκλησις ἐν Χριστῷ)은 관계 소유격(genitive of association)이며, 그들이 그리스도와 맺은 관계에서 비롯된 깃을 뜻한다(Hooker). '권면'(παράκλησις)은 격려(encouragement), 권면(exhortation), 위로(comfort), 호소(appeal) 등 다양한 의미를 지닌다(BDAG). 사도가 바로 앞 섹션(1:27-30)에서 준 가르침을 고려하면, 이곳에서는 '격려'의 의미로 쓰인다(Arnold). 빌립보 성도들에게 그들과 그리스도의 관계로 인해 서로에게 하고 싶은 격려가 있으면 마음에만 담아 두지 말고 지금 표현하라는 뜻이다(Silva). 격려의 말은 표현할 때 의미가 있다.

둘째, 사랑의 위로(παραμύθιον ἀγάπης)는 주격 소유격(subjective genitive)으로 그들이 이미 경험한 사랑으로 위로하라는 뜻이다(Arnold, Garland). 본문은 삼위일체적이다(Fee). 그리스도와 성령은 직접 언급하고 하나님은 이 말씀을 통해 암시한다(Arnold, Garland, Hooker). 그러므로 사도가 말하는 사랑은 그들이 이미 경험한 하나님의 사랑이다(cf. NIV, NIRV).

'위로'(παραμύθιον)는 일종의 위로나 격려다(BDAG). 바로 앞 문구에서 사용된 '권면'(παράκλησις)과 비슷한 말이다. 그러나 이 위로는 피상적인 위로나 격려가 아니라 자극과 어려움을 극복할 수 있는 진정한 힘이다 (TDNT). 사도는 각 개인의 삶이 아니라 공동체의 삶에 관해 위로할 것을 당부한다(Bockmuehl). 그리스도 안에서의 삶은 곧 그리스도인 공동체 안에서의 삶이다(Garland).

셋째, '성령의 교제'(κοινωνία πνεύματος)를 목적 소유격(objective genitive)으로 해석해 '성령 안에서 [성도들이 하는] 공통된 나눔'(any common sharing in the Spirit, NIV)으로 간주하기도 하지만, 이는 출처 소유격 (genitive of source)이다(Arnold). 성령이 시작하고 주관하시는 교제에 빌립보 성도들이 모두 참여하고 있다는 뜻이다.

'교제'(κοινωνία)는 공동체의 다른 사람들을 선하게 대하는 것이나 다른 사람들에 대한 관대함을 뜻하기도 하지만, '친교'(fellowship) 또는 공통 관심사에 참여하고 그 사람들과 친밀한 관계를 유지한다는 뜻이다 (BDAG, cf. 고전 1:9; 고후 13:13; 갈 2:9). 이러한 교제는 성령 안에서만 가능하다. 그러므로 성령의 역할이 공동체의 연합에서 가장 기본적이고 중요하다고 할 수 있다(cf. 1:27 주해).

넷째, '긍휼과 자비'(σπλάγχνα καὶ οἰκτιρμοί)는 두 단어를 연결해 하나의 뜻을 나타내는 이사일의(二詞一意, hendiadys)다(cf. 골 3:12). '마음으로부터의 동정'(heartfelt sympathy)이다(Garland). 긍휼과 자비는 하나님의 속성이며, 하나님 백성의 성품이 되어야 한다(cf. 롬 12:1; 고후 1:3; 골 3:12, cf. BDAG). 그리스도인 공동체의 특징은 서로에 대한 자비로움이어야 한다(1:7-8).

빌립보 공동체는 이 네 가지를 실행함으로써 사도의 기쁨을 충만하게 해야 한다. 개역개정은 '나의 기쁨을 충만하게 하라'(πληρώσατέ μου τὴν χαρὰν)를 4절 마지막 부분에 두었지만, 헬라어 사본에는 2절을 시작하는 위치에 있다(cf. 새번역과 공동은 2절을 마무리하는 문구로 표기함). 헬

418

라어와 같은 어순을 따르는 영어 번역본도 모두 이 문구로 2절을 시작한다(ESV, NAS, NIV, NRS).

이 문구의 헬라어 위치를 바탕으로 1-2절을 살펴보면, 문구 앞에 오는 1절의 네 가지(그리스도 안에 권면, 사랑의 위로, 성령의 교제, 긍휼과 자비)가 문구 뒤에 오는 2절의 네 가지(마음을 같이하여, 같은 사랑을 가지고, 뜻을 합하며, 한마음을 품어)와 균형을 이룬다. 빌립보 교회의 하나 됨은 공동체의 건강과 생존에 매우 중요하다.

또한 그들의 연합은 사도의 기쁨을 충만하게 한다. 빌립보서는 곳곳에서 기쁨을 언급한다(cf. 1:4, 18, 25; 2:2, 17-18, 28, 29; 3:1; 4:1, 4, 10). 바울은 빌립보 성도들이 자기의 기쁨이자 면류관이라 한다(4:1). 그는 이미 빌립보 성도들로 인해 기뻐하고 있지만(1:4; 4:1), 그의 기쁨은 빌립보 교회가 그리스도 중심으로 계속 왕성해지고 성령의 감동 안에서 온전히 하나 될 때까지는 충만하지 않을 것이다(Hellerman).

바울은 자신이 꿈꾸는 빌립보 교회의 하나 됨을 네 가지로 표현한다 (2절): (1)마음을 같이함, (2)같은 사랑을 가짐, (3)뜻을 합함, (4)한마음을 품음. 그들이 이런 공동체를 이루면 바울의 기쁨은 충만하게 될 것이다.

첫째, 공동체의 하나 됨을 위해 그들은 마음을 같이해야 한다. '마음을 같이하다'(φρονέω)는 바울 서신에서 23차례나 사용되는 중요한 개념이다(Hooker). 그중 빌립보서에서만 무려 10차례 사용된다. 같은 공동체에 속한 사람들이 마음을 같이하는 것은 공동체의 건강을 위해 필수적이다. 마음을 같이한다고 해서 모두가 같은 생각을 해야 한다는 것은 아니다. 공동체를 형성하는 다양한 구성원이 같은 목적을 이루기 위해 단합하는 것이 바로 마음을 같이하는 것이다(롬 12:16; 15:5; 고후 13:11).

둘째, 공동체의 하나 됨을 위해 그들은 같은 사랑을 가져야 한다. 삼위일체적 관점에서 이 사랑은 하나님으로부터 온 것이다(Arnold). 그러므로 같은 사랑을 가진다는 것은 공동체 구성원들이 각자 하나님께 받은 사랑으로 서로 사랑하는 것이다. 자기가 경험한 하나님의 사랑을 서로 나누면 된다.

셋째, 공동체의 하나 됨을 위해 그들은 뜻을 합해야 한다. '뜻을 합하여'(σύμψυχος)는 '합체된 영혼들'(joined souls)이며 하모니를 이룬다는 뜻이다(Garland). 사도는 한뜻으로 복음의 신앙을 위해 협력하라고 당부했다(1:27). 이는 구성원들이 의도를 가지고 노력해야 얻을 수 있는 것이다.

넷째, 공동체의 하나 됨을 위해 그들은 한마음을 품어야 한다. '마음을 품다'(φρονέω)는 첫 번째 권면인 '마음을 같이하다'(φρονέω)와 같은 동사이며, 삶과 사명에 대해 공통된 사고방식을 공유하는 것이다(Arnold). 한마음으로 연합을 이루는 것은 건강한 공동체의 가장 필수적인 조건이라 할 수 있다.

바울은 공동체가 하나 되려면 구성원들이 이 네 가지(마음을 같이함, 같은 사랑을 가짐, 뜻을 합함, 한마음을 품음)를 이루기 위해 각자 노력해야 한다고 한다. 또한 하나가 되려는 각 구성원의 노력은 개인적인 겸손에 바탕을 두어야 한다. 사도는 모든 그리스도인이 지녀야 할 겸손을 세 가지로 정의한다(3-4절): (1)모든 일을 다툼이나 허영으로 하지 않는다, (2)자기보다 남을 낮게 여긴다, (3)다른 사람들의 일을 자기 일처럼 돌본다.

첫째, 아무 일에든지 다툼이나 허영으로 하지 않는다. '다툼'(ἐριθεία)은 갈등(strife)과 이기적인 야망(selfish ambition)이다(BDAG). '허영'(κενοδοξία)은 공허한 영광, 과장된 자기 평가, 자만, 개인적 망상 등을 뜻한다(BDAG). 허영이 심한 사람은 자신에 대해 근거 없는 착각을 하고 자만한다(Hawthorne). 그러므로 모든 것을 자기중심적으로 생각하는 허영의 반대말은 남을 자기보다 낮게 여기는 겸손이다. 다툼과 허영은 그리스도인이 멀리해야 할 두 가지다. 이런 것은 사도를 시기하는 자들이 한 짓이다(cf. 1:17).

둘째, 각각 자기보다 남을 낫게 여긴다. 바울은 자기보다 남을 낫게 여기는 사람을 겸손한 마음을 지닌 자, 곧 겸손한 사람이라 한다. 사도는 '겸손'(ταπεινοφροσύνη)을 자기보다 남을 낫게 여기는 것이라고 정의한다(Garland).

당시 그리스-로마 사회는 개인적인 명예와 영광을 추구하는 것을 최고로 생각했다(Collange). 그러나 이러한 생각은 기독교 공동체를 위협한다. 자기 명예와 영광을 위해 남을 희생시키는 일(짓밟는 일)을 당연하게 여기기 때문이다. 그러므로 남을 자기보다 낫게 여기라는 권면은 당시 사회적 가치와 잘 어울리지 않을 뿐 아니라 가히 혁명적이라 할 수 있다(Arnold).

셋째, 다른 사람들의 일을 자기 일처럼 돌본다. 겸손의 시작은 남의 필요를 최우선으로 삼는 것이다(Garland). 그렇다고 해서 자기 일을 돌보지 말라는 뜻이 아니다. 새번역이 이 구절의 의미를 정확하게 번역했다: "또한 여러분은 자기 일만 돌보지 말고, 서로 다른 사람들의 일도 돌보아 주십시오."

바울이 언급한 세 가지(다툼이나 허영으로 일하지 않음, 자기보다 남을 낫게 여김, 다른 사람들의 일을 자기 일처럼 돌봄)는 그리스도 안에 있는 사람만이 할 수 있는 일이다. 그리스도의 마음을 지닌 사람은 "차라리 불의를 당하는 것이 낫지 아니하며 차라리 속는 것이 낫지 아니하냐"(고전 6:7)라는 자세로 삶에 임한다. 그러므로 그가 속한 공동체는 하나가 되고 기쁨이 넘친다.

이 말씀은 그리스도의 복음에 합당한 삶은 그리스도 안에서 권면하고, 하나님의 사랑으로 위로하고, 성령의 교제에 참여하는 것이라 한다. 그러므로 모든 그리스도인이 공동체에 속하는 것은 필수적이다. 믿음 공동체에 속해 서로 사랑하고, 서로 교제하고, 서로 섬기고, 서로 격려해야 한다.

건강한 공동체는 내부적으로 잘 연합한다. 또한 교회가 하나 되어야 외부의 공격도 쉽게 막아 낼 수 있다. 공동체가 하나 된다고 해서 모든 구성원의 생각이 같을 필요는 없다. 그러나 공동체가 함께 결정한 것은 따르고 존중해야 한다.

공동체가 하나 되려면 구성원들은 다툼과 허영을 멀리해야 한다. 이런 것들은 공동체를 위협한다. 구성원들은 이런 것을 멀리하고 겸손을 추구해야 한다. 겸손은 남을 자기보다 낮게 여길 때 시작되며, 남의 일을 자기 일처럼 돌보는 일로 열매를 맺는다.

III. 그리스도의 복음에 합당한 공동체 생활(1:27-2:18)

C. 그리스도의 마음을 품으라(2:5-11)

⁵ 너희 안에 이 마음을 품으라 곧 그리스도 예수의 마음이니

⁶ 그는 근본 하나님의 본체시나

하나님과 동등됨을 취할 것으로 여기지 아니하시고

⁷ 오히려 자기를 비워

종의 형체를 가지사

사람들과 같이 되셨고

⁸ 사람의 모양으로 나타나사

자기를 낮추시고

죽기까지 복종하셨으니 곧 십자가에 죽으심이라

⁹ 이러므로 하나님이 그를 지극히 높여

모든 이름 위에 뛰어난 이름을 주사

¹⁰ 하늘에 있는 자들과 땅에 있는 자들과 땅 아래에 있는 자들로

모든 무릎을 예수의 이름에 꿇게 하시고

¹¹ 모든 입으로 예수 그리스도를 주라 시인하여

하나님 아버지께 영광을 돌리게 하셨느니라

앞 섹션에서는 교회의 하나 됨을 위해 각 구성원이 서로에 대해 취해야 할 태도(자세)에 관해 말했다. 바울은 각 구성원이 어떤 일에든 다툼이나 허영으로 하지 않고, 자기보다 남을 낮게 여기며, 다른 사람들의 일을 자기 일처럼 돌볼 때 비로소 교회가 하나 될 수 있다고 했다. 그러나 이러한 일은 우리 스스로 할 수 있는 것이 아니다. 그리스도 안에서 예수님을 닮으려는 사람만이 할 수 있다. 그러므로 사도는 빌립보 성도들에게 그리스도의 마음을 품으라며 하나님이신 예수님이 어떻게 인간으로 오셔서 십자가에 죽으심으로 우리의 구세주가 되시고, 또 온 세상 만물이 그분의 발 아래에서 그분을 경배하게 되었는지 설명한다. 예수님은 오직 헌신과 희생으로 우리의 구세주와 통치자가 되셨다. 가장 낮아짐으로 지극히 높아지신 것이다.

본문은 신약에서 가장 많은 논쟁을 불러일으킨 말씀 중 하나다 (Arnold, Garland, Martin, Thielman). 예수님이 사람의 몸으로 성육신하시기 전과 후가 어떠했는지에 대해 가장 자세하게 정보를 제공하는 말씀에 속하는 만큼 각 단어가 의미하는 바가 매우 중요하기 때문이다. 그러므로 바울 서신에서 가장 잘 알려지고 매우 영향력 있는 텍스트 중 하나다(Gorman, Hooker).

본 텍스트가 학자들 사이에 많은 논쟁을 불러일으킨 것은 내용(성경에 예수님의 성육신 전 상황과 성육신 과정에 대한 정보가 거의 없음) 때문에 빚어진 일이기도 하지만, 장르도 한몫했다. 본문은 찬양시다. 찬양시는 사용하는 단어의 수를 최소화하는 성향이 있다. 최대한 단어를 적게 사용하고 음률도 맞춰야 하므로 사용하는 단어와 문구가 매우 전략적일 뿐 아니라 요약적이라 할 수 있다. 최소한의 단어로 매우 중요한 주제를 요약적으로 노래하다 보니 사용된 단어 하나하나의 정확한 의미가 학자들 사이에 논쟁이 되는 것이다.

대부분 학자는 본문이 바울의 저작이 아니라, 당시 교회에서 불리던 찬송이라고 한다(cf. 골 1:15-20; 딤전 3:16). 그러나 바울이 저작한 것인지 혹은 교회가 사용하던 찬양을 인용하는 것인지 정확히 알 수는 없다. 또한 일부 학자는 이 찬양의 저작권을 매우 중요한 이슈로 삼지만 (cf. Arnold, Garland, Hooker, Thielman), 그다지 중요한 문제라고 생각되지는 않는다.

성경의 어떤 말씀이, 혹은 어떤 신학적 체계가, 또한 어떤 정황이 이 찬송의 배경이 되었는지에 대해 역사적으로 매우 다양한 논쟁과 주장이 있었다(cf. Arnold, Bockmuehl, Garland, Gorman, Hooker). 한 학자는 최소 14가지를 요약한다(Reuman). 가장 설득력이 있는 주장은 이사야서, 특히 이사야 45:23-25과 52:13-53:12의 칠십인역(LXX)과 그 외 헬라어 번역본이 본문의 배경이 되고 있다는 것이다. 다음을 참조하라(cf. Harmon, Hooker, Ware).

구절	빌립보서 2:6-11에 사용된 단어/문구	이사야서 말씀
2:6	하나님의 본체이심	53:2a-b
2:7	자기를 비우심	53:12
2:7	종의 형체를 취하심	52:13-14; 53:11
2:7	사람들과 같이 되심	52:14; 53:2
2:8	사람의 모양으로 나타나심	52:14; 53:2-3
2:8	자기를 낮추심	53:3-4, 7-8
2:8	죽기까지 복종하심	53:7-8, 12; cf. 53:10
2:8	십자가에 죽으심	52:14; 53:3-8
2:9	하나님이 그를 지극히 높이심	52:13; 53:12
2:10	모든 무릎을 꿇게 하심	45:23
2:11	모든 입으로 시인하게 하심	45:23
2:11	하나님께 영광을 돌리게 하심	45:24-25

본문은 또한 3:19-21과도 많은 단어와 문구를 공유한다(Garland, cf. Arnold). 본문은 그리스도의 성육신(incarnation)과 높아지심(exaltation)을 노래하고 있으며, 3:19-21은 그리스도께서 부활을 통해 그분을 따르

는 자들을 어떻게 변화시키시는지에 관해 말한다. 예수님은 우리의 연약한 육신을 자신의 영광스러운 몸처럼 되게 하실 것이다. 다음을 참조하라(Garland).

빌 2:5-11		빌 3:19-21	
2:5	품으라(φρονεῖτε)	3:19	생각하는(φρονοῦντες)
2:6, 7	본체, 형체(μορφῇ, μορφὴν)	3:21	…와 같이(σύμμορφον)
2:6	…시다, …이다(ὑπάρχων)	3:20	있다(ὑπάρχει)
2:7(8)	모양(σχήματι)	3:21	변하게 하시리라 (μετασχηματίσει)
2:8	낮추시고(ἐταπείνωσεν)	3:21	낮은(ταπεινώσεως)
2:10	모든 무릎을…꿇게 하시고 (ἵνα… πᾶν γόνυ κάμψῃ)	3:21	복종하게 하실 수 있는 자의 역사로(τοῦ δύνασθαι αὐτὸν καὶ ὑποτάξαι)
2:10	하늘에 있는 자들과 땅에 있는 자들(ἐπουρανίων; ἐπιγείων)	3:19	땅의 일(ἐπίγεια)
2:11	모든 입으로…시인하여 (καὶ πᾶσα γλῶσσα ἐξομολογήσηται)	3:21	만물을 자기에게(αὐτῷ τὰ πάντα)
2:11	예수 그리스도를 주라(κύριος Ἰησοῦς Χριστὸς)	3:20	주 예수 그리스도(κύριον Ἰησοῦν Χριστόν)
2:11	영광(δόξαν)	3:21	자기 영광의(τῆς δόξης αὐτοῦ)

바울은 "너희 안에 이 마음을 품으라"라는 말로 권면을 시작한다(5a절). '너희 안에'(ἐν ὑμῖν)는 '너희 중에'(among you)라는 뜻이다. 공동체 구성원들이 모두 한마음과 한뜻이 되어야 한다고 했던 사도가 다시 한번 그들에게 하나가 될 것을 권면한다. '이 마음'(Τοῦτο)을 직역하면 '이것'이다. 사도는 앞에서 온 빌립보 교회가 겸손한 마음(태도, cf. 새번역)을 가질 것을 호소했다. 그러므로 '이 마음'은 곧 자기를 낮추고 남을 낮게

여기는 겸손한 마음이다.

'품다'(φρονέω)는 이미 1:7과 2:2에서 사용된 동사다. 사도가 현재형 명령법(present imperative)인 '품으라'(φρονεῖτε)를 사용하는 것은 그리스도 인은 항상 이렇게 살아야 한다는 뜻이다. 우리는 한마음으로 한뜻을 품고 사는 공동체를 추구해야 한다(cf. 행 28:22; 고전 13:11; 빌 1:7; 3:18-19).

사도는 빌립보 성도들에게 겸손한 마음을 품는 일에 있어 그리스도를 모델로 삼으라고 한다(5b절) '곧 그리스도 예수의 마음을 품으라'(ὃ καὶ ἐν Χριστῷ Ἰησου)를 직역하면 '그리스도 예수 안에서도'(which also in Christ Jesus)이며 동사가 없다. 이에 대해 학자들은 두 가지 가능성을 제시한다.

본문을 예수님이 이루신 일을 묵상하는 선교적(kerygmatic) 찬양으로 해석하는 이들은 바로 앞 문구에 있는 동사 '품다'(φρονέω)를 이 문구에도 적용해 5절을 '너희 중에 이 마음(태도)을 가지라. 곧 너희가 [이미] 그리스도 예수 안에서 가지고 있는 마음이다'(Have this attitude among yourselves which you also have in Christ Jesus)라고 번역한다(Hooker). 빌립보 성도들은 그리스도 안에 있는 모든 사람에게 요구되는 마음(태도)으로 공동체 생활에 임해야 한다는 권면이다.

반면에 본문을 그리스도인은 예수님을 모델로 삼아 윤리적으로 (ethically) 살아야 한다는 취지로 해석하는 이들은 동사 '…있다'(was)를 도입해 이 구절을 '너희가 그리스도 예수 안에서 가지고 있는 마음을 너희 중에도 가지라'(Let the same mind be in you that was in Christ Jesus)라고 번역한다(KJV, NAS, NRS). 사도는 빌립보 성도들에게 그리스도가 세우신 모범을 답습해 겸손과 순종과 자기희생을 마다하지 않고 살 것을 권면하고 있다.

문맥을 고려할 때 후자가 설득력 있는 해석이다. 그리스도가 세우신 모범을 따라야만 사도가 2:1-4을 통해 권면한 공동체의 연합과 각자의 겸손을 이룰 수 있다. 그리스도가 겸손히 자신을 낮추셨는데, 그분을 따르는 자들이 교만할 수는 없다. 예수님이 종의 형체를 취하셨는데, 그리스도인들이 다른 사람들을 지배하려고 할 수는 없다. 그리스도가 치욕인 십자가 죽음을 스스로 받아들이셨는데, 믿는 자들이 명예를 추구할 수는 없다.

예수님이 어떻게 하셨기에 사도는 우리 모두에게 그리스도의 겸손한 마음을 품어 하나 된 공동체를 이루라고 하는가? 바울은 천지 창조 이전으로 돌아가 그리스도가 성육신하시기 전 하늘에서 하신 일을 언급하며 노래를 시작한다(6절; cf. 요 17:5; 골 1:15). 그는 예수님의 신성을 두 가지로 표현한다: (1)하나님의 본체시다, (2)하나님과 동등하시다.

'하나님의 본체'(ἐν μορφῇ θεοῦ)는 신약에서 가장 많은 논쟁을 불러 일으켰다. 이 문구가 본 텍스트의 기독론을 결정하고 성경적 기독론에 지대한 영향을 미치기 때문이다(Bockmuehl, Hawthorne). 이슈는 '본체'(μορφή)가 '본질'(essential nature)인가(Lightfoot, Reumann) 혹은 '겉모습'(exterior nature)인가 하는 것이다(Collins, Garland, Hansen, Martin). 번역본들도 '본질'(in the very nature God, NIV, NIRV, NLT, 공동)과 '겉모습'(in the form of God, ESV, KJV, NAS, NRS, 새번역)으로 나뉘어져 있다.

이 단어(μορφή)는 본문에서 하나님의 '본질'(6절)과 종의 '형체'(7절)로 두 차례 사용되지만 본문을 벗어나서는 단 한 차례만 사용된다. 가장 오래된 사본들에는 없으며, 마가복음의 '긴 버전'(longer ending version)이라고 하는 마가복음 16:9-20에서 사용된다: "그 후에 그들 중 두 사람이 걸어서 시골로 갈 때에 예수께서 '다른 모양으로'(ἐν ἑτέρᾳ μορφῇ) 그들에게 나타나시니"(막 16:12). 이 말씀에서 이 단어(μορφή)는 '겉모습'이라는 의미다.

칠십인역(LXX)에서도 겉모습이라는 의미로 4차례 사용되었다(삿 8:18; 욥 4:16; 사 44:13; 단 3:19). 그러므로 '본질'은 성육신하시기 전 예수님이 하나님으로서 지니셨던 신적인 영광과 광채 등을 뜻한다(Bockmuehl, Fowl, Hellerman, Thielman, cf. TDNT). 본 텍스트가 이사야서를 배경으로 한다는 점을 고려할 때, 이사야 6장에 기록된 여호와의 현현이 이 말씀의 배경이 되었을 수도 있다(Arnold).

'동등 됨'(ἴσος)은 질과 양에서 같다는 의미다(Bauckham, cf. BDAG, 출 26:24; 30:34; 겔 40:5; 계 21:16). 예수님은 신분(status)과 지위(position)에서 하나님과 같다는 뜻이다: "유대인들이 이로 말미암아 더욱 예수를 죽이고자 하니 이는 안식일을 범할 뿐만 아니라 하나님을 자기의 친 아버지라 하여 자기를 하나님과 '동등으로'(ἴσον) 삼으심이러라"(요 5:18).

본인이 하나님이시기에 하나님과 동등한 신분과 지위를 지니셨던 예수님은 성육신하실 때 이런 것들을 취할 것으로 여기지 않으셨다. 이 땅에 오실 때 하나님의 본질(nature)을 포기하신 것이 아니라, 신분과 지위만 포기하셨다(Bauckham). 인간인 우리가 스스로 채울 수 없는 필요를 대신 채우는 일에는 예수님이 지니신 신분과 지위가 도움이 되지 않기 때문이다(Arnold).

신약에서 '취할 것'(ἁρπαγμός)은 의미를 파악하기가 매우 어려운 단어다(M. Martin). 이곳에서 단 한 차례 사용되며 칠십인역(LXX)은 한 차례도 사용하지 않았다. 일반 문헌에서도 사례가 거의 없다. 단어의 기본적인 의미는 '붙잡아야 할 것, 당연히 가지고 있어야 할 것, 이점'이다(Thielman, cf. TDNT). 번역본들도 '붙잡을 것'(to be grasped, ESV, NAS), '자신의 이익을 위해 사용할 것'(something to be used to his own advantage, NIV), '가지고 있어야 할 것'(something he should hold on to, NIRV, NLT) 등으로 번역했다. 그러므로 6절은 '하나님의 형상을 지닌 그리스도는 하나님과 동등하시지만, 이 지위를 무엇이든 마음대로 할 수 있는 백지위임장(carte blanche)으로 여기지 않으셨다'라는 의미로 해석되어야 한다(Gorman, Hooker).

바울은 예수님의 신성을 두 가지(하나님의 본체시다, 하나님과 동등하시다)로 표현했던 것처럼 이번에는 그분의 인성을 두 가지로 표현한다: (1)사람들과 같이 되셨다(7절), (2)사람의 모양으로 나타나셨다(8절). 또한 초점이 예수님이 하지 않으신 것(취할 것으로 여기지 않으심, 6절)에서 하신 일(사람들과 같이 되심, 사람의 모양으로 나타나심)로 옮겨 가고 있다.

예수님이 인간으로 성육신하신 일의 핵심은 '자기 비움'(ἑαυτὸν ἐκένωσεν) (7절)과 '자기 낮춤'(ἐταπείνωσεν ἑαυτὸν)(8절)이다(Arnold). 신약에서 4차례 더 사용되는 '비우다'(κενόω)는 '비우다, 버리다, 파괴하다, 무력화하다' 등 다양한 의미를 지닌다(TDNT, BDAG). 성경에서는 '효과나 의미를 무효화하다'라는 은유적인 의미로 사용된다(Reumann, cf. 고전 9:15).

비운다는 것은 다른 것을 취하기 위해 가진 것을 버리는 것이다 (Arnold). 그러므로 예수님은 사람들과 같이 되시려고 '하나님과 동등됨'을 버리시고 '종의 형체'(μορφὴν δούλου)를 취하셨다. 사람 중에서도 가장 낮은 노예처럼 되셨다는 뜻이다.

그분이 버리신 '하나님과 동등 됨'은 신적 신분(status)과 지위(position) 이지 본질(nature)이 아니다. 그분은 성육신하신 후에도 하나님이셨다. 그리스도께서는 하늘에서의 신분과 지위를 버리고 사람들과 같이 되셔야만 자기 목숨을 많은 사람의 대속물로 줄 수 있었다(막 10:45).

'사람들과 같이 되셨고'(σχήματι εὑρεθεὶς ὡς ἄνθρωπος)(7b절)는 예수님이 스스로 자신을 낮추신 일과 사람처럼 죽으신 일을 의미한다(Hansen). 그리스도께서 사람이 되지 않으셨다면 사람처럼 죽을 수 없었다. 그러므로 그분은 여느 사람과 같이 되셨고, 십자가에서 죽임당하실 것을 아시고도 십자가를 향해 가셨다: "자녀들은 혈과 육에 속하였으매 그도 또한 같은 모양으로 혈과 육을 함께 지니심은 죽음을 통하여 죽음의 세력을 잡은 자 곧 마귀를 멸하시며"(히 2:14).

'사람의 모양으로 나타나사'(ἐν ὁμοιώματι ἀνθρώπων)(8a절)는 사람이 아닌데 외모만 사람의 모습을 취하셨다는 뜻이 아니다. 그리스도는 참된 인간의 삶을 살아내는 하나님이셨다. 예수님 이전에 하나님과 동등했던 인간은 없었다. 그리스도께서는 우리의 죄를 속량하기 위해 인류와 합류하셨고, 그분의 신성에 인성을 더하셨다(Arnold): "그러므로 그가

429

범사에 형제들과 같이 되심이 마땅하도다 이는 하나님의 일에 자비하고 신실한 대제사장이 되어 백성의 죄를 속량하려 하심이라"(히 2:17).

사람의 모양으로 나타나신 예수님은 자기를 낮추시고 죽기까지 복종하셨으니 곧 십자가의 죽음이다(8절). 우리는 십자가 죽음에 대해 다시 한번 묵상해 보아야 한다. 사회적으로 십자가형은 가장 수치스러운 죽음이었다. 로마 제국에서 가장 잔인한 형태의 처형이었으며, 로마 시민이 반역죄로 유죄 판결을 받는 경우가 아니라면 일반적으로 노예 등 사회적 지위가 가장 낮은 자들에게만 집행되었다(Hengel). 그러므로 바울은 십자가에서 죽으신 메시아를 전하는 일이 얼마나 어려운 일인지에 대해 이렇게 말한다: "우리는 십자가에 못 박힌 그리스도를 전하니 유대인에게는 거리끼는 것이요 이방인에게는 미련한 것이로되"(고전 1:23).

예수님은 자신의 신적인 신분과 지위를 이용하거나 이것들을 자기 과시의 기회로 사용하기를 거부하셨다. 그리스도께서는 면류관이 아닌 십자가를 짊어지셨다. 예수님에게 '하나님과 동등 됨'이란 모든 신적 신분과 지위를 버리고, 가장 낮은 자가 되어 하나님 아버지께 순종하고, 죄인들을 위해 십자가에서 죽음을 맞이하는 것을 의미했다. 그러므로 하나님과 동등하다는 것은 죄인들을 위해 자기 목숨을 내어 주는 것이다. 오직 하나님만이 이런 일을 하실 수 있다. 예수님은 자신을 죄인인 우리를 위해 내어 주심으로써 하나님의 본성과 참된 사랑을 드러내셨다.

하나님이신 그리스도는 높은 하늘을 떠나 낮은 이 땅으로 오셔서 죄인들을 위해 십자가에서 죽으셨다(cf. 6-8절). 6-8절에서는 예수님이 일하셨지만, 9-11절에서는 하나님이 일하시고 예수님은 하나님이 하신 일들의 수혜자가 되신다(O'Brien).

하나님 아버지는 죽기까지 복종하신 예수님을 지극히 높여 모든 이름 위에 뛰어난 이름을 주셨다(9절). 가장 낮은 곳으로 임하신 이를 가장 높은 곳으로 올리신 것이다(cf. NIV). 이러한 반전은 메시아에 대한 이사야의 예언을 성취한다(Bauckham): "그러므로 내가 그에게 존귀한 자와 함께 몫을 받게 하며 강한 자와 함께 탈취한 것을 나누게 하리니 이는 그가 자기 영혼을 버려 사망에 이르게 하며 범죄자 중 하나로 헤아림을 받았음이라 그러나 그가 많은 사람의 죄를 담당하며 범죄자를 위하여 기도하였느니라"(사 53:12).

'이름'(ὄνομα)은 지위, 타이틀, 신분, 평판, 명성 등 다양한 의미를 지닌다(BDAG). 유대인들은 하나님을 경외하는 의미에서 '그 이름'(the name)이라 불렀다. 초대교회 그리스도인들도 그리스도를 이렇게 불렀다(Bauckham). 그들에게 하나님과 예수님은 같은 분이셨다.

하나님이 그리스도에게 주신 이름, 곧 모든 이름 위에 뛰어난 이름은 '주'(κύριος)다(cf. 11절). 칠십인역(LXX)은 이스라엘의 하나님 여호와를 '하나님'(ὁ θεὸς) 혹은 '주'(κύριος)로 번역한다. 여호와는 곧 하나님이자 주이시고, 주는 곧 여호와이자 하나님이시다. 하나님이 자기 이름을 예수님에게 주신 것이다(Hawthorne, Martin, cf. 11절; 행 2:36; 롬 10:9; 고전 11:23; 12:3; 16:22). 이사야가 남긴 말씀을 생각할 때 하나님이 예수님에게 자기 이름을 주신 것은 참으로 놀라운 일이라 할 수 있다: "해 뜨는 곳에서든지 지는 곳에서든지 나 밖에 다른 이가 없는 줄을 알게 하리라 나는 여호와라 다른 이가 없느니라"(사 45:6, cf. 사 45:13, 21, 22). 예수 그리스도는 이사야가 언급한 바로 그 창조주 하나님이시다(Arnold).

하나님은 예수님에게 모든 이름 위에 뛰어난 이름을 주셨을 뿐 아니라(9절), 하늘에 있는 자들과 땅에 있는 자들과 땅 아래 있는 자들로 모두 무릎을 예수의 이름에 꿇게 하셨다(10절). 하늘에 있고, 땅에 있고, 땅 아래 있는 자들은 세상에 있는 모든 영적·육체적 존재를 총망라하는 표현이다. 심지어 죽은 사람들(땅 아래 있는 자들)도 포함한다(Hooker).

무릎을 꿇는 것은 복종뿐 아니라, 경배와 예배도 상징한다. 하나님은 세상에 있는(하늘과 땅과 땅 아래에 있는) 모든 입으로 예수 그리스도를 주라 시인하여 하나님 아버지께 영광을 돌리게 하셨다(11절). 이사야는 이런 일이 있을 것이라고 예언했다.

> 땅의 모든 끝이여 내게로 돌이켜 구원을 받으라
> 나는 하나님이라 다른 이가 없느니라
> 내가 나를 두고 맹세하기를
> 내 입에서 공의로운 말이 나갔은즉
> 돌아오지 아니하나니
> 내게 모든 무릎이 꿇겠고
> 모든 혀가 맹세하리라 하였노라
> 내게 대한 어떤 자의 말에
> 공의와 힘은 여호와께만 있나니
> 사람들이 그에게로 나아갈 것이라
> 무릇 그에게 노하는 자는 부끄러움을 당하리라
> (사 45:22-24; cf. 단 7:13-14; 롬 14:11).

인류 구원을 위한 하나님의 계획은 그리스도의 성육신과 사역과 죽음과 부활과 승천을 통해 실현되었다. 그리스도께서 하신 모든 일이 하나님의 은혜롭고 영광스러운 구속사의 절정이다. 하나님은 예수 그리스도를 통해 자신을 영화롭게 하시고, 열방도 예수님을 통해 자기에게 나아오게 하셨다.

이 말씀은 예수님은 여호와 하나님이시라고 한다. 우리의 경배와 찬양을 받기에 합당하신 분이다. 때로는 우리가 예수님을 형제처럼 친구처럼 부르고 여기는 것은 친근감을 위해서다. 그러나 예수님은 하나님이시기에 우리가 결코 범접할 수 없는 분이다. 우리는 예수님을 하나님으로 섬겨야 한다.

그리스도는 이 땅에 오셔서 죄인인 우리를 구원하기 위해 하나님 아버지와 동등하심에 따라오는 모든 특권과 권리를 비우셨다(포기하셨다). 대신 낮은 종의 형체를 가지신 것으로도 모자라 십자가에서 죽기까지 자신을 낮추셨다. 우리는 그리스도를 모델로 삼아 낮아지는 것이 무엇인지, 어디까지 낮아져야 하는지 묵상하고 실천해야 한다. 그리스도가 보이신 겸손을 온전히 따라 할 수는 없지만, 계속 노력해야 한다.

예수님은 자신을 비우고 낮아지심으로 하나님께 지극히 높이심을 받으셨다. 스스로 낮아짐으로 하나님께 존귀하게 되는 것은 기독교 리더십의 기본이다. 하나님께 인정받고, 하나님께 높임을 받고 싶다면 낮아져서 섬기고 사랑해야 한다.

세상 만물이 그리스도 앞에 무릎을 꿇을 날이 오고 있다. 우리는 기쁨으로 주님을 경배하지만 그렇지 않은 사람들도 있을 것이다. 그러나 그날이 오면 원하든 원하지 않든 모든 사람이 예수님을 경배해야 한다. 이 진리는 영원히 변하지 않는다.

D. 하나님의 흠 없는 자녀로 살라(2:12-18)

[12] 그러므로 나의 사랑하는 자들아 너희가 나 있을 때뿐 아니라 더욱 지금 나 없을 때에도 항상 복종하여 두렵고 떨림으로 너희 구원을 이루라 [13] 너희 안에서 행하시는 이는 하나님이시니 자기의 기쁘신 뜻을 위하여 너희에게 소원을 두고 행하게 하시나니 [14] 모든 일을 원망과 시비가 없이 하라 [15] 이는 너희가 흠이 없고 순전하여 어그러지고 거스르는 세대 가운데서 하나님의 흠 없는 자녀로 세상에서 그들 가운데 빛들로 나타내며 [16] 생명의 말씀을 밝혀 나의 달음질이 헛되지 아니하고 수고도 헛되지 아니함으로 그리스도의 날에 내가 자랑할 것이 있게 하려 함이라 [17] 만일 너희 믿음의 제물과 섬김 위에

내가 나를 전제로 드릴지라도 나는 기뻐하고 너희 무리와 함께 기뻐하리니
[18] 이와 같이 너희도 기뻐하고 나와 함께 기뻐하라

사도는 앞 섹션(2:5-11)에서 빌립보 성도들에게 하나님과 동등하시
지만 모든 권리와 지위를 버리고 종의 형체로 이 땅에 오셔서 우리를
위해 죽으신 그리스도의 마음을 품으라고 했다. 본 텍스트에서는 믿
음 공동체가 그리스도의 마음을 품는 것이 무엇을 의미하는지 말한다.
앞에서 제시한 원리를 공동체의 삶에 어떻게 적용해야 하는지에 관
한 말씀인 것이다. 그러므로 사도는 바로 앞 섹션과 이 섹션을 '그러므
로'("Ωστε)로 연결해 가르침을 이어 간다. 복음에 합당한(cf. 1:27) 공동체
의 삶이 어떤 것인지에 관한 말씀이다.

바울은 빌립보 성도들을 '나의 사랑하는 자들'(ἀγαπητοί μου)이라고 부
르며 말을 시작한다(12a절). 사도가 긴급한/중요한 호소(urgent appeal)를
할 때 사용하는 용어다(Hellerman, cf. 고전 10:4; 15:58; 고후 7:1; 12:19). 빌
립보서에서는 이 본문과 유오디아와 순두게에게 같은 마음을 품으라
고 호소하기(4:2) 바로 직전인 4:1에서만 사용한다. 또한 사도는 매우
사적이고 따뜻한 감정으로 말했던 1:3-13의 분위기를 재현하고자 이
표현을 사용했다(Sumney).

그는 빌립보 성도들에게 자기가 그들과 함께 있을 때뿐 아니라 없을
때도 항상 복종하라고 한다(12a절). 그들은 그리스도의 복음에 합당한
삶을 살아야 한다는 사도의 가르침(cf. 1:27)을 항상 의식하고 살아야 한
다. 고린도 교회에는 바울이 그곳에 없다는 이유로 교만을 떨며 그의
가르침에 의문을 제기하는 자들이 있었다(cf. 고전 4:18-21). 이 문제를
해결하기 위해 사도는 자기를 대신해 디모데를 고린도 교회에 보냈다
(cf. 고전 4:14-21).

그리스도가 항상 하나님께 복종하신 것처럼, 빌립보 성도들도 항상
복종해야 한다. 앞 섹션(2:6-11)이 요약한 그리스도의 생애에 십자가

고난이 포함된 것을 고려할 때, 빌립보 성도들은 믿음으로 인한 핍박과 고난에도 복종해야 한다(Garland). 하나님은 오직 그리스도의 고난에 동참할 만한 사람들에게만 고난을 허락하신다. 그러므로 믿음으로 인해 고난받는 것은 영광스러운 일이다. 고난받는 사람을 하나님이 인정하셨다는 증거이기 때문이다.

사도는 빌립보 성도들에게 두렵고 떨림으로 그들의 구원을 이루라고 한다(12b절). 그러나 구원은 사람이 자력으로 이루는 것이 아니다. 심지어 유대인들이 가장 의롭다고 여기는 조상 아브라함도 믿음으로 의롭다 함을 얻었다(롬 4:3; cf. 창 15:6). 신약에서도 구원은 오직 하나님께로부터 난 것이며, 그리스도를 통해 오고 그분을 믿는 자들만 선물로 받는다(Hansen, cf. 1:28). 그러므로 이 말씀은 우리 스스로 구원을 이루어야(쟁취해야) 한다는 뜻이 아니다.

바울 서신에서 구원이 과거 일로 언급되는 경우도 있지만(롬 8:24; 엡 2:5, 8; 딤후 1:9; 딛 3:5), 대부분은 미래(종말)에 있을 일로 언급이 된다(cf. 고전 3:15; 5:5; 롬 13:11; 살전 5:9). 로마서 5:9은 우리 구원의 과거와 미래를 동시에 말한다: "이제 우리가 그의 피로 말미암아 의롭다 하심을 받았으니 더욱 그로 말미암아 진노하심에서 구원을 받을 것이니." 본문은 빌립보 성도들이 이미 얻은 구원을 다시 얻기 위해서가 아니라, 이미 얻은 구원에 합당한 삶을 살아야 한다는 의미다(Thielman, cf. 1:27). 그들은 그리스도께 순종하는 삶을 통해서 하나님이 예수님 안에서 그들에게 주신 구원과 일치하는 삶의 방식을 받아들여야 한다(Fee). 하나님 나라의 사신으로서 하나님 나라의 가치와 이상을 실천하며 살아야 한다.

빌립보 성도들은 그리스도의 구원에 합당한 삶을 두렵고 떨림으로 이루어 나가야 한다. '두렵고 떨림으로'(μετὰ φόβου καὶ τρόμου)는 이 권면을 심각하게 받아들여 매우 신중하게 실천하라는 뜻이다. 사도의 권면은 복수형(plural)으로 표현되어 있다. 구원은 하나님과의 개인적인 화해뿐 아니라 다른 사람들과의 화해도 포함하기 때문이다(Caird, Hooker). 구원은 각 개인이 받는 은혜로만 그치는 것이 아니라, 공동체 구성원들이 서로에게 실천하고 경험하는 것이기도 하다(Fee). 그러므로 바울은 빌립보 교회의 믿음 공동체 안에서 그들의 종말론적 구원이 현재 진행형으로 '이루어지고 있어야' 한다고 한다(Hooker).

'이루다'(κατεργάζομαι)는 '연습하다, 실천하다'(practice, live out)라는 뜻이며(Carson, cf. 롬 1:27; 2:9; 7:15, 17, 20; 15:18; 고전 5:3), '이루라'(κατεργάζεσθε)는 현재형 명령법이다. 계속 이루어 가라(연습하라, 실천하라)는 권면이다. 하나님께 복종하는 것과 구원은 단숨에 완성하는 프로젝트가 아니라 평생 연습하고 실천해 나가는 삶의 방식이다.

빌립보 성도들이 두려움과 떨림으로 구원을 이루는 삶을 살아내는 것은 또한 하나님이 그들 안에서 하시는 일이기도 하다(13a절). 하나님이 그들 안에서 하시는 일은 그분의 기쁘신 일을 위해 그들에게 소원을 두고 행하게 하시는 일이다. 의지와 실천이 있어야 구원을 삶에서 살아낼 수 있는데, 하나님의 기쁘신 뜻과 행하게 하심이 함께하는 일이니 그들이 순종하고 협력하면 반드시 그리스도의 복음에 합당한 삶을 살 수 있다(cf. Arnold, Collange). 그들의 노력은 하나님께 기쁨이 될 것이다.

빌립보 성도들이 공동체에서 함께 두려움과 떨림으로 구원을 이루는 것이 하나님의 기쁘신 뜻이라고 한 사도는 이제 출애굽해 광야 생활을 하던 이스라엘을 실패 사례로 들며 두려움과 떨림으로 구원을 이루는 공동체의 삶은 어떠해야 하는지 실용적인 권면을 한다(14-16절). 두려움과 떨림으로 구원을 이루는 공동체는 모든 일을 원망과 시비가 없이 해야 한다(14절).

'모든 일'(Πάντα)은 삶에서 무슨 일을 하든지 항상 이와 같아야 한다는 뜻이다(Arnold). '원망'(γογγυσμός)은 낮은 목소리로 주절거리는 것, 곧 불만과 원망으로 이루어진 뒷담화다(BDAG, cf. 행 6:1; 벧전 4:9). '시비'(διαλογισμός)는 원래 '추론 과정, 의견' 등 좋은 의미를 지니지만, 본문에서는 '다툼과 논쟁'(arguing, disputing) 등 부정적인 의미로 사용되었다(BDAG). 사도가 이런 말을 하는 것은 빌립보 성도들 사이에 원망과 시비가 있기 때문이 아니라 옛적에 실패한 이스라엘 공동체를 사례로 들기 위해서다(Hooker).

바울은 빌립보 성도들이 흠이 없고 순전하여 어그러지고 거스르는 세대 가운데서 빛들로 나타내기를 바란다(15a절). 칠십인역(LXX)에서 '흠이 없이'(ἄμεμπτος)는 하나님께 드리는 제물의 '온전함'(תָּמִים)을 번역한 단어로, 하나님이 받으시기에 어떠한 결함도 지니지 않았다는 뜻이다(출 29:1, 38; 레 1:3, 10; 3:1, 6, 9; 민 15:24; 19:2; 28:3). 공동체가 흠이 없다는 것은 각 구성원이 하나님과 다른 사람들 앞에서 의롭게 사는 것을 의미한다(Fee). '순전'(ἀκέραιος)은 '섞이지 않았다'라는 의미를 지니며(BDAG), 순결하고 순수하다는 뜻이다. 예수님은 제자들을 보내시면서 마치 양을 이리 가운데 보내는 것과 같다며 "뱀 같이 지혜롭고 비둘기 같이 순결(ἀκέραιος)하라"라고 말씀하셨다(마 10:16). 그리스도인이 순전(순결)하려면 원망과 시비를 멀리해야 하며(Arnold), 불신자들의 생각과 가치관을 공유하지 않아야 한다.

'어그러지고 거스르는 세대'(γενεᾶς σκολιᾶς καὶ διεστραμμένης)는 신명기 32:5을 인용한 것으로 '흠이 있고 비뚤어진 세대'(דּוֹר עִקֵּשׁ וּפְתַלְתֹּל)를 칠십인역(LXX)이 번역한 말(γενεὰ σκολιὰ καὶ διεστραμμένη)이다. 출애굽하여 광야에서 반역하며 살았던 이스라엘을 묘사한다. 그들이 도덕적으로 타락했던 것을 이렇게 표현한다(Silva, cf. BDAG). 온 공동체가 뜻을 합해 한마음을 품고 남의 일을 자기 일처럼 돌보면 도덕적으로 타락하지 않는다(2:2, 4).

어떤 이들은 이 말씀의 배경이 출애굽 사건이라는 점에서 어그러지고 거스르는 세대를 이스라엘로 제한해 해석한다(Thielman, cf. 출 16:2-9; 17:3; 민 1:1). 그러나 이 말씀은 그리스도 영접하기를 거부하는 세상 사람들에게 똑같이 적용될 수 있다(Hooker, cf. 1:28). 게다가 사도가 빌립보 성도들에게 빛을 나타내야 한다고 하는 것으로 보아 온 세상 사람으로 해석하는 것이 바람직하다. 이미지는 출애굽 사건에서 왔지만, 온 세상 사람에게 적용해야 한다.

흠이 없고 순전한 빌립보 성도들은 어그러지고 거스르는 세상 사람들 가운데 빛들로 나타내야 한다(15b절). '빛들'(φωστῆρες)은 어두운 궁창과 다름없는 세상을 밝히는 광체(별)다(cf. BDAG). 이스라엘은 세상에 빛을 발하라는 소명을 받았지만 소명대로 사는 일에 실패했다(cf. 사 42:6-7; 49:6; 60:1-3; 롬 2:19). 학자들은 바울이 다니엘 12:3에서 온 이미지를 인용해 빌립보 성도들에게 다니엘이 꿈꾸던 교회(하나님의 새 백성)를 이루어 나갈 것을 당부하고 있다고 한다(cf. Garland, Hooker, Thielman): "지혜 있는 자는 궁창의 빛(φωστῆρες)과 같이 빛날 것이요 많은 사람을 옳은 데로 돌아오게 한 자는 별과 같이 영원토록 빛나리라"(단 12:3).

빌립보 성도들은 비난받지 않는 삶을 살도록 부르심을 받았고, 원망과 시비 없이 하나님이 정해 주신 올바른 삶의 방식에 따라 건전하고 건강하게 살 수 있다는 것을 세상에 보여 주어야 한다(Hansen). 그러기 위해서는 생명의 말씀을 밝혀야 한다(16a절). '생명의 말씀'(λόγον ζωῆς)은 바울 서신에서 이곳에서만 사용되는 표현이다. 목적 소유격(objective genitive)으로 '생명을 생산하는(낳는) 말씀'이라는 뜻이다(Arnold). 그들은 바울에게 받은 말씀에 따라 살면 된다. 이렇게 사는 것이 하나님이 그들에게 주신 소명이다.

너희는 세상의 빛이라 산 위에 있는 동네가 숨겨지지 못할 것이요 사람이 등불을 켜서 말 아래에 두지 아니하고 등경 위에 두나니 이러므로 집 안모든 사람에게 비치느니라 이같이 너희 빛이 사람 앞에 비치게 하여 그들로 너희 착한 행실을 보고 하늘에 계신 너희 아버지께 영광을 돌리게 하라(마 5:14-16).

빌립보 공동체가 이렇게 산다면 바울은 자기의 달음질이 헛되지 않고 수고도 헛되지 않았다는 것을 깨달을 것이다(16b절). 또한 그들은 하나님 앞에서 사도의 자랑이 될 것이다(16c절). 사도는 종종 자신의 선교 사역(갈 2:2; 살후 3:1)과 삶(고전 9:24, 26; 갈 5:7)을 달리기에 비유한다. 그는 빌립보 성도들을 위해 열심히 달려왔다. 또한 많은 수고를 아끼지 않았다. 신약과 칠십인역(LXX)에서 '수고함'(ἐκοπίασα)은 지치도록 일하는 것(신 25:18; 삼상 14:31; 시 6:6; 요 4:6), 혹은 열심히 일하는 것을 뜻한다(삼상 17:39; 삿 5:26; 전 2:18; 마 6:28; 눅 5:5; 요 4:38; 롬 6:6; 고전 4:12). '헛됨'(κενός)은 '텅 빔, 어리석음' 등을 뜻한다(BDAG). 사도의 사역과 삶, 특히 빌립보 성도들을 위해 수고한 모든 일은 헛되지 않았다.

바울은 자신의 사역과 삶이 쉽지 않았다는 것을 숨기지 않는다. 그러나 참으로 보람 있는 사역이었으며, 특히 빌립보 성도들을 생각하면 더욱더 그런 생각이 든다. 더 나아가 그리스도의 날에 예수님 앞에서 빌립보 성도들을 가리키며 '저들은 나의 자랑'이라고 뿌듯해할 날을 확신한다(16c절).

또한 사도는 그들의 믿음의 제물과 섬김 위에 자신을 전제로 드릴지라도 스스로 기뻐할 뿐 아니라 그들과도 기뻐할 것이라고 한다(17절). '전제'(σπονδή, drink offering)는 다른 제물을 드린 후 추가로 드리는 포도주다(민 15:1-10). 바울은 빌립보 성도들이 핍박에도 불구하고 꾸준히 그리스도에 대한 믿음을 유지하는 것을 가리켜 그들이 하나님께 드리는 제물이라 한다(Thielman). 또한 사도는 자신의 삶이 그들의 제물(믿음의 삶)과 함께 하나님께 바쳐지더라도 기뻐할 것이라고 한다. 그는 순교하게 되더라도 빌립보 성도들의 신앙을 생각하며 기뻐할 것이다(Hooker). 바울은 그들을 사역의 대상이 아니라 사역의 파트너로 생각하고 있다(Garland, cf. 1:7).

바울은 자신이 빌립보 성도들로 인해 기뻐하는 것처럼, 그들도 자기로 인해 기뻐하기를 기대한다(18절). 일부 학자는 18절을 다음 섹션을 시작하는 구절로 간주하지만(Arnold), 이 섹션의 마무리 구절로 취급하는 것이 더 설득력이 있다(cf. Bockmuehl, Garland, Hawthorne, Hooker, Martin, Thielman). 이미 언급한 것처럼 빌립보서는 온통 기쁨으로 '도배되어 있는' 서신이다(cf. 1:18, 25; 2:2, 17-18, 28-29; 3:1; 4:4, 10). 사도는 본문에서 한 번 더 빌립보 성도들에게 기뻐하자고 한다.

이 말씀은 우리의 신앙생활은 누구의 강요나 감시에 따라 하는 것이 아니라 스스로 하는 것이라고 한다. 우리의 삶은 하나님께 드리는 제물이므로 하나님을 의식하며 살면 남의 눈치를 볼 필요가 없다. 그러므로 바울은 빌립보 성도들에게 자신이 그들과 함께 있을 때뿐 아니라 없을 때도 두렵고 떨림으로 하나님께 복종하라고 한다.

우리의 구원은 개인적인 면모를 지니고 있기에 그리스도 안에서 하나님이 주신 구원에 감사하며 복음에 합당한 삶을 살아야 한다. 또한 공동체적 면모도 지니고 있기에 구원을 믿음 공동체 안에서 서로에게 이루어(실천해) 가는 것도 중요하다. 믿음 공동체는 모든 일을 원망과 시비 없이 하는 것을 목표로 삼아야 한다. 온 공동체가 서로 존중하며 남을 자기보다 낮게 여기고, 남의 일을 자기 일을 돌보듯 할 때 비로소 원망과 시비가 사라진다.

신학과 윤리는 결코 나뉠 수 없다. 우리가 믿는 바는 곧 우리 삶을 통해 표현되어야 하기 때문이다. 복음을 믿는 자들은 복음에 합당하게 살아야 하며, 서로를 대할 때도 그리스도가 우리를 대하신 것처럼 대해야 한다. 이것이 하나님의 기쁘신 뜻이다.

우리는 어그러지고 거스르는 세상을 살고 있다. 이 세대에 동요하지 말고 하나님의 흠 없는 자녀가 되어 어두운 세상을 밝히는 별이 되어야 한다. 공의와 정의와 함께 사랑과 자비를 발하는 별이 되어야 한다. 이렇게 사는 성도들은 사역자들의 자랑이다.

Ⅳ. 디모데와 에바브로디도

(2:19-30)

사도는 빌립보 성도들에게 그리스도의 복음에 합당한 삶을 살 것을 권면해 왔다. 또한 이러한 삶은 그리스도의 마음을 품을 때만 가능하다고 했다. 바울은 이 섹션에서 그리스도의 마음을 품고 사역하며 섬기는 디모데와 에바브로디도에 관해 말한다(cf. Garland, Thielman).

두 사람은 빌립보 교회가 잘 아는 사역자이며, 빌립보 교회를 헌신적으로 섬겼다. 빌립보에는 에바브로디도가 먼저 이 서신을 들고 가고, 디모데는 바울의 재판 결과가 나오면 소식을 가져갈 것이다(Fee). 바울은 빌립보 성도들이 익숙한 두 사역자를 모델로 삼아서 닮아 가기를 바란다. 본 텍스트는 다음과 같이 두 파트로 구분된다.

A. 디모데(2:19-24)
B. 에바브로디도(2:25-30)

A. 디모데(2:19-24)

¹⁹ 내가 디모데를 속히 너희에게 보내기를 주 안에서 바람은 너희의 사정을 앎으로 안위를 받으려 함이니 ²⁰ 이는 뜻을 같이하여 너희 사정을 진실히 생각할 자가 이밖에 내게 없음이라 ²¹ 그들이 다 자기 일을 구하고 그리스도 예수의 일을 구하지 아니하되 ²² 디모데의 연단을 너희가 아나니 자식이 아버지에게 함같이 나와 함께 복음을 위하여 수고하였느니라 ²³ 그러므로 내가 내 일이 어떻게 될지를 보아서 곧 이 사람을 보내기를 바라고 ²⁴ 나도 속히 가게 될 것을 주 안에서 확신하노라

바울이 디모데를 처음 만난 것은 1차 선교 여행이 끝나고 2년 후에 시작된 2차 선교 여행 중 실라와 함께 루스드라를 방문했을 때다(행 16:1). '디모데'(Τιμόθεος, Timothy)는 '하나님을 공경하다'라는 의미를 지닌 좋은 이름이다. 디모데의 어머니는 유니게(Εὐνίκη, Eunice)이고 할머니는 로이스(Λωΐς, Lois)인데, 둘 다 유대인 그리스도인이었다(딤후 1:5). 그래서 바울은 디모데가 경건한 할머니와 경건한 어머니에게서 믿음을 이어받았다고 한다(딤후 1:5).

디모데의 아버지는 헬라인이지만, 그에 관한 언급이 어디에도 없는 것으로 보아 바울이 디모데를 만났을 때 그의 헬라인 아버지는 이미 죽은 것으로 보인다. 이후 디모데는 바울의 선교팀에 속해 함께 사역했다. 지금도 바울과 함께 로마에 있다. 디모데는 바울의 영적 아들이었다(22절; cf. 딤후 1:2). 신약은 그의 이름을 자주 언급한다(행 17:14-15; 18:5; 19:22; 20:4; 롬 16:21; 고전 4:17; 16:10; 고후 1:1, 19; 빌 1:1; 2:19; 골 1:1; 살전 1:1; 3:2, 6; 살후 1:1; 딤전 1:2, 18; 6:20; 딤후 1:2; 몬 1:1; 히 13:23).

바울은 디모데를 속히 빌립보 성도들에게 보내기를 주 안에서 바란다(19a절). '속히'(ταχέως)는 '지체하지 않고 곧바로'라는 뜻이다(BDAG).

바울은 상황이 허락하는 대로 신속하게 디모데를 빌립보로 보낼 것이다.

'바라다'(ἐλπίζω)는 '희망하다'라는 뜻이며, 지금 당장 서신과 함께 그를 보내는 것은 아니지만 사도의 상황이 어느 정도 정리되면 훗날 보낼 것을 의미한다. 바울은 이 서신을 에바브로디도를 통해 빌립보 교회에 전달할 계획이다. 로마에서 빌립보까지는 약 1,300㎞나 되는 먼 길이다(Hooker). 당시 상황을 고려할 때 여행이 쉽지 않은 거리다.

어떤 이들은 바울이 빌립보 성도들 사이에 디모데의 권위를 세워 주고자 당분간 보내지 않을 디모데를 이곳에서 언급하는 것이라 한다 (Collange). 별 설득력 없는 주장이다. 교회를 헌신적으로 섬기는 디모데는 빌립보 성도들이 닮아 갈 모델이다(Fee). 그는 바울이 마게도냐로 건너와서 도우라는 사람의 환상을 보고 소아시아의 드로아(Troas)를 떠나 에게해(Aegean Sea)를 건너 마게도냐의 첫 도시인 빌립보를 방문했을 때 함께 있었다(행 16:9-12). 또한 디모데는 선교의 열매로 빌립보 교회가 세워질 때부터 교회와 함께했다.

빌립보 성도들은 교회의 속사정을 가장 잘 알고, 그들과 매우 친숙한 디모데가 당장 교회를 방문하지 않는 것에 실망할 수도 있다 (Thielman). 그러나 바울은 재판 결과가 나올 때까지 그가 가장 의지하고 신뢰하는 동역자이자 영적인 아들인 디모데가 곁을 지켜 주길 원한다(cf. 고전 4:17; 빌 2:22; 딤전 1:18; 딤후 1:2). 바울 주변에 투기와 분쟁으로 혹은 그의 재판에 부정적인 영향을 끼치고자 다툼으로 복음을 전파하는 자들이 도사리고 있는 상황을 고려하면(cf. 1:15-17), 디모데는 곁에 있으면서 스승이자 영적 아버지인 바울을 지켜 주어야 한다.

그럼에도 불구하고 여건이 허락하는 대로 사도가 디모데를 속히 보내고자 하는 것은 그가 가서 빌립보 교회를 살펴보고 로마로 돌아오면 그를 통해 안위를 받고자 해서다(19b절). '안위를 받다'(εὐψυχέω)는 신약에서 단 한 차례 사용되는 단어다. 칠십인역(LXX)에서도 사용되지 않

443

앉으며, 당시 헬라어 문헌에서도 거의 찾아볼 수 없는 매우 희귀한 단어다(Arnold). 전쟁 중에 용기를 얻는 일, 혹은 환난 중에 위로받는 것을 뜻한다(TDNT). 바울은 디모데가 돌아올 때 가져올 빌립보 교회 소식을 듣고 기뻐하기를 원한다(cf. 공동, ESV, NIV, NRS).

여건이 되는 대로 디모데를 빌립보로 보내려 하는 이유가 또 있다. 사도가 생각하기에 빌립보로 보낼 적임자로 디모데만 한 사람이 없기 때문이다(20절). 신약에서 '뜻을 같이하여'(ἰσόψυχον)는 단 한 차례 사용되며, '나와 같은 마음으로'라는 뜻이다(공동, cf. Bruce). 디모데는 바울의 뜻과 그에 관한 소식을 가장 정확하게 전달할 사람이다(20a절).

또한 디모데는 빌립보 성도들의 사정을 진실히 생각할 사람이다(20b절). '진실히 생각하다'(μεριμνάω)는 '염려하다, 걱정하다'라는 뜻이다(BDAG). 디모데는 빌립보 성도들의 영성과 염려를 알 뿐 아니라, 그들의 입장을 충분히 고려하며 조언하고 제안할 수 있는 사람이라는 뜻이다(cf. Garland). 바울이 디모데를 빌립보로 보내려 하는 이유는 단지 소식을 전하기 위해서가 아니라, 빌립보 성도들이 처한 상황을 살피고 적절한 조언을 하게 하고자 해서다. 아마도 디모데는 교회가 당면한 핍박과 공동체의 연합에 대해 진실한 조언을 할 것으로 보인다(cf. 1:27-30).

빌립보 성도들을 진정으로 염려하는 디모데와는 대조적으로 그들은 다 자기 일을 구하고 그리스도의 일을 구하지 않는다(21절). 이 이기적인 사람들은 누구인가? 학자들은 다양한 추측을 내놓았다. 첫째, 바울과 전혀 다른 관심사를 가진 자들이며, 바울을 반대하고 시기하는 자들이다(Bockmuehl, Fee, Witherington, cf. 1:15-17). 둘째, 바울 주변에 있는 자들이며, 빌립보 성도들의 필요를 채우기 위해 자신이 하던 사역을 떠나려 하지 않는 자들이다(Hansen). 셋째, 실제 사람이 아니라 디모데를 더 좋게 보이려고 만들어 낸 가상 사역자들이다(Reumann). 넷째, 빌립보 성도들에게 '너희들은 이렇게 하지 말라'라는 교훈을 주기 위해 만들어 낸 가상 사역자들이다(Garland). 이들이 누구였는지 정확히 알수는 없지만, 바울은 빌립보 성도들이 디모데를 진심으로 귀하게 여기고 환영하기를 바라는 마음으로 이렇게 말했다.

빌립보 성도들은 디모데가 얼마나 헌신적으로 살아왔는지 잘 안다. 그들은 디모데가 겪은 연단에 대해 알고 있다(22a절). 신약에서 '연단'(δοκιμή)은 7차례 등장하는데, 모두 바울 서신에서 사용된다. '입증된 가치'(proven worth, ESV, NAS) 혹은 '증명'(proved himself, NIV, NIRV, NLT) 등 역경과 고난을 통해 성숙한 인격을 뜻한다(롬 5:4; 고후 2:9). 우리는 디모데가 구체적으로 어떤 핍박과 고난을 경험했는지 알지 못한다. 그러나 빌립보 교회는 초창기부터 이때까지 10여 년 동안 디모데를 가까이에서 지켜보았다(cf. 행 16:11-40). 그러므로 그들은 바울이 디모데에관해 하는 말에 전적으로 동의했을 것이다. 디모데는 갖가지 고난을 통해 귀한 사역자로 증명된 사람이다.

디모데의 입증된 가치는 그가 바울과 함께 복음을 위해 많이 수고한 일에서 역력히 드러났다(22b절). 그는 바울 섬기기를 마치 아들이 아버지를 섬기듯 했다(cf. 고전 4:17; 딤전 1:2, 18; 딤후 1:2; 2:1). 온 마음을 다해 바울을 보살폈다는 뜻이다. 또한 디모데는 영적 아버지인 바울의 동역자가 되어 그리스도의 복음을 위해 참으로 헌신적으로 일했다.

사도는 상황을 지켜보다가 여건이 허락하는 대로 디모데를 빌립보로 보낼 계획이다(23절). 또한 자신도 속히 빌립보로 가게 될 것을 주 안에서 확신한다(24절). '주 안에서'(ἐν κυρίῳ)는 하나님이 그가 희망하는 바(디모데를 빌립보 교회로 먼저 보낸 후 자신도 곧바로 뒤따라갈 것)를 허락하시길 바란다는 뜻이다. 바울은 디모데의 방문이 자신의 방문을 준비하는 계기가 되기를 간절히 바라고 있다(Hansen).

바울은 로마 황제가 공평하고 합리적인 판결을 통해 자신의 무죄를 인정하기를 기대하지 않는다. 그러나 그의 무죄 판결이 하나님의 뜻이라면, 하나님이 황제로 하여금 무죄를 선고하게 하실 것이다. 그러므로 그는 '주 안에서' 무죄를 확신한다. 바울이 희망하는 대로 무죄 판결을 받는다면, 그는 곧바로 빌립보 교회를 방문하고자 한다. 그의 확신과 희망이 매우 긴밀하게 연결되어 있다(Garland).

이 말씀은 바울이 디모데를 얼마나 의지했는지를 확실하게 보여 준다. 바울에게 디모데는 온전히 의지할 수 있는 아들이었다. 디모데는 젊은 아들이 나이 든 아버지를 보살피듯 바울을 보살폈다. 또한 복음 사역을 할 때 이 두 사람은 가장 손발이 잘 맞는 파트너였다. 우리도 이런 관계가 필요하다. 몇 명만 있어도 된다. 또한 누가 손 내밀기를 기다리지 말고 내가 먼저 손을 내밀어 이런 관계를 만들어 가야 한다.

연단과 고난이 나쁜 것만은 아니다. 디모데는 고난과 어려움을 겪으면서 성숙한 인격과 자비로 성도들을 따뜻하게 품게 되었다. 바울과 빌립보 성도들이 이를 인정했다. 우리도 믿음으로 인해 고난을 겪게 되면 불평할 게 아니라 하나님이 우리를 성숙한 신앙인이자 훌륭한 인격자로 만들어 가고 계신다는 사실을 깨달으면 좋겠다. 깨달음이 있으면 불평하지 않고 오히려 감사하게 될 것이다.

디모데가 이렇게 살 수 있었던 것은 바울이라는 롤모델이 있었기 때문이다. 우리에게도 롤모델이 필요하다. 바울이 빌립보 성도들에게 디모데에 관해 말하는 것은 그를 모델로 삼아 닮아 가라는 뜻이다. 우리 주변에 마땅한 롤모델이 없으면, 우리가 다른 사람들에게 롤모델이 되면 된다. 롤모델이 없음에 탄식하지 말고, 우리가 롤모델이 될 수 있음에 감사하자.

Ⅳ. 디모데와 에바브로디도(2:19-30)

B. 에바브로디도(2:25-30)

²⁵ 그러나 에바브로디도를 너희에게 보내는 것이 필요한 줄로 생각하노니 그

는 나의 형제요 함께 수고하고 함께 군사 된 자요 너희 사자로 내가 쓸 것을 돕는 자라 ²⁶ 그가 너희 무리를 간절히 사모하고 자기가 병든 것을 너희가 들은 줄을 알고 심히 근심한지라 ²⁷ 그가 병들어 죽게 되었으나 하나님이 그를 긍휼히 여기셨고 그뿐 아니라 또 나를 긍휼히 여기사 내 근심 위에 근심을 면하게 하셨느니라 ²⁸ 그러므로 내가 더욱 급히 그를 보낸 것은 너희로 그를 다시 보고 기뻐하게 하며 내 근심도 덜려 함이니라 ²⁹ 이러므로 너희가 주 안에서 모든 기쁨으로 그를 영접하고 또 이와 같은 자들을 존귀히 여기라 ³⁰ 그가 그리스도의 일을 위하여 죽기에 이르러도 자기 목숨을 돌보지 아니한 것은 나를 섬기는 너희의 일에 부족함을 채우려 함이니라

빌립보 성도들이 바울, 디모데, 에바브로디도 중 제일 먼저 만날 사람은 그들에게 이 서신을 전달할 에바브로디도다. 그럼에도 불구하고 바울이 그에 관해 말하기 전에 디모데에 관해 먼저 말하는 것은 빌립보 성도들로 하여금 에바브로디도를 디모데처럼 훌륭한 사역자로 환영하게 하기 위해서다.

에바브로디도는 빌립보 성도들이 바울을 돌보도록 헌금과 함께 로마로 보낸 사람이다(cf. 2:25; 4:18). 그러므로 바울의 재판이 끝나기 전에 그가 빌립보로 돌아가면 분명 '너무 일찍 돌아왔다'며 비판할 자들이 있다. 바울은 이런 일이 일어나지 않도록 에바브로디도를 극찬하며 그가 빌립보 성도들을 대신해 자신을 섬겼을 뿐 아니라 자기에게 참으로 귀한 동역자라며 그를 로마로 보내 준 빌립보 교회에 감사한다. 사도가 빌립보 성도들을 자랑하는 것처럼 빌립보 교회는 에바브로디도를 자랑해야 한다는 뜻이다.

바울은 형편이 되는 대로 디모데를 빌립보로 보낼 계획이지만, 에바브로디도는 곧바로 이 서신과 함께 보낼 것이다(25a절). 그를 당장 보내야 할 필요를 느꼈기 때문이다. '에바브로디도'(Ἐπαφρόδιτος, Epaphroditus)는 그리스 신화에서 사랑과 미(美)의 여신인 아프로디테

(Aphrodite, 로마 신화의 Venus)의 별명(이름)이며, '매력적'(charming)이라는 의미다. 이방 신의 이름을 지닌 것으로 보아 그는 이방인 회심자가 확실하다(Bockmuehl, Hawthorne, Martin).

사도는 에바브로디도가 그리스도의 훌륭한 사역자라 한다. 또한 빌립보 성도들을 대신해서 자기를 매우 헌신적으로 도와주었다며 관계적인 용어로 그가 베푼 섬김을 회고한다(25b절): (1)나의 형제, (2)나와 함께 수고한 자, (3)나와 함께 군사 된 자, (4)너희가 보낸 사자, (5)내가 쓸 것을 돕는 자. 바울은 에바브로디도를 그리스도 안에서 형제요 생사고락을 같이한 동역자라며 극찬한다.

에바브로디도를 '함께 군사 된 자'(συστρατιώτην)라고 하는 것은 그가 스스로 최전선(로마)을 떠나 후방(빌립보)으로 도피하는 것이 아니라, 바울과 함께 최전선에서 싸우다가 바울의 지시에 따라 소식을 전하러 빌립보로 가는 것이라는 사실을 강조한다(Hooker). 그는 한 점 부끄러움 없는 그리스도의 자랑스러운 군사이며, 지금은 상관(바울)의 명령을 받고 고향으로 돌아가는 길이다.

바울은 그를 '내가 쓸 것을 돕는 자'라고 한다. '돕는 자'(λειτουργός)는 로마 제국에 속한 행정가(롬 13:6은 그들을 하나님의 '일꾼'이라 함)를 뜻한다. 하나님을 섬기는 천사들도 이렇게 불린다(히 1:7). 또한 바울은 자신이 이방인에게 그리스도의 '일꾼' 됨을 이렇게 표현한다(롬 15:16). 에바브로디도는 빌립보 성도들이 자신을 바울에게 보낸 목적을 잘 이루었으므로 사도의 축복을 받으며 파송 교회로 돌아가고 있다는 뜻이다(Thielman).

사도가 에바브로디도를 급히 빌립보로 돌려보내려 하는 또 한 가지 이유가 있다. 에바브로디도가 병들어 죽게 되었던 일이 빌립보 교회에도 전해져 온 교회가 그를 걱정하며 기도하고 있기 때문이다(26-28절). 그는 로마에 도착하는 순간부터 빌립보 성도들을 간절히 사모했다(26a절). 바울의 재판이 끝나면 곧바로 빌립보로 돌아가기를 꿈꾼 것이다.

그러다가 심히 앓게 되었다. 어떤 경로로 전달되었는지 알 수는 없지만, 빌립보 성도들에게 그가 아프다는 소식이 전해졌다. 앓는 지병도 에바브로디도를 힘들게 했지만, 빌립보 성도들이 자기 소식을 듣고 걱정할 것이 그를 더 힘들게 했다(26b절).

그는 참으로 심한 병을 앓아 죽게 되었다(27a절). 죽음의 문턱까지 간 것이다. 다행히 하나님이 그를 긍휼히 여기셔서 낫게 해 주셨다(27b절). 하나님이 에바브로디도를 긍휼히 여기신 것은 바울이 근심 위에 근심을 더하는 일을 피할 수 있도록 그 역시 긍휼이 여기신 일이다(27c절). 만일 자신을 섬기기 위해 빌립보 교회의 파송을 받아 1,300㎞를 달려온 에바브로디도가 죽는다면, 바울은 평생 씻을 수 없는 상처를 받게 될 것이다. 그러므로 하나님이 에바브로디도를 살리신 것은 바울에게도 평안을 주기 위해 긍휼을 베푸신 일이다.

바울은 죽음의 문턱까지 갔다가 하나님이 베푸신 은혜로 살게 된 에바브로디도를 급히 빌립보로 보낸다(28a절). 그를 로마로 보낸 빌립보 성도들이 건강을 회복한 에바브로디도를 보고 기뻐하게 하기 위해서다(28b절). 에바브로디도가 건강한 모습으로 빌립보 성도들과 재회하면 바울도 한시름 놓을 수 있다(28c절).

사도는 그들에게 에바브로디도를 주 안에서 모든 기쁨으로 영접하고 그를 존귀히 여기라고 한다(29절). 그래야 그의 일에 연루된 모든 사람(에바브로디도 자신, 그의 섬김을 받은 바울, 그를 로마로 파송한 빌립보 성도들)이 행복할 것이다. 바울은 모든 사람의 기쁨을 위해 에바브로디도의 귀향을 적극적으로 주선했다.

에바브로디도는 그리스도의 일을 위해 죽음의 문턱까지 갔으면서도 자기 목숨을 돌보지 않은 참으로 헌신적인 일꾼이다(30a절). 그는 자신들을 대신해 바울을 섬기도록 로마로 파송한 빌립보 성도들의 바람을 부족함 없이 모두 이루었다(30b절). 그러므로 빌립보 성도들은 두 손 들고 이 믿음의 영웅을 환영해야 한다.

이 말씀은 교회는 사역자들의 헌신과 봉사를 인정하고 격려해야 한다고 한다. 바울은 빌립보 교회에 에바브로디도를 잘 싸우고 돌아온 그리스도의 군사로 환영하라고 한다. 교회가 그를 환영하고 격려하면 그는 용기를 얻어 더 열심히 싸우는 하나님의 군사가 될 것이다. 성도들의 인정과 격려는 사역자들에게 용기와 힘을 준다.

배려는 기독교가 지향하는 고귀한 가치 중 하나다. 바울은 에바브로디도를 계속 옆에 두고 그의 섬김을 받고 싶다. 그러나 병들어 죽을 뻔했던 그와 그 소식을 듣고 걱정하는 빌립보 성도들을 생각하면 그를 속히 돌려보내는 것이 그들을 위한 최고의 배려라고 생각했다. 또한 그들을 배려한 것이 바울에게도 심적인 부담을 덜어 내는 배려가 되었다.

하나님이 기뻐하시는 선한 일을 한다고 해서 나쁜 일을 피해 갈 수 있는 것은 아니다. 에바브로디도는 재판을 기다리는 사도를 보살피는 선한 일을 하기 위해 로마로 왔다가 지병으로 인해 죽을 뻔했다. 착한 일을 한다고 해서 고난과 핍박 등 나쁜 일을 피할 수 있는 것은 아니다. 그러나 피할 수 없는 나쁜 일을 당하더라도 하나님의 긍휼이 임하기를 기도하며 바라는 것은 좋은 일이므로 적극적으로 하나님의 은혜를 구해야 한다.

기쁨은 슬픔이 없는 것을 의미하지 않는다. 슬픔 가운데서 하나님으로 인해 즐거워할 수 있는 능력이다. 그렇다면 우리는 언제든지 어떠한 상황에서도 기뻐할 수 있다. 하나님이 그 상황을 다스리고 통제하시기 때문이다.

V. 겸손과 자랑

(3:1-4:3)

바울은 디모데와 에바브로디도처럼 사는 것이 복음에 합당한 삶을 사는 것이라며 그들을 롤모델로 삼아 닮아 가라고 권면했다. 이 섹션에서는 세상적으로 말하자면 그도 자랑할 것이 많지만, 그리스도를 아는 것에 비하면 모두 배설물에 불과하다고 한다. 더 나아가 오직 그리스도를 삶의 전부로 여기고 그분을 더 알고자 하는 자기를 닮으라고 한다(3:17). 이 섹션은 다음과 같이 구분된다.

A. 유대인들의 자랑과 그리스도인들의 자랑(3:1-3)

B. 유대인들의 자랑: 바울의 육체적 자격(3:4-6)

C. 그리스도인들의 자랑: 바울이 예수 그리스도를 앎(3:7-11)

D. 계속 달리라(3:12-16)

E. 우리의 시민권은 하늘에(3:17-21)

F. 주 안에서 같은 마음을 품으라(4:1-3)

A. 유대인들의 자랑과 그리스도인들의 자랑(3:1-3)

¹ 끝으로 나의 형제들아 주 안에서 기뻐하라 너희에게 같은 말을 쓰는 것이
내게는 수고로움이 없고 너희에게는 안전하니라 ² 개들을 삼가고 행악하는
자들을 삼가고 몸을 상해하는 일을 삼가라 ³ 하나님의 성령으로 봉사하며 그
리스도 예수로 자랑하고 육체를 신뢰하지 아니하는 우리가 곧 할례파라

한때 어떤 이들은 3장을 시작하는 '끝으로'를 '마지막으로'라는 의미
로 해석해 바울이 로마에서 에바브로디도를 통해 보내는 편지가 3:1에
서 끝난다고 주장했다. 그러므로 3:2-4:23은 훗날 빌립보서를 편집한
사람이 빌립보에 보낸 바울의 다른 편지(들)에서 가져와 삽입한 것이라
고 주장했다(cf. Arnold, Garland, Holloway, Reed, Watson). 이러한 주장을 일
명 '빌립보서의 조각설'(Fragmentary Hypothesis of the Philippians)이라 한다
(Garland).

최근에는 학계에서 거의 인정되지 않는 학설이다. '끝으로'라는 말
을 그렇게 해석할 필요가 없으며, 또한 3-4장이 1-2장과 구조적-내
용적으로 긴밀한 점착력(cohesiveness)과 통일성을 지니고 있기 때문이다
(Watson).

바울은 새 섹션인 3:1-4:3을 '끝으로'(Tὸ λοιπόν)라는 말로 시작한다
(1a절). 이 말은 일부 학자 사이에 오해와 혼란을 불러일으켰으며, 심지
어 빌립보서가 하나의 서신이 아니라 두세 개의 서신을 합한 것이라는
주장까지 나오게 했다. '끝으로'를 서신을 마무리하는 신호로 이해했기
때문이다.

'끝'을 의미하는 이 단어(λοιπός)가 형용사(adjective)로 사용될 때는 '남
아 있는 것', '사람이나 사물 또는 행동의 나머지'를 의미한다(cf. 고후
13:2; 빌 1:13; 4:3; 계 8:13; 11:13). 부사(adverbial use)로 사용될 때는 '지금

부터, 앞으로, 마침내, 더하여'라는 의미를 지닌다(BDAG). 그러므로 이곳에서도 '끝으로'는 서신을 마무리하는 말이 아니라, 새로운 섹션을 시작하는 말로 간주해야 한다(Alexander, Fee, Garland, Hooker, Thielman, Watson, cf. 살전 4:1).

사도는 앞에서 빌립보 성도들을 '나의 사랑하는 자들'(2:12)이라고 불렀는데, 이번에는 '나의 형제들'(ἀδελφοί μου)이라고 애정을 담아 부른다. 이후에는 그들을 '나의 사랑하고 사모하는 형제들'이라고 부를 것이다(4:1). 빌립보 성도들에 대한 바울의 가족애를 느낄 수 있다.

바울은 빌립보 성도들에게 주 안에서 기뻐하라고 권면한다(1a절). 그는 4:4에서 같은 권면을 반복할 것이다. 한 학자는 '기뻐하라'(χαίρετε)가 당시 그리스-로마 문화권에서 '안녕'(good bye, farewell)이라는 의미를 지닌 인사말이었다며, 이 구절과 4:4을 "안녕히 계십시오. 주님이 항상 여러분과 함께하실 것입니다. 다시 한번 작별 인사를 드립니다"(Goodbye, and the Lord be with you always. Again, I say, goodbye)라고 해석했다(Goodspeed). 이 같은 해석은 새번역 각주에 '안녕히 계십시오'라는 표현으로 반영되어 있다.

이러한 해석은 빌립보서가 원래 3:1에서 끝났다고 주장하는 사람들에게 중요한 증거로 작용했다. 그러나 이 단어는 바울 서신에서 한 번도 '안녕'(goodbye)이라는 의미를 지니지 않으며, 일반 헬라 문헌에서도 '안녕'(goodbye)이라는 의미로 사용된 적이 없다(Alexander). 또한 빌립보서에서 '기뻐하다'(χαίρω)는 9차례 등장하는데, 항상 섹션 혹은 더 작은 유닛(sub-section)을 시작하거나 마무리할 때 사용된다(Alexander). 그러므로 저자는 빌립보 공동체에 하나님이 그들을 위해 또한 그들 중에 하신 일을 기뻐하라고 권면하고 있다(Bruce, O'Brien, cf. 시 32:11; 33:1). 주님은 그들의 기쁨의 기회이자 근원이시다(Bockmuehl). 또한 공동체가 함께 기뻐하는 것은 건강한 그리스도인 공동체만이 할 수 있는 일이다.

사도는 같은 말을 쓰는 것이 자기에게는 수고로움이 없고 그들에게는 안전하다고 한다(1b절). 학자 중에는 '같은 말'(τὰ αὐτὰ)을 다음 절에서 시작할 거짓 선생들을 삼가라는 말을 의미하는 것으로(Lightfoot), 혹은 바울이 이미 보낸 다른 서신을 통해서 한 말을 뜻하는 것으로 해석하기도 한다(cf. Arnold, Hooker). 그러나 바울은 '같은 말을 쓴다'고 하지, 같은 말을 '다시'(again) 쓴다고 하지 않는다(Garland). 그러므로 '같은 말'은 이 편지에서 그가 한 말이다(Bockmuehl, Garland). 그는 이미 기뻐하라는 말을 여러 차례 했다(cf. 1:18; 2:17-18, 28). 이 '같은 말'('기뻐하라')을 쓰는 것이 그에게는 문제가 되지 않는다는 뜻이다.

칠십인역(LXX)에서 '수고로움'(ὀκνηρός)은 '주저함'(hesitation)을 뜻하며 (민 22:16; 삿 18:9), 신약에서는 '게으름'(마 25:26; 롬 12:11)을 의미한다. 본문에서는 '번거로움'(새번역), '성가심'(공동)의 의미로 쓰인다. 바울은 빌립보 성도들에게 주 안에서 기뻐하라는 말을 여러 번 하는 것이 전혀 번거롭지 않다고 한다. 믿음 공동체가 주 안에서 기뻐하는 것은 그만큼 중요한 일이기 때문이다.

사도가 같은 권면을 계속하는 것이 빌립보 성도들에게는 안전하다. '안전'(ἀσφαλής)은 '확실, 견고, 안전'을 의미한다(BDAG). 그러므로 대부분 번역본이 '안전, 보호'(safe, safeguard)로 번역했다(새번역, 공동, ESV, NAS, NIV, NRS). 배의 닻을 비유로 든 히브리서 6:19은 이 단어 (ἀσφαλής)를 '튼튼하다'라는 의미로 사용하며, 이곳에서도 이러한 의미로 사용된다. 저자는 항상 기뻐하는 것이 빌립보 성도들의 영적 역동성을 강화할 것이라고 한다(BDAG). 이 '안전'은 로마 황제에게서 오는 것이 아니라 하나님에게서 온다.

하나님은 주 안에서 기뻐하는 사람들의 영혼을 강건하게 하실 것이다. 하나님이 그들의 영혼을 강건하게 하여 보호하실 것이라고 하는 것으로 보아 다음 절에 언급되는 '개들'은 아직 빌립보에 오지 않았다 (Garland). 이미 '개들'이 왔다면 서로 물고 뜯고 난리가 났을 것이다. 교회가 이미 큰 혼란에 빠진 상황에서는 예방적인 '강건하게 하심'은 별 의미가 없다.

주 안에서 항상 기뻐하는 빌립보 성도들은 세 가지를 삼가야 한다 (2절): 개들, 행악하는 자들, 몸을 상해하는 일. 또한 바울이 세 번이나 '삼가라'(βλέπετε)고 하는 것은 참으로 이 사람들을 조심하라는 뜻이다 (Hansen). 그러므로 빌립보 성도들이 할 수 있는 가장 현명한 처사는 이 사람들을 아예 상종하지 않는 것이다.

이들이 빌립보 교회에 발을 붙이지 못하게 하라는 권면은 에바브로 디도를 진심으로 환영하라는 2:29-31 말씀과 매우 대조적이다(Reed). 대부분 학자는 이 세 가지(개들, 행악하는 자들, 몸을 상해하는 일)가 같은 부류의 사람들을 묘사하는 것으로 본다(Bockmuehl, Hawthorne, Garland, Hooker, Silva). 이들이 누구인지 정확히 알 수는 없지만(cf. Arnold, Hansen), '몸을 상해하는 일(할례)'을 권장하는 자들인 것으로 보아 유대인 거짓 선생들, 곧 그리스도인을 유대교화하려는 율법주의자들 (Judaizers)이 거의 확실하다(Fee, Hooker, Kent, Lightfoot, Thielman, Watson).

이들이 이미 빌립보 교회를 괴롭히고 있기 때문이 아니라, 하나의 보편적인 원칙으로 앞으로 공동체가 피해야 할 자들이라는 뜻이다 (Bockmuehl, Garland, cf. Silva). 그들은 이미 갈라디아 교회에 큰 피해를 주었다. 빌립보가 위치한 마게도냐에는 유대인이 많지 않아 아직 주저 하고 있지만, 언제든 에게해(Aegean Sea)를 건널 수 있다. 교회가 이 율 법주의자들을 버거워하는 것은 아직 복음과 교리가 체계적으로 정리 되지 않은 상황에서 그들의 현혹하는 말(그리스도의 복음 + 율법)이 상당 한 메리트를 지녔다고 생각할 수 있기 때문이다.

사도가 그들을 묘사하는 세 가지는 상당한 욕설과 비아냥을 포함한 다(Fee). 첫째, 그들은 개들이다. 오늘날에는 개가 반려동물로 각광받지 만, 당시의 '개'(κύων)는 썩은 것도 주저하지 않고 먹고 게워 내는 혐오 스러운 청소 짐승이었다(cf. 출 22:31; 왕상 14:11; 21:19, 23-24; 왕하 9:10, 36; 잠 26:11; 벧후 2:22). 하나님은 종말에 이들이 자기 백성과 함께 있지

455

못하도록 내치실 것이다: "개들(κύνες)과 점술가들과 음행하는 자들과 살인자들과 우상 숭배자들과 및 거짓말을 좋아하며 지어내는 자는 다 성 밖에 있으리라"(계 22:15).

둘째, 그들은 행악하는 자들이다. 칠십인역(LXX)은 하나님 백성의 원수들(시 22:16, 20; 59:6, 14)과 악한 지도자들(사 56:10)을 '행악하는 자들'(κακοὺς)이라 한다. 이곳에서도 악한 지도자들(복음 전파자들)이라는 의미로 사용되고 있다. 그들은 신학적 양아치이며, 유대교의 율법을 바탕으로 그리스도의 복음을 왜곡하는 일에 집착했다. 또한 도덕적으로 비난받을 만하며 심지어 위험하기까지 했다(BDAG). 그들의 특징은 아무도 원하지 않는 곳에 스스로 나타나 문제를 일으킨다는 것이다(cf. 시 59:14-15).

셋째, 그들은 몸을 상해하는 자들이다. '상해'(κατατομή)는 바울이 만들어 낸 단어로 이 말씀 외에는 쓰이지 않는다. 다음 구절(3절)에서 사용되는 '할례'(περιτομή)와 언어유희(katatomei, peritomei)를 이루기 위해 이 단어를 형성하는 전치사(περι-)를 다른 전치사(κατα-)로 대입해 만들었다(Arnold, Holloway, cf. Garland). 종교적 의식에 따라 신체 일부를 절단하는 행위이므로 일부 번역본은 이 단어를 '가짜 할례'(false circumcision)로 번역한다(새번역, 공동, NAS, NLT). 그들은 포피(foreskin)만 베어 내는 것이 아니라, 현혹된 사람들을 그리스도의 복음과 새로 시작된 하나님 백성 공동체에서 베어 냈다(Arnold, cf. 갈 5:2-4).

이 '개들'은 모든 그리스도인이 자신들처럼 신체적 할례를 받아야 한다고 하지만, 전혀 설득력 없는 주장이다. 할례 여부를 떠나 그리스도인이 곧 할례파이기 때문이다(3절). 바울은 신체적 할례를 받은 유대인인 자신과 할례를 받지 않은 모든 이방인 그리스도인을 '우리'(ἡμεῖς)라고 칭하며, '우리'야말로 '참 할례파'(ἡ περιτομή, 할례를 받은 자들)라고 한다.

이미 할례를 받은 사람을 할례파라고 하는 것은 이해되지만, 사도는

왜 할례를 받은 적 없는 이방인도 할례파라 하는가? 그는 '할례파'의
조건으로 세 가지를 제시한다: (1)성령으로 봉사한다, (2)그리스도 예수
로 자랑한다, (3)육체를 신뢰하지 않는다.

첫째, 성령으로 봉사하는 사람이 할례파다. '봉사하다'(λατρεύω)는 종
교적 의무를 행하는 것을 뜻하기 때문에(BDAG) '예배하다'라는 의미로
해석하기도 한다(새번역, 공동, ESV, NAS, NRS). 그러나 본문이 '개들'의
사역과 참 그리스도인의 사역을 대조하고 있는 만큼 '봉사/섬김'을 의
미하는 것으로 해석해야 한다(Arnold, Fee, cf. 고후 3:6, 8). 참 할례파는
성령으로 봉사한다(cf. NIV).

둘째, 그리스도 예수로 자랑하는 사람이 할례파다. '그리스도 예수로
자랑하는 것'(καυχώμενοι ἐν Χριστῷ Ἰησοῦ)은 '그리스도 예수를 자랑하
는 것'(공동, NIRV, NLT) 혹은 '그리스도 예수 안에서 자랑하는 것'(새번
역, ESV, NAS, NIV, NRS)으로 번역할 수 있다. "우리가 아직 연약할 때
에 기약대로 그리스도께서 경건하지 않은 자를 위하여 죽으셨도다"(롬
5:6) 등의 말씀을 고려하면 그리스도와 그분이 하신 일을 자랑하는 것
이 더 설득력 있는 해석이다. 참 할례파는 예수 그리스도를 자랑한다.
구약도 신체적 할례는 의미가 없다며 하나님을 자랑하는 것이 참 할례
라 한다.

> 여호와께서 이와 같이 말씀하시되 지혜로운 자는 그의 지혜를 자랑하지
> 말라 용사는 그의 용맹을 자랑하지 말라 부자는 그의 부함을 자랑하지 말
> 라 자랑하는 자는 이것으로 자랑할지니 곧 명철하여 나를 아는 것과 나
> 여호와는 사랑과 정의와 공의를 땅에 행하는 자인 줄 깨닫는 것이라 나는
> 이 일을 기뻐하노라 여호와의 말씀이니라 여호와의 말씀이니라 보라 날
> 이 이르면 할례 받은 자와 할례 받지 못한 자를 내가 다 벌하리니 곧 애
> 굽과 유다와 에돔과 암몬 자손과 모압과 및 광야에 살면서 살쩍을 깎은
> 자들에게라 무릇 모든 민족은 할례를 받지 못하였고 이스라엘은 마음에

457

할례를 받지 못하였느니라 하셨느니라(렘 9:23-26).

셋째, 육체를 신뢰하지 않는 사람이 할례파다. '육체를 신뢰하지 않는 것'(οὐκ ἐν σαρκὶ πεποιθότες)은 세상적 기준, 곧 육신을 따르지(κατὰ σάρκα) 않는 것을 뜻한다(cf. 롬 8:12; 고전 1:26; 고후 1:17; 5:16; 10:2; 11:18). 유대인의 기준에 따르면 육신적 할례는 하나님 백성의 징표며, 주님의 백성이라면 반드시 받아야 한다(cf. 창 17:9-14). 유대인에게 육신적 의식인 할례는 하나님을 섬기고 사랑하는 헌신의 상징이 되어야 했다. 그러나 그들은 육신적 할례 자체에 하나님 백성의 정체성과 신앙적 의미를 부여했다.

하나님은 사람의 마음을 꿰뚫어 보시는 분이다(삼상 16:7). 또한 선지자들은 마음의 할례가 육신의 할례보다 훨씬 더 중요하다고 했다(렘 4:4; 겔 44:7; cf. 신 10:16; 30:6; 겔 6:10; 9:25). 그러므로 그리스도가 시작하신 새 백성에게는 마음의 할례만 중요하다(Thielman, cf. 롬 2:25-29; 고전 7:19; 갈 5:6; 6:15; 엡 2:11; 골 2:11). 마음의 할례는 성령으로 봉사하고, 그리스도 예수를 자랑하고, 육체를 신뢰하지 않는 것이다.

이 말씀은 올바른 신학 위에 세워진 건강한 공동체는 항상 기뻐한다고 한다. 자신에게서 기쁨을 찾는 것이 아니라 하나님과 그분이 하신 일에서 기쁨을 찾기 때문이다. 그러므로 기독교 공동체는 처한 상황에 상관없이 주님을 항상 기뻐할 수 있다. 주님은 우리 기쁨의 근원이시다.

교회가 계속 기뻐하기 위해 피해야 할 자들이 있다. 예수 그리스도의 복음에 뭔가를 추가(첨부)하는 자들이다. 사도는 이런 사람들을 가리켜 개, 행악하는 자, 몸을 상해하는 자라며 아예 상종하지 말라고 한다. 목회자가 해야 할 중요한 사역 중 하나가 이러한 '개들'이 교회에 발을 붙이지 못하게 하는 것이고, 성도들이 이들과 어떠한 교류도 하지 않게 하는 일이다.

그리스도인은 마음의 할례를 받은 사람들이다. 그러므로 신체적 할 례가 필요 없다. 마음의 할례를 받은 사람은 성령으로 봉사하고, 그리 스도를 자랑하고, 세상적인 것을 신뢰하지 않는다.

V. 겸손과 자랑(3:1-4:3)

B. 유대인들의 자랑: 바울의 육체적 자격(3:4-6)

⁴ 그러나 나도 육체를 신뢰할 만하며 만일 누구든지 다른 이가 육체를 신뢰 할 것이 있는 줄로 생각하면 나는 더욱 그러하리니 ⁵ 나는 팔일 만에 할례를 받고 이스라엘 족속이요 베냐민 지파요 히브리인 중의 히브리인이요 율법으 로는 바리새인이요 ⁶ 열심으로는 교회를 박해하고 율법의 의로는 흠이 없는 자라

만일 바울이 할례를 받지 않은 이방인이었다면 바로 앞 섹션(3:1-3) 에서 할례와 율법주의자들에 대해 한 말이 자격지심에서 비롯된 말이 라고 오해할 수도 있다. 사도는 이러한 오해를 불식시키기 위해 자신 의 출생과 민족적 배경을 자세하게 회고한다. 회심하기 전 바울은 어 느 유대인과 비교해도 손색이 없는 유대교적 환경에서 살았다. 그러므 로 율법주의자들이 바울 앞에서는 율법과 할례의 필요성을 주장할 상 황이 아니다(Thielman).

섹션을 시작하는 '그러나'(καίπερ)는 바울 서신에서 단 한 차례 사용 되며, 신약에서 네 차례 더 사용되는 희귀 단어다(히 5:8; 7:5; 12:17; 벧 후 1:12). 바로 앞 섹션에서 언급한 율법과 할례가 어떠한 가치도 없다 는 의미는 아니며, 이것들의 가치를 조금은 인정한다는 의미로 사용되 고 있다(Arnold). 다만 바울이 회심한 후 그리스도 안에서 얻은 것들(다 음 섹션에서 자세하게 언급함)에 비하면 율법과 할례는 아무것도 아니라는 뜻이다.

율법주의자들은 하나님 백성의 육체적인 증거를 매우 중요하게 여겼다. 그러므로 그들은 할례를 받은 것에 대해 자랑하며 이방인 그리스도인에게도 반드시 할례를 받으라고 가르쳤다. 이에 대해 바울은 그들이 주장하는 바에 따라 생각한다면 자신은 그들보다 더 육체를 신뢰할 만한 위치에 있다고 한다(4절). 유대인-유대교적 기준에 따르면 바울은 '금수저'를 손에 쥐고 태어났으며, 이후 그리스도를 만나 회심할 때까지 줄곧 엘리트 코스를 밟아 왔다.

바울은 자신이 지닌 유대인-유대교 '금수저'를 일곱 가지로 정의한다(5-6절): (1)팔일 만에 할례를 받음, (2)이스라엘 족속, (3)베냐민 지파, (4)히브리인 중의 히브리인, (5)율법으로는 바리새인, (6)열심으로는 교회를 박해함, (7)율법의 의로는 흠이 없음. 이 일곱 가지 중 처음 네 가지는 그가 태어날 때 가지고 난 것이며, 나머지 세 가지는 그가 성인이 되어 이룬 '업적'이다. 이 일곱 가지 목록은 당시 사람들이 경력과 이력을 자랑하던 양식(*cursus honorum*, race of honors)을 따르고 있다(Hellerman).

할례는 이를 행하지 않는 민족에게는 혐오스러운 일이었지만, 유대인에게는 정체성과 직결되는 매우 중요한 예식이었다. 하나님은 아브라함과 그의 후손들이 영원히 지켜야 할 규례라며 남자아이가 태어나면 8일째 되는 날 반드시 할례를 행하라고 하셨다(창 17:10-14; cf. 레 14:10, 23; 15:14, 29; 22:27; 23:36, 39; 민 6:10; 7:54). 이후 이스라엘의 모든 남자아이가 태어난 지 8일째 되는 날에 할례를 받았다. 오늘날도 이 예식은 계속되고 있다.

'이스라엘 족속'(γένους Ἰσραήλ)은 당시 유대인이 사용하던 가장 보편적인 자칭(self-designation)이다. 하나님이 그들을 택하신 일을 강조한다(Arnold).

야곱의 열두 아들 중 그가 사랑했던 라헬에게서 난 아들은 요셉과 베냐민뿐이다. 또한 베냐민은 야곱이 하란에서 돌아와 약속의 땅에서 낳은 유일한 아들이다(창 35:16-18). 모세는 베냐민 지파를 '여호와의 사랑을 입은 자들'이라 했다(신 33:12).

이스라엘의 초대 왕인 사울이 베냐민 지파였다(삼상 9:1-2). 솔로몬의 죄로 인해 이스라엘이 남 왕국과 북 왕국으로 나뉘었을 때, 유다 지파와 함께 남 왕국에 속한 지파는 베냐민이 유일했다(왕상 12:21). 페르시아 왕국에서 에스더와 함께 멸망할 위기에 처한 유대인들을 구한 모르드개도 베냐민 지파 사람이었다(에 2:5). 바빌론 포로 생활에서 돌아온 베냐민 지파 사람들은 유다 지파 사람들과 함께 성전을 재건하는 일에 앞장섰다(스 1:5). 이러한 이유 등으로 인해 바울이 속한 '베냐민 지파'(φυλῆς Βενιαμίν)는 유대 사회에서 존경받는 지파였다.

'히브리인 중 히브리인'(Ἐβραῖος ἐξ Ἐβραίων)은 태어난 지 8일째 되는 날 할례를 받은 순수한 아브라함의 후손이며, 부모 모두 유대인인 순수 혈통이라는 뜻이다(Garland). 히브리어와 아람어를 구사한다는 의미도 포함되어 있다(Arnold, Garland, Hooker, Thielman). 또한 '히브리인 중 히브리인'은 사도가 나열한 일곱 가지 중 처음 세 가지를 요약하고, 동시에 다음 세 가지를 준비하는 역할을 한다(Fee).

성인이 된 이후 바울은 '율법으로는 바리새인'(κατὰ νόμον Φαρισαῖος)이었다(cf. 행 23:6-9; 26:5; 갈 1:14). 바리새인은 문서화된 율법과 구전으로 전해 내려온 율법을 매우 진지하게(deadly seriousness) 지키고자 했던 평신도 지도자들이었다(Reumann). 바울 시대에는 바리새인의 수가 6,000명 정도였다고 한다(Arnold).

바울은 열심으로는 교회를 박해하는 자였다(cf. 갈 1:13-14). 그는 그리스도인을 잡아들이기 위해 제사장들이 써 준 편지를 들고 수리아의 다메섹(다마스쿠스)으로 가다가 그리스도를 만나 회심했다. 그리스도의 교회를 박해하던 바울을 하나님이 만지시니 그가 그리스도의 복음을 전파하는 자가 되었다!

그는 율법의 의로는 흠이 없는 자였다. 본문에서 '의'(δικαιοσύνη)는 언약적 언어로 사용되고 있으며, 언약적 헌신에서 흘러나오는 삶의 방식이다(Arnold). '흠이 없다'(ἄμεμπτος)는 죄를 짓지 않거나 죄가 없다는 말이 아니다(Arnold, Garland, Thielman, cf. 롬 10:3-4). 그는 문서화된 율법과 구전 율법에 따라 생활하는 일에 세심한 주의를 기울였기 때문에 책잡힐 일이 없었다(Hellerman).

이 말씀은 겸손은 자랑할 것을 자랑하지 않는 것이라 한다. 유대인으로서 바울은 그동안 자신을 공격하고 괴롭혀 온 율법주의자들보다 자랑할 것이 훨씬 더 많았다. 그러나 그는 자랑하지 않았다. 유일하게 자신을 자랑할 때는 원수들의 교만을 비난할 때다.

우리도 되도록 자랑하지 않아야 한다. 듣는 사람들에게 상대적인 박탈감이나 자괴감을 줄 수 있기 때문이다. 자랑하고 싶으면 하나님과 홀로 있을 때 주님께 자랑하는 것이 좋다.

하나님은 바울의 삶에서 참으로 놀라운(믿기지 않는) 변화를 이루셨다. 그리스도의 교회를 박해하던 그를 그리스도의 복음을 전하는 자로 변화시키셨기 때문이다. 하나님이 우리의 삶도 놀랍게 변화시키실 수 있다는 믿음을 가지고 살아야 한다. 하나님이 사람을 변화시키실 때는 그 사람의 능력(ability)이 중요한 것이 아니라 가용성(availability)이 중요하다.

V. 겸손과 자랑(3:1-4:3)

C. 그리스도인들의 자랑: 바울이 예수 그리스도를 앎(3:7-11)

7 그러나 무엇이든지 내게 유익하던 것을 내가 그리스도를 위하여 다 해로 여길뿐더러 8 또한 모든 것을 해로 여김은 내 주 그리스도 예수를 아는 지식이 가장 고상하기 때문이라 내가 그를 위하여 모든 것을 잃어버리고 배설물

로 여김은 그리스도를 얻고 ⁹ 그 안에서 발견되려 함이니 내가 가진 의는 율법에서 난 것이 아니요 오직 그리스도를 믿음으로 말미암은 것이니 곧 믿음으로 하나님께로부터 난 의라 ¹⁰ 내가 그리스도와 그 부활의 권능과 그 고난에 참여함을 알고자 하여 그의 죽으심을 본받아 ¹¹ 어떻게 해서든지 죽은 자 가운데서 부활에 이르려 하노니

앞에서 바울은 회심하기 전 자신의 유대인-유대교 신분에 유익했던 '신앙적 유산' 일곱 가지를 나열했다(3:5-6). 이런 것들이 나쁜 것은 아니다. 그러나 그리스도를 아는 고상한 지식에 비교하면 해롭고 나쁜 것들이다. 찬송가 94장의 가사는 그의 간증이었다: "주 예수보다 더 귀한 것은 없네…세상 즐거움 다 버리고 세상 자랑 다 버렸네 주 예수보다 더 귀한 것은 없네 예수 밖에는 없네."

사도가 자신의 신앙적 유산에 마음을 두지 않는 것은 마치 하나님의 본체이신 예수님이 하나님과 동등 됨을 취할 것으로 여기지 않고 자신을 비우신 일과 비슷하다(Garland). 바울은 더 귀한 일을 위해 모든 것을 비우신 그리스도의 마음을 품은 사람이었다.

바울은 무엇이든지 자신에게 유익하던 것을 그리스도를 위하여 다 해로 여긴다(7절). 그는 자신의 삶을 그리스도를 영접하기 전과 후로 대조한다. 회심하기 전에는 앞에서 나열한 일곱 가지가 유대교에 심취해 있던 그에게 매우 유익했다. 유대인들은 이 일곱 가지를 훈장처럼 생각하며 그를 부러워했다.

하지만 회심하고 나서는 그것들을 포함한 '무엇이든지'(ἅτινα), 곧 자신에게 유익하다고 생각했던 모든 것을 해로 여긴다(Hellerman). '내게 유익하던'(ἦν μοι κέρδη)은 과거형 동사를 지닌다. 바울은 그리스도를 영접하기 이전을 회상하고 있다. 당시에 참으로 유익하다고 생각했던 종교적 이력과 약력이 이제는 해가 될 뿐이다.

'유익'(κέρδος)은 사도가 죽음에 관해 말하면서 이미 사용한 단어다:

"이는 내게 사는 것이 그리스도니 죽는 것도 유익함(κέρδος)이라"(1:21).
사도가 그리스도를 알고 나니 죽는 것은 곧 그리스도와 함께 천국에서
사는 것을 의미하기 때문에 두려운 것이 아니라 유익한 것이라고 생각
하는 것이다. 이번에도 바울은 그리스도를 영접하기 전에 유익하다고
생각했던 것들을 회심한 후에는 해로 여긴다고 한다.

어떻게 이러한 변화가 가능한가? 사도가 회심하기 전이나 후에도 세
상은 바뀌지 않았다. 모든 것은 제자리에 있고 그대로다. 그럼에도 불
구하고 같은 것이 과거에는 유익하다고 생각되다가 이제는 해로 여겨
지는 것은 사람이 바뀌었기 때문이다. 세상이 바뀐 것이 아니라 관점
이 바뀐 것이다. 그리스도를 영접하기 전과 후의 가장 기본적인 변화
는 세상을 바라보는 관점과 평가하는 기준(가치관)에 있다.

유익의 반대말로 쓰이는 '해'(ζημία)는 도움이 되지 않는 정도가 아니
라, '피해'(damage)다(BDAG). 과거에 유대교인이었던 바울에게 유익했던
것이 이제 그리스도인이 되고 나니 오히려 손해를 끼친다. 그러므로
이런 것들은 더는 자랑할 것이 못 된다.

헬라어로 8-11절은 한 문장이다(cf. ESV, NAS). 사도는 그리스도를
알고 난 후로는 과거에 자신이 유익하다고 생각했던 것을 모두 배설물
처럼 여기게 되었다고 한다. 그리스도를 아는 것이 그의 삶과 하는 일
을 충만하게 하고, 능력과 동기를 부여하기 때문이다(Bockmuehl).

바울은 앞 섹션에서 언급한 일곱 가지(3:5-6)뿐 아니라 삶의 모든 것
을 해로 여긴다(8a절). 이것들이 나빠서가 아니다. 그의 삶에는 분명히
선하고 좋은 것들이 있다(cf. 롬 3:1-2; 9:1-5). 다만 이것들을 바라보는
사도의 시선이 바뀌었다. 그리스도를 알고 나니 한때 절대적으로 보이
던 것이 상대적인 것이 되었다. 고귀한 그리스도를 아는 지식에 비하
면 이것들은 아무것도 아니다.

과거에 바울은 자신과 하나님이 '구원 프로젝트'(salvation project)를 위
한 파트너인 줄 알았다(Arnold). 하지만 그리스도를 영접한 후 구원은

하나님이 홀로 이루시는 은혜라는 사실을 깨달았다. 그러므로 과거에 그의 구원 프로젝트에 도움이 될 것으로 생각했던 육신적인(세상적인) 것들이 이제는 전혀 도움이 되지 않는 해로운 것으로 보일 뿐이다.

바울이 이 모든 것을 해로 여기는 것은 그리스도를 아는 지식이 가장 고상하기 때문이다(8b절). 사도는 그리스도 예수를 '내 주'(τοῦ κυρίου μου)라고 한다. 그의 신앙 고백이다. 예수님은 온 세상을 구원하기 위해 오신 구세주이시다. 또한 주님은 바울을 구원하시고 그와 함께 동행하는 그의 '개인적인'(personal) 하나님이시다.

'그리스도 예수를 아는 지식'(τῆς γνώσεως Χριστοῦ Ἰησοῦ)은 두 가지 의미를 지닌다. 첫째, 그리스도에 대한 정보 혹은 객관적 지식이다(cf. 롬 15:14; 고전 1:5; 고후 2:14; 4:6; 골 2:3). 그는 다메섹으로 가는 길에 그리스도를 영접한 후 꾸준히 구약 말씀과 주님에 대한 증언과 계시 등을 통해 그분과 그분의 가르침에 대해 배웠다. 예수님을 아는 지식을 쌓아 온 것이다. 둘째, 그는 다메섹으로 가는 길에서 만난 예수님을 영접한 후에도 계속 인격적인 관계를 유지하며 주님을 알아 왔다. 관계적인 지식도 쌓아 온 것이다. 그러므로 사도는 예수님을 '나의 주'라고 부른다. 이 두 가지 지식은 그리스도인의 삶에 모두 중요하다.

'가장 고상하다'(ὑπερέχω)는 '다스리는 권능을 가지다, 다스리는 권세를 가지다'라는 뜻이다(BDAG). 세상에 그리스도를 아는 지식보다 더 고상한 것은 없다. 주님을 아는 지식이 가장 위대하며, 모든 지식이 그 아래에 있다.

그러므로 사도는 그를 위하여 모든 것을 잃어버리고 배설물로 여긴다(8c절). '잃다'(ζημιόω)는 7절에서 사용된 '해'(ζημία)의 동사형이다. 그리스도를 아는 지식에 비교할 때 세상 모든 것이 손해라는 뜻이다. 그런데 많은 그리스도인이 삶에서 '손해보는 일'에 집착한다. 우리는 세상에서 가장 고상한 그리스도를 아는 일에 집착해야 한다.

'배설물'(σκύβαλον)은 '똥'(BDAG) 혹은 식사하고 남은 찌꺼기, 그러므로 개에게 주거나 쓰레기로 버리는 것을 의미한다(Garland). 사람이 가지고 있어서는 안 되는, 반드시 버려야 할 것을 의미한다. 바울은 과거에 하나님을 알고 주님의 백성으로 살아가는 데 유익하다고 생각했던 모든 것을 버렸다.

모든 것을 버린 그는 그리스도를 얻고 그 안에서 발견되기 위해 열심히 노력했다(8d-9a절). '얻다'(κερδαίνω)는 7절에서 사용된 '유익'(κέρδος)의 동사형이다. 그는 버린 '해'의 자리를 '유익'으로 채웠고, 버린 '배설물'의 자리를 '그리스도를 얻음'으로 채웠다. 세상에서 가장 극단적이고 대조적인 비움과 채움이다. 그리스도를 알면 예전에 좋게 보이던 세상 것이 모두 혐오스럽고 가증스러워 버려야 하는 것이 된다. 하나님은 이것들을 버리는 사람들의 삶을 세상에서 가장 고상하고 아름다운 것으로 채우신다.

사도가 율법에서 난 의가 아니라 그리스도를 믿음으로 말미암은 의에 관해 말하는 것으로 보아(9절), '그 안에서 발견되려 함'(εὑρεθῶ ἐν αὐτῷ)은 종말에 있을 심판과 연관된 말이다(Arnold, Thielman, cf. 롬 2:1-16; 14:10; 고후 5:10). 바울은 하나님 앞에 설 때 자신이 노력해서 얻으려 했던 의는 아무 의미(효력)가 없다는 것을 깨달았다(9b절). 그러므로 그는 그리스도를 믿음으로 얻은 의, 곧 그를 그리스도 안에서 발견되게 하는 의로 하나님 앞에 설 것이다. 그리스도를 믿음으로 말미암은 의는 또한 하나님이 믿음을 근거로 주시는 의다(9c절).

개역개정이 '그리스도를 믿음으로'라고 번역한 헬라어 문구(πίστεως Χριστοῦ)는 바울 서신에서 매우 큰 논쟁거리 중 하나가 되었다. 학자들의 해석은 크게 두 가지다. 전통적인 해석은 개역개정처럼 이 문구를 목적 소유격(objective genitive)으로 간주해 '그리스도에 대한 우리의 믿음'으로 이해하는 것이다(cf. 롬 10:14; 갈 2:16; 빌 1:29). 한편, 최근에는 많은 학자가 이 문구를 주격 소유격(subjective genitive)으로 해석해 '그리스도의 믿음/신실하심'을 의미하는 것으로 본다(Hooker, cf. 롬 3:22, 26;

갈 2:16, 20; 3:22; 엡 3:12). 바울이 율법을 통해서 얻으려 했던 의와 믿음을 통해 얻은 의를 대조하는 것으로 보아 그가 그리스도를 믿은 것을 회고하는 표현이다. 그러므로 개역개정처럼 목적 소유격으로 간주해 '그리스도에 대한 믿음'으로 해석하는 것이 더 설득력이 있다(Arnold, Garland, Thielman).

바울의 염원은 그리스도를 계속 알아 가는 것이다(10절): "내가 바라는 것은, 그리스도를 알고, 그분의 부활의 능력을 깨닫고, 그분의 고난에 동참하여, 그분의 죽으심을 본받는 것입니다"(새번역). 사도는 자신이 그리스도를 아는 것을 세 가지로 설명한다: (1)부활의 권능을 깨닫는 것, (2)그리스도의 고난에 동참하는 것, (3)그리스도의 죽으심을 본받는 것.

'부활의 권능'(τὴν δύναμιν τῆς ἀναστάσεως)은 부활이 지닌 능력이 아니라 주님의 부활을 이루신 하나님의 능력을 뜻한다(Garland, cf. 엡 1:19-20). 그는 하나님의 능력을 체험하며 살아가기를 원한다.

바울은 이미 여러 차례 그리스도의 고난에 참여했다. 그가 선교 여행을 다니면서 겪은 수많은 위험이 증언한다. 그를 괴롭히는 자들을 비난하면서 사도는 이렇게 회고했다.

> 그들이 그리스도의 일꾼이냐 정신없는 말을 하거니와 나는 더욱 그러하도다 내가 수고를 넘치도록 하고 옥에 갇히기도 더 많이 하고 매도 수없이 맞고 여러 번 죽을 뻔하였으니 유대인들에게 사십에서 하나 감한 매를 다섯 번 맞았으며 세 번 태장으로 맞고 한 번 돌로 맞고 세 번 파선하고 일 주야를 깊은 바다에서 지냈으며 여러 번 여행하면서 강의 위험과 강도의 위험과 동족의 위험과 이방인의 위험과 시내의 위험과 광야의 위험과 바다의 위험과 거짓 형제 중의 위험을 당하고 또 수고하며 애쓰고 여러 번 자지 못하고 주리며 목마르고 여러 번 굶고 춥고 헐벗었노라(고후 11:23-27; cf. 고후 6:4-6).

자신이 세운 교회 안에서도 성숙하지 못한 신앙인들로부터 많은 상처를 받았다(고후 2:1-4). 또한 교회를 율법주의자들과 거짓 선생들로부터 보호하기 위해 항상 고심했다(고후 11:29). 이처럼 많은 고난을 겪은 사도는 아직도 그리스도의 고난에 참여하기를 원한다! 그리스도의 고난에 동참하는 일은 그리스도와의 긴밀한 관계를 의미하기 때문이다(Fee). 또한 바울은 주님의 고난에 동참하는 것이 그리스도를 아는 지식의 중요한 일부분이라고 생각한다.

심지어 그는 그리스도의 죽으심을 본받고자 한다. 하나님의 뜻이라면 그리스도를 위해 기꺼이 순교하겠다는 뜻이다. 초대교회 성도들은 하나님이 참으로 귀하게 여기는 사람들에게만 순교를 허락하신다고 생각했다. 순교는 하나님이 인정하신다는 증거이며 영광스러운 일이었다.

바울이 이처럼 간절히 그리스도를 알아 가고자 하는 것은 어떻게 해서든지 죽은 자 가운데서 부활에 이르고자 해서다(11절). '어떻게 해서든지'(εἴ πως)를 사도가 자신의 부활에 대해 불확실하고 불안한 심경을 토로하는 것으로 해석하는 이들도 있지만, 이는 겸손(humility)과 자기 불신(self-distrust)의 표현이다. 그는 하나님의 부활을 받을 만한 자격이 없으니 하나님이 부활의 은혜를 허락하신다면 당연한 일로 생각하지 않겠다는 뜻이다(Garland). 그리스도 안에 있는 사람에게 부활의 은혜를 베푸시는 일이 하나님 입장에서는 당연한 일이라 할 수 있지만, 은혜를 입은 사람의 입장에서는 부활을 얻을 만한 업적을 쌓은 적이 없으므로 당연하지 않다. 그럼에도 불구하고 '어떻게 해서든지' 부활하는 사람들의 대열에 서야 한다. 마치 '두렵고 떨림으로 구원을 이루어 나가는 일'(2:12)과 비슷하다.

'이르다'(καταντάω)는 목적지에 도착한다는 뜻이다(BDAG). 바울은 죽은 자 가운데서 부활하는 것을 신앙의 목표로 삼았다. 그래야 그리스도와 영원히 함께할 수 있기 때문이다. '부활'(ἐξανάστασις)은 이곳에서 단 한 차례 사용되는 단어다. 부활을 언급할 때 다른 곳에서는 보통 '살리다, 일으키다'(ἐγείρω)라는 표현을 사용한다(cf. 롬 13:11; 고전 15:15ff; 갈 1:1; 엡 5:14).

이 말씀은 우리 삶은 그리스도를 영접하기 전과 후가 전적으로 달라야 한다고 한다. 무엇보다도 세상과 세상에 있는 것들을 바라보는 관점에 변화가 있어야 한다. 전에는 유익하다고 생각했던 것들이 그리스도 안에서는 해로 보여야 한다.

가치관과 우선권도 변해야 한다. 그리스도를 아는 지식이 우리의 가치관에서 최상위에, 우리의 우선권에서 최우선에 있어야 한다. 이렇게 하면 그리스도를 아는 지식이 우리 삶의 모든 영역을 다스릴 것이다. 이것이 그리스도인의 삶이다. 우리는 그리스도를 아는 지식을 얼마나 사모하고 있는지 돌아보고 반성하자.

사람이 자력으로 구원을 얻고 부활에 이르려 하는 것은 헛수고다. 우리의 의는 결코 하나님의 구원을 입을 만한 경지에 우리를 올려놓을 수 없다. 구원과 부활은 하나님이 그리스도를 통해서 하시는 일이며, 은혜로 주시는 선물이다. 믿음과 감사함으로 받아 누리면 된다.

각자 부모(조상)에게 받은 '신앙적 유산'이 우리를 교만하게 해서는 안 된다. 물론 믿는 가정에서, 그것도 '삼대째, 사대째' 믿는 집안에서 태어난 것은 큰 축복이다. 그러나 이런 것들이 우리를 구원에 이르게 하지는 못한다. 오히려 그리스도를 아는 고상한 지식을 추구하는 데 해가 될 수 있다. 그러므로 이런 것들을 자랑하지 않아야 한다. 우리가 자랑할 것은 오직 예수 그리스도다.

D. 계속 달리라(3:12-16)

¹² 내가 이미 얻었다 함도 아니요 온전히 이루었다 함도 아니라 오직 내가 그리스도 예수께 잡힌 바 된 그것을 잡으려고 달려가노라 ¹³ 형제들아 나는 아직 내가 잡은 줄로 여기지 아니하고 오직 한 일 즉 뒤에 있는 것은 잊어버리고 앞에 있는 것을 잡으려고 ¹⁴ 푯대를 향하여 그리스도 예수 안에서 하나님이 위에서 부르신 부름의 상을 위하여 달려가노라 ¹⁵ 그러므로 누구든지 우리 온전히 이룬 자들은 이렇게 생각할지니 만일 어떤 일에 너희가 달리 생각하면 하나님이 이것도 너희에게 나타내시리라 ¹⁶ 오직 우리가 어디까지 이르렀든지 그대로 행할 것이라

빌립보 성도들은 그리스도를 위해 모든 것을 해로 여긴다는 바울의 말을(3:7)을 자칫 그가 이미 영적인 완전함(spiritual perfection)에 도달했다는 것으로 착각할 수 있다(Thielman). 이에 사도는 자신이 아직도 목표를 향해 달려가고 있다고 한다. 이 땅에서 우리는 결코 완전함을 이룰 수 없다는 것이다(Garland). 완전함은 다음 삶에서나 가능한 일이다.

> 우리는 부분적으로 알고 부분적으로 예언하니 온전한 것이 올 때에는 부분적으로 하던 것이 폐하리라 내가 어렸을 때에는 말하는 것이 어린 아이와 같고 깨닫는 것이 어린 아이와 같고 생각하는 것이 어린 아이와 같다가 장성한 사람이 되어서는 어린 아이의 일을 버렸노라 우리가 지금은 거울로 보는 것 같이 희미하나 그 때에는 얼굴과 얼굴을 대하여 볼 것이요 지금은 내가 부분적으로 아나 그 때에는 주께서 나를 아신 것 같이 내가 온전히 알리라(고전 13:9-12).

바울은 자신의 삶을 경주(달리기)에 비유해 설명한다. 그는 이미 얻었

다고도, 온전히 이루었다고도 하지 않는다(12a절). 12-13절에서 세 차례 사용되는 '잡다'(καταλαμβάνω)는 '얻다'(λαμβάνω)에 의미를 강화하는 (intensifying) 접두사(κατα-)를 붙인 것으로, 의미에는 큰 차이가 없다. 사도는 거의 같은 의미를 지닌 동사를 12-13절에서 4차례나 사용하고 있는 것이다. 예수님은 다메섹으로 가는 길에서 바울을 '붙잡아' 자기뿐 아니라 하나님과도 얼굴과 얼굴을 맞대고 알게 하셨다(Arnold, Fee, Hooker). 그러나 '이미, 아직'(ἤδη)은 아니다. 바울은 종말이 되어서야 하나님과 '얼굴과 얼굴을 맞대는' 영광을 누릴 것이다.

'온전하다'(τελειόω)는 바울 서신 중 이곳에 단 한 차례 사용되는 동사다. '완성하다, 끝나다'라는 의미를 지닌다(BDAG). 어떤 이들은 바울이 완벽주의를 지향했다고 한다(Vincent). 그러나 바울이 완벽주의를 지향한 것은 아니다. 그는 단지 결승선(goal line)에 도달하고자 성실하게 경주에 임했다(Fee). 사도는 자기 안에 착한 일을 시작하신 이가 그리스도 예수의 날까지 이루실 줄을 확신한다(1:6). 바울의 완벽함(온전함)은 하나님이 하실 일이므로, 그는 스스로 완벽주의를 지향하지 않았다.

사도는 그리스도 예수께 잡힌 바 된 것을 잡으려고 달려가고 있다 (12b절). 그는 목표 의식이 매우 뚜렷한 사람이다: "나는 달음질하기를 향방 없는 것 같이 아니하고 싸우기를 허공을 치는 것 같이 아니하며"(고전 9:26). 그러나 아직 자신의 목표, 곧 그리스도인 삶의 최종 목적지에 도착하거나 최종 목적을 이룬 것은 아니다(cf. 14절). 그러므로 아직도 목표를 향해 최선을 다해 달리는 중이다. 그가 반드시 목표를 이룰 것을 확신하는 것은 그리스도께서 먼저 그를 잡으셨기 때문이다.

바울은 아직 자신이 목표를 이루었다고 생각하지 않는다(13a절). 그러므로 그동안 한 일, 즉 뒤에 있는 것은 잊어버리고 앞에 있는 것을 잡으려고 노력한다(13b절). '뒤에 있는 것'(τὰ μὲν ὀπίσω)은 3:5-6이 나열한 일곱 가지 신앙 유산이 아니다. 그가 회심한 후 그리스도인으로서 이룬 수많은 성과다(Thielman). 그는 이미 이룬 업적에 대해 하나님께

471

감사하지만, 그것에 안주하지는 않는다.

우리는 네 바퀴를 돌아야 하는 경주에서 세 바퀴만 돈 사람을 칭찬하지 않는다(Garland). 목표를 향해 전력 질주를 하는 사람은 절대 뒤를 돌아보지 않는다. 그리스도인의 삶은 무엇이 되었느냐에 있는 것이 아니라, 무엇이 되어 가고 있느냐에 있다.

사도는 아직도 푯대, 곧 그리스도 예수 안에서 하나님이 위에서 부르신 부름의 상을 받기 위해 달려가고 있다(14절). '푯대'(σκοπός)는 단한 차례 사용되는 단어이며, '목표물, 타깃'을 뜻한다(BDAG). 당시 달리기 경주에서 승자에게 준 '상'(βραβεῖον)은 주로 면류관이었다(Arnold).

이 상은 하나님이 위에서 부르신 부름의 상이다. '그리스도 안에서 하나님의 부르심'(κλήσεως τοῦ θεοῦ ἐν Χριστῷ Ἰησοῦ)은 일상적으로 소명을 의미한다(롬 11:29; 고전 1:26; 7:20; 엡 1:18; 4:1; 살후 1:11; 딤후 1:9). 소명은 우리가 그리스도인의 삶을 시작할 때 받는다. 그러나 이 부르심은 다르다. 경기가 끝난 후 승자에게 상을 주기 위해 단상으로 부르는 것이 이 말씀의 배경이 되는 이미지라고 하는 이들이 있다(Hooker). 그러나 이 부르심은 하나님이 경기(삶)를 마친 그리스도인에게 하늘로 올라와 살라고 하시는 '위에서'(ἄνω) 오는 부르심이다(Garland, cf. 계 11:12).

하나님은 우리를 부르셔서 어떤 상을 주시는가? 학자들은 하늘에서 그리스도와 영원히 사는 것(Holloway), 그리스도(Hawthorne), 그리스도를 얼굴과 얼굴로 맞대고 아는 것(Arnold) 등으로 해석한다. 이 해석들의 공통점은 그리스도와 영원히 함께한다는 것이다.

'달리다'(διώκω)는 '박해하다, 쫓다'라는 뜻이며(롬 12:14; 고전 4:12; 15:9; 고후 4:9; 갈 1:13, 23; 4:29; 5:11), 본문에서는 비유적으로 '얻으려 하다'라는 의미를 지닌다(BDAG). 사도는 최선을 다해 달리고 있다. 과거에 그리스도인을 '박해하던'(διώκω) 바울이 이제는 전력으로 질주하며 그리스도를 '얻으려 한다'(διώκω)(Garland).

바울은 누구든지 우리 온전히 이룬 자들은 이렇게 생각하라고 한다

(15절). '온전히 이룬 자들'(τέλειοι)에 대한 해석이 다양하다: (1)성숙한 사람들(새번역, ESV, NIV, NRS), (2)완전한 사람들(NAS), (3)믿음이 성숙한 사람들(공동, 아가페). 사도가 자신이 달리고 있는 영적인 경주에 관해 말하고 있다는 점을 고려할 때 '믿음이(영적으로) 성숙한 사람들'이 가장 설득력이 있다. 바울은 영적으로 성숙한 사람들에게 지금까지 자기가 한 말(12-14절)을 마음에 새기라고 한다. 영적으로 성숙한 사람들만이 그가 한 말을 이해할 것이기 때문이다(Hellerman).

그러나 그들이 다르게 생각하면 하나님이 이것도 그들에게 나타내실 것이다(15b절). 영적 경주에 관한 바울의 말을 이해하지 못하거나 그와 다르게 생각하는 사람들, 곧 믿음의 단계가 높지 않은 사람이 있다면 언젠가는 이해할 수 있도록 계속해서 그리스도 중심의 삶을 추구하라는 뜻이다(Cousar, Reumann). 하나님이 그들에게도 이해할 수 있는 영적 성숙을 주실 것이기 때문이다.

어떤 이들은 이 말씀이 빌립보 교회에 분열이 있었음을 암시한다고 하지만, 사도는 각 사람의 영적 수준의 차이에 관해 말할 뿐이다(Hooker). 교회는 다양한 수준의 믿음을 지닌 사람들로 이루어져 있다. 영적으로 성숙한 사람은 자신의 신앙을 자랑하거나, 다른 사람의 믿음을 비난해서는 안 된다. 그들이 그리스도 안에서 더 성장해 자기처럼 믿고 생각할 수 있도록 도와주고 기다려 주어야 한다.

이 말씀은 그리스도인의 삶은 세상이 끝나는 날까지 계속되는 것이라 한다. 그리스도를 영접한 것은 끝이 아니라 시작이다. 우리는 '이미 얻었다 함도 아니요 온전히 이루었다 함도 아니라'는 자세로 삶에 임해야 한다. 계속 달리고 계속 성장하자.

우리는 과거에 주님을 위해 한 일과 저지른 죄 등을 모두 잊고 미래를 향해 나아가야 한다. 달리는 사람이 무거운 짐을 지고 달리는 것처럼 어리석은 일은 없다. 좋은 일에 대해서는 감사한 마음을, 좋지 않은 일에 대해서는 죄송한 마음을 가지는 것이 당연하지만, 과거 일을 등에 지고 달리는 것은 옳지 않다. 지금부터 남은 경주를 잘 달리는 것이 더 중요하기 때문이다.

모든 사람이 같은 수준의 신앙을 가질 수는 없다. 그러므로 그리스도 안에서 완전한 믿음을 가지려고 노력하는 것은 참으로 좋은 일이다. 그러나 자기와 다르다고, 혹은 자기보다 못하다고 남을 비난하고 정죄해서는 안 된다. 각 사람에게는 하나님이 주신 믿음의 분량이 있으며, 어떤 사람은 믿음의 씨앗이 싹 트고 자라는 데 많은 시간이 필요하기도 하다. 자기 믿음에 감사하며 다른 사람들을 관대하게 대해야 한다.

> V. 겸손과 자랑(3:1–4:3)

E. 우리의 시민권은 하늘에(3:17–21)

[17] 형제들아 너희는 함께 나를 본받으라 그리고 너희가 우리를 본받은 것처럼 그와 같이 행하는 자들을 눈여겨 보라 [18] 내가 여러 번 너희에게 말하였거니와 이제도 눈물을 흘리며 말하노니 여러 사람들이 그리스도의 십자가의 원수로 행하느니라 [19] 그들의 마침은 멸망이요 그들의 신은 배요 그 영광은 그들의 부끄러움에 있고 땅의 일을 생각하는 자라 [20] 그러나 우리의 시민권은 하늘에 있는지라 거기로부터 구원하는 자 곧 주 예수 그리스도를 기다리노니 [21] 그는 만물을 자기에게 복종하게 하실 수 있는 자의 역사로 우리의 낮은 몸을 자기 영광의 몸의 형체와 같이 변하게 하시리라

바울은 빌립보 성도들에게 그리스도의 마음을 품으라고 했다(2:5–11). 또한 디모데와 에바브로디도를 닮으라고 했다(2:18–30). 그의 권면은 거짓 선생들(율법주의자들)을 조심하라는 경고로 이어졌는데(3:2), 이번에는 자기를 본받으라고 한다. 사도가 교만해서 혹은 스스로 자랑할

것이 많아서 이렇게 권면하는 것이 아니다. 그리스도에게 붙잡힌 자신을(cf. 3:7-16) 혹은 그리스도를 본받으려고 노력하는 자신을(cf. 2:6-11) 본받으라고 한다. 그러므로 이 섹션은 그리스도의 헌신적이고 희생적인 삶을 회고하는 2:6-11과 비슷한 언어로 구성되어 있다. 다음을 참조하라(Garland).

빌 2:6-11	빌 3:20-21
본체(μορφῇ)(6절), 형체(μορφὴν)(7절)	형체와 같이(σύμμορφον)(21절)
…(이)시나(ὑπάρχων)(6절)	있는지라(ὑπάρχει)(20절)
(사람의) 모양(σχήματι)(8절)	변하게(μετασχηματίσει)(21절)
낮추시고(ἐταπείνωσεν)(8절)	낮은(ταπεινώσεως)(21절)
하늘에 있는 자들(ἐπουρανίων)(10절)	하늘에 있는지라(οὐρανοῖς)(20절)
모든 무릎을 예수의 이름에 꿇게 하시고 모든 입으로 예수 그리스도를 주라 시인하여…(10-11절)	만물을 자기에게 복종하게 하실 수 있는(21절)
예수 그리스도 주(κύριος Ἰησοῦς Χριστὸς)(11절)	주 예수 그리스도(κύριον Ἰησοῦν Χριστόν)(20절)
영광(δόξαν)(11절)	영광의(δόξης)(21절)

바울은 "형제들아 너희는 함께 나를 본받으라"라는 권면으로 섹션을 시작한다(17a절). '함께 본받는 자들'(Συμμιμηταί)은 신약에서 단 한 차례 사용되는 단어로 '동료 모방자들'(fellow imitators)이라는 의미를 지닌다(BDAG). 이러한 의미를 근거로 일부 학자는 '너희는 함께 나를 본받으라'(Συμμιμηταί μου γίνεσθε)를 '너희는 나와 함께 본받자'라는 의미로 해석한다(Hooker). 그리스도를 함께 본받자는 호소(권면)라는 것이다.

만일 이 문장이 이런 의미로 쓰였다면, 반드시 '누구/무엇'을 본받자고 하는지 밝히는 목적어가 있어야 한다. 그러므로 모든 번역본이 반영한 것처럼 바울은 빌립보 성도들에게 자기를 본받으라고 한다. 바울은 서신에서 자신과 동역자들을 본받으라는 권면을 종종한다(고전 4:6; 11:1; 살전 1:6; 살후 3:7). 그러므로 그가 본문에서 자기를 본받으라고 하는 것은 특이한 일이 아니다.

바울은 평생 그리스도를 본받고 복음에 합당한 삶을 살아왔다. 바로 앞에서도 그가 얼마나 그리스도를 닮길 원하는지 간증했다(3:7-14). 그러므로 그가 교만해서 이렇게 권면하는 것이 아니다. 간절한 마음으로 조금이라도 더 그리스도를 닮으려고 하는 자신의 열정을 빌립보 성도들이 알고 따르기를 바라는 것이다.

또한 빌립보 성도들이 사도를 모델로 삼아 본받으려 하는 것처럼 사도와 동역자들을 본받는 사람들도 눈여겨보라고 한다(17b절). 빌립보 성도들은 디모데와 에바브로디도를 눈여겨보고 닮아 가야 한다. 그들 주변에도 롤모델이 될만한 사람들이 있다는 뜻이다. 온 교회가 신앙의 모범이 되는 사람들을 닮아 가는 것을 프로젝트로 삼는 것도 좋은 일이다.

누구를 모방하는(닮으려 하는) 것은 학습 효과가 가장 좋은 교육이다. 어떠한 명령이나 강요보다 더 효과적이다. 학생은 스승의 앞모습(가르침)이 아니라 뒷모습(삶)을 보고 배운다는 말이 있다. 그리스도인은 서로에게 좋은 스승이 되어 주어야 한다. 그렇게 하려면 먼저 각자의 삶이 경건하고 거룩해야 한다.

바울이 이미 여러 차례 말했지만, 그가 말할 때마다 안타까워 눈물을 흘리는 일이 있다(18a절). 바로 그리스도의 십자가의 원수로 행하는 사람들에 관한 이야기다(18b절). 십자가의 원수로 행하는 사람들은 교회 밖에 있는 불신자들이 아니다. 교회 안에 있으면서 스스로 그리스도인이라 하는 자들이다(Arnold, Garland, Hooker, Thielman). 특히 율법주의자들과 행실이 옳지 않은 기독교 지도자들이 이 부류에 속한다(Thielman). 그들이 고백하는 신앙과 삶이 일치하지 않는다.

이런 사람은 교회에 아무리 오래 머문다 해도 끝에 가서는 멸망한다

(19a절). '멸망'(ἀπώλεια)은 종말에 악인이 받는 하나님의 심판이다(cf. 마 7:13; 요 17:12; 행 8:20; 롬 9:22; 살후 2:3; 딤전 6:9). 사도는 1:28에서도 멸망에 대해 경고했다: "무슨 일에든지 대적하는 자들 때문에 두려워하지 아니하는 이 일을 듣고자 함이라 이것이 그들에게는 멸망의 증거요 너희에게는 구원의 증거니 이는 하나님께로부터 난 것이라."

바울은 교회에서 이 사람들이 리더로 활동한다 해도 멸망을 피할 수 없는 이유 세 가지를 말한다(19절): (1)그들의 신은 배다, (2)그들의 영광은 부끄러움에 있다, (3)그들은 땅의 일을 생각한다. 그들의 삶은 온갖 육신적인(세상적인) 것으로 채워져 있으며, 하늘의 일에는 관심도 없다.

육신을 상징하는 '배'(κοιλία)는 '내면의 삶, 감정, 욕망의 자리'다 (BDAG, cf. 롬 16:18). 이 사람들은 악한 욕망의 지배를 받고, 자기중심적이고, 방종한 자들이다(Garland). 입으로는 하나님의 일을 말하지만 그들의 눈은 정작 '배'에 고정되어 있으며, 그들의 신은 자기 자신이다 (Collange). 영적 영양실조를 치료하기 위해 냉장고를 여는 사람들이다 (Hooker). 이들도 열정에 따라 산다. 그러나 그들의 열정은 그리스도를 닮으려는 열심이 아니라 배를 채우려는 열정이다.

명예를 중요시했던 당시 사회에서는 '영광-부끄러움'(honor-shame)을 매우 중요한 대조적 가치로 여겼다(Arnold). 가능하면 부끄러운 일은 하지 않고 영광스러운 일은 최대한 많이 함으로써 자신을 드높이려 했다. 그러나 이들은 교회 안에서 생활하면서도 부끄러움을 영광으로 삼았다. 선지자들은 오래전부터 이런 지도자들에 대해 경고했다: "악을 선하다 하며 선을 악하다 하며 흑암으로 광명을 삼으며 광명으로 흑암을 삼으며 쓴 것으로 단 것을 삼으며 단 것으로 쓴 것을 삼는 자들은 화 있을진저"(사 5:20). 이들의 가치관과 세계관은 완전히 뒤집혀 있다. 오늘날에도 교회 안에 동성애 등 '부끄러움'을 '영광'으로 생각하는 자들이 있다.

'땅의 일'(τὰ ἐπίγεια)은 육신적인(세상적인) 일들이다. 이 지도자들은 교회 안에 있으면서도 그저 교회 밖의 일만 생각한다. 바울은 빌립보 성도들에게 계속 생각/사고(φρονοῦντες)를 바꾸라고 했는데(cf. 2:2, 5; 3:15), 이들은 안하무인이다. 하늘에 속한 것을 생각하길 거부하는 자들이다. 이사야의 경고가 실감 난다: "아침에 일찍이 일어나 독주를 마시며 밤이 깊도록 포도주에 취하는 자들은 화 있을진저 그들이 연회에는 수금과 비파와 소고와 피리와 포도주를 갖추었어도 여호와께서 행하시는 일에 관심을 두지 아니하며 그의 손으로 하신 일을 보지 아니하는도다"(사 5:11-12).

땅의 일만 생각하는 자들은 자기의 시민권이 이 땅에 있으므로 마치 이 땅에서 영원히 살 것으로 착각하는 자들이다. 그러나 우리 그리스도인의 시민권은 하늘에 있다(20a절). 하늘에 속한 사람(하늘이 본향인 사람, cf. 히 11:8-16)답게 살아야 한다. 사도는 이미 빌립보 성도들에게 하나님 나라의 '시민답게 생활해야 한다'(πολιτεύεσθε)고 했다(cf. 1:27 주해). 본문에는 이 동사에서 파생한 명사 '시민권'(πολίτευμα)이 사용되고 있다.

빌립보 성도들은 시민권이 얼마나 중요한지 잘 안다. 빌립보는 로마 제국의 특별한 대우를 받는 도시였기 때문이다. 게다가 빌립보는 바울이 자기를 때리고 감옥에 가둔 자들에게 로마 시민임을 밝힌 곳이다(cf. 행 16:12-38). 사도는 빌립보 성도들이 로마 제국의 시민으로 살기 전에 먼저 하늘나라의 시민으로서 그리스도를 위해 살기를 바란다.

우리가 하늘나라의 시민으로 하늘의 일들을 생각하며 살아야 하는 것은 거기로부터 구원하는 자, 곧 주 예수 그리스도가 오실 것을 기다리고 있기 때문이다(20b절). '구원하는 자'(σωτήρ)는 로마 황제를 신으로 숭배하는 종교에서 황제를 부르는 타이틀이었다(Arnold, Hooker). 그러므로 이 호칭은 로마 제국의 특별한 대우를 받아 다른 곳보다 황제 숭배가 성행했던 빌립보에서 매우 친숙한 것이었다. 바울은 빌립보 성도들을 '구원하는 자'는 로마 황제가 아니라 예수 그리스도라고 한다. 그

러므로 이 말씀을 일종의 반(反)제국주의적 선언으로 보는 이들도 있다
(Arnold, Hooker). 그러나 바울은 정치적 발언을 하는 사람이 아니다. 그
는 단순히 황제를 숭배하는 종교의 잘못된 생각을 지적할 뿐이다.

천사들은 제자들이 보는 앞에서 하늘로 올리신 예수님이 종말에 다
시 하늘로부터 오실 것이라고 했다(행 1:9-11). '기다리다($\dot{\alpha}\pi\epsilon\kappa\delta\dot{\epsilon}\chi o\mu\alpha\iota$)
는 '간절히 기다리다, 학수고대하다'(eagerly wait)라는 뜻이다(공동, NAS,
NIV, NIRV, cf. 롬 8:19; 23-25; 고전 1:7; 갈 5:5; 히 9:28). 우리는 예수님의
재림을 간절히 사모하며 인내심을 가지고 기다려야 한다(Lincoln, cf. 약
5:7-8; 벧후 3:12).

주님은 우리가 전혀 예측하지 못하는 상황에서 갑자기 오실 것이
다(마 24:27, 39). 그러므로 항상 거룩하고 경건한 삶, 곧 예수님을 닮
아 가는 삶으로 주님의 재림을 준비해야 한다(cf. 살전 3:13; 5:23; 요일
2:28). 우리는 십자가에 못 박은 자들이 아니라, 십자가에 못 박히신 이
를 본받아야 한다. 또한 주님의 재림은 기뻐하며 축하할 일이다(cf. 살
전 2:19). 그러므로 하루하루를 감사하며 기쁘게 살고, 즐거운 마음으로
재림을 준비해야 한다.

예수 그리스도는 만물을 자기에게 복종시킬 수 있는 자의 역사를 가
지셨다(21a절). '역사'($\dot{\epsilon}\nu\dot{\epsilon}\rho\gamma\epsilon\iota\alpha$)는 '작업, 운영, 능력' 등을 뜻한다(BDAG).
베드로는 일명 '오순절 설교'에서 이렇게 증언했다: "다윗은 하늘에 올
라가지 못하였으나 친히 말하여 이르되 주께서 내 주에게 말씀하시기
를 내가 네 원수로 네 발등상이 되게 하기까지 너는 내 우편에 앉아 있
으라 하셨도다"(행 2:34-35). 다윗의 후손으로 오신 예수님은 다윗보다
더 위대하신 분이며 메시아이시다. 가이사(Caesar)는 로마 제국의 황제
이지만, 예수님은 온 우주의 황제이시다. 다니엘도 예수님에 대해 이
런 예언을 남겼다.

내가 또 밤 환상 중에 보니 인자 같은 이가 하늘 구름을 타고 와서 옛적

479

부터 항상 계신 이에게 나아가 그 앞으로 인도되매 그에게 권세와 영광과 나라를 주고 모든 백성과 나라들과 다른 언어를 말하는 모든 자들이 그를 섬기게 하였으니 그의 권세는 소멸되지 아니하는 영원한 권세요 그의 나라는 멸망하지 아니할 것이니라(단 7:13-14).

예수님은 그분의 능력으로 우리의 낮은 몸을 자기 영광의 몸의 형체와 같이 변하게 하실 것이다(21b절; cf. 롬 8:29; 고전 15:42-44, 52-54). 우리의 연약한 육신이 그리스도가 부활하실 때 지니셨던 영광스러운 몸처럼 변할 것이다.

죽은 자의 부활도 그와 같으니 썩을 것으로 심고 썩지 아니할 것으로 다시 살아나며 욕된 것으로 심고 영광스러운 것으로 다시 살아나며 약한 것으로 심고 강한 것으로 다시 살아나며 육의 몸으로 심고 신령한 몸으로 다시 살아나나니 육의 몸이 있은즉 또 영의 몸도 있느니라(고전 15:42-44).

이 말씀은 모방하고 따라 하고 싶은 신앙적 롤모델의 필요성을 강조한다. 바울은 빌립보 성도들에게 자기를 본받으라고 권면한다. 누군가를 보고 따라 하면 그리스도인의 삶을 살아가기가 훨씬 더 쉬워지기 때문이다. 롤모델로 삼고 싶은 사람과 계속 교제하며 신앙적 가치관과 세계관에 지속적으로 도전받는 것도 중요하다. 만일 따라 하고 싶은 사람이 없다면, 우리가 다른 사람들에게 롤모델이 되도록 노력해야 한다.

모든 사람은 신학자다. 무신론자도 '신은 없다'라는 신학에 따라 산다. 우리는 어떤 신학을 바탕으로 살고 있는지 되돌아보아야 한다. 우리의 신학에서 가치관과 세계관이 시작되며 삶의 우선순위가 정해지기 때문이다. 삼위일체 하나님을 고백할 뿐 아니라, 하나님이 다스리시는 삶을 지향하는 신학이 있어야 한다.

교회에 출석한다고 해서 모두 하나님의 자녀는 아니다. 그리스도 십자가의 원수들도 있다. 하나님은 추수할 때까지 '알곡과 가라지'를 같이 두신다(마 13:24-29). 종들이 가라지를 뽑다가 실수로 알곡도 함께 뽑을 것을 염려하시기 때문이다. 그러므로 우리는 교회 안에서도 분별력을 가지고 하나님의 자녀들(알곡들)과 교제하되, 그렇지 않은 자들(가라지들)은 멀리해야 한다.

V. 겸손과 자랑(3:1-4:3)

F. 주 안에서 같은 마음을 품으라(4:1-3)

¹ 그러므로 나의 사랑하고 사모하는 형제들, 나의 기쁨이요 면류관인 사랑하는 자들아 이와 같이 주 안에 서라 ² 내가 유오디아를 권하고 순두게를 권하노니 주 안에서 같은 마음을 품으라 ³ 또 참으로 나와 멍에를 같이한 네게 구하노니 복음에 나와 함께 힘쓰던 저 여인들을 돕고 또한 글레멘드와 그 외에 나의 동역자들을 도우라 그 이름들이 생명책에 있느니라

바울은 빌립보 성도들을 참으로 사랑하며 또한 자랑스럽게 생각한다. 귀하게 여기는 교회가 여러 파로 나뉘어 갈등하는 것은 사도에게도 매우 고통스러운 일이다. 그러므로 교회에 분란이 없도록 서로 연합하라고 권면한다.

'그러므로'("Ωστε)(1a절)는 이 구절이 앞 섹션(3:20-21)의 결론임을 암시한다. 동시에 새로운 섹션을 시작한다(Garland, Reumann). 이 구절은 전환(transition)인 것이다.

바울은 여러 가지 표현을 통해 빌립보 성도들에 대한 각별한 애정을 표한다: '사랑하는 자들'(ἀγαπητοί), '사모하는 자들'(ἐπιπόθητοι), '나의 형제(와 자매)들'(ἀδελφοί μου), '나의 기쁨'(χαρὰ μου), '나의 면류관'(στέφανός μου), '사랑하는 자들'(ἀγαπητοί)(1a절). 바울 서신 중 본문처럼 짧은 문장에서 이처럼 다양하고 강력하게 애정을 표현하는 것은 이곳이 유일하다. 그가 빌립보 성도들을 어떻게 생각하는지 볼 수 있을 뿐 아니라, 유오디아와 순두게에게 한마음을 품으라고 권면하는 그의 심경을 어느 정도 읽을 수 있다. 사랑하는 자들이 서로 다투는 것을 지켜보는 그의 마음이 참으로 안타깝다.

'기쁨'(χαρά)은 바울이 빌립보 성도들을 위해 기도할 때마다 느끼는 감정이다(1:4). 바울 서신에서 기쁨은 관계적 역동성이며, 하나님과 이웃과의 인격적인 관계에서 비롯된다(롬 14:17; 15:13, 32; 고후 1:24; 2:3; 7:4, 13; 8:2; 갈 5:22; 골 1:11; 살전 1:6; 2:19-20; 3:9; 딤후 1:4). 사도는 빌립보 성도들과의 관계를 생각할 때마다 매우 기쁘다.

빌립보 성도들은 바울의 면류관이다. '면류관'(στέφανός)은 경기에서 우승한 사람이 상으로 받는 화관이었다(Arnold). 앞에서 사도는 자신이 목표를 향해 달려가는 중이라고 했다(3:12-14). 드디어 목표(종말)에 도달하면 빌립보 성도들은 바울이 참으로 자랑스럽게 여기는 열매가 될 것이다.

그러므로 바울은 빌립보 성도들에게 이와 같이 주 안에 서라고 권면한다(1b절). '이와 같이'(οὕτως)를 뒤따르는 말과 연결해 '다음과 같이'라는 의미로 해석하는 이들도 있지만(Silva), 앞(3:20-21)에서 했던 권면(하늘나라의 시민처럼 살라)에 따라 행하라는 뜻이다(Arnold, Fee). '서라'(στήκετε)는 확고한 신념과 그에 따르는 삶을 살라는 비유적 표현이다(BDAG).

바울은 유오디아와 순두게에게 주 안에서 같은 마음을 품으라고 한다(2절). 이들은 빌립보 교회의 여성 지도자다. 사도가 문제를 일으키는 사람들의 이름을 구체적으로 언급하는 것은 극히 예외적인 일이다. 그러므로 학자들은 이 두 사람으로 인해 빚어진 분란이 매우 심각한 수준에 도달한 것으로 해석한다(Arnold, Thielman). 그러나 그다지 심각한 상황은 아니라고 하는 이들도 있다(Hooker). 바울이 사안에 대해 자세하게 언급하지 않기 때문이다.

'유오디아'(Εὐοδία, Euodia)는 '좋은 여정'(good journey)이라는 의미이며, 당시 그리스-로마 문화에서 성공을 빌어 주는 말로도 사용되었다(Garland). '순두게'(Συντύχη, Syntyche)는 '행운, 운명의 변화' 등을 의미하며, 유두고(행 20:9)와 두기고(행 20:4; 골 4:7)와 브드나도(고전 16:17)처럼 사람의 일에 관여하는 여신 포르투나(Fortuna)와 연관된 이름이다(Hellerman). 본문을 벗어나면 이 두 사람에 대해서는 어떠한 추가적인 정보도 얻을 수 없다.

사도는 두 사람을 권면하면서 한 가지 동사만 사용해도 되는데, 의도적으로 '유오디아를 권하고'(Εὐοδίαν παρακαλῶ) '순두게를 권한다'(Συντύχην παρακαλῶ)라며 둘을 똑같이 대한다. 두 사람 중 어느 한쪽으로 치우지지(편들지) 않기 위해서다(Beare, Bruce). 그러나 분쟁하는 사람들이 한마음을 품는 것은 쉽지 않다. 그러므로 사도는 '주 안에서'(ἐν κυρίῳ), 곧 믿음으로 한마음을 품으라고 한다(Thielman). 그들이 먼저 그리스도의 마음을 품으면 무슨 일이든 할 수 있다. 서신 전체의 내용을 고려할 때 그들의 불협화음은 시기, 경쟁심, 자기중심성, 이기적인 야망, 교만 등에서 비롯되었다(Keown).

바울은 빌립보 교회에 있는 다른 지도자에게 부탁한다(3a절). 그가 2인칭 남성 단수형을 사용하는 것으로 보아 한 남자 지도자에게 권면하는 것이 확실하다. 이 지도자는 사도와 멍에를 같이한 사람이다. '참으로 멍에를 같이한 사람'(γνήσιε σύζυγε)은 '진정한 동지'(새번역, NAS), '진실한 협력자'(공동, 아가페, ESV, NIV, NIRV) 등의 의미를 지닌다. 한때는 두 번째 단어(σύζυγος)를 실제 사람의 이름으로 오인해 '수주구스'(Syzygus)라고 한 적이 있다(NIV, NRS). 그러나 이 단어가 사람의 이름으로 쓰인 사례는 헬라 문헌에서 찾을 수 없다. 그러므로 고유명사로 간주하는 것은 설득력이 없다.

바울은 누구에게 부탁하는 것일까? 에바브로디도라고 하는 이들이 있다(Hooker, Lightfoot). 그러나 2:25-30에서 이미 그의 이름을 언급한 사도가 이제 와서 그의 이름을 밝히지 않고서 이런 부탁을 한다는 것이 쉽게 이해되지 않는다.

그나마 가장 가능성 있어 보이는 사람은 사도행전의 저자 누가다(Fee). 누가의 고향은 빌립보다. 그는 바울이 환상을 보고 드로아에서 마게도냐로 넘어왔을 때 함께 있었다. 바울 일행은 빌립보에서 '에그나시아 도로'(Via Egnatia)를 따라 암비볼리와 아볼로니아를 거쳐 데살로니가로 갔다(행 17:1).

그러나 누가는 그들과 함께 가지 않고 빌립보에 남아 그리스도를 영접한 사람들을 양육했다. 이러한 이유로 누가는 바울의 3차 선교 여행에서 다시 합류할 때까지 '우리'라는 말을 쓰지 않는다(행 20:6). 누가가 고향인 빌립보에 세워진 교회에서 성도들을 양육하며 보낸 시간은 8년이다. 바울이 동역자라고 하는 이 사람이 누가일 가능성은 있지만, 확실하지는 않다.

사도는 이 동역자에게 자기와 함께 힘쓰던 저 여인들을 도우라고 한다(3b절). 여인들의 갈등이 개인적인 문제로 끝나지 않고 온 교회에 부정적인 영향을 미치고 있다는 뜻이다(Garland). 한때는 바울과 함께 복음 전파에 힘쓰던 유오디아와 순두게가 그들이 전파한 복음 위에 세워진 빌립보 교회에 부정적인 영향을 끼치고 있다는 사실이 참으로 안타깝다.

바울은 이름을 알 수 없는 동역자에게 글레멘드와 그 외 자기 동역자들도 도우라고 한다(3b절). 글레멘드(Κλήμεντος, Clement)는 라틴어 이름이다. 초대교회에 글레멘드가 여럿 있었지만, 본문의 글레멘드는 그들과 어떠한 연관성도 없어 보인다(Hellerman).

여기에 언급된 모든 사람의 이름은 생명책에 기록되어 있다(3c절). '생명책'(βίβλῳ ζωῆς)은 성경이 종종 언급하는 문서로 영생을 얻은 사람들의 이름이 이 책에 적혀 있다(cf. 출 32:32-33; 시 69:28; 사 4:3; 단 12:1;

계 3:5; 13:8; 17:8; 20:12, 15; 21:27).

이 말씀은 사역자들은 성도들을 사랑하고 기뻐하며 자랑으로 삼아야 한다고 한다. 우리가 종말에 하나님 앞에 설 때 성도들이 사역자들의 면류관이 되어 줄 것이기 때문이다. 공동체 안에 사역자들과 성도들이 서로 사랑하고 자랑스럽게 여기는 분위기가 조성되어야 한다.

공동체에 속한 사람들이 모두 한마음을 품는 것은 참으로 어려운 일이다. 각 사람은 각자의 생각을 가지고 있기 때문이다. 한마음을 품는 것이 모든 사람이 같은 생각을 품어야 한다는 뜻은 아니다. 사람마다 다른 생각을 가지되, 공동체가 함께 추구하는 목적과 비전에 동의하고 공유하면 된다. 또한 온 공동체가 함께 결정한 일을 존중하고 따라야 한다.

교회에서 성도 사이에 갈등이 생기면 이는 그들만의 문제가 아니다. 그들의 갈등으로 인해 온 교회가 피해를 본다. 많은 사람이 다치고 시험에 든다. 또한 그들을 위해 기도하는 사람들의 마음도 아프다. 그러므로 그리스도 안에서 자기를 부인하며 갈등을 해소하고자 노력하고 또 노력해야 한다.

우리는 이 땅에 살지만, 하늘에 소망을 두어야 한다. 우리 이름이 하늘에 있는 생명책에 기록되어 있기 때문이다. 이 사실을 자랑스럽게 생각하며 하늘나라의 대사로서 당당하고 자신 있게 살아야 한다. 하나님이 우리를 하늘로 부르실 때까지 하루하루 감사한 마음으로 순종하며 살자.

VI. 마무리 인사
(4:4-23)

기쁨의 서신 빌립보서가 막을 내리고 있다. 바울은 빌립보 성도들을 만난 이후로 그들에게 항상 빚진 자로 살았다. 빌립보 교회가 그의 사역을 위해 기도하고 물질로 도운 것에 대한 사랑의 빚이다. 바울은 빌립보 성도들을 위해 매일 기도했다. 그들도 바울에게 사랑의 빚을 진 것이다. 이제 빚진 자 바울은 감사한 마음으로 다시는 볼 수 없을 그들에게 마무리 인사를 한다. 본 텍스트는 다음과 같이 구분된다.

A. 기쁨과 평강을 위한 권면(4:4-9)
B. 후원에 대한 감사(4:10-20)
C. 끝인사(4:21-23)

VI. 마무리 인사(4:4-23)

A. 기쁨과 평강을 위한 권면(4:4-9)

⁴ 주 안에서 항상 기뻐하라 내가 다시 말하노니 기뻐하라 ⁵ 너희 관용을 모

든 사람에게 알게 하라 주께서 가까우시니라 ⁶ 아무 것도 염려하지 말고 다만 모든 일에 기도와 간구로, 너희 구할 것을 감사함으로 하나님께 아뢰라 ⁷ 그리하면 모든 지각에 뛰어난 하나님의 평강이 그리스도 예수 안에서 너희 마음과 생각을 지키시리라 ⁸ 끝으로 형제들아 무엇에든지 참되며 무엇에든지 경건하며 무엇에든지 옳으며 무엇에든지 정결하며 무엇에든지 사랑 받을 만하며 무엇에든지 칭찬 받을 만하며 무슨 덕이 있든지 무슨 기림이 있든지 이것들을 생각하라 ⁹ 너희는 내게 배우고 받고 듣고 본 바를 행하라 그리하면 평강의 하나님이 너희와 함께 계시리라

이 섹션은 여러 개의 다양한 주제에 대한 권면으로 이루어져 있다. 분위기가 매우 밝고 긍정적이다. 그리스도인은 항상 경건하게 행동하고, 올바른 생각을 품으며, 서로에게서 좋은 점이나 패턴을 보고 답습하며, 기쁨으로 살아야 한다는 뜻이다. 빌립보 교회가 사회로부터 핍박받는 상황을 알면서도 밝고 긍정적으로 살라는 권면이 참으로 인상적이다(Thielman, cf. 행 16:19-24; 빌 1:28-30).

'기뻐하라'(χαίρετε)(4절)는 이 서신에서 가장 자주 등장하는 권면이다. 또한 빌립보서의 여러 섹션을 하나로 꿰매는 '바느질'이라 할 수 있다 (1:18; 2:17-18, 28; 3:1; 4:4, 10). 문단을 여는 4절도 '기뻐하라'로 시작해 '기뻐하라'(Χαίρετε…χαίρετε)로 끝난다.

또한 사도는 '항상, 내가 다시 말하노니'(πάντοτε· πάλιν ἐρῶ)라며 그리스도인의 삶은 항상 기쁨으로 가득해야 한다고 한다. 그러나 우리 삶은 온갖 어려움과 힘든 일로 가득하다. 빌립보 교회의 경우 핍박도 받고 있다. 이러한 상황에 '항상' 기뻐하며 사는 것은 결코 쉬운 일이 아니다. 그러므로 사도는 '주 안에서'(ἐν κυρίῳ) 기뻐하라고 한다.

우리가 처한 상황이 녹록지 않더라도 우리 눈을 들어 주님이 하시는 일을 바라보면 기뻐할 수 있다. 그러므로 사도가 기뻐하라고 하는 것은 감정이 아니라 삶에 임하는 기본적인 자세(태도)에 대한 권면이다

(Garland). 당시 문화를 고려할 때 항상 기뻐하는 것은 기독교의 고유 가치다(cf. Fee). 그러므로 우리는 항상 기쁜 마음으로 삶에 임해야 한다.

항상 기뻐하라는 권면을 바로 앞에서 한마음을 품으라고 했던 말씀(4:1-3)과 연결하면 사도가 말하는 기쁨은 하나된 공동체가 주님 안에서 누리는 기쁨이다. 그러므로 빌립보 교회가 주님 안에서 기뻐하면 그들의 기뻐함은 곧 공동체가 하나 되었다는 증거가 된다. 그리스도인 공동체는 항상 기뻐해야 한다.

바울은 빌립보 성도들에게 그들의 관용을 모든 사람에게 알게 하라고 한다(5a절). '관용'(ἐπιεικής)은 '합리성'(ESV), '부드러움'(NIV, NIRV, NRS), '인내'(NAS) 등으로 번역된다. 신약에서 '관용'은 '다툼'(딤전 3:3)과 '비방'(딛 3:2)과 '까다로움'(벧전 2:18)의 반대말로 사용된다(Arnold). 누구에게 앙갚음해야 할 때 절제하는 것이 관용이다(Garland, Thielman). 그리스도인이 해를 입히는 자들에게 관용을 베풀 수 있는 것은 그들이 입히는 해를 그리스도의 고난에 동참하는 일로 생각하기 때문이다. 관용은 우리에게 해를 입히는 이웃에게 화해와 신뢰를 표하는 것이다(Garland).

그리스도인이 모든 사람에게 관용을 알게 해야 하는 이유는 주께서 가까우시기 때문이다(5b절). '주께서 가까우시다'(ὁ κύριος ἐγγύς, cf. 3:20-21)는 구약에서 여호와의 날이 가깝다고 하는 것과 비슷하다(사 13:6; 57:19; 렘 42:4; 겔 30:3; 욜 1:15; 2:1; 4:14; 옵 1:15; 습 1:7, 14; cf. 막 13:28-29; 눅 21:30-31; 롬 13:11-12; 약 5:8). 이 말씀을 시간적인 개념으로 이해해 주님 오실 날이 머지않았다는 의미로 해석하는 이들이 있는가 하면(Garland, cf. 롬 12:19; 벧전 2:23; 3:9), 공간적인 개념으로 이해해 주님의 임재가 우리 가까이에 있다는 뜻으로 해석하는 이들도 있다(Arnold, O'Brien, cf. 시 34:18; 145:18; 119:151). 성경의 가르침을 총체적으로 고려할 때 둘 다, 즉 시간적-공간적 가까움으로 해석해도 별 문제 없다(Hooker).

사도는 주님이 곧 오실 것과 이미 우리 주변에 계심을 믿는다면, 아무것도 염려하지 말라고 한다(6a절). '아무것'(μηδέν)은 '없다'(nothing)라는 뜻이다(BDAG). 이 세상에서 그리스도인이 염려할 것은 하나도 없다. '염려하다'(μεριμνάω)는 때로 정당하고 합리적인 걱정을 한다는 뜻을 지닌다(2:20). 그러나 이곳에서는 복음서에 기록된 예수님의 말씀에 근거해 필요 없는(소모적인) 염려를 하는 것을 뜻한다(Hawthorne, Thielman): "그러므로 내가 너희에게 이르노니 목숨을 위하여 무엇을 먹을까 무엇을 마실까 몸을 위하여 무엇을 입을까 염려하지 말라"(마 6:25a; cf. 눅 10:41).

바울은 염려하지 말고 다만 모든 일에 기도와 간구로 구할 것을 감사함으로 하나님께 아뢰라고 한다(6b절). 그리스도인은 걱정하고 염려할 시간이 있으면 하나님께 기도해야 한다(cf. NLT). 생각해 보면 우리가 염려하고 걱정한다고 해서 무엇 하나 바뀌지 않는다. 그러므로 염려는 아무것도 이루지 못하는 소모적인 것이다.

우리의 상황을 바꿀 수 있는 분은 하나님이시다. 그러므로 하나님께 기도와 간구로 구해야 한다. '기도'(προσευχή)와 '간구'(δέησις)는 의미가 겹치는 비슷한 말이며, '간구'는 기도에 '긴급함'(urgency)을 조금 더한 것이다(Silva). 기도는 당면한 문제나 어려움을 스스로 해결하는 것이 아니라 하나님께 맡기는 것이다(Michael, O'Brien). 그러므로 기도로 무엇을 구할 때는 이미 받은 것으로 생각하고 감사함으로 하나님께 아뢰면 된다. 우리의 기도가 문제를 해결하시는 하나님께 초점을 두지 않고 문제와 고민거리를 묵상하며 괴로워하는 것이라면, 그것은 기도가 아니라 넋두리에 불과하다.

7절을 시작하는 '그리하면'(καὶ)은 원래 '…와/과'(and)를 뜻하는 접속사다(cf. ESV, NAS, NIV, NRS). 그러나 7절은 6절대로 행할 때 따르는 결과이기 때문에 개역개정처럼 '그리하면/그러면'(then)으로 번역하는 것이 옳다(cf. 새번역, 공동, 아가페, NIRS, NLT).

모든 일에 감사함으로 하나님께 아뢰면 모든 지각에 뛰어난 하나님의 평강이 그리스도 예수 안에서 우리 마음과 생각을 지키실 것이다 (7절). '지각'(νοῦς)은 이해(understanding), 사고력(the faculty of thinking)이다 (BDAG). '하나님의 평강'(ἡ εἰρήνη τοῦ θεοῦ)은 하나님이 우리에게 주시는 평강이다. '지키다'(φρουρέω)는 파수꾼이 보호하기 위해 감시하는 것을 뜻한다(BDAG). 하나님의 평안이 감사함으로 구하는 우리가 실족하지 않도록 마음과 생각을 지켜줄 것이다.

8절을 시작하는 '끝으로'(Τὸ λοιπόν)는 '나머지에 대해서는'(for the rest)이라는 뜻이다(Garland). 이 구절에서 6차례나 사용되는 '무엇에든지'(ὅσα)는 '어떤 일을 하든지'라는 의미로 사용된다. 그리스도인은 어떤 일을 하든지 (1)참되며, (2)경건하며, (3)옳으며, (4)정결하며, (5)사랑받을 만하며, (6)칭찬받을 만해야 한다(8a절). 한마디로 이런 것들을 속성으로 지니신 하나님을 닮아 가는 삶을 살라는 권면이다.

'사랑받을 만하며'(προσφιλής)는 이곳에 단 한 차례 사용되는 단어이며, '유쾌하고, 친절하고, 상냥하다'는 뜻이다(BDAG). 남들이 좋아할 만한 매력적인 삶을 사는 사람이다(Arnold, Bockmuehl). '칭찬받을 만하며'(εὔφημος)도 단 한 차례 사용되는 단어이며, 불만과 비난의 반대말이다(Garland). 즉, 존경받는 삶을 사는 사람을 가리킨다. 이 목록을 총체적으로 아우르는 표현으로 이해되기도 한다(Arnold).

바울은 이어서 무슨 덕이 있든지, 무슨 기림이 있든지 이것들을 생각하라고 한다(8b절). 두 차례 반복되는 '무슨 …이 있든지'(εἴ τις)는 '만일 …이 있다면'이라는 뜻이다. '덕'(ἀρετή)은 '선하고 칭찬할 만한 성품'이다(BDAG). '기림'(ἔπαινος)은 '칭찬하거나 인정하는 일'을 뜻한다(BDAG). '이렇게 생각하라'(ταῦτα λογίζεσθε)는 주님이 다시 오실 때까지 계속해서 앞(4-8절)에서 말한 윤리와 기준에 따라 살라는 뜻이다(Holloway). 우리는 염려하지 말고 감사함으로 기도하며 참됨과 경건과 옳음과 정결과 사랑과 칭찬과 덕과 기림을 추구하며 살아야 한다. 그리스도인의 윤리와 도덕은 생각하고 묵상하는 것이 아니라 삶으로 살아내는 것이다.

사도가 말하는 기준과 윤리에 따라 사는 것이 가능한가? 당연히 가능하다. 바울이 이렇게 살아왔다. 그러므로 그는 빌립보 성도들에게 자기에게서 배우고, 받고, 듣고, 본 바를 행하라고 한다(9절). 앞에서는 '생각하라'(8절)고 했는데 이번에는 '행하라'고 한다. 사고의 틀이 바뀌었으면 실천으로 이어져야 한다.

'[내게] 배우고 받고'(ἐμάθετε καὶ παρελάβετε)는 그들이 사도를 통해 전수받은 예수님의 가르침과 기독교 전통을 뜻한다(cf. 고전 11:23; 15:3; 갈 1:9, 12; 골 2:6; 살전 2:13; 살후 3:6). '내게 듣고 본 것'(ἠκούσατε καὶ εἴδετε ἐν ἐμοί)은 그리스도의 가르침과 기독교 전통을 살아내는 바울의 모습을 빌립보 성도들이 직접 목격하고 들은 일을 뜻한다. 바울은 빌립보 성도들에게 자기를 롤모델로 삼아 따라 하라고 권면한다.

빌립보 성도들이 바울의 삶을 모방하면 평강의 하나님이 그들과 함께 계실 것이다(9b절). 앞에서 4-7절이 하나님의 평강으로 마무리된 것처럼 이번에도 8-9절이 하나님의 평강으로 마무리된다. 바울은 하나님의 평강이 그리스도를 통해(롬 5:1) 성령 안에서(롬 14:17) 온 빌립보 교회를 가득 채우실 것을 확신한다.

이 말씀은 그리스도인의 삶에서 가장 기본적인 속성은 항상 기뻐하는 것이라 한다. 살다 보면 기뻐할 수 없는 상황을 접할 때가 많다. 그러나 하나님은 우리가 처한 상황에 대해 기뻐하라고 하시는 것이 아니다. 주님을 기뻐하라고 하신다. 우리가 처한 상황에서 시선을 들어 하나님께 고정하면 어떤 상황에서도 기뻐하고 감사할 수 있다.

우리는 아무것도 염려하지 말고 감사함으로 하나님께 아뢰는 것을 배워야 한다. 염려는 사탄이 좋아한다. 모든 일에 감사함으로 하나님께 아뢰면 하나님의 평강이 우리를 지키시고 보호하실 것이다. 이것은 하나님의 약속이다.

그리스도인은 모든 선한 것을 추구하는 삶을 살아야 한다. 진리와 경건과 정결과 사랑과 존경 등 아름다운 것을 이루는 삶을 살아야 한다. 이런 삶을 사는 사람을 롤모델로 삼으면 훨씬 쉬워진다. 우리도 다른 사람들에게 이러한 삶에 대한 영감을 줄 수 있어야 한다.

하나님은 우리가 평강을 누리며 살기를 원하신다. 그리스도를 본받는 삶을 살고자 노력하면 하나님의 평강이 우리와 함께하며 마음과 생각을 지킬 것이다. 그러므로 삶에서 예수님을 닮으려는 노력은 참으로 가치 있는 일이다. 하나님이 평강을 주시기 때문이다.

B. 후원에 대한 감사(4:10-20)

[10] 내가 주 안에서 크게 기뻐함은 너희가 나를 생각하던 것이 이제 다시 싹이 남이니 너희가 또한 이를 위하여 생각은 하였으나 기회가 없었느니라 [11] 내가 궁핍하므로 말하는 것이 아니니라 어떠한 형편에든지 나는 자족하기를 배웠노니 [12] 나는 비천에 처할 줄도 알고 풍부에 처할 줄도 알아 모든 일 곧 배부름과 배고픔과 풍부와 궁핍에도 처할 줄 아는 일체의 비결을 배웠노라 [13] 내게 능력 주시는 자 안에서 내가 모든 것을 할 수 있느니라 [14] 그러나 너희가 내 괴로움에 함께 참여하였으니 잘하였도다 [15] 빌립보 사람들아 너희도 알거니와 복음의 시초에 내가 마게도냐를 떠날 때에 주고 받는 내 일에 참여한 교회가 너희 외에 아무도 없었느니라 [16] 데살로니가에 있을 때에도 너희가 한 번뿐 아니라 두 번이나 나의 쓸 것을 보내었도다 [17] 내가 선물을 구함이 아니요 오직 너희에게 유익하도록 풍성한 열매를 구함이라 [18] 내게는 모든 것이 있고 또 풍부한지라 에바브로디도 편에 너희가 준 것을 받으므로 내가 풍족하니 이는 받으실 만한 향기로운 제물이요 하나님을 기쁘시게 한 것이라 [19] 나의 하나님이 그리스도 예수 안에서 영광 가운데 그 풍성한 대로 너희

모든 쓸 것을 채우시리라 ²⁰ 하나님 곧 우리 아버지께 세세 무궁하도록 영광
을 돌릴지어다 아멘

여러 가지 권면(4:4-9)이 빌립보 성도들에게 구체적이고 개인적인 감
사를 표하는 말로 이어지고 있다. 바울은 사역을 하면서 어떤 상황에
처하더라도 자족하며 감사히 살았다. 또한 지난 10여 년 동안 빌립보
교회가 재정 지원을 아끼지 않는 사역 파트너가 되어 준 것에도 감사
했다. 부족해도 감사하고 충분해도 감사했다.

본 텍스트의 테마와 스타일은 1:3-11과 비슷하다(Thielman). 빌립보
서는 기쁨과 감사로 시작해 기쁨과 감사로 마무리되고 있는 것이다.
우리의 삶도 시작과 끝이 감사함이면 좋겠고, 항상 기쁨과 감사로 넘
치면 더 좋겠다.

사도는 주 안에서 빌립보 성도들로 인해 크게 기뻐한다는 말로 그의
간증을 시작한다(10a절). '주 안에서'(ἐν κυρίῳ)와 같은 말인 '그리스도 안
에서'(ἐν Χριστῷ)는 빌립보서에서 20차례 사용된다(Arnold). 그리스도인
과 예수님의 관계를 강조하는 표현이다. 바울은 자기가 만난 구세주
예수 그리스도의 복음을 전파했고, 빌립보 성도들은 그들이 영접한 그
리스도의 이름으로 그의 복음 전파를 물질적으로 지원했다(1:5; cf. 고후
8:1-5). 하나님은 복음 전파 사역을 도와 그분의 영광을 구하는 빌립보
성도들을 기뻐하시며(18절), 그들의 필요도 채우실 것이다(19절).

신약에서 '크게'(μεγάλως)는 이곳에 한 차례 사용되는 단어다. 칠십인
역(LXX)에서는 약 20차례 사용되는데, 본문과 가장 비슷한 의미로 사
용되는 부분은 이스라엘 백성이 성전 건축에 필요한 물질을 자원해 드
리는 것을 보고 다윗이 감사하며 '크게(μεγάλως) 기뻐한' 일이다(대상
29:9). 이루 말로 표현할 수 없는 큰 감격이다.

바울은 빌립보 성도들이 그를 생각하던 것이 이제 다시 싹이 난 것을
기뻐한다(10b절). 그들은 바울이 처음 빌립보를 찾아와 선교하던 때부

터 꾸준히 그의 사역을 후원했다(cf. 15-16절). 하지만 최근에는 후원하지 못하다가 에바브로디도와 함께 헌금을 로마로 보낸 일을 계기로 다시 후원하게 되었다(Hellerman).

어떤 이들은 이 본문을 빌립보 성도들의 후원이 한동안 끊긴 것에 대해 바울이 서운함을 드러내는 것으로 해석한다(cf. Garland, Hooker, Peterman). 그러나 기쁨과 감사를 반복적으로 강조하는 서신의 분위기와 흐름을 고려할 때 전혀 설득력 없는 해석이다(Alexander).

오히려 바울은 후원을 이어 가지 못하는 것에 대해 염려하는 빌립보 성도들을 위해 "너희가 또한 이를 위하여 생각은 하였으나 기회가 없었느니라"(10c절)라는 말을 덧붙인다. 상황을 충분히 이해한다며 달래는 것이다. '생각하다'(φρονέω)는 이미 여러 차례 사용된 단어로 '신중하게 생각하다'라는 뜻이다(1:7; 2:2, 5; 3:15, 19; 4:2). 바울은 어떠한 상황에서도 자족하는 법을 배운 사람이기 때문에 빌립보 교회의 후원이 끊긴다고 서운해할 사람이 아니다(cf. 11b절).

공동번역이 이러한 변화(후원-끊김-다시 후원 시작)를 잘 표현한다: "나에 대하여 여러분의 관심을 표시할 기회가 오래간만에 다시 여러분에게 생긴 것을 보고 나는 주님을 믿는 사람으로서 매우 기뻐합니다. 사실 여러분은 언제나 나를 생각하고 있었지만 그것을 표시할 기회가 없었던 것입니다." 바울은 후원하지 못하게 된 후에도 빌립보 성도들이 항상 그를 염려하고 생각하고 있었다며(concern) 감사를 표하고 있다(cf. ESV, NAS, NIV, NIRV, NLT, NRS).

지난 10여 년 동안 계속 사도를 후원하던 빌립보 교회가 최근에 후원을 끊은 이유는 무엇일까? 저자가 밝히지 않으니 정확한 정황은 알 수 없다. 그러나 사도행전을 바탕으로 재구성하면 이런 시나리오가 가능하다. 바울이 예루살렘 성전에서 유대인들에게 잡힌 후 우여곡절 끝에 가이사랴 감옥으로 이송되었다. 그는 가이사랴 감옥에서 2-3년을 지냈다. 이때 지역 교회들이 나서서 옥바라지를 했을 것이다. 빌립과

딸들이 소속되어 있던 가이사랴 교회도 나서고, 야고보와 사도들이 몸 담고 있던 예루살렘 교회와 바울을 선교사로 파송한 수리아의 안디옥 교회도 나섰을 것이다. 반면에 멀리 떨어져 있는 빌립보 교회는 유대-수리아 지역 교회들이 옥바라지하고 있다는 소식에 후원을 중단한 것으로 보인다(지역 교회들이 자신이 사도를 보살필 것이니 걱정하지 말라고 빌립보 교회를 안심시켰을 수도 있다).

이후 바울이 황제에게 상소해 로마로 이송되었다는 소식을 듣고 빌립보 교회는 에바브로디도를 로마로 파송했다. 자신들을 대신해 사도를 섬기라며 후원금도 함께 보냈다. 그들은 기회가 주어지자 다시 사도를 후원하기 시작한 것이다. 이에 대해 바울은 심심한 감사를 표하고 있다.

사도가 빌립보 교회의 후원이 다시 시작된 것에 감사하는 것은 그가 궁핍해서, 곧 그들의 후원이 가뭄에 단비처럼 느껴져서 하는 말이 아니다. '궁핍'(ὑστέρησις)은 '빈곤, 가난'을 뜻한다(BDAG). 예수님은 가난한 과부가 한 고드란트(노동자의 하루 품삯인 한 데나리온의 64분의 1)를 헌금한 것을 보시고, 그녀가 '가난한 중에'(ἐκ τῆς ὑστερήσεως) 자기의 모든 소유, 곧 생활비 전부를 하나님께 드렸다며 그 누구보다 많이 헌금했다고 칭찬하셨다(막 12:44). 그러므로 바울은 빌립보 성도들의 후원으로 인해 자기 형편이 나아진 것을 기뻐하는 것이 아니다. 그들의 헌신과 배려를 기뻐하고 감사한다.

로마 교회에는 많은 재력가가 있어서 얼마든지 그를 후원할 수 있었다(cf. 4:21-22; 롬 16:3-15). 게다가 사도가 고린도를 방문했을 때부터 사역 파트너가 되어 자신들의 생명을 담보로 바울을 보호해 주던 브리스길라와 아굴라도 이때 로마에 있었다(cf. 롬 16:3-4). 그러므로 예루살렘에서 잡히기 전에 바울은 로마 교회의 후원을 받아 스페인으로 가서 선교하고자 했다(cf. 롬 15:24-28).

바울은 어떠한 형편에서든지 자족하는 것을 배웠다(11b절). '어떠한 형편'(ἐν οἷς)은 그가 사역하면서 처해 본 모든 상황이다. 신약에서 '자족'(αὐτάρκης)은 이곳에서 한 차례 사용되는 단어이며, 필요한 것은 다 가지고 있다는 의미다(BDAG). 그는 어떠한 상황에 처하더라도 형편에 따라 사는 일에 익숙하다.

그러므로 사도는 비천할 줄도 알고, 풍부에 처할 줄도 안다(12a절). 배부름과 배고픔과 풍부와 궁핍에도 처할 줄 아는 일체의 비결을 배웠다(12b절). '비결을 배우다'(μυέω)는 비밀을 알아냈다는 뜻이다(BDAG). 바울은 사역하면서 배고픔과 배부름에, 궁핍과 풍요에 좌지우지되지 않는 비밀을 알아냈다. 사역하면서 겪은 모든 일과 정황이 그에게 '배움의 터전'이 되었다(Arnold). 사도가 앞에서 자기를 본받으라고 했을 때(4:9), 어떠한 상황에서도 만족하고 감사하는 삶의 자세도 포함했다.

그가 어떠한 상황에 처하더라도 흔들리지 않고 자족할 수 있는 이유는 그에게 능력 주시는 자 안에서 모든 것을 할 수 있기 때문이다(13절). '능력 주시는 자'(ἐνδυναμοῦντί)는 사도가 처한 어려운 상황을 헤쳐 나가게 하시는 하나님이시다(cf. 롬 4:20; 엡 6:10; 딤전 1:12; 딤후 2:1; 4:17). '할 수 있다'(ἰσχύω)는 능력과 확신을 가졌다는 뜻이다(행 15:10).

"내게 능력 주시는 자 안에서 내가 모든 것을 할 수 있느니라"는 문맥에서 벗어난(taken out of context) 의미로 자주 오용되는 성경 말씀 중 하나다(Hooker). 바울은 어떤 정황에도 적용할 수 있는 원칙을 말하고 있는 것이 아니다. 본문의 문맥을 고려하면 이 말씀은 그가 배고픔과 비천에 처할 줄도 알고 배부름과 풍부에 처할 줄도 아는 것은 어떠한 상황에서도 하나님을 의지해 살 수 있는 방법을 터득했기 때문이라는 뜻이다(Arnold, Hawthorne, Hellerman, Martin). 즉, 그가 모든 상황을 살아내는 중요한 비법은 그에게 능력 주시는 하나님 안에 항상 있는 것이다.

그럼에도 불구하고 바울은 빌립보 성도들이 그의 괴로움에 함께 참여한 것이 잘한 일이라고 한다(14절). '괴로움'(θλῖψις)은 '환란, 핍박' 등 어려운 상황에 처했다는 뜻이다(롬 5:3; 8:35; 고후 1:4, 8; 4:17; 6:4; 7:4;

8:2; 엡 3:13; 빌 1:17; 골 1:24; 살전 1:6; 3:3, 7; 살후 1:4, 6). 그가 '내 괴로움'(μου τῇ θλίψει)이라며 소유격을 사용하는 것은 빌립보 성도들도 자신이 사는 곳에서 괴로움(핍박)을 당하고 있기 때문이다(Arnold, cf. 1:29-30). 빌립보에서 믿음으로 인해 핍박받고 있는 사람들이 로마에서 핍박받고 있는 바울을 돕고 있다! 하나님이 빌립보 성도들을 얼마나 기뻐하셨을까!

'참여하다'(συγκοινωνέω)는 '함께 교제하다, 누군가와 함께하다'라는 뜻이다(BDAG). 사도는 빌립보 성도들이 후원금을 보낸 일을 가리켜 그의 고난에 동참한 것이라 한다. 그들은 어떠한 상황에서도 만족하며 사는 사도에게 임한 하나님의 축복이었다. '잘하였도다'(καλῶς ἐποιήσατε)는 의미(가치) 있는 일을 했다는 칭찬이다. 믿음으로 인해 고난받고 있는 이들이 고난 중에 있는 바울을 격려하고 있으니 얼마나 귀한 일인가!

바울이 마게도냐로 건너오라는 사람의 환상을 보고 처음 빌립보를 방문한 때가 주후 49-50년쯤이다(Arnold). 바울과 동역자들은 의미도 있고 열매도 있는 사역을 했지만, 귀신 들린 여종에게서 귀신을 쫓아냈다가 심한 매를 맞고 감옥에 갇히는 등 큰 대가를 치르고 도시를 급히 떠나야 했다(행 16:12-40).

이때가 빌립보 성도들이 영접한 복음의 시초였다(15a절). 이때 교회가 세워졌다는 뜻이다. 누가를 그의 고향인 빌립보에 남겨 둔 바울 일행은 빌립보에서 에그나시아 도로(Via Egnatia)를 따라 암비볼리와 아볼로니아를 거쳐 데살로니가로 갔다(행 17:1). 가는 곳마다 복음을 전파했고 교회도 세웠다. 그가 마게도냐주(州)를 떠나 아가야주(州)에 있는 아덴으로 갈 때도 유대인들로 인해 상황이 급박했다(행 17:13-15).

바울이 마게도냐를 떠날 때 주고받는 일에 참여한 교회는 빌립보 교회 외에 아무도 없었다(15b절). 당시 사회에서 '주고받는 일'(λόγον δόσεως καὶ λήμψεως)은 금전적인 거래(Arnold, Holloway, Martin), 혹은 친구

사이에 우정을 주고받는 것을 뜻했다(Fee, Hellerman, Peterman). 본문에서는 후자의 의미가 강하다. 거래한 것은 언젠가 갚아야 하는데, 바울은 빌립보 성도들에게 진 사랑의 빚을 갚지 못했다.

그는 마게도냐 여러 곳에 교회를 세웠지만, 아덴으로 떠날 때 그의 사역을 후원하는 교회는 빌립보 교회가 유일했다. 바울이 아덴을 떠나 고린도로 가서 그곳에서 사역할 때도 빌립보 성도들이 재정적으로 후원했다: "내가 너희를 섬기기 위하여 다른 여러 교회에서 비용을 받은 것은 탈취한 것이라 또 내가 너희와 함께 있을 때 비용이 부족하였으되 아무에게도 누를 끼치지 아니하였음은 마게도냐에서 온 형제들이 나의 부족한 것을 보충하였음이라"(고후 11:8-9). 그때 일을 회상하며 사도는 존경과 사랑을 담아 '빌립보 사람들아'(Φιλιππήσιοι)라고 불러 본다(Caird, O'Brien).

빌립보 성도들은 바울이 급히 그들을 떠나 데살로니가로 가서 사역할 때(행 17:1), 곧 마게도냐를 떠나기 전에도 두 번이나 그에게 쓸 것을 보냈다(16절). '한 번뿐 아니라 두 번이나'(ἅπαξ καὶ δὶς)는 '한 번과 두 번'(once and twice)이라는 의미다. 그러므로 '몇 번, 여러 번'도 좋은 번역이다(새번역, 아가페). 아마도 다른 사람들보다 부유했던 루디아와 간수가 주축이 되어 그를 후원했을 것으로 생각된다(cf. 행 16:6-34). 빌립보 교회에 자극을 받은 것인지 나중에는 환난과 시련 가운데서 형편이 어려웠던 마게도냐의 여러 교회가 헌금해 예루살렘 교회를 도왔다.

형제들아 하나님께서 마게도냐 교회들에게 주신 은혜를 우리가 너희에게 알리노니 환난의 많은 시련 가운데서 그들의 넘치는 기쁨과 극심한 가난이 그들의 풍성한 연보를 넘치도록 하게 하였느니라 내가 증언하노니 그들이 힘대로 할 뿐 아니라 힘에 지나도록 자원하여 이 은혜와 성도 섬기는 일에 참여함에 대하여 우리에게 간절히 구하니(고후 8:1-4).

499

사도가 선물을 구해서 이런 말을 하는 것이 아니다(17a절). '선물'(δόμα)은 따뜻하고 지속되는 관계의 표현이다(Cousar). 바울은 빌립보 성도들에게 아무것도 바라지 않는다. 심지어 그들이 아직도 사도와 그의 사역을 귀하게 여기고 있다는 증표도 바라지 않는다.

오직 빌립보 성도들에게 유익하도록 풍성한 열매를 구할 뿐이다(17b절). '열매'(καρπός)는 어떤 행동에 대한 결과다(BDAG). 빌립보 성도들이 그를 후원하는 등 선한 일을 할 때마다 그들의 '하늘 구좌'에 적립되고 있다는 뜻이다. 그러므로 어떠한 상황에서도 자족하기 때문에 '모든 것이 있고 또 풍부한'(18a절) 바울이 에바브로디도 편에 빌립보 성도들이 보낸 선물을 기쁘게 받은 것은(18b절) 빌립보 성도들이 자신을 풍족하게 하시는 하나님의 손길이라는 것을 확신하고, 또한 그들의 선행이 '하늘 구좌'에 적립되기 때문이다.

또한 빌립보 성도들이 바울의 파트너가 되어 그의 사역을 도운 것은 하나님이 받으실 만한 향기로운 제물이므로 하나님을 기쁘시게 했다(18c절; cf. 엡 5:2). 그들이 베푼 사랑과 선행은 결코 잊히거나 낭비되지 않았다. 하나님이 기쁘게 받으시고 하늘에 적립해 두셨다.

또한 하나님이 그리스도 예수 안에서 영광 가운데 그 풍성한 대로 그들의 모든 쓸 것을 채우실 것이다(19절). 그들이 부족한 상황에서 헌신하고 희생해 사도를 도운 일을 귀하게 여기신 하나님이 궁핍한 그들의 삶을 풍족하게 채우실 것이라는 뜻이다(Osiek). 또한 하나님은 반드시 그들에게 몇 배로 갚아 주실 것이다. 우리가 하나님 나라를 위해 투자하는 것은 모두 언젠가 몇 배의 열매가 되어 돌아올 것이다(cf. 잠 19:17).

사도는 감격에 벅차 이 모든 일을 이루신 하나님께 영광을 돌리며 섹션을 마무리한다: "하나님 곧 우리 아버지께 세세 무궁하도록 영광을 돌릴지어다 아멘"(20절). 우리가 기억해야 할 것은 하나님이 이 모든 일을 빌립보 성도들을 통해서 하셨다는 사실이다. 하나님이 우리를 사용해 역사하시는 것은 매우 영광스러운 일이다.

이 말씀은 하나님은 우리의 희생과 섬김을 통해 그분의 뜻을 이루어 가신다고 한다. 빌립보 성도들은 회심한 순간부터 바울의 사역 파트너가 되어 그를 후원했다. 하나님은 그들의 물질적 헌신을 귀하게 여기셔서 그들의 배려와 희생을 통해 사도가 그리스도의 복음을 전파하는 일을 계속하게 하셨다. 하나님이 빌립보 성도들의 헌신과 섬김을 사용해 자기의 뜻을 이루신 것이다. 또한 빌립보 성도들의 선행은 그들의 '하늘 구좌'에 모두 적립되었다.

선한 일은 항상 배가한다. 빌립보 교회가 바울의 사역을 도운 선한 일이 마게도냐 지역에 있는 다른 교회들에 자극이 되어 급기야 그들은 예루살렘 교회를 돕게 되었다. 빌립보 교회가 다른 교회에 한 롤모델이 된 것이다.

누구를 돕는 일은 여유가 있을 때만 하는 일이 아니다. 가난할 때도 할 수 있다. 빌립보 교회와 마게도냐 교회는 극심한 가난을 겪는 교회들이었다. 그럼에도 그들은 사도를 돕고 예루살렘 교회를 위해 헌금했다. 자신을 희생해 누군가를 돕는 것은 가치관과 우선권에 관한 일이다.

하나님의 일을 하고자 하는 사람이 시작할 수 있는 가장 좋은 일은 섬김과 나눔이다. 섬김과 나눔은 헌신과 희생을 감수할 때 가능하다. 헌신과 희생이 절대 아깝지 않은 이유는 하나님이 몇 배로 갚아 주시며, 섬길 때만 누릴 수 있는 기쁨을 덤으로 주시기 때문이다. 그러므로 나눔의 풍요와 기쁨을 경험한 사람은 계속 섬기고 헌신하게 된다.

우리는 하나님이 주시는 것으로 만족하고 감사하는 것을 배워야 한다. 하나님이 주시지 않은 것에 대해, 혹은 우리가 가지지 못한 것에 대해 탄식하거나 화를 낼 필요가 없다. 하나님이 허락하신 것으로 만족하고 기뻐하는 것은 주님의 자녀로서 배우고 완성해야 할 훈련 과정이다.

VI. 마무리 인사(4:4-23)

C. 끝인사(4:21-23)

²¹ 그리스도 예수 안에 있는 성도에게 각각 문안하라 나와 함께 있는 형제들
이 너희에게 문안하고 ²² 모든 성도들이 너희에게 문안하되 특히 가이사의
집 사람들 중 몇이니라 ²³ 주 예수 그리스도의 은혜가 너희 심령에 있을지
어다

바울은 먼저 빌립보 성도들에게 서로 문안하라고 한다(21a절). 다른
서신에서 거룩한 입맞춤으로 서로 인사하라고 하는 것과 조금 다르다
(롬 16:16; 고전 16:20; 고후 13:12; 살전 5:26). 같은 공동체에 속한 사람들
은 항상 밝은 미소로 서로 격려해야 한다는 뜻이다.

바울과 함께 로마에 있는 형제들도 빌립보 성도들에게 문안한다(21b
절). 여기에는 빌립보 성도들이 잘 아는 디모데도 포함되어 있다. 또한
빌립보가 고향인 누가도 바울과 함께 있었을 것이다(cf. 행 27-28장).

로마 교회의 모든 성도가 빌립보 성도들을 문안한다(22a절; cf. 롬 16장).
특히 가이사의 집에 속한 사람 중 몇 명이 그들을 문안한다(22b절). 아
마도 이들은 바울을 통해 복음을 영접한 사람들일 것이다. 로마서
16:11에 기록된 나깃수(Narcissus)는 글라우디오 황제(Emperor Claudius)와
매우 친했던 나깃수(Tiberius Claudius Narcissus)가 확실하다(Bruce). 또한 로
마서 16:10이 언급하는 아리스도불로(Aristobulus)는 헤롯 대왕의 증손자
였으며, 글라우디오 황제와 매우 가까웠다(Bruce).

바울은 빌립보 성도들에게 주 예수 그리스도의 은혜가 그들의 심령
에 있을 것을 빌어 주며 서신을 마친다(23절). 주님의 인도하심과 보살
핌이 핍박 중에 있는 그들과 함께할 것을 축복한다. 그리스도의 은혜
가 함께하는 심령은 기쁘고 행복하다.

이 말씀은 그리스도인의 교제는 장소와 공간에 제한받지 않는다고

한다. 로마에 있는 바울 일행이 빌립보에 있는 성도들을 문안한다. 또한 로마 교회가 빌립보 성도들에게 안부를 전한다. 아마도 로마 교회와 빌립보 교회는 이미 오래전부터 서로를 위해 기도하며 영적 교류를 해 왔을 것이다. 우리는 세계 곳곳에 있는 그리스도의 교회를 위해 기도해야 하며, 언제든지 그들과 교류하고 교제할 준비가 되어 있어야 한다.